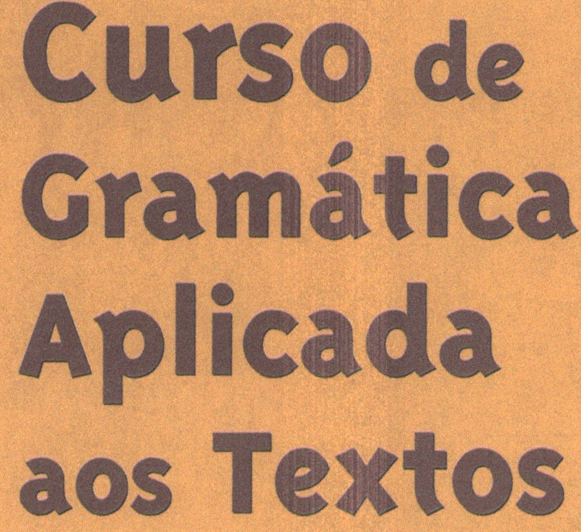

Curso de Gramática Aplicada aos Textos

• ULISSES INFANTE •

Doutor em Letras na área de Literatura Brasileira pela Universidade de São Paulo.
Leciona desde 1980, com experiência em colégios e cursos pré-vestibulares na capital e no interior do estado de São Paulo.
É autor de obras para Ensino Fundamental e Ensino Médio.

editora scipione

editora scipione

Diretora-Geral Editoras Ática e Scipione
Vera Balhestero
Diretora Editorial Editoras Ática e Scipione
Angela Marsiaj
Gerente Editorial Didáticos Editoras Ática e Scipione
Maria Teresa Porto
Gerente de Qualidade e Suporte Editoras Ática e Scipione
Beatriz Mendes
Gerente Editorial Didáticos Scipione
Elizabeth Soares

Responsável Editorial: Roberta Lombardi Martins
Edição de texto: Sandra Cristina Fernandes e Maria Silvia Gonçalves
Gerente de Revisão: Hélia de Jesus Gonsaga
Equipe de Revisão: Ana Paula Chabaribery (estag.), Célia da Silva Carvalho, Sandra Regina de Souza
Supervisor de Arte: Sérgio Yutaka Suwaki
Equipe de Arte: Didier D. C. Dias de Moraes (Programação Visual), Claudio Faustino da Silva (Produção de Arte), Josias Silva (Coordenação Editoração Eletrônica), Ana Lucia C. Del Vecchio e Ellen Coppini Camioto (Editoração Eletrônica)
Supervisor de Iconografia: Cristiane Marques
Equipe de Iconografia: Jaime Yamane (Pesquisa)
Tratamento de Imagem: Cesar Wolf e Fernanda Crevin
Programação Visual de Capa e Miolo: Camila Mesquita, Ícone Comunicação (Editoração Eletrônica)
Ilustrações: Camila de Godoy Teixeira e Marcos Guilherme

Direitos desta edição cedidos à Editora Scipione S.A.
Av. Otaviano Alves de Lima, 4400
6º andar e andar intermediário ala "B"
Freguesia do Ó – CEP 02909-900 – São Paulo – SP
Tel.: 0800 161700
www.scipione.com.br / atendimento@scipione.com.br

Dados Internacionais de Catalogação na Publicação (CIP)
(Câmara Brasileira do Livro, SP, Brasil)

Infante, Ulisses
Curso de Gramática Aplicada aos Textos/ Ulisses Infante. – São Paulo: Scipione, 2005.
1. Português (Ensino Médio) – Gramática. I. Título.
05-3303 CDD-469.507

Índice para catálogo sistemático
1. Gramática: Português: Ensino Médio 469.507

2020
ISBN 978 85 26 25927 0 (AL)
ISBN 978 85 26 25928 7 (PR)

7ª edição
8ª impressão

Impressão e acabamento: Log&Print Gráfica e Logística S.A.

Dedicatória

Artur

Teu nome de um passado real e justo
traz em si percursos longos, distâncias
a revolver e reencontrar para enfim
erigir muros de luz, bem-estar e paz.

Teu nome traz-me isso tudo,
mas tua presença – som, cor,
gesto e palavra a crescerem
neste meu percurso apenas útil –
alerta-me que o caminho é teu,
senhor real de teus propósitos,
e a mim cabe-me sentir-te, amar-te,
e, para além de tudo, cabe-me saber
libertar-te deste meu amor.

Ao Artur, filho e amigo.

Conforme a nova ortografia da Língua Portuguesa

Apresentação

O ensino de Gramática deve ser útil. Essa foi e continua a ser a ideia fundamental do nosso livro. Para tornar significativos os conteúdos gramaticais, optamos por subordinar seu estudo ao estudo dos textos. E selecionamos para reflexão e análise textos contemporâneos dos mais variados gêneros: artigos, editoriais e reportagens de jornais e revistas, crônicas, letras de canções, poemas, narrativas, textos técnicos, textos publicitários... Textos cujas relações com o momento histórico e com o contexto ideológico em que são produzidos têm de ser percebidas por todos os que querem merecer a denominação de cidadãos. Textos que constituem um apreciável conjunto de referências – linguística e discursivamente falando – com as quais os textos produzidos por esses mesmos cidadãos irão dialogar.

Nossa proposta foi tão bem acolhida por professores e alunos que, ao elaborar mais esta reedição, sentimo-nos orgulhosos e satisfeitos. Os bons resultados deste trabalho pioneiro também podem ser percebidos na profusão de livros posteriores que procuram seguir caminho semelhante, referindo-se sempre a estudos de "gramática aplicada aos textos".

Como sempre, agradecemos todo o apoio recebido e contamos com a colaboração crítica daqueles que utilizam este livro e acompanham nosso esforço constante por aprimorá-lo. Foi graças ao trabalho de muitos, que nas salas de aula manusearam este livro e propuseram formas de torná-lo melhor, que mais esta reedição pôde vir à luz.

O AUTOR

Sumário

PARTE I • Introdução

PARTE III • Morfologia

Parte I

Introdução

CAPÍTULO 1

Linguagem e interação

***Folha de S.Paulo*, 24 nov. 2003. Folhateen.**

LEITURA: INTERAÇÃO

1. Que imagem cada um dos dois personagens quer criar de si no primeiro quadrinho? Que finalidade pretende alcançar com essa imagem?
2. Que imagem cada um dos dois personagens quer criar de si no terceiro quadrinho? Qual sua finalidade neste caso?
3. Qual a importância das intenções e das expectativas de cada um dos interlocutores para a compreensão dos enunciados que trocam entre si? Explique.
4. Os quadrinhos combinam várias linguagens para criar efeitos de sentido. Observe as imagens do texto acima – leve em conta cores e formas empregadas – e responda: que importância tem a simetria na construção da pequena história que nos é contada? Explique.
5. Esses quadrinhos foram publicados no Folhateen, caderno semanal da *Folha de S.Paulo* dirigido aos adolescentes. Aponte elementos do texto que confirmem sua adequação a esse meio de circulação.

Linguagem e interação: conceitos básicos

A vida social do ser humano se constitui a partir da sua capacidade de interagir com seus semelhantes por meio da linguagem. Assim, cada indivíduo, ao utilizar a **língua**, não apenas expressa aquilo que pensa e sente, mas também age sobre seu interlocutor, procurando fazê-lo assumir determinadas atitudes ou comportamentos. Em cada situação de interação que se estabelece, há um jogo constante de efeitos de sentido entre os participantes envolvidos: quem toma a palavra num determinado instante procura criar efeitos de sentido para atuar sobre quem o está ouvindo; ao mesmo tempo, quem está ouvindo se posiciona em relação aos efeitos de sentido que capta e reage a eles da maneira que puder ou souber, respondendo da forma que achar mais conveniente. A linguagem se manifesta, pois, como um diálogo contínuo e abrangente: toda uma situação de interlocução se constrói e nela cada elemento tem importância na determinação dos sentidos que se desenvolvem. Os interlocutores envolvidos não apenas comunicam informações uns aos outros, mas assumem papéis sociais um diante do outro e procuram elaborar seus textos de acordo com esses papéis. Há na interlocução uma efetiva ação por meio da linguagem: alguém utiliza estrategicamente palavras para alcançar determinados fins – para persuadir, informar, desabafar, expor, fazer agir, fazer comprar e muitas outras coisas. Os quadrinhos que lemos na abertura deste capítulo mostram com clareza o desenrolar desse processo em que, por meio de seu texto, um interlocutor busca continuamente agir sobre o outro e posicionar-se em relação ao texto que lhe é endereçado.

Interação

□ substantivo feminino

1 influência mútua de órgãos ou organismos inter-relacionados
Ex.: <i. do coração e dos pulmões> <i. do indivíduo com a sociedade a que pertence>

2 ação recíproca de dois ou mais corpos

3 atividade ou trabalho compartilhado, em que existem trocas e influências recíprocas

4 comunicação entre pessoas que convivem; diálogo, trato, contato

5 intervenção e controle, feitos pelo usuário, do curso das atividades num programa de computador, num *CD-ROM*, etc.

6 Rubrica: estatística.
medida de quanto o efeito de uma certa variável sobre outra é determinado pelos valores de uma ou mais variáveis diferentes [Este fenômeno faz com que a resposta à aplicação de dois tratamentos não seja a mera soma das respostas a cada tratamento.]

7 Rubrica: física.
qualquer processo em que o estado de uma partícula sofre alteração por efeito da ação de outra partícula ou de um campo

8 Rubrica: sociologia.
conjunto das ações e relações entre os membros de um grupo ou entre grupos de uma comunidade

HOUAISS, Antônio e VILLAR, Mauro de Salles.
***Dicionário Houaiss da Língua Portuguesa.* Rio de Janeiro: Objetiva, 2001.**

Língua, signo e significado

Língua é um sistema de signos convencionais usado pelos membros de uma mesma comunidade. Em outras palavras: um grupo social convenciona e utiliza um conjunto organizado de elementos representativos.

Um **signo linguístico** é um elemento representativo com dois aspectos: um **significante** e um **significado**, unidos num todo indissolúvel. Ao ouvir a palavra **árvore**, você reconhece os sons que a formam. Esses sons se identificam com a lembrança deles que está presente em sua memória. Tal lembrança constitui uma verdadeira imagem sonora armazenada em sua memória – é o **significante** do signo **árvore**. Ao ouvir essa palavra, você pensa num "vegetal lenhoso cujo caule, chamado tronco, só se ramifica bem acima do nível do solo, ao contrário do arbusto, que exibe ramos desde junto ao solo". Esse conceito, que não se refere a um vegetal particular, mas engloba uma ampla gama de vegetais, é o **significado** do signo **árvore** – e também se encontra armazenado em sua memória.

O signo **árvore**, portanto, relaciona-se com dois dados de sua memória: uma imagem acústica, correspondente à lembrança de uma sequência de sons – o **significante** – e um conceito, um dado do conhecimento humano sobre o mundo – o **significado**. O significado dos signos linguísticos é um conjunto complexo de informações acumuladas ao longo da história das comunidades humanas. Isso quer dizer que utilizar uma determinada palavra da nossa língua é, na verdade, fazer ecoar por meio dela todo um processo histórico de formação de conceitos sobre a vida e sobre o mundo. O significado do signo **árvore**, por exemplo, vai muito além do conceito de "vegetal lenhoso": há muitos valores simbólicos e ideológicos que se podem associar a esse signo (em várias mitologias, a árvore é símbolo da vida; em tempos de movimentos ambientalistas ativos como os nossos, a árvore é um símbolo da preservação das matas); há também valores que só se conseguem definir na efetiva interlocução (imagine todo o conjunto de sentidos que a palavra **árvore** assume numa conversa entre donos de madeireiras sobre a extração de mogno).

Gramática, texto e discurso

Ao empregar os signos que formam nossa língua, você deve obedecer a certas regras de organização que ela própria oferece. Assim, por exemplo, é perfeitamente possível antepor ao signo **árvore** o signo **uma**, formando a sequência **uma árvore**. Já a sequência **um árvore** contraria uma regra de organização da língua portuguesa, o que nos faz rejeitá-la. Perceba, pois,

que os signos que constituem a língua seguem padrões determinados de organização. O conhecimento de uma língua abrange não apenas a identificação de seus signos, mas também o uso adequado de suas regras combinatórias. Esse conhecimento constitui o que se costuma denominar "competência gramatical" do usuário da língua.

Socialmente, a língua é sempre usada na forma de textos. A história das sociedades humanas fez surgirem ao longo dos tempos diversos tipos de textos – e o conhecimento e reconhecimento desses tipos textuais, bem como a capacidade de utilizá-los adequadamente são fundamentais para a participação efetiva na constante interação comunicativa da vida social. Pense nos diferentes tipos de texto que surgem na imprensa escrita, por exemplo. Reconhecer esses textos nos parece algo muito natural; no entanto, são formas textuais que surgiram mais ou menos recentemente na história da humanidade – afinal, desde quando existem jornais impressos de grande circulação no mundo? Os diferentes tipos textuais existem em função das muitas necessidades sociais – e lidar com eles de forma eficiente, tanto na sua leitura como na sua produção, constitui a chamada "competência textual" do usuário da língua.

Além disso, há uma profunda e indissociável relação entre os textos e as situações concretas em que são utilizados pelos interlocutores. Além do texto propriamente dito, há, nas situações efetivas de interação verbal, todo um contexto que atua e participa dos efeitos de sentido que se criam. Essas situações de uso efetivo da linguagem constituem o chamado **discurso** – e o interlocutor hábil aprende a manejar os dados dessas situações a fim de alcançar seus objetivos por meio da linguagem. O significado de um texto, portanto, abrange a interpretação das relações que estabelece com a situação efetiva em que é produzido – e nessa interpretação devem ser levados em conta aspectos como o perfil social dos interlocutores, o lugar social em que se colocam quando interagem, o contexto social e histórico da sociedade em que o texto é utilizado, valores ideológicos, relações do texto com outros textos que circulam pela sociedade (a chamada **intertextualidade**) e outros elementos.

Nossa intenção neste livro é oferecer elementos para que você se torne cada vez mais lúcido e eficiente em seu trabalho com a linguagem – trabalho, como vimos, essencialmente interativo. Para isso, vamos desenvolver inúmeras atividades de reflexão sobre as estruturas linguísticas e os mais variados tipos textuais, aliadas à prática de uso efetivo dessas estruturas e desses tipos de textos. Em outras palavras: vamos aprofundar e consolidar sua competência gramatical, sua competência textual e sua competência discursiva. Isso tudo para que você, por meio da linguagem que lhe é inerente, seja mais sabedor de você mesmo e do mundo com que continuamente interage.

LEITURA, USO, REFLEXÃO

• Texto 1

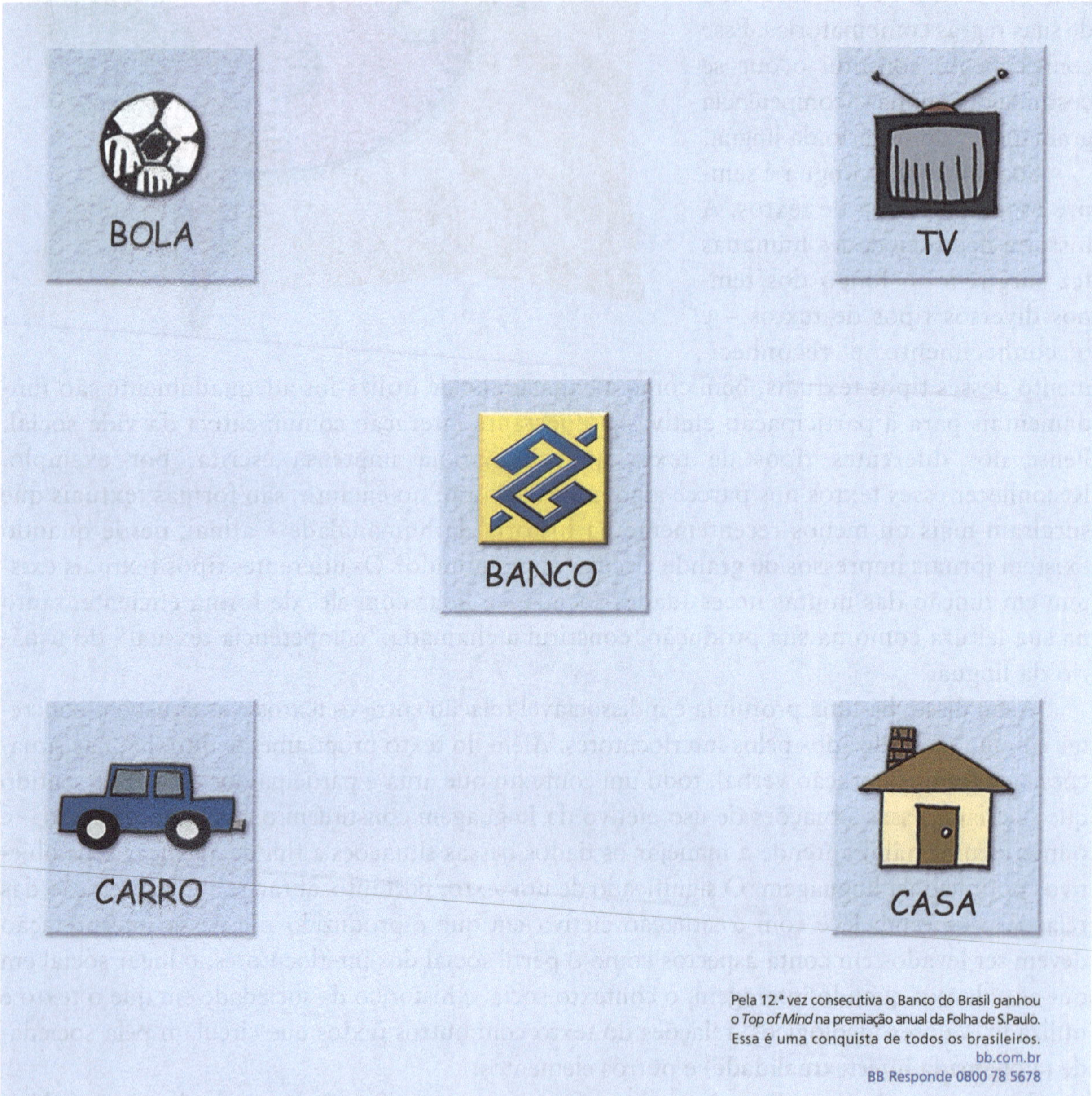

BOLA

TV

BANCO

CARRO

CASA

Pela 12.ª vez consecutiva o Banco do Brasil ganhou
o *Top of Mind* na premiação anual da Folha de S.Paulo.
Essa é uma conquista de todos os brasileiros.
bb.com.br
BB Responde 0800 78 5678

Anúncio do Banco do Brasil S.A./Agência grottera (Adaptado)

***Folha de S.Paulo*, 3 out. 2002. Revista da Folha. Suplemento *Top of Mind*.**

Observe a relação entre cada ícone e o respectivo signo linguístico acima e comente a estratégia adotada pelo criador do texto publicitário para ressaltar a qualidade do produto (no caso, um banco) anunciado.

Texto 2

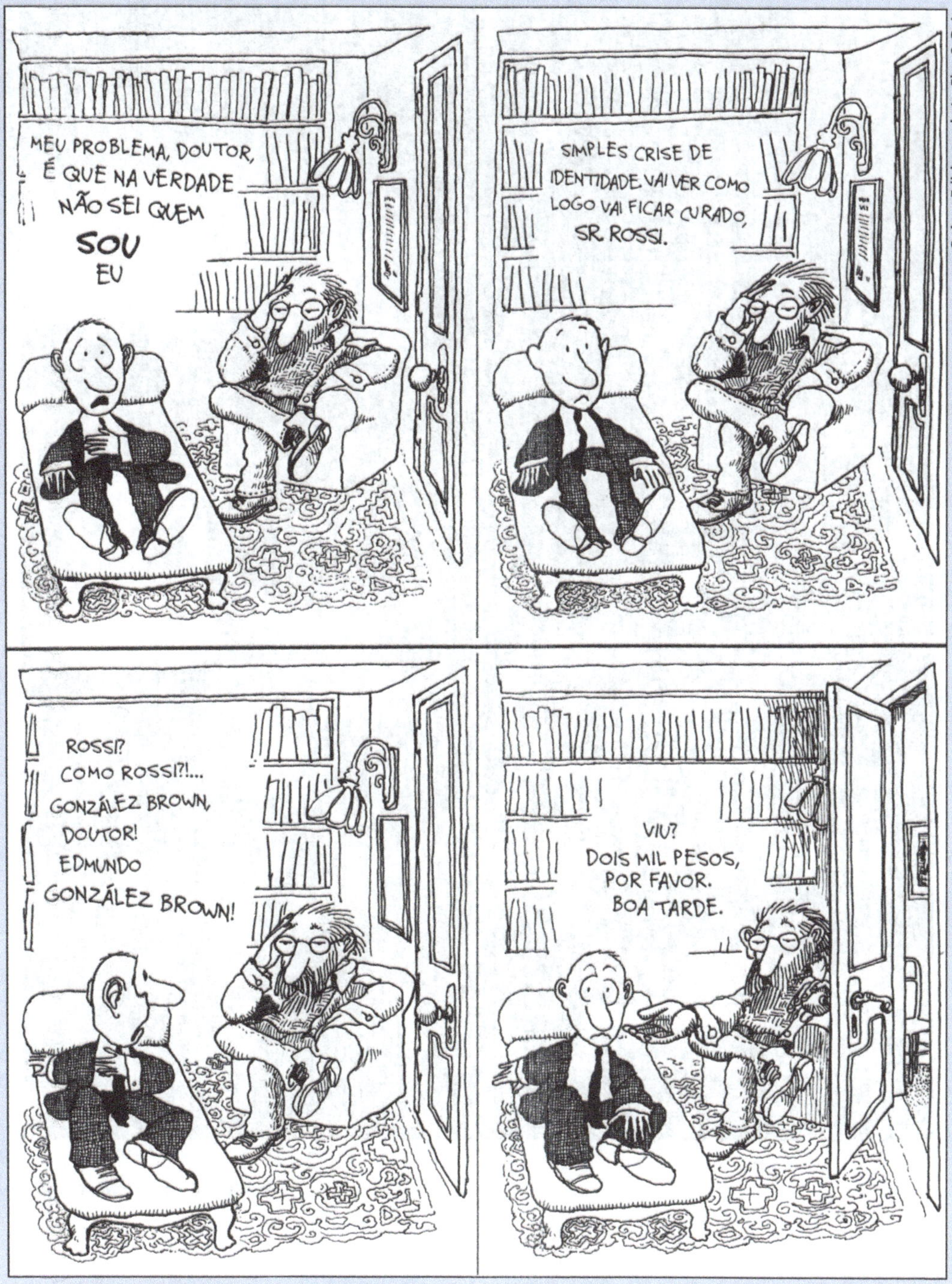

LAVADO, Francisco Salvador (Quino). *Quinoterapia*. Porto Alegre: L&PM, 1988.

Observe atentamente a situação apresentada nos quadrinhos e responda: de que forma o que nela ocorre nos permite concluir que a linguagem é um meio de ação de um interlocutor sobre o outro?

• Texto 3

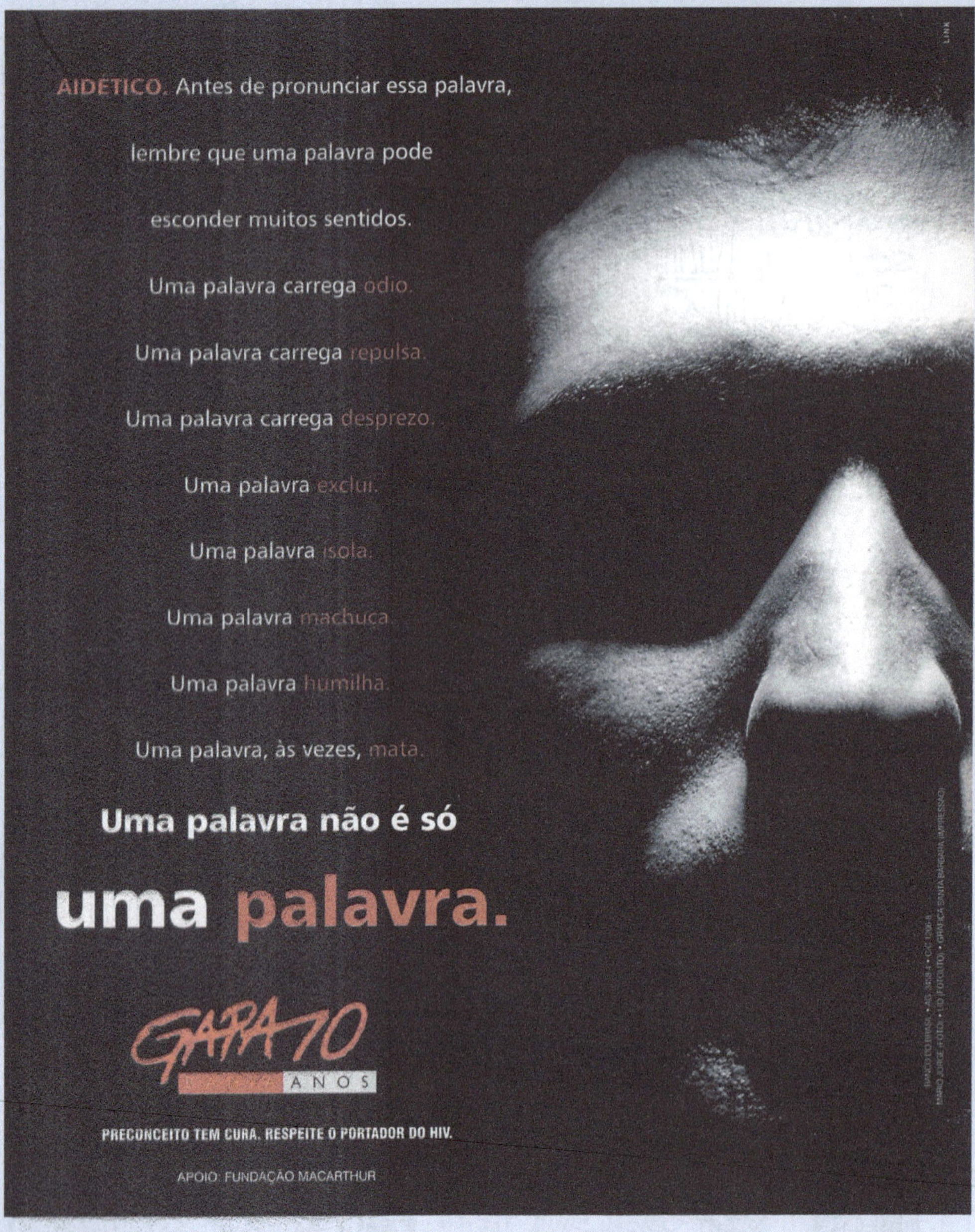

AIDÉTICO. Antes de pronunciar essa palavra,

lembre que uma palavra pode

esconder muitos sentidos.

Uma palavra carrega ódio.

Uma palavra carrega repulsa.

Uma palavra carrega desprezo.

Uma palavra exclui.

Uma palavra isola.

Uma palavra machuca.

Uma palavra humilha.

Uma palavra, às vezes, mata.

Uma palavra não é só

uma palavra.

GAPA 10 ANOS

PRECONCEITO TEM CURA. RESPEITE O PORTADOR DO HIV.

APOIO: FUNDAÇÃO MACARTHUR

Anúncio do GAPA-BA/Agência Link

Revista *Caros Amigos*, ano 2, n. 16, 1998.

Observe atentamente o texto publicitário e a partir dele organize uma discussão com seus colegas de classe sobre os diversos sentidos que as situações concretas de utilização adicionam ao significado de uma palavra. Discutam também como o texto utiliza esse fenômeno da linguagem com fins persuasivos, qual a relação entre escrita e imagem no texto e qual a eficiência desse tipo de texto publicitário (lembre-se de levar em conta o tipo de público a que se dirige a publicação da qual foi retirado o anúncio). É verdade que "uma palavra não é só uma palavra"?

CAPÍTULO 2

Língua: unidade e variedade

Anúncio da Secretaria de Estado da Cultura e da Fundação Roberto Marinho/Agência Lew, Lara.

Revista *Época*, 26 maio 2003.

LEITURA: INTERAÇÃO

1. As formas da língua portuguesa **você, cê, tu** e **ocê** podem ser usadas uma pela outra indiferentemente? Explique.
2. Que efeito de sentido causa o uso do verbo no singular na frase "Entenda por que **você, cê, tu** e **ocê** deve conhecer o projeto."? Qual mudança de sentido seria produzida pelo verbo no plural?
3. O texto relaciona a valorização do idioma com a valorização da identidade e da cultura. Na sua opinião, em que consiste essa relação?
4. "Um espaço para unir todas as línguas que fazem a nossa." Nossa língua é formada por várias línguas? Explique essa ideia baseando-se em elementos do próprio texto publicitário.
5. Na sua opinião, por que órgãos do governo e empresas privadas investem dinheiro num projeto como esse da Estação Luz da Nossa Língua?

Língua: dimensão social e individual

Como vimos no capítulo anterior, a língua é um patrimônio social – e, por isso, os signos e as formas de combiná-los são conhecidos e acatados pelos membros da comunidade que os emprega. Pode-se dizer, dessa forma, que a língua é um verdadeiro "contrato" que os indivíduos de um grupo social estabelecem. Além disso, como você viu no texto de abertura deste capítulo, há uma íntima relação entre língua, identidade nacional e cultura – o que, mais uma vez, evidencia o caráter eminentemente social da língua e da linguagem.

Individualmente, cada pessoa pode utilizar a língua de seu grupo social de uma maneira particular, que, em alguns casos, pode chegar a configurar um estilo pessoal, personalizado. Observe: você, ao falar ou escrever, dá preferência a determinadas palavras ou construções, que se incorporaram ao seu modo de usar a língua, seja porque sua comunidade mais próxima (grupo de amigos, pessoas da família, colegas de escola, por exemplo) as compartilha, seja por opção consciente, decorrente de suas leituras ou experiências linguísticas. Por mais original e criativa que seja, no entanto, sua expressão oral e escrita acaba por estar contida no conjunto mais amplo que é a língua portuguesa; se não fosse assim, você deixaria de ser reconhecido pelos membros das comunidades de língua portuguesa como alguém que pertence a elas. Note, pois, que língua é um conceito amplo e elástico, capaz de abarcar todas as manifestações individuais ou de comunidades muito pequenas, incorporando-as a um conjunto que recobre, no caso da língua portuguesa, vários países em quatro continentes.

Refletir sobre as formas e usos da língua portuguesa deve ser um processo contínuo em sua vida. E a principal finalidade desse processo deve ser sempre aumentar sua eficiência na produção e interpretação dos textos falados e escritos com que se organiza a interação verbal na nossa vida social. Por meio desses estudos, amplia-se e aprofunda-se o exercício de nossa sociabilidade – e, consequentemente, de nossa cidadania, que passa a ser menos inocente, menos sujeita a manipulações, mais crítica e lúcida no trato com esse grande instrumento de poder que é a linguagem. Ampliam-se também as possibilidades de fruição dos textos, seja pelo prazer simples e útil que é saber produzi-los de forma bem-feita, seja pela leitura mais sensível e inteligente dos textos literários. Conhecer bem a língua em que se vive e pensa é investir no ser humano que você é – individual e socialmente falando.

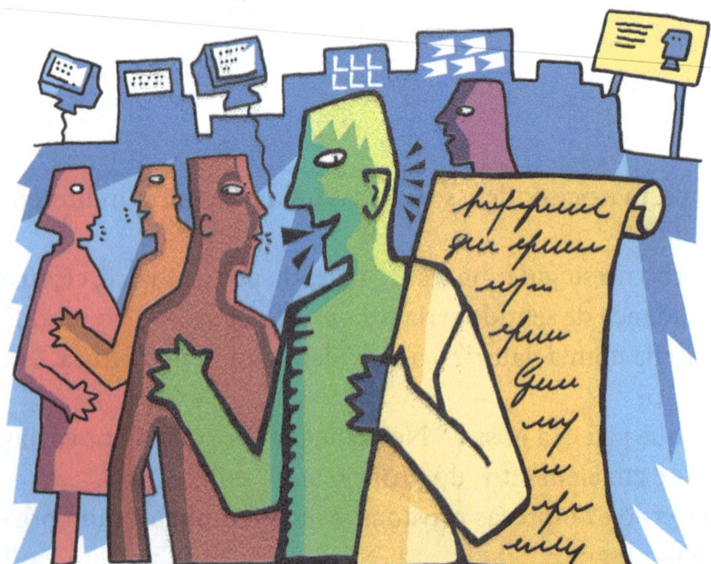

Como veremos mais adiante, há vários fatores que acarretam o surgimento de variantes de uma mesma língua. Conhecer bem uma língua é aprender a usar a variante mais apropriada à situação de interação verbal que se está vivendo.

LEITURA, USO, REFLEXÃO

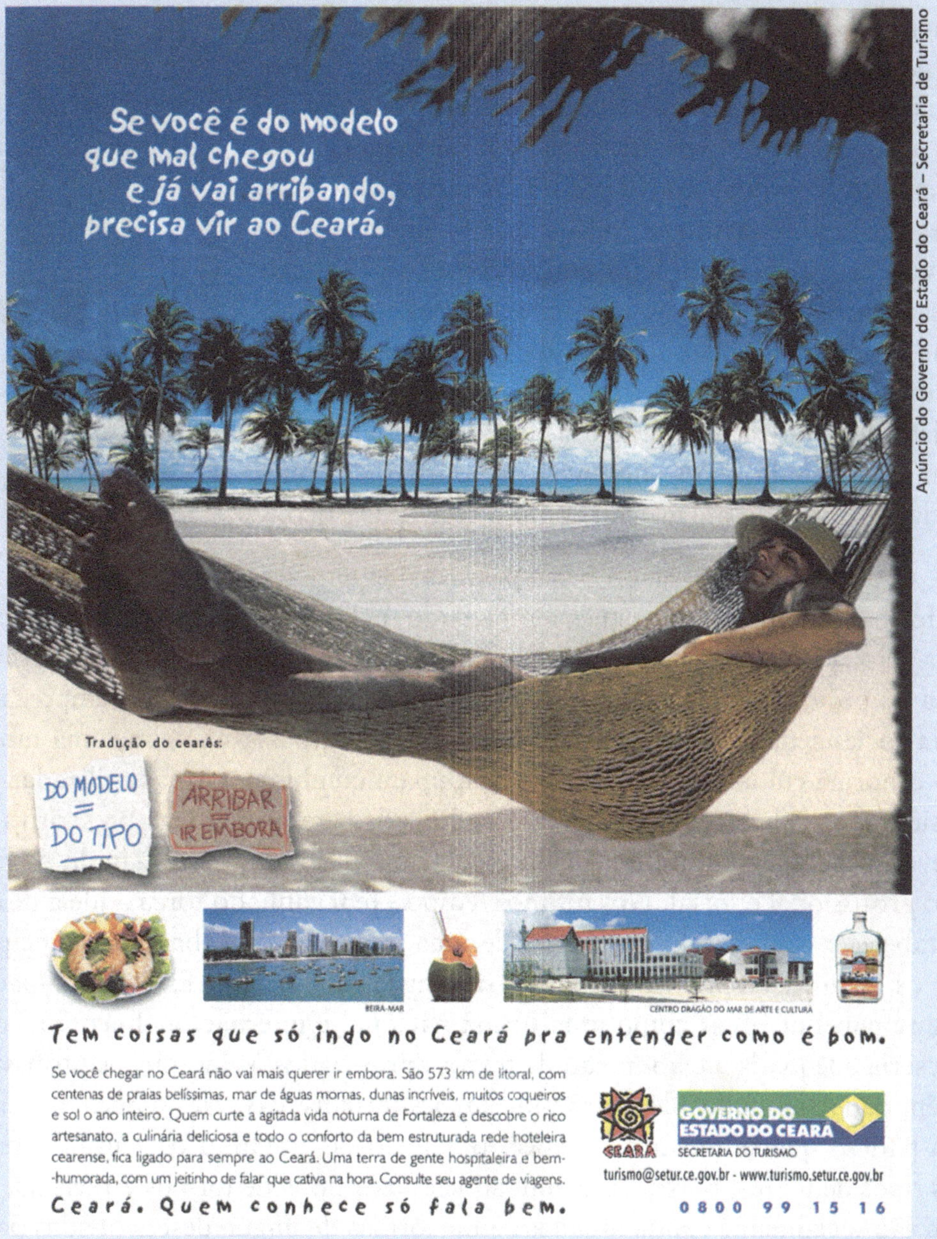

Se você é do modelo
que mal chegou
e já vai arribando,
precisa vir ao Ceará.

Tradução do cearês:

DO MODELO = DO TIPO

ARRIBAR = IR EMBORA

BEIRA-MAR

CENTRO DRAGÃO DO MAR DE ARTE E CULTURA

Tem coisas que só indo no Ceará pra entender como é bom.

Se você chegar no Ceará não vai mais querer ir embora. São 573 km de litoral, com centenas de praias belíssimas, mar de águas mornas, dunas incríveis, muitos coqueiros e sol o ano inteiro. Quem curte a agitada vida noturna de Fortaleza e descobre o rico artesanato, a culinária deliciosa e todo o conforto da bem estruturada rede hoteleira cearense, fica ligado para sempre ao Ceará. Uma terra de gente hospitaleira e bem-humorada, com um jeitinho de falar que cativa na hora. Consulte seu agente de viagens.

Ceará. Quem conhece só fala bem.

CEARÁ

GOVERNO DO ESTADO DO CEARÁ

SECRETARIA DO TURISMO

turismo@setur.ce.gov.br - www.turismo.setur.ce.gov.br

0800 99 15 16

Anúncio do Governo do Estado do Ceará – Secretaria de Turismo

Revista *Veja*, 13 jun. 2001.

1. O "jeitinho de falar que cativa na hora" é uma das atrações turísticas do Ceará. De que forma o texto publicitário a utiliza em seu processo de persuasão?
2. Esse texto publicitário é adequado ao público a que se dirige? Comente.

Unidade e variedade linguística

Como vimos, há muitas "línguas que fazem a nossa". Alguns fatores capazes de dar origem a variações podem ser:

- **geográficos** – Há variações entre as formas que a língua portuguesa assume nas diferentes regiões em que é falada. Basta pensar nas evidentes diferenças entre o modo de falar de um lisboeta e de um carioca, por exemplo, ou na expressão de um gaúcho em contraste com a de um amazonense. Essas variações regionais constituem os **falares** e os **dialetos**. Não há motivo linguístico algum para que se considere qualquer uma dessas formas superior ou inferior às outras – é a sociedade que atribui prestígio a algumas delas e condena outras ao desprezo. Felizmente, as formas regionais da língua têm sido objeto de valorização e pesquisa nos últimos tempos, o que tem contribuído para diminuir preconceitos. Como vimos, elas têm servido até mesmo como atrativo turístico...
- **sociais** – O português empregado pelas pessoas que têm acesso à escola e aos meios de instrução formal difere do português empregado pelas pessoas privadas de escolaridade. Algumas classes sociais e profissionais, assim, organizam e dominam uma forma de língua que goza de prestígio, enquanto outras são vítimas de preconceito por empregarem formas de língua socialmente consideradas "incultas". Cria-se, dessa maneira, uma modalidade de língua – a **norma culta** –, cujos modelos costumam combinar formas utilizadas por escritores considerados "clássicos" com outras codificadas em gramáticas prescritivas. A norma culta deve ser adquirida durante a vida escolar e seu domínio é solicitado como forma de ascensão profissional e social. Nos últimos tempos, tem ganhado força a ideia de que é necessário estabelecer com clareza as formas de uma **língua-padrão**, baseada principalmente no uso que os meios de comunicação fazem da língua portuguesa. Essa língua-padrão teria o importante papel de atuar como uma forma nacional e internacionalmente reconhecida da língua e seria adequada à elaboração de textos apropriados às interações profissionais e oficiais, além daqueles mais típicos das publicações jornalísticas. Neste livro, é principalmente a língua-padrão que se mostrará a você, por meio do trabalho de leitura e reflexão com diversos tipos de textos, particularmente aqueles extraídos de jornais e revistas.
  Também são socialmente condicionadas certas formas de língua desenvolvidas para que apenas os integrantes de um determinado grupo social as compreendam e as empreguem adequadamente. Assim se formam as **gírias**, variantes linguísticas que, para se manterem exclusivas de pequenos grupos, estão sempre em processo de modificação.
- **profissionais** – O exercício de certas profissões e atividades requer o domínio de certas formas de língua chamadas **línguas técnicas** ou **jargões**. Abundantes em termos específicos, essas variantes têm seu uso praticamente restrito ao intercâmbio técnico de engenheiros, médicos, linguistas, químicos e outros especialistas. Quando empregadas fora desses grupos de especia-

listas, tendem a ser vistas como sinal de pedantismo ou de vazio retórico. Deve-se sempre considerar a possibilidade de que alguém opta por empregar seu jargão para não ser entendido pelos interlocutores, que se sentiriam intimidados pelo linguajar técnico e silenciariam diante dele...

- **situacionais** – Em diferentes situações comunicativas, um mesmo indivíduo deve reconhecer e empregar diferentes formas de língua. Basta pensar nas atitudes que assumimos em situações formais (como um discurso numa solenidade de formatura) e em situações informais (uma conversa descontraída com amigos, por exemplo): em cada uma dessas oportunidades, empregamos formas de língua diferentes, procurando adequar nosso nível vocabular, sintático e textual ao ambiente linguístico em que nos encontramos. Quando essa adequação não é bem-feita, produzem-se textos equivocados, que transmitem aos nossos interlocutores uma imagem negativa a nosso respeito – passamos a ser considerados despreparados e incompetentes linguisticamente. Particularmente no mundo escolar e no mundo do trabalho, podemos ser seriamente prejudicados por esse mau desempenho linguístico. Por isso, convença-se de que falar e escrever bem uma língua é ser capaz de modular o uso de suas formas de acordo com a situação de interação que se está vivenciando.

Língua falada e língua escrita

Falar ou escrever também implica profundas diferenças na elaboração dos textos. A tal ponto chegam essas variações que se pode considerar que a língua tem duas modalidades diferentes: a **língua falada** e a **língua escrita**. Essas duas modalidades atendem a necessidades diferentes da nossa vida social – e por isso as devemos conhecer bem a fim de lidar com elas satisfatoriamente. Passamos boa parte do tempo transitando entre essas duas modalidades da língua – basta você pensar nas notícias de jornal que lê e que depois conta aos colegas ou na conversa que ouviu e que quer transformar num texto escrito (uma carta ou *e-mail*, por exemplo). Esse processo de transformação da fala na escrita e da escrita na fala é a chamada **retextualização** – e é necessário dominar com proficiência as características de cada tipo de texto falado ou escrito para efetuar bem essa tarefa.

A língua portuguesa no mundo

A formação, o desenvolvimento e a expansão da língua portuguesa estão obviamente vinculados à história dos povos que a criaram e ainda hoje a empregam e transformam. O português é uma língua **neolatina, novilatina** ou **românica**, pois foi formado a partir das transformações verificadas no latim levado pelos dominadores romanos à região da Península Ibérica que hoje é Portugal. As primeiras palavras documentadas da língua portuguesa se encontram em textos do século IX; a partir do século XII, o português passou a ser sistematicamente documentado por escrito. Há obviamente muitas diferenças entre o português desses primeiros registros e o atual – você pode comprová-las em seus estudos de literatura portuguesa medieval.

A partir do século XV, com as grandes navegações, a língua portuguesa foi levada a várias regiões do planeta por conquistadores, colonos e emigrantes. Atualmente, a situação do português no mundo é aproximadamente a seguinte:

- em alguns países, é a língua oficial, o que lhe confere unidade, apesar da existência de variações regionais e da convivência com idiomas nativos. Incluem-se nesse caso Brasil, Portugal, Angola, Moçambique, Guiné-Bissau, Cabo Verde, São Tomé e Príncipe;
- em regiões da Ásia (Macau, Goa, Damão, Dio), é falado por uma pequena parcela da população ou deu origem a dialetos.
- em Timor-Leste, também na Ásia, foi adotado como língua oficial após a independência do país, em 20 de maio de 2002.

É fácil imaginar que numa língua falada em diferentes regiões palavras sejam incorporadas ao seu vocabulário por influências locais ou estrangeiras, que termos idênticos sejam utilizados com significados diversos ou que diferentes construções sintáticas ganhem força aqui ou ali. Tal diversidade é inevitável e resulta de um processo natural de enriquecimento linguístico. A língua, no entanto, é uma só. São diferentes nações a falar o mesmo idioma, unidas pela identidade da língua. Para preservar essa unidade, os chamados países lusófonos reconheceram a necessidade de se adotar uma ortografia comum, a fim de facilitar a circulação de textos escritos, a aprendizagem da língua nas instituições de ensino desses países, o que, enfim, preservaria a origem comum.

As discussões a respeito de um acordo começaram no início do século passado. Em 1911 foi adotada em Portugal a primeira grande reforma ortográfica. Houve outras tentativas, entre Brasil e Portugal, em 1931, 1945, 1971/1973, 1986 e 1990. As duas últimas contaram também com a participação das nações africanas, portanto, já na condição de países livres. Em Lisboa, em 16 de dezembro de 1990, o acordo foi aprovado pelos sete países lusófonos. A entrada em vigor passava a depender da ratificação dos respectivos parlamentos, o que não aconteceu de imediato. Em 2004, o Brasil validou o acordo, seguido por Cabo Verde e São Tomé e Príncipe, que o fizeram em 2006. Mas apenas em 2009, com a assinatura de Portugal, o *Acordo Ortográfico da Língua Portuguesa* finalmente passará a vigorar.

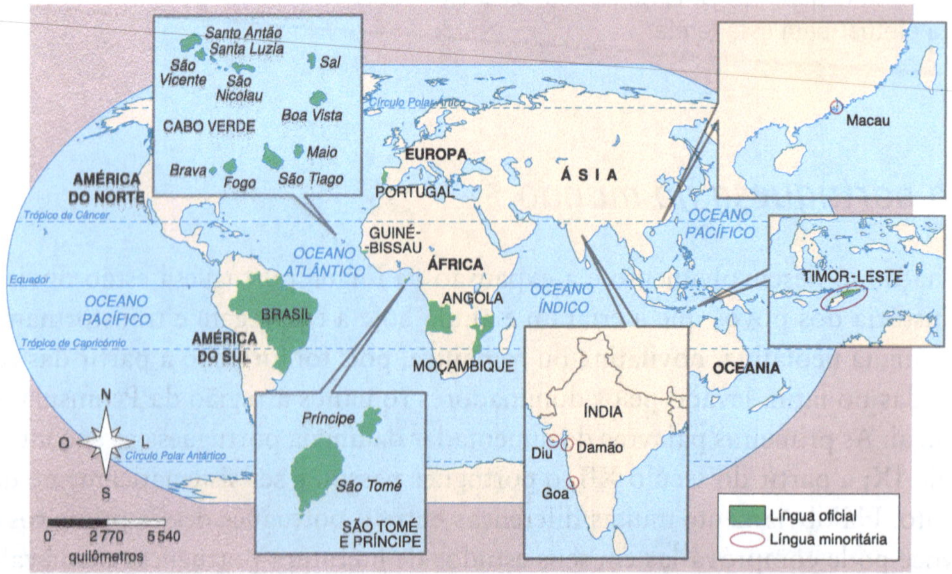

Lusofonia

Segundo o dicionário Houaiss, **lusofonia** é "o conjunto daqueles que falam o português como língua materna ou não". Outro significado do termo, indicado no mesmo dicionário, é "conjunto de países que têm o português como língua oficial ou dominante". O sambista Martinho da Vila lançou em 2000 um interessante CD chamado *Lusofonia*, no qual interpreta canções de vários países africanos lusófonos e de Portugal ao lado de composições de sua autoria. A faixa que abre o disco é "Lusofonia", de Martinho da Vila e Elton Medeiros:

Eu gostaria de exaltar em bom tupi
As belezas do meu país
Falar dos rios, cachoeiras e cascatas
Do esplendor das verdes matas e remotas tradições
Também cantar em guarani os meus amores
Desejos e paixões
Bem fazem os povos
Das nações irmãs
Que preservam os sons e a cultura de raiz

A expressão do olhar
Traduz o sentimento
Mas é primordial
Uma linguagem comum

Importante fator
Para o entendimento
Que é semente do fruto
Da razão e do amor

É sonho ver um dia
A música e a poesia
Sobreporem-se às armas
Na luta por um ideal
E preconizar
A lusofonia
Na diplomacia universal.

In: *Lusofonia*. CD Columbia 2, 495602, 2000. f. 1.

CPLP – Comunidade dos Países de Língua Portuguesa

Consultando o *site* <www.cplp.org> você poderá conhecer as atividades e as iniciativas da Comunidade dos Países de Língua Portuguesa (CPLP), criada em julho de 1996, em Lisboa, Portugal, cujos principais objetivos são a "promoção e a difusão da língua portuguesa". Participaram da fundação da Comunidade os sete países lusófonos: Angola, Brasil, Cabo Verde, Guiné-Bissau, São Tomé e Príncipe, Moçambique e Portugal. Em 2002, Timor-Leste passou a integrar a CPLP. Além disso, para conhecer mais sobre o mundo da língua portuguesa você pode acessar dois interessantes endereços eletrônicos: o do Instituto Camões e o do Museu da Língua Portuguesa: <www.instituto-camoes.pt> e <www.estacaodaluz.org.br>.

Leitura, uso, reflexão

Texto 1

Anúncio criado pela agência Z.Cdp Europe, de Portugal

TROQUE AS BICHAS
PELOS BICHOS.
Este verão, visite os parques de Lisboa.

19.º Anuário do Clube de Criação de São Paulo (1994), p. 319.

Verbete **bicha**
bicha
[De *bicho* (q. v.).]
S. f.
1. Bras. V. lombriga.
2. Bras. V. sanguessuga (1).

3. Dança na qual todos os pares se enfileiram, dando-se as mãos.
4. V. fila[1] (2): "Na exposição do corpo [de Sidônio Pais] na Câmara Municipal, uma bicha enorme, uma bicha a quatro de largo, prolongava-se pela Rua dos Capelistas, ascendendo até ao catafalco." (Raul Brandão, Vale de Josafá, p. 99.)
5. Ant. Escaler da alfândega usado na fiscalização.
6. Galão ou divisa na manga de um uniforme ou farda.
7. Brinquedo de crianças, que imita um lagarto ou uma cobra.
8. Bras. Diabinho-maluco.
9. Bras. RJ Serpentina de alambique, nos engenhos de açúcar.
10. Bras. N.E. Gír. V. cachaça (1).
11. Bras. Gír. Chulo Efeminado (6).
12. Fam. Mulher muito irritadiça.
13. Gír. Febre amarela. ~ V. bichas.

- Bicha de rabear. Bras.

1. Fogo de artifício que descreve rápidas voltas pelo chão; mosquito.

- Fazer bichas. Bras.

1. Praticar travessuras.

***Dicionário Aurélio eletrônico – século XXI*. Rio de Janeiro: Nova Fronteira, 2000.**

As variações de ordem geográfica da língua portuguesa podem causar efeitos curiosos de significado? Comente.

• Texto 2

O poeta da roça

Sou fio das mata, cantô da mão grossa,
Trabaio na roça, de inverno e de estio.
A minha chupana é tapada de barro,
Só fumo cigarro de paia de mio.

Sou poeta das brenha, não faço o papé
De argum menestré, ou errante cantô
Que veve vagando, com sua viola,
Cantando, pachola, à percura de amô.

Não tenho sabença, pois nunca estudei,
Apenas eu sei o meu nome assiná.
Meu pai, coitadinho! vivia sem cobre,
E o fio do pobre não pode estudá.

Images.com/Corbis/Stock Photos

Meu verso rastero, singelo e sem graça,
Não entra na praça, no rico salão,
Meu verso só entra no campo e na roça,
Nas pobre paioça, da serra ao sertão.

Só canto o buliço da vida apertada,
Da lida pesada, das roça e dos eito.
E às vez, recordando a feliz mocidade,
Canto uma sodade que mora em meu peito.

Eu canto o caboco com suas caçada,
Nas noite assombrada que tudo apavora,
Por dentro da mata, com tanta corage
Topando as visage chamada caipora.

Eu canto o vaquero vestido de coro,
Brigando com o toro no mato fechado,
Que pega na ponta do brabo novio,
Ganhando lugio do dono do gado.

Eu canto o mendigo de sujo farrapo,
Coberto de trapo e mochila na mão,
Que chora pedindo o socorro dos home,
E tomba de fome, sem casa e sem pão.

E assim, sem cobiça dos cofre luzente,
Eu vivo contente e feliz com a sorte,
Morando no campo, sem vê a cidade,
Cantando as verdade das coisa do Norte.

ASSARÉ, Patativa do. *Cante lá que eu canto cá*. 5. ed. Petrópolis: Vozes, 1984.

Texto 3

CAPÍTULO III

Da Educação, da Cultura e do Desporto

Seção I

Da Educação

Art. 205. A educação, direito de todos e dever do Estado e da família, será promovida e incentivada com a colaboração da sociedade, visando ao pleno desenvolvimento da pessoa, seu preparo para o exercício da cidadania e sua qualificação para o trabalho.

Art. 206. O ensino será ministrado com base nos seguintes princípios:

I. igualdade de condições para o acesso e permanência na escola;
II. liberdade de aprender, ensinar, pesquisar e divulgar o pensamento, a arte e o saber;
III. pluralismo de ideias e de concepções pedagógicas e coexistência de instituições públicas e privadas de ensino;
IV. gratuidade do ensino público em estabelecimentos oficiais;
V. valorização dos profissionais do ensino, garantindo, na forma da lei, planos de carreira para o magistério público, com piso salarial profissional e ingresso exclusivamente por concurso público de provas e títulos, assegurado regime jurídico único para todas as instituições mantidas pela União;
VI. gestão democrática do ensino público, na forma da lei;
VII. garantia de padrão de qualidade.

***Constituição da República Federativa do Brasil*, de 5 de outubro de 1988.**

• **Texto 4**

Poliacrilatos e polimetacrilatos

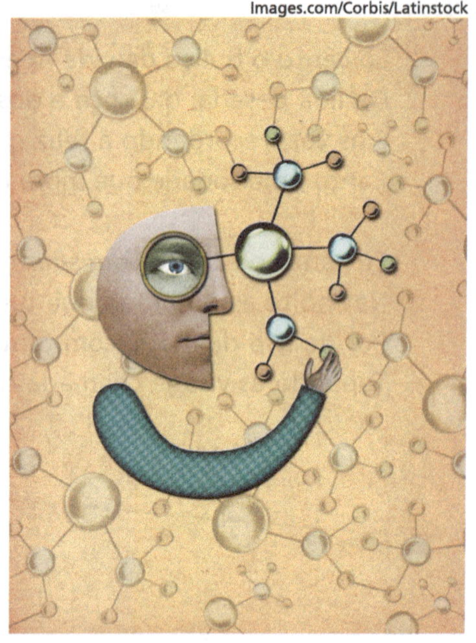
Images.com/Corbis/Latinstock

A história de laboratório dos monômeros acrílicos começou em 1843, quando da primeira síntese do ácido acrílico.

A isto seguiu-se em 1865 a preparação do etilmetacrilato, por Frankland e Duppa, enquanto que em 1877 Fittig e Paul notavam que ele possuía uma certa tendência para polimerizar. Por volta de 1900, a maioria dos acrilatos mais comuns havia sido preparada em laboratório e ao mesmo tempo já existiam alguns trabalhos sobre a sua polimerização. Em 1901, o Dr. Rohm, na Alemanha, começou um estudo sistemático no campo dos acrílicos e mais tarde tomou parte ativa no desenvolvimento industrial dos polímeros do éster acrílico naquele país. O polimetilacrilato foi o primeiro polímero acrílico produzido industrialmente (por Rohm e Haas, em 1927). Foi vendido como uma solução do polímero em solvente orgânico e foi usado principalmente em lacas e formulações para revestimentos superficiais. Mais tarde, Rowland Hill (da I.C.I.) estudou o metilmetacrilato e sua polimerização em profundidade, enquanto que Crawford (também da I.C.I.) desenvolveu um método econômico para a fabricação do monômero.

BRISTON, J. H. & MILES, D. C. *Tecnologia dos polímeros*. São Paulo: Polígono/Edusp, 1975.

1. A forma de língua portuguesa apresentada no texto 2 nos remete a que tipo de realidade? Comente.
2. O texto 2 é uma **poética**, ou seja, é um texto que expõe as propostas criativas de um poeta. Na sua opinião, a forma de língua pela qual o artista optou e a temática de sua poesia se harmonizam? Por quê?
3. Observe, ainda no texto 2, as formas **fio, mio, paioça** (correspondentes, na língua-padrão, a **filho, milho** e **palhoça**, respectivamente) ou os plurais "das mata", "das brenha", "das roça e dos eito", "dos home" e outros. As diferenças entre essas formas e aquelas da língua-padrão são sistemáticas, ou seja, seguem determinados padrões. Observe e comente.
4. A que grupo social pertencem as pessoas que utilizaram a forma de língua portuguesa do texto 3? Por que usaram essa forma de língua?
5. Que tipo de conhecimento é necessário para a perfeita compreensão do texto 4? Que forma de língua é aí apresentada?
6. Que fatores estão na origem destas três variantes da língua portuguesa?

Texto 5

Anúncio criado pela agência Propeg

Revista *Imprensa*, out. 1998.

Prepare-se para participar da Conferência Mundial da Imprensa nas Comunidades de Língua Portuguesa. Um grande encontro que vai reunir culturas de várias regiões do mundo, diferentes filosofias de trabalho e experiência de diversos profissionais de comunicação. Esse evento será realizado na cidade de São Paulo, no período de 17 a 20 de abril do ano 2000, e terá como objetivo discutir a integração entre os países de língua portuguesa e as melhores estratégias para a difusão do nosso idioma. Participarão como palestrantes dessa Conferência lideranças empresariais de vários meios de comunicação, personalidades acadêmicas e profissionais da imprensa dos países de língua portuguesa: Brasil, Portugal, Angola, Cabo Verde, Guiné-Bissau, Moçambique, São Tomé e Príncipe, Macau, Goa e Timor-Leste. Paralelo à Conferência, acontecerão também Seminários Internacionais de Jornalismo, Publicidade, Mídia, Literatura e Ciência da Comunicação. Conferência Mundial da Imprensa nas Comunidades de Língua Portuguesa. Um grande momento para você compartilhar suas experiências e conhecer um novo mundo. O mundo que fala a nossa língua.

1. De acordo com o texto 5, que tipos de meios de comunicação e de profissionais estão diretamente ligados ao trabalho com a língua portuguesa?
2. Conhecer a língua portuguesa é ter um mercado de trabalho à sua disposição. Justifique essa afirmação com base nesse texto publicitário.
3. De que maneira a mensagem visual transmitida pelo anúncio sugere a ideia de que a língua portuguesa apresenta unidade na sua diversidade? Comente.
4. Na sua opinião, qual a importância de um encontro como o que o texto anuncia? Por quê?

• Texto 6

Brasil Alfabetizado. Nunca é tarde para aprender, sempre é hora de ensinar.

O Programa Brasil Alfabetizado está escrevendo um novo capítulo da nossa história. Através de uma parceria com prefeituras, governos estaduais, instituições de ensino e ONGs, o Ministério da Educação vai promover a alfabetização de milhões de brasileiros. Ou seja, vai garantir a todos um dos princípios básicos da cidadania, o direito de assinar seu próprio nome e ainda identificar o destino de um ônibus, preencher uma ficha de emprego, pagar as contas no banco. E a história começa agora: já são milhares de alfabetizadores capacitados em todo o País, e as primeiras turmas já estão completas. Ninguém vai ficar de fora do Brasil Alfabetizado. As inscrições para as novas turmas já estão abertas. Basta procurar um posto de alfabetização ou informar-se na prefeitura da sua cidade. Todo mundo pode e deve ajudar: educadores podem ser alfabetizadores voluntários, empresários podem ceder uma sala da empresa para as aulas, você pode ensinar o porteiro do seu prédio ou encaminhar o entregador da padaria até um posto de alfabetização. E tão importante quanto a participação é a fiscalização. Acompanhe o trabalho dos alfabetizadores, converse com os alunos que você conhece, veja se eles realmente estão aprendendo. Trabalhando juntos, vamos escrever um país mais justo e com mais oportunidades para todos os brasileiros.

Para receber a cartilha do MEC com subsídios para a alfabetização ou obter mais informações sobre o programa, ligue 0800 616161.

Ministério da Educação

MARIA NORMA Claudio José André Carlos Nivaldo

Anúncio do Ministério da Educação do Governo Federal

Revista *Época*, 15 set. 2003.

1. **Alfabetizado** é uma palavra que normalmente se emprega em relação a seres humanos. Comente o efeito de sentido que se obtém quando se usa essa palavra para caracterizar um país.
2. "Nunca é tarde para aprender, sempre é hora de ensinar". Comente o efeito de sentido que produz a aproximação de palavras como **nunca** e **sempre** ou **aprender** e **ensinar**.
3. Segundo o texto, a alfabetização é "um dos princípios básicos da cidadania". De acordo com o mesmo texto, para que serve ser alfabetizado?
4. Conhecer e utilizar eficientemente a língua escrita é o mesmo que ser alfabetizado? Comente, considerando a resposta à questão anterior.
5. Por que o Ministério da Educação e o Governo Federal fazem publicar textos como esse em revistas como a *Época*?

Texto 7

É...

A gente quer valer o nosso amor,
A gente quer valer nosso suor,
A gente quer valer o nosso humor,
A gente quer do bom e do melhor,
A gente quer carinho e atenção,
A gente quer calor no coração,
A gente quer suar, mas de prazer,
A gente quer é ter muita saúde,
A gente quer viver a liberdade,
A gente quer viver felicidade,

É, é, é, é...
É, é, é, é...
A gente não tem cara de panaca,
A gente não tem jeito de babaca,
A gente não está com a bunda exposta na janela
Pra passar a mão nela.

A gente quer viver pleno direito,
A gente quer viver todo o respeito,
A gente quer viver uma nação,
A gente quer é ser um cidadão.

É, é, é, é...
É, é, é, é...

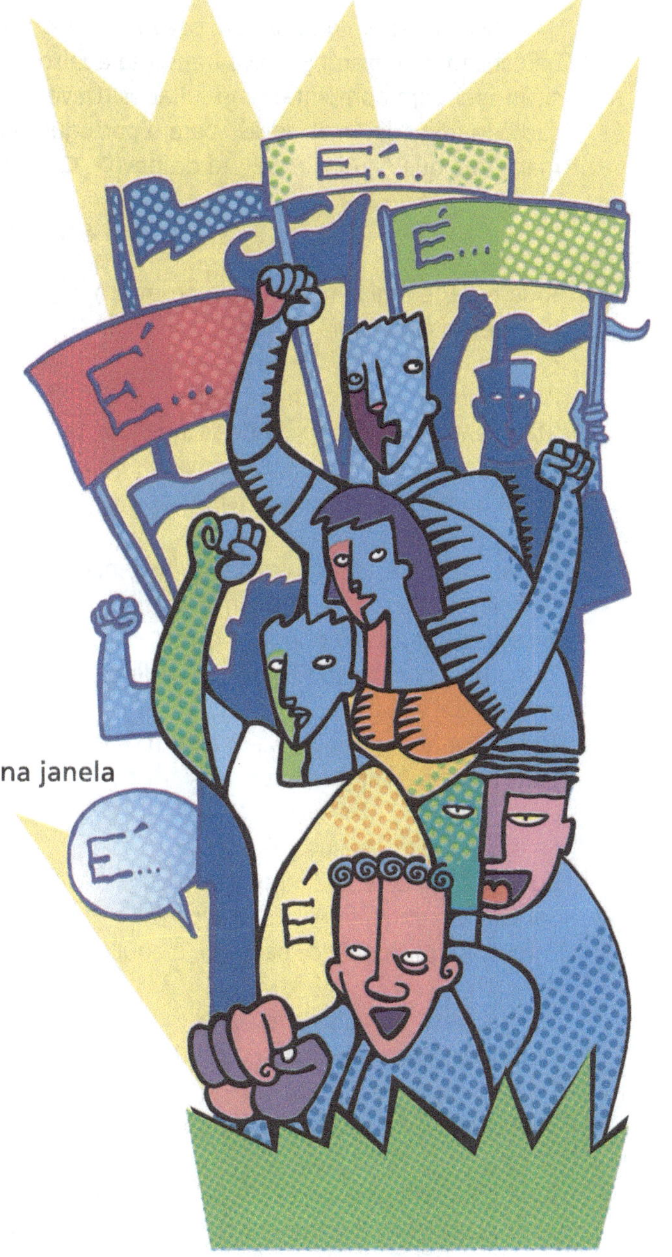

GONZAGUINHA. "É...". In: *Vale tudo*. LP Som Livre 406.0020, 1988. l. B, f. 1.

O texto "É...", de Luís Gonzaga Jr., o "Gonzaguinha", simula uma fala coletiva que expõe reivindicações muito sérias, e o faz utilizando formas de língua coloquiais. Faça um levantamento dessas reivindicações e estude a disposição que apresentam. A seguir, refaça o texto, transformando-o numa declaração a ser publicada numa revista dedicada a um público adulto de alta escolaridade. Faça as modificações que julgar necessárias.

Atividades de pesquisa

Dividam-se em grupos para pesquisar o significado das palavras e expressões em "malandrês" na canção de Bezerra da Silva transcrita abaixo. Depois de feita a pesquisa, preparem uma exposição oral para apresentar os resultados. Deve fazer parte dessa exposição não apenas a "tradução" do texto do "malandrês" para o português-padrão, mas também uma avaliação sobre a afirmação de que "a gíria é cultura do povo". Qual o sentido de "gíria" no texto? E o de "povo"?

A gíria é a cultura do povo

Toda hora tem gíria no asfalto e no morro
porque ela é a cultura do povo

Pisou na bola conversa fiada malandragem
Mala sem alça é o rodo, tá de sacanagem
Tá trincado é aquilo, se toca vacilão
Tá de bom tamanho, otário fanfarrão

Tremeu na base, coisa ruim não é mole não
Tá boiando de marola, é o terror alemão
Responsa catuca é o bonde, é cerol
Tô na bola corujão vão fechar seu paletó

Toda hora tem gíria no asfalto e no morro
porque ela é a cultura do povo

Se liga no papo, maluco, é o terror
Bota fé compadre, tá limpo, demorou
Sai voado, sente firmeza, tá tranquilo
Parei contigo, contexto, baranga, é aquilo

Tá ligado na fita, tá sarado
Deu bode, deu mole qualé, vacilou
Tô na área, tá de *bob*, tá bolado
Babou a parada, mulher de tromba, sujou

Toda hora tem gíria no asfalto e no morro
porque ela é a cultura do povo

Sangue bom tem conceito, malandro e o cara aí
Vê me erra boiola, boca de siri
Pagou mico, fala sério, tô te filmando
É ruim hem! O bicho tá pegando

Não tem caô, papo reto, tá pegado
Tá no rango mané, tá aloprado
Caloteiro, carne de pescoço, vagabau
Tô legal de você sete-um, gbo, cara de pau

Toda hora tem gíria no asfalto e no morro
porque ela é a cultura do povo

A gíria é cultura popular
Se liga, amizade
Tá certíssimo

ALVES, Elis e JÚNIOR. "A Gíria é a Cultura do Povo". In: Bezerra da Silva. *É só Sucesso, malandro.* CD ATR 21384, São Paulo, Atração Fonográfica, 2002. f. 7.

CAPÍTULO

3 Textos

O recital

Uma boa maneira de começar um conto é imaginar uma situação rigidamente formal – digamos, um recital de quarteto de cordas – e depois começar a desfiá-la, como um pulôver velho. Então, vejamos. Um recital de quarteto de cordas.

O quarteto entra no palco sob educados aplausos da seleta plateia. São três homens e uma mulher. A mulher, que é jovem e bonita, toca viola. Veste um longo vestido preto. Os três homens estão de fraque. Tomam os seus lugares atrás das partituras. Da esquerda para a direita: um violino, outro violino, a viola e o violoncelo. Deixa ver se não esqueci nenhum detalhe. O violoncelista tem um grande bigode ruivo. Isto pode se revelar importante mais tarde, no conto. Ou não.

Os quatro afinam seus instrumentos. Depois, silêncio. Aquela expectativa nervosa que precede o início de qualquer concerto. As últimas tossidas da plateia. O primeiro violinista consulta seus pares com um olhar discreto. Estão todos prontos, o violinista coloca o instrumento sob o queixo e posiciona seu arco. Vai começar o recital. Nisso…

Nisso, o quê? Qual é a coisa mais insólita que pode acontecer num recital de um quarteto de cordas? Passar uma manada de zebus pelo palco, por trás deles? Não. Uma manada de zebus passa, parte da plateia pula das suas poltronas e procura as saídas em pânico, outra parte fica paralisada e perplexa, mas depois tudo volta ao normal. O quarteto, que manteve-se firme em seu lugar até o último zebu – são profissionais e, mesmo, aquilo não pode estar acontecendo –, começa a tocar. Nenhuma explicação é pedida ou oferecida. Segue o Mozart.

Não. É preciso instalar-se no acontecimento, como a semente da confusão, uma pequena incongruência. Algo que crie apenas um mal-estar, de início, e chegue lentamente, em etapas sucessivas, ao caos. Um morcego que pousa na cabeça do segundo violinista durante um *pizzicato*. Não. Melhor ainda. Entra no palco um homem carregando uma tuba.

Há um murmúrio na plateia. O que é aquilo? O homem entra, com sua tuba, dos bastidores. Posta-se ao lado do violoncelista. O primeiro violinista, retesado como um mergulhador que subitamente descobriu que não tem água na piscina, olha para a tuba entre fascinado e horrorizado. O que é aquilo? Depois de alguns instantes em que a tensão no ar é como a corda de um violino esticada ao máximo, o primeiro violinista fala:

– Por favor…

– O quê? – diz o homem da tuba, já na defensiva. – Vai dizer que eu não posso ficar aqui?

– O que o senhor quer?

– Quero tocar, ora. Podem começar que eu acompanho.

Alguns risos da plateia. Ruídos de impaciência. Ninguém nota que o violoncelista olhou para trás e quando deu com o tocador de tuba virou o rosto em seguida, como se quisesse se esconder. O primeiro violinista continua:

– Retire-se, por favor.

– Por quê? Quero tocar também.

O primeiro violinista olha nervosamente para a plateia. Nunca em toda a sua carreira como líder do quarteto teve que enfrentar algo parecido. Uma vez um mosquito entrou na sua narina durante uma passagem de Vivaldi. Mas nunca uma tuba.

– Por favor. Isto é um recital para quarteto de cordas. Vamos tocar Mozart. Não tem nenhuma parte para a tuba.

– Eu improviso alguma coisa. Vocês começam e eu faço o *um-pá-pá*.

Mais risos da plateia. Expressões de escândalo. De onde surgiu aquele homem com uma tuba? Ele nem está de fraque. Segundo algumas versões veste uma camiseta do Vasco. Usa chinelos de dedo. A violista sente-se mal. O violinista ameaça chamar alguém dos bastidores para retirar o tocador de tuba à força. Mas ele aproxima o bocal do seu instrumento dos lábios e ameaça:

– Se alguém se aproximar de mim eu toco *pof*!

A perspectiva de se ouvir um *pof* naquele recinto paralisa a todos.

– Está bem – diz o primeiro violinista. – Vamos conversar. Você, obviamente, entrou no lugar errado. Isto é um recital de cordas. Estamos nos preparando para tocar Mozart. Mozart não tem *um-pá-pá*.

– Mozart não sabe o que está perdendo – diz o tocador de tuba, rindo para a plateia e tentando conquistar a sua simpatia.

Não consegue. O ambiente é hostil. O tocador de tuba muda de tom. Torna-se ameaçador:

– Está bem, seus elitistas. Acabou. Onde é que vocês pensam que estão, no século XVIII? Já houve dezessete revoluções populares depois de Mozart. Vou confiscar estas partituras em nome do povo. Vocês todos serão interrogados. Um a um pá-pá.

Torna-se suplicante:

– Por favor, só o que eu quero é tocar um pouco também. Eu sou humilde. Não pude estudar instrumento de corda. Eu mesmo fiz esta tuba, de um Volkswagen velho. Deixa…

Num tom sedutor, para a violista:

– Eu represento os seus sonhos secretos. Sou um produto da sua imaginação lúbrica, confessa. Durante o Mozart, neste quarteto antisséptico, é em mim que você pensa. Na minha barriga e na minha tuba fálica. Você quer ser violada por mim num *allegro assai*, confessa...

Finalmente, desafiador, para o violoncelista:

– Esse bigode ruivo. Estou reconhecendo. É o mesmo bigode que eu usava em 1968. Devolve!

O tocador de tuba e o violoncelista atracam-se. Os outros membros do quarteto entram na briga. A plateia agora grita e pula. É o caos! Simbolizando, talvez, a falência final de todo o sistema de valores que teve início com o Iluminismo europeu ou o triunfo do instinto sobre a razão ou, ainda, uma pane mental do autor. Sobre o palco, um dos resultados da briga é que agora quem está com o bigode ruivo é a violista. Vendo-a assim, o tocador de tuba para de morder a perna do segundo violinista, abre os braços e grita: "Mamãe!"

Nisso, entra no palco uma manada de zebus.

VERISSIMO, Luis Fernando. *O analista de Bagé*. São Paulo: Círculo do Livro, s. d.

Leitura: Interação

1. O narrador assume no texto uma voz explícita, que expõe ao leitor vários procedimentos e dúvidas referentes ao desenvolvimento da história. Utilize esses momentos da narrativa para demonstrar que um texto é sempre fruto de intenções e projetos de quem o produz.
2. "Isto poderia se revelar importante mais tarde, no conto. Ou não."
   a) Qual elemento é retomado pelo pronome **isto**?
   b) Comente a importância desse elemento em duas passagens posteriores: depois do primeiro diálogo entre o homem da tuba e o líder do quarteto e antes da confusão que antecede a entrada dos zebus.
3. "Nisso..." O que prepara essa palavra? Você, leitor, o que passa a esperar depois que a lê? E o narrador, que faz depois de enunciá-la?
4. O quarto parágrafo parece ser uma digressão, ou seja, um momento em que o texto foge ao tema principal. Depois da leitura do texto inteiro, essa impressão continua? Qual a importância real desse parágrafo para a estrutura do texto?
5. O quinto parágrafo nos mostra como deve ser o desenvolvimento de um conto. Relacione o que se diz nesse parágrafo com a série de acontecimentos que o seguem.
6. Aponte, no penúltimo parágrafo, o momento em que o texto avalia aquilo que está sendo narrado. Que tipo de linguagem é então utilizado?
7. O desfecho do texto é surpreendente? Relacione esse desfecho com o que é dito no quarto e no quinto parágrafos. Não deixe de levar em conta aquilo que o narrador havia concluído anteriormente sobre a manada de zebus.

8. O texto nos apresenta um universo em que muitas coisas se mostram diferentes do que determina a lógica do cotidiano. Pensando nisso, comente:
   a) o valor do argumento colocado pelo homem da tuba ("Se alguém se aproximar de mim eu toco *pof*!") para evitar a aproximação de quem o quisesse retirar de cena.
   b) a linguagem utilizada pelo homem da tuba na sequência em que se torna ameaçador (parágrafo 23), suplicante (parágrafo 25) e sedutor (parágrafo 27).
   c) a ambiguidade da passagem "Mas nunca uma tuba" no parágrafo em que o primeiro violinista se recorda de situações difíceis anteriores.
9. Utilize o conhecimento adquirido sobre o texto "O recital" para comprovar que um texto é um todo estruturado e não uma mera justaposição de partes desconexas.

Textos são tecidos significantes

Coerência e coesão

A palavra **texto** provém do latim *textum*, que significa "tecido, entrelaçamento". Há, portanto, uma razão etimológica para nunca esquecermos que o texto resulta da ação de tecer, de entrelaçar unidades e partes a fim de formar um todo inter-relacionado. Daí podermos falar em **textura** ou **tessitura** de um texto: é a rede de relações que garantem sua coerência e sua coesão. Como percebemos ao lermos o texto de Luis Fernando Verissimo, há uma estratégia de composição que produz o tecido significante que é o texto.

Esse trabalho de tecelão que o produtor de textos falados e escritos executa resulta da utilização apropriada dos mecanismos de coesão e coerência textuais:

- a **coerência** resulta das relações pertinentes entre os fatos, conceitos e dados mencionados no texto. É ela a responsável pelo sentido do texto e envolve a adoção de uma lógica, que deve ser acatada e seguida. A coerência depende também de aspectos semânticos e do conhecimento que os interlocutores partilham sobre a realidade abordada pelo texto, já que o sentido não resulta apenas dos procedimentos do produtor do texto, mas também do domínio que o recebedor do texto têm dos elementos necessários à sua interpretação.
- a **coesão** é linguística e resulta da maneira como o texto formalmente se organiza para expressar seu conteúdo, ou seja, são mecanismos gramaticais e lexicais que a constituem (pronomes, artigos, elipses, concordância verbal e nominal, correlação entre tempos verbais, conjunções, entre outros elementos). Podemos dizer que a coerência se refere aos nexos entre os conceitos, fatos e dados mencionados no texto e que a coesão é a expressão linguística desses nexos.

A coerência e a coesão de um texto podem ser avaliadas a partir da observação de quatro princípios de organização: a **retomada**, a **progressão**, a **relação** e a **não contradição.** Para observá-los, devemos ter sempre em mente que os textos falados e escritos se desenvolvem de maneira linear, ou seja, as partes que os formam surgem umas após as outras, cada uma delas relacionando-se com o que já foi dito ou escrito e com o que ainda se vai dizer ou escrever.

Retomada

Ao longo de um texto coerente, ocorrem retomadas (às vezes, verdadeiras repetições) de elementos (palavras, frases e sequências que exprimem fatos ou conceitos). Essa retomada é normalmente feita por pronomes (e pelas terminações verbais que os indicam) ou por palavras e expressões equivalentes ou sinônimas. A mesma palavra ou expressão pode ser repetida, o que ocorre com mais frequência nos textos falados – nos textos escritos, a repetição pura e simples de uma palavra ou expressão é normalmente considerada um problema e deve ser feita somente para a obtenção de efeitos de sentido particulares.

As retomadas conferem ao texto um desenvolvimento homogêneo, que a cada passo recupera aquilo que já foi dito ou escrito para remeter ao que vai ser dito ou escrito.

Progressão

Num texto coerente, o conteúdo deve progredir, ou seja, devemos sempre acrescentar novas informações ao que já foi dito. A progressão complementa a retomada: esta garante a recuperação de elementos passados; aquela garante que o texto não se limite a repetir indefinidamente o que já foi mencionado. Dessa forma, equilibramos o que já foi dito ou escrito com o que se vai dizer ou escrever, garantindo a continuidade do tema e a expansão do sentido.

Como veremos em vários momentos no nosso curso, a língua tem várias formas de encaminhar a progressão textual. Há palavras e expressões que se usam para explicitar isso, como “depois”, “além disso”, “a seguir”, “ainda”, “tampouco”. Há muitas outras possibilidades, que estudaremos no momento apropriado.

Relação

Num texto coerente, os fatos e conceitos devem estar relacionados. Essa relação deve ser suficiente para justificar sua inclusão num mesmo texto. As relações mais frequentes entre os fatos, conceitos e dados que se articulam em textos são as de causa, condição ou consequência. Há evidentemente ideias e conceitos mais gerais e outros mais específicos: devem ser organizados aqueles que estabelecem entre si relações equilibradas e capazes de sustentar o desenvolvimento do texto. A língua costuma empregar conjunções, advérbios, numerais ordinais e muitas das chamadas palavras denotativas para explicitar essas relações.

Não contradição

Num texto coerente, não devem surgir elementos que contradigam aquilo que já foi colocado. O texto não deve destruir a si mesmo, tomando como verdadeiro aquilo que já foi considerado falso, ou vice-versa. Esse tipo de contradição só é tolerado se for intencional:

"O Brasil atravessa um período difícil." (...) "O Brasil não atravessa um período difícil."

O surgimento, num mesmo texto, dessas duas frases, só faria sentido se, por exemplo, quiséssemos enfatizar que, apesar das dificuldades de nosso país, ele ainda oferece perspectivas para o futuro ou se quiséssemos negar a existência de uma situação difícil.

Não se deve confundir a não contradição com o contraste. A aproximação de ideias e fatos contrastantes é um recurso muito frequente no desenvolvimento da argumentação. Dizer, por exemplo, que o Brasil tem uma economia comparável às dos maiores países do mundo para, a seguir, declarar que a distribuição de renda no país é a pior do mundo não é uma contradição. É um contraste, que pode servir ao desenvolvimento de uma linha argumentativa.

A contradição pode ser explorada como um verdadeiro argumento. É apontando as contradições de quem comanda o mercado fonográfico que a letra da canção enfatiza: o sucesso que deveria resultar da criatividade e do mérito dos artistas é na verdade produto da publicidade e da manipulação dos meios de comunicação.

A melhor banda de todos os tempos da última semana

Quinze minutos de fama
Mais um pros comerciais
Quinze minutos de fama
Depois descanse em paz
O gênio da última hora
É o idiota do ano seguinte
O último novo-rico
É o mais novo pedinte

A melhor banda de todos os tempos da última semana
O melhor disco brasileiro de música americana
O melhor disco dos últimos anos de sucessos do passado
O maior sucesso de todos os tempos entre os dez maiores fracassos

Não importa a contradição
O que importa é televisão
Dizem que não há nada a que você não se acostume
Cala a boca e aumenta o volume então

Divulgação/Titãs

Tony Bellotto, Paulo Miklos, Branco Mello...

As músicas mais pedidas
Os discos que vendem mais
As novidades antigas
Nas páginas dos jornais
Um idiota em inglês
Se é idiota, é bem menos que nós
Um idiota em inglês
É bem melhor que eu e vocês

A melhor banda de todos os tempos da última semana
O melhor disco brasileiro de música americana
O melhor disco dos últimos anos de sucessos do passado
O maior sucesso de todos os tempos entre os dez maiores fracassos

Não importa a contradição
O que importa é televisão
Dizem que não há nada a que você não se acostume
Cala a boca e aumenta o volume então

Os bons meninos de hoje
Eram os rebeldes da outra estação
O ilustre desconhecido
É o novo ídolo do próximo verão.

Divulgação/Titãs

... Sérgio Britto e Charles Gavin, dos Titãs.

BRITTO, Sérgio e MELLO, Branco. In: *A melhor banda de todos os tempos da última semana*. CD Abril Music 1104007-2, 2001. f. 2.

Autoavaliação

Esses quatro itens – retomada, progressão, não contradição e relação – podem ajudá-lo a avaliar o grau de coerência e coesão dos textos – os que você lê ou ouve e os que você escreve ou fala. Integrando-os, você adquire um conceito bastante prático do que um texto deve ser: uma sequência de dados não contraditórios e pertinentemente inter-relacionados, apresentados de forma gradativa num movimento verbal que combina continuamente avanço e recuo, repetição e progressão. Esse conceito deve estar sempre em sua mente quando você revisar sua produção escrita a fim de alcançar o texto mais eficiente possível.

O texto no discurso

A coerência e a coesão não são os únicos fatores que determinam a configuração e a eficiência de um texto. O que de fato ocorre é que os textos circulam em nossa vida social em situações concretas de interação entre seus produtores e seus recebedores. Nessas situações efetivas de interação se manifesta o **discurso** e se revelam elementos que interferem na configuração dos textos e nos sentidos que produzem. Esses elementos incluem a **intenção** do produtor do texto, a **expectativa** do interlocutor, o **contexto** com que o texto se relaciona, o **meio** em que o texto circula, a **adequação do texto ao gênero do discurso** em que se inscreve, as relações de **intertextualidade** que estabelece.

Há um constante jogo de referências, significados e sentidos entre os interlocutores, que usam os textos para agir um sobre o outro no cenário social de que fazem parte. O produtor de um texto procura organizá-lo de forma a ser bem-sucedido em seu propósito, que pode ser persuadir, informar, impressionar, alarmar, pedir, ofender, consolar, confundir, ensinar, etc. Ele sabe que o recebedor de seu texto tem expectativas, e joga com elas a seu favor, procurando satisfazê-las ou não, de acordo com a estratégia que adota. Outro dado importante é o conhecimento que o produtor e o recebedor do texto partilham sobre o assunto do texto e sobre a realidade em geral. Saber lidar com esse conhecimento partilhado é dosar na medida certa as informações explícitas, os subentendidos e os pressupostos do texto. Assim, quem produz um texto para um público infantil recém-alfabetizado deve elaborá-lo de forma muito diferente da de quem produz um texto para acadêmicos de uma determinada área, ainda que esses textos possam tratar de um mesmo assunto – por exemplo, a importância para a saúde pública da manutenção de pequenos hábitos de higiene pessoal. Essas diferenças atingem a organização do texto, percorrendo desde a seleção vocabular até a opção pela utilização ou não de ilustrações, gráficos e outros elementos complementares.

Além disso, os textos se relacionam com os padrões esperados em cada área do universo social – os **gêneros do discurso**. Nas diferentes áreas da sociedade circulam textos com características próprias, determinadas por fatores sociais e históricos. Nossa prática com essas áreas faz com que tenhamos expectativas em relação aos textos que circulam nelas. Assim, quando abrimos um jornal ou uma revista, esperamos que os textos que neles encontraremos se relacionem com os padrões que temos em mente. Se isso não ocorre, normalmente julgamos que o texto foi produzido por alguém sem a necessária capacidade interlocutiva – a não ser, é claro, nos casos em que percebemos que a ruptura da nossa expectativa foi intencionalmente procurada pelo autor do texto, que explorou essa ruptura como mais um elemento no jogo de relações que o texto estabelece. Assim, os textos que absorvemos e produzimos se integram à rede de textos que circulam pelo mundo social, relacionando-se com esse contexto e também com os demais textos que nele circulam.

Contexto e cotexto

Contexto é uma palavra muito frequente nos estudos relacionados com linguagem, língua, leitura e produção de textos. Por isso, você deve estar seguro do que ela significa: segundo o dicionário Houaiss, contexto é a "inter-relação de circunstâncias que acompanham um fato ou uma situação" e também "o conjunto de palavras, frases, ou o texto que precede ou se segue a determinada palavra, frase ou texto, e que contribuem para o seu significado; o encadeamento do discurso". A primeira acepção se refere ao conjunto de condições em que ocorre a interação verbal: a posição física e social dos interlocutores, o momento histórico que vivem, o tipo de vínculo que mantêm entre si, a situação social em que se integram, por exemplo. A segunda acepção diz respeito à conformação linguística do texto, ao material verbal de que ele é constituído. Para denominar esse contexto específico, interno ao texto, criou-se o termo **cotexto**.

• Texto 1

MATERNIDADE

Infância interrompida

Menina de 11 anos dá à luz gêmeos na periferia de Brasília e renova discussão sobre gravidez precoce

A menina G.P. da S., de 11 anos, protegida pelo pseudônimo de Luiza, desfez-se da última boneca de plástico quando descobriu que estava grávida. No sábado 30, às 22 horas, deixou para trás também a infância. Naquele momento, ela deu à luz gêmeos, os meninos Ramon e Randerson. "Não sou mais criança, agora sou mãe de família", diz. O parto cesariano transcorreu sem complicações e 12 horas depois da cirurgia a mãe-menina de longos cabelos claros caminhava pelos corredores do Hospital Regional da Asa Norte, em Brasília. Chorou ao colocar os filhos no colo pela primeira vez. Com os seios repletos de leite, amamenta-os alternadamente. Ramon e Randerson nasceram com um minuto de diferença. O primeiro, moreno e parecido com o pai, pesava 2,790 quilos e media 49 centímetros. O caçula, de cabelos claros como os da mãe, tinha 2,630 quilos e 52 centímetros. O caso reabre o debate em torno da gravidez precoce, que atinge anualmente cerca de 700 mil meninas brasileiras.

Luiza e José Ferreira, de 19 anos, namoram há 1 ano e meio, com a autorização da mãe dela, Raimunda Pimenta da Silva, de 46 anos e oito filhos. Até cinco anos atrás, viviam em Irecê, na Bahia. Mudaram-se para tentar vida melhor. José engraxava sapatos na rua e, acompanhado de Luiza, vigiava carros em áreas comerciais. A gravidez assustou a família. Raimunda falou em conseguir remédios para provocar aborto. Inconformada, Luiza transferiu-se para outro barraco debaixo da mesma ponte em que vivia com a mãe, perto da cidade de Sobradinho, a 20 quilômetros de Brasília.

A divulgação da história um mês antes do nascimento dos gêmeos mudou a vida dos namorados. O casal de comerciantes Leonardo e Mônica Fernandes acolheu José e Luiza na chácara de 35 mil metros quadrados em Taguatinga, cidade-satélite a 30 quilômetros da capital. Berços, roupas, cama de casal e brinquedos chegaram por meio de doações. A maioria delas saiu de comunidades religiosas, que evitaram pronunciar-se sobre o caso. Por enquanto, Ramon e Randerson têm a dedicação exclusiva de Luiza. José passa o dia a levantar as paredes da futura moradia da família, no terreno da chácara, e espera ajuda para conseguir material e concluir a obra. "Hoje, meu maior sonho é ir para minha nova casa", diz Luiza, ainda abrigada no quarto cedido pelos comerciantes. "Quero também que meus filhos entrem na escola." Com apenas a 2ª série do ensino fundamental, a pequena mãe planeja voltar a estudar. ■

> **O QUE DIZ A LEI**
>
> ***Os textos que se aplicam a casos como o de Luiza***
>
> - O artigo 224 do Código Penal considera estupro o ato sexual com criança de até 14 anos. O responsável deve entrar com ação na Justiça. No caso de Luiza, a família aprovou o namoro
> - O verdadeiro nome da menina está protegido pelo artigo 247 do Estatuto da Criança e do Adolescente

MARIA CLARICE DIAS, DE BRASÍLIA

Editora Globo

DIAS, Maria Clarice. Revista *Época*, 9 out. 2000.

1. Releia o texto atentamente e faça o levantamento de todas as palavras e expressões que retomam o termo "a menina G. P. da S., de 11 anos".
2. A **elipse** (omissão de um termo identificável pelo cotexto) também é um mecanismo de retomada de elementos no corpo dos textos. Aponte os casos que ocorrem no primeiro parágrafo e indique os elementos subentendidos.
3. Que palavras e expressões, no primeiro parágrafo, retomam o termo **gêmeos**?

4. O primeiro parágrafo movimenta-se do particular para o geral. Explique por quê. Esse movimento é comum em reportagens como essa? Comente.
5. Relacione o segundo parágrafo com o primeiro em termos de progressão textual.
6. Relacione o terceiro parágrafo com o segundo em termos de progressão textual.
7. "A maioria **delas** saiu de comunidades religiosas, **que** evitaram pronunciar-se sobre o assunto."
   a) Que elementos do texto são retomados pelas palavras destacadas?
   b) As comunidades religiosas deveriam, além de ajudar o casal, pronunciar-se sobre o assunto? Explique.
8. Por que uma revista como a *Época* trata de um tema como a gravidez precoce?
9. Gravidez precoce é algo que faz parte da sua realidade? O que pensa dela e da situação de meninas como Luiza?

• Texto 2

Nome aos bois

Garrastazu
Stálin
Erasmo Dias
Franco
Lindomar Castilho
Nixon
Delfim
Ronaldo Bôscoli
Baby Doc
Papa Doc
Mengele
Doca Street
Rockfeller
Afanásio
Dulcídio Wanderley Bosquila
Pinochet
Gil Gomes
Reverendo Moon
Jim Jones

General Custer
Flávio Cavalcante
Adolf Hitler
Borba Gato
Newton Cruz
Sérgio Dourado
Idi Amin
Plínio Correia de Oliveira
Plínio Salgado
Mussolini
Truman
Khomeini
Reagan
Chapman
Fleury

REIS, Nando, ANTUNES, Arnaldo, FROMER, Marcelo & BELLOTTO, Toni. In: *Jesus não tem dentes no país dos banguelas*. LP BMG Ariola 670.4033. l. B, f. 6.

Em alguns textos, os mecanismos de repetição, progressão, relação e não contradição manifestam-se de forma menos convencional. É o que acontece com a letra da canção "Nome aos bois", do grupo Titãs. Analise esse texto com base nos mecanismos de construção de textos estudados.

Texto 3

Notícia de jornal

Quem descobriu, perdida no noticiário policial de um matutino, a intensa poesia contida no bilhete do suicida? Creio que foi Manuel Bandeira. Sim, se a memória não falha (e, meu Deus, ela está começando a falhar), foi o poeta Bandeira. Ele é que tem o dom da poesia mais forte. Claro, todos nós somos poetas em potencial, amando a poesia no voo de um pássaro, na comovente curva de um joelho feminino, no pôr do sol, na chuva que cai no mar. Mas nós somos os pequenos poetas, os que sentimos a poesia, sua mensagem de encantamento, sem capacidade bastante para transmitir ao amigo, à amada, ao companheiro aquilo que nos encantou.

Então Deus fez o poeta maior, aquele que tem o dom de transmitir por meio de palavras toda e qualquer poesia, seja ela plástica, audível, rítmica; sentimento ou dor.

"A poesia é espontânea" – disse um dia Pedro Cavalinho, o tímido esteta, enquanto descíamos de madrugada uma rua molhada de orvalho e um galo branco cantou num muro próximo. Um muro que o limo pintara de verde.

E é mesmo. Tão espontânea, que estava no bilhete do suicida. Um minuto antes de botar formicida no copo de cerveja e beber, ele rabiscou, com sua letra incerta, num pedaço de papel: "Morri do mal de amor. Avisem minha mãe. Ela mora na Ladeira da Alegria, sem número".

Manuel Bandeira, poeta maior, nem precisou transformar num poema as palavras do morto. Leu a notícia em meio às notas policiais do matutino e notou logo o que podem as palavras. O homem humilde, que fora a vida inteira um espectador da poesia das coisas, no último instante, sem a menor intenção, se fez poeta também. E deixou sobre a mesa suja de um botequim, entre um copo de formicida e uma garrafa de cerveja, a sua derradeira mensagem – a sua primeira mensagem poética.

Num matutino de ontem, num desses matutinos que se empenham na publicidade do crime, havia a seguinte notícia: "João José Gualberto, vulgo 'Sorriso', foi preso na madrugada de ontem, no Beco da Felicidade, por ter assaltado a Casa Garson, de onde roubara um lote de discos".

Pobre redator, o autor da nota. Perdido no meio de telegramas, barulho de máquinas, campainha de telefones, nem sequer notou a poesia que passou pela sua desarrumada mesa de trabalho, e que estava contida no simples noticiário de polícia.

Bem me disse Pedro Cavalinho, o tímido esteta, naquela madrugada: "A maior inimiga da poesia é a vulgaridade". Distraído na rotina de um trabalho ingrato, esse repórter de polícia soube que um homem que atende pelo vulgo de "Sorriso" roubara discos numa loja e fora preso naquele beco sujo que fica entre a Presidente Vargas e a Praça da República e que se chama da Felicidade. Fosse o repórter menos vulgar e teria escrito:

"O Sorriso roubou a música e acabou preso no Beco da Felicidade".

PRETA, Stanislaw Ponte. *Tia Zulmira e Eu*. Rio de Janeiro: Civilização Brasileira, 1979.

1. Releia atentamente os dois primeiros parágrafos do texto. A seguir, explique quais as diferenças entre o poeta maior e os poetas menores.
2. Relacione a afirmação de Pedro Cavalinho de que a poesia é espontânea com a situação em que ele e o narrador se encontram naquele momento.
3. O que existe de poético, no seu entender, no bilhete do suicida?
4. No quinto parágrafo, há várias expressões de sentido oposto. Aponte-as e comente o efeito de sentido que produzem.
5. "A maior inimiga da poesia é a vulgaridade." Relacione o conteúdo dessa frase com o comportamento do redator de jornal.
6. A notícia, como o redator a produziu, parece-lhe inadequada à finalidade a que se propõe? Comente.
7. O modo como Stanislaw Ponte Preta reelaborou a notícia tem qual finalidade?
8. Manuel Bandeira, Pedro Cavalinho, o bilhete do suicida, o ladrão da música. Quais as relações que o texto estabelece entre esses elementos todos?
9. A crônica é um texto que circula normalmente em jornais ou revistas e que se caracteriza por capturar o que há de poético no cotidiano num misto de linguagem lírica e jornalística. "Notícia de jornal" é, portanto, uma crônica sobre o próprio ato de escrever crônicas. Comente.

• Texto 4

Finalmente alguém descobriu que histórias em quadrinhos na internet podem ser mais do que páginas de gibi escaneadas. *When I Am King* (Quando Eu Sou Rei) é uma HQ que utiliza com maestria os recursos do computador. O *scroll*, a setinha que você clica para a página correr e na maioria dos *sites* só atrapalha, aqui ajuda a contar a história. Há animações tão simples (e portanto leves – não levam décadas para carregar) quanto belas. A história não tem uma só palavra, só símbolos – mais uma vantagem já que se trata de uma mídia mundial. Tudo com um traço inocente e lírico e um enredo absurdo. Não perca. S D. R. B.

Demorou, mas descobriram como fazer HQ online

Superinteressante/Editora Abril

BURGIERMAN, Denis Russo. Revista *Superinteressante*, jun. 2001.

De acordo com o texto acima, quais as relações entre as características de um texto, o meio em que é divulgado e o mundo social em que circula? Explique.

CAPÍTULO 4

Leituras

A importância do ato de ler

Rara tem sido a vez, ao longo de tantos anos de prática pedagógica, por isso política, em que me tenho permitido a tarefa de abrir, de inaugurar ou de encerrar encontros ou congressos.

Aceitei fazê-lo agora, da maneira, porém, menos formal possível. Aceitei vir aqui para falar um pouco da importância do ato de ler.

Me parece indispensável, ao procurar falar de tal importância, dizer algo do momento mesmo em que me preparava para aqui estar hoje; dizer algo do processo em que me inseri enquanto ia escrevendo este texto que agora leio, processo que envolvia uma compreensão crítica do ato de ler, que não se esgota na descodificação pura da palavra escrita ou da linguagem escrita, mas que se antecipa e se alonga na inteligência do mundo. A leitura do mundo precede a leitura da palavra, daí que a posterior leitura desta não possa prescindir da continuidade da leitura daquele. Linguagem e realidade se prendem dinamicamente. A compreensão do texto a ser alcançada por sua leitura crítica implica a percepção das relações entre o texto e o contexto. Ao ensaiar escrever sobre a importância do ato de ler, eu me senti levado – e até gostosamente – a "reler" momentos fundamentais de minha prática, guardados na memória, desde as experiências mais remotas de minha infância, de minha adolescência, de minha mocidade, em que a compreensão crítica da importância do ato de ler se veio em mim constituindo. Ao ir escrevendo este texto, ia "tomando distância" dos diferentes momentos em que o ato de ler se veio dando na minha experiência existencial. Primeiro, a "leitura" do mundo, do pequeno mundo em que me movia; depois, a leitura da palavra que nem sempre, ao longo de minha escolarização, foi a leitura da "palavramundo".

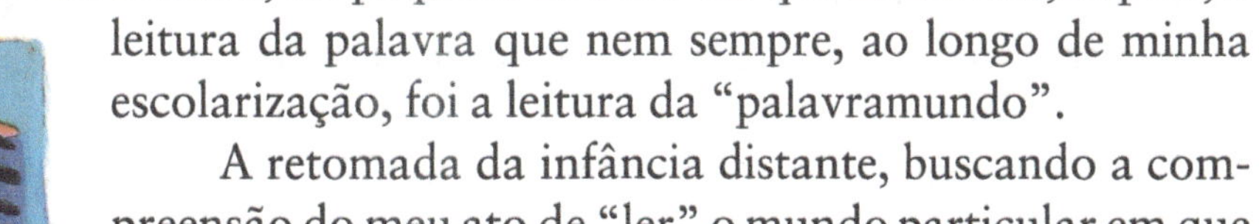

Images.com/Corbis/Stock Photos

A retomada da infância distante, buscando a compreensão do meu ato de "ler" o mundo particular em que me movia – e até onde não sou traído pela memória –, me é absolutamente significativa. Neste esforço a que me vou entregando, re-crio, e re-vivo, no texto que escrevo, a experiência vivida no momento em que ainda não lia a palavra. Me vejo então na casa mediana em que nasci, no Recife, rodeada de árvores, algumas delas como se fossem gente, tal a intimidade entre nós – à sua sombra brincava e em seus galhos mais dóceis à minha altura eu me experimentava em riscos menores que me preparavam para riscos e aventuras maiores. A velha casa, seus quartos, seu corredor, seu sótão, seu terraço – o sítio das avencas de minha mãe –, o quintal amplo em que se achava, tudo isso foi o meu primeiro mundo. Nele engatinhei, balbuciei, me pus de pé, andei, falei. Na verdade, aquele mundo especial se dava a mim como o mundo de minha atividade perceptiva, por isso mesmo como o mundo de minhas primeiras leituras. Os "textos", as "palavras", as "letras" daquele contexto – em cuja percepção me experimentava e, quanto mais o fazia, mais aumentava a capacidade de perceber – se encarnavam numa série de coisas, de objetos, de sinais, cuja compreensão eu ia apreendendo no meu trato com eles nas minhas relações com meus irmãos mais velhos e com meus pais.

FREIRE, Paulo. *A importância do ato de ler.* 12. ed. São Paulo: Cortez, 1986.

LEITURA: INTERAÇÃO

1. O texto, apesar de se apresentar na forma escrita, mantém algumas características da língua falada. Aponte-as e comente-as.
2. Por que a prática pedagógica se identifica com a prática política? Que estratégia o palestrante utiliza para afirmar isso taxativamente?
3. Por que, segundo o texto, a leitura não se esgota na "descodificação pura da palavra escrita"?
4. Comente a passagem "A leitura do mundo precede a leitura da palavra, daí que a posterior leitura desta não possa prescindir da leitura daquele."
5. Em que consiste a "leitura" do mundo de que fala o texto?
6. Explique o conceito de "palavramundo".
7. Por que o texto apresenta as formas "re-crio" e "re-vivo" em lugar de "recrio" e "revivo"?
8. Quais são os "textos", as "palavras" e as "letras" das primeiras "leituras" de Paulo Freire? Qual a importância dessas leituras para a formação e desenvolvimento da pessoa?
9. Que posição social Paulo Freire adota no início de sua exposição? Que posição social lhe é normalmente atribuída pelas pessoas que comparecem a eventos como esse em que o texto foi apresentado?
10. Você se recorda de suas primeiras "leituras"? Conte aos seus colegas, oralmente, uma experiência dessas leituras, expondo os "textos", "frases" e "palavras" que você "leu".

Leitura: experiência plural

O ato de ler é geralmente interpretado como a decodificação daquilo que está escrito. Dessa forma, saber ler consiste num conhecimento baseado principalmente na habilidade de memorizar determinados sinais gráficos (as letras). Uma vez adquirido tal conhecimento, a leitura passa a ser um processo mecânico, prejudicado apenas por limitações materiais (falta de luz ou mau estado do impresso, por exemplo) ou por questões linguísticas (palavras de significado ignorado ou frases muito complexas).

No texto de Paulo Freire você encontrou um conceito de leitura muito mais amplo do que a mera habilidade mecânica de que fala o parágrafo anterior. Relacionando o conteúdo do texto com o nome deste capítulo ("Leituras"), você percebeu ("leu") que nossa intenção era apresentar a leitura como um processo amplo, que inclui nosso relacionamento com a realidade e a forma como pensamos essa realidade e esse relacionamento. Ler é, portanto, um processo em contínuo desenrolar, que se confunde com o próprio fato de estar no mundo – biológica e socialmente falando.

A sociedade de que somos parte produz e mantém uma cultura. Essa cultura é um conjunto complexo e dinâmico que abrange desde rituais mínimos de convivência até aprofundados conhecimentos científicos e técnicos. Desse conjunto fazem parte valores que aprendemos a associar às coisas e às ações. Fazem parte também ideias sobre as coisas e os acontecimentos, que muitas vezes nos levam a aprender a ver a realidade de um ponto de vista fixo, imutável, o que petrifica nossa compreensão dessa mesma realidade. Aprender a ler o mundo (adquirir a "inteligência do mundo", nas palavras de Paulo Freire) significa conhecer esses valores e essas ideias. Significa, também, pensar sobre esses valores e sobre essas ideias, desenvolvendo uma posição crítica e própria sobre eles, ultrapassando as ideias preconcebidas que muitas vezes emperram nossa percepção do mundo. Tornamo-nos, assim, aptos a olhar para a realidade de várias formas diferentes, ganhando em capacidade de captação e de compreensão do mundo que nos cerca e do qual somos parte.

O mundo social é permanentemente leitor e leitura dos seus indivíduos. Nossa cultura nos transfere conhecimentos sobre a realidade e formas de pensá-la. Aprender a ler o mundo é apropriar-se desses valores de nossa cultura. É, também, submetê-los a um processo permanente de questionamento, do qual participa nossa capacidade de duvidar. Afinal, será essa a única maneira de organizar a vida? Será esse o único mundo que somos capazes de fazer? Não será possível pensar a humanidade em outros termos? Esse exercício da dúvida é sempre benéfico, pois nos oferece condições de superar as leituras mais imediatas da realidade, atingindo releituras importantes para quem se preocupa com a saúde social, mental e física do ser humano.

Letramento e estratégias de leitura

Letramento é o processo que permite que nos apropriemos da leitura e da escrita para utilizá-las nas mais diferentes práticas sociais e no nosso aprimoramento individual. A leitura se torna mais eficiente quando aprendemos a desenvolver as estratégias que fazem parte dela:

- utilização de conhecimentos prévios – sobre o tema do texto, sobre os gêneros do discurso, sobre o meio de circulação do texto, sobre o produtor do texto, sobre a época e a circunstância em que foi produzido e publicado;
- antecipação de informações que podem estar no texto a ser lido;
- realização de inferências a partir do material que o texto oferece – a identificação dos pontos principais do texto, a avaliação de seu conteúdo, o estabelecimento de relações desse conteúdo com nossa vida pessoal, social e com o conteúdo de outros textos.

O aprimoramento contínuo dessas estratégias torna nossa capacidade de leitura de textos cada vez mais abrangente e satisfatória. E a leitura bem-feita nos permite obter informações, seguir instruções, revisar os textos que produzimos, enriquecer nosso repertório de ideias e modelos linguísticos, obter diversão, lazer, prazer estético. A leitura feita de forma significativa, densa e intensa nos faz pessoas melhores e cidadãos mais conscientes.

LEITURA, USO, REFLEXÃO

- **Texto 1**

Agência Standard

SE A FELICIDADE É UM ESTADO
DE ESPÍRITO, USE SEU CARTÃO SOLLO
COMO GUIA ESPIRITUAL.

Para levantar o astral e atrair felicidade, você só precisa de seu Cartão Sollo. Com ele nas mãos, você freqüenta os melhores templos de consumo, aproveitando todas as vantagens de um completo cartão de crédito e de um completo cartão bancário num único cartão. Um cartão total. Por isso, ao invés de ficar aí meditando, concentre-se e visualize todos aqueles shopping centers, restaurantes e lugares maravilhosos onde você poderia estar neste momento com seu Cartão Sollo.

O texto publicitário acima desenvolve uma argumentação sutil, que associa o estado de felicidade a uma certa prática. Comente essa argumentação, procurando detectar os valores que conduzem a tal conceito de felicidade.

• Texto 2

Geração Coca-Cola

Quando nascemos fomos programados
A receber o que vocês nos empurraram
Com os enlatados dos USA, de 9 às 6.
Desde pequenos nós comemos lixo
Comercial e industrial
Mas agora chegou nossa vez –
Vamos cuspir de volta o lixo em cima de vocês.

Somos os filhos da revolução
Somos burgueses sem religião
Nós somos o futuro da nação
Geração Coca-Cola.

Depois de vinte anos na escola
Não é difícil aprender
Todas as manhas do seu jogo sujo
Não é assim que tem que ser?
Vamos fazer nosso dever de casa
E aí então, vocês vão ver
Suas crianças derrubando reis
Fazer comédia no cinema com as suas leis.

RUSSO, Renato. In: *Legião Urbana*. CD EMI 835 8332, 1995. f. 6.

Ricardo Siqueira/Editora Abril

Renato Russo (Rio de Janeiro, 1990).

Explique em que consistem o "lixo", as "manhas" e o "dever de casa" de que fala a canção. Você se sente incluído na voz coletiva que fala no texto ou não? Comente.

• Texto 3

Bienal

desmaterializando a obra de arte no fim do milênio
faço um quadro com moléculas de hidrogênio
fios de pentelho de um velho armênio
cuspe de mosca pão dormido asa de barata torta
meu conceito parece à primeira vista
um barrococó figurativo neoexpressionista

com pitadas de *art-nouveau* pós-surrealista
calcado na revalorização da natureza morta
minha mãe certa vez disse-me um dia
vendo minha obra exposta na galeria
meu filho, isso é mais estranho que o cu da jia
e muito mais feio que um hipopótamo insone
pra entender um trabalho tão moderno
é preciso ler o segundo caderno,
calcular o produto bruto interno,
multiplicar pelo valor das contas de água, luz e telefone,
rodopiando na fúria do ciclone,
reinvento o céu e o inferno
minha mãe não entendeu o subtexto
da arte desmaterializada no presente contexto
reciclando o lixo lá do cesto
chego a um resultado estético bacana
com a graça de deus e basquiat
nova iorque me espere que eu vou já
picharei com dendê de vatapá
uma psicodélica baiana
misturarei anáguas de viúva
com tampinhas de pepsi e fanta uva
um penico com água da última chuva,
ampolas de injeção de penicilina
desmaterializando a matéria
com a arte pulsando na artéria
boto fogo no gelo da Sibéria
faço até cair neve em Teresina
com o clarão do raio da silibrina
desintegro o poder da bactéria

Divulgação

O cantor e compositor Zeca Baleiro.

BALEIRO, Zeca. "Bienal". In: *Vô imbolá*. CD MZA 011 297-2, 1999. f. 6.

Sobre a canção "Bienal", Zeca Baleiro faz a seguinte observação no encarte do CD *Vô imbolá*: "Em 1996, aconteceu em São Paulo a 23.ª Bienal Internacional de Artes Plásticas, cujo tema era 'a desmaterialização da obra de arte no fim do milênio'. Instigado pelo tom apoteótico do evento, cometi este repente em louvor aos artistas modernos. Para o desafio, chamei o violeiro do caos, Zé Ramalho, que rebatizou a canção de 'A peleja da matéria desmaterializada'.

Nossa proposta de trabalho é que você primeiramente ouça a canção várias vezes na interpretação do próprio Zeca ao lado de Zé Ramalho. A seguir, investigue o vocabulário do texto e procure relacioná-lo com as diversas camadas sociais que, por meio dele, fazem-se presentes no texto. Por que trazer a um texto vozes sociais que falam de coisas tão diferentes? Que efeito de sentido o compositor consegue com isso?

Texto 4

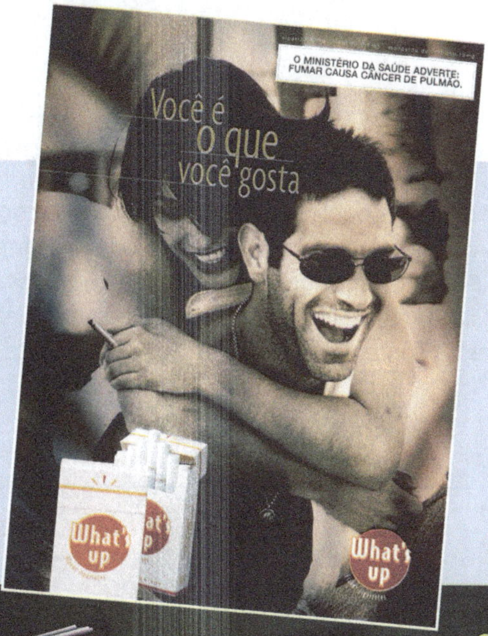

O MINISTÉRIO DA SAÚDE ADVERTE: FUMAR CAUSA CÂNCER DE PULMÃO.

Você é o que você gosta

What's up

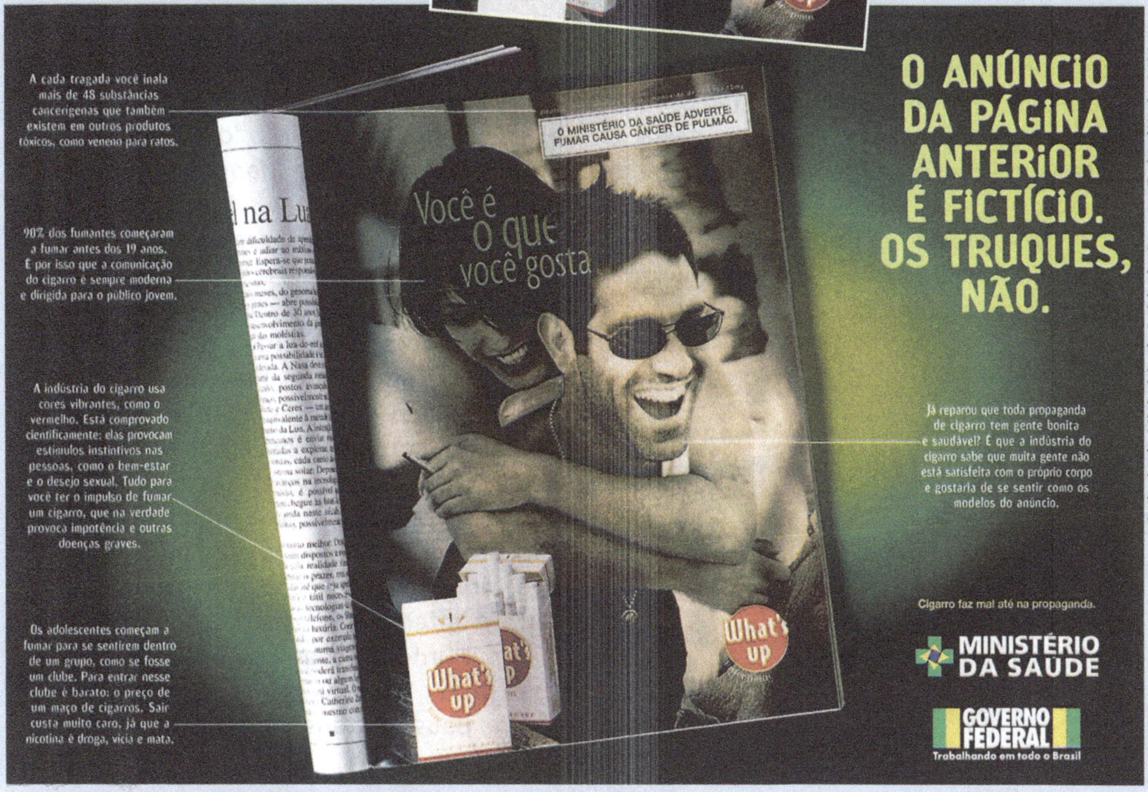

A cada tragada você inala mais de 48 substâncias cancerígenas que também existem em outros produtos tóxicos, como veneno para ratos.

90% dos fumantes começaram a fumar antes dos 19 anos. É por isso que a comunicação do cigarro é sempre moderna e dirigida para o público jovem.

A indústria do cigarro usa cores vibrantes, como o vermelho. Está comprovado cientificamente: elas provocam estímulos instintivos nas pessoas, como o bem-estar e o desejo sexual. Tudo para você ter o impulso de fumar um cigarro, que na verdade provoca impotência e outras doenças graves.

Os adolescentes começam a fumar para se sentirem dentro de um grupo, como se fosse um clube. Para entrar nesse clube é barato: o preço de um maço de cigarros. Sair custa muito caro, já que a nicotina é droga, vicia e mata.

O ANÚNCIO DA PÁGINA ANTERIOR É FICTÍCIO. OS TRUQUES, NÃO.

Já reparou que toda propaganda de cigarro tem gente bonita e saudável? É que a indústria do cigarro sabe que muita gente não está satisfeita com o próprio corpo e gostaria de se sentir como os modelos do anúncio.

Cigarro faz mal até na propaganda.

MINISTÉRIO DA SAÚDE

GOVERNO FEDERAL
Trabalhando em todo o Brasil

Anúncio do Ministério da Saúde do Governo Federal/Agência Master.

Revista *IstoÉ*, 31 maio 2000.

1. Comente as diversas estratégias publicitárias que o texto desmascara: considere o que há de comum a todas elas, como apresentam o produto anunciado, como lidam com as fragilidades psicológicas do consumidor.
2. Caracterizar as estratégias publicitárias do anúncio como "truques" é uma forma de julgá-las? Comente.
3. "Cigarro faz mal até na propaganda." Explique esse *slogan*.
4. Por que o Ministério da Saúde publica um anúncio como esse numa revista como a *IstoÉ*?

Atividades de pesquisa

Você sabe ler os textos publicitários? Percebe neles o conteúdo implícito – as estratégias utilizadas para levar você a sentir necessidade de consumir um determinado produto? Nossa proposta é que você e seus colegas de classe selecionem textos publicitários em jornais e revistas e os analisem em sala de aula. Identifiquem e discutam as estratégias utilizadas em cada caso. Todas são "truques"? Como lidar com os textos publicitários?

Prática de língua falada

O texto de Paulo Freire, como vimos, foi concebido inicialmente como um texto para ser lido em voz alta. Nossa proposta é a seguinte: faça-o cumprir seu destino, ou seja, leia-o em voz alta, procurando imprimir emoção e sensibilidade nos momentos em que são necessárias. Para auxiliá-lo nessa tarefa, colocamos a seguir o depoimento de Mariajosé de Carvalho, especialista em dicção e oratória, citada no *Manual de radiojornalismo Jovem Pan,* de Maria Elisa Porchat:

"A expressão se obtém com apuro auditivo e sensibilidade, que permitem a variação da modulação da frase, a altura, a intensidade e a dinâmica da voz. As pausas devem ser bem-feitas e adequadas. Alguns trechos de frases são rápidos, outros lentos. Para isso é preciso conhecer a tonicidade da frase. Assim como a palavra tem uma sílaba tônica, as frases também têm sílabas tônicas. Para enfatizar as palavras importantes, não devemos aumentar o volume da voz. É o que chamamos de 'pausa de tensão', que prepara uma palavra importante.

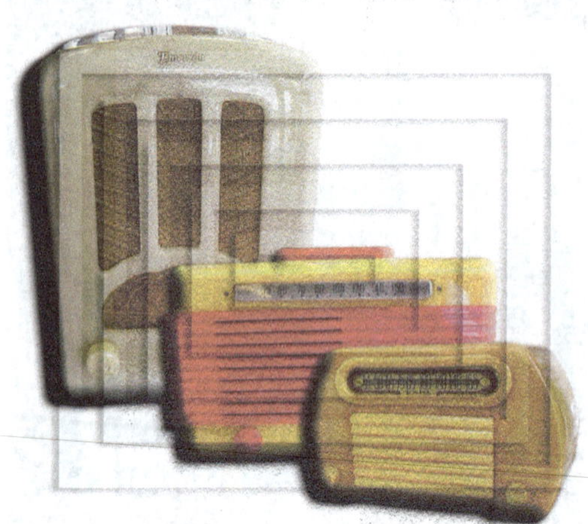

O locutor deve sempre imaginar um ouvinte ativo, interlocutor. Este ouvinte a todo momento o interrompe para fazer perguntas. Ao imaginar interrupções com perguntas do gênero 'o quê?', 'onde?', 'por quê?', etc. o locutor faz uma pausa de tensão, importante para a expressão."

CAPÍTULO

5 Escritas

O texto escrito

A luta que os alunos enfrentam com relação à produção de textos escritos é muito especial. Em geral, eles não apresentam dificuldades em se expressar através da fala coloquial. Os problemas começam a surgir quando esse aluno tem necessidade de se expressar formalmente e se agravam no momento de produzir um texto escrito. Nesta última situação, ele deve ter claro que há diferenças marcantes entre falar e escrever.

Na linguagem oral o falante tem claro com quem fala e em que contexto. O conhecimento da situação facilita a produção oral. Nela o interlocutor, presente fisicamente, é ativo, tendo possibilidade de intervir, de pedir esclarecimentos, ou até de mudar o curso da conversação. O falante pode ainda recorrer a recursos que não são propriamente linguísticos, como gestos ou expressões faciais. Na linguagem escrita a falta desses elementos extratextuais precisa ser suprimida pelo texto, que se deve organizar de forma a garantir a sua inteligibilidade.

Escrever não é apenas traduzir a fala em sinais gráficos. O fato de um texto escrito não ser satisfatório não significa que seu produtor tenha dificuldades quanto ao manejo da linguagem cotidiana e sim que ele não domina os recursos específicos da modalidade escrita.

A escrita tem normas próprias, tais como regras de ortografia – que, evidentemente, não é marcada na fala –, de pontuação, de concordância, de uso de tempos verbais. Entretanto, a simples utilização de tais regras e de outros recursos da norma culta não garante o sucesso de um texto escrito. Não basta, também, saber que escrever é diferente de falar. É necessário preocupar-se com a constituição de um discurso, entendido aqui como um ato de linguagem que representa uma interação entre o produtor do texto e o seu receptor; além disso, é preciso ter em mente a figura do interlocutor e a finalidade para a qual o texto foi produzido.

Para que esse discurso seja bem-sucedido deve constituir um todo significativo e não fragmentos isolados justapostos. No interior de um texto devem existir elementos que estabeleçam uma ligação entre as partes, isto é, elos significativos que confiram coesão ao discurso. Considera-se coeso o texto em que as partes referem-se mutuamente, só fazendo sentido quando consideradas em relação umas com as outras.

DURIGAN, Regina H. de Almeida et al. "A dissertação no vestibular". In: *A magia da mudança – vestibular Unicamp: língua e literatura*. Campinas: Unicamp, 1987.

LEITURA: INTERAÇÃO

1. O primeiro parágrafo nos fala da capacidade de expressão dos alunos. Qual o contraste apontado?
2. Quais as diferenças entre o falar e o escrever levantadas no segundo parágrafo?
3. Um texto escrito mal formulado não representa necessariamente falta de domínio da linguagem cotidiana. Justifique essa afirmação com base no terceiro parágrafo.
4. Releia o quarto parágrafo e responda:
   a) O que é um discurso?
   b) Quando você fala ou escreve, produz discursos? Comente.
   c) Por que o simples conhecimento das normas próprias da escrita não garante o sucesso de um texto escrito?
5. Releia atentamente o último parágrafo e responda:
   a) O que um texto **não** deve ser?
   b) O que é um texto coeso?
6. Como você classificaria o texto lido? Por quê?

Produção de textos: prática individual e social

A competência para produzir textos falados e escritos com eficiência é requerida em muitos campos profissionais da sociedade atual. Há casos em que as atividades de escrita e de fala se confundem com a própria profissão, como acontece com jornalistas, redatores, locutores e comunicadores da imprensa, do rádio e da televisão. Também se podem incluir nesse caso os tradutores. Editores, revisores, secretárias, advogados, magistrados também exercem atividades em que a produção de textos é continuamente solicitada. Em áreas técnicas e científicas, é necessário produzir relatórios e artigos e participar de congressos e outros eventos de divulgação em que a escrita e a fala competentes são necessárias. E, como lemos em "O texto escrito", os estudantes mantêm com a produção de textos uma estreita relação, que você, obviamente, conhece bem de perto...

A produção de textos falados e escritos não é apenas uma ferramenta profissional, mas também uma das mais eficazes formas que cada um de nós tem de organizar os resultados das próprias reflexões críticas sobre a realidade a fim de expô-las aos outros (e a nós mesmos...). Nossos textos são uma das armas de que dispomos para tentar intervir na realidade. Devemos, por isso, aprender a obter e selecionar as informações, para processá-las criticamente e reelaborá-las em textos que, ao circularem socialmente, podem atuar sobre a realidade.

No caso particular do texto escrito, o ato da sua produção é quase sempre individual e solitário. Isso, no entanto, não nos deve causar a falsa impressão de que o texto produzido é também ele individual e solitário. Na verdade, nesse momento de reflexão e trabalho individuais devem estar presentes todos os elementos essencialmente sociais que se incorporam a cada texto e o transformam em um ato de interlocução. Sozinho diante da folha de papel ou da tela do computador, o redator deve levar em conta a finalidade do texto a ser escrito, as características de seu interlocutor, o meio social em que o texto vai circular, o veículo de divulgação desse mesmo texto, o gênero do discurso em que ele se insere. Deve também considerar o papel social que está assumindo em seu texto: se é um estudante que cumpre um dever escolar, se é um filho que se dirige ao pai, se é um namorado que fala à namorada, se é um irmão que argumenta com o outro, se é um leitor que protesta contra a revista ou o jornal que costuma ler, se é um eleitor que reivindica do candidato em que votou o cumprimento de suas obrigações. O ato individual de produzir um texto escrito é, de fato, um intenso mergulho no mundo social que se identifica com a própria linguagem que nos confere identidade.

Charles Gupton/Corbis/Latinstock

Para que uma exposição oral seja bem-sucedida deve haver um planejamento prévio, necessário para avaliar os efeitos que se quer produzir nos interlocutores.

A produção de textos falados também implica estratégias que levam em conta todos esses aspectos da interlocução. Há textos falados que ocorrem de forma mais espontânea, como a conversa, em que essas estratégias são utilizadas para obter efeitos imediatos – e o sucesso ou insucesso de sua adoção podem determinar os resultados alcançados. Basta que você pense nas situações em que argumenta com seus pais ou irmãos ou colegas – convencê-los ou não depende muitas vezes da sua capacidade de manejar palavras e controlar emoções. Não é a esse tipo de texto falado, no entanto, que vamos dedicar mais tempo em nosso livro, mas sim aos textos falados como a entrevista e a exposição oral, que ocorrem depois de um trabalho de planejamento e que normalmente requerem que você utilize um registro linguístico mais formal. No planejamento desses textos você deve sempre avaliar os efeitos que quer produzir em seus interlocutores e fazer as pesquisas e arranjos necessários para ser bem-sucedido em seus objetivos.

Produzir textos é reelaborar-se continuamente

Neste ponto de nossos estudos, convém lembrar que a produção de textos é uma atividade que implica um processo de criação inicial ao qual segue sempre um processo de reelaboração. Isso significa que não há texto que já nasça pronto: é necessário sempre um trabalho de avaliação do que se escreveu e de correção e aprimoramento. Não estamos falando aqui de avaliação e correção no sentido de atribuição de conceitos para efeito de aprovação ou reprovação. Estamos falando do desenvolvimento da sua própria capacidade de ler e reler o que escreveu a fim de melhorar seu texto e torná-lo mais eficiente. Para isso, é importante que você leia o que escreveu com distanciamento crítico, procurando colocar-se no papel do leitor. Ao fazer isso, pergunte-se o tempo todo se o que você está captando com a leitura é o que você espera que o seu leitor capte. Há várias operações que você pode realizar a fim de aprimorar seu texto: cortar palavras ou expressões excessivas, substituir palavras ou expressões por outras mais claras e precisas, inverter sequências para obter maior clareza ou expressividade, reordenar ideias, argumentos ou dados para conseguir uma exposição mais bem-ordenada. Saiba que esses procedimentos são parte do cotidiano dos profissionais da escrita – jornalistas, redatores, escritores, poetas vivem mexendo e remexendo seus textos.

No caso dos textos falados, os processos de revisão e reorganização são conduzidos durante o próprio desenvolvimento do texto. Você deve desenvolver a capacidade de perceber se o seu texto está atuando como planejado e de remanejá-lo em direção ao que você pretende. É quando surgem expressões como "talvez seja melhor dizer de outro modo", "acredito que isso ainda não ficou bem claro, por isso vou voltar ao assunto", "é melhor pensarmos numa outra forma de encaminhar esta conversa" e outras, que indicam claramente a alteração dos rumos do texto.

Stewart Cohen/Getty Images

A capacidade de redirecionar o texto está indubitavelmente ligada à convivência frequente com essas situações e à reflexão sobre elas para posterior aproveitamento da experiência adquirida. Isso é visível quando se observa, por exemplo, o trabalho de locutores de rádio e TV, que sabem se sair bem de situações aparentemente embaraçosas, e de outros profissionais (incluindo aí os professores), que alteram o rumo do seu texto quando, observando as reações do ouvinte ou do público, notam desinteresse, impaciência, indignação, revolta ou outra manifestação que não seja a planejada – deve-se levar em conta que, em alguns casos, o efeito que se espera alcançar é justamente algum desses...

Leitura, uso, reflexão

• Texto 1

A boca, no papel

O garoto da vizinha me pediu que o ajudasse a fazer (a fazer, não, a completar) um trabalho escolar sobre a boca. Estava preocupado porque só conseguira escrever isto: "Pra que serve a boca? A boca serve pra falar, gritar e cantar. Serve também pra comer, beber, beijar e morder. Eu acho que a boca é um barato". Queria que eu acrescentasse alguma coisa.

– Que coisa?

– Qualquer coisa, ué. Escrevi só quatro linhas, a professora vai bronquear.

– Mas em quatro linhas você disse o essencial. Para mim, só faltou dizer que a boca serve também para calar. Em boca fechada não entra mosquito.

– Isso não dá nem uma linha – e os olhos do garoto ficaram tristes. – Por favor, me ajude...

Então resolvi fazer a minha redação, como aluno ausente do Colégio Esperança, e passá-la ao coleguinha, a título de assessor de emergência.

A boca! Tanta coisa podemos falar sobre a boca, mas é sempre por ela que falamos dela. Até a caneta e o lápis são uma espécie de boca para falar sobre a boca. Eles vão riscando e saem as palavras como se saíssem por via oral. (Risquei a expressão "por via oral". É muito sofisticada, ninguém vai acreditar que fui eu que escrevi. Mas foi sim.)

A boca é linda quando é de mulher que tem boca linda. Fora disso, nem sempre. A boca é muito rica de expressões, mas não se deve confundi-la com a chamada boca rica (mordomia, negociatas, pregão de ações da Vale do Rio Doce aos milhões, etc.). A boca de que estou falando, aliás, escrevendo, pode ser alegre, amarga, ameaçadora, sensual, deprimida, fria, sei lá o quê. Uma boca pode variar muito de expressão e mesmo não ter nenhuma. Uma das bocas mais gozadas que eu já vi foi a boca-de-chupar-ovo, uma boquinha de nada, da minha tia Zuleica. Se fosse um pouquinho mais apertada, eu queria ver ela se alimentando – por onde? Mas esta boca está fora da moda, só aparece no jornal, nos retratos das melindrosas de 1928, que faziam a boca ainda menor desenhando o contorno com batom. Os lábios ficavam de fora, longe.

Estou lendo escondido as poesias de Gregório de Matos. Dizem que ele tinha o apelido de Boca do Inferno por causa dos negócios que escrevia e que eram infernais. Infernais no tempo dele, pois na rua e em toda parte já escutei coisas muito mais cabeludas, xii!...

Toquinho canta uma letra que fala em boca da noite, acho que ele queria falar no anoitecer. É bonito, mas não consigo imaginar essa boca na cara da noite. Sou mais a boca do dia, que não sei se alguém já teve ideia de falar nela, mas o amanhecer engolindo a escuridão da noite é mais legal que o anoitecer papando os restos do dia.

Boca por boca, não ando atrás da boca-livre, que aliás nunca passou perto de mim, e só um grupo consegue, os privilegiados. Se a boca fosse livre pra todos, então a vida seria melhor. É a tal história: quanta gente fazendo boquinha pra conseguir o quê? Nada. E com quatro ou cinco bocas em casa pra sustentar.

Diz-que o uso do cachimbo faz a boca torta, e eu pergunto: por que não botar o cachimbo ora no outro canto da boca, pro torto endireitar? Se o vatapá põe a gente de água na boca, me expliquem por que, depois de comer, o cara pede um copo d'água.

Gente que não admite discussão nem leva desaforo pra casa manda logo calar a boca. Mas já vi gente dando palmadinha na própria boca e dizendo: "Cala-te boca". E ela obedece. Às vezes já é tarde, a boca disse uma besteira inconveniente, e o jeito é o cara se lastimar, com cara de missa de sétimo dia: "Ai, boca, que tal disseste!".

E assim, de boca em boca, vai correndo o dito maldito. Me disseram que um cara bom de discurso, palavreado fácil, como certos deputados e prefeitos por aí, merece o título de boca de ouro. Fala tão bonito que a gente vê barrinhas de ouro saltarem da língua dele. Mas é só de mentirinha. Esse ouro não melhora a sina do povo nem a nossa dívida externa, que é uma boca larga imensa, engolindo todas as reservas da gente. E contra essa história de inflação, custo de vida e tal e coisa, nem adianta mesmo botar a boca no trombone. Os lá de cima fazem boca de siri

– ou, senão, boca de defunto, porque, como advertia o saudoso Ponte Preta, siri, mesmo sem boca, já está falando.

E eu faço igual, além do mais porque já não estou em idade de fazer redação em colégio.

ANDRADE, Carlos Drummond de. *Moça deitada na grama*. Rio de Janeiro: Record, 1987.

1. Você conhece muito bem a situação apresentada na primeira parte do texto. Por que a redação escolar sempre causa dificuldades? O que você acha da situação criada quando o professor "pede uma redação"?
2. O texto de Drummond parece uma típica redação escolar? Por quê?
3. Há, no primeiro parágrafo da segunda parte do texto, um trecho entre parênteses. O que a situação aí representada demonstra sobre a realidade escolar?
4. A redação feita por Drummond é um texto coerente e coeso? Comente-a, utilizando os conceitos de retomada, progressão, não contradição e relação.
5. Você acha que escrever textos numa situação como a que o poeta e seu coleguinha enfrentaram é um bom exercício? Por quê?

Texto 2

Novas bulas

Na linguagem popular, a expressão "como bula de remédio" já se tornou sinônima de texto difícil de ler, seja pelas letras pequenas seja pela linguagem obscura. É especialmente cruel o fato de que as letras mínimas causam especial embaraço às pessoas de maior idade, justamente as que mais tendem a precisar de medicamentos.

É, portanto, mais do que bem-vinda a iniciativa da Anvisa (Agência Nacional de Vigilância Sanitária) de modificar as regras para a confecção de bulas, visando a facilitar a vida do consumidor.

A oportunidade do empreendimento não o torna, porém, mais simples ou mesmo factível.

Dentro em breve, a pessoa que comprar um medicamento na farmácia receberá apenas a bula que contém explicações destinadas ao paciente. As informações técnicas – dirigidas a médicos – constarão de um bulário *on-line* da Anvisa e de fármacos utilizados em hospitais, além, é claro, dos diversos dicionários de remédios já no mercado. Atualmente, as bulas trazem tanto informações ao paciente como as destinadas a profissionais de saúde.

Com as novas regras, será possível aproveitar melhor o espaço para aumentar o tamanho da letra. A separação dos textos também evitará a duplicação de informações, que frequentemente gera dúvidas.

A principal dificuldade é encontrar a linguagem ideal para a bula ao paciente. Tomam remédios e deveriam ser capazes de entender suas instruções desde o semianalfabeto até pessoas com formação superior.

Se, para os segundos, um termo como "crise epiléptica" não oferece maiores problemas de compreensão, ele pode ser impenetrável para o público com menor formação. E como substituí-lo sem sacrificar em demasia a precisão técnica?

Não há resposta pronta. Sabe-se apenas que ela passa pelo bom senso. Infelizmente, apesar do que certa vez proclamou um sábio, o bom senso não foi muito bem repartido entre todos os seres humanos.

***Folha de S.Paulo*, 25 mar. 2004. Editorial.**

1. Na sua opinião, por que o produtor do texto optou por abri-lo com uma referência à linguagem popular?
2. De que forma o desenvolvimento do texto prova que "A oportunidade do empreendimento não o torna, porém, mais simples ou mesmo factível."?
3. "E como substituí-lo sem sacrificar em demasia a precisão técnica?" Por que, na sua opinião, o produtor do texto optou por fazer uma pergunta para expor esse problema?
4. Qual a relação entre a conformação de um texto e o público a que se destina?
5. O que você acha da conclusão a que o texto chega?
6. O texto que lemos foi um dos editoriais do jornal *Folha de S.Paulo* em 25 de março de 2004. Editorial é um artigo que discute uma questão considerada relevante e que expõe o ponto de vista da empresa jornalística.
   a) A questão tratada é realmente relevante? Comente.
   b) Qual o ponto de vista expresso pelo texto? Por que o produtor do texto acha importante expô-lo aos leitores do jornal?
   c) Você considera esse editorial convincente ou não? O que pensa sobre a questão das bulas de remédios?

Texto 3

Rainha das estações

Rio de Janeiro – Sinto contrariar a imagem que escritores, cronistas e demais escribas têm de si mesmos e, o mais lamentável, que os leitores têm deles. Acredita-se que toda a vez que um deles abre o computador, soam clarins do juízo final, falanges de anjos e arcanjos desfilam e a verdade jorra como uma cascata de luz sobre a manada humana.

Não é bem assim. No fundo, cada vez que um de nós começa a escrever qualquer coisa, boa ou má, chata ou interessante, estamos repetindo um gesto infantil de fazer a terrível, a inevitável composição escolar que a professora determinou: Escreva sobre a primavera. Narre um filme que viu recentemente. Conte como foram suas férias. Comente a violência das grandes cidades.

Uns pelos outros, todos os escritos que a imprensa publica são variantes de um ou de outro desses temas recorrentes. Não sou de escrever sobre filmes que vi recentemente ou antigamente, fico com eles para mim, de vez em quando comento um filme, um livro, um espetáculo, mas em função do tema que escolhi, como um complemento ou um subsídio.

Se estou isento dessa mania, peco exaustivamente na composição escolar que a professora determina. Sou amarrado nesses temas, nem preciso de uma professora específica para me lembrar que é Natal, Carnaval, primavera, Semana Santa, 7 de Setembro – temas aos quais sou fiel, embora tratando-os de forma nem sempre respeitosa.

Ocupo este cantinho do jornal há dez anos e dez vezes saudei a chegada da primavera. Este ano, ia esquecendo de saudá-la, mas ainda há tempo. Para falar a verdade, não sou muito amarrado à chamada "rainha das estações", prefiro o verão, quando é bom suar. Mas não custa ser bom menino e obedecer à professora, que na certa me dará péssima nota e reclamará que todos os anos eu escrevo a mesma coisa.

CONY, Carlos Heitor. *Folha de S.Paulo*, 27 set. 2003.

O parágrafo inicial do texto fala na "imagem que escritores, cronistas e demais escribas têm de si mesmos e, o mais lamentável, que os leitores têm deles". A partir da leitura do texto, qual seria, na sua opinião, a imagem que os "escritores, cronistas e demais escribas" têm de si mesmos? E qual seria a imagem que os leitores têm desses profissionais? Carlos Heitor Cony procura reforçar essa imagem com o seu texto?

Atividades de pesquisa

Escolha, num jornal ou revista de sua preferência, um texto muito bem ou muito malconstruído. Apresente-o à classe, justificando sua análise com os conceitos de repetição, progressão, não contradição e relação estudados. Não se esqueça de incluir considerações sobre a finalidade do texto, o tipo de leitor a que se dirige, o contexto e o veículo em que ele circula. Se preferir, escolha um texto falado: grave-o de programas de rádio ou de TV (ou de outras fontes, como filmes, vídeos de vários tipos, CDs ou DVDs de programação variada), analise-o e apresente-o à classe.

Planeje sua exposição oral: inicialmente, faça uma rápida apresentação do texto e do que pretende fazer com ele, para, em seguida, desenvolver em detalhes o que observou no texto e o que pensou sobre isso. No final, recapitule rapidamente o que o levou a escolher o texto analisado e as razões pelas quais o considerou bem construído ou malconstruído.

PROJETO DE TRABALHO

As atividades de reflexão e produção de conhecimento linguístico não dispensam em nenhum momento a investigação e a análise da realidade social e cultural do Brasil e do mundo. Aliás, pode-se dizer que, de fato, não faz sentido pensar em uma tal separação, pois refletir sobre a linguagem é refletir sobre a vida, a realidade, a cultura. Por isso, propomos que, ao longo do nosso curso, sejam desenvolvidos projetos de trabalho que, gradativamente, levem você e seus colegas a ampliarem a gama de informações sobre a realidade brasileira e mundial de que dispõem. É claro que a finalidade desses projetos de pesquisa não é apenas coletar informações, mas principalmente refletir sobre elas e sobre as relações que mantêm com a vida de todos nós.

Acreditamos que a música popular brasileira pode servir de ponto de partida para muitos projetos de trabalho ricos em referências e reflexões. Neste ponto de nosso curso, propomos que sejam ouvidas as canções "A cara do Brasil", de Vicente Barreto e Celso Viáfora (que, além de ter sido gravada pelo próprio Viáfora, foi gravada por Ney Matogrosso), e "Paratodos", de Chico Buarque de Hollanda. O trabalho de pesquisa consiste em levantar todas as referências a pessoas e fatos da realidade brasileira feitas nessas canções e apresentá-las em classe para discussão com os colegas. Que efeito de sentido essas referências todas produzem em quem ouve e saboreia essas canções? Que visão do Brasil e da sua cultura oferecem essas canções?

A cara do Brasil

Eu estava esparramado na rede
jeca urbanoide de papo pro ar
me bateu a pergunta, meio a esmo:
na verdade, o Brasil o que será?
O Brasil é o homem que tem sede
Ou quem vive da seca do sertão?
Ou será que o Brasil dos dois é o mesmo
o que vai é o que vem na contramão?
O Brasil é um caboclo sem dinheiro
procurando o doutor nalgum lugar
ou será o professor Darcy Ribeiro
que fugiu do hospital pra se tratar?

A gente é torto igual Garrincha e Aleijadinho
Ninguém precisa consertar
Se não der certo a gente se vira sozinho
decerto, então nunca vai dar

O Brasil é o que tem talher de prata
ou aquele que só come com a mão?
Ou será que o Brasil é o que não come
o Brasil gordo na contradição?
O Brasil que bate tambor de lata
ou o que bate carteira na estação?
O Brasil é o lixo que consome
Ou tem nele o maná da criação?

Brasil Mauro Silva, Dunga e Zinho
que é o Brasil zero a zero e campeão
ou o Brasil que parou pelo caminho:
Zico, Sócrates, Júnior e Falcão

A gente é torto igual Garrincha e
[Aleijadinho...

O Brasil é uma foto do Betinho
ou um vídeo da Favela Naval?
São os Trens da Alegria de Brasília
ou os trens de subúrbio da Central?
Brasil-globo de Roberto Marinho?

Brasil-bairro: Carlinhos-Candeal?
Quem vê, do Vidigal, o mar e as ilhas
ou quem das ilhas vê o Vidigal?
Brasil encharcado, palafita?
Seco açude sangrado, chapadão?
Ou será que é uma Avenida Paulista?
Qual a cara da cara da nação?

A gente é torto igual Garrincha e Aleijadinho...

BARRETO, Vicente e VIÁFORA, Celso. In: *Cara do Brasil*. CD Gravadora Eldorado JM0004, 2000. f. 2.

Divulgação/Ouver

Paratodos
O meu pai era paulista
Meu avô, pernambucano
O meu bisavô, mineiro
Meu tataravô, baiano
Meu maestro soberano
Foi Antonio Brasileiro

Foi Antonio Brasileiro
Quem soprou esta toada
Que cobri de redondilhas
Pra seguir minha jornada
E com a vista enevoada
Ver o inferno e maravilhas

Nessas tortuosas trilhas
A viola me redime
Creia, ilustre cavalheiro,
Contra fel, moléstia, crime
Use Dorival Caymmi
Vá de Jackson do Pandeiro

Vi cidades, vi dinheiro
Bandoleiros, vi hospícios,
Moças feito passarinho
Avoando de edifícios,
Fume Ari, cheire Vinícius,
Beba Nélson Cavaquinho

Para um coração mesquinho
Contra a solidão agreste
Luís Gonzaga é tiro certo
Pixinguinha é inconteste
Tome Noel, Cartola, Orestes,
Caetano e João Gilberto

Viva Erasmo, Ben, Roberto,
Gil e Hermeto, palmas para
Todos os instrumentistas
Salve Edu, Bituca, Nara,
Gal, Bethânia, Rita, Clara,
Evoé, jovens à vista

O meu pai era paulista
Meu avô, pernambucano
O meu bisavô, mineiro
Meu tataravô, baiano
Vou na estrada há muitos anos
Sou um artista brasileiro

Divulgação/BMG Ariola

HOLLANDA, Chico Buarque de. In: *Paratodos*. CD BMG Ariola V120.046, s. d. f. 1.

Parte II

Fonologia

CAPÍTULO 6 Fonologia

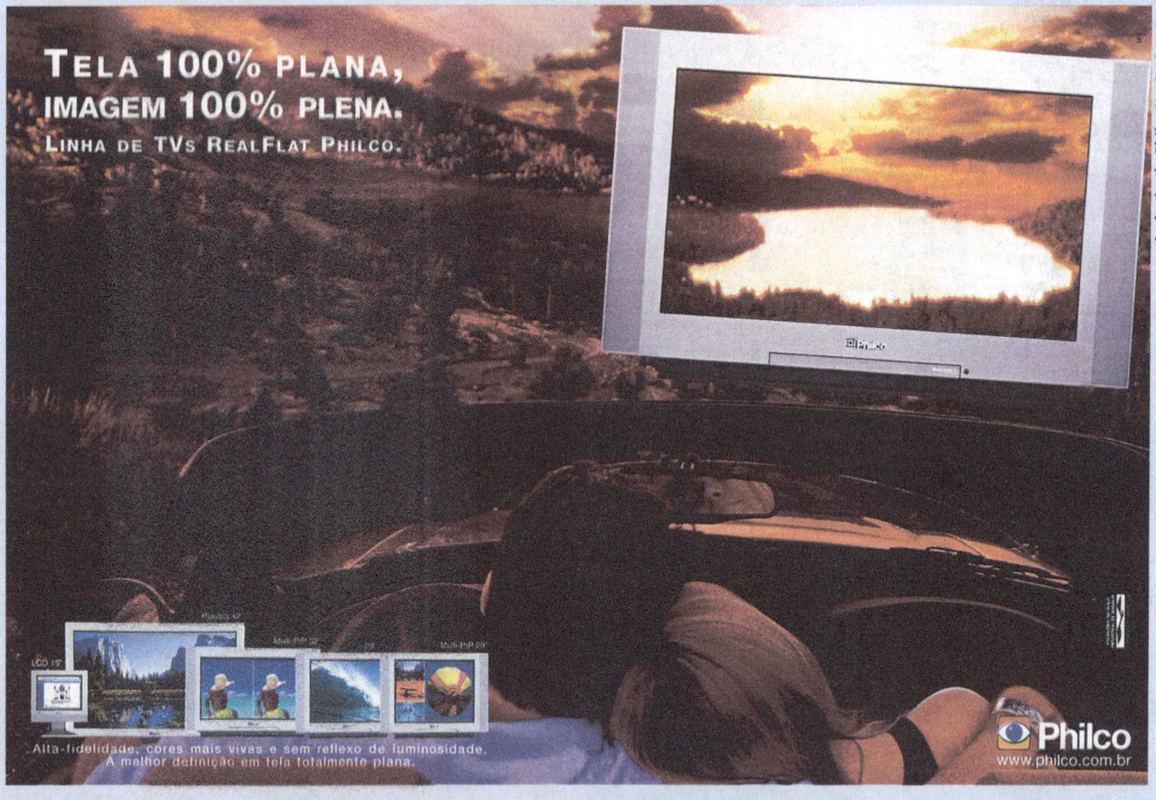

Anúncio da Philco/Agência DPZ.

Revista *Veja*, 29 nov. 2000.

LEITURA: INTERAÇÃO

1. Há muita semelhança sonora entre duas das palavras que aparecem no texto do anúncio. Identifique-as e aponte o que têm de semelhante e de diferente.
2. Na sua opinião, qual o objetivo do produtor do anúncio ao utilizar palavras tão parecidas no texto?
3. O texto publicitário acima é, na sua opinião, bem-sucedido? Por quê?

Conceitos básicos

Fonologia e fonema

A palavra **fonologia** é formada pelos elementos gregos *fono* ("som, voz") e *log, logia* ("estudo, conhecimento"). Significa literalmente "estudo dos sons" ou "estudo dos sons da voz". Essa parte da Gramática estuda os fonemas (*fono* + *-ema*, "unidade distinta"), unidades sonoras distintivas básicas. Compare:

pl**a**na pl**e**na

A letra **a** e a letra **e** representam segmentos sonoros distintos e capazes de estabelecer diferenças de significado. Cada segmento sonoro se refere a um dado da língua portuguesa que está em sua memória: a imagem acústica que você, como falante do português, guarda de cada um deles. É essa imagem acústica, esse referencial de padrão sonoro, que constitui o **fonema**. Os fonemas formam o significante dos signos linguísticos – que, como vimos, são imagens acústicas que os falantes têm das palavras da língua.

Fonemas e letras: por que é importante estudar Fonologia

Os fonemas são padrões que se referem aos sons da linguagem, que, como sabemos, são faláveis e audíveis. As letras são sinais gráficos – portanto, decodificáveis pela visão – que, no nosso sistema de escrita, procuram representar os fonemas. Essa representação, no entanto, não é perfeita:

- há letras que podem representar fonemas diferentes, como o **c**, em **c**asa e **c**ela;
- há fonemas que são representados por letras diferentes, como o que as letras **g** e **j** representam em **g**irafa e **j**anela;
- há casos em que um único fonema é representado por mais de uma letra, como em **qu**eda;
- há casos em que uma só letra representa dois fonemas, como o **x** de tá**x**i (ks);
- há até mesmo um caso de letra que não corresponde a nenhum fonema, como o **h** de **h**ora.

O principal motivo prático para estudar Fonologia é justamente aprender a lidar com as inconsistências do sistema de representação escrita da língua portuguesa. Os fonemas, por convenção, são representados por símbolos colocados entre barras inclinadas: /a/, /p/, /t/, por exemplo.

Há um quadro com todos os fonemas da língua portuguesa na página 470 do Apêndice. Observe-o atentamente e veja que muitos dos símbolos nele presentes são os mesmos que você encontra em dicionários de inglês e de outras línguas estrangeiras.

Classificação dos fonemas da língua portuguesa

Os fonemas da língua portuguesa são classificados em **vogais, semivogais** e **consoantes.** Esses três tipos de fonemas são produzidos por uma corrente de ar que pode fazer vibrar ou não as pregas vocais (que já foram chamadas de cordas vocais). Quando ocorre a vibração dessas pregas, o fonema é chamado **sonoro**; quando elas não vibram, o fonema é **surdo.** Além disso, a corrente de ar pode ser liberada apenas pela boca ou parcialmente também pelo nariz. No primeiro caso, o fonema é **oral**; no segundo, é **nasal.**

Vogais e semivogais

As **vogais** são fonemas sonoros produzidos por uma corrente de ar que passa **livremente** pela boca. Em nossa língua, desempenham o papel de núcleo das sílabas. Em termos práticos, isso significa que em toda sílaba há necessariamente uma única vogal.

 **Há um quadro classificatório das vogais da língua portuguesa do Brasil na página 471 do Apêndice.**

Em português, há duas **semivogais**, representadas pelos símbolos /j/ e /w/ e produzidas de forma semelhante às vogais /i/ e /u/. A diferença fundamental entre vogais e semivogais está no fato de que estas últimas não desempenham o papel de núcleo silábico. Em outras palavras: as semivogais necessariamente acompanham alguma vogal, com a qual formam sílaba. Observe estes casos:

país – pais   baú – mau

Em país e baú, as letras **i** e **u** representam, respectivamente, as vogais /i/ e /u/. Já em pais e mau, essas letras representam as semivogais /j/ e /w/. Você perceberá isso facilmente se observar como a articulação desses sons é diferente em cada caso. Note também que **país** e **baú** têm ambas duas sílabas, enquanto **pais** e **mau** têm ambas uma única sílaba.

Em algumas palavras, encontramos as letras **e** e **o** representando as semivogais:

mãe /mãj/   pão /pãw/

Consoantes

Para a produção das **consoantes**, a corrente de ar expirada pelos pulmões encontra obstáculos ao passar pela cavidade bucal. Isso faz com que as consoantes sejam verdadeiros "ruídos", incapazes de atuar como núcleos silábicos. Seu nome provém justamente desse fato, pois, em português, sempre **consoam** ("soam com") as vogais.

 **Há um quadro classificatório das consoantes da língua portuguesa na página 471 do Apêndice.**

Sílabas

As sílabas são conjuntos de um ou mais fonemas pronunciados numa única emissão de voz. Como já dissemos, em nossa língua o núcleo da sílaba é sempre uma vogal: não existe sílaba sem vogal e nunca há mais do que uma vogal em cada sílaba. Dessa forma, para sabermos o número de sílabas de uma palavra, devemos perceber quantas vogais tem essa palavra. Cuidado com as letras **i** e **u** (mais raramente com as letras **e** e **o**), pois, como já vimos, elas podem representar também semivogais.

De acordo com o número de sílabas que os formam, os vocábulos podem ser:

- **monossílabos** – formados por uma única sílaba:

  ás cá é flor há mar quem quão

- **dissílabos** – formados por duas sílabas:

  a-í a-li cle-ro de-ver i-ra sol-da trans-por

- **trissílabos** – formados por três sílabas:

  ca-ma-da felds-pa-to O-da-ir pers-pi-caz tungs-tê-nio

- **polissílabos** – formados por quatro ou mais sílabas:

  a-ris-to-cra-ci-a bra-si-lei-ro o-tor-ri-no-la-rin-go-lo-gis-ta psi-co-lo-gi-a

Encontros vocálicos

Os encontros vocálicos são agrupamentos de vogais e semivogais, sem consoantes intermediárias. É importante reconhecê-los para dividir corretamente os vocábulos em sílabas. Há três tipos de encontros: o hiato, o ditongo e o tritongo.

Hiato

Em termos rigorosos, o **hiato** é o único encontro realmente vocálico, pois decorre do contato entre duas vogais no interior de um vocábulo, como em **saída** (sa-í-da). Outros exemplos: mo-o, ru-im, Ca-e-ta-no.

Ditongo

Ditongo é o encontro de uma vogal com uma semivogal ou de uma semivogal com uma vogal. O encontro vogal + semivogal é chamado de **ditongo decrescente**, como em moi-ta, cai, mói. O encontro semivogal + vogal forma o **ditongo crescente**, como em qual, pá-tria, sé-rio. Os ditongos podem ser classificados ainda em **orais** (todos os apresentados até agora) e **nasais** (como em mãe ou pão).

Tritongo

Tritongo é a sequência formada por uma semivogal, uma vogal e uma semivogal, sempre nessa ordem: Pa-ra-guai, quão. Os tritongos podem ser **orais** (em Paraguai) ou **nasais** (quão).

Observações

1. Na terminação **-em** em palavras como **ninguém, alguém, também, porém** e na terminação **-am** em palavras como **cantaram, amaram, falaram** ocorrem ditongos nasais decrescentes.

2. É tradicional considerar hiato o encontro entre uma semivogal e uma vogal ou entre uma vogal e uma semivogal que pertencem a sílabas diferentes, como em **i-dei-a, io-iô**.

Encontros consonantais

O agrupamento de duas ou mais consoantes, sem vogal intermediária, recebe o nome de **encontro consonantal**. Há basicamente dois tipos de encontros consonantais:

- os que resultam do contato **consoante + l** ou **r** e ocorrem numa mesma sílaba, como em:

  atleta blusa broche clave crise flanco franco prato treino

- os que resultam do contato de duas consoantes pertencentes a sílabas diferentes:

  ab-dicar ad-vogado ad-mitir al-gema cor-te sub-solo

Há ainda grupos consonantais que surgem no início dos vocábulos; são, por isso, inseparáveis:

gnomo pneumonia psicose

Dígrafos

A palavra **dígrafo** é formada pelos elementos gregos *di*, que significa "dois", e *grafo*, forma relacionada com a ideia de "escrever". O dígrafo ocorre quando duas letras são usadas para representar um único fonema. Em nossa língua, há um número razoável de dígrafos que convém conhecer. Podemos agrupá-los em dois tipos: os dígrafos consonantais e os dígrafos vocálicos.

dígrafos consonantais

ch – **ch**uva, **Ch**ina
lh – a**lh**o, mi**lh**o
nh – so**nh**o, ve**nh**o
rr – ba**rr**o, bi**rr**a, bu**rr**o (usado unicamente entre vogais)
ss – a**ss**unto, a**ss**ento, i**ss**o (usado unicamente entre vogais)
sc – a**sc**ensão, de**sc**endente
sç – na**sç**o, cre**sç**a
xc – e**xc**eção, e**xc**esso
xs – e**xs**uar, e**xs**udar
gu – **gu**elra, á**gu**ia
qu – **qu**estão, a**qu**ilo

dígrafos vocálicos

am e **an** – c**am**po, s**an**gue
em e **en** – s**em**pre, t**en**to
im e **in** – l**im**po, t**in**gir
om e **on** – r**om**bo, t**on**to
um e **un** – nenh**um**, s**un**ga

Observação

Gu e **qu** são dígrafos somente quando, seguidos de **e** ou **i**, representam os fonemas /g/ e /k/: **gu**eixa, **qu**ilo. Nesses casos, a letra **u** não corresponde a nenhum fonema.

Em algumas palavras, no entanto, o **u** representa um fonema semivogal ou vogal: **aguentar, linguiça, frequente, tranquilo** (semivogal); aver**igue**, ar**gui** (vogal) – nesse caso, **gu** e **qu** não são dígrafos. Também não há dígrafo quando são seguidos de **a** ou **o**: **quando, aquoso, averiguo.**

Divisão silábica

- ditongos e tritongos pertencem a uma única sílaba:

  au-tô-no-mo   di-**nhei**-ro   i-**guais**   **ou**-to-no   U-ru-**guai**

- os hiatos são separados em duas sílabas:

  a-mên-**do**-**a**   ca-**a**-tin-ga   du-**e**-to

- os dígrafos **ch, lh, nh, gu** e **qu** pertencem a uma única sílaba:

  a-**que**-la   **chu**-va   es-ta-**nho**   **guel**-ra   mo-**lha**

- as letras que formam os dígrafos **rr, ss, sc, sç, xs** e **xc** devem ser separadas:

  bar-ro   **as-sun**-to   **des-cer**   **nas-ço**   **ex-su**-dar   **ex-ce**-to

- os encontros consonantais das sílabas internas devem ser separados, excetuando-se aqueles em que a segunda consoante é **l** ou **r**:

  ad-mi-tir   **ap-to**   **as**-tu-to   **cír-cu**-lo   con-**vic-ção**   **ob-tu**-rar
  a-**brir**   a-**pli**-car   a-**pre**-çar   de-ca-**tlo**   dis-**tra**-to   re-**tra**-to

- os grupos consonantais que iniciam palavras não são separáveis:

  gnós-ti-co   **mne**-mô-ni-co   **pneu**-má-ti-co

O conhecimento das regras de divisão silábica é útil para a **translineação** das palavras, ou seja, para separá-las no final das linhas. Quando houver necessidade da divisão, ela deve ser feita de acordo com as regras acima. Por motivos estéticos e de clareza, devem-se evitar vogais isoladas no final ou no início de linhas, como *a-sa* ou *Jundia-í*. Vale ressaltar que na translineação de palavras compostas ou na combinação de palavras com hífen (como *vice-diretor* ou *ensiná-los*, por exemplo), o hífen deve ser repetido na linha seguinte, caso a partição no fim da linha coincida com o final de um dos elementos.

Ortoepia ou ortoépia

Formado por elementos gregos (*orto* = "correto"; *epos* = "palavra"), **ortoepia** ou **ortoépia** é o nome que designa a parte da Fonologia que cuida da "correta produção oral das palavras".

"Correta" significa, no caso, a forma usada no padrão culto da língua portuguesa do Brasil. É verdade que, mesmo entre os falantes escolarizados, esses padrões nem sempre são seguidos. Há quem veja nisso um sinal de incompetência linguística, capaz de diminuir a credibilidade de quem fala. Há quem não atribua tanta importância ao fato, creditando-o a uma tendência dos brasileiros à informalidade. De qualquer maneira, há vários momentos de sua vida em que se solicita o conhecimento dessas formas da língua padrão – concursos, vestibulares e outros tipos de exames de seleção, principalmente. Convém conhecê-las por esse motivo. E também porque esse é um direito seu, para optar por usá-las ou não nas situações em que seu emprego é esperado. Leia-as em voz alta e comente com seus colegas as diferenças entre essas formas e as que você costuma usar e ouvir nas situações informais de uso da língua.

adivinhar
aterrissagem, aterrissar
babadouro
bebedouro
bandeja
barganha
beneficência, beneficente
cabeçalho
cabeleireiro
caranguejo
cataclismo
digladiar
disenteria
empecilho
engajamento
estourar (estouro, estouras, etc.)
fratricídio
frustração, frustrar
lagarto, lagartixa
manteigueira
mendigar, mendigo
meritíssimo
meteorologia
mortadela
prazeroso, prazerosamente
privilégio
propriedade, próprio
prostração, prostrar
reivindicar
roubar (roubo, roubas, etc.)
salsicha
tireoide
umbigo

Atividades

1. Quantas letras e quantos fonemas formam cada uma das palavras seguintes?

a) honestidade
b) assessoria
c) acessório
d) complexo
e) extinguir
f) quente
g) frequente
h) tuiuiú
i) manhoso
j) obsessão
k) obcecado
l) queijinho
m) ninguém
n) obscenidade
o) alheamento

2. Classifique os fonemas representados pelas letras destacadas em vogais ou semivogais.

a) muar
b) apazigue
c) vou
d) mão
e) mágoa
f) pães
g) pais
h) país
i) doe

3. Classifique os encontros vocálicos das palavras abaixo:

a) alguém
b) trouxeram
c) diáspora
d) Mooca
e) tuiuiú
f) Piauí
g) ideia
h) gênio
i) tireoide
j) claustrofobia
k) melancia
l) saíram
m) sobressai
n) sobressaí
o) iguais
p) circuito
q) balões
r) ação
s) atuou

4. Indique, nas palavras a seguir, os dígrafos consonantais e os encontros consonantais.

a) digrama
b) adquirir
c) brita
d) nascer
e) excelente
f) massa
g) pleno
h) chave
i) crítico
j) nasça
k) flecha
l) bloqueio
m) interpretar
n) classificação
o) oftalmologista
p) pterodáctilo

5. Divida em sílabas as palavras seguintes:

a) substância
b) surpreendente
c) adquirir
d) adivinhar
e) ruim
f) gratuito
g) abscesso
h) atualização
i) psiquiatria
j) melancia
k) pneumático
l) adventício
m) introspecção
n) feldspato

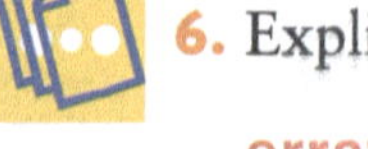

6. Explique o sentido das palavras **vogais** e **consoantes** no poema a seguir.

errata

onde lia-se desejo
leia-se despejo
não quero mais

essa vertigem de vogais
– tantos ais –
como se fossem consoantes

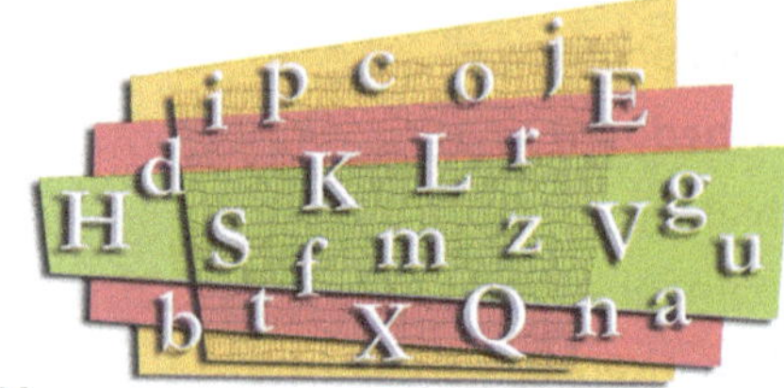

LEDUSHA. *Finesse e fissura*. São Paulo: Brasiliense, 1984. p. 38.

7. Explique de que forma a miscigenação de povos é feita também com as palavras com as quais a canção a tematiza:

Etnia caduca

É o camaleão
Diante do arco-íris
Lambuzando de cores
Os olhos da multidão.
É como um caldeirão
Misturando ritos e raças.
É a missa da miscigenação.

Um mameluco maluco
Um mulato muito louco
Moreno com cafuzo
Sarará com caboclo
Um preto no branco
E um sorriso amarelo banguelo.

Galego com crioulo
Nissei com pixaim
Curiboca com louro
Caburé com curumim.
É o camaleão e as cores do arco-íris
Na maior muvuca.
Ô... etnia caduca!

LENINE. "Etnia caduca". In: *O dia em que faremos contato*. CD BMG Ariola 7432150211-2, 1997. f. 4.

8. De que forma o poema abaixo explora sonoridades e a própria divisão silábica? Comente.

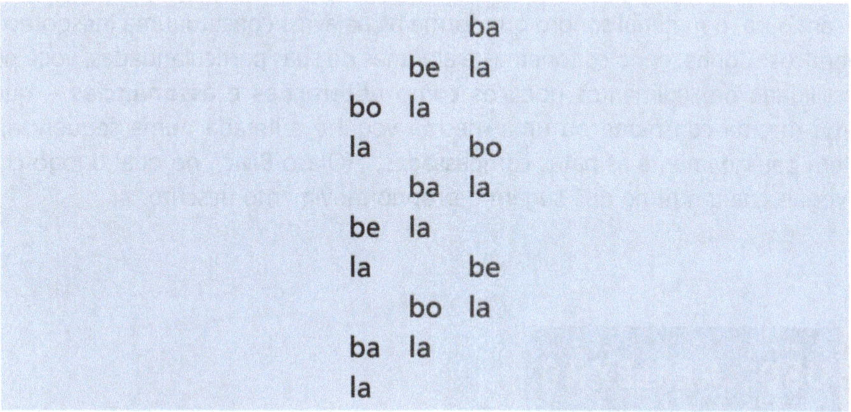

ba
be la
bo la
la bo
ba la
be la
la be
bo la
ba la
la

GRÜNEWALD, José Lino. *Escreviver*. Rio de Janeiro: Nova Fronteira, 1987. p. 74.

Prática de língua falada

1. Leia atentamente, em voz alta, as frases seguintes. Preste particular atenção à pronúncia de cada par de palavras destacadas.
   a) Ele está cantando um **tom** acima! É sempre **tão** desafinado!
   b) Hoje em dia, há sofisticadíssimos aparelhos de **som** disponíveis no mercado. Muitos deles **são** caríssimos!
   c) Mandou fazer uma **saia** nova. Tudo isso para comparecer à **ceia** de Natal.
   d) Vou-lhe enviar um **comprido** memorando. Mais uma vez, nosso acordo não foi **cumprido**.
2. Em cada frase abaixo, há uma palavra ou expressão destacada que deve ser substituída por um sinônimo. Use as palavras estudadas no item **Ortoepia ou ortoépia** deste capítulo (página 67). Faça todas as modificações necessárias em cada frase. Depois de completado o exercício, leia-o atentamente em voz alta.
   a) O **pouso** da aeronave foi tranquilo.
   b) Vendeu seus **bens** e mudou-se.
   c) Acordou com forte **desarranjo intestinal**.
   d) Era uma entidade **dedicada a beneficiar os mais necessitados**.
   e) Era uma atividade **que lhe dava prazer**.
   f) Deixou-se abater por forte **desânimo**.
   g) Nenhum **obstáculo** impediria nosso caminho.
   h) Era um estudioso da **ciência que investiga os fenômenos atmosféricos**.
   i) O povo saiu às ruas para **exigir** a punição dos corruptos.
   j) Procurava sempre obter **vantagens**.

Fonologia e literatura

Os estudos de Fonologia podem muitas vezes parecer áridos. Essa impressão, no entanto, não corresponde à utilidade que têm. Como veremos mais adiante, eles nos ajudam a resolver problemas de ortografia e acentuação. E, principalmente, fornecem-nos instrumental para melhor avaliar o trabalho de exploração expressiva da linguagem feito pela literatura.

A poesia trabalha a linguagem valorizando aquilo que as palavras **são** e não apenas o que elas significam. Ora, o material sonoro que forma as palavras constitui uma inesgotável fonte de recursos poéticos. Conhecendo os fonemas e algumas de suas particularidades, você poderá avaliar com facilidade procedimentos poéticos como **aliterações** e **assonâncias** – que ocorrem quando uma mesma consoante ou uma mesma vogal é reiterada numa sequência, como no verso "Batem pausadamente as patas compassadas." (Olavo Bilac), no qual o jogo com as consoantes e vogais cria um ritmo que sugere o próprio movimento descrito.

LEITURA, USO, REFLEXÃO

• Texto 1

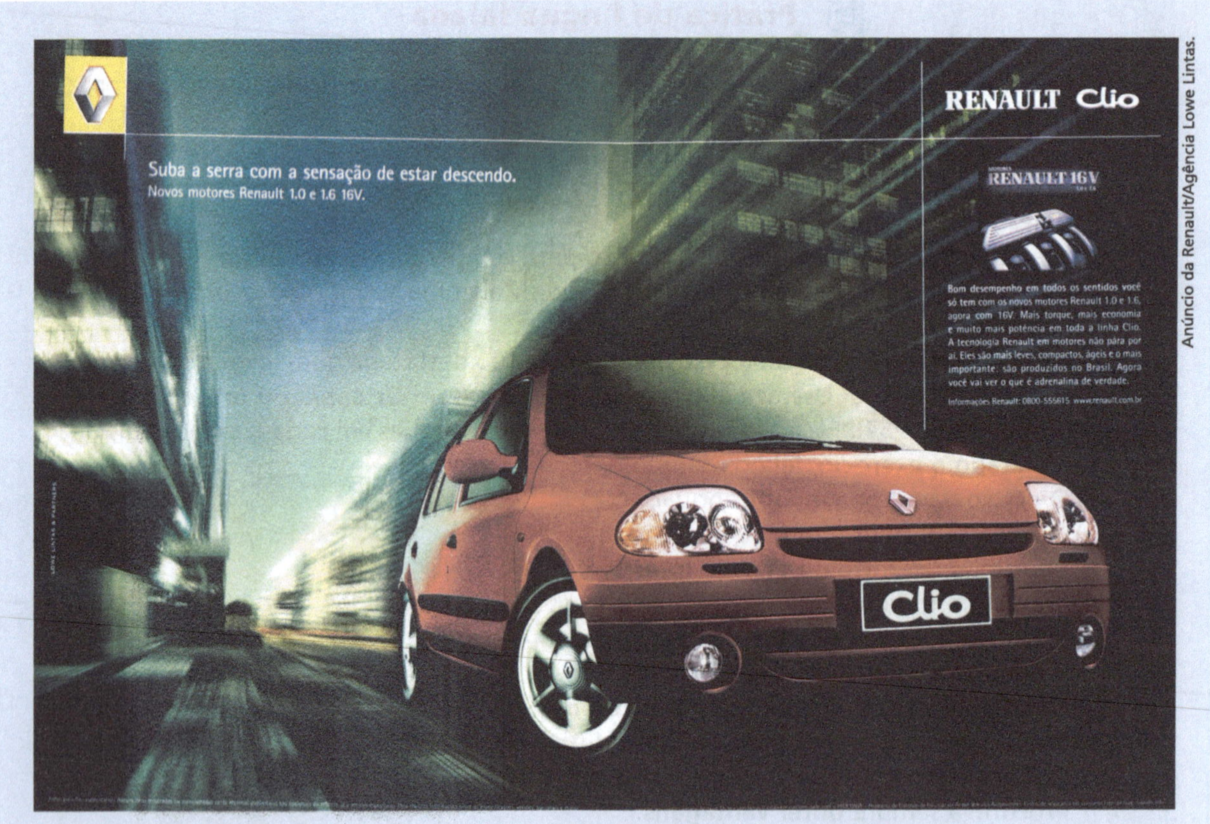

Anúncio da Renault/Agência Lowe Lintas.

Revista *IstoÉ*, 18 abr. 2001.

1. Qual fonema é usado de forma particularmente interessante na frase "Suba a serra com a sensação de estar descendo."?

2. Que efeito de sentido consegue o elaborador do texto publicitário com o recurso apontado como resposta à questão anterior? Comente.

Texto 2

Balalaica

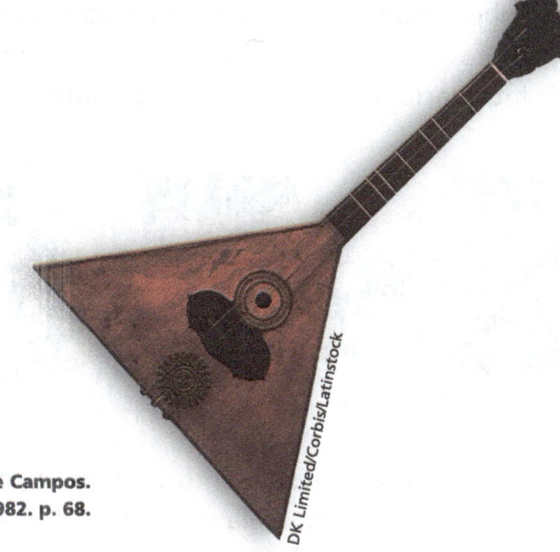

DK Limited/Corbis/Latinstock

Balalaica
[como um balido abala a balada do baile
de gala]
[com um balido abala]
abala [com balido]
[a gala do baile]
louca a bala
laica

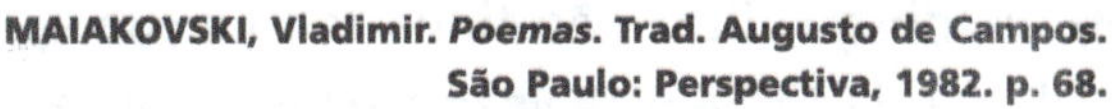

MAIAKOVSKI, Vladimir. *Poemas*. Trad. Augusto de Campos. São Paulo: Perspectiva, 1982. p. 68.

1. Balalaica é o nome de um instrumento musical de cordas, usado principalmente na música popular russa. De que forma o poema explora sonoridades a fim de representar o som do instrumento?
2. Qual é, na sua opinião, o papel dos colchetes no texto?
3. Comente a divisão da palavra "balalaica" nos dois últimos versos do texto e os efeitos que produz.
4. O poema, apesar de concentrar-se na exploração do material sonoro da língua, não deixa de ter um evidente conteúdo social. Explique de que forma a balalaica é capaz de abalar o baile de gala.

Texto 3

Epidemia polissilábica

Rio de Janeiro – Já disse que a crise é de dicionário. Paulo Rónai denunciou a existência de uma geração sem palavras. Uma só, não, digo eu. Várias. A crise é semântica, disse um professor na Sorbonne, que convocou um seminário. Pode ser, diz o Pedro Gomes. Mas é também polissilábica. E me expõe a sua tese: nenhum país aguenta tantos palavrões como os que circulam agora por aí. Palavrão no sentido estrito da palavra grande.

A maior delas, como aprendemos na remota infância, tem até governado o Brasil: inconstitucionalissimamente. Depois deste advérbio, no seu hoje modesto pioneirismo, apareceram verdadeiros bondes vocabulares. Autênticos minhocões. São cada vez mais numerosos e compridos, como a composição ferroviária que transporta minérios. A perder de vista, todos têm de cinco sílabas para cima. São centopeias de tirar o fôlego e de destroncar a língua.

Na porta do Jockey, depois do almoço, um sujeito conversava outro dia, sereno, sobre a atratividade do investimento superavitário. Temi pela sua digestão, se é que não foi vítima de uma congestão. Ou de um insulto cerebral. Mas há pessoas insuscetíveis de insulto, sobretudo cerebral. É o caso do cidadão que discorreu sobre o obstaculizado caminho que o Brasil tem de percorrer, se quiser alcançar um nível de competitividade num cenário de internacionalização do livre-cambismo.

Até a carta-testamento do Getúlio, obstaculizar não tinha feito a sua aparição triunfal. Dizem que foi ideia do Maciel Filho, que tinha este vezo nacionalista da palavra complicada. Na verdade, é difícil inovar o jargão político. Para atacar José Américo de Almeida, história antiga, Benedito Valladares lançou no mercado a palavra boquirroto. Logo os adversários disseram que era soprado pelo Orozimbo Nonato, um íntimo do Vieira e do Bernardes. Arrazoava com um cunho seiscentista.

Enfim, tudo hoje em dia gera distorções. Gerar é um verbo-ônibus. Serve para tudo. Confiemos, porém, que a seu tempo, a nível de país, na expressão abominável que hoje é corrente, a solução seja equacionada. A desestabilização extrapola de qualquer colocação. Longe de mim o catastrofismo, mas no caminho polissilábico em que vamos, a ingovernabilidade é fatal. E talvez passemos antes pela platino-dolarização contingencial.

RESENDE, Otto Lara. *Bom dia para nascer*. São Paulo: Companhia das Letras, 1994. p. 90.

1. O primeiro parágrafo apresenta o assunto a ser tratado. Qual a estratégia utilizada para essa apresentação?
2. O segundo, o terceiro e o quarto parágrafos levantam dados e desenvolvem o assunto proposto. Que tipo de dados o texto oferece na sua argumentação?
3. Explique por que o "palavrão" *inconstitucionalissimamente* "tem até governado o Brasil" (segundo parágrafo).
4. "Mas há pessoas insuscetíveis de insulto, sobretudo cerebral." (terceiro parágrafo) Explique e comente essa passagem.
5. Que significa ser "íntimo do Vieira e do Bernardes" (penúltimo parágrafo)? A quantidade de referências desse tipo possibilita a caracterização do perfil dos interlocutores entre os quais o texto transita? Comente.
6. Explique o que é um "verbo-ônibus" (último parágrafo).
7. O último parágrafo expõe a conclusão a que chega o texto. De que forma a ironia se manifesta nessa passagem?
8. O texto apresenta diversas imagens deliciosas para se referir aos polissílabos. Aponte duas delas e comente-as.
9. De que forma o abuso de polissílabos é prejudicial à comunicação? Essa "epidemia" pode ocultar uma intenção? Comente.

Ortografia

Todos vivem zombando do pouco conhecimento do Lula. Mas Sócrates, Maomé, Dostoievski, Nietzsche, e Jesus Cristo!, também não falavam inglês.

Millôr Fernandes

10 REFLEQUIÇÕES

I- Todo mundo viaja. Poucos chegam Lá.

II- As guerras acabam. Mas as ruas nunca ficam prontas.

III- Tinha um ar soberbo. Totalmente poluído.

IV- Dizia "Minha cara metade", como quem reclama do preço.

V- Confesso: sou pior sozinho do que mal acompanhado.

VI- Repara: quando você aprende uma palavra nova, ela aparece em todos os lugares.

VII- Solitário dorme sozinho. Rejeitado acorda sozinho.

VIII- Mostrei-lhe a lua no horizonte, redonda, linda. Mas ela prefere o Faustão.

IX- Não há pessoa mais chata do que você mesmo. Fuja da solidão.

X- Fica frio, amigo, não foi o brasileiro o inventor da corrupção. Baseado no mais profundo ensinamento da minha religião, a corrupção começou no Princípio dos Princípios, justamente no Jardim do Éden. Quando os dois proto-Safados, corrompidos pela Serpente, desrespeitaram a Lei do Senhor e comeram o Fruto da Ciência do Bem e do Mal, o desrespeito espantoso ficou conhecido como A Queda. Mas não passou assim pelo Todo (como era conhecido o Todo-Poderoso), que condenou os três culpados por uso indevido de bem público e formação de quadrilha. Logo o Anjo Gabriel, executor das ordens do Supremo, expulsou Adão e Eva do Paraíso, obrigando-os a viver na periferia, a leste do Éden. Mas a Serpente, misteriosamente, nunca foi punida.

Revista *Veja*, 8 dez. 2004, p. 34.

Leitura: interação

1. Por que, na sua opinião, Millôr Fernandes optou por escrever "reflequições" em vez de reflexões?
2. Que efeito produz no leitor a forma "reflequições"? Depois da leitura do texto, esse efeito perdura? Comente.

Introdução

A ortografia estabelece padrões para a forma escrita das palavras. Em nossa língua, as palavras são escritas de acordo com critérios etimológicos (ligados à origem das palavras) e fonológicos (ligados aos fonemas representados). A forma de grafar as palavras é produto de acordos ortográficos que envolvem os diversos países em que o português é língua oficial. Grafar corretamente uma palavra significa, portanto, adequar-se a um padrão estabelecido por lei. As dúvidas devem ser resolvidas por meio da consulta a dicionários e publicações oficiais ou especializadas.

Alfabeto português

O alfabeto ou abecedário da nossa língua é formado por vinte e seis letras que, com pequenas modificações, foram copiadas do alfabeto latino. Essas vinte e seis letras são:

LETRAS DE IMPRENSA	Aa Bb Cc Dd Ee Ff Gg Hh Ii Jj Kk Ll Mm Nn Oo Pp Qq Rr Ss Tt Uu Vv Ww Xx Yy Zz
GRAFIA CURSIVA	*Aa Bb Cc Dd Ee Ff Gg Hh Ii Jj Kk Ll Mm* *Nn Oo Pp Qq Rr Ss Tt Uu Vv Ww Xx Yy Zz*

Empregamos o Kk, o Ww e o Yy em abreviaturas, siglas, nomes próprios estrangeiros e seus derivados: Franklin, Darwin, Taylor, km (quilômetro), kW (quilowatt), etc. Emprega-se, ainda, o Çç, que representa o fonema /s/ diante de **a**, **o** ou **u** em determinadas palavras.

Por que tantas letras nos nomes próprios brasileiros?

Afinal, o que há num nome? Expectativas de sucesso, anseios de ascensão social, projeções dos desejos da mamãe e do papai sobre aquela criaturinha – além de um bocado de modismos e, em muitos casos, uma brasileiríssima capacidade de inventar novidades. Um exemplo: há dois anos, quando sua primeira filha nasceu, Carla Perez deu-lhe o nome de Camilly Victória. Há um mês, veio o filho, a quem chamou de Víctor Alexandre. Carla manifestou duas preferências nacionais na hora de escolher o nome do bebê: 1) optou por nomes "da moda"; e 2) grafou cada um como bem entendeu. Na lista de nomes mais registrados em 2003 computada pela empresa Certifixe em dezenove cartórios de diversos Estados, Camile (com suas dezessete variações, como Kammyle e Camylly) está em 11.º lugar, enquanto Vitória, até poucos anos atrás um quase extinto resquício dos "nomes de tia", dispara em sexto. Victor está em sétimo. Só Alexandre, um clássico que de tempos em tempos passa por períodos de sístole e diástole, escapa dos mais votados, mas explica-se: é o nome do pai.

Revista *Veja*, 11 fev. 2004.

Os cartórios que atendem a população de baixa renda da maior cidade do país informam que o brasileiro muda de nome como uma espécie de primeiro passo na metamorfose planejada para alterar radicalmente seu destino. "Quanto mais comum for o sobrenome e mais baixa a renda, mais complicado e estrangeirado é o prenome escolhido.", afirma Ana Inácio, funcionária há 24 anos do cartório de Santo Amaro, o campeão paulistano, com 100 registros por dia.

"Eles chegam com o som do nome, mas não sabem escrever", diz Ana. "Quanto mais letras como **w**, **y** e **k** e letras dobradas, melhor e mais bonito parece." Para facilitar a rotina de trabalho, os escreventes elaboraram uma lista com 17 variantes de Stéphanie. Confrontados com a relação, os pais podem decidir com mais rapidez. O enunciado é sugestivo: "Escolha pelo número." O primeiro tem a grafia mais simples: Stefani. A mais rebuscada é a de número 17: Sthephanny.

Revista *Época*, 14 ago. 2000.

Orientações ortográficas

A competência para grafar as palavras está diretamente ligada ao contato frequente com a forma escrita que assumem. Isso significa que o uso efetivo e constante é que resulta na memorização da grafia convencionada. Deve-se criar o hábito de esclarecer as dúvidas com as necessárias consultas ao dicionário. Trata-se de um processo constante, que produz resultados a longo prazo.

Existem algumas orientações gerais que podem ser úteis e que devem constituir material de consulta para as atividades escritas que você desenvolver. Vamos a elas.

Letra *x* e dígrafo *ch*: o fonema /ʃ/

Usa-se a letra *x*:

- após um ditongo:

ameixa caixa encaixar paixão rebaixar
baixo eixo frouxo peixe trouxa

> Cuidado com a exceção **recauchutar** e seus derivados.

- após o grupo inicial **en**:

enxada enxaqueca enxovalho enxugar
enxame enxerido enxurrada

> Cuidado, também, com **encher** e seus derivados (lembre-se de **cheio**) e palavras iniciadas por **ch** que recebem o prefixo **en-**:
> **encharcar** (de **charco**) **enchapelar** (de **chapéu**)
> **enchumaçar** (de **chumaço**) **enchiqueirar** (de **chiqueiro**)

- após o grupo inicial **me**:

mexer mexerica mexerico mexicano mexilhão

> A única exceção é **mecha**.

- nas palavras de origem indígena ou africana e nas palavras inglesas aportuguesadas:

xavante xingar xiquexique xará xerife xampu

Escrevem-se com **x**, entre outras palavras:

bru**x**a	mu**x**o**x**o	**x**ale
capi**x**aba	pra**x**e	**x**a**x**im
ca**x**umba	pu**x**ar	**x**enofobia
fa**x**ina	rela**x**ar	**x**ícara
gra**x**a	ri**x**a	
la**x**ante	ro**x**o	

Escrevem-se com **ch**, entre outras palavras:

apetre**ch**o	**ch**alé	debo**ch**ar	mo**ch**ila
arro**ch**o	**ch**icória	fa**ch**ada	pe**ch**in**ch**a
bo**ch**e**ch**a	**ch**ope	fanto**ch**e	pi**ch**ar
bre**ch**a	**ch**u**ch**u	fe**ch**ar	pi**ch**e
bro**ch**e	**ch**ute	fle**ch**a	salsi**ch**a
ca**ch**imbo	comi**ch**ão	lin**ch**ar	t**ch**au

Há vários casos de palavras homófonas (faladas da mesma maneira, mas escritas de formas diferentes) cuja grafia se distingue pelo contraste entre o **x** e o **ch**. Eis algumas delas:

bro**ch**a (pequeno prego)	bro**x**a (pincel para caiação de paredes)
chá (planta para preparo de bebida)	**x**á (título do antigo soberano do Irã)
chácara (propriedade rural)	**x**ácara (narrativa popular em versos)
cheque (ordem de pagamento)	**x**eque (jogada do xadrez)
co**ch**o (vasilha para alimentar animais)	co**x**o (capenga, imperfeito)
ta**ch**a (mancha, defeito; pequeno prego)	ta**x**a (imposto, tributo)
ta**ch**ar (colocar defeito ou nódoa)	ta**x**ar (cobrar impostos)

Letras *g* e *j*: o fonema /ʒ/

Usa-se a letra *g*:

- nos substantivos terminados em -agem, -igem, -ugem:

barragem	**miragem**	**impigem** (ou impingem)	**rabugem**
contagem	**viagem**	**origem**	**ferrugem**
garagem	**fuligem**	**vertigem**	**lanugem**

> **Cuidado com as exceções pajem e lambujem.**

- nas palavras terminadas em -ágio, -égio, -ígio, -ógio, -úgio:

adágio	**contágio**	**estágio**	**pedágio**
colégio	**egrégio**	**litígio**	**prestígio**
necrológio	**relógio**	**refúgio**	**subterfúgio**

Preste atenção às seguintes palavras grafadas com **g**:

abori**g**ine	bu**g**i**g**anga	**g**en**g**iva	rabu**g**ice
a**g**ilidade	co**g**itar	**g**esto	tan**g**erina
al**g**ema	drá**g**ea	**g**ibi	ti**g**ela
apo**g**eu	farin**g**e	here**g**e	va**g**em
ar**g**ila	fu**g**ir	hi**g**iene	
au**g**e	**g**eada	impin**g**ir	
be**g**e	**g**en**g**ibre	mon**g**e	

Usa-se a letra *j*:

- nas formas dos verbos terminados em -jar:

arranjar (**arranjo**, **arranje**, **arranjem**)

enferrujar (**enferruje**, **enferrujem**)

despejar (**despejo**, **despeje**, **despejem**)

viajar (viajo, **viaje**, **viajem**)

- nas palavras de origem tupi, africana, árabe ou exótica:

jê	canjica	jirau	Moji
alforje	pajé	manjericão	alfanje
jiboia	jerico	caçanje	

- nas palavras derivadas de outras que já apresentam j:

cereja → cerejeira	lisonja → lisonjear, lisonjeiro	sarja → sarjeta
gorja → gorjear, gorjeio, gorjeta	loja → lojinha, lojista	varejo → varejista
laranja → laranjeira	rijo → rijeza, enrijecer	

Preste atenção às seguintes palavras que se escrevem com **j**:

berin**j**ela	**j**eito	la**j**e	pro**j**étil (ou pro**j**etil)
cafa**j**este	**j**e**j**um	ma**j**estade	re**j**eição
gran**j**a	**j**erimum	ob**j**eção	tra**j**e
ho**j**e	**j**érsei	ob**j**eto	tre**j**eito
intru**j**ice	**j**iló	o**j**eriza	

Letras *s* e *z*: o fonema /*z*/

Usa-se a letra *s*:

- nas palavras que derivam de outras em que já exista **s**:

análise → analisar, analisador, analisante
casa → casinha, casebre, casinhola, casarão, casario
catálise → catalisador, catalisante, catalisado
liso → lisinho, alisar, alisador
português → portuguesinho, aportuguesar, aportuguesamento

- nos sufixos:

-ês, -esa (para indicação de nacionalidade, título, origem):

chinês	burguês	calabrês	marquês	baronesa
chinesa	burguesa	calabresa	marquesa	duquesa

-ense, -oso, -osa (formadores de adjetivos):

caldense	catarinense	palmeirense	paraense
amoroso	amorosa	deleitoso	deleitosa
espalhafatoso	espalhafatosa	gasoso	gasosa

-isa (indicador de ocupação feminina):

diaconisa papisa pitonisa poetisa profetisa sacerdotisa

- após ditongos:

ausência causa coisa Eusébio lousa náusea Neusa

- nas formas dos verbos **pôr** (e derivados) e **querer**:

pus	pusera	pusesse	puséssemos
quis	quisera	quisesse	quiséssemos
repus	repusera	repusesse	repuséssemos

Atente para o uso da letra **s** nas seguintes palavras:

abuso	asilo	aviso	colisão	extravasar	Isabel	obsessão (cuidado com obcecado)	
aliás	atrás	bis	decisão	fusível	lilás	ourivesaria	usura
anis	através	brasa	evasão	hesitar	maisena	revisão	vaso

Usa-se a letra *z*:

- nas palavras derivadas de outras em que já existe **z**:

baliza → abalizado
deslize → deslizar, deslizante
raiz → enraizar
razão → razoável, arrazoar, arrazoado

- nos sufixos:

-ez, -eza (formadores de substantivos abstratos a partir de adjetivos):

avaro → avareza	macio → maciez	rijo → rijeza
intrépido → intrepidez	nobre → nobreza	singelo → singeleza
inválido → invalidez	rígido → rigidez	surdo → surdez

-izar (formador de verbos) e **-ização** (formador de substantivos):

civilizar → civilização
colonizar → colonização
hospitalizar → hospitalização
humanizar → humanização
realizar → realização

Não confunda com os casos em que se acrescenta o sufixo **-ar** a palavras que já apresentam **s**:

anali**sar** pesqui**sar** avi**sar**

Observe o uso da letra **z** nas seguintes palavras:

assa**z**	catequi**z**ar (cuidado com cateque**s**e)	cuscu**z**	pra**z**eroso	verni**z**
bissetri**z**	ci**z**ânia	go**z**o	rego**z**ijo	talve**z**
bu**z**ina	coali**z**ão	gi**z**	va**z**ar	va**z**io

Em muitas palavras, a letra **x** soa como **z**:

exagero	exasperar	exemplo	exílio	exonerar	exuberante
exalar	exato	exequível	exímio	exorbitar	inexistente
exaltar	exausto	exercer	existir	exorcismo	inexorável
exame	executar	exibir	êxito	exótico	

Há palavras homófonas em que se estabelece distinção escrita por meio do contraste **s/z**:

co**z**er (cozinhar) — co**s**er (costurar)
pre**z**ar (ter em consideração) — pre**s**ar (prender, apreender)
tra**z** (forma do verbo trazer) — trá**s** (parte posterior)

Letras *s*, *c*, *ç* e *x* – Dígrafos *sc*, *sç*, *ss*, *xc* e *xs*: o fonema /s/

Observe os seguintes fatos ortográficos:

- a correlação gráfica **nd/ns** na formação de substantivos a partir de verbos:

distender → distensão | expandir → expansão | suspender → suspensão
estender → extensão | pretender → pretensão | tender → tensão

- a correlação gráfica **ced/cess** em nomes formados a partir de verbos:

aceder → acesso | conceder → concessão | interceder → intercessão
ceder → cessão | exceder → excesso → excessivo

- a correlação gráfica **ter/tenção** em nomes formados a partir de verbos:

abster → abstenção | conter → contenção | reter → retenção
ater → atenção | deter → detenção

- em termos eruditos, surge o dígrafo **sc**:

acrescentar	ascese	fascículo	miscível	recrudescer
acréscimo	ascético	fascinante	nascer	reminiscência
adolescência	ascetismo	fascínio	obsceno	rescisão
adolescente	consciência	imprescindível	oscilar	ressuscitar
ascender (subir)	crescer	intumescer	piscicultura	seiscentos
ascensão	descender	irascível	piscina	suscitar
ascensor	discente	miscigenação	plebiscito	transcender
ascensorista	disciplina			

Na conjugação de alguns verbos aqui apresentados, surge **sç**:

nasço nasça cresço intumesça

Cuidado com sucinto.

- em algumas palavras, a letra **x** soa como ss:

auxiliar	experiência	expor	sintaxe
auxílio	experto	extravagante	têxtil
contexto	expiar (pagar)	extroversão	texto
expectativa	expirar (morrer)	extrovertido	textual
expectorar	expoente	sexta	trouxe

Cuidado com esplendor e esplêndido.

- os dígrafos **xc** e **xs** soam como ss:

exceção	excedente	exceder	excelente	excesso
excêntrico	excepcional	excerto	exceto	excitar
exsicar	exsolver	exsuar	exsudar	

Há casos em que se criam oposições de significado devido ao contraste gráfico. Observe:

acender (iluminar, pôr fogo)	ascender (subir)
acento (inflexão de voz ou sinal gráfico)	assento (lugar para se sentar)
caçar (perseguir a caça)	cassar (anular)
cegar (tornar cego)	segar (ceifar, cortar para colher)
censo (recenseamento, contagem)	senso (juízo)
cessão (ato de ceder)	seção (repartição ou departamento; divisão) e sessão (encontro, reunião)
concerto (acordo; arranjo, harmonia musical)	conserto (remendo, reparo)
espectador (o que presencia)	expectador (o que está na expectativa)
esperto (ágil, rápido, vivaz)	experto (conhecedor, especialista)
espiar (olhar, ver, espreitar)	expiar (pagar uma culpa, sofrer castigo)
espirar (respirar)	expirar (morrer)
incipiente (iniciante, principiante)	insipiente (ignorante)
intenção ou tenção (propósito, finalidade)	intensão ou tensão (intensidade, esforço)
paço (palácio)	passo (passada)

O dífono *x*

Em algumas palavras, a letra **x** representa dois fonemas: /ks/. Alguns gramáticos chamam a esse fenômeno **dífono** (do grego *di*, "dois", + *fono*, "som"). Pronuncie as palavras seguintes:

afluxo	asfixiar	convexo	látex	prolixo
amplexo	axila	fixo	nexo	reflexão
anexar	boxe	flexão	ortodoxo	reflexo
anexo	clímax	fluxo	óxido	tóxico
asfixia	complexo	intoxicar	paradoxo	

Letras *e* e *i*

- Cuidado com a grafia dos ditongos:
  – os ditongos nasais /ãj/ e /õj/ escrevem-se **ãe** e **õe**:

capitães	cães	depõem	mães	põem
cirurgiães	depõe	mãe	põe	pães

Só se grafa com **i** o ditongo /ãj/ interno: **cãibra** (ou **câimbra**).

- Cuidado com a grafia das formas verbais:
  - os verbos com infinitivos terminados em **-oar** e **-uar** são grafados com **e**:

aben**çoar** → abençoe	efet**uar** → efetue	contin**uar** → continue
at**uar** → atue	mag**oar** → magoe	perd**oar** → perdoe

  - os verbos com infinitivos terminados em **-air**, **-oer** e **-uir** são grafados com **i**:

c**air** → cai	m**oer** → mói	infl**uir** → influi
s**air** → sai	r**oer** → rói	poss**uir** → possui
corr**oer** → corrói	atrib**uir** → atribui	retrib**uir** → retribui
d**oer** → dói		

- Cuidado com as palavras **se**, **senão**, **sequer**, **quase**. Atente também em **irrequieto**.

A oposição **e/i** é responsável pela diferenciação de várias palavras. Observe:

ár**e**a (superfície)	**á**r**i**a (melodia)
deferir (conceder)	**di**ferir (adiar ou divergir)
delação (denúncia)	**di**lação (adiamento, expansão)
descrição (ato de descrever)	**di**scrição (qualidade de quem é discreto)
descriminação (absolvição)	**di**scriminação (separação)
emergir (vir à tona)	**i**mergir (mergulhar)
emigrar (sair do país de origem)	**i**migrar (entrar em país estrangeiro)
eminente (de condição elevada)	**i**minente (inevitável, prestes a ocorrer)
vad**e**ar (passar a vau)	vad**i**ar (andar à toa)

Letras *o* e *u*

A oposição **o/u** é responsável pela diferença de significado entre algumas palavras:

comprimento (extensão)	cumprimento (saudação, realização)
soar (emitir som)	suar (transpirar)
sortir (abastecer)	surtir (resultar)

Letra *h*

É uma letra que não representa fonema. Seu uso se limita aos dígrafos **ch**, **lh** e **nh**, a algumas interjeições (ah, hã, hem, hip, hui, hum, oh) e a palavras em que surge por razões etimológicas. Observe algumas delas:

hagiografia	haste	Henrique	hipismo	horror
haicai	hediondo	herbívoro	hipocondria	horta
hálito	hélice	hérnia	hipocrisia	Hortênsia
halo	Hélio	herói	hipótese	horto (jardim)
hangar	Heloísa	hesitar	histeria	hostil
harmonia	hemisfério	hífen	homenagem	humor
harpa	hemorragia	hilaridade	hóquei	húmus

Cuidado com erva (sem h).

Em Bahia, o **h** sobrevive por tradição histórica. Observe que nos derivados ele não é usado: baiano, baianismo.

Nomes próprios

Os nomes próprios estão sujeitos às regras ortográficas, o que significa que existe uma forma convencionada de grafá-los. Se, no entanto, seu nome foi registrado com outra grafia, você pode usá-lo da forma como ele se encontra em seus documentos. Observe na relação seguinte alguns nomes próprios na grafia oficial:

Aírton	César	Hilário	Jéferson	Luzia	Rosângela
Alcântara	Elisa	Iberê	Juçara	Macedo	Selene
Ânderson	Ênio	Inês	Juscelino	Marisa	Sousa
Ângelo	Félix	Íris	Leo	Miriam	Taís
Antônio	Filipe	Isa	Lis	Morais	Teresa
Artur	Heitor	Isidoro	Lisa	Natacha	Zósimo
Baltasar	Helena	Jaci	Luís	Odilon	
Cardoso	Hercílio	Jacira	Luísa	Priscila	

Atividades

1. Substitua os asteriscos nas frases seguintes pelas letras apropriadas.
   a) Os pei*es haviam sido encai*otados na origem.
   b) Sentia-se rebai*ado porque os pneus de seu carro eram recau*utados.
   c) A en*urrada causou muitos transtornos à população de bai*a renda. Muitas pessoas ficaram com seus pertences en*arcados.
   d) Não me*a nisso! Não seja en*erido! E deixe as me*as do cabelo de sua irmã em paz!
   e) Gastava um frasco de *ampu a cada banho.
   f) A filha da fa*ineira pegou ca*umba. Foi por isso que a pobre senhora não veio trabalhar e não porque seja rela*ada como você quer dar a entender com um mu*o*o.
   g) Suas bo*e*as estavam ro*as de frio. E mesmo assim ela não queria usar o *ale que eu lhe oferecia.

2. Complete as palavras das frases seguintes com as letras apropriadas.
   a) Foi à feira e comprou *u*us, berin*elas, tan*erinas, *en*ibre e va*em.
   b) A via*em foi adiada. Os pais não querem que os filhos via*em com um tempo horrível destes.
   c) Deixaram que a ferru*em tomasse conta de tudo. É possível que se deixem enferru*ar coisas tão bonitas e valiosas?
   d) Sentiu forte verti*em durante a conta*em dos votos. Ninguém pôde atinar com a ori*em do mal-estar numa pessoa tão ri*a.
   e) Sinto-me lison*eado com a homena*em prestada pelos vare*istas desta re*ião e garanto que nunca me faltará cora*em para prosseguir na luta.
   f) Seu prestí*io declinava à proporção que a ori*em de seus bens era investigada.
   g) Com a*ilidade, apanhou a ti*ela e encheu-a de ar*ila. A seguir, com alguns *estos, modelou alguma coisa que não consegui distinguir.

3. Escreva uma frase com cada uma das seguintes palavras:
   tachar taxar cheque xeque cocho coxo

4. Observe o sentido com que foram empregadas as palavras destacadas nas frases abaixo. Copie cada uma delas em seu caderno e procure atribuir-lhes sinônimos.

a) A imprensa reprovou o gesto **imoral** feito publicamente pelo governante.
É uma criança! Suas atitudes são **amorais**!

b) O **comprimento** do terreno não atendia as necessidades da construtora.
Ao chegar, fez um **cumprimento** discreto com a cabeça.
Exigem dele o **cumprimento** de tarefas muito difíceis.

c) O mergulhador **emergiu** trazendo uma pedra.
O submarino **imergiu** por completo.

d) O assaltante foi preso em **flagrante**.
Sua **fragrante** presença me faz pensar em flores campestres.

e) Cuidado para não lhe **infligir** uma desmoralização injusta!
Foi multado ao **infringir** novamente as leis de trânsito.

f) Seu **mandato** acabou quando o oficial de justiça lhe apresentou o **mandado** de prisão.

g) O investimento foi **vultoso**; o retorno, praticamente nulo.
Seu rosto **vultuoso** fê-lo procurar um médico.

5. Copie as frases abaixo em seu caderno, fazendo a opção pelo homônimo ou pelo parônimo adequado a cada caso.

> **homônimos**: palavras que apresentam a mesma grafia e a mesma pronúncia.
> **parônimos**: palavras que apresentam grafias ou pronúncias semelhantes, sem que, no entanto, ocorra coincidência total.

a) Não sei o que é mais útil: (*coser, cozer*) as próprias roupas ou (*coser, cozer*) a própria comida.

b) É provável que poucas pessoas (*viagem, viajem*) nestas férias. O preço de uma (*viagem, viajem*) é proibitivo!

c) O deputado foi (*tachado, taxado*) de fisiológico. E seu único projeto era (*tachar, taxar*) ainda mais os assalariados.

d) Resolveu tomar uma chávena de (*chá, xá*) após ter conhecido um lunático que dizia ser o (*chá, xá*) da Pérsia.

e) Fui colocado em (*cheque, xeque*) quando o gerente da loja se recusou a aceitar meu (*cheque, xeque*).

f) A (*cessão, seção, sessão*) de terras aos posseiros foi decidida pela Assembleia Legislativa em (*cessão, seção, sessão*) extraordinária. A legalização das doações deverá ser feita pela (*cessão, seção, sessão*) competente do Poder Público.

g) Não teve tempo de (*espiar, expiar*) as culpas antes de (*espirar, expirar*).

h) A (*tenção, tensão*) de fazer um (*censo, senso*) naquele ano fracassou.

i) A (*incipiente, insipiente*) tecnologia brasileira enfrenta obstáculos ao seu desenvolvimento.

j) A (*cessão, seção, sessão*) da Câmara decretou que o deputado suspeito tivesse seu (*mandado, mandato*) (*caçado, cassado*).

k) A vontade de (*acender, ascender*) socialmente o fazia um hipócrita inescrupuloso. Rendia (*pleitos, preitos*) a diversos figurões.

l) Agiu com (*descrição, discrição*) ao ser convocado para fazer a (*descrição, discrição*) dos envolvidos no caso.

m) Inutilmente, várias entidades protestaram contra a (*descriminação, discriminação*) pela qual os jurados haviam decidido. Afinal, tratava-se de um crime de (*descriminação, discriminação*) racial.

n) Pediu-me que o ajudasse a (*descriminar, discriminar*) as despesas.

o) Finalmente vai (*soar, suar*) o sinal! Com este calor, não paro de (*soar, suar*).

6. Qual das letras substitui cada um dos asteriscos no texto abaixo: **s**, **c**, **ç**, **z** ou **x**?

A fun*ão das patentes

A ideia por trá* das patentes é clara: o Estado dá ao inovador que opta por tornar públicos detalhes sobre sua inven*ão o direito de e*plorá-la com e*clusividade por um tempo. Com esse pro*edimento, circulam mais informações científico-tecnológicas, o que tende a re*ultar em mais inova*ões. Trata-se de um prin*ípio correto que contempla o bem público. Vale lembrar que o inovador teria a op*ão de manter segredo sobre sua descoberta.

Infeli*mente, as coisas funcionam melhor na teoria do que na prática. Como mostrou reportagem da revista britânica "The Economist", vai ficando cada vez mais claro que o sistema de patentes não tem favore*ido, mas dificultado, a inova*ão. Companhias armadas de e*ércitos de advogados inundam os principais escritórios de patentes com milhares de pedidos. Mesmo que não consigam obter o registro, criam embara*os para seus concorrentes.

O registro de patentes dos EUA, o PTO, vem apre*entando aumentos anuais de 6% no número de pedidos. Em 2003, foram protocolados 350 mil pro*essos. Cerca de metade deles é deferida. O PTO é também um dos escritórios mais liberais. Aceita patentear genes, técnicas comerciais e "inova*ões" proverbialmente e*drúxulas, como o "sanduíche fechado sem crostas".

A melhor solu*ão para que a patente volte a incentivar a inova*ão em vez de desestimulá-la é voltar ao bá*ico. Os requi*itos clássicos da patente, cada vez mais esquecidos, são: utilidade, novidade e não obviedade. Genes, por e*emplo, e*istem há milhões de anos, o que torna discutível aceitá-los como patenteáveis.

Isso, porém, não basta. É preciso voltar a discutir no âmbito da Organização Mundial do Comércio (OMC) e da ONU regras mundiais mais uniformes, bem como estabele*er prote*ões para países menos de*envolvidos em setores sen*íveis como a saúde pública. O princípio, não se pode esquecer, sempre foi beneficiar a humanidade, e não prejudicá-la.

***Folha de S.Paulo*, 22 nov. 2004.**

7. Qual das letras substitui cada um dos asteriscos no texto a seguir: **ç**, **s**, **x** ou **z**?

Sociedade e lei

As leis de uma sociedade tendem a acompanhar seus costumes num ritmo mais lento do que o da mudan*a de hábitos e valores. A aceita*ão das inova*ões nem sempre é tranquila, pois os e*tratos sociais não são homogêneos. A Igreja Católica, por e*emplo, segue condenando o divórcio, mesmo passados 25 anos de sua aprova*ão no Brasil.

Se tendências já verificadas em muitos países ricos se repetirem aqui, em breve o aborto provocado deverá ser descriminali*ado e regulamentado. O u*o de drogas tidas por leves como a maconha também tende a ser cada vez mais tolerado.

A rigor, não faltam assuntos polêmicos sobre os quais legislar. Um desses temas, porém, parece mais polêmico que os demais. Trata-se da eutaná*ia, que por vezes se confunde com o suicídio assistido. Até agora, apenas a Holanda e a Bélgica legali*aram a eutaná*ia, embora ela já seja discretamente tolerada em vários países. Notícia publicada por esta Folha na semana passada, por e*emplo, relata o trabalho da ONG suíça Dignitas, que, valendo-se da permissividade das autoridades de Zurique, ajuda pacientes terminais (inclusive estrangeiros) a suicidar-se no país.

A con*eitua*ão de eutaná*ia não é simples, mas, por algumas defini*ões, ela já é aplicada no Brasil. Poucos médicos envidariam todos os esfor*os para reanimar um paciente em e*tágio terminal de câncer e com fortes dores que tenha sofrido parada cardíaca, por e*emplo.

Obviamente, nem todos os casos são tão claros como esse, mas médicos de todas as partes do mundo trabalham com a no*ão de tratamento fútil e com diretri*es de não reanimar certos pacientes. A diferença entre não socorrer uma parada do coração e ministrar drogas analgésicas que levem à morte é, para muitos bioeticistas, mais uma distin*ão de grau do que de natureza.

Por diversas ra*ões, em parte históricas, em parte psicanalíticas, mas passando também pelo cálculo político, legisladores de todo o mundo preferem não ter de abordar a delicada questão de definir quando a vida não vale mais a pena ser vivida e médicos estão autori*ados a agir para abreviar a vida de um paciente.

A questão é de fato comple*a e não comporta soluções fáceis. Mas apenas fingir que o problema não e*iste tampouco parece um bom caminho. A própria evolu*ão da medicina tende a tornar deci*ões de vida e morte cada vez mais rotineiras. Pela lei em vigor no Brasil, a prática da eutaná*ia é considerada homi*ídio e deixar de reanimar um paciente terminal pode ser classificado como omissão de socorro. Já é hora de começar a discutir esses temas.

***Folha de S.Paulo*, 8 dez. 2002.**

Ortografia, leitura e produção de textos

É na produção de textos escritos que pretendem seguir os padrões do português formal que o problema ortográfico adquire importância. A observação da ortografia padrão deve ser cuidadosa, a fim de evitar desvios que possam diminuir a credibilidade de quem redige. Por isso, habitue-se a consultar dicionários, gramáticas ou guias ortográficos quando estiver escrevendo. O uso de uma letra no lugar errado pode pôr a perder seus esforços para convencer ou sensibilizar seu leitor. Erros ortográficos podem se transformar em argumentos contrários aos interesses do autor do texto; já a ausência deles constitui argumento em favor da autoridade de quem redige.

Em outras situações, a ortografia pode se apresentar como um interessante recurso expressivo. Há casos em que a grafia contrasta com o padrão estabelecido, o que desperta a atenção do leitor para determinados aspectos do texto, como vimos na abertura deste capítulo. A análise da situação efetiva de uso é que esclarece os sentidos que transitam entre os interlocutores.

LEITURA, USO, REFLEXÃO

• Texto 1

Brasil

O RISCO DA INVOLUÇÃO

Será o triunfo do atraso se vingarem as tentativas petistas de oficializar a cultura, controlar a imprensa, barrar o inglês, asfixiar a universidade...

André Petry

Depois de dois anos do governo de Luiz Inácio Lula da Silva, o Brasil é um país melhor. A economia vive seu mais longo período de estabilidade em tempos democráticos. O governo, num exercício de sensatez, já demonstrou a seriedade de sua adesão aos instrumentos universalmente aceitos de estabilização econômica. A política, depois da mais civilizada transição entre adversários políticos que Brasília já viu, foi exorcizada das fantasmagorias disseminadas contra o país e a moeda toda vez que um candidato de esquerda — Lula, em resumo — surgia com chance real de chegar ao poder. Deve-se ao governo petista o fato de que, hoje, o Brasil é um país com uma economia ainda mais estável e uma democracia ainda mais vigorosa. Mas, por trás desse panorama geral cuja tônica é o avanço, há sinais desconexos, que apontam para a aversão ao debate, a sovietização do conhecimento, o desprezo do mérito. Do embate entre esses dois vetores do governo resultará a direção pela qual o país vai seguir. Por enquanto, está-se no rumo evolutivo correto. Mas, dada a constelação de disparates que o governo anda produzindo, especialmente no que diz respeito à cultura e à educação, não é exagero dizer que o Brasil corre sério risco de involução.

O governo já tentou controlar a produção cultural do país, quando quis fundar uma agência para direcionar os rumos do cinema e da televisão, a famigerada Ancinav. Já quis coibir a liberdade de imprensa ao propor a criação de um Conselho Federal de Jornalismo. Agora, pressionado a limar as protuberâncias autoritárias da Ancinav e enterrar por inteiro o tal conselho de jornalismo, o governo acaba de sair-se com a idéia de criar a Lei Geral dos Meios de Comunicação de Massa. O estatuto nem começou a ser feito, mas — mau presságio — está sob os cuidados da mesma equipe do Ministério da Cultura que concebeu as amarras para o cinema e a TV. Numa aparente guerra aberta contra o conhecimento, o governo também propôs uma reforma universitária de tirar o fôlego: solapa a autonomia da universidade colocando-a sob o jugo de corporações, faz tábula rasa da meritocracia e, a pretexto de aprofundar vínculos da universidade com a comunidade, cai num democratismo de base incompatível com a vida acadêmica.

Em 1858, a palavra "misologia", que significa aversão à lógica, ao raciocínio e ao conhecimento, fez sua primeira aparição formal na língua portuguesa, conforme datação do dicionário *Houaiss*. Na semana passada, o filósofo Roberto Romano, da Universidade Estadual de Campinas, criou o neologismo "misologocracia", querendo referir-se aos regimes que têm horror à lógica, ao raciocínio e ao conhecimento. E aplicou seu neologismo na testa do governo petista. "Vivemos sob uma misologocracia", decreta ele. Não parece exagero quando se tem em conta que o Itamaraty, nicho de excelência da burocracia brasileira, tem uma direção que acha o conhecimento da língua inglesa "dispensável". Não por implicância com William Shakespeare, Jonathan Swift ou Alexander Pope. A encrenca do Itamaraty com o inglês é que se trata da mesma língua falada pelos cowboys texanos (cujo sotaque, dizem os especialistas, é muito parecido com o inglês falado à época de Shakespeare), entre eles o notório presidente George W. Bush. O Itamaraty é só o exemplo mais acabrunhante do nivelamento por baixo que, pelas mais diversas deformações ideológicas, vem sendo aplicado pelos chefes petistas na educação e na cultura. Com acertos tão notórios em áreas vitais do metabolismo econômico do país, o governo do PT não deveria correr o risco de trair a tradição da esquerda democrática, de estar sempre ao lado da ciência, do progresso e do conhecimento. Numa frase: a favor da inteligência. ■

46 26 de janeiro, 2005 veja

veja 26 de janeiro, 2005 47

Editora Abril

PETRY, André. Revista *Veja*, 25 jan. 2005.

Que valor se atribui ao problema de ortografia apresentado na ilustração da matéria?

• Texto 2

Anúncio da Sharp/Agência ADD.

Revista *Veja*, 31 jul. 1997.

Há, na frase central do texto da página anterior, uma criativa alusão à homofonia entre palavras. Explique quais as palavras homófonas envolvidas nesse processo expressivo.

• Texto 3

Perfume do Brasil de Natura Ekos.
A verdadeira essência do nosso país.

O Perfume do Brasil é fruto do
delicado equilíbrio do homem com
a floresta. É elaborado a partir do
breu branco, uma resina nobre, só
encontrada nas nossas matas,
que traz no seu aroma a pura
expressão da natureza feminina.
Revelar essa preciosidade é o que faz
do Perfume do Brasil uma descoberta
única na perfumaria mundial.
Sinta a exuberância da nossa
biodiversidade, que, para ser
preservada, é aproveitada em harmonia
com a vida das comunidades locais.
E da sabedoria desses povos surge mais
um produto inovador: a Água de Banho.
Um mergulho na alma brasileira
que faz do ritual do banho
uma nova experiência
para os sentidos.

natura
bem estar bem

Converse com uma Consultora Natura
para saber mais sobre a linha Natura Ekos.
Elas estão usando este bóton.
Seja você também uma Consultora Natura.
Ligue 0800-115566 ou acesse www.natura.net

natura EKOS

Anúncio da Natura /Agência Lew, Lara.

Revista *Superinteressante*, set. 2003.

Por que o criador do anúncio optou pelo texto manuscrito? Que efeito de sentido essa escolha produz no leitor?

CAPÍTULO 8 Acentuação

Ave nossa

Minha terra tem pauleira
Desencanta e faz chorar
Mas tem um fio de esperança
Quando canta e quando dança
No assobio do sabiá.

O sábio sabiá
Sabia assobiar
Sabia assobiar
E ouvia.

Será que o sábio sabia
Que só aqui assobia
O sabiá?
As aves que aqui rodeiam
Também rodeiam por lá.

Na floresta, na avenida
Nalguma fresta da vida
A ave que tente escapar.
Por mais terra que eu percorra
Só permita Deus que eu corra
Pra que eu veja esse voar.

Minha terra tem pauleira
Desencanta e faz chorar
Mas tem um fio de esperança
Quando canta e quando dança
No assobio do sabiá.

O sábio sabiá
Sabia assobiar
Sabia assobiar
E ouvia.

MOREIRA, Moraes; MACHADO, Beu.
In: *Gal profana.* LP RCA 103.0637-A, 1984. l. A, f. 2.

LEITURA: INTERAÇÃO

1. A existência de "pauleira" é motivo para desencanto e choro? Comente.
2. Há, no texto, um trava-língua. Identifique-o e explique o que torna difícil sua leitura em voz alta.
3. O primeiro verso da canção faz referência ao primeiro verso de um poema muito famoso. Que poema é esse?

4. Além da referência mencionada na questão anterior, há pelo menos mais um momento do texto que retoma outro texto tradicional da cultura brasileira. Que momento e que texto são esses?
5. Que efeito de sentido as referências intertextuais mencionadas nas questões 3 e 4 produzem sobre o leitor?

Acentuação tônica

A acentuação tônica investiga a intensidade com que pronunciamos as sílabas das palavras de nossa língua. Aquelas sobre as quais recai a maior intensidade são as **sílabas tônicas**; as demais, produzidas mais debilmente, são as **sílabas átonas**. De acordo com a posição da sílaba tônica, os vocábulos da língua portuguesa são classificados em:

- **oxítonos** – são aqueles cuja sílaba tônica é a última:
  cora**ção** procu**rar** pi**or** ru**im** sabi**á** tam**bém**
- **paroxítonos** – são aqueles cuja sílaba tônica é a penúltima:
  álbum es**tra**da **des**se **pos**so re**tra**to sa**bi**a
- **proparoxítonos** – são aqueles cuja sílaba tônica é a antepenúltima:
  a**más**semos An**tár**tida fri**ís**simo **lá**grima **ú**mido **xí**cara

A classificação em oxítonas, paroxítonas e proparoxítonas só se aplica a palavras com duas ou mais sílabas. Para os **monossílabos**, a classificação é diferente: existem os **monossílabos tônicos** – pronunciados intensamente – e os **monossílabos átonos** – pronunciados fracamente. Quando isolado, todo monossílabo se torna tônico. Por isso, para diferenciar os tônicos dos átonos e vice-versa, é necessário pronunciá-los numa sequência de palavras. Observe nos versos de Chico Buarque os monossílabos tônicos destacados:

"**Sei** que **não vai dar** em nada,
Seus segredos **sei** de **cor**."

Agora, nos mesmos versos, destacamos os monossílabos átonos:

"Sei **que** não vai dar **em** nada,
Seus segredos sei **de** cor."

Prosódia

Há casos em que ocorre disparidade entre a pronúncia preconizada pela língua formal e aquela de maior emprego cotidiano. É comum, por exemplo, ouvirmos a forma oxítona latex, embora a pronúncia recomendada seja paroxítona (**látex**). Essa troca da posição da sílaba tônica constitui uma **silabada**. A parte da Fonologia que estuda e fixa a posição das sílabas tônicas nos vocábulos é a **Prosódia**.

Leia em voz alta as palavras que colocamos a seguir, dando destaque à sílaba tônica:

oxítonas	
condor	refém
cateter	ruim (dissílabo)
mister	sutil
Nobel	ureter
recém- (prefixo)	

proparoxítonas	
aeródromo	êxodo
aerólito	ínterim
álibi	lêvedo
aríete	ômega
arquétipo	protótipo
azáfama	zênite

paroxítonas		
avaro	filantropo	pegada
austero	gratuito (trissílabo)	pudico
aziago	ibero	quiromancia
azimute	impudico	recorde
caracteres (plural de *caráter*)	juniores (plural de *júnior*)	rubrica
cartomancia	látex	seniores (plural de *sênior*)
ciclope	misantropo	têxtil
circuito (trissílabo)		

Há vocábulos que admitem dupla prosódia, como acróbata ou acrobata, sóror ou soror, xérox ou xerox, zângão ou zangão, entre outros. Dúvidas de prosódia podem ser resolvidas por meio de consulta a dicionários.

Acentuação gráfica

Os acentos

Em português, os acentos gráficos empregados são:

- **acento agudo** (´) – colocado sobre as letras **a**, **i**, **u** e sobre o **e** da sequência **-em**, indica que essas letras representam as vogais das sílabas tônicas: Amapá, saída, fúnebre, porém; sobre as letras **e** e **o**, indica que representam as vogais tônicas com timbre aberto: médico, herói;
- **acento grave** (`) – indica as diversas possibilidades de crase da preposição **a** com artigos e pronomes: **à**, **às**, **àquele**, **àquela**, **àquilo**, por exemplo;
- **acento circunflexo** (^) – indica que as letras **e** e **o** representam vogais tônicas com timbre fechado; surge sobre a letra **a** que representa a vogal tônica, normalmente diante de **m**, **n** ou **nh**: mês, pêssego; compôs, fôsseis; câmara, Atlântico, cânhamo;
- **trema** (¨) – utiliza-se apenas em palavras derivadas de nomes próprios estrangeiros: mülleriano (de Müller), hübneriano (de Hübner);
- **til** (~) – indica que as letras **a** e **o** representam vogais nasais: órfã, mãozinha; corações, põe. Também indica que a vogal é tônica em casos em que, pelas regras que estudaremos a seguir, a acentuação gráfica é obrigatória: rã, maçã.

Regras fundamentais

Proparoxítonas

Relativamente pouco numerosas em nossa língua, as proparoxítonas são **todas acentuadas graficamente**. Alguns exemplos:

álcool escrevêramos incólume bússola fôssemos meteorológico

A lógica das regras de acentuação

As regras fundamentais da acentuação gráfica baseiam-se na constatação de que, em nossa língua, as palavras mais numerosas são as paroxítonas, seguidas pelas oxítonas. A maioria das paroxítonas termina em **-a**, **-e**, **-o**, **-em**, terminações que podem ou não ser seguidas por **-s**. Essas paroxítonas, por serem maioria, não são acentuadas graficamente. As proparoxítonas são relativamente pouco numerosas – e por isso são todas acentuadas graficamente.

Paroxítonas

Como são as palavras mais numerosas da língua, as paroxítonas são justamente as que recebem menos acentos. As paroxítonas mais comuns são as que terminam em **-a**, **-as**; **-e**, **-es**; **-o**, **-os** e também em **-am**, **-em** ou **-ens**: essas paroxítonas **não** devem receber acento gráfico de acordo com as regras fundamentais – só serão acentuadas caso incorram em alguma das regras específicas que veremos a seguir.

Colocamos acento gráfico sobre as paroxítonas que apresentam terminações diferentes das que apontamos. Isso significa que são acentuadas graficamente as paroxítonas terminadas em:

- **-i, -is; -u, -us:**

  ânus dândi grátis júri lótus táxi
  bônus fícus íris lápis Vênus tênis

- **-l, -n, -r, -x, -ps:**

  abdômen âmbar César fusível mártir pôquer
  albúmen bíceps clímax hambúrguer míssil próton
  almíscar cálix córtex hífen náilon repórter
  amável caráter fórceps látex pênsil zíper

- **-ã, -ãs; -ão, -ãos:**

  ímã dólmã órfãs acórdão órgão sótãos

- **-om, -ons:**

  iândom (espécie de avestruz) rádom (ou radônio) elétrons íons

- **-um, -uns:**

  álbum/álbuns médium/médiuns quórum
  factótum/factótuns quântum/quântuns

- **ditongo oral** (crescente ou decrescente) **seguido ou não de -s:**

  fósseis fôsseis jóquei pônei Glória história
  área cárie Eugênio gênio tínheis vácuo

Oxítonas

As oxítonas acentuadas são as que apresentam terminações iguais às das paroxítonas não acentuadas.

Acentuam-se, portanto, as terminadas em:

- -a, -as; -e, -es; -o, -os:

guara**ná** a**trás** bu**quê** monta**nhês** vo**cê** vo**cês** ci**pó** re**trós**

- -em, -ens:

arma**zém** re**tém** po**rém** vai**vém**
arma**zéns** re**téns** tam**bém** vai**véns**

As regras fundamentais da acentuação gráfica criam um sistema de oposições entre as terminações das oxítonas e as das paroxítonas. Compare, por exemplo, as palavras dos pares abaixo e perceba como os acentos das paroxítonas e das oxítonas são mutuamente excludentes:

sa**bi**a (paroxítona, sem acento)	sabi**á** (oxítona, acentuada)
atlas (paroxítona, sem acento)	a**trás** (oxítona, acentuada)
xale (paroxítona, sem acento)	cha**lé** (oxítona, acentuada)
maio (paroxítona, sem acento)	mai**ô** (oxítona, acentuada)
mentem (paroxítona, sem acento)	man**tém** (oxítona, acentuada)
jovens, **hi**fens (paroxítonas, sem acento)	man**téns** (oxítona, acentuada)
rádom (paroxítona, acentuada)	bom**bom** (oxítona, sem acento)
cáqui (paroxítona, acentuada)	ca**qui** (oxítona, sem acento)

Os textos oficiais são omissos em relação à acentuação das paroxítonas terminadas em **-ps**, **-om** e **-ons** (**bíceps**, **iândom** e **nêutrons**, por exemplo); baseando-nos nesse sistema de mútua exclusão, somos levados a considerar tais acentos necessários.

Monossílabos

Recebem acento gráfico os monossílabos tônicos terminados em:

- -a, -as:

Brás cá gás há hás já lá

- -e, -es:

pé fé mês três rês vê vês

- -o, -os:

pó só nó dó vós nós pôs

Observação

Muitos verbos, ao se combinarem com pronomes oblíquos, produzem formas oxítonas ou monossilábicas que devem ser acentuadas por acabarem assumindo alguma das terminações contidas nas regras. Observe:

cortar + a = cor**tá**-la	fez + o = **fê**-lo
dar + as = **dá**-las	fazer + o = fa**zê**-lo
propor + os = pro**pô**-los	pôs + os = **pô**-los

ATIVIDADES

1. Classifique as palavras destacadas nas frases abaixo de acordo com a posição da sílaba tônica.
   a) Ninguém **sabia** o que fazer.
   b) Era uma pessoa **sábia**.
   c) Vivo querendo ver o tal **sabiá** que canta nas palmeiras.
   d) Anos antes ele **cantara** no Teatro Municipal.
   e) Anunciaram que ele **cantará** no Teatro Municipal.
   f) Tudo não passou de um **equívoco**.
   g) Raramente me **equivoco**.
   h) Você conhece alguém que saiba tocar **cítara**?
   i) Ele **citara** o nome do amigo durante o primeiro depoimento. Todos aguardam para saber se ele o **citará** novamente.

2. Classifique os monossílabos destacados nas frases seguintes de acordo com a tonicidade.
   a) O caminho **por** onde vou para casa é sempre o mesmo.
   b) Suas malas? Vou **pôr** onde houver espaço.
   c) **Que** tipo de candidato você elegeu na última eleição? E por **quê**?
   d) Eram pessoas **más**, **mas** poucos sabiam disso.
   e) Eles **se** conheceram **há** poucos meses.

3. Substitua cada uma das palavras ou expressões destacadas nas frases seguintes por uma única palavra. As palavras encontradas costumam oferecer problemas de prosódia; por isso, esteja atento e não cometa silabadas.
   a) O **grande pássaro andino** é o símbolo da América do Sul.
   b) Foi necessário introduzir um **instrumento médico tubular** em seu antebraço.
   c) É **necessário** fiscalizar a atividade dos prefeitos e vereadores.
   d) O sabor da comida não era **mau**, mas seu aspecto era desanimador.
   e) É um **indivíduo que evita o convívio social**. Sua conduta é **cheia de gravidade e seriedade**.
   f) A partida entre o time dos **mais jovens** e o time dos **mais velhos** bateu **a melhor marca anterior** de pontos marcados.
   g) Não foi possível obter a **assinatura abreviada** dos participantes do encontro.
   h) O **modelo** do avião estava em exposição nos arredores do **campo de pouso e decolagem**.
   i) Fomos e voltamos em poucos minutos; nesse **intervalo de tempo**, ele desapareceu.

4. A relação abaixo é formada por palavras inventadas. Observe atentamente cada uma delas e, baseado no seu conhecimento sobre o sistema de regras de acentuação da língua portuguesa, coloque os acentos gráficos que julgar necessários:
   a) astrider (proparoxítona)
   b) sensinen (paroxítona)
   c) felo (oxítona, o fechado)
   d) nerta (oxítona, a nasal)
   e) mardo (paroxítona)
   f) aminho (proparoxítona)
   g) carpips (paroxítona)
   h) crestons (oxítona)

Regras especiais

Além das regras fundamentais, há um conjunto de regras destinadas a pôr em evidência alguns detalhes sonoros das palavras. Essas regras sobrepõem-se às que já estudamos: assim sendo, podem ocorrer casos como o da palavra **Jaú**, que, apesar de ser uma oxítona terminada em **-u**, é acentuada porque esse **-u** representa uma vogal tônica que forma hiato com a vogal anterior. Existem regras especiais para hiatos, ditongos e acentos diferenciais.

Hiatos

- Acentuam-se as letras **-i** e **-u** quando representam vogais tônicas isoladas numa sílaba ou acompanhadas de **-s**, desde que não sejam seguidas por **-nh**. Observe:

aí · atribuído · cafeína · miúdo · graúdo · país · reúne · tuiuiús
ataúde · baú · cuíca · egoísmo · juízes · raízes · saúde · uísque

Cuidado! Não haverá acento se:

- o **i** for seguido de **nh**:

rainha · moinho · tainha · campainha

- a vogal **i** ou a vogal **u** se repetirem:

vadiice · sucuuba · mandriice · xiita

- a vogal **i** ou a vogal **u** forem precedidas de ditongo:

feiura · baiuca · boiuno

Quando, porém, a vogal **i** ou a vogal **u** do hiato forem precedidas de ditongo, mas constituírem palavras **oxítonas** e estiverem em posição final, seguidas ou não de s, **serão acentuadas**:

Piauí · teiú(s) · tuiuiú(s)

Convém lembrar que:

- quando a vogal **i** ou a vogal **u** forem acompanhadas de outra letra que não seja **s**, não haverá acento:

ruim · juiz · paul · Raul · contribuiu · cauim · cairmos · contribuinte

- Após o Acordo Ortográfico (1990), não se coloca acento circunflexo sobre a penúltima letra **e** ou **o** quando representam vogais tônicas e de timbre fechado nos hiatos **ee** e **oo**:

creem · desdeem · leem · reveem · abençoo · atordoo
doo · magoo · roo · zoo · deem · drescreem
releem · veem · abotoo · corroo · enjoo · moo · voo

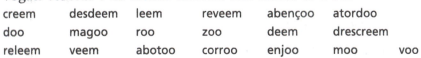

> Note que a terminação ***eem*** é exclusiva dos verbos **crer, dar, ler, ver** e derivados (descrer, reler, prever, rever, antever e outros). Não ocorre a terminação **eem** nos verbos **ter, vir** e derivados (deter, entreter, manter, conter, reter, obter, abster, intervir, convir, provir e outros).

Ditongos

- Coloca-se acento agudo na letra que representa a vogal aberta dos ditongos **ei, oi** e **eu**, desde que sejam abertos e em final de palavra (nas oxítonas ou nas monossílabas):

aluguéis · carrosséis · chapéu · destrói · faróis · lençóis
anéis · chapéus · destróis · fiéis · povaréu · léu (da expressão "ao léu")
anzóis · constrói · dói · fogaréu · réu
caracóis · céu · constróis · escarcéu · hotéis

mas

ceuzinho · pasteizinhos · anzoizinhos · coroneizinhos

(os ditongos são fechados: só são acentuados devido a uma regra fundamental, como, por exemplo, ***nêutron*** *– paroxítona terminada em* ***-n****)*

Atenção: não se acentuam graficamente os ditongos **ei** e **oi** tônicos das palavras paroxítonas, já que, em alguns casos, ora pronunciam-se com timbre aberto, ora com timbre fechado. Assim, escrevem-se sem acento:

apoiam	heroico	joia	ideia	assembleia	jiboia
colmeia	estoico	esferoide	geleia	baleia	comboio
cadeia	paranoico	apoio (substantivo)		apoio (verbo)	

Após o Acordo Ortográfico (1990), não se coloca mais trema sobre a letra **u** pronunciada atonamente (semivogal) nos grupos **gue, gui, que, qui,** nos quais ocorre ditongo crescente:

unguento   tranquilo   consequência   arguir   linguística

Atenção: nesses mesmos grupos (**gue, gui, que, qui**), a letra **u** pode ser pronunciada tonicamente. Nesse caso, ela é vogal. Observe, a seguir, a grafia de algumas dessas palavras e, entre parênteses, como são pronunciadas:

apazigue (apazigúe)	oblique (obliqúe)	argui (argúi)
arguem (argúem)	averigue (averigúe)	averiguem (averigúem)
obliquem (obliqúem)		

Acentos diferenciais

Existem em nosso sistema de acentuação gráfica alguns acentos diferenciais, ou seja, acentos cuja única função é diferenciar, na escrita, palavras homônimas. Trata-se, portanto, de casos muito particulares, alguns deles de utilidade duvidosa porque lidam com palavras arcaicas de uso muito restrito.

- Verbos **ter** e **vir**

  Coloca-se acento circunflexo sobre as terceiras pessoas do plural do presente do indicativo dos verbos **ter** e **vir** e seus derivados a fim de diferenciá-las das formas das terceiras pessoas do singular dos mesmos tempos.

  Observe:

  ele **tem**   ele **vem**   eles **têm**   eles **vêm**

  ele abstém, contém, mantém, retém, detém, entretém, obtém;
  advém, convém, provém, intervém
  *(acentuados porque são oxítonas terminadas em **-em**)*

  eles abstêm, contêm, mantêm, retêm, detêm, entretêm, obtêm;
  advêm, convêm, provêm, intervêm
  (acento diferencial que indica não só a sílaba tônica, mas também a forma do plural)

- Outros acentos diferenciais

  pôde (terceira pessoa do singular do pretérito perfeito do indicativo)
  pode (terceira pessoa do singular do presente do indicativo)
  porquê (substantivo)
  porque (conjunção)
  quê (substantivo, interjeição, pronome em final de frase)
  que (pronome, advérbio, conjunção ou partícula expletiva)
  pôr (verbo, faz parte do composto **pôr do sol**; seus derivados não são acentuados no infinitivo: repor, supor, dispor, de compor, sotopor, etc.)
  por (preposição)

Atividades

1. Nas frases seguintes, cada palavra ou expressão destacada deve ser substituída por uma única palavra, cujo número de letras vem indicado entre parênteses. Todas as palavras procuradas têm acento gráfico.

a) Já estão correndo as listas para controle de **assiduidade** (10) dos alunos.
b) É possível que essa resolução **acalme** (8) os ânimos.
c) Não há nenhuma **forma de escapar** (5).
d) Convocou uma **reunião** (10) para discutir como seriam **repartidos** (12) os encargos.
e) É **preciso** (10) **colocar** (3) um ponto final em tanta **irresponsabilidade** (14)!
f) **Cinco dezenas** (9) é pouco!
g) Ele não **cessa** (4) de comer!
h) Tal **procedimento** (7) **corrompe** (6) a vida social.
i) É uma entidade que abriga **meninas sem pais** (5).
j) Atingiu o **ponto máximo** (6) há dois anos. Desde então, tem vivido um processo de **queda** (8).
k) Construiu diversos **prédios para armazenagem** (8) prevendo uma grande colheita. Infelizmente, as condições **de tempo** (14) foram adversas.
l) Vim aqui dar-lhe **congratulações** (8)!
m) Já haviam **erguido** (10) muitas casas no bairro.
n) Eu **sofri uma queda** (3) ao chegar.
o) É uma pessoa **desatenta** (9).
p) Fique **calmo** (9)! Vamos **colocar** (3) tudo em pratos limpos!

2. Este exercício é igual ao anterior:

a) Poucos países **possuem** (3) condições de concorrer num mercado tão competitivo.
b) Os imigrantes **chegam** (3) sempre de regiões conflituosas.
c) As equipes de segurança **conservam** (6) alguns homens em permanente estado de prontidão.
d) Onde é que eles **conseguem** (5) aqueles livros raros?
e) Tais palavras não **são convenientes** (6) a um presidente da República.
f) Os Estados Unidos costumeiramente **interferem** (8) nos negócios de outros países americanos.
g) Por que ele não **intercede** (8) e põe fim à disputa?
h) É **conveniente** (6) que fiquemos atentos.
i) Há muito que seu time não **consegue** (5) um campeonato.
j) Faz tempo que a polícia local não **prende** (5) qualquer pessoa.
k) São eles que **conservam** (5) o poder de decidir sobre essas coisas.

3. A relação abaixo é formada por palavras inventadas. Observe atentamente cada uma delas e, baseado no seu conhecimento sobre o sistema de regras de acentuação da língua portuguesa, coloque os acentos gráficos que julgar necessários.

a) explons (paroxítona, **e** fechado)
b) mirmidens (paroxítona)
c) curquens (oxítona)
d) artu (paroxítona)
e) quistuns (oxítona)
f) arclovel (paroxítona, **o** aberto)
g) cipodeis (paroxítona, **o** aberto)
h) ormar (oxítona)
i) senser (paroxítona, **e** fechado)
j) lolux (oxítona)
k) atonde (paroxítona)
l) cliclex (paroxítona)

4. Nas frases seguintes, cada palavra ou expressão destacada substitui um monossílabo cujo número de letras vem indicado entre parênteses. Sua tarefa é procurar identificar esse monossílabo, grafando-o corretamente.

a) **Entregue** (2) os papéis a ele. Diga-lhe que não **coloquei** (3) minha rubrica em nenhum deles porque não concordo com as ideias expostas.

b) **Existem** (2) motivos para temer as pessoas **ruins** (3).

c) Ele nos faz uma visita a cada **trinta dias** (3).

d) **Colocou** (3) as mãos em operação e tentou desfazer os **emaranhados** (3) que as crianças haviam deixado na linha.

e) Comprou diversas **ferramentas para cavar** (3).

f) Hoje ele deu duro: espanou **poeira** (2), carregou botijões de **combustível para fogão de cozinha** (3), lavou o **piso** (4) e ainda **colocou** (3) nossa única **cabeça de gado** (3) no pasto.

g) Sentíamos **pena** (2) e revolta.

5. No texto do anúncio abaixo, o verbo **ter** está em concordância com sua imaginação ou com nossas cores? Como você sabe?
Reescreva a frase de modo a enfatizar nossas cores.

Professional Series

SUA IMAGINAÇÃO É COMO NOSSAS CORES:
NÃO TEM LIMITES.

SUA IMAGINAÇÃO É COMO NOSSAS CORES:
NÃO TEM LIMITES.

HP DeskJet

hp
invent

***Revista da Web!*, maio 2000.**

Acentuação, leitura e produção de textos

A acentuação tônica interfere em nosso uso cotidiano da língua. Há situações em que temos de produzir textos orais em situações formais – numa solenidade, por exemplo. Nesses casos, cometer uma silabada pode comprometer a credibilidade de nossa exposição. Igual importância tem a acentuação gráfica no caso do uso escrito da língua formal: erros de acentuação podem fazer com que o redator passe a ser visto com desconfiança pelos leitores.

• **Texto 1**

Uma Revolucao Linguistica

O computador está conseguindo o que os burocratas não querem. Revolucionar a língua.

Leia o título de novo. Eu sei que ele está errado – falta acento, [...] falta cedilha, mas... você entendeu. Não entendeu? Vamos encarar os fatos: a língua portuguesa não morreu. Mas começa a cheirar mal. Esqueça se ela é bonita, ou se é rica, ou se é autêntica. Esqueça as emoções, esqueça o nacionalismo irracional que nos implantam desde que nascemos. Em termos bem práticos – para que serve a língua portuguesa, agora? Já temos uma presença geográfica limitada: Portugal, Cabo Verde, Angola. A desagregação de Moçambique faz com que cada vez mais moçambicanos adotem o inglês da vizinha República Sul Africana. Timor, que fazia as honras da língua portuguesa na Ásia, foi destruída pela truculência indonésia. Ah, temos Macau, ainda, mas se nem Hong Kong resistiu...

E o Brasil? Todos sabemos o que está acontecendo: ao lado da língua oficial convive uma língua paralela, o inglês. O que deveria ser motivo de comemoração (ter uma população parcialmente bilíngue) é considerado uma vergonha nacional. Os intelectuais de sempre aparecem para denunciar que a cultura brasileira está sendo devorada pelo "imperialismo" e precisa ser salva, se possível por alguma repartição pública. O que esses intelectuais não entendem, e jamais entenderão, é que a história da linguagem humana obedece a leis naturais e dinâmicas. O inglês tornou-se a língua planetária, entre outras coisas, porque é objetiva, simples, econômica.

E o português? Nossos filhos passam alguns de seus mais produtivos anos escolares decorando uma língua que jamais falarão. Uma língua prolixa ao extremo, que conjuga seus verbos em um zilhão de modos diferentes. É um mastodonte atolado em regras, fragilizado num ecossistema cada vez mais hostil. Pense no espanhol. Eu tive um sinal de que o espanhol sobreviveria quando vi Arnold Schwarzenegger dizendo "Hasta la vista, baby", em *Terminator-2*. Enquanto os franceses se negam a falar outra coisa que não seja o francês (ridículas leis impedem chamar um hambúrguer de hamburger), os hispânicos relaxam e o espanhol está mais forte.

A BBC World mostrou uma reportagem curiosa sobre o nascimento de uma nova língua – o spanglish. As pessoas passavam do inglês para o espanhol e vice-versa com toda a naturalidade. Nada de leis protecionistas. A língua, como o computador e o carro, é apenas um instrumento a serviço do homem. E não um objeto de culto religioso.

Aliás, o que tem a ver esse papo todo sobre linguística com uma revista de informática? Acontece que, ou a língua portuguesa muda radicalmente, ou entra em coma. E essa revolução não pode ficar nas mãos de acadêmicos e burocratas da língua. Como qualquer mudança verdadeira, deve ser espontânea e com objetivos muito práticos. Essa revolução está nascendo – e o fórceps chama-se *e-mail*. Por razões técnicas, trocar mensagens por *e-mail* usando o português "correto" é arriscado. O *software* do outro lado pode reconhecer a floresta de acentos e sinais gráficos – ou não. O "ã" que você envia pode chegar do outro lado como um símbolo gráfico completamente irreconhecível. Os "á", "à", "ê", "ç" [...] podem virar "γ", "δ", "Ο", "Φ [...].

A saída para não mandar uma mensagem truncada e incompreensível é não arriscar. E simplesmente escrever sem qualquer acento. Como na língua inglesa, o significado da palavra será reconhecido no contexto da frase. Achar que o leitor não vai entender que "revolucao" quer dizer "revolução" é chamar o leitor de estúpido. Ou estupido. Qual a diferença? Ou diferenca?

Regras existem para alguma coisa. Assim é para a língua, assim é para a Constituição. O *e-mail* veio para ficar, e já está ajudando a tentar tirar a língua portuguesa da UTI da História. A própria lógica objetiva da informática está exigindo que brasileiros aprendam noções básicas de inglês. "Setup" será sempre uma palavra mais fácil de se dizer e usar do que "configuração", assim como "download" é mais simples e direta do que "importar arquivos através da linha telefônica". Estamos caminhando para um portuglish, uma mistura dinâmica de português com inglês, e nossa cultura só tem a ganhar com isso. Caminhamos também para um português mais objetivo, mais simples, mais adaptado aos novos tempos. Para os guardiões da tradição, é uma péssima notícia. Para o resto de nos, nao.

MARQUEZI, Dagomir. *InfoExame*, maio 1997.

1. Comente o conceito de erro exposto no primeiro parágrafo e a razão apresentada para considerá-lo desimportante.
2. É verdade que a presença geográfica da língua portuguesa é limitada (primeiro parágrafo)? Comente.
3. O texto, logo no primeiro parágrafo, apresenta certa truculência na exposição de seus argumentos. Qual o efeito disso sobre o leitor? Comente.
4. O Brasil tem, de fato, uma população "parcialmente bilíngue" (segundo parágrafo)?
5. "O inglês tornou-se a língua planetária, entre outras coisas, porque é objetiva, simples, econômica." (segundo parágrafo) Isso é verdade? Quais seriam as "outras coisas"?
6. O português é "prolixo" e "conjuga seus verbos em um zilhão de modos" (terceiro parágrafo)? E o espanhol? O produtor do texto é coerente?

7. Pelas características apontadas no texto, o "spanglish" (quarto parágrafo) é de fato uma nova língua? Explique.
8. Os programas de correio eletrônico realmente "revolucionaram" a escrita da língua portuguesa (quinto parágrafo) ou acabaram se adaptando a ela? Comente.
9. *Download* significa realmente "importar arquivos através da linha telefônica" (último parágrafo)?
10. "Caminhamos também para um português mais objetivo, mais simples, mais adaptado aos novos tempos." (último parágrafo) Você se convenceu disso? Comente.
11. Leia atentamente o texto seguinte, escrito por Luis Fernando Verissimo e publicado no jornal O *Estado de S. Paulo* em 28 de dezembro de 2000. De que maneira é possível relacioná-lo com o texto de Dagomir Marquezi?

Braxil

Turistas brasileiros no exterior se dividem em dois grupos, os ostensivos e os envergonhados. Existe um terceiro grupo, claro, dos que não fazem questão, mas também não se importam de ser identificados como brasileiros, mas estes são normais e a normalidade não dá crônica.

Confesso que, mais de uma vez, escondi minha condição de conterrâneo na proximidade de uma mesa de brasileiros no exterior, não por me envergonhar dela, mas por temer que, cedo ou tarde, também seria convocado a cantar "Mamãe eu quero". Mas simpatizo mais com o brasileiro que dá vexame do que com o brasileiro que disfarça para não pensarem que ele é um desses, sabe como é, brasileiros. O pânico de parecer muito brasileiro funciona em casa, também, e está por trás dessa mania de pôr nomes em inglês em tudo.

Português é a língua do atraso, inglês é a língua do momento e do futuro – já não basta ter que viver aqui, ainda temos que falar como os nativos?

Mudar de Petrobrás para Petrobrax faz sentido para o marquetchim, dizem, e quem somos nós para discutir com essa nova ciência? Mudaram a velha Esso para Exxon porque o "x" simbolizava sucesso, talvez porque só a presença de um "x" no seu nome explicasse o sucesso do Nixon, na época. E deu certo! Mas o "bras" também virou "brax" para disfarçar o fato de que a estatal é uma estatal. E, pior, uma estatal brasileira, portanto com o risco permanente de dar vexame, de pedir mortadela com o vinho branco. Além de todas as razões de mercado e psicologia de vendas, sem falar no bom dinheiro que transformar "s" em "x" movimentará, está a velha vergonha de passar por brasileiro.

Braxil. Eis um bom novo nome para o Brasil envergonhado. Antes temia-se que virássemos, definitivamente, Brazil, mas já ultrapassamos o complexo de quintal americano. Braxil é o Brasil da nova ordem, integrado no mundo, aberto a quem der mais. Soberania em breve se escreverá xoberania.

Está certo, o mundo moderno é uma aldeia global. Mas precisávamos ser os idiotas da aldeia?

Verissimo, Luis Fernando. *Diário de Pernambuco*, 28 dez. 2000.

• Texto 2

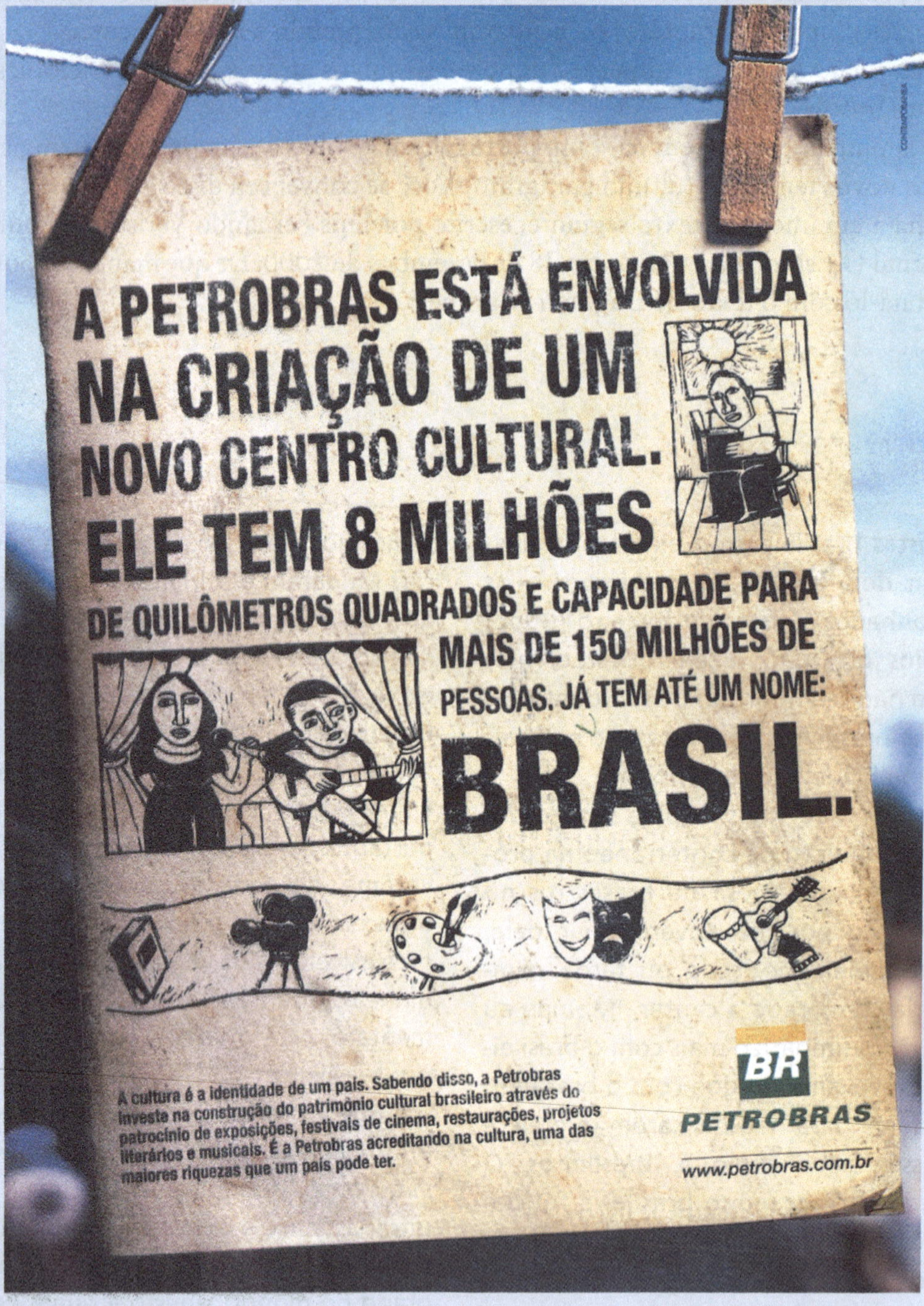

A PETROBRAS ESTÁ ENVOLVIDA NA CRIAÇÃO DE UM NOVO CENTRO CULTURAL. ELE TEM 8 MILHÕES DE QUILÔMETROS QUADRADOS E CAPACIDADE PARA MAIS DE 150 MILHÕES DE PESSOAS. JÁ TEM ATÉ UM NOME:

BRASIL.

A cultura é a identidade de um país. Sabendo disso, a Petrobras investe na construção do patrimônio cultural brasileiro através do patrocínio de exposições, festivais de cinema, restaurações, projetos literários e musicais. É a Petrobras acreditando na cultura, uma das maiores riquezas que um país pode ter.

BR
PETROBRAS
www.petrobras.com.br

Anúncio da Petrobras/Agência Contemporânea.

Revista *Ciência Hoje*, jun. 2000.

Um acento gráfico pode provocar uma grande polêmica? Para discutir o assunto, relacione o texto acima com "Braxil", de Luis Fernando Verissimo, e com os fragmentos das páginas seguintes:

"É um pouco triste ficarmos defendendo o "Petrobras" depois de termos consentido tranquilamente com a eliminação do acento dessa palavra. Gostaria de propor que se voltasse de vez ao velho "Petrobrás", ao sufixo vernacular e aberto, que fazia a palavra parecer-se com uma pequena locomotiva soltando fumaça pela chaminé, apitando alto a vocação do país para o futuro.

Ficamos na desoladora condição de lutar, não pelo velho nome da Petrobrás, mas por um "Petrôbras" incaracterístico, que tem um som de quem engole sapo, ou, então, já parece ser palavra dita por investidor estrangeiro, ignorante da pronúncia correta. A terminação em "brás" evoca, para mim, tudo o que o nacional-desenvolvimentismo pressupunha de caseiro, de improvisado quanto aos meios e de otimista quanto aos fins; como se as sílabas iniciais de cada empresa fossem os solavancos e engasgos de um carro cujo motor, depois de muito esforço, acaba pegando e indo em frente."

COELHO, Marcelo. ***Folha de S.Paulo*****, 17 jan. 2001.**

"O argumento que vou usar ainda não vi utilizado. No exterior e na língua inglesa, a que predomina no mundo dos negócios, o brás sempre foi bras porque o pessoal, com razão, não gosta de acentos, e frequentemente nem os tem nos teclados. Em toda essa discussão, quem não tem maior intimidade com o inglês deveria aprender que nele, gostemos ou não, nosso sufixo nacionalista significa sutiãs (plural de "bra"), peça que não veste bem na marca de uma empresa. Isso é agravado pelo fato de que nessa língua o adjetivo vem antes do substantivo, ou seja, o bras assume o lugar deste.

Assim, Petrobras, em inglês, soa algo como sutiãs de petróleo, ou da cor do mesmo. É simplesmente ridículo. Vale lembrar a Embraer, um orgulho sem brás do nacionalismo, pois sempre voou sem ele. Já começou globalizada, e foi sábia em não adotar Aerobrás ou Aerobras. Quem voaria em aviões rotulados de sutiãs voadores? Já a Eletrobrás, que não se arriscou lá fora, talvez fizesse sucesso num nicho de mercado de confecções de inverno.

A lição é clara. Quando palavras de uma língua são colocadas numa segunda, e para pessoas que não falam a primeira, estas tanto podem não entender nada, como perceber um significado que originalmente não existe. Espero que isso sirva como contribuição ao debate, como se diz educadamente nos meios acadêmicos onde, em princípio, nada é imbecil. Tem de ser pensado objetivamente.

E mais: ninguém chiou na ocasião, mas Petrobras, sem acento – uma mudança de meados da década passada, evidentemente já buscando globalizar o nome da empresa –, em português pronuncia-se Petróbras. É, também, ridículo, neste caso aqui dentro mesmo, porque esse não é o nome falado da empresa.

Como também ridículas foram, porque mal pensadas, muitas das reações contra a PetroBrax. Mereciam uma gozação da CNN, em inglês, com manchete do tipo "Brasileiros defendem bras em nome de estatal". A própria empresa defendeu mal a sua ideia. Coisas meio vagas como "valorizar a identidade institucional", ou mesmo mal sustentadas, como a afirmação de que "o bras lembra a ineficiência de estatais", quem sabe olhando para o próprio umbigo.

MACEDO, Roberto. ***O Estado de S. Paulo*****, 4 jan. 2001.**

Por que acentuamos Petrobrás

Imprensa do NF / Imprensa da FUP

O Departamento de Comunicação do Sindipetro NF recebe, constantemente, críticas por utilizar acento em Petrobrás em suas publicações (*Boletim Nascente*, *Revista Imagem* e na *homepage*). As críticas são bem-vindas, mas cabe o esclarecimento de que, no caso da FUP (Federação Única dos Petroleiros) e dos sindicatos petroleiros em todo o país, trata-se de uma opção, e não de um erro. Veja esclarecimento da assessoria de imprensa da FUP sobre este tema:

Por que acentuamos Petrobrás

Passamos a usar o acento em fevereiro de 2002, por determinação da diretoria da FUP.
Para quem não sabe (ou não se lembra), Petrobrás era acentuada até o início da década de 90.
Em 1994, a logomarca da estatal foi modificada e a palavra Petrobrás perdeu o acento.
Como sabemos, na última década, o projeto neoliberal impôs a internacionalização da empresa e na língua inglesa não existe acento.
Lembram da tentativa do Petrobrax? Pois é, uma das razões alegadas por Reichstul na época era que a nossa Petrobrás tinha duplo sentido lá fora, pois Bra significa *sutien* em inglês.
Justamente para reafirmar nossa posição em defesa da Petrobrás como empresa pública e eminentemente brasileira, é que a diretoria decidiu resgatar o acento.

Texto disponível no endereço eletrônico do Sindicato dos Petroleiros do Norte Fluminense – http://www.sindipetronf.org.br

Parte III

Morfologia

CAPÍTULO 9

Estrutura e formação de palavras (I)

Acerto com a natureza

Certa certeza
Certamente ao certo
Me levará
Ao acerto
Certamente certa
Da certeza

Certa certeza
Certamente ao certo
Me levará
Ao acerto
Com a natureza

Música: Walter Franco/Letra: Cristina Villaboim.
"Acerto com a natureza". In: *Walter Franco – Tutano*. CD YB Music yb?cd010, s. d. f. 12.

LEITURA: INTERAÇÃO

1. Qual o sentido da palavra **certa** no texto? Explique.
2. Na sua opinião, em que consiste a "certa certeza" de que fala o texto?
3. Na sua opinião, em que consiste o "acerto com a natureza" de que fala o texto?
4. Que efeito produz no leitor a proximidade de palavras que mantêm entre si grande afinidade de forma e sentido, mas são diferentes uma da outra?

Conceitos básicos

Observando as palavras **certa**, **certeza**, **certamente**, **certo** e **acerto**, percebemos que há um elemento comum a todas elas: a forma **cert-**. Além disso, em todas elas há elementos destacáveis, responsáveis por algum detalhe de significação. Compare, por exemplo, **certo** e **certamente**: partindo de **certo**, formou-se **certamente** pelo acréscimo do elemento destacável **-mente**, sufixo formador de advérbios de modo.

Por meio desse trabalho de comparação entre as diversas palavras que selecionamos, podemos depreender a existência de diferentes elementos formadores:

cert-a
cert-o
cert-a-mente
cert-eza
a-cert-ar

Cada um desses elementos formadores é uma unidade mínima de significação, um elemento significativo indecomponível, a que damos o nome de **morfema**.

Classificação dos morfemas

Radical

Há um morfema comum a todas as palavras que estamos analisando: **cert-**. É esse morfema comum – o **radical** – que faz com que as consideremos palavras de uma mesma família de significação – os **cognatos**. O radical é a parte da palavra responsável por sua significação principal.

Em nosso livro optamos pelo uso do termo **radical** para designar o morfema que concentra a significação principal da palavra e que pode ser depreendido por meio de simples comparações entre palavras de uma mesma família. Intencionalmente, não empregamos o termo **raiz**, que está ligado à origem histórica das palavras. Para identificar a raiz de uma família de vocábulos, é necessário um conhecimento específico de etimologia.

Afixos

Como vimos, o acréscimo do morfema **-mente** cria uma nova palavra a partir de **certo**, "certamente", advérbio de modo. De maneira semelhante, o acréscimo dos morfemas **a-** e **-ar** à forma **cert-** criou o verbo **acertar**. Observe que **a-** e **-ar** são morfemas capazes de operar mudança de classe gramatical na palavra a que são anexados. Esses morfemas recebem o nome de **afixos**.

Quando são colocados antes do radical, como acontece com **a-**, os afixos recebem o nome de **prefixos**. Quando, como **-mente**, surgem depois do radical, os afixos são chamados de **sufixos**. Prefixos e sufixos, além de operar mudança de classe gramatical, são capazes de introduzir modificações de significado no radical a que são acrescentados.

Desinências

Quando se conjuga o verbo **estudar**, obtêm-se formas como estuda**va**, estuda**vas**, estuda**va**, estudá**vamos**, estudá**veis**, estuda**vam**. Essas modificações ocorrem à medida que o verbo vai sendo flexionado em número (singular/plural) e pessoa (primeira, segunda ou terceira). Também ocorrem se modificarmos o tempo e o modo do verbo (estuda**va**/estuda**ra**/estuda**sse**, por exemplo). Podemos concluir, assim, que existem morfemas que indicam as flexões das palavras. Esses morfemas sempre surgem no fim das palavras variáveis e recebem o nome de **desinências**.

Há desinências **nominais** e desinências **verbais**.

- **Desinências nominais** – Indicam o gênero e o número dos nomes. Para a indicação de gênero, o português costuma opor as desinências **-o**/**-a**: garoto/garota; menino/menina.
  Para a indicação de número, costuma-se utilizar o morfema **-s**, que indica o plural em oposição à ausência de morfema, que indica o singular: garoto/garotos; garota/garotas; menino/meninos; menina/meninas.
  No caso dos nomes terminados em **-r** e **-z**, a desinência de plural assume a forma **-es**: mar/mares; revólver/revólveres; cruz/cruzes; juiz/juízes.

- **Desinências verbais** – Em nossa língua, as desinências verbais pertencem a dois tipos distintos. Há aquelas que indicam o modo e o tempo (desinências modo-temporais) e aquelas que indicam o número e a pessoa dos verbos (desinências número-pessoais):

estud-á-va-mos
estud: radical
-á-: vogal temática
-va-: desinência modo-temporal (caracteriza o pretérito imperfeito do indicativo)
-mos: desinência número-pessoal (caracteriza a primeira pessoa do plural)

estud-á-sse-is
estud: radical
-á-: vogal temática
-sse-: desinência modo-temporal (caracteriza o pretérito imperfeito do subjuntivo)
-is: desinência número-pessoal (caracteriza a segunda pessoa do plural)

estud-a-ria-m
estud: radical
-a-: vogal temática
-ria-: desinência modo-temporal (caracteriza o futuro do pretérito do indicativo)
-m: desinência número-pessoal (caracteriza a terceira pessoa do plural)

Desinências × Afixos

Devido à **concordância**, as flexões são obrigatórias quando inserimos uma palavra num sintagma ou frase:

O ministro não foi convidado para a reunião.
Os ministros não foram convidados para a reunião.
A ministra não foi convidada para a reunião.
As ministras não foram convidadas para a reunião.

O uso de afixos não se deve a uma obrigatoriedade, mas sim a uma opção:

O ex-ministro não foi convidado para a reunião.
A ministra não foi convidada para as reuniõezinhas.

Não há nenhum mecanismo linguístico que torne obrigatório o uso do sufixo **-(z)inh-as** ou do prefixo **ex-** nessas duas frases. Além disso, **reuniãozinha** (plural **reuniõezinhas**) e **ex-ministro** são duas palavras novas formadas a partir de **reunião** e **ministro**, respectivamente; já **ministros**, **ministra** e **ministras** são consideradas formas de uma mesma palavra (**ministro**). Como você percebeu, há uma sensível diferença entre as desinências e os afixos: as desinências indicam flexões de uma mesma palavra; já os afixos são usados para formar novas palavras.

Vogal temática

Observe que, entre o radical **estud-** e as desinências verbais, surge sempre o morfema **-a-**. Esse morfema, que liga o radical às desinências, é chamado **vogal temática**. Sua função é ligar-se ao radical, constituindo o chamado **tema**. É ao tema (radical + vogal temática) que se acrescentam as desinências. Tanto os verbos como os nomes apresentam vogais temáticas.

- **Vogais temáticas nominais** – São **-a**, **-e** e **-o**, quando átonas finais, como em **mesa**, **artista**, **busca**, **perda**, **escola**; triste, base, combate, destaque, sorte; livro, tribo, amparo, auxílio, resumo. Nesses casos, não poderíamos pensar que essas terminações são desinências indicadoras de gênero, pois **livro**, **escola** e **sorte**, por exemplo, não sofrem esse tipo de flexão. É a essas vogais temáticas que se liga a desinência indicadora de plural: carro-s, mesa-s, dente-s. Os nomes terminados em vogais tônicas (sofá, café, caqui, mandacaru e cipó, por exemplo) não apresentam vogal temática.

Vogais temáticas nominais × Desinências

Lembre-se de que, enquanto as desinências são comutáveis (podem ser trocadas uma pela outra), as vogais temáticas não são (quem pensaria seriamente em formar livr**a** ou carr**a** para indicar formas "femininas"?).

- **Vogais temáticas verbais** – São **-a**, **-e** e **-i**, que caracterizam três grupos de verbos a que se dá o nome de conjugações. Assim, os verbos cuja vogal temática é **-a** pertencem à primeira conjugação; aqueles cuja vogal temática é **-e** pertencem à segunda conjugação e os que têm vogal temática **-i** pertencem à terceira conjugação:

primeira conjugação	segunda conjugação	terceira conjugação
govern-a-va	estabelec-e-sse	defin-i-ra
atac-a-va	cr-e-ra	imped-i-sse
realiz-a-sse	mex-e-rá	ag-i-mos

Vogal ou consoante de ligação

As vogais ou consoantes de ligação são morfemas que surgem por motivos **eufônicos**, ou seja, para facilitar ou mesmo possibilitar a leitura de uma determinada palavra. Temos um exemplo de vogal de ligação na palavra escolaridade: o -i- entre os sufixos **-ar-** e **-dade** facilita a emissão vocal da palavra. Outros exemplos: gasômetro, alvinegro, tecnocracia; paulada, cafeteira, chaleira, tricotar.

Processos de formação de palavras

Vamos agora iniciar o estudo dos mecanismos de que a língua portuguesa dispõe para, combinando e recombinando morfemas, criar ininterruptamente palavras novas, os neologismos. Você, sem dúvida, participa desses processos, pois consegue não só compreender os neologismos que surgem na língua formal ou coloquial, mas também criar os seus, muitas vezes sem se dar conta disso. Palavras como **achismo**, **favelização**, **deduragem** só recentemente foram incorporadas aos dicionários, mas são compreensíveis e compreendidas desde que foram criadas e passaram a ser usadas; não há quem não tenha opinião sobre o famoso **imexível** de certo ex-ministro ou o **inconvivível** de certo ex-presidente. Também não há quem, para satisfazer uma necessidade de expressão, não faça suas próprias invenções verbais.

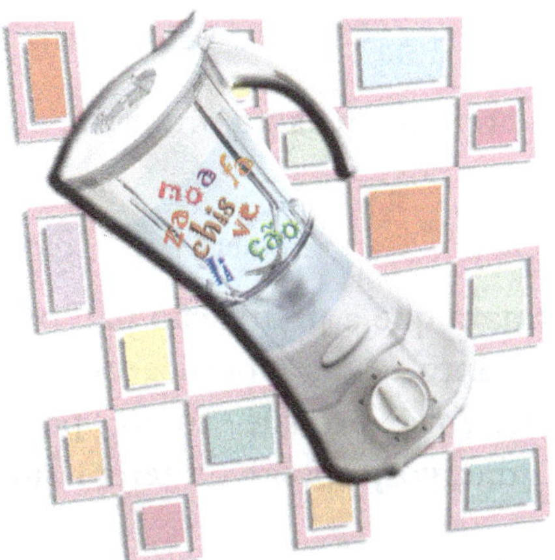

Por que formamos palavras?

Vários são os motivos que nos podem levar a formar palavras. Às vezes, precisamos utilizar o significado de determinada palavra em uma construção que requer uma classe gramatical diferente. Em certas situações, precisamos modificar ligeiramente o significado de uma palavra; em outras, buscamos nomear processos ou seres até então desconhecidos ou despercebidos. Em todos esses casos, são os processos de formação de palavras que atuam como instrumentos para incrementar nosso desempenho interlocutivo. São eles que, por meio de formas específicas de lidar com conjuntos limitados de morfemas, permitem-nos reconhecer e criar um número praticamente infinito de palavras, fazendo da língua uma forma de expressão a um só tempo econômica e eficiente.

A língua portuguesa apresenta dois processos básicos para formação de palavras: a **derivação** e a **composição**.

Neste capítulo, vamos estudar os diferentes tipos de **derivação**, bem como o valor dos afixos que participam desses processos. Estudaremos a **composição** no próximo capítulo.

Derivação

A derivação consiste basicamente na modificação de determinada palavra primitiva por meio do acréscimo de afixos. Dessa forma, temos a possibilidade de fazer sucessivos acréscimos, criando, a partir de uma base inicialmente simples, palavras de estrutura cada vez mais complexa:

escola
escolar
escolarizar
escolarização
subescolarização

A derivação deve ser vista como um processo extremamente produtivo da língua portuguesa, pois podemos incorporar os mesmos afixos a um número muito grande de palavras primitivas. Esses acréscimos podem alterar o significado da palavra (como em escolarização/subescolarização) e também mudar-lhe a classe gramatical (como em escolarizar/escolarização). O uso apropriado dos afixos é, portanto, um poderoso recurso para a produção de textos.

Tipos de derivação

- **Derivação prefixal ou prefixação** – Resulta do acréscimo de prefixo à palavra primitiva, que tem o seu significado alterado. Veja alguns verbos derivados de pôr:

  compor contrapor decompor dispor indispor recompor repor

  Tradicionalmente, os estudiosos da língua portuguesa afirmam que a prefixação não produz mudanças de classe gramatical; na língua atual, entretanto, essas modificações têm ocorrido. Veja as palavras **anti-inflação** e **interbairros**, que, em expressões como "pacto anti-inflação" e "transporte interbairros", atuam como adjetivos, apesar de terem sido formadas de substantivos.

- **Derivação sufixal ou sufixação** – Resulta do acréscimo de sufixo à palavra primitiva, que pode sofrer alteração de significado ou mudança de classe gramatical. Em **unhada,** por exemplo, houve modificação de significado: o acréscimo do sufixo trouxe a noção de "golpe", "ataque feito com a unha", ou mesmo a ideia de "ferimento provocado pela unha". Já em **alfabetização,** o sufixo **-ção** transforma em substantivo o verbo **alfabetizar.** Este, por sua vez, já é derivado do substantivo **alfabeto** pelo acréscimo do sufixo **-izar.**

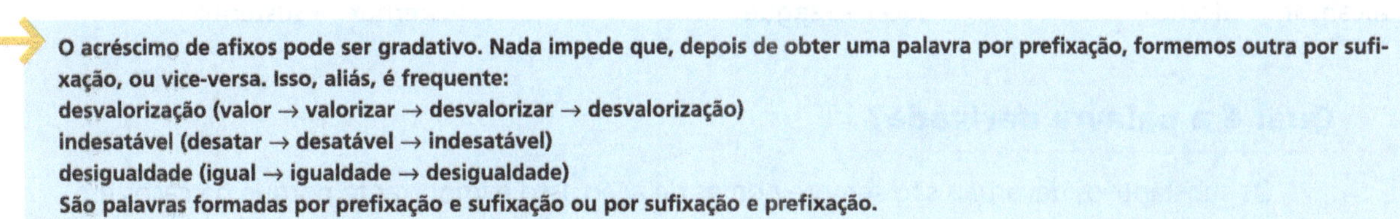
O acréscimo de afixos pode ser gradativo. Nada impede que, depois de obter uma palavra por prefixação, formemos outra por sufixação, ou vice-versa. Isso, aliás, é frequente:
desvalorização (valor → valorizar → desvalorizar → desvalorização)
indesatável (desatar → desatável → indesatável)
desigualdade (igual → igualdade → desigualdade)
São palavras formadas por prefixação e sufixação ou por sufixação e prefixação.

- **Derivação parassintética ou parassíntese** – Ocorre quando a palavra derivada resulta do acréscimo **simultâneo** de prefixo e sufixo à palavra primitiva. É um processo que dá origem principalmente a verbos, obtidos a partir de substantivos e adjetivos. Veja alguns exemplos de verbos obtidos de substantivos:

abençoar	ajoelhar	apavorar	enfileirar	esburacar
abotoar	amaldiçoar	apoderar	engatilhar	esfarelar
acariciar	amanhecer	avistar	enraizar	espreguiçar
afunilar	anoitecer	empastelar	ensaboar	expatriar

Agora, alguns formados de adjetivos:

amadurecer	avermelhar	endurecer	entortar	esclarecer
amolecer	empalidecer	engordar	entristecer	esfriar
apodrecer	empobrecer	enlouquecer	envelhecer	expropriar
aportuguesar	endireitar	enrijecer		

Nem sempre é parassíntese...

Não se deve confundir a derivação parassintética, em que o acréscimo de sufixo e de prefixo é obrigatoriamente simultâneo, com casos como os das palavras **desvalorização** e **desigualdade**, que vimos há pouco. Nessas palavras, os afixos são acoplados em sequência: **desvalorização** provém de **desvalorizar**, que provém de **valorizar**, que por sua vez provém de **valor**.

É impossível fazer o mesmo com palavras formadas por parassíntese: não se pode dizer que **expropriar** provém de "propriar" ou de "expróprio", pois tais palavras não existem; logo, **expropriar** provém diretamente de **próprio**, pelo acréscimo **concomitante** de prefixo e sufixo.

- **Derivação regressiva** – Ocorre quando se retira a parte final de uma palavra primitiva, obtendo por essa redução uma palavra derivada. É um processo particularmente produtivo para a formação de substantivos a partir de verbos, principalmente da primeira e da segunda conjugação. Esses substantivos, chamados por isso **deverbais,** indicam sempre o nome de uma ação.

Sua formação é simples: substitui-se a terminação verbal formada por vogal temática + desinência de infinitivo (**-ar** ou **-er**) por uma das vogais temáticas nominais (**-a**, **-e** ou **-o**):

ajudar → ajuda
buscar → busca
censurar → censura
perder → perda
vender → venda
alcançar → alcance

atacar → ataque
cortar → corte
debater → debate
resgatar → resgate
tocar → toque
sacar → saque

abalar → abalo
afagar → afago
apelar → apelo
chorar → choro
recuar → recuo
sustentar → sustento

Qual é a palavra derivada?

Os substantivos deverbais são sempre nomes de ação. Isso é importante porque há casos em que é o verbo que se forma a partir do substantivo:

planta → plantar   perfume → perfumar   escudo → escudar

Planta, **perfume** e **escudo** não são nomes de ação; por isso não são substantivos deverbais. É interessante perceber que a derivação regressiva é um processo produtivo na língua coloquial: surgiram recentemente na língua popular palavras como **agito** (de agitar), **amasso** (de amassar) e **chego** (de chegar).

- **Derivação imprópria** – Ocorre quando determinada palavra, sem sofrer qualquer acréscimo ou supressão em sua forma, muda de classe gramatical:

Não aceitarei um **não** como resposta.
É um **absurdo** o que você está propondo.

Na primeira frase, **não**, um advérbio, converteu-se em substantivo. Na segunda, o adjetivo **absurdo** também se converteu em substantivo. Já em:

Você está falando **bonito**: o **amar** é indispensável.

o adjetivo **bonito** surge na função típica de um advérbio de modo, enquanto o verbo **amar** converteu-se em substantivo.

De fato, é imprópria

Note que a derivação imprópria pouco ou nada tem que ver com os processos de formação de palavras que estamos estudando (é por isso que se chama imprópria). Afinal, esses processos fazem parte da Morfologia porque implicam alterações na forma das palavras; já a derivação imprópria lida basicamente com seu significado, o que a caracteriza como um processo semântico.

Estudo dos prefixos

O conhecimento dos prefixos é um recurso para aprimorar sua capacidade de leitura e de produção de textos, pois é uma forma econômica de ampliação de vocabulário.

Você encontrará relações dos principais prefixos da língua portuguesa nas páginas 472-475 do Apêndice. Também encontrará observações sobre o uso desses morfemas.

É importante perceber que os prefixos nos oferecem uma forma sintética de expressão. Veja a economia verbal proporcionada pelo prefixo **sem-** numa frase como:

O secretário não atendeu às reivindicações dos sem-terra.

em que **sem-terra** faz as vezes de uma estrutura como "aqueles que não possuem terras".

O mesmo tipo de efeito se obtém com o prefixo **anti-** numa frase como:

Foi grande a participação popular nas manifestações antirracismo.

em que **antirracismo** substitui uma expressão como "contrárias ao racismo", "que se opõem ao racismo". Reflita sobre frases semelhantes com prefixos como **não-**, **quase-**, **contra-**, **entre-** e outros e perceba que você tem um poderoso instrumento de síntese com que lidar.

ATIVIDADES

1. Faça a depreensão e a classificação dos morfemas formadores das seguintes palavras e flexões.

a) realizar
b) irreal
c) real
d) realmente
e) realizável
f) realizava
g) realizáramos
h) realismo
i) realista

2. Aponte as desinências e as vogais temáticas das seguintes palavras e flexões.

a) amor, amores
b) deputado, deputada
c) comemorava, comemorávamos, comemorássemos
d) pusesse, puséramos, pusésseis
e) pente, pentes
f) garrafa, garrafas
g) boné, bonés
h) caso, casos
i) moço, moços

3. Substitua cada conjunto destacado por uma única palavra, formada por prefixação. Se necessário, consulte as relações de prefixos das páginas 472-475 do Apêndice.

a) O juiz **lerá novamente** os documentos do processo.
b) É necessário **fazer outra vez** todos os cálculos.
c) Depois de vários anos, vou **tornar a ver** meus pais.
d) Não havia motivo para **pôr** os interesses individuais **antes d**os interesses coletivos.
e) Não há como **dizer o contrário d**o que eu afirmei.
f) Deixou a todos **sem proteção**.
g) Seu comportamento **despido de honestidade** foi punido.
h) Queria uma liberdade **sem restrições**.
i) Os documentos foram **datados com antecedência**.
j) Depois de **passar além d**estes limites, descansaremos.
k) Nem todos os países conseguem competir no mercado **de todas as nações**.
l) Foi construída uma passagem **debaixo da terra** para evitar atropelamentos.
m) **Passe uma linha por baixo d**as palavras cujo significado você desconhece.
n) Descobriram restos de homens **que viveram antes do período histórico** no Piauí.
o) Há rastros de animais **que viveram antes do Dilúvio** naquela região.
p) As civilizações **que existiam antes da chegada de Cristóvão Colombo** deixaram marcas na vida da América do Sul.
q) Precisava tomar injeções **dentro do músculo**.

4. Baseando-se em seu conhecimento do valor dos prefixos, procure explicar o significado das palavras seguintes.

a) reencontro, desencontro
b) premeditar, pressentir
c) importar, exportar
d) imigrante, emigrante
e) imergir, emergir, submergir
f) intersecção
g) imoral, amoral
h) circunlóquio, colóquio
i) cisandino, cisalpino, transandino, transalpino
j) cogestão
k) digressão, regressão, progressão
l) expatriar, repatriar
m) introvertido, extrovertido
n) prefácio, posfácio
o) refluxo, defluxo
p) introspecção, retrospecção
q) subestimar, sobre-estimar
r) ultraleve

5. Por que conferir destaque gráfico ao prefixo no texto do anúncio seguinte? Comente.

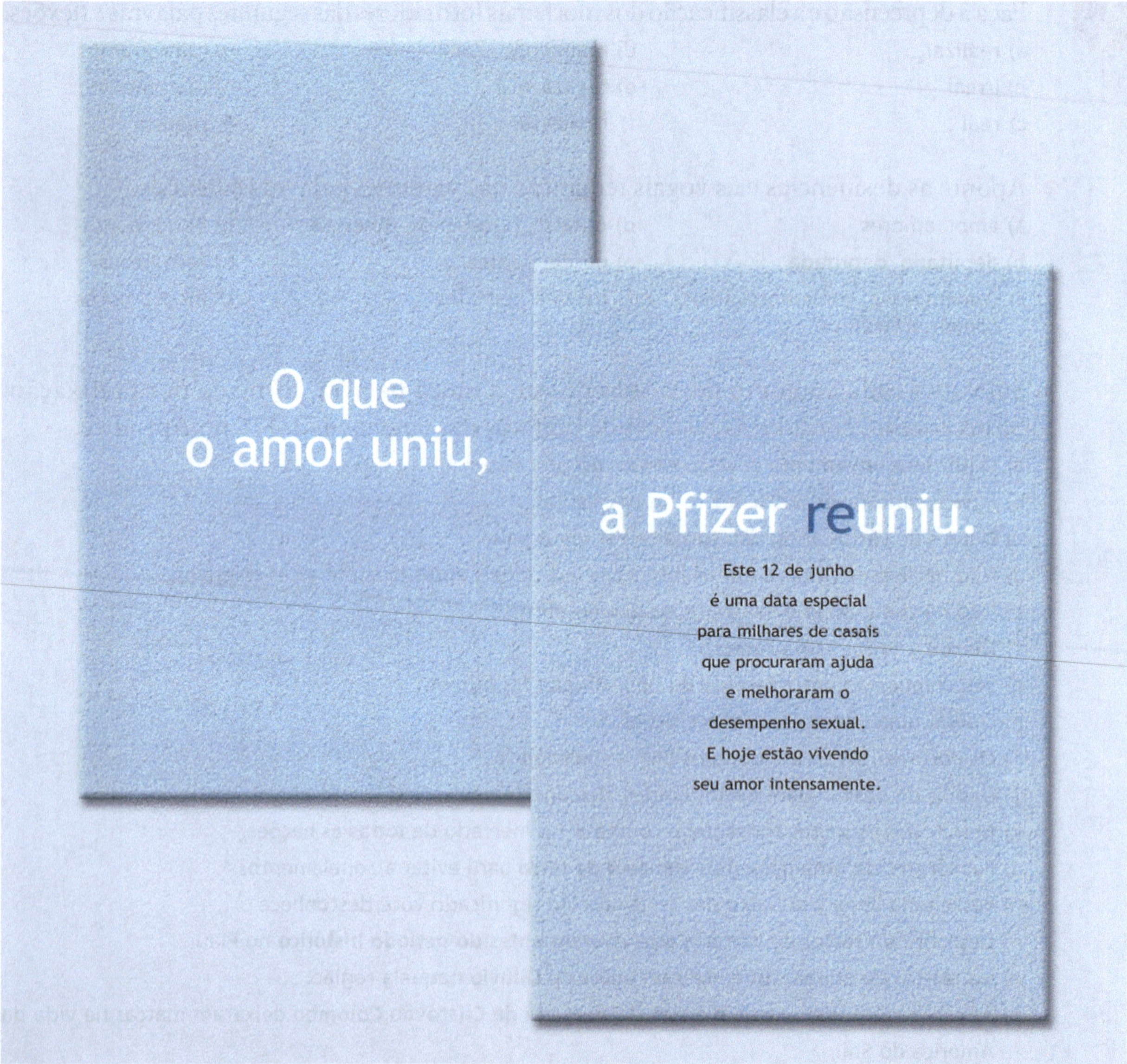

O que
o amor uniu,

a Pfizer **re**uniu.

Este 12 de junho
é uma data especial
para milhares de casais
que procuraram ajuda
e melhoraram o
desempenho sexual.
E hoje estão vivendo
seu amor intensamente.

Anúncio da Pfizer

Revista *Veja*, 14 jun. 2000.

6. Qual a relação entre os prefixos e as situações criadas pelo cartunista nestas tiras do Caulos?

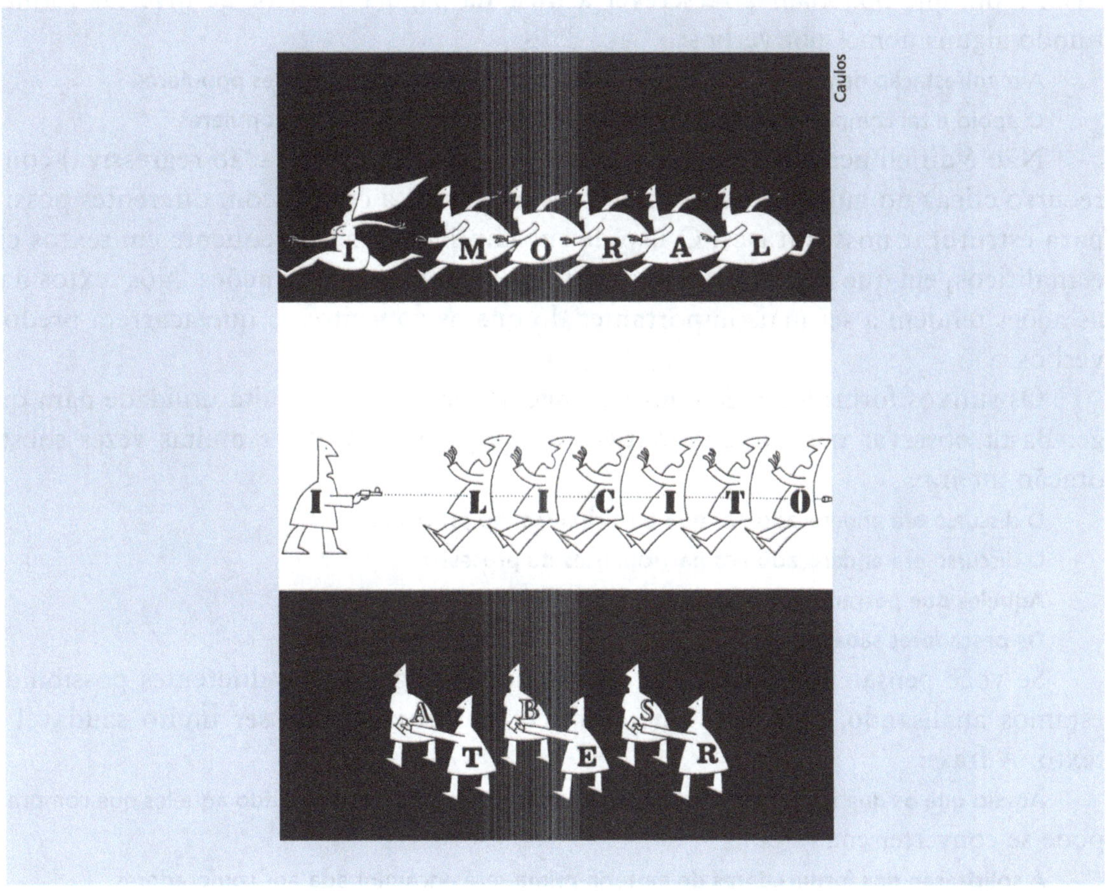

CAULOS. *Só dói quando eu respiro*. Porto Alegre: L&PM, 1976.

Estudo dos sufixos

Os sufixos são capazes de modificar o significado do radical a que são acrescentados. Sua principal característica, no entanto, é a mudança de classe gramatical que geralmente operam. Dessa forma, podemos utilizar o significado de um verbo, por exemplo, num contexto em que se deve usar um substantivo.

Você encontrará relações dos principais sufixos da língua portuguesa nas páginas 475-482 do Apêndice.

Como o sufixo é colocado depois do radical, a ele são incorporadas as desinências que indicam as flexões das palavras variáveis.

Há dois grupos de sufixos extremamente importantes para o funcionamento da língua. São os que formam nomes de ação e os que formam nomes de agente.

Para perceber como os sufixos **formadores de nomes de ação** podem ser muito úteis a quem escreve, observe a frase abaixo:

A manifestação de apoio a tal comportamento foi uma decorrência das solicitações populares.

Nela há quatro substantivos formados por sufixação (manifestação, comportamento, decorrência, solicitações) e um formado por derivação regressiva (apoio). Cada um desses nomes resulta de um processo de **nominalização**, em que se optou pelo substantivo correspondente ao verbo. Para concretizar essa opção, é necessário empregar o sufixo apropriado a cada caso. Note que poderíamos reescrever a frase da página anterior de diversas formas, substituindo alguns nomes por verbos:

A manifestação de apoio a tal comportamento decorreu das solicitações populares.

O apoio a tal comportamento foi manifestado devido às solicitações populares.

Não é difícil perceber que o uso desses sufixos (e da derivação regressiva) constitui um recurso eficaz no momento de redigir, pois passamos a contar com diferentes possibilidades para estruturar nossas frases. O uso de substantivos é mais frequente em textos científicos e analíticos, em que os conceitos são mais utilizados do que as ações. Nos textos narrativos, as ações tendem a ser mais importantes do que os conceitos, o que acarreta predomínio de verbos.

Os sufixos **formadores de nomes de agente** têm também muita utilidade para quem redige. Basta observar que um substantivo formado com um deles muitas vezes substitui uma oração inteira:

O discurso era endereçado aos **que participavam** do processo.

O discurso era endereçado aos **participantes do processo.**

Aqueles que pescam sabem disso.

Os pescadores sabem disso.

Se você pensar numa frase em que se possam agrupar as diferentes possibilidades que estamos analisando, perceberá que conhecer os sufixos pode ser muito saudável para seu texto. A frase:

Aquilo que os que fornecem matéria-prima solicitaram será encaminhado àqueles que compram.

pode se converter em:

A solicitação dos fornecedores de matéria-prima será encaminhada aos compradores.

ganhando em concisão e clareza.

ATIVIDADES

1. Responda a cada um dos itens a seguir com uma palavra formada por sufixação. Se necessário, consulte as listas de sufixos no Apêndice. Como se chama:

a) o golpe dado com a cabeça?

b) um grupo de rapazes?

c) o conjunto de eleitores de uma dada região?

d) a ação de lavar?

e) uma plantação de jabuticabeiras?

f) um grupo de políticos desonestos?

g) o estabelecimento onde se vendem queijos?

h) o comerciante de queijos?

i) a planta cujo fruto é o café?

j) o recipiente no qual se guarda manteiga?

2. Substitua os verbos destacados por substantivos formados por derivação. Faça todas as modificações necessárias para obter frases inteligíveis e adequadas à língua-padrão.

a) Todos **decidiram** manter as reivindicações.

b) Todos decidiram **manter** as reivindicações.

c) Esperamos que os prazos estipulados **sejam cumpridos**.

d) **Atenderemos** a todos de acordo com a ordem segundo a qual **chegaram**. Não haverá exceções.

e) Continuaremos até que **tenhamos obtido** êxito.

f) Os moradores querem que as obras **sejam continuadas**.

g) Os representantes dos países envolvidos no processo recomendaram que as contas **fossem bloqueadas**.

h) Os representantes dos países envolvidos no processo **recomendaram** que as contas fossem bloqueadas.

3. Substitua as expressões destacadas por nomes formados por sufixação e/ou prefixação. Faça todas as modificações necessárias para obter frases inteligíveis.

a) **Aqueles que mantêm** esta entidade decidiram tomar providências **que saneiem** suas finanças.

b) É um candidato **que não se pode eleger**. Suas ideias privilegiam **aqueles que desrespeitam** as instituições.

c) **Aquelas que conduzem** o movimento de reivindicação devem ser cercadas por medidas **que as protejam**.

d) Os **que venceram** a competição receberão prêmios **que não se podem descrever**.

e) A presença dos **que defendem** nossa posição é fator **de que não se pode prescindir**.

f) Foi uma decisão que agradou aos que lutam para que a floresta **seja preservada**.

g) Ele entrou **de forma atabalhoada**.

4. Fornecemos a seguir pares formados por um verbo e um substantivo cognatos. Escreva uma frase inicial usando o verbo ou o substantivo; a seguir, reescreva essa frase fazendo todas as alterações necessárias para substituir o verbo pelo substantivo ou vice-versa. Você tem toda a liberdade para fazer as flexões necessárias nos verbos e substantivos.

a) satisfazer, satisfação

b) causar, causa

c) cansar, cansaço

d) aparecer, aparecimento

e) conceder, concessão

f) confiar, confiança

g) implicar, implicação

h) implicar, implicância

i) passar, passagem

j) viajar, viagem

5. Em cada par de cognatos abaixo, você encontrará um verbo e um adjetivo. Utilize-os seguindo o mesmo procedimento adotado na atividade anterior.

a) adorar, adorável

b) meditar, meditativo

c) fazer, factível

d) executar, exequível

e) realizar, realizável

f) tolerar, tolerável

g) tolerar, tolerante

h) resistir, resistente

i) residir, residente

6. Adote o mesmo procedimento para cada par de palavras abaixo. Agora, você está lidando com um adjetivo e um verbo formado por parassíntese.

a) pobre, empobrecer
b) nobre, enobrecer
c) podre, apodrecer
d) triste, entristecer
e) velho, envelhecer
f) maduro, amadurecer

7. Agora, cada par contém um substantivo e um verbo formado por parassíntese.

a) manhã, amanhecer
b) noite, anoitecer
c) ferrugem, enferrujar
d) raiva, enraivecer
e) pedra, apedrejar
f) floresta, reflorestar

8. Não é apenas na língua portuguesa estudada na escola que os sufixos são usados para formar novas palavras: isso acontece também na língua portuguesa do cotidiano e dos veículos de comunicação de massa. Baseado no seu conhecimento do valor do sufixo, explique o sentido das palavras seguintes.

a) tietar, tietagem
b) badalação, esnobação
c) sanduicheria, danceteria
d) roqueiro, grafiteiro
e) pichador, pichação
f) prefeiturável, ministeriável, presidenciável
g) carreata
h) bacanão, durão

9. Que efeito de sentido se consegue com a forma "pequenininho" neste texto publicitário? Comente.

Anúncio da Nestlé/Agência McCann

Revista *Veja*, 5 jun. 2002.

10. Explique o sentido das palavras "doidão" e "caretão" nesta capa da revista *Época*.

Revista *Época*, 8 set. 2003.

11. Leia e observe atentamente os dois poemas abaixo, escritos por contemporâneos nossos. A seguir, discuta com seus colegas a exploração da expressividade dos afixos feita pelos textos.

f o r m a

r e f o r m a

d i s f o r m a

t r a n s f o r m a

c o n f o r m a

i n f o r m a

f o r m a

GRÜNEWALD, José Lino. *Escreviver*. Rio de Janeiro: Nova Fronteira, 1987.

À moda da casa

feijoada
marmelada
goleada
quartelada

PAES, José Paulo. *Um por todos (Poesia reunida)*. São Paulo: Brasiliense, 1986.

Formação de palavras, leitura e produção de textos

Os processos de formação de palavras são uma forma eficiente e econômica de ampliar o vocabulário de quem escreve e, ao mesmo tempo, de facilitar a compreensão do que se lê. Neste capítulo, você pôde perceber como o manuseio dos prefixos permite estender significados, enquanto o trabalho com os sufixos é muito útil para aprimorar nossa capacidade de expressão. Afinal, prefixos e sufixos desempenham várias funções dentro dos mecanismos da língua:

- formam novas palavras, portadoras de novos significados;
- operam mudanças de classes gramaticais, o que nos oferece possibilidades de redação adequadas às diferentes formas de linguagem;
- permitem a expressão de dados subjetivos, como carinho, desprezo, satisfação, desagrado.

LEITURA, USO, REFLEXÃO

Texto 1

O *new* vira-lata

São Paulo – É mais do que conhecida – e fartamente citada – a expressão de Nelson Rodrigues para designar a baixa autoestima dos brasileiros: o complexo de vira-lata. Se, em seu contexto original, o do futebol, essa falha já foi superada, em outras tantas áreas da atividade nacional ela permanece viva. Na política e na economia, o complexo de vira--lata transmutou-se de forma curiosa.

O fato de o nacionalismo ter-se ligado no Brasil a projetos de esquerda e de direita que entraram em crise e se exauriram há algumas décadas, deu lugar a uma onda antinacional modernete, travestida de internacionalismo e ornamentada com falsificações globalizantes para disfarçar aquilo de que, no fundo, se trata: a abdicação de qualquer projeto nacional e a capitulação ante o desafio de fazer do Brasil um país mais digno e decente, que tenha uma contribuição original a dar ao mundo.

A característica básica desse "*new* vira-lata" é a decepção íntima, profunda, dilacerante, fundamental com o fato de Deus tê-lo feito nascer no Brasil. Tudo que o *new* vira-lata adoraria era que seus antepassados tivessem embarcado no Mayflower.

Pessoas acometidas por esse novo complexo consideram, por exemplo, um escândalo inominável alguém tentar evitar a perda de controle da maior mineradora do país para grupos japoneses. Por que não deixar com o Japão? – perguntam, como se fossem gueixas ou samurais.

O *new* vira-lata é, pois, o antípoda do perfeito idiota latino-americano. É o sujeito que entendeu o óbvio: que aquele nacionalismo esquerdoso ou direitoso entrou em colapso. Mas viu nisso o sinal verde para embarcar numa onda antinacional.

Antinacional, diga-se, no que diz respeito ao Brasil. Pois o novo complexado tem simpatias pelo nacionalismo alheio. O *new* vira-lata liberal, por exemplo, perfila-se e enche-se de júbilo nacionalista à simples visão de uma *apple pie*. Há os que se estufam aos acordes da Marselhesa ou até mesmo os que já admiram a China, lembrando, obviamente, que "aquilo é outro mundo".

GONÇALVES, Marcos Augusto. *Folha de S.Paulo*, 1 maio 2004.

1. Que efeito de sentido se obtém com o emprego da forma inglesa ***new*** associada à palavra **vira-lata**? Comente.
2. Releia atentamente o texto e aponte as palavras cujos sufixos exprimem juízos de valor. Comente o efeito que produzem no leitor.
3. O texto fala em "projeto nacional" e no "desafio de fazer do Brasil um país mais digno e decente". Você se preocupa com essas coisas? Comente.
4. Que pensa você sobre os "*new* vira-latas"? E sobre o "perfeito idiota latino-americano"? E sobre os que reduzem pessoas a rótulos?

• Texto 2

Um textinho sobre os "inhos"

Nossa língua é nossa pátria, e, sendo assim, algumas palavras revelam mais do nosso país do que um discurso sociológico. Aliás, às vezes nem precisamos de uma palavra, basta um pedaço. O "inho" é um bom exemplo. Usamos esse sufixo para designar algo ou alguém pequeno, mas também algo ou alguém por quem temos carinho. Aliás, não por coincidência, a palavra carinho também acaba em "inho". Nossa bebida típica é o cafezinho, gostamos de um feijãozinho, e nossa seleção é canarinho.

Da minha infância até a adolescência, isso lá por meados dos anos setenta, era comum que os jogadores adotassem esse sufixo nos seus nomes. Lembro-me de Nelsinho, Joãozinho, Vaguinho, Adãozinho, Gatãozinho, Wilsinho e Toinzinho. Toninho então havia às pencas. Era preciso até recorrer a um complemento para que eles se diferenciassem um dos outros. Lembro-me agora de Toninho Guerrero, Toninho Metralha e até de um Toninho Vanusa. O "inho" deixa o nome ou apelido mais afetuoso, como se o jogador mantivesse ainda algumas características infantis. Não há nenhuma relação com o físico do nomeado, tanto que o Chulapa, apesar de ter quase dois metros, é chamado de Serginho. Provavelmente porque no seu jeito malandro há uma irresponsabilidade e uma alegria infantis. Por outro lado, ninguém chama Edmundo de Edmundinho. A sua irresponsabilidade não é infantil, não é simpática.

Nas outras línguas, ou nações, não existe nada que se assemelhe ao "inho". Os ingleses colocam um "little" antes do nome ou um "y" depois, formando Little John ou Johnny,

mas não é a mesma coisa. Os franceses podem recorrer ao composto Petit Jean, mas há um tanto de pompa nessa fórmula. Já os espanhóis tentam o Juanito, mas aquele áspero "t" quebra a doçura do apelido. Joãozinho é um nome intraduzível. Tanto quanto a bandeira nacional, o hino brasileiro, a feijoada, o samba ou o drible, o "inho" é uma marca da brasilidade. Nenhuma outra seleção do mundo, nem mesmo a portuguesa, tem hoje um jogador com esse sufixo. Aliás, não tem e nem poderia ter: o "inho" carrega um quê de humor e de brejeirice que não combina com a severidade e com os bigodes lusitanos. Nossos "inhos" são inesquecíveis, a começar por Zizinho, o maior jogador da primeira metade do século. Mas há também Julinho, do Palmeiras; Coutinho, do Santos; Jairzinho, do Botafogo; Edinho, do Fluminense; Nelinho, do Cruzeiro; Toninho Cerezo, do Atlético; Serginho, do São Paulo, e assim por diante. Ainda hoje o "inho" daria uma bela seleção. Pense em Edinho (Santos), Jorginho (São Paulo), Marinho (Guarani), Carlinhos (Lusa) e Serginho (Milan); Ricardinho (Cruzeiro), Juninho (Vasco) e Marcelinho (Corinthians); Ronaldinho (Grêmio), Ronaldinho (Internazionale) e Zinho (Palmeiras). Como técnico, escolha entre Carlinhos, Cabralzinho ou Candinho. Um time de nomes no diminutivo, mas que jogaria um futebol superlativo.

Mas creio que o destino do "inho" é a extinção. Dirigentes e empresários não gostam que seus contratados tenham nomes no diminutivo, e assim, para dar uma impressão de maior profissionalismo, vão surgindo os Alex Alves, os Marcus Assunção e os Fernando Diniz. Saem os "inhos", entram os sobrenomes. Como diria Cartola, "a vida é um moinho". Moinho que, só por coincidência, também termina em "inho".

TORERO, José Roberto. *Folha de S.Paulo*, 3 nov. 1999.

1. O texto se abre estabelecendo uma relação de causa e consequência entre dois fatos. Comente-a.
2. Observe o uso da palavra **aliás**, que surge duas vezes no primeiro parágrafo:
   a) que noção de significado existe entre os fatos que ela relaciona?
   b) a repetição próxima dessa palavra tem efeito sobre o leitor? Comente.
3. O sufixo **inho** realmente é empregado da forma como se afirma no primeiro parágrafo? Comente.
4. O uso do **inho** indica simpatia pela pessoa que se nomeia? Somente jogadores de futebol recebem esse sufixo após seus nomes ou o mesmo acontece com outros tipos de pessoas? Reflita sobre o assunto e comente.

5. "Nas outras línguas, ou nações, não existe nada que se assemelhe ao 'inho'." (terceiro parágrafo)
   a) O que o redator escreve sobre o inglês, o francês e o espanhol é correto e convincente? Comente.
   b) Exemplificar com o inglês, o francês e o espanhol é suficiente para comprovar a generalização feita na frase citada acima? Comente.

6. "Aliás, não tem e nem poderia ter: o 'inho' carrega um quê de humor e de brejeirice que não combina com a severidade e com os bigodes lusitanos." (terceiro parágrafo) "Severidade e bigodes lusitanos" são realmente um símbolo português ou um estereótipo? Comente.

7. A grande quantidade de jogadores brasileiros do futebol atual cujos nomes terminam em **inho** e que são apresentados no próprio texto contradizem aquilo que o texto afirma sobre o "destino do 'inho'" (último parágrafo)? Comente. Leve em conta também o fato de terem existido grandes jogadores do passado com nomes como Domingos da Guia, Ademir de Menezes, Ademir da Guia, Heleno de Freitas, Roberto Dias...

8. Os argumentos expostos e a conclusão a que se chega são consistentes? Que valor se deve atribuir a um texto como esse? Comente.

Texto 3

Para mascar com *chiclets*

Quem subiu, no novelo do *chiclets*,
ao fim do fio ou do desgastamento,
sem poder não sacudir fora, antes,
a borracha infensa e imune ao tempo;
imune ao tempo ou o tempo em coisa,
em pessoa, encarnado nessa borracha,
de tal maneira, e conforme ao tempo,
o *chiclets* ora se contrai ora se dilata,
e consubstante ao tempo, se rompe,
interrompe, embora logo se reemende,
e fique a romper-se, a reemendar-se,
sem usura nem fim, do fio de sempre.
No entanto quem, e saberente que ele
não encarna o tempo em sua borracha,
quem já ficou num primeiro *chiclets*
sem reincidir nessa coisa (ou nada).

Quem pôde não reincidir no *chiclets*,
e saberente que não encarna o tempo:
ele faz sentir o tempo e faz o homem
sentir que ele homem o está fazendo.
Faz o homem, sentindo o tempo dentro,
sentir dentro do tempo, em tempo-firme,
e com que, mascando o tempo *chiclets*,
imagine-o bem dominado, e o exorcize.

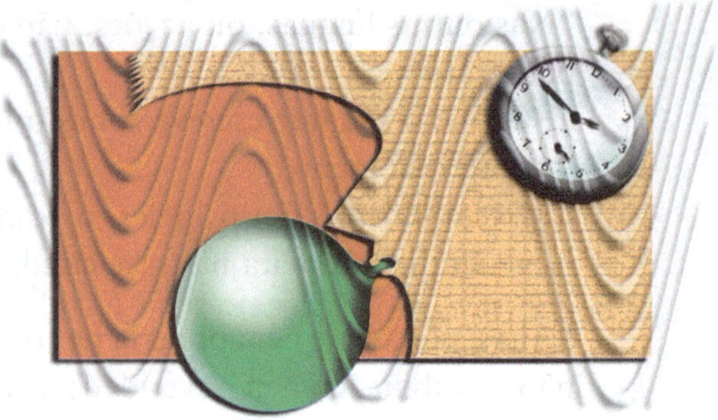

MELO NETO, João Cabral de. *Poesias completas: 1940-1965*. 4. ed. Rio de Janeiro: José Olympio, 1986.

1. Faça a depreensão dos morfemas presentes nas palavras **desgastamento** e **encarnado** e explique os processos de formação que lhes deram origem.
2. Quais afixos podem ser percebidos na palavra **consubstante**? Que sentido ela tem?
3. A aproximação das palavras **rompe** e **interrompe** revitaliza o valor do prefixo presente nesta última? Explique.
4. Retire do texto as palavras em que surge o prefixo **re-** e comente as modificações que ele produz nas palavras primitivas.
5. Qual o sentido da palavra **saberente**? Que tipo de afixo participa de sua formação?
6. É possível relacionar o prefixo presente na palavra **exorcizar** com seu significado? Comente.
7. Os prefixos são considerados um recurso muito eficiente para apresentar ideias e conceitos de forma sintética. Isso acontece no texto? Comente.
8. Explique a relação que o texto estabelece entre o *chiclets* e o tempo. Que tipo de dimensão adquire o ato de mascar *chiclets*?

CAPÍTULO 10

Estrutura e formação de palavras (II)

Um genocídio impune

Discussão semântica e interesses políticos emperram a intervenção internacional para impedir a limpeza étnica que já matou 50 000 no Sudão

Scott Nelson/Getty Images

Refugiados de Darfur.

A palavra **genocídio** foi cunhada pelo jurista polonês Raphael Lemkin, em 1944, para descrever as atrocidades cometidas pelos nazistas contra os judeus durante a II Guerra. *Geno* é uma palavra grega que significa raça ou tribo. *Cidio* vem do latim, e pode ser traduzida como massacre. O objetivo de Lemkin, um judeu que perdeu 49 parentes na guerra, era criar um conceito inexistente no direito internacional que punisse com rigor uma tentativa, patrocinada ou apoiada por um Estado, de exterminar um grupo étnico, racial ou religioso. Uma convenção das Nações Unidas, em 1948, sacramentou juridicamente o termo. O genocídio passou a ser considerado um crime gravíssimo contra a humanidade – e, desde então, os 135 países signatários da convenção são obrigados a tomar medidas na ONU quando surgirem indícios de que um genocídio está em curso.

Esses indícios são evidentes em Darfur, uma província sudanesa do tamanho da França. Os relatos são de estupros, massacres e atrocidades sistemáticas contra seus moradores, cometidos por milícias árabes apoiadas pelo governo sudanês. O conflito, iniciado há vinte meses, já produziu 50 000 mortos e 1,5 milhão de refugiados. Em lugar de agir, a comunidade internacional está paralisada por uma discussão semântica sobre se a matança deve ser considerada um genocídio. Após um mês de polêmica na ONU, um comitê de cinco pessoas foi nomeado na semana passada para analisar o conflito.

Nos anos 90, os Estados Unidos e a Europa não perderam tanto tempo antes de intervir na Bósnia e no Kosovo para impedir a continuação dos massacres étnicos. Ou mesmo para uma intervenção humanitária na Somália, país africano estraçalhado por uma guerra entre caudilhos tribais. Desta vez é diferente. Mesmo que uma definição saia logo, a tendência é de uma solução negociada que impeça sanções ao governo sudanês. O preciosismo na discussão diplomática se deve à relutância da maioria dos países em se meter na encrenca sudanesa. Rico em petróleo, o

Sudão até pouco tempo atrás era governado por fundamentalistas islâmicos. Chegou a abrigar em seu território o terrorista saudita Osama bin Laden e o quartel-general da Al Qaeda. China e Paquistão, que investem na indústria do petróleo do Sudão, em associação com os países árabes, derrubaram duas resoluções no Conselho de Segurança da ONU para impor sanções econômicas se não parasse o massacre. Os Estados Unidos já descartaram liderar uma intervenção militar unilateral. A Casa Branca tem problemas demais no Iraque e não vê sentido em despachar soldados para outro país muçulmano. Os vizinhos africanos tampouco demonstram interesse pela tragédia em Darfur: muitos têm disputas étnicas internas e temem no futuro uma intervenção internacional.

O Sudão abriga na verdade dois conflitos. Há mais de duas décadas o norte arabizado e muçulmano, do qual o governo faz parte, tenta submeter a população do sul, predominantemente cristã ou adepta de religiões africanas. Essa guerra civil já deixou mais de 2 milhões de mortos e prossegue sem acordo. O massacre em Darfur tem motivação étnica e tribal – os envolvidos são todos muçulmanos. As desavenças surgiram com o processo de desertificação da região. As tribos nômades arabizadas começaram a invadir as terras dos agricultores, de pele mais escura, em busca de água e pasto para seu rebanho. A reação dos agricultores deu início ao conflito armado. Com a conivência do governo, a principal milícia árabe, conhecida como Janjaweed (que significa "guerreiros sobre o cavalo"), começou a atacar as vilas e terras que abrigavam as tribos de agricultores e não parou mais. Além dos massacres, os janjaweed impedem que as organizações humanitárias atuem na região. O maior temor é a repetição do que ocorreu dez anos atrás em Ruanda. Enquanto a ONU e as grandes potências debatiam o que fazer, a maioria hutu massacrou 800 000 tutsis, a etnia minoritária do país.

BARELLA, José Eduardo. Revista *Veja*, ed. 1 875, 13 out. 2004.

Leitura: interação

1. Releia o primeiro parágrafo e responda: de acordo com o texto, por que se criou uma palavra nova?
2. "Discussão semântica" é uma expressão de valor positivo ou negativo? Explique.
3. É difícil caracterizar um genocídio? Explique.
4. Qual a importância da palavra **esses**, na abertura do segundo parágrafo, para a estruturação do texto? Explique.
5. No início do terceiro parágrafo, surge a palavra **tanto**. Qual sua importância para a estruturação do texto? Explique.
6. O que você acha da situação apresentada no texto? O que você tem de ver com isso?

Processos de formação de palavras – continuação

Composição

Wagner Santos/kino.com.br

A composição produz palavras **compostas** a partir de palavras **simples**. As palavras simples são aquelas em que há um único radical, como **amor** e **perfeito**. Para que ocorra o processo de composição, é necessário estabelecer entre essas palavras um vínculo permanente, que faz com que surja um novo significado: é o que ocorre quando formamos o composto **amor-perfeito**, que dá nome a uma flor. O significado dessa palavra não é o mesmo da expressão "amor perfeito", em que cada palavra mantém seu significado original: trata-se do "sentimento amoroso manifestado de forma perfeita". Em **amor-perfeito** há uma única palavra que dá nome a um organismo vegetal.

A composição também pode ser feita por meio do uso de radicais que não têm vida independente na língua. Isso ocorre basicamente na formação de palavras que recebem o nome de **compostos eruditos**, por serem formadas com radicais gregos e latinos. É o caso de **democracia, patogênese, alviverde, agricultura** e outras, usadas principalmente na nomenclatura técnica e científica.

Tipos de composição

- **Composição por justaposição** – Ocorre quando os elementos que formam o composto são postos lado a lado, ou seja, **justapostos**:

amor-perfeito
corre-corre
girassol
guarda-roupa
para-raios
passatempo
pé de moleque
segunda-feira

O que caracteriza a justaposição é a manutenção da integridade sonora das palavras que formam o composto, e não a maneira de grafá-lo: **passatempo** e **girassol**, apesar de serem escritos sem hífen, são compostos por justaposição.

- **Composição por aglutinação** – Ocorre quando os elementos que formam o composto se aglutinam, o que significa que pelo menos um deles perde sua integridade sonora:

aguardente (água + ardente)
pernalta (perna + alta)
planalto (plano + alto)
vinagre (vinho + acre)

Também se incluem neste caso muitos compostos eruditos, como **retilíneo**, **crucifixo**, **ambidestro**, **demagogo** e outros, cuja identificação requer conhecimentos mais especializados.

Como e por que compomos palavras

O princípio básico que rege a composição é o aproveitamento das relações sintáticas (aquelas que regulam a construção de orações e frases) para ampliação de vocabulário. Por isso, a composição tem grande vitalidade na criação de novas palavras na linguagem coloquial, jornalística e literária. Na linguagem coloquial, surgem expressões como casa-descasa ("Agora é moda esse casa-descasa!"). No jornalismo, a composição surge com finalidades muito variadas, que exploram desde as possibilidades de síntese que o processo encerra (diálogo governo-guerrilha) até finalidades satíricas (partido-ônibus, ministros-confeitos). Na literatura, o processo possibilita a criação de compostos expressivos como versos-ataques-histéricos, alma-quilômetros, os postos-de-parte, pensamento-relâmpago ou gênios-para-si-mesmos – todos de Álvaro de Campos, heterônimo do poeta português Fernando Pessoa.

A principal função do processo de composição é a criação de novas palavras para denominar novos objetos, conceitos ou ocupações. Essa função denominadora pode ser dada de forma descritiva ou metafórica. Palavras como **papel-alumínio**, **relógio-pulseira** ou **lava-louças** são descritivas porque buscam dar nome a objetos por meio de suas características ou finalidades mais relevantes. **Louva-a-deus** e **arranha-céu** são compostos de origem metafórica, pois resultam do uso figurado da linguagem.

ATIVIDADES

1. Identifique o processo de formação das seguintes palavras:

a) palidez
b) empalidecer
c) boquiaberto
d) paraquedas
e) invulnerável
f) pontiagudo
g) audiovisual
h) o recuo
i) o correntista fantasma

Texto para as questões de 2 a 5.

Amor perfeito

O meu amor vê teu jardim assim,
Assim como um jardim
De flores novas.
Por teu amor, o meu amor sem fim
Plantou dentro de mim
Um pé de trovas.
E cada verso é um botão-de-flor
Anunciando, amor,
A primavera,
Que faz do tempo uma quimera,
E a nossa vida mais sincera,
E o nosso amor um grande amor.

Teu coração, jardim dos meus jardins,
Me cobre de jasmins,
Cravos e rosas.
Meu coração, teu carrilhão de sons,
Te enfeita de canções,
Versos e prosas.
Cada canção é feito um beija-flor
Beijando o meu amor
Em nosso leito,
Fazendo um ninho em nosso peito,
Um ninho, amor, de amor-perfeito
E desse amor, perfeito amor.

LANCELLOTI, Ivor & PINHEIRO, Paulo César. "Amor perfeito". In: *Nação – Clara Nunes*. LP EMI ODEON 31C - 062 421236, l. B, f. 5.

2. A relação entre o amor do sujeito lírico e o amor da pessoa amada produz “um pé de trovas”. Comente essa metáfora considerando o contexto em que ela surge.
3. Na segunda estrofe, relaciona-se o coração do sujeito lírico com o da pessoa amada. Compare essa relação com a que foi feita na primeira estrofe, usando para isso a metáfora “teu carrilhão de sons”.
4. Pode-se considerar a imagem do beija-flor como uma síntese das metáforas anteriores? Comente.
5. De que forma o texto explora as relações de significado entre a palavra **amor-perfeito** e as expressões **perfeito amor** e **amor perfeito**? Comente os efeitos alcançados.
6. Aponte os substantivos formados por composição no texto publicitário seguinte. Depois, comente o efeito de sentido que esses substantivos produzem quando usados em relação ao produto anunciado.

***Agronegócio & Exportação*. Edição especial da Revista *Veja*, out. 2004.**

Radicais e compostos eruditos

O mecanismo da composição é também utilizado para a formação de um tipo específico de palavras, conhecidas como compostos eruditos. Esse nome se deve a que em sua formação se utilizam elementos de origem grega e latina que foram diretamente importados dessas línguas com essa finalidade. Por isso, esses compostos são também chamados de helenismos e latinismos eruditos. São palavras como **pedagogia** e **quiromancia** (formadas de elementos gregos) ou **arborícola** e **uxoricida** (formadas por elementos latinos), normalmente criadas para denominar objetos ou conceitos relacionados com as ciências e as técnicas. Muitas delas acabam se tornando cotidianas, como **telefone, automóvel, democracia, agricultura.**

Apresentamos nas páginas 482-487 do Apêndice duas relações de radicais gregos e duas relações de radicais latinos. A primeira dos gregos e a primeira dos latinos agrupam os elementos formadores que normalmente são colocados no início dos compostos; as segundas, os elementos formadores que costumam surgir na parte final dos compostos. Esse procedimento foi adotado para facilitar seu trabalho de consulta.

Mestiçagem verbal

Há palavras que combinam elementos gregos e latinos: **televisão**, **automóvel**, **genocídio**, **homossexual** e outras. São chamadas de **hibridismos**. Existem hibridismos em que se combinam elementos de origens bastante diversas, como **goiabeira** (tupi e português), **abreugrafia** (português e grego), **sambódromo** (quimbundo – uma língua africana – e grego), **surfista** (inglês e grego), **burocracia** (francês e grego) e outros. Como você vê, trata-se de palavras muito usadas no cotidiano comunicativo, o que torna absurda a intenção de certos gramáticos de considerar os hibridismos verdadeiras aberrações devido à sua origem "mestiça".

ATIVIDADES

1. Identifique os elementos formadores e dê o significado de cada composto dos grupos abaixo.

a) democracia, gerontocracia, tecnocracia, plutocracia, talassocracia, teocracia, autocracia, aristocracia, burocracia.

b) quiromancia, oniromancia, piromancia, ornitomancia, onomatomancia, aritmomancia, cartomancia.

c) entomologia, zoologia, fitologia, geologia, ornitologia, ictiologia, biologia, filologia, fonologia, morfologia, cardiologia, ginecologia, sociologia, psicologia, teologia, antologia, neurologia, enologia, tecnologia.

d) cistalgia, ostealgia, cefalalgia, odontalgia, mialgia, otalgia, nevralgia.

e) anônimo, homônimo, heterônimo, criptônimo, pseudônimo, ortônimo, antropônimo, topônimo, sinônimo, antônimo.

f) sintaxe, cleptomania, megalomania, nefelibata, acrobata, acrofobia, tanatofobia, semáforo, economia, rinoceronte, hipopótamo, estereótipo, poliglota, ortopedia, caligrafia, ortografia, geografia, hematófago, metafísica, eufonia, ofiolatria, antomania, hipódromo.

g) agricultura, piscicultura, triticultura, rizicultura, fruticultura, avicultura, apicultura.

2. Reescreva as frases seguintes, substituindo as expressões destacadas por compostos eruditos.

a) Certos políticos têm **incontinência de linguagem**.

b) **Sua paixão exagerada pela música** fazia-o gastar muito em discos importados.

c) Era um especialista **no estudo da escrita**.

d) Eis no que deu **o governo dos técnicos**.

e) Tal procedimento só é possível porque existe **um controle do mercado por algumas poucas empresas**.

f) É um animal **que se alimenta de sangue**.

g) Especializou-se **no estudo dos insetos**.

h) É uma pessoa capaz de sofrer verdadeiras **mudanças de forma**.

i) Fazia questão de que suas roupas fossem **de uma só cor**.

j) O estudo dos **nomes de lugares e localidades** pode revelar muito sobre a história de uma região.

3. Observe e leia atentamente o anúncio abaixo e responda às questões.

Revista *Bravo*, dez. 1999.

a) Identifique os elementos formadores das palavras compostas presentes no título do anúncio.

b) Associe esses elementos formadores à empresa anunciante e ao garoto-propaganda, conforme o caso.

4. O anúncio abaixo explora expressivamente uma palavra composta. Identifique-a e comente a eficácia da mensagem.

Revista *Veja*, 17 maio 2000.

Outros processos de formação de palavras

Abreviação vocabular

A abreviação vocabular consiste na eliminação de um segmento de uma palavra. Esse processo é particularmente produtivo na redução de palavras muito longas:

automóvel → auto
cinematógrafo → cinema → cine
metropolitano → metrô
otorrinolaringologista → otorrino
pneumático → pneu
pornográfico → pornô
psicologia → psico
telefone → fone
violoncelo → celo

Um tipo de abreviação vem se tornando muito frequente na língua atual. Consiste no uso de um prefixo ou de um elemento de composição no lugar da palavra toda:
- **ex** (por ex-namorada, ex-marido, ex-esposa);
- **micro** (por microcomputador);
- **vídeo** (por videocassete);
- **míni** (por minissaia);
- **vice** (por vice-presidente, vice-governador, vice-prefeito e outros).

Esses prefixos e elementos de composição só adquirem sentido efetivo em função dos outros elementos do texto em que são usados.

Siglonimização

É o nome do processo de formação de siglas. As siglas são formadas pela combinação das letras iniciais de uma sequência de palavras que constitui um nome:

- FGTS – **F**undo de **G**arantia por **T**empo de **S**erviço;
- CPF – **C**adastro de **P**essoas **F**ísicas;
- IOF – **I**mposto sobre **O**perações **F**inanceiras;
- PIB – **P**roduto **I**nterno **B**ruto.

As siglas incorporam-se de tal forma ao vocabulário do dia a dia que passam a sofrer flexões e a produzir derivados. É frequente o surgimento de construções como os **peemedebistas** (integrantes do PMDB – Partido do Movimento Democrático Brasileiro), os **petistas** (integrantes do PT – Partido dos Trabalhadores), campanha **pró-FGTS**, e outras.

Algumas siglas provieram de outras línguas, principalmente do inglês:

- UFO – **U**nidentified **F**lying **O**bject (objeto voador não identificado), que concorre com a criação nacional OVNI;
- VIP – **V**ery **I**mportant **P**eople (pessoa muito importante);
- AIDS – **A**cquired **I**mmunological **D**eficiency **S**yndrome (síndrome da imunodeficiência adquirida), cuja forma em Portugal é SIDA.

Há casos de siglas importadas que se transformaram em verdadeiras palavras:

- JIPE – adaptação do inglês Jeep, que por sua vez originou-se de GP (*general purpose* – uso geral);
- LASER – de **L**ight **A**mplification by **S**timulated **E**mission of **R**adiation (amplificação da luz por emissão estimulada de radiação);
- RADAR – de **RA**dio **D**etecting **A**nd **R**anging (detecção e busca por rádio).

Palavra-valise

A palavra-valise resulta do acoplamento de duas palavras, uma das quais pelo menos sofreu truncação. É também chamada **palavra-centauro** e permite a realização de verdadeiras "acrobacias verbais":

- **portunhol** – formada de **português** e **espanhol** para designar a língua resultante da mistura dos dois idiomas;
- **fraternura, elefantástico** e **copoanheiro** – criações de Guimarães Rosa cuja formação não é difícil de perceber;
- **proesia** – formada de **prosa** e **poesia**, utilizada por Décio Pignatari com referência a uma das obras do escritor irlandês James Joyce.

Note que a criação dessas palavras ocorre tanto na língua coloquial como na língua culta e literária. Na língua coloquial, o processo já produziu palavras como **bebemorar**, **Grenal** (clássico de futebol entre Grêmio e Internacional de Porto Alegre), **Atletiba** (Atlético Paranaense e Coritiba), **Flaflu** (Flamengo e Fluminense), **Bavi** (Bahia e Vitória), **Comefogo** (Comercial e Botafogo de Ribeirão Preto). Na linguagem jornalística, há termos como **cantriz** (cantora/atriz), **estagflação** (estagnação/inflação); na literatura, além das palavras já citadas, há ainda criações como **noitícia** (Carlos Drummond de Andrade) ou **diversonagens suspersas**, de Paulo Leminski.

Onomatopeia

Ocorre quando se forma uma palavra que procura reproduzir determinados sons, adaptando-os aos fonemas da língua. Assim surgiram palavras como:

cacarejar   zumbir   arrulhar   crocitar   troar

e outros verbos que designam vozes de animais e fenômenos naturais, além das palavras:

tique-taque
teco-teco
reco-reco
bangue-bangue (a partir do inglês *bang-bang*)
pingue-pongue
xixi
triquetraque (fogo de artifício)
saci (nome de uma ave e, por extensão,
de ente mitológico)
cega-rega (cigarra; por extensão, pessoa tagarela)
chinfrim (coisa sem valor)
quiquiriqui (pessoa ou coisa insignificante)
blablablá
zunzunzum
pimpampum

e outras, sempre sugestivas.

ATIVIDADES

Leia e observe o seguinte texto publicitário; depois, responda às questões.

Revista *Veja*, 7 maio 2003.

1. Qual o processo de formação da palavra **motobsessão**? Por que formar palavras por esse processo é uma constante na linguagem publicitária?
2. Qual o valor argumentativo da atitude da modelo apresentada no texto?
3. Obsessão e consumo são conceitos que devem andar juntos? Explique.

Composição de palavras, leitura e produção de textos

Como você percebeu, o processo de composição de palavras cumpre um papel importante: o de criar nomes para fatos particulares do nosso universo cultural. Nesse sentido, a composição é bastante diversa da derivação, que lida com processos genéricos de criação de palavras. É evidente, por isso, que o conhecimento da dinâmica da composição é um instrumento expressivo importante, que nos auxilia na leitura e na produção de textos.

A derivação é um processo muito produtivo na língua formal; já a composição se faz presente com muita força também na língua coloquial. Basta pensar em palavras como **não sei que diga**, **pisa-mansinho**, **leva e traz** para perceber o encanto das denominações populares. Isso não significa que não se possam compor palavras na língua formal: lembre-se dos compostos eruditos, típicos de linguagens técnicas. O que interessa a quem redige é lidar justamente com essa versatilidade do processo de composição, capaz de oferecer achados de expressão que só dependem da criatividade de quem escreve. O mesmo se pode dizer de outros processos de formação de palavras que aqui estudamos.

Leitura, uso, reflexão

• Texto 1

Os doutores da juventude

Problemas com seu filho adolescente? Leve-o a um hebiatra

A paulista Monique Lopes, de 15 anos, anda angustiada com as transformações que ocorreram em seu corpo nos últimos tempos. "Vejo um monte de defeitos em mim", choraminga ela. Preocupada com a crise de autoestima de sua filha, a fotógrafa Giovanna Nucci resolveu buscar ajuda. Assim como tantos outros pais na mesma situação, marcou uma consulta com o pediatra da família. Afinal de contas, ele havia acompanhado os primeiros anos de Monique e poderia explicar-lhe que as suas aflições eram infundadas. Que ela era uma jovem igual às demais. "De jeito nenhum vou ao pediatra. A sala de espera é decorada com bichinhos na parede. Lá não é lugar para mim", protestou a moça. Depois de alguma pesquisa, Giovanna descobriu que havia médicos especializados no atendimento a adolescentes. São os hebiatras (o nome é uma referência a Hebe, a deusa da juventude na mitologia grega). A hebiatria foi reconhecida pela Associação Médica Brasileira em 1998. Para adquirir o título de especialista em adolescentes, o profissional tem de ser pediatra e passar por um exame que aborda, entre outros assuntos, crescimento, nutrição e sexualidade.

Desde que esse ramo da clínica foi reconhecido no país, 200 médicos se tornaram hebiatras. A especialidade começou a ganhar corpo na década de 50, nos Estados Unidos e na Inglaterra. Ela surgiu da constatação de que, do ponto de vista biológico, nenhuma época da vida é marcada por tantas mudanças quanto a adolescência. Para se ter uma ideia, nessa fase a pessoa adquire 25% de sua estatura final e 50% de seu peso total. As metamorfoses psicológicas também são determinantes para moldar a personalidade do adulto. Por tudo isso, a atenção ao desenvolvimento físico e psíquico dos adolescentes é tão importante quanto a dispensada ao das crianças. Acrescentem-se a esses dados essenciais as circunstâncias enfrentadas hoje pelos jovens. Mais do que nunca, eles se mostram influenciados pelos modelos de beleza e de comportamento veiculados pela televisão e pelo cinema. Em busca de um corpo dos sonhos, os meninos recorrem à musculação e as meninas fazem dietas radicais. A falta de orientação nesse processo aumenta os riscos de eles terem problemas de crescimento e de elas padecerem de distúrbios alimentares graves – anorexia e bulimia, principalmente. Para não falar, é claro, das doenças sexualmente transmissíveis e da gravidez precoce, dois dos maiores pesadelos dos pais de adolescentes.

Um hebiatra não só pode prevenir tais problemas, como ajudar o adolescente a enfrentar seus tormentos existenciais. Inclusive, se for o caso, encaminhando-o a um psicólogo. A primeira consulta é sempre acompanhada pelos pais. O jovem passa por um questionário, é pesado, medido e informado de que, ao contrário do que supunha, ainda terá de tomar algumas vacinas – contra tétano, difteria, hepatite B e catapora. A partir da segunda sessão, o paciente pode entrar sozinho na sala do médico. "Sem os pais ao lado, ele tem liberdade para tocar em assuntos delicados e fundamentais, como o da sexualidade", constata o especialista Maurício de Souza Lima. Só de uma coisa um hebiatra não é capaz: de fazer um adolescente ficar menos "aborrescente".

PASTORE, Karina. Revista *Veja*, 12 dez. 2001.

1. Por que, na sua opinião, o texto se abre com o caso da Monique?
2. Por que se criou a palavra **hebiatra**? Quais os elementos que a formam?
3. Essa nova especialização médica era realmente necessária? Baseie sua resposta nas informações do segundo parágrafo.
4. De que maneira se podem relacionar as "metamorfoses psicológicas" aos "tormentos existenciais"? Você tem algo que ver com essas coisas?
5. Explique a formação da palavra "**aborrescente**". Você se sente um "aborrescente" ou acha que isso é mais um estereótipo que a sociedade cria para lidar com os problemas mais delicados? Comente.
6. A que tipo de público se dirige o texto? Como você detecta isso?

Texto 2

Já

já não é hoje?
não é aquioje?

já foi ontem?
será amanhã?

já quandonde foi?
quandonde será?

eu queria um jazinho que fosse
aquijá
tuoje aquijá.

O'NEILL, Alexandre. *Poesias Completas 1951/1981*. Lisboa: Imprensa Nacional, 1982.

1. Qual o processo de formação da palavra **aquioje**? O que ela significa?
2. Qual o processo de formação de **quandonde**? O que significa?
3. Qual o processo de formação da palavra **jazinho**? Que tipo de significado ela transmite?
4. Explique o processo de formação e o significado das duas palavras que formam o último verso do poema.
5. O poema do português Alexandre O'Neill utiliza repetidamente um mesmo recurso. Comente essa utilização e os efeitos conseguidos no texto.
6. Você daria uma "cantada" nesses moldes? Por quê?

Texto 3

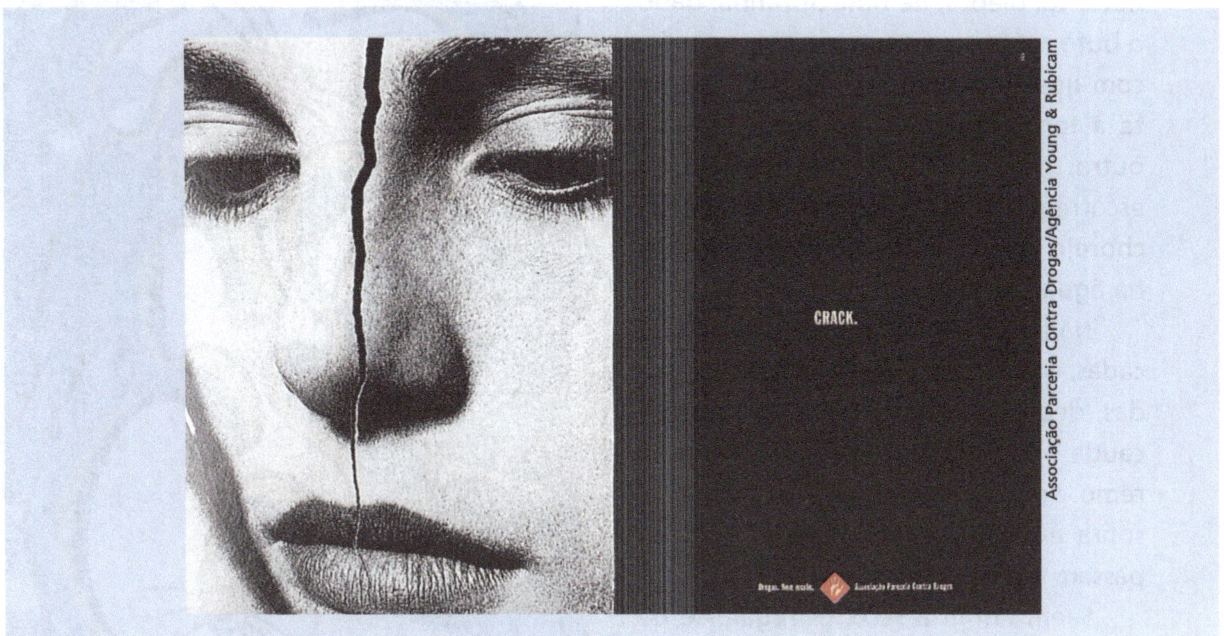

Associação Parceria Contra Drogas/Agência Young & Rubicam

22.º Anuário do Clube de Criação de São Paulo (1997).

Comente o emprego da palavra *crack* no texto publicitário acima; leve em conta a maneira como se exploram a sonoridade e o sentido da palavra em associação com a imagem.

Texto 4

Zoo

(Rio, Quinta da Boa Vista)

Avista-se o grito das araras.

*

Zangosa, arrepiada, a arara é tarde de-manhã – vermelho sobre ouro-sobre-azul – velhice colorida: duros o bis-bico e o caráter de uma arara.

*

Canta um sabiá sem açúcar.

*

Será o tamanduá-bandeira a verdadeira mula sem cabeça?

*

Prova-se que a ideia da galinha nasceu muito antes do primeiro ovo.

*

A cigarra cheia de ci.

*

O que como espelho reluziu foi a nuca, sol'oleosa, de uma ariranha, dado o bufo rápido – suflo e espirro – a bafo, com que toda bem escorrida, ela aponta à tona. São duas, em sua piscina: a outra, com fome, só zangadíssima, já escorrega, de brinquedo, e geme curto, chorejo pueril, antes de pular também na água, depondo-se.

Nadando lado a lado, arrulham, esticadas, vezes cambalhotam. Três braçadas, depois de mãozinhas para trás e a cauda – leme pronto próprio – rabo de remo. Sobe cada uma de fora a cabeça, sopra e reafunda, basculando. As duas passam e repassam, como sombras.

Saem enfim a seco, esfregam-se na areia as costas, e se acariciam, tacto a tacto, como se indireta, involuntariamente. Suas patinhas, breves, quase não atuam, os movimentos são de cobra, só insinuação. Amiúde bebem, fazem bulha. Ficam de pé – rasga-se seu *ah! -ah! -ahrr!* Carnívoras sempre em quaresma: atiram-se aos peixes, devoram levemente.

*

O coati saiu-se aos pulinhos: deu seu cheiro.

*

O urubu é que faz castelos no ar.

*

Onça – tanta coisa dura, entre boca e olhos.

*

A cobra movimenta-se: destra, sinistra, destra, sinistra...

A jiboia, macia, métrica, meandrosa.

A sucuri – sobre tronco morto ou grosso galho baixo de árvore – tenta emagrecer, não cabendo em sua impura grossura.

*

ILHA DOS MACACOS: estes, não simples – como não houve ainda outro jeito nem remédio. Incessam de bulir, pinguelear, rufionar, madraçar, imitaricar, catar-se e coçar-se. Também fazem quiromancia e pantomímica, figurarias – monomanias, macaquimanhas. Um macaco pênsil! Volantins, aos doces assovios, inventam o esporte arbóreo. Macaquinho em pé-e-mão, ou mediante cauda. Simão, o epicurista, macaquicão velho, chefe, afivelada a cara preta: sentado largo, fumante sem cachimbo, repreende seus curumins – espinafráveis simíolos. Por que é que um pirralho de macaco é muito mais pirralho que macaco?

Simão II, ruivo, ajunta bugigangas, quinquilha pedrinhas, ira-se com o que consegue descobrir. Seria exímio palitador de dentes. É o cafuné um ato culinário?

Não sonham – os macacos mais singulares. Há um instinto de tristeza? A careta do macaco é feita por obrigação.

*

A girafa – *Ei-la e não ei-la!*

Elefante: ele sabe onde tem o nariz.

*

Emboladinho o *gaturamo* – feito gema e escura – ameixa-recheada. O *trinca-ferro*, mentiroso. Não se solta, a cabecinha sangrenta do *galo-da-campina*. Em luto, estribilhiz de truz, a *graúna*, corvozinho catita. *Araponga* encolhida triste – enferrujada. *Sanhaços* – todos, os mais belos! – sem nuvens. A *jacutinga*, flente piadora, imperturba a pasmaceira.

O passarinho na gaiola pensa que uma árvore e o céu o prendem.

*

O QUE SE PASSOU NO CERCADO GRANDE: Juntos, o gamo e a ema rimam. Ovinos pastam, os carneiros valentins. Impõe-se oficialmente aberto o pavão – cauda erguida verde. O jaburu anda, meticuloso passo angular, desmeias pernas tão suas. Os carneiros são da Barbaria! A ema persegue os carneiros – a ema que come cobra. Pulam da grama os gamos deitados, branquipretos, rabicurtos: feito passarinhos. O jaburu, bico fendidamente, também corrivoa, com algo de bruxo e de aranha. Só o pavão, melindroso humilde, fica: coifado com seu buquezinho de violetas.

ROSA, João Guimarães. *Ave, Palavra*. 3. ed. Rio de Janeiro: Nova Fronteira, 1985.

1. Qual o processo de formação da palavra **zoo**?
2. O texto descreve a arara como "tarde de-manhã" e explica que ela é assim porque se apresenta com as cores "vermelho sobre ouro-sobre-azul". Comente a importância dos hifens para a descrição feita no texto.
3. Comente a formação "bis-bico".
4. Comente a passagem "A cigarra cheia de ci".
5. A passagem que descreve as ariranhas apresenta achados verbais brilhantes. Aponte exemplos de palavras formadas por derivação regressiva, por prefixação e por onomatopeia retirados dessa passagem.
6. Comente o uso dos adjetivos da passagem dedicada às cobras.
7. Explique a formação e o sentido das palavras **monomanias** e **macaquimanhas**.
8. Explique as formações **macaquicão** e **simíolos.**
9. Comente o valor dos diminutivos na passagem dedicada aos pássaros.
10. O uso da forma verbal **rimam** constitui neologismo semântico? Explique.
11. Qual o sentido da palavra **desmeias**?
12. Qual o processo de formação e o sentido das palavras **branquipretos, rabicurtos** e **corrivoa**? Que efeito produzem no texto?
13. Que impressão lhe causou esse "painel zoológico" produzido por uma verdadeira orgia verbal? Comente.

CAPÍTULO 11

Estudo dos verbos (I)

Além da Terra, além do Céu

Além da Terra, além do Céu,
no trampolim do sem-fim das estrelas,
no rastro dos astros,
na magnólia das nebulosas.
Além, muito além do sistema solar,
até onde alcançam o pensamento e o coração,
vamos!
vamos conjugar
o verbo fundamental essencial,
o verbo transcendente, acima das gramáticas
e do medo e da moeda e da política,
o verbo sempreamar,
o verbo pluriamar,
razão de ser e de viver.

Images.com/Corbis/Stock Photos

ANDRADE, Carlos Drummond de. *Amar se aprende amando*. Rio de Janeiro: Record, 1985. p. 16.

LEITURA: INTERAÇÃO

1. Aponte detalhes expressivos da organização sonora do texto.
2. O texto nos fala de um espaço privilegiado, aonde nos convida a ir. Aponte as características desse espaço, comentando as imagens que o descrevem.
3. No texto, o que significa "conjugar" um verbo?

Introdução

Verbo significa, originariamente, "palavra". Esse significado pode ser percebido em expressões como "abrir o verbo" ou "deitar o verbo", utilizadas para indicar o uso farto e desimpedido das palavras. Os verbos receberam esse nome justamente porque, devido à sua importância nas orações da língua, foram considerados as palavras por excelência pelos estudiosos de sintaxe.

Conceito

Verbo é a palavra que se flexiona em número, pessoa, modo, tempo e voz. Pode indicar, entre outros processos:

- ação (correr, pular);
- estado ou mudança de estado (ser, ficar);
- fenômeno natural (chover, anoitecer);
- ocorrência (acontecer, suceder);
- desejo (querer, aspirar).

Morfossintaxe

Nas orações, o verbo sempre faz parte do predicado, podendo (ou não) ser o núcleo. Há uma exposição minuciosa sobre o papel sintático dos verbos no estudo dos termos essenciais da oração.

O que caracteriza o verbo são as suas flexões, e não os seus possíveis significados. Observe que palavras como **corrida, pulo, chuva, acontecimento** e **aspiração** têm conteúdo muito próximo ao de alguns verbos mencionados acima; não apresentam, porém, todas as possibilidades de flexão que esses verbos possuem.

Estrutura das formas verbais

Como vimos no estudo da estrutura das palavras, os verbos em português são formados por **radical** (ao qual se podem antepor prefixos), **vogal temática** (o conjunto radical + vogal temática constitui o **tema** verbal) e **desinências.** Se sentir necessidade, volte à página 105 de nosso livro e revise os conceitos relativos a esses morfemas.

 **Você conhecerá todas as desinências verbais quando apresentarmos os modelos das conjugações.**

Combinando seus conhecimentos sobre a estrutura dos verbos com o conceito de acentuação tônica, você poderá facilmente descobrir o que são formas rizotônicas e formas arrizotônicas. Nas formas **rizotônicas**, o acento tônico cai no radical do verbo: o**pi**no, a**pren**dam, **nu**tro, por exemplo. Nas formas **arrizotônicas**, o acento tônico não cai no radical, mas sim na terminação verbal: opin**ei**, aprender**ão**, nutri**rí**amos.

Flexões verbais

- **número** e **pessoa** – Os verbos podem se referir a um único ser ou a mais de um ser; no primeiro caso, encontram-se no **singular**; no segundo, no **plural.** Essa indicação de número é acompanhada pela indicação da pessoa gramatical a que o verbo se refere:

  opino (primeira pessoa do singular – eu)
  opinas (segunda pessoa do singular – tu)
  opina (terceira pessoa do singular – ele, ela, você)
  opinamos (primeira pessoa do plural – nós)
  opinais (segunda pessoa do plural – vós)
  opinam (terceira pessoa do plural – eles, elas, vocês)

No português atual do Brasil, a forma de segunda pessoa do singular **tu** concorre com a forma **você,** de terceira pessoa, nas várias regiões do país. A forma de segunda pessoa do plural **vós** tem uso limitado à linguagem litúrgica ou literária; no uso cotidiano, tem sido empregada a forma de terceira pessoa do plural **vocês.**

- **tempo** e **modo** – No momento em que se fala ou escreve, o processo verbal pode estar ocorrendo, pode já ter ocorrido ou pode ainda não ter ocorrido. Essas três possibilidades são expressas pelos três tempos verbais: o **presente**, o **pretérito** (que pode ser **perfeito, imperfeito** ou **mais-que-perfeito**) e o **futuro** (que pode ser **futuro do presente** ou **futuro do pretérito**). Compare as formas **opino, opinei** e **opinarei** para perceber essa distribuição em três tempos básicos.

À indicação de tempo está normalmente associada a indicação de **modo**, ou seja, a expressão da atitude de quem fala ou escreve em relação ao que fala ou escreve. Se o que se fala ou escreve é considerado uma **certeza**, utilizam-se as formas do **modo indicativo** (**opino**, **opinei**, **opinava**, **opinarei**). As formas do **modo subjuntivo** indicam que o que se fala ou escreve é tomado como incerto, duvidoso, hipotético (**opine**, **opinasse, se opinar**). Além disso, o verbo pode exprimir um desejo, uma ordem, um apelo: nesse caso, utilizam-se as formas do **modo imperativo** (**opine/não opines**).

O esquema a seguir apresenta os modos e tempos verbais da língua portuguesa:

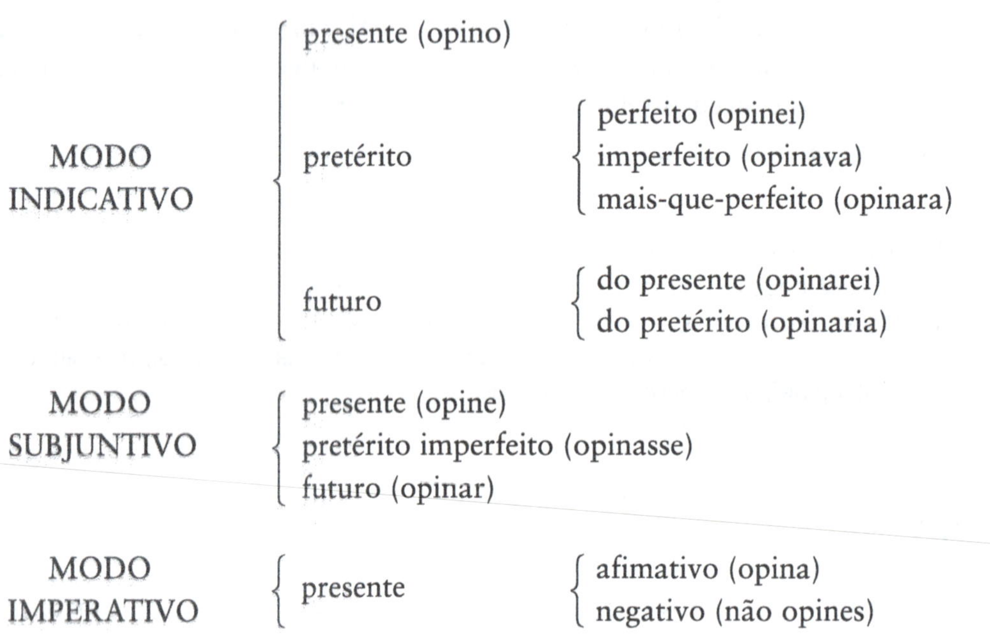

- **O modo imperativo apresenta um único tempo dividido em duas formas: o imperativo afirmativo e o imperativo negativo. Não se conjuga a primeira pessoa do singular dessas formas.**
- **Esse esquema apresenta apenas os chamados tempos simples; além deles, há os tempos compostos, que apresentaremos mais adiante.**
- **Os verbos possuem, além dos modos e tempos já apresentados, três formas nominais: o infinitivo (pessoal e impessoal), o gerúndio e o particípio. Essas formas são chamadas nominais porque assumem comportamento de nomes (substantivos, adjetivos e advérbios) em determinados contextos.**

- **voz** – a voz verbal indica a relação entre o ser a que o verbo se refere e o processo que esse mesmo verbo exprime. Há três situações possíveis:
  a) **voz ativa:** o ser a que o verbo se refere é o agente do processo verbal. Em "O jornalista entrevistou o ministro", o verbo **entrevistou** está na voz ativa porque **o jornalista** é o agente do processo verbal;
  b) **voz passiva:** o ser a que o verbo se refere é o paciente do processo verbal. Em "O ministro foi afastado do cargo", o verbo **foi afastado** está na voz passiva porque **o ministro** é o paciente da ação verbal.
  c) **voz reflexiva:** o ser a que o verbo se refere é, ao mesmo tempo, agente e paciente do processo verbal, pois age sobre si mesmo. Em "O ministro afastou-se do cargo", o verbo **afastou-se** está na voz reflexiva, pois **o ministro** é, a um só tempo, agente e paciente: ele afastou a si mesmo do cargo.

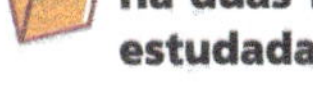

Há duas formas de voz passiva em português: a voz passiva analítica e a voz passiva sintética, que serão estudadas pormenorizadamente na parte de nosso curso dedicada à Sintaxe.

Conjugações

É possível dividir os verbos de nossa língua em três grupos de flexões afins – as chamadas conjugações, identificadas respectivamente pelas vogais temáticas **-a-**, **-e-** e **-i-**. Para cada uma dessas conjugações, há um modelo – **o paradigma** – que indica as formas a serem assumidas pelas flexões verbais. Verbos regulares são aqueles que obedecem precisamente ao paradigma da respectiva conjugação. Para conjugar qualquer verbo regular, basta substituir o radical do verbo usado como exemplo pelo radical do verbo pretendido, pois a vogal temática e as desinências não se alteram.

Você encontrará os paradigmas dos verbos regulares das três conjugações nas páginas 488-490 do Apêndice.

Onde pôr o verbo pôr?

Pôr e seus derivados (supor, depor, repor, compor, etc.) pertencem à segunda conjugação, pois sua vogal temática é **-e-**, como se pode observar nos exemplos pus-**e**-ra e compus-**e**-ssem.

Tempos compostos

Há em português verbos que participam da conjugação de outros, formando os chamados **tempos compostos** e as **locuções verbais**. Esses verbos são chamados **auxiliares**; os quatro mais usados nessa função são **ser**, **estar**, **ter** e **haver**. A conjugação desses quatro verbos, rica em particularidades, será apresentada mais adiante, quando estudarmos os principais verbos irregulares. O verbo cuja significação predomina num tempo composto ou locução verbal é chamado **verbo principal**. Nos tempos compostos e locuções verbais, o verbo principal surge numa de suas formas nominais: tenho opinado, tivesse opinado, vou opinar.

Você encontrará o modelo de conjugação dos tempos compostos nas páginas 490-491 do Apêndice.

ATIVIDADES

1. Indique o tempo, o modo, o número e a pessoa de cada uma das formas verbais destacadas nas frases abaixo.
   a) Não **ajudaríamos** alguém como ele.
   b) Ninguém **contara** nada a ela.
   c) Se você ao menos **tentasse**...
   d) Talvez **consigas** o que nós não **conseguimos**.
   e) Se eu o **encontrar**, **transmitirei** seu recado.
   f) **Dizia** constantemente que ninguém ali se **importava** com ele.
   g) **Requerestes** a observação de vossos direitos?
   h) **Digo** o que **penso**.

2. Complete as frases seguintes com a forma verbal indicada entre parênteses.
   a) Se realmente * (*precisar, pretérito imperfeito do subjuntivo*), terias sido mais perseverante.
   b) Ele não * (*passar, pretérito imperfeito do indicativo*) por aqui com frequência.
   c) Ele não nos * (*ajudar, pretérito perfeito do indicativo*) ontem.
   d) Você sempre * (*chegar, presente do indicativo*) às oito horas?
   e) Quem * (*perturbar, futuro do pretérito do indicativo*) esta tranquilidade?
   f) Havia muito eu * (*aprender, pretérito mais-que-perfeito do indicativo*) a ser solidário.
   g) Não te * (*prejudicar, futuro do presente do indicativo*) se me ajudares.
   h) Talvez eu * (*perceber, presente do subjuntivo*) alguma alteração no seu ânimo.
   i) Quando * (*encontrar, futuro do subjuntivo*) o caminho, ensinai-o a todos.

3. Complete as frases com a forma verbal solicitada entre parênteses.
   a) Quando eu * (*concluir, futuro composto do subjuntivo*) meu trabalho, poderemos sair.
   b) * (*tentar, pretérito perfeito composto do indicativo*) constantemente, mas ainda não obtiveste sucesso.
   c) Eu já * (*auxiliar, pretérito mais-que-perfeito composto do indicativo*) essas instituições filantrópicas alguns anos atrás.
   d) É possível que tudo * (*terminar, pretérito perfeito composto do subjuntivo*) até então.
   e) Será que * (*passar, futuro do presente composto do indicativo*) em todos os meus exames até dezembro?
   f) Se * (*aparecer, pretérito mais-que-perfeito composto do subjuntivo*) antes, terias conseguido o emprego.
   g) Tudo * (*sair, futuro do pretérito composto do indicativo*) como prevíramos se ele não tivesse desistido no último instante.

4. Passe para o plural cada uma das frases seguintes, mantendo o tempo e o modo dos verbos.
   a) Eu gostava de passear à beira-mar.
   b) Fazias sempre questão de ajudar.
   c) Eu andara adoentado.
   d) Até ontem, eu não sabia que voltaras.
   e) Se quisesses, eu não seria infeliz.
   f) Se fosses solidário, eu teria melhor sorte.
   g) Ele chegará amanhã.
   h) Você chegou às três horas?

5. Neste anúncio, a agência de publicidade Contemporânea propõe uma interpretação diferente para o conceito "verbo reflexivo". Responda:

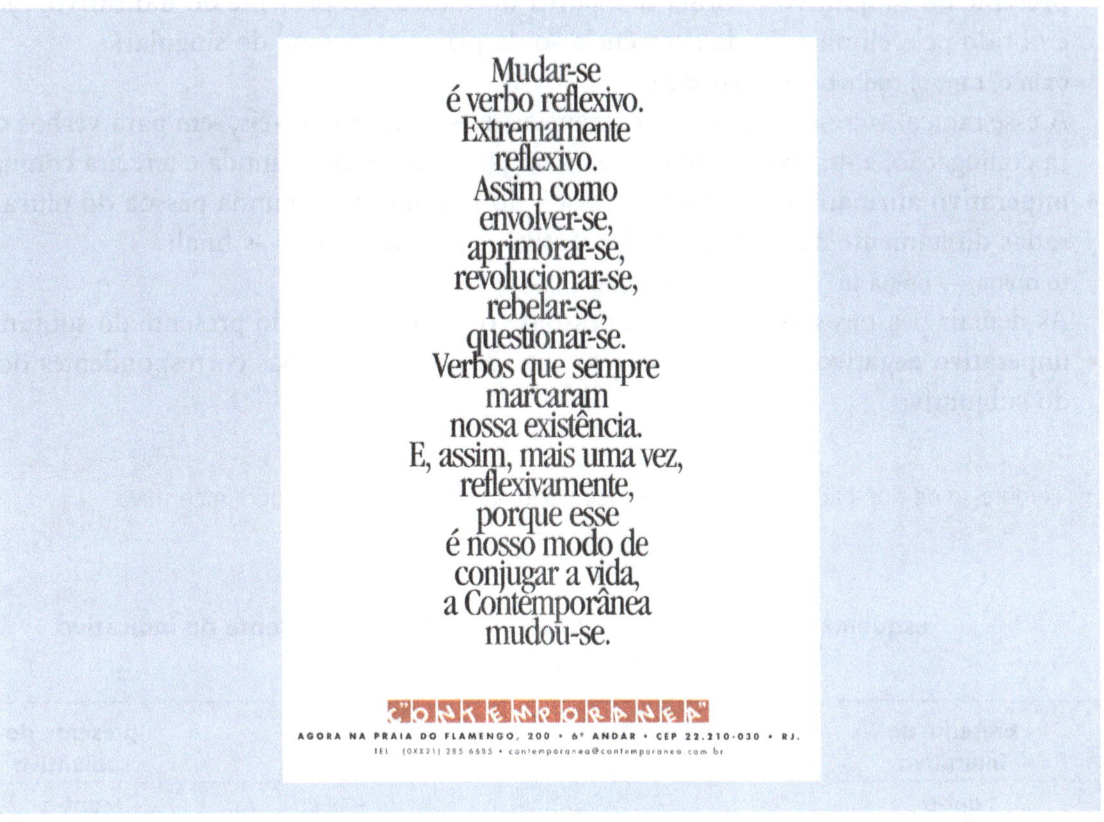

Mudar-se
é verbo reflexivo.
Extremamente
reflexivo.
Assim como
envolver-se,
aprimorar-se,
revolucionar-se,
rebelar-se,
questionar-se.
Verbos que sempre
marcaram
nossa existência.
E, assim, mais uma vez,
reflexivamente,
porque esse
é nosso modo de
conjugar a vida,
a Contemporânea
mudou-se.
AGORA NA PRAIA DO FLAMENGO, 200 • 6º ANDAR • CEP 22.210-030 • RJ.
TEL. (0XX21) 285 6685 • contemporanea@contemporanea.com.br

Revista *Bravo*, mar. 2000.

a) Qual a finalidade do texto?

b) Relacione essa interpretação de "verbo reflexivo" com o ramo de atividade da empresa e com a finalidade do texto.

Formação dos tempos simples

- **tempos primitivos** – tempos cujos radicais ou temas são usados na formação de outros tempos. É o caso do **presente do indicativo** e do **pretérito perfeito do indicativo**. Além deles, o **infinitivo impessoal** é usado na formação de outros tempos;
- **tempos derivados** – são aqueles cujos radicais ou temas são obtidos de um dos tempos primitivos ou do infinitivo impessoal. Com exceção do presente e do pretérito perfeito do indicativo e do infinitivo impessoal, todos os tempos e formas nominais são derivados.

O conhecimento dos tempos primitivos e da forma como se obtêm a partir deles os tempos derivados consiste num instrumento muito útil para evitar problemas de conjugação. Se você adquirir prática nesse processo, poderá fazê-lo mentalmente. Você perceberá que é um processo eficiente, capaz de esclarecer dúvidas e resolver dificuldades.

Tempos derivados do presente do indicativo

- **presente do subjuntivo** – forma-se a partir do radical do presente do indicativo. Esse radical é obtido pela eliminação da desinência **-o** da primeira pessoa do singular:

  opin-o, **cant**-o, **conheç**-o, **venh**-o, **dig**-o

  A esse radical, acrescentam-se as desinências **-e, -es, -e, -emos, -eis, -em** para verbos da primeira conjugação, e **-a, -as, -a, -amos, -ais, -am** para verbos da segunda e terceira conjugações.
- **imperativo afirmativo** – a segunda pessoa do singular e a segunda pessoa do plural são retiradas diretamente do presente do indicativo, suprimindo-se o -s final:

  tu opinas → opina tu   vós opinais → opinai vós

  As demais pessoas são idênticas às pessoas correspondentes do presente do subjuntivo.
- **imperativo negativo** – todas as pessoas são idênticas às pessoas correspondentes do presente do subjuntivo.

Lembre-se de que não se conjuga a primeira pessoa do singular no modo imperativo.

esquema de formação dos tempos derivados do presente do indicativo
(exemplo: verbo **optar**)

presente do indicativo		imperativo afirmativo		imperativo negativo		presente do subjuntivo
opt-o		–		–		**opt**-e
optas[-s]	→	opta		não optes	←	**opt**-es
opta		opte	←	não opte	←	**opt**-e
optamos		optemos	←	não optemos	←	**opt**-emos
optais[s]	→	optai		não opteis	←	**opt**-eis
optam		optem	←	não optem	←	**opt**-em

1. Observe atentamente as diferenças entre as segundas pessoas do imperativo afirmativo e as segundas pessoas do imperativo negativo. Para passar uma frase do imperativo afirmativo para o negativo e vice-versa não basta acrescentar ou retirar um "não": opta/não optes; optai/não opteis.

2. É muito comum na língua coloquial o emprego das formas verbais de segunda pessoa do singular do imperativo afirmativo com o pronome você: "Vem pra Caixa você também!", por exemplo, faz parte de um famoso texto publicitário. Essa mistura de tratamentos não é recomendável na língua-padrão, principalmente na modalidade escrita; para evitá-la, deve-se uniformizar o tratamento na segunda pessoa ("Vem... tu") ou na terceira pessoa ("Venha... você").

ATIVIDADES

1. Passe para a forma negativa.

   a) Ajuda-me.

   b) Ajude-me.

   c) Canta aquela velha canção de ninar.

d) Cante aquela velha canção de ninar.
e) Narra o que viste.
f) Narre o que viu.
g) Liga os motores.
h) Ligue os motores.
i) Torce os panos.
j) Torça os panos.
k) Sai daí!
l) Saia daí!
m) Belisca-me para eu perceber que estou acordado.
n) Belisque-me para eu perceber que estou acordado.
o) Abre a porta!
p) Abra a porta!

2. Passe as frases do exercício anterior para o plural. A seguir, passe-as para a forma negativa.

3. Explique a formação do modo imperativo a partir do presente do indicativo. Use o verbo **suar** como exemplo.

4. Observe o uso do imperativo nos dois textos publicitários a seguir e responda: em qual deles as formas da língua-padrão não foram seguidas? Que efeito produz no leitor o emprego dessa forma diferente da padrão?

Anúncio da Embratel/Agência Carillo Pastore Euro RSCG

Quer se dar bem? Faz um 21.

Promoção R$21 Mil todo dia

21 Embratel

Anúncio da Secretaria de Estado de Turismo e do Governo do Estado do Rio de Janeiro (adaptado)/Agência Angelo Pacheco.

VEM QUE EU TE QUERO BEM.

Descubra o Estado do Rio de Janeiro.
Receber bem é da nossa natureza.

SECRETARIA DE ESTADO DE TURISMO

GOVERNO DO ESTADO DO RIO DE JANEIRO

A GENTE TRABALHA DE VERDADE.

Tempos derivados do pretérito perfeito do indicativo

Para obter o tema do pretérito perfeito, basta retirar a desinência **-ste** da forma correspondente à segunda pessoa do singular (**opina**-ste, **aprende**-ste, **nutri**-ste, **trouxe**-ste, **coube**-ste); a seguir, acrescentam-se a esse tema as desinências características de cada um dos três tempos derivados:

- **pretérito mais-que-perfeito do indicativo:** -ra, -ras, -ra, -ramos, -reis, -ram;
- **pretérito imperfeito do subjuntivo:** -sse, -sses, -sse, -ssemos, -sseis, -ssem;
- **futuro do subjuntivo:** -r, -res, -r, -rmos, -rdes, -rem.

esquema de formação dos tempos derivados do pretérito perfeito do indicativo
(exemplo: verbo **optar**)

pretérito perfeito do indicativo	pretérito mais-que-perfeito do indicativo	pretérito imperfeito do subjuntivo	futuro do subjuntivo
optei	**opta**-ra	**opta**-sse	**opta**-r
opta-ste	**opta**-ras	**opta**-sses	**opta**-res
optou	**opta**-ra	**opta**-sse	**opta**-r
optamos	**optá**-ramos	**optá**-ssemos	**opta**-rmos
optastes	**optá**-reis	**optá**-sseis	**opta**-rdes
optaram	**opta**-ram	**opta**-ssem	**opta**-rem

1. As desinências dos tempos derivados são as mesmas para as três conjugações.
2. Recorrendo a esse esquema, você pode evitar um problema muito frequente na conjugação do verbo ver. Na língua coloquial, costuma-se dizer "Quando eu ver fulano, vou pedir um favor". Aplicando o esquema acima ao verbo **ver**, obtemos a forma apropriada para a língua-padrão: "Quando eu vir...".

Tempos e formas nominais derivados do infinitivo impessoal

- **pretérito imperfeito do indicativo** – forma-se pelo acréscimo das terminações **-ava, -avas, -ava, -ávamos, -áveis, -avam** (para os verbos da primeira conjugação) ou **-ia, -ias, -ia, -íamos, -íeis, -iam** (para os verbos da segunda e terceira conjugações) ao radical do infinitivo impessoal (**opin**-ar, **aprend**-er, **nutr**-ir);
- **futuro do presente do indicativo** – acrescentam-se as desinências **-rei, -rás, -rá, -remos, -reis, -rão** ao tema do infinitivo impessoal (**opina**-r, **aprende**-r, **nutri**-r);
- **futuro do pretérito do indicativo** – acrescentam-se as desinências **-ria, -rias, -ria, -ríamos, -ríeis, -riam** ao tema do infinitivo impessoal;
- **infinitivo pessoal** – acrescentam-se as desinências **-es** (para a segunda pessoa do singular) e **-mos, -des, -em** (para as três pessoas do plural) ao infinitivo impessoal (**opinar-**, **aprender-**, **nutrir-**);
- **particípio** – acrescenta-se a desinência **-ado** (para verbos da primeira conjugação) ou **-ido** (para verbos da segunda e terceira conjugações) ao radical do infinitivo impessoal;
- **gerúndio** – acrescenta-se a desinência **-ndo** ao tema do infinitivo impessoal.

esquema de formação dos tempos e formas nominais derivados do infinitivo impessoal
(exemplo: verbo **optar**)

infinitivo impessoal	particípio	pretérito imperfeito do indicativo
opt-ar	opt-ado	opt-ava
(radical)		opt-avas
		opt-ava
		opt-ávamos
		opt-áveis
		opt-avam

infinitivo impessoal	futuro do presente do indicativo	futuro do pretérito do indicativo	gerúndio
opta-r	opta-rei	opta-ria	opta-ndo
(tema)	opta-rás	opta-rias	
	opta-rá	opta-ria	
	opta-remos	opta-ríamos	
	opta-reis	opta-ríeis	
	opta-rão	opta-riam	

infinitivo impessoal	infinitivo pessoal
optar	optar
	optar-es
	optar
	optar-mos
	optar-des
	optar-em

Atente para o fato de que o infinitivo pessoal e o futuro do subjuntivo têm origens diferentes, o que implica diferenças formais significativas em alguns verbos como fazer (fazer, fazeres; fizer, fizeres), pôr (pôr, pores; puser, puseres), dizer (dizer, dizeres; disser, disseres) e outros.

Alguns verbos não obedecem a um ou outro dos esquemas expostos; isso, no entanto, não chega a afetar a grande eficiência desses mecanismos de conjugação. Quando estudarmos os verbos irregulares, faremos menção às exceções mais importantes.

Particularidades de alguns verbos regulares

O verbo **optar** é um típico verbo regular cuja conjugação apresenta detalhes importantes. Atente principalmente no presente do indicativo e tempos derivados: a pronúncia culta das formas verbais aí presentes é **opto, optas, opta, optam; opte, optes, opte, optem.** O problema é prosódico e não morfológico, e ocorre de forma semelhante no verbo **obstar: obsto, obstas, obsta, obstam; obste, obstes, obste, obstem.**

Alguns outros verbos regulares cuja pronúncia na língua-padrão merece destaque são apresentados na página 491 do Apêndice.

Há também verbos regulares cuja conjugação traz à tona questões ortográficas. É o caso do verbo **agir**: ajo, ages, age, agimos, agis, agem; aja, ajas, aja, ajamos, ajais, ajam. É fácil conjugar esse verbo oralmente; dificuldades podem surgir na escrita. É necessário, então, considerar que a letra **g** representa fonemas diferentes de acordo com as vogais que a seguem, e substituí-la por **j** diante de **a** e **o**. Fenômeno semelhante ocorre com verbos cujos infinitivos se escrevem com **c**, **ç**, **g**, **gu**:

marcar: mar**c**o, mar**qu**e; mar**qu**ei, mar**c**aste

nascer: nas**ç**o, nas**ç**a; nas**c**i, nas**c**este;

ati**ç**ar: ati**ç**o, ati**c**e; ati**c**ei, ati**ç**aste

entre**g**ar: entre**g**o, entre**gu**e; entre**gu**ei, entre**g**aste

fin**g**ir: fin**j**o, fin**g**es; fin**g**i, fin**g**iste

er**gu**er: er**g**o, er**gu**es; er**gu**i, er**gu**este

Merecem destaque **extinguir** e **distinguir**: nesses verbos, como em **erguer**, as letras **gu** representam um dígrafo. Ao conjugá-los, obtêm-se as formas extingo, extin**gu**es, extin**gu**e, etc.; distingo, distin**gu**es, distin**gu**e, etc.

Formação dos tempos verbais, leitura e produção de textos

Neste nosso primeiro capítulo dedicado aos verbos, fizemos o estudo dos conceitos e mecanismos básicos ligados a essa classe gramatical. Você está agora apto a identificar as diversas formas verbais e a encontrá-las a partir dos esquemas de formação dos tempos verbais.

A nomenclatura dos diversos tempos e modos verbais é útil como instrumento de estudo dessa classe gramatical. Trata-se, por isso, de conhecimento que deve ser visto como um meio de aprendizagem e não como um fim em si mesmo. Da mesma maneira, saber os esquemas de formação dos tempos verbais permite ao usuário sanar dúvidas na conjugação dos verbos no momento de utilizá-los. Seus textos certamente serão mais bem-sucedidos se não contiverem formas verbais inadequadas às formas da língua-padrão nos casos em que elas são requeridas.

Atividades

1. Quais os tempos derivados do pretérito perfeito do indicativo? Explique sua formação usando o verbo **rir** como exemplo.

2. Modifique a frase abaixo, tornando-a adequada às formas da língua-padrão. Utilize para isso o esquema de formação de tempos derivados.

   "Se você não se manter calmo, poderá fazer algo errado".

3. Complete as frases com as formas verbais solicitadas entre parênteses.

   a) Você nunca * (*reclamar, pretérito imperfeito do indicativo*) de nada!

   b) Desde o ano anterior o time não * (*vencer, pretérito imperfeito do indicativo*) uma partida com tanta facilidade.

c) Não * (*aceitar, pretérito imperfeito do indicativo*) a ideia de ter de partir justamente quando lhe * (*surgir, pretérito imperfeito do indicativo)* uma oportunidade daquelas.

d) Não * (*utilizar, futuro do presente do indicativo*) minha capacidade para defender uma causa imunda!

e) Quem * (*tramar, futuro do pretérito do indicativo*) contra nossa união?

f) * (*resolver, particípio*) o problema, * (*poder, futuro do pretérito do indicativo*) prosseguir com nossos projetos.

g) Veio a nós * (*reclamar, gerúndio*) de nossa inoperância e * (*denunciar, gerúndio*) nosso desleixo.

h) Antes de * (*partir, infinitivo pessoal*), procura teus amigos e despede-te.

4. Identifique as formas verbais destacadas na frase abaixo e explique por meio dos esquemas de formação de tempos verbais a origem de cada uma delas.

Se você não **fizer** o que recomenda o manual de instruções, não será possível para os técnicos **fazer** o resto do serviço.

5. Complete as frases com as formas verbais solicitadas entre parênteses.

a) Talvez * (*renascer, presente do subjuntivo*) uma esperança depois destes dias difíceis.

b) * (*fugir, imperativo afirmativo*) logo! Você não tem mais nada a fazer aqui!

c) É indispensável que os deputados * (*agir, presente do subjuntivo*) com determinação neste momento grave.

d) Não é recomendável que tu * (*indicar, presente do subjuntivo*) teu próprio sucessor.

e) Ele procura uma cor que * (*realçar, presente do subjuntivo*) as dimensões da estátua.

f) É possível que ele * (*pagar, presente do subjuntivo*) suas contas antes do prazo de vencimento.

g) Não acredito que se * (*reerguer, presente do subjuntivo*) um edifício tão pouco funcional.

6. Complete as frases com as formas verbais solicitadas entre parênteses. A seguir, leia as frases **em voz alta**, prestando atenção à forma culta de pronunciar essas formas verbais.

a) Eu não * (*distinguir, presente do indicativo*) esse eterno candidato dos seus velhos comparsas.

b) Nada * (*obstar, presente do indicativo*) a que mudemos de comportamento.

c) É provável que as fontes de energia * (*minguar, presente do subjuntivo*) até o final do próximo século.

d) Você nunca * (*enxaguar, presente do indicativo*) os cabelos depois de aplicar esses produtos?

e) Essa onda de indignação popular talvez * (*desaguar, presente do subjuntivo*) num movimento mais organizado.

f) O deputado quer que uma Comissão Parlamentar de Inquérito * (*averiguar, presente do subjuntivo*) as denúncias.

g) A nova lei não * (*extinguir, pretérito perfeito do indicativo*) determinações anteriores.

h) * (*optar, imperativo afirmativo*) de forma consciente para não se arrependerem depois.

LEITURA, USO, REFLEXÃO

• Texto 1

Preciso me encontrar

Deixe-me ir, preciso andar
vou por aí a procurar
rir pra não chorar
quero assistir ao sol nascer
ver as águas dos rios correr
ouvir os pássaros cantar
eu quero nascer, quero viver
deixe-me ir, preciso andar
vou por aí a procurar
rir pra não chorar
se alguém por mim perguntar
diga que eu só vou voltar
quando eu me encontrar
quero assistir ao sol nascer
ver as águas do rio correr
ouvir os pássaros cantar
eu quero nascer, quero viver
deixe-me ir, preciso andar
vou por aí a procurar
rir pra não chorar.

Images.com/Corbis/Latinstock

CANDEIA (Antônio Filho). "Preciso me encontrar". In: Encarte do disco *Marisa Monte*. LP EMI-Odeon 064-791761, 1989. f. 5, l. 1.

1. Que tipo de experiências o sujeito lírico procura para encontrar a si mesmo?
2. O verso "Rir pra não chorar" traduz que estado de espírito? Comente.
3. Faça um levantamento dos verbos presentes no texto. Depois de observar seus significados, comente a afirmação corriqueira de que "verbo é a palavra que indica ação".
4. Em que tempo e modo estão os verbos **perguntar** e **encontrar**?
5. Indique a pessoa verbal das formas imperativas usadas no texto. O tratamento no texto é uniforme?
6. Você percebe alguma diferença de significado entre as formas "Quero ouvir os pássaros cantar" e "Quero ouvir o canto dos pássaros"? Comente.
7. Como encontrar-se? O caminho indicado pelo texto é viável? Comente.

Texto 2

Muita gente acredita que, por ter apenas um parceiro, está livre da AIDS. Mas o fato é que a cada dia aumenta o número de pessoas com relacionamentos estáveis que contraem o vírus. No estado de São Paulo, metade das mulheres com AIDS foram infectadas através de relação sexual. Dessas, cerca de 50% tinham apenas um parceiro. Muitas delas nem imaginavam que poderiam estar infectadas. Os casais precisam conversar sobre isso abertamente. O silêncio é um aliado da AIDS, e o diálogo é o primeiro passo que você deve dar para evitar o contágio.

Quebre o silêncio.

Converse com o seu parceiro e previna-se contra a AIDS.

Cuide de você e da sua família. Use camisinha.
Disque-AIDS: 0800 162550

GOVERNO DO ESTADO DE SÃO PAULO

Agência Contexto

Revista *Veja*, jun. 1998.

1. Faça um levantamento das formas do imperativo presentes no texto.
2. O trabalho fotográfico apresentado no texto tem valor argumentativo? Comente.
3. Por que se faz um texto publicitário como esse?

Prática de língua falada

Prepare um texto publicitário sobre a prevenção da Aids a partir de "Quebre o silêncio". Seu texto deve ser o diálogo de um casal sobre o assunto. Elabore também uma mensagem complementar, que deverá ser lida por um locutor, em que se destacam as informações mais importantes. Redija seu trabalho como se fosse um anúncio radiofônico endereçado às camadas mais humildes da população. Depois de pronto, apresente-o a seus colegas de classe.

CAPÍTULO

12 Estudo dos verbos (II)

Verbo crackar

Eu empobreço de repente
Tu enriqueces por minha causa
Ele azula para o sertão
Nós entramos em concordata
Vós protestais por preferência
Eles escafedem a massa
Sê pirata
Sede trouxas
Abrindo o pala
Pessoal sarado.
Oxalá que eu tivesse sabido que esse verbo era irregular.

ANDRADE, Oswald de. *Memórias sentimentais de João Miramar*. 6. ed. Rio de Janeiro: Civilização Brasileira, 1978. p. 83.

LEITURA: INTERAÇÃO

1. *Crackar* é um verbo criado pelo autor. Qual seu significado?
2. A que conjugação pertence *crackar*? Os processos de formação de palavras de nossa língua explicam por quê?
3. "Escafeder a massa" significa "falir de forma fraudulenta". A partir do "presente do indicativo" do verbo *crackar*, explique o que o texto nos informa sobre falências e concordatas.
4. De que forma o "imperativo afirmativo" do verbo confirma o que o "presente do indicativo" nos havia informado sobre o mundo dos negócios? Comente.
5. "Abrir o pala" é uma expressão popular que significa **fugir**. **Sarado**, em linguagem popular, significa **esperto, finório**. De que forma o gerúndio e o particípio do verbo confirmam o que o "presente do indicativo" já havia informado?
6. O emprego de expressões populares e termos da gíria do mundo financeiro cumprem algumas funções expressivas no texto? Comente.
7. A irregularidade do verbo *crackar* não é um problema restrito à morfologia e à gramática. Comente.

Verbos irregulares, defectivos e abundantes

Verbos irregulares

Verbos irregulares são aqueles que não seguem os paradigmas das conjugações, apresentando variações de forma nos radicais ou nas desinências. Para que o estudo desses verbos se torne mais fácil e prático, tenha sempre em mente o esquema de formação dos tempos simples, pois as irregularidades dos tempos primitivos normalmente se estendem aos tempos derivados correspondentes.

Você encontrará os modelos de conjugação dos principais verbos irregulares da língua portuguesa nas páginas 492-500 do Apêndice.

Atividades

1. Complete as frases utilizando os verbos indicados nos mesmos tempos e modos apresentados nestas duas frases-modelo:

*Sempre **freio** minhas paixões no momento certo.*

*É importante que você **freie** as suas.*

a) Nunca * (*atear*) fogo ao mato seco! Não quero provocar uma queimada! É indispensável que nunca se * fogo ao mato seco para evitar as queimadas.

b) Eles frequentemente * (*bloquear*) a entrada com seus carros. Isso não é certo! Algo tem de ser feito para que eles não * mais a entrada com seus carros.

c) Sempre * (*folhear*) uma revista para me distrair nas salas de espera. É recomendável que você * uma revista enquanto espera.

d) * (*recear*) que terei problemas financeiros. Não quero que você * perder o emprego.

e) Ela * (*passear*) todas as tardes com meu irmão. É importante que você * com seu pai às vezes.

f) Percebi que não * (*titubear*) no momento de exigires teus direitos. É imprescindível que não * nesse momento.

2. Passe para o plural cada uma destas frases:

a) Ceio todos os dias. Tu não ceias?

b) Sempre folheio um livro. Não folheias nunca?

c) Freio com firmeza antes das curvas. Tu não freias?

d) Não granjeio simpatias com facilidade. Tu granjeias?

e) Nunca lisonjeio ninguém. Tu lisonjeias?

f) Não semeio ventos para não colher tempestades. Tu semeias?

3. Complete as frases, flexionando os verbos indicados no mesmo modo, tempo, número e pessoa das formas verbais das frases-modelo.

*Não **copio** o comportamento de ninguém; por isso, não quero que você **copie**.*

a) Não * (*criar*) confusões; por isso, não quero que você *.
b) Não * (*credenciar*) qualquer um; por isso, não quero que você *.
c) Não * (*negociar*) meus produtos a prazo; por isso, não quero que você *.
d) Não * (*intermediar*) tais transações; por isso, não quero que você *.
e) Não * (*premiar*) os individualistas; por isso, não quero que você *.
f) Não * (*odiar*) ninguém; por isso, não quero que você *.
g) Não * (*ansiar*) grandes riquezas; por isso, não quero que você *.
h) Não * (*anunciar*) tudo o que faço; por isso, não quero que você *.
i) Não * (*remediar*) o irremediável; por isso, não quero que você *.
j) Não * (*incendiar*) ânimos em vão; por isso, não quero que você *.

4. Substitua os asteriscos pelos verbos, flexionando-os conforme as frases-modelo:

*Não **creio** em soluções mágicas. Não é possível que eles **creiam**.*

a) Não **descreio** dessa possibilidade. Não é possível que você *.
b) Não **leio** esse tipo de revista. Não é possível que tu *.
c) Sempre **releio** os melhores livros. Não é possível que vocês não *.
d) Nunca **perco** uma boa oportunidade. Não é possível que tu *.
e) **Requeiro** sempre a observação de meus direitos. Não é possível que vocês não *.
f) Não **valho** tão pouco! Não é possível que vocês *.

5. Substitua os asteriscos pelos verbos indicados entre parênteses, flexionando-os conforme o modelo:

*Sempre **advirto** quem está fora das regras. É bom que você também **advirta**.*

a) Nunca * (*aderir*) aos modismos que aparecem volta e meia. É bom que você também não *.
b) Não * (*compelir*) ninguém a nada. É bom que você também não *.
c) Sempre * (*conferir*) o troco. É bom que você também *.
d) Nunca * (*divergir*) pelo simples prazer de divergir. É bom que você também não *.
e) Sempre me * (*divertir*) nos finais de semana. É bom que você também se *.
f) Nunca * (*ferir*) susceptibilidades. É bom que você também não *.
g) Nunca me * (*despir*) de minhas convicções. É bom que você nunca se * das suas.
h) Sempre * (*seguir*) o que minha consciência determina. É bom que você sempre * o que a sua determina.
i) Sempre * (*vestir*) o que me deixa confortável. É bom que você sempre * o que o deixa confortável.

6. Flexione os verbos indicados entre parênteses de acordo com as frases-modelo:

*Não é necessário que você o * (*agredir).
*Não é necessário que você o **agrida**.*

a) Não é recomendável que você o * (*prevenir*).
b) Não é admissível que nós não * (*progredir*).
c) Não é aceitável que a situação social do país * (*regredir*).
d) Não é suportável que continuamente se * (*transgredir*) as leis.
e) Não é necessário que vocês * (*denegrir*) a imagem de ninguém.
f) Não é necessário que você * (*cerzir*) estas peças de roupa.

7. Observe o modelo e conjugue os verbos indicados entre parênteses no mesmo modo e tempo:

*O chefe de reportagem não quer que se * (*cobrir*) *esse tipo de acontecimento.*

*O chefe de reportagem não quer que se **cubra** esse tipo de acontecimento.*

a) Ninguém deseja que você * (*engolir*) esses desaforos.
b) O médico recomendou que nós * (*dormir*) melhor.
c) Esse sujeito intolerante não admite nem mesmo que alguém * (*tossir*) na sala de aula.
d) Ele quer que eu * (*encobrir*) seus encontros com a namorada.
e) Os deputados temem que os eleitores * (*descobrir*) a posição pouco ética que adotaram na votação.
f) O pedreiro recomendou que se * (*recobrir*) a parede com material impermeabilizante.

8. Complete as frases conjugando o verbo **estar** no presente do subjuntivo:

*Estou tão cansado! Não acredito que você não * (*estar*).*

*Estou tão cansado! Não acredito que você não **esteja**.*

a) Estamos tão aborrecidos! Não é possível que vocês não *.
b) Estou tão feliz! Não é possível que tu não *.
c) Estás tão alegre! Não é possível que ela não *.
d) Estais apreensivos! É provável que eles também *.
e) Estou tão ansioso! Não é possível que vós não *.
f) Eles estão tão alegres! Não é possível que nós não *.

9. Substitua os asteriscos pelos verbos indicados entre parênteses, flexionados segundo as frases-modelo:

*Nunca * lá; se um dia *, ficarei satisfeito.* (estar)

*Nunca **estive** lá; se um dia **estiver**, ficarei satisfeito.*

a) Nunca * lá; se um dia *, ficaremos satisfeitos. (*estar*)
b) Nunca * sua contribuição; se um dia *, será bem-vinda. (*dar*)
c) Nunca nos * esse tipo de procedimento; se um dia *, teremos abandonado nossas convicções. (*aprazer*)
d) Nunca * dois carros nessa garagem; se um dia *, será um verdadeiro milagre. (*caber*)
e) Nunca * esse tipo de coisa; se um dia *, terei deixado de ser quem sou. (*dizer*)
f) Nunca o * ; se um dia o *, terás mais orgulho de ti. (*contradizer*)
g) Nunca * esse tipo de coisa; se um dia *, terás tido um bom motivo. (*fazer*)
h) Nunca * seus caprichos; se um dia *, ficarei desapontado comigo. (*satisfazer*)
i) Nunca * algo entre nós; se um dia *, será surpreendente. (*haver*)
j) Nunca * isso; se um dia *, teremos mudado de opinião. (*querer*)
k) Ela nunca * a verdade; se um dia *, ficará desiludida. (*saber*)
l) Nunca * infeliz; se um dia *, farei tudo para mudar de vida. (*ser*)
m) Você nunca * seus amigos aqui; se um dia *, serão benvindos. (*trazer*)

10. De acordo com as frases-modelo, flexione os verbos indicados entre parênteses para completar as frases:

*Se eu * (*ter*) *condições, * (*ficar*) *aqui por alguns meses.*

*Se eu **tivesse** condições, **ficaria** aqui por alguns meses.*

a) Se nós * (*ser*) os responsáveis pelo acidente, * (*assumir*) nossa culpa.

b) Se ele * (*trazer*) ajuda, * (*consertar*) nosso carro e * (*continuar*) a viagem.

c) Se as calças * (*caber*), você * (*ir*) com elas à festa.

d) Se ele se * (*dispor*) a colaborar, tudo * (*ser*) mais fácil.

e) Se ele nos * (*dar*) um novo prazo, * (*terminar*) o trabalho.

f) Se tal comportamento * (*condizer*) com o cargo que ele ocupa, não * (*haver*) tantos protestos.

g) Se a mistura se * (*liquefazer*), a experiência * (*ser*) um sucesso.

h) Se todos * (*ir*) à estreia da peça, o teatro * (*ficar*) lotado.

i) Se nós * (*poder*), * (*dar*) nova oportunidade a você.

j) Se você * (*querer*), tudo * (*ser*) diferente.

k) Se eles * (*saber*) a verdade, * (*ficar*) indignados.

l) Se ninguém * (*estar*) presente, não * (*haver*) problema algum em cancelar a palestra.

m) Se ele a * (*ver*) nesses trajes, * (*cometer*) um desatino.

n) Se você * (*manter*) a calma, * (*ter*) condições de pensar melhor.

11. Reescreva as frases a seguir, substituindo a forma verbal composta pela forma verbal simples correspondente. Há alguma alteração de significado nas frases com a substituição?

a) Eu nunca **tinha vindo** aqui antes.

b) Ela **tinha feito** aquilo tudo de propósito.

c) **Havíamos trazido** apenas o necessário para a viagem.

d) **Tinha havido** um problema com o motor do carro.

e) Ela o **tinha visto** ao lado de outra numa festa.

f) **Tinhas anteposto** teus interesses aos da classe.

g) Percebemos que o ar se **tinha rarefeito**.

h) Nada se **havia podido** fazer.

i) Nunca **tinham estado** ali.

j) Descobrimos que ele **havia dito** a verdade em seu depoimento.

k) Demorei a acreditar que todo o material **havia cabido** num único caminhão.

l) Já **havias ido** lá anteriormente?

m) Notei que ele se **havia mantido** calmo durante a conversa e que um simples gesto seu **havia detido** os mais exaltados.

12. Reescreva as frases propostas, mudando os tempos verbais de acordo com o modelo:

*Ele sempre **faz** algo estranho.*

*Ele sempre **fazia** algo estranho.*

a) Eu sempre **ponho** os pacotes sobre a mesa.

b) Ela sempre **dispõe** seus objetos com cuidado.

c) Sempre **contrapomos** argumentos relevantes ao que ele diz.

d) Você sempre **supõe** que algo deve estar errado.

e) Nós sempre **vamos** ao cinema.

f) Ele sempre **vem** aqui.

g) Um comportamento desses não **convém** a ninguém.

h) **Prevemos** dias melhores.

i) Nunca **revês** tuas contas?

j) Ela nunca se **indispõe** com ninguém?

k) Você não se **predispõe** a intervir?

l) Você nunca **intervém** nessas discussões?

m) De onde **provém** sua falta de confiança?

13. Como no modelo, combine os tempos futuros, flexionando os verbos solicitados nas frases:

*Quando eu * (poder), * (ir) à Espanha.*

*Quando eu **puder, irei** à Espanha.*

a) Quando ele se * (*dispor*) a colaborar, tudo * (*terminar*) bem.

b) Quando você * (*depor*) a nosso favor, * (*ser*) absolvidos.

c) Quando nós nos * (*indispor*) um com o outro, * (*desfazer*) a sociedade.

d) Quando você se * (*recompor*), * (*ir*) para a casa de seus pais.

e) Quando * (*transpor*) as últimas montanhas, * (*ver*) nossa cidade no fundo do vale.

f) Quando a substância se * (*decompor*), * (*surgir*) um precipitado escuro no fundo do tubo de ensaio.

g) Quando você a * (*ver*), * (*perceber*) que ela mudou muito.

h) Quando nós * (*rever*) as contas, * (*trazer*) os resultados para você.

i) Quando você * (*satisfazer*) seus caprichos, * (*perceber*) sua própria futilidade.

j) Quando você se * (*opor*) com veemência, ele * (*desistir*).

k) Quando nós * (*expor*) nosso projeto, * (*haver*) a adesão de todos.

l) Quando tu * (*trazer*) as provas, * (*dar*) nosso apoio à tua causa.

m) Quando o interesse coletivo se * (*sobrepor*) aos privilégios individuais, * (*haver*) uma nova nação.

n) Quando você se * (*conter*), * (*fazer*) justiça às nossas observações.

14. Utilize os verbos entre parênteses no tempo e modo apresentados na frase-modelo:

*Ainda não me **recompus** do susto.*

a) Eu não * (*interpor*) qualquer dificuldade ao projeto.

b) Você não se * (*predispor*) a ajudar?

c) Por que você não * (*intervir*) para acalmar os ânimos?

d) Poucos * (*intervir*) durante a reunião.

e) Fui recriminado porque não * (*intervir*) na briga.

f) De onde * (*provir*) essa grande quantidade de material?

g) Todos * (*convir*) que aquela não era a melhor maneira de resolver o problema.

h) Como te * (*opor*) a uma ideia tão boa?

i) Os grandes bancos não * (*intervir*) no mercado.

j) Eu me * (*desavir*) com os demais por não concordar com seus métodos de persuasão.

k) Ele quer saber por que você não * (*intervir*) na discussão.

l) Não * (*intervir*) porque não fomos chamados.

m) Muitos * (*convir*) que nada mais poderia ser feito.

n) Todos se * (*manter*) calados durante sua exposição. No final da sessão, entretanto, poucos se * (*conter*): foi necessário agir com firmeza para evitar que o agredissem.

15. Utilizando como exemplo o verbo **prover**, elabore dois esquemas para explicar os mecanismos de formação dos tempos derivados do presente do indicativo e do pretérito perfeito do indicativo.

Verbos defectivos

São considerados **defectivos** os verbos que não possuem conjugação completa. É comum classificar os verbos defectivos em impessoais, unipessoais e pessoais.

Os impessoais e os unipessoais são verbos que só se conjugam em algumas formas por motivos de significado. São **impessoais** os verbos que não têm sujeito, como os que indicam fenômenos naturais: alvorecer, amanhecer, anoitecer, chover, chuviscar, estiar, gear, orvalhar, relampejar, trovejar, ventar. Esses verbos são usados normalmente na terceira pessoa do singular:

Anoiteceu calmamente sobre o vale.

Chovia muito.

Os verbos **unipessoais** exprimem vozes de animais e são normalmente conjugados na terceira pessoa do singular e na terceira pessoa do plural:

O cão **latiu** a noite inteira.

As onças **rosnam** ao redor da cabana.

Outros verbos unipessoais exprimem acontecimento, necessidade: acontecer, convir, ocorrer, suceder.

Observação

Você pode empregar os verbos impessoais e unipessoais em outras formas: basta tomá-los em sentido figurado. É o que ocorre em frases como:

Entardeci indiferentemente.

Os estudantes **amanheciam** para uma nova época.

Choveram protestos sobre o orador.

Aconteci naquela festa.

Os defectivos **pessoais** não apresentam algumas flexões por motivos morfológicos ou eufônicos. O verbo **falir**, por exemplo, teria como formas do presente do indicativo **falo, fales, fale**, idênticas às do verbo **falar** — o que provavelmente causaria problemas de interpretação em certos contextos. O verbo **computar** teria como formas do presente do indicativo **computo, computas, computa** — formas de sonoridade considerada ofensiva por alguns ouvidos gramaticais. Essas razões muitas vezes não impedem o uso efetivo de formas verbais repudiadas por alguns gramáticos: exemplo disso é o próprio verbo **computar**, que, com o desenvolvimento e a popularização da informática, tem sido conjugado em todos os tempos, modos e pessoas.

Você encontrará uma relação com os principais verbos defectivos pessoais e suas conjugações nas páginas 500-502 do Apêndice.

Verbos abundantes

Verbos **abundantes** são aqueles que apresentam mais de uma forma para determinada flexão. Esse fenômeno costuma ocorrer no particípio, em que, além das formas regulares terminadas em **-ado** ou **-ido**, surgem as chamadas **formas curtas. Entregar** é um exemplo: possui os particípios **entregado** (forma regular) e **entregue** (forma curta).

Você encontrará um quadro com os verbos abundantes mais comuns na página 502 do Apêndice.

Atividades

1. Em cada uma destas frases, seria necessário utilizar um verbo defectivo de terceira conjugação justamente numa das formas em que não costuma ser usado na língua-padrão. Proponha alternativas para completar as frases, utilizando sinônimos ou locuções verbais.
   a) É provável que se * (*demolir*) aquele prédio no próximo mês.
   b) É provável que se * (*abolir*) esses decretos brevemente.
   c) É desejável que se * (*colorir*) essas paredes.
   d) É possível que as fontes de energia se * (*exaurir*) antes do tempo previsto.
   e) É necessário que nós * (*retorquir*) às acusações.
   f) É indispensável que se * (*banir*) todos os que se deixaram corromper.
   g) É impossível que a empresa * (*falir*) de um momento para o outro.
   h) É possível que essa notícia * (*combalir*) o ânimo do time.

2. Nas frases a seguir, o desafio é o mesmo, mas os verbos são de primeira e de segunda conjugação.
   a) É provável que eu * (*reaver*) meus bens brevemente.
   b) É indispensável que nós nos * (*precaver*).
   c) É necessário que os equipamentos se * (*adequar*) às novas necessidades da empresa.
   d) Eu sempre me * (*precaver*) contra esses riscos.
   e) Você por acaso não * (*adequar*) seu linguajar ao ambiente em que se encontra?
   f) Toda vez que os tomam, ele * (*reaver*) seus direitos recorrendo à Justiça.
   g) É imprescindível que você * (*adequar*) seu comportamento à nova realidade escolar.

3. Utilize os verbos entre parênteses no tempo e modo da frase-modelo.

   *Não me **precavi** contra esse tipo de imprevisto.*

   a) Você * (*reaver*) seus bens na Justiça?
   b) Não nos * (*precaver*) e * (*ter*) prejuízos com a seca.
   c) Eu * (*reaver*) tudo o que me pertencia.
   d) Você * (*adequar*) o desempenho do motor às solicitações da estrada?
   e) Os deputados * (*abolir*) os decretos anteriores a 1915.
   f) Diversas empresas * (*falir*) devido à recessão prolongada.
   g) Ele se * (*precaver*) e * (*evitar*) o pior.
   h) A herdeira * (*reaver*) os bens perdidos pelo pai.

4. Complete as frases com a forma apropriada do particípio verbal. Indique em quais se pode usar mais de uma forma.
   a) O candidato foi * (*eleger*) com pouco mais de cem mil votos. Aqueles que o haviam * (*eleger*) anos antes voltaram a votar nele.
   b) Ele nunca foi * (*aceitar*) pelos companheiros de trabalho. Diziam que no passado ele tinha * (*aceitar*) suborno de uma grande empresa.
   c) O imposto já foi * (*pagar*). Além disso, todo o dinheiro deste mês já foi * (*gastar*), e nenhum outro ainda foi * (*ganhar*).
   d) Antes de ter * (*pagar*) suas dívidas, ele já havia * (*gastar*) todo o dinheiro que havia * (*ganhar*).

Particularidades verbais e dicionários

Procuramos mostrar-lhe os principais verbos irregulares, defectivos e abundantes. Você deve ter percebido que muitos desses verbos são de uso bastante frequente — como pôr, ver, vir, ser. Nesses casos, é necessário que você saiba conjugá-los com segurança a fim de não comprometer seu desempenho nos textos em que se deve empregar a língua-padrão.

Há outros cujo uso é limitado — como cerzir, carpir, remir. Nesses casos, é muito provável que, mesmo depois de tê-los visto, você fique indeciso no momento de empregá-los. Justamente por isso organizamos os quadros no Apêndice, para que você possa consultá-los. Se você precisar utilizar um verbo diferente e tiver dúvidas, não se preocupe: consulte um bom dicionário. As edições digitais mais recentes oferecem as conjugações verbais. Reproduzimos, a seguir, o verbete *resfolegar* do *Aurélio* — além do significado do verbo, você encontra preciosas informações sobre sua conjugação:

resfolegar [De *re-* + *-es-* + *fôlego* + *-ar2*.] *V. int.* **1.** Tomar fôlego; respirar com esforço e/ou ruído; esfolegar: "Eu as vejo passar..., conduzindo a enorme canastra transbordante, suadas, resfolegando" (José Vieira, *Sol de Portugal*, p. 24). **2.** Ter descanso; repousar. *T. d.* **3.** Golfar, expelir: *O navio resfolegava rolos de fumaça.* [Var.: *resfolgar.* Pres. ind.: *resfólego* ou *resfolgo*, *resfólegas* ou *resfolgas*, *resfólega* ou *resfolga*, *resfolegamos*, *resfolegais*, *resfólegam* ou *resfolgam*. Pres. subj.: *resfólegue* ou *resfolgue*, *resfólegues* ou *resfolgues*, *resfólegue* ou *resfolgue*, *resfoleguemos*, *resfolegueis*, *resfóleguem* ou *resfolguem*. Cf. *resfôlego* e *resfolgo* (ô).]

Verbos irregulares, leitura e produção de textos

Você percebeu que muitos dos verbos aqui estudados são de uso frequente no nosso dia a dia. Na linguagem coloquial, alguns tendem a ser usados de forma diferente daquela indicada para a língua-padrão. Por isso, transformam-se em fontes de dúvidas permanentes.

Em nosso estudo, procuramos mostrar a você como utilizar os esquemas de formação dos tempos verbais na conjugação dos principais verbos irregulares. Acreditamos que, assim, você saberá encontrar, no momento de produção de seus textos, as formas verbais adequadas aos padrões formais da língua.

Texto 1

Haiti

Quando você for convidado pra subir no adro
Da Fundação Casa de Jorge Amado
Pra ver do alto a fila de soldados, quase todos pretos
Dando porrada na nuca de malandros pretos
De ladrões mulatos e outros quase brancos
Tratados como pretos
Só pra mostrar aos outros quase pretos
(E são quase todos pretos)

E aos quase brancos pobres como pretos
Como é que pretos, pobres e mulatos
E quase brancos quase pretos de tão pobres são tratados
E não importa se olhos do mundo inteiro
Possam estar por um momento voltados para o largo
Onde os escravos eram castigados
E hoje um batuque um batuque
Com a pureza de meninos uniformizados de escola secundária em dia de parada
E a grandeza épica de um povo em formação
Nos atrai, nos deslumbra e estimula
Não importa nada: nem o traço do sobrado
Nem a lente do Fantástico, nem o disco de Paul Simon
Ninguém, ninguém é cidadão
Se você for ver a festa do Pelô, e se você não for
Pense no Haiti, reze pelo Haiti
O Haiti é aqui, o Haiti não é aqui

E na TV se você vir um deputado em pânico mal dissimulado
Diante de qualquer, mas qualquer mesmo, qualquer qualquer
Plano de educação que pareça fácil
Que pareça fácil e rápido
E vá representar uma ameaça de democratização
Do ensino de primeiro grau
E se esse mesmo deputado defender a adoção da pena capital
E o venerável cardeal disser que vê tanto espírito no feto
E nenhum no marginal
E se, ao furar o sinal, o velho sinal vermelho habitual
Notar um homem mijando na esquina da rua sobre um
Saco brilhante de lixo do Leblon
E quando ouvir o silêncio sorridente de São Paulo
Diante da chacina
111 presos indefesos, mas presos são quase todos pretos
Ou quase pretos, ou quase brancos quase pretos de tão pobres
E pobres são como podres e todos sabem como se tratam os Pretos
E quando você for dar uma volta no Caribe
E quando for trepar sem camisinha
E apresentar sua participação inteligente no bloqueio a Cuba
Pense no Haiti, reze pelo Haiti
O Haiti é aqui, o Haiti não é aqui.

GIL, Gilberto & VELOSO, Caetano. In: *Tropicália 2*. LP PolyGram n. 518178-1, 1993. L. A, F. 1.

1. Em que modo, tempo, pessoa e número está a forma verbal **for**, do primeiro verso do texto?
2. Em que modo, tempo, pessoa e número está a forma verbal destacada em "E na TV se você **vir** um deputado em pânico mal dissimulado"? A que verbo pertence essa forma? De que tempo ela é obtida?

3. O que diferencia a forma verbal **ver**, do terceiro verso, da forma verbal analisada na questão anterior?
4. Das formas verbais **subir**, **mostrar**, **defender**, **furar**, **notar**, **ouvir** e **apresentar**, algumas pertencem ao futuro do subjuntivo e outras, ao infinitivo. Releia atentamente o texto e separe-as em dois grupos.
5. Observando a forma verbal **pareça**, diga se o verbo **parecer** é regular ou irregular. Explique.
6. Em que modo e tempo está a forma verbal em "E o venerável cardeal **disser** que vê tanto espírito no feto / E nenhum no marginal"? Como se obtém essa forma?
7. A canção nos fala de uma realidade social em que o preconceito racial é evidente. Aponte passagens do texto em que é possível identificar esse fato.
8. O texto afirma que "Ninguém, ninguém é cidadão". Relacione a ideia contida nessa frase com as noções de "democratização do ensino", "adoção da pena capital" e desobediência aos sinais de trânsito ("furar o sinal, o velho sinal vermelho habitual").
9. Caetano Veloso, numa palestra proferida no Museu de Arte Moderna do Rio de Janeiro, afirmou: "Eu odeio esse negócio de dizer o nome do Haiti naquela canção." Na sua opinião, o que explica essa declaração?
10. Afinal, o Haiti é aqui ou não é?

• Texto 2

Revista *Veja*, 18 fev. 1998.

Comente o uso que esse texto publicitário faz dos esquemas de conjugação verbal. Que efeito de sentido se cria com tal uso?

Texto 3

Se você vir uma luz no fim do túnel,
é a nossa porta do outro lado.
FOX
Novo Fox 4 portas.
Compacto pra quem vê.
Gigante pra quem anda.
E mais fácil pra quem entra.
Novo Fox 4 portas

Anúncio da Volkswagen

Revista *Época*, 17 maio 2004.

Que efeito de sentido cria o emprego da forma verbal **vir** no texto? Comente.

CAPÍTULO

13 Estudo dos verbos (III)

O mais-que-perfeito

Ah, quem me dera ir-me
Contigo agora
Para um horizonte firme
(Comum, embora...)
Ah, quem me dera ir-me!

Ah, quem me dera amar-te
Sem mais ciúmes
De alguém em algum lugar
Que não presumes...
Ah, quem me dera amar-te

Ah, quem me dera ver-te
Sempre a meu lado
Sem precisar dizer-te
Jamais: cuidado...
Ah, quem me dera ver-te!

Ah, quem me dera ter-te
Como um lugar
Plantado num chão verde
Para eu morar-te
Morar-te até morrer-te...

Montevidéu, 1-11-1958

MORAES, Vinicius de. *Poesia Completa & Prosa*. 2. ed. Rio de Janeiro: Nova Aguilar, 1986. p. 309-10.

LEITURA: INTERAÇÃO

1. Aponte e comente elementos da organização sonora do poema que mais lhe chamaram a atenção.
2. Em que consiste, na sua opinião, o "horizonte firme (Comum, embora...)"?
3. Que significam as construções verbais **morar-te** e **morrer-te**? Comente.
4. Qual a relação entre o texto e o tempo verbal a que o título se refere?

Valor e emprego das formas verbais

Os modos verbais

Há três modos verbais em português: o indicativo, o subjuntivo e o imperativo.

O **indicativo** é usado quando se toma como real ou verdadeiro aquilo que se fala ou escreve:

Sempre **chove** nesta época do ano.

Choveu muito no último verão.

A meteorologia informa que **choverá** muito neste verão.

Afirmo que ele não **merece** confiança.

O **subjuntivo** é usado quando aquilo que se fala ou escreve é considerado provável, duvidoso ou hipotético:

Talvez **chova** muito neste verão.

Se **chovesse** nos próximos dias, a safra estaria salva.

Quando **chover**, poderemos verificar a eficiência das obras de drenagem.

Espero que ele **mereça** confiança.

O **imperativo** exprime ordem, pedido, súplica, conselho:

Não ouse perturbá-lo agora!

Faz-me um favor?

Ajudem-me!

Não despreze essa oportunidade.

Modo verbal é atitude!

De uma forma geral, os modos verbais decorrem de três atitudes diferentes de quem fala ou escreve:

- o indicativo traduz uma atitude mais objetiva diante de fatos e processos, que são apresentados como fenômenos positivos e independentes;
- o subjuntivo possibilita a expressão de conteúdos emocionais como o desejo, a dúvida, a incerteza, a hesitação, o lamento e outros, impregnando os fatos e processos com a subjetividade de quem fala ou escreve;
- o imperativo procura impor o processo verbal ao ouvinte, levando-o a agir em função daquilo que o emissor da mensagem pretende.

Atividades

1. Formule a frase com que você se expressaria em cada uma das situações abaixo; a seguir, identifique o modo verbal utilizado e justifique sua utilização.

a) Chegou aos cinemas o mais recente filme de Spielberg, de quem você é fã incondicional. O tempo está frio e chuvoso; você, no entanto, decidiu enfrentá-lo, mesmo sabendo que seus colegas provavelmente desistirão de sair. Como você comunica essa decisão aos seus colegas?

b) Recomendaram muito que você assistisse a um filme de aventuras. Você já viu um dos filmes da série e não se emocionou muito. Você, no entanto, não quer desagradar a quem lhe fez a recomendação. O que você lhe diz?

c) Um dos seus colegas é particularmente preguiçoso. Você gosta dele porque, apesar disso, ele tem um grande senso de humor e é capaz de alegrar qualquer ambiente. Ele não quer saber de ir a uma festa com você; você quer convencê-lo a ir. O que você lhe diz?

d) Você testemunhou uma discussão entre dois de seus colegas. Posteriormente, um deles começou a negar ter dito coisas que você o ouviu dizer durante a discussão. O outro pediu a sua intervenção para esclarecer o que havia acontecido. O que você diz?

e) Pela terceira vez na mesma semana, você precisou pedir dinheiro a seu pai, que lhe tinha dito que não disporia de mais nada até o mês seguinte. Como você se dirige a ele?

f) Sua namorada, de quem você gosta muito, resolveu "pedir um tempo". Você não entende por quê. Que diz a ela?

g) Sua nota no exame final de Química foi catastrófica: você estava adoentado no dia da prova e não conseguiu resolver as questões. Como você apresenta o problema ao professor?

2. Justifique o modo verbal empregado em cada um dos pares de frases abaixo.

a) Ele **vem** hoje. / É provável que ele **venha** hoje.

b) Tenho certeza de que **foi** ele o responsável por tudo. / Acredito que **tenha sido** ele o responsável por tudo.

c) Você **era** responsável por tudo. / Como se não **fosse** você o responsável por tudo!

d) Eu a **verei** amanhã. / Quando a **vir** novamente, digo-lhe tudo.

e) Qualquer um que **ama** sua pátria considera-a criticamente. / Qualquer um que **ame** sua pátria considera-a criticamente.

3. Leia o texto ao lado.

a) Por que o modo imperativo é tão frequente nos textos publicitários?

b) A imagem de Pelé, num texto publicitário dessa natureza, tem qual objetivo?

c) O que leva uma empresa pública a fazer publicidade como essa?

Anúncio do Governo Federal e da Petrobras/Agência Contemporanea.

***Almanaque Brasil de Cultura*, out. 2000.**

4. Leia o anúncio seguinte e depois responda às questões.

Algumas pessoas tinham um sonho: que o sol iluminasse a vida delas à noite também. O Programa Luz no Campo está levando mais que energia elétrica para essas pessoas. Está levando esperança. Com a energia, Jerônimo vai poder estudar à noite, Maria vai poder ver televisão e guardar a comida na geladeira, a produção do José vai aumentar. Quando a energia chega, tudo fica claro: não é só a luz que acende.

"A GENTE VIVIA NUM MUNDO ESCURO. AGORA, A GENTE VIVE NUM MUNDO CLARO."

O Governo Federal, por meio do Ministério de Minas e Energia e da Eletrobrás, criou o Programa Luz no Campo, o maior programa de eletrificação rural realizado no Brasil e na América Latina, com investimentos da ordem de 2,7 bilhões de reais. O Programa Luz no Campo está abrindo os horizontes de milhões de brasileiros no interior do País e ajudando o homem do campo a continuar no campo. Junto com a energia elétrica, estão chegando emprego, desenvolvimento, acesso à educação, saúde e, principalmente, cidadania. Programa Luz no Campo. A vida no campo está mudando da noite para o dia.

Anúncio do Ministério de Minas e Energia do Governo Federal.

Revista *IstoÉ*, 22 nov. 2000.

a) Em que modo verbal estão quase todos os verbos do texto?

b) Que efeito o uso desse modo verbal produz sobre o leitor?

c) Qual a relação entre esse efeito e o tipo de texto que estamos analisando?

Os tempos do indicativo

Presente

O presente do indicativo exprime os processos verbais que se desenvolvem simultaneamente ao momento em que se fala ou escreve:

Sinto-me bem agora.

O sol **brilha** tanto que **ofusca** a vista.

Também se exprimem com esse tempo os processos habituais e regulares ou aquilo que tem validade permanente:

Nesta casa, todos **acordam** cedo.

Todos os cidadãos **são** iguais perante a lei.

Ando seis quilômetros todas as manhãs.

O São Francisco **deságua** no Atlântico.

O presente do indicativo pode ser utilizado na narração de fatos passados, conferindo-lhes vivacidade. É o chamado **presente histórico:**

No dia 15 de janeiro de 1985, o povo **toma** as ruas para comemorar o fim da ditadura. Não **há** um único espaço vazio na praça: os cidadãos se **espalham** por todos os cantos. A multidão **canta** o hino nacional: alguns **choram**, outros **sorriem** e **abraçam** quem está próximo. **Há** um grande entusiasmo no ar: **parece** que **vale** a pena ser brasileiro.

O presente também pode ser usado para indicar um fato futuro próximo e de realização considerada certa:

Amanhã **embarcamos** para a Argentina.

Volto hoje à noite.

Quando utilizado com valor imperativo, o presente constitui uma forma delicada e familiar de tratamento:

Você agora **se comporta** direitinho.

Amanhã vocês **resolvem** essa questão para mim.

Pretérito imperfeito

O pretérito imperfeito tem limites imprecisos: transmite uma ideia de continuidade, de processo não concluído. É utilizado para indicar o que no passado era contínuo ou frequente:

Estávamos satisfeitos com os resultados obtidos.

Na sociedade indígena, as mulheres **administravam** o plantio e a colheita, enquanto os homens **caçavam** e **pescavam**.

Fazia ginástica todos os dias.

Quando nos transportamos mentalmente para o passado e procuramos falar do que então era presente, utilizamos esse tempo verbal:

Eu **observava** a cidade adormecida. Alguns cães **latiam** ao longe. Um ou outro automóvel **passava** pelas ruas, perturbando-lhes a quietude por alguns instantes.

O prateado da iluminação **recobria** as paredes, que **guardavam** o silêncio de quem finalmente **descansava**.

O imperfeito é usado para exprimir o processo que estava em desenvolvimento quando da ocorrência de outro:

O dia **clareava** quando chegamos à cidade.

A vítima ainda **respirava** quando chegou a equipe de socorro.

Usado no lugar do presente do indicativo, o pretérito imperfeito denota cortesia:

Queria pedir-lhe um favor.

Quando substitui o futuro do pretérito na linguagem coloquial, tem valor enfático:

Se ele me escutasse, **transformava** isto num lugar decente. (Compare com "Se ele me escutasse, **transformaria**...")

Pretérito perfeito

O pretérito perfeito simples exprime os processos verbais concluídos e localizados num momento ou período definido do passado:

Naquele momento, não **pensei** em nada e **agi** impulsivamente.

A assembleia **terminou** às dez horas da manhã.

O pretérito perfeito composto exprime processos que se repetem ou prolongam até o presente:

Tenho lutado pelas coisas em que acredito.

Eles **têm feito** progressos significativos no campo social.

Atente na distinção entre o pretérito imperfeito e o pretérito perfeito simples:
Quando o encontrava, conversávamos muito. (= Todas as vezes que eu o encontrava, conversávamos muito.)
Quando o encontrei, conversamos muito. (= Naquela oportunidade em que o encontrei, conversamos muito.)
Sabia que não passaria no exame. (= Desde certo momento indefinido, tinha conhecimento desse fato desagradável.)
Soube que não passaria no exame. (= Em certo momento, tomou conhecimento do fato.)

Pretérito mais-que-perfeito

O pretérito mais-que-perfeito exprime um processo que ocorreu antes de outro processo passado:

Quando abri a porta, percebi que alguém **invadira** (ou tinha **invadido**) o quarto e **remexera (tinha remexido)** tudo.

O uso da forma composta desse tempo é muito mais comum do que o da forma simples, limitada à linguagem formal, à linguagem literária e a algumas expressões cristalizadas, como "Quem me dera!". Quando usado no lugar do futuro do pretérito do indicativo ou do pretérito imperfeito do subjuntivo, o mais-que-perfeito simples confere solenidade à expressão:

Mais **fizera** se não **foram** as limitações da idade! (Compare com "Mais **faria** se não **fossem** as limitações da idade!")

Futuro do presente

O futuro do presente simples exprime basicamente os processos certos ou prováveis que ainda não se realizaram no momento em que se fala ou escreve:

Haverá uma passeata de protesto amanhã.

Ainda **alcançarei** alguma satisfação.

Viajarei nas próximas férias.

Pode-se empregar esse tempo em substituição ao imperativo, com valor categórico:

"**Honrarás** pai e mãe."

Você não **sairá** daqui.

Em alguns casos, essa forma imperativa parece apenas sugerir a necessidade de se adotar certa conduta:

Você **perdoará** esta minha liberdade de vir aqui a estas horas.

Pagarás quando puderes.

O futuro simples também pode ser usado para exprimir dúvida ou incerteza em relação a fatos do momento presente:

Esta cidade **terá** atualmente uns seiscentos mil habitantes.

Será ela quem está batendo?

Na expressão de condições, o futuro do presente se relaciona com o futuro do subjuntivo para indicar processos cuja realização acreditamos possível:

Se me oferecerem o cargo, **aceitarei**.

Se houver pressão popular, as reformas sociais **virão**.

O futuro do presente simples tem uso limitado na linguagem cotidiana: em seu lugar, costumamos empregar locuções verbais com o infinitivo, principalmente as formadas pelo verbo ir:

Vou sair daqui a instantes.

Estes projetos **vão passar** pela apreciação dos deputados nos próximos dias.

O futuro do presente composto exprime um fato ainda não realizado no momento presente, mas já passado em relação a outro fato futuro:

Quando chegarmos lá, o sol já se **terá posto**.

Quando eu voltar das férias, você já **terá deixado** o emprego.

Futuro do pretérito

O futuro do pretérito simples exprime processos posteriores ao momento passado a que nos referimos:

Percebi que aquilo tudo não **conduziria** a nada.

Anos depois, **teríamos** a oportunidade de perceber nosso erro.

Também se usa esse tempo para exprimir dúvida ou incerteza em relação a um fato passado:

Haveria dez mil pessoas na manifestação. Ele **teria** vinte anos quando apareceu por aqui.

Na expressão de condições, o futuro do pretérito se relaciona com o pretérito imperfeito do subjuntivo para indicar processos que acreditamos de difícil realização:

Se ela quisesse, **fugiríamos** juntos. **Faria** tudo diferente se pudesse.

O futuro do pretérito composto exprime um processo encerrado posteriormente a uma época passada a que nos estejamos referindo:

Previu-se que às três horas da tarde os candidatos já **teriam entregado** as provas.

Soube-se que antes do anoitecer as tropas inimigas já **teriam atingido** os limites da cidade.

Esse mesmo tempo também exprime incerteza sobre fatos passados:

Teria sido ele o autor do crime?

Na expressão de condições, o futuro do pretérito composto relaciona-se com o pretérito mais-que-perfeito do subjuntivo, exprimindo processos hipotéticos ou de realização desejada, mas já impossível:

Se ele me tivesse avisado a tempo, eu o **teria ajudado**.

A vida **teria melhorado** em nosso país se se tivessem feito investimentos na educação e na saúde.

ATIVIDADES

1. As frases e trechos a seguir foram retirados de jornais e revistas ou de textos de autores contemporâneos. Observe os tempos verbais das formas destacadas e explique o que elas expressam.
   a) "Durante oito anos, o agente de uma corretora de seguros **cumpriu** o mesmo ritual. **Chegava** em casa, **beijava** a esposa e **enfrentava**, no maior bom astral, vários problemazinhos que lhe **traziam** seus filhos. Eles **faziam** parte de uma tradicional família norte-americana, carregada de valores próprios tipo exportação, na fase de ouro dos seriados de TV. De 1954 a 1963, "Papai sabe tudo" **teve** uma ótima receptividade nos Estados Unidos e no Brasil, com direito a inúmeras reprises, em diferentes emissoras." *(Jornal do Brasil)*
   b) "O habitante das ruas de São Paulo não se **enquadra** mais na tradicional figura do indigente andarilho que **pede** esmolas." (*O Estado de S. Paulo*)
   c) "Ainda criança em Vitebsk, aos 10 anos, Marc Chagall se **decidiu** pela pintura. Aos 20, **começou** a frequentar a Sociedade Imperial de Belas Artes em São Petersburgo. Seduzido pela Europa, em 1910 **foi** parar em Paris, onde **começou** a produzir furiosamente. Para a França, **levaria** a primeira namorada, grande paixão e musa – sua mulher, Bella Rosenfeld." (Revista *Veja*)
   d) "**Lembro**-me do dia em que **fui** perto de sua casa apanhar o retrato, que me **prometera** na véspera." (Rubem Braga)
   e) "Amigos **dizem**-me: pinte o teto de sua cozinha de azul, assim não entrarão moscas.
   Desço a escada sonhador e perplexo; **será** verdade?" (Rubem Braga)

2. Complete as frases utilizando as formas apropriadas dos verbos indicados entre parênteses. Em alguns casos, você pode ter mais de uma opção.
   a) Não * ontem ao cinema com vocês porque * na semana passada. (*ir*)
   b) Nós * à cidade quando os sinos da torre da igreja * seis horas da tarde. (*chegar/tocar*)
   c) Todos * que o ano se * em quatro estações. (*saber/dividir*)
   d) Naquela época, eu * cedo todos os dias e * ginástica. Hoje, * mal e por isso não * disposição alguma de manhã. (*acordar/fazer/dormir/ter*)
   e) Todos os dias ele * por aqui e * se * de alguma coisa. (*passar/perguntar/necessitar*)
   f) Naquele instante, não me * e * para que ele parasse. (*conter/gritar*)
   g) Sempre * aos colegas que colaborem. (*pedir*)
   h) Sempre * aos colegas que colaborassem. (*pedir*)
   i) Daqui onde *, * o céu claro e * o canto dos pássaros. A manhã * linda! (*estar/ver/ouvir/ser*)
   j) Antes da chegada de Cabral, o Brasil * uma grande população indígena espalhada pelo litoral. Os membros das tribos *, *, * e * felizes, completamente alheios aos planos expansionistas que se * na Europa de então. (*possuir/caçar/plantar/pescar/dançar/arquitetar*)
   k) Assim que * a porta, * que algo estranho * naquele recinto. (*abrir/perceber/acontecer*)
   l) Quando * sua nota na prova, * das horas que * diante da televisão. (*ver/arrepender-se/desperdiçar*)

3. Complete as frases com as formas apropriadas dos verbos indicados entre parênteses. Em alguns casos, você pode ter mais de uma opção.
   a) Amanhã * cedo e * o primeiro ônibus para o litoral! (*acordar/pegar*)

b) Tudo * diferente se ele desse ouvidos aos nossos avisos. (*ser*)

c) Tudo * diferente se ele der ouvidos aos nossos avisos. (*ser*)

d) Quem * ali durante a noite para destruir nosso trabalho? (*vir*)

e) Meu avô * em 1920: dois anos depois, * a Semana de Arte Moderna. (*nascer/acontecer*)

f) Tu nada * sem a minha autorização! (*fazer*)

g) Quando ela voltar, * um novo país. (*encontrar*)

h) Quando chegarmos a casa, tudo já *. (*terminar*)

i) Quando chegássemos a casa, tudo já *. (*terminar*)

j) Vinte anos depois, ele * as mesmas palavras sobre sua inocência. (*repetir*)

k) Tudo * diferente se eles não tivessem tentado nos enganar. (*ser*)

4. Nos conjuntos de frases a seguir, você encontrará tempos verbais exprimindo ideias próximas. Procure explicar as diferenças de sentido e de emprego entre as frases de cada conjunto.

a) Irei amanhã.
Vou amanhã.

b) Vai até o fim!
Agora vais até o fim.
Irás até o fim!

c) Se ele me ajudasse, eu dava um jeito nisso.
Se ele me ajudasse, eu daria um jeito nisso.

d) Não fora minha atuação, ficáramos à mercê dos revanchistas.
Se não fosse minha atuação, ficaríamos à mercê dos revanchistas.

5. Elabore um parágrafo para contar sua vida. Use a terceira pessoa e o chamado presente histórico.

6. Em um parágrafo relate fatos que frequentemente aconteciam em sua infância. A seguir, observe os tempos verbais empregados e explique por que os utilizou.

7. Conte alguma coisa importante que aconteceu em sua vida, redigindo um breve texto. A seguir, observe os tempos verbais empregados e justifique seu uso.

8. Escreva as frases que você usaria para:

a) justificar por que não quis ir ao cinema com seus colegas no domingo (você havia visto o filme na quinta-feira);

b) dizer a sua namorada tudo o que você faz durante as manhãs;

c) contar algo que você costumava fazer quando tinha dez anos de idade;

d) contar algo interessante que lhe aconteceu no último sábado à noite;

e) falar de sua carreira universitária;

f) exprimir seu arrependimento por não ter escolhido outro programa para as últimas férias;

g) expor suas conclusões sobre o Brasil.

9. Observe os tempos verbais das respostas ao exercício anterior e justifique seu emprego.

10. Que efeito de sentido produz o uso da forma verbal **Fui** no texto publicitário? Comente.

Anúncio do portal www.clickarvore.com.br/Agência Merit.

Revista *Terra*, dez. 2000.

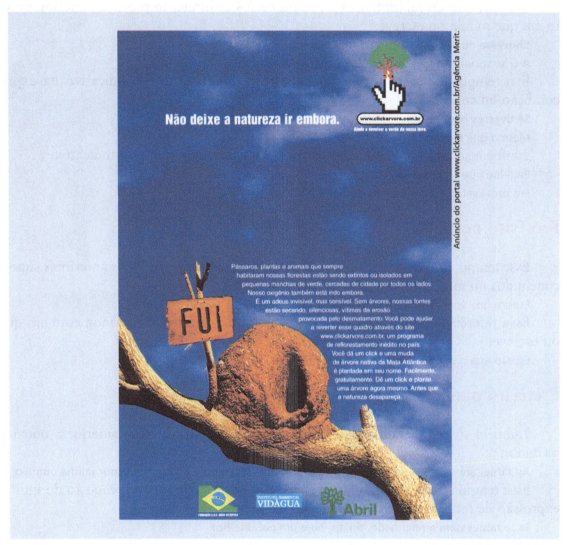

Os tempos do subjuntivo

Presente

O presente do subjuntivo exprime processos que se desenvolvem no momento em que se fala ou escreve:

Pena que a vida **seja** tão difícil para muitos!

Também se podem exprimir fatos ainda não realizados no momento em que se fala ou escreve:

Talvez minha vida **se torne** insuportável se eu acreditar em você.

É possível que ela **compareça** às aulas amanhã.

Pretérito imperfeito

O imperfeito do subjuntivo exprime processos de limites imprecisos, anteriores ao momento em que se fala ou escreve:

Chovesse ou não, eu corria todas as manhãs.

A crise social não permitiu que muitas crianças **tivessem** vida digna.

É o tempo que se relaciona com o futuro do pretérito do indicativo na expressão de condição ou concessão:

Se **tivesses** bom coração, satisfarias meus anseios.

Mesmo que **tentasses**, nada conseguirias.

Também se relaciona com os pretéritos perfeito e imperfeito do indicativo:

Pedi-lhe que **compreendesse** nossa decisão.

Era provável que ninguém **viesse** à reunião.

Pretérito perfeito

Esse tempo, que só ocorre na forma composta, exprime processos anteriores supostamente concluídos no momento em que se fala ou escreve:

Espero que você já **tenha encontrado** uma saída.

Essa referência pode incluir processos ainda não realizados no momento em que se fala ou escreve:

Espero que o exame já **tenha terminado** quando eu lá chegar.

Pretérito mais-que-perfeito

Também só ocorre na forma composta. Exprime um processo anterior a outro processo passado:

Aguardei até que **tivesse completado** seu discurso para então começar a expor minha opinião.

Esse tempo se relaciona com o futuro do pretérito simples ou composto do indicativo, na expressão de fatos irreais e hipotéticos do passado:

Se se **houvessem empenhado**, teriam hoje um país melhor.

Ainda que me **tivesses ajudado**, eu não teria obtido sucesso.

Futuro

Na forma simples, indica possibilidades ainda não realizadas no momento em que se fala ou escreve:

Quando **puder**, irei visitá-lo.

Quem **tiver** condições deve ajudar os sem-teto.

O primeiro que **responder** à minha pergunta receberá um prêmio.

Esse tempo se relaciona com o futuro do presente do indicativo na expressão de fatos condicionados cuja realização julgamos possível:

Se **vier** aqui no próximo mês, trarei sua encomenda.

O futuro do subjuntivo composto indica que terminou um processo futuro relacionado a outro fato futuro:

Quando **tiverem chegado** ao ponto mais alto da montanha, encontrarão rastros da expedição anterior.

Sairemos somente se o trabalho **estiver terminado**.

As formas nominais

As formas nominais do verbo são três: o infinitivo, o gerúndio e o particípio.

Como já vimos, essas formas são chamadas **nominais** porque podem assumir comportamento de nomes (substantivos, adjetivos e advérbios) em determinadas circunstâncias.

Infinitivo

O infinitivo apresenta o processo verbal em si mesmo, sem qualquer noção de tempo ou modo. É a forma pela qual se nomeiam os verbos:

É proibido **fumar**.

Estudamos a conjugação do verbo **reaver**.

Alimentar-se dignamente é um direito de todos.

É comum a substantivação do infinitivo pelo uso do artigo:

O fazer é mais importante que **o dizer**, segundo alguns.

Quando usado como substantivo, o infinitivo pode apresentar flexão de número:

É pessoa de alguns **haveres**.

Há duas formas de infinitivo em português: o **pessoal** e o **impessoal**. No primeiro deles, o processo verbal é relacionado a um ser; no segundo, não há essa relação. Observe a diferença:

Perguntei se havia algo para **fazer**. (= **Eu** perguntei se havia algo para **eu** fazer.)

Fazer algo ajuda a passar o tempo.

O infinitivo pessoal flexiona-se para concordar em número e pessoa com o ser a que se refere:

Você quer saber se há algo para **fazermos**?

Essa flexão pode ocorrer até mesmo em situações em que o infinitivo tenha papel nominal:

O **chegarmos** tarde será encarado como desinteresse.

Em sua forma composta, o infinitivo tem valor de passado, indicando um processo já concluído no momento em que se fala ou escreve:

Ter ficado até o fim da festa não nos trouxe nenhuma satisfação.

Particípio

O particípio é a forma nominal que participa ao mesmo tempo da natureza do verbo e do adjetivo. Sua natureza verbal se manifesta nas locuções verbais, nos tempos compostos e em orações reduzidas:

O problema terá sido **resolvido** até segunda-feira.

Não há nada que possa ser **feito**.

Se você me tivesse **ajudado**, teríamos **conseguido** superar as dificuldades.

Aprovado o procedimento, iniciaremos os trabalhos.

Calado num canto, ele nos observava atentamente.

Observe nos dois últimos exemplos como o particípio pode apresentar um processo completo anterior a outro (os trabalhos serão iniciados após a aprovação do procedimento) ou um processo que ocorre simultaneamente a outro (ele estava calado enquanto nos observava).

Assume função adjetiva quando atua como caracterizador de substantivos:

Teve papel **destacado** no encaminhamento da questão.

Teve atuação **destacada** no encaminhamento da questão.

Gerúndio

Além da natureza verbal, pode desempenhar função de advérbio e de adjetivo.

Atua como verbo nas locuções verbais e orações reduzidas. Indica normalmente um processo incompleto ou prolongado:

Estou **lendo** o livro que você me emprestou.

Estamos **lutando** para mudar esta situação injusta.

Sua natureza adverbial pode ser percebida em frases em que indica circunstância de modo:

Chorando muito, o menino procurava abraçar-se às pernas do pai.

O uso do gerúndio em função adjetiva é menos comum. Ocorre em frases em que caracteriza um substantivo:

Vejo ali algumas crianças **brincando**.

A forma composta do gerúndio tem valor de pretérito, indicando processo já concluído no momento em que se fala ou escreve:

Tendo feito várias reclamações por escrito que não foram atendidas, resolvi vir pessoalmente até a repartição.

Gerundismo ou "também se discute português fora da escola!"

"A gerência vai estar transferindo 3 mil reais de sua conta." Quem falar ou escrever uma frase assim atualmente corre o risco de ser ridicularizado. Culpa do gerúndio (e de sua junção com os verbos ir e estar), tachado de "assassino" do idioma por alguns gramáticos e formadores de opinião da mídia. Esse gerúndio é vítima da irritação dos usuários com seus maiores divulgadores, os operadores de *telemarketing*, que nos obrigam a sofrer para ter acesso telefônico a serviços de empresas. Mas será que o equívoco nesse processo é justamente o uso do gerúndio? Seria o gerúndio um erro gramatical da mesma ordem de falhas como "eu dispor" em vez de "se eu dispuser" ou "interviu" em vez de "interveio". E afinal de contas, o que é que o gerúndio está "assassinando"?

Para desprestigiá-lo, um observador afirmou que o gerúndio é uma firula desnecessária, um drible a mais na comunicação. Dizem, por exemplo, que "estar cuidando" tem o mesmo sentido que "cuidar". Mas todos nós temos o direito de usar ou não usar certa palavra, expressão ou locução. Qualquer idioma serve às intenções comunicativas dos seus falantes. Um determinado usuário pode dizer "vamos estar cuidando do seu caso" quando tem interesse em expressar continuidade, cordialidade ou polidez ao passo que outro falante pode desejar ir direto ao ponto, recorrendo à forma simples: "Vamos cuidar do seu caso" – que caracteriza um tratamento mais descomprometido ou "seco".

(...)

A campanha contra o gerúndio, creio, é fruto de preconceito linguístico sem embasamento numa pesquisa de campo entre os diferentes tipos de usuários de português em diferentes contextos. Pergunto por que os desafetos do gerúndio condenam a frase "Ele vai estar chegando na parte da tarde" quando os mesmos aceitam tranquilamente a presença dos verbos modais: "Ele pode estar chegando, ele deve estar chegando, ele tem de estar chegando na parte da tarde"?

SCHMITZ, John Robert. *Superinteressante*, mar. 2005.

Pense bem: quanto maior é a atividade econômica, mais negócios são fechados. Mais telefonemas são dados. Como consequência, mais gente tem a oportunidade de dizer coisas como: 'Nós vamos estar analisando os seus dados e vamos estar dando um retorno assim que possível'. Ou: 'Pra sua encomenda tá podendo tá sendo entregue, o senhor precisa tá deixando o nome de uma pessoa pra tá recebendo pelo senhor'.
Para! Para tudo! Não é para isso que a gente se sacrificou este ano inteiro. Crescimento, sim. Gerundismo, não! Mais do que nunca, precisamos nos mobilizar. Cada um de nós deve ser um agente sanitário eternamente a postos para exterminar essa terrível praga que se propaga pelo ar, pelas ondas de TV e pelas redes telefônicas.

E só existe uma forma de descontaminar um gerundista crônico: corrigindo o coitado. Na chincha. Com educação, claro. Por incrível que pareça, ninguém usa o gerundismo para irritar. Quando a teleatendente diz 'O senhor pode estar aguardando na linha, que eu vou estar transferindo a sua ligação', ela pensa que está falando bonito. (...)

"O importante é nunca deixar barato. Se alguém vier com gerundismo para cima de você, respire fundo – e eduque a criatura. 'Não, eu não posso TÁ ASSINANDO aqui. Mas, se você quiser, eu posso ASSINAR aqui, com o maior prazer.' 'Não, minha filha. Eu não vou TÁ EXPERIMENTANDO nada em provador nenhum. Eu vou é trocar de loja!'"

FREIRE, Ricardo. *Época*, 293, 29 dez. 2003.

As locuções verbais

As formas nominais dos verbos são bastante empregadas na formação das chamadas **locuções** ou **perífrases verbais**, conjuntos de verbos que, numa frase, desempenham papel equivalente ao de um verbo único. Nessas locuções, o último verbo, chamado **principal**, surge sempre numa de suas formas nominais; as flexões de tempo, modo, número e pessoa ocorrem nos verbos **auxiliares**:

Ninguém **poderá sair** antes do término da sessão.

Está ocorrendo uma rápida transformação dos valores.

Pode ser que ele **fique magoado** com esses comentários.

Pôs-se a trabalhar sem dizer uma palavra.

A língua portuguesa apresenta uma grande variedade dessas locuções, conseguindo exprimir por meio delas os mais variados matizes de significado. Os auxiliares **ter** e **haver** são empregados na formação dos chamados tempos compostos, de que já falamos detidamente. **Ser** (**estar**, em algumas construções) é usado nas locuções verbais que exprimem a voz passiva analítica do verbo, de que também já falamos. **Poder** e **dever** são auxiliares que exprimem a potencialidade ou a necessidade de que determinado processo se realize ou não:

Pode ocorrer algo muito importante hoje.

Deve ocorrer algo muito importante hoje.

Eles **podem trabalhar**.

Eles **devem trabalhar**.

Outro auxiliar importante é **querer**, que exprime vontade, desejo:

Quero ver um novo país.

Também são largamente usados como auxiliares **começar a, deixar de, voltar a, continuar a, pôr-se a; ir, vir** e **estar**, todos ligados à noção de **aspecto verbal**.

O aspecto verbal

Quando estudamos o valor e o emprego dos tempos verbais, você teve a oportunidade de perceber as diferenças entre o pretérito perfeito e o pretérito imperfeito do indicativo. A diferença entre esses tempos é uma diferença de **aspecto**, pois está ligada à **duração** do processo verbal:

Quando o **vi**, **cumprimentei**-o.

O aspecto é **perfeito**, pois o processo está concluído.

Quando o via, cumprimentava-o.

O aspecto é **imperfeito**, pois o processo não tem limites claros, prolongando-se por período impreciso de tempo.

O presente do indicativo e o presente do subjuntivo apresentam aspecto imperfeito, pois não impõem limites precisos ao processo verbal:

Faço isso sempre.

É provável que ele **faça** isso sempre.

Já o pretérito mais-que-perfeito, como o próprio nome indica, apresenta aspecto perfeito em suas várias formas do indicativo e do subjuntivo, pois traduz processos já concluídos:

Quando atingimos o topo da montanha, encontramos a bandeira que ele **fincara** (ou **havia fincado**) dois dias antes.

Se **tivéssemos chegado** antes, teríamos conseguido fazer o exame.

Outra informação aspectual que a oposição entre perfeito e imperfeito pode fornecer diz respeito à localização do processo no tempo. Os tempos perfeitos podem ser usados para exprimir processos localizados num ponto preciso do tempo:

No momento em que o **vi**, **acenei**-lhe.

Tinha-o **cumprimentado** logo que o vira.

Já os tempos imperfeitos podem indicar processos frequentes e repetidos:

Sempre que **saía**, **trancava** todas as portas.

O aspecto permite a indicação de outros detalhes relacionados com a duração do processo verbal:

Tenho encontrado problemas em meu trabalho.

Esse tempo, conhecido como pretérito perfeito composto do indicativo, indica um processo repetido ou frequente, que se prolonga até o presente.

Estou almoçando.

A forma composta pelo auxiliar **estar** seguido do gerúndio do verbo principal indica um processo que se prolonga. É largamente empregada na linguagem cotidiana, não só no presente, mas também em outros tempos (estava almoçando, estive almoçando, estarei almoçando etc.).

Em Portugal, costuma-se utilizar o infinitivo precedido da preposição *a* em lugar do gerúndio (estou a almoçar).

Tudo **estará resolvido** quando ele chegar. Tudo **estaria resolvido** quando ele chegasse.

As formas compostas: **estará resolvido** e **estaria resolvido**, conhecidas como futuro do presente e futuro do pretérito compostos do indicativo, exprimem processo concluído — é a ideia do aspecto perfeito que já conhecemos —, ao qual se acrescenta a noção de que os efeitos produzidos permanecem uma vez realizada a ação.

Os animais noturnos **terminaram de se recolher** mal **começou a raiar** o dia.

Nas duas locuções destacadas, mais duas noções ligadas ao aspecto verbal: a indicação do término e do início do processo verbal.

Eles **vinham chegando** à proporção que nós **íamos saindo**.

As locuções formadas com os auxiliares **vir** e **ir** exprimem processos que se prolongam.

Ele **voltou a trabalhar** depois de **deixar de sonhar** projetos irrealizáveis.

As locuções destacadas exprimem o reinício de um processo interrompido e a interrupção de outro, respectivamente.

Atividades

1. Observe os tempos verbais destacados nas frases abaixo e explique seu emprego.
   a) "Talvez **tenha acabado** o verão." (Rubem Braga)
   b) "Talvez **telefone** outro dia, e **volte**; talvez, como **aconteceu** uma vez, entre suas duas visitas, **fique** aborrecida por me telefonar em uma tarde em que **tenho** algum compromisso para a noite." (Rubem Braga)
   c) "O escritor profissional **teria** muitas surpresas se **reparasse** em algumas opiniões anônimas, ou quase anônimas, que às vezes **aparecem** nos jornais." (Graciliano Ramos)
   d) "Quem **temia** que o Brasil **atolasse** na explosão demográfica **encontrou** algum alívio na semana passada." (*Veja*)
   e) "O dono de um posto de gasolina que **quisesse** transportar gasolina por conta própria **tinha** que pagar propina aos intermediários para conseguir um lugar na fila da distribuidora. Com o fim do FUP (Fundo de Unificação de Preços), nada **garante** que isso **mudará**, mas é bem provável que os donos dos postos e as distribuidoras não **aceitem** mais a ação do cartel — do contrário seus custos **ficarão** mais altos que os dos concorrentes que **conseguirem** transporte mais barato." (*Veja*)

2. Complete as frases com as formas apropriadas dos verbos entre parênteses. Em alguns casos, você pode ter mais de uma opção.
   a) Talvez tudo isso * (*caber*) naquele armário...
   b) Não é possível que * (*ser*) ele o responsável por todos esses problemas!
   c) Se não nos * (*manter*) calmos, os problemas seriam maiores.
   d) Se não nos * (*manter*) calmos, os problemas teriam sido maiores.
   e) Se não nos * (*manter*) calmos, os problemas serão maiores.
   f) Espero que você já * (*terminar*) os exames quando eu voltar.
   g) Quando tudo * (*acabar*), perceberemos que valeu a pena.
   h) Se você * (*rever*) as contas, encontrará erros.

3. Reescreva as frases nas formas apresentadas no modelo.

Faça-me um favor.

Peço-lhe que me faça um favor.

Pedi-lhe que me fizesse um favor.

a) Responda-me algumas perguntas.
b) Ajude-me a sair do carro.
c) Traga-me algum dinheiro.
d) Diga-me a verdade.
e) Conte-me o que sabe.
f) Mostre-me como se faz.

4. Reescreva as frases, alterando tempos verbais conforme modelo.

Espero que você tenha conseguido bons resultados.

Esperava que você tivesse conseguido bons resultados.

a) Espero que você tenha chegado aonde queria.
b) Espero que o país tenha saído da crise.
c) Espero que tenhamos superado o impasse.
d) Espero que hajas transposto as últimas barreiras.

5. Reescreva as frases nas formas verbais apresentadas no modelo. Explique a mudança de sentido obtida.

É provável que ninguém apareça.

Era provável que ninguém aparecesse.

a) É possível que todos mudem de ideia.
b) É inadmissível que se permita uma coisa dessas.
c) É imprescindível que tomemos alguma atitude.
d) É indispensável que atuemos em grupo.
e) É desejável que todos saiam juntos.
f) É urgente que se faça algo.
g) É perturbador que crianças morram de fome.

6. Observe o modelo; a seguir, aplique-o às frases apresentadas. Explique a mudança de sentido obtida.

Se você for à festa, ela ficará contente.

Se você fosse à festa, ela ficaria contente.

Se você tivesse ido à festa, ela teria ficado contente.

a) Se você quiser, fará melhor.
b) Se você requerer novo exame, conseguirá.
c) Se você previr as dificuldades, irá até o fim do percurso.
d) Se os cidadãos reivindicarem seus direitos, haverá políticos mais engajados.
e) Se se fizer um trabalho sério, a educação modificará este país.
f) Se se satisfizerem as necessidades sociais básicas, o país crescerá.

7. Construa as frases que você utilizaria em cada uma das situações a seguir. Depois, observe os tempos verbais que você usou e comente seu valor.

a) Você quer participar de uma partida de futebol marcada para sábado de manhã. O jogo só se realizará se fizer tempo bom. Como você confirma seu interesse aos seus colegas?

b) Você gostaria de participar de uma partida de futebol marcada para sábado de manhã. O time, no entanto, está completo: você só poderá jogar se alguém for viajar, ficar doente ou coisa parecida — o que é pouco provável. Como você fala de seu desejo a seus colegas?

c) Você não participou da memorável partida de futebol em que o time de sua classe goleou o adversário. Todos os que participaram do jogo estão ali, contando vantagens; você, um pouco despeitado, resolve falar sobre o que não aconteceu porque você não estava lá. Como você fala dessas jogadas geniais que não aconteceram?

d) Ela (ele) não quer saber de sair com você. Você acredita que isso só acontece porque ainda não se conhecem bem. O que diria para convencê-la(o) de que sair com você será uma experiência inesquecível?

8. Complete as frases com uma das formas nominais dos verbos apresentados.

a) * (*encerrar*) as provas, teriam início as férias.

b) Saiu da sala * (*esbravejar*).

c) * (*resolver*) os problemas, poderemos descansar.

d) Eles vêm * (*vir*) pela estrada principal; por isso, vou * (*ir*) pela estrada secundária.

e) Haviam * (*escrever*) seus nomes nas paredes; agora, teriam de * (*pintar*) todas elas.

f) Trouxe o livro para tu * (*examinar*).

9. Explique as noções de aspecto transmitidas pelas formas verbais ou locuções destacadas nestas frases:

a) Só sairia quando tudo **estivesse terminado**.

b) Sempre **dizia** a mesma coisa.

c) **Começou a chover** assim que vocês se **puseram** a **andar**.

d) **Voltei a jogar** há duas semanas, depois de **ter ficado** seis meses inativo.

e) **Ando tentando mudar** de emprego, mas não **tenho conseguido** nada.

f) **Íamos notando** o adensamento da mata à medida que nos **aproximávamos** da região da reserva.

g) **Venho** sempre aqui.

h) Não se **têm conseguido** bons resultados no combate à pobreza.

10. Complete as frases com verbos auxiliares. Atente nas indicações de tempo presentes em cada frase para escolher os verbos adequados:

a) * vir aqui todos os sábados.

b) * fazer ginástica depois de vários meses de ócio.

c) * reclamar da vida quando percebi que aborrecia meus amigos.

d) Mal * amanhecer, os apitos das fábricas * tocar.

e) * feito o possível para realizar meus sonhos e ainda me restam muitos deles.

f) * ser que nada disso seja decisivo para o país, mas ainda assim * ser feito.

Tempos verbais, leitura e produção de textos

Você deve ter notado que nosso estudo dos verbos seguiu um percurso bem definido: num primeiro momento, estudamos noções fundamentais e esquemas de conjugação; no momento seguinte, estudamos particularidades morfológicas; neste último capítulo, observamos como usar as formas verbais anteriormente estudadas na construção de frases e textos.

Esse percurso, obviamente, obedece a uma estratégia que considera o uso efetivo das palavras a principal finalidade de qualquer estudo gramatical. Nas atividades propostas até agora, você percebeu a intensa utilização das diversas formas verbais nos mais variados tipos de frases da nossa língua. Na estruturação de textos, os tempos verbais cumprem papel fundamental: nos textos narrativos, por exemplo, costumam-se utilizar os pretéritos do indicativo e o futuro do pretérito do indicativo como eixo organizador; nos textos dissertativos, esse papel é normalmente desempenhado pelo presente do indicativo, presente do subjuntivo e futuro do presente do indicativo. Além disso, os valores dos tempos, modos e aspectos verbais podem ser transformados em recursos expressivos pelos escritores, que muitas vezes exploram esses elementos em seus textos literários (como no caso do texto de abertura deste capítulo).

• Texto 1

O essencial é invisível. O invisível também é essencial.

"Homens invisíveis: relatos de uma humilhação social": psicólogo Fernando Braga da Costa aborda em livro experiência de dez anos varrendo ruas.

Durante muitos anos ele varreu as ruas da grande metrópole. Que remédio? Paupérrimo desde a infância — o pai nem sequer conhecera, a mãe pedia esmolas —, nunca pudera estudar e podia até se dar por satisfeito por, ao menos, ter aquele emprego. Na verdade o trabalho não o incomodava; até gostava de varrer as ruas, e tinha em seu humilde casebre uma coleção de objetos curiosos que reunira ao longo de todos aqueles anos.

O que o incomodava era a invisibilidade. As pessoas passavam por ele e pareciam não vê-lo. Mais de uma vez quase fora atropelado. Era como se não existisse. Mas, existindo ou não, continuava varrendo as ruas e recolhendo coisas curiosas.

Foi assim que encontrou aquilo que lhe pareceu uma velha lamparina. Era muito bem-feita, e bonita, feita de algum metal raro. Estava um pouco suja, de modo que ele tratou de limpá-la com a manga. Mal o fez, um susto: uma explosão, uma nuvem de fumaça e uma figura gigantesca surgiu diante dele, um homem de turbante, torso nu e braços cruzados, que lhe disse, numa voz poderosa:

— Mande, mestre, estou às suas ordens.

Era, claro, o gênio da lâmpada. Acrescentou que ele tinha direito a um pedido — em outros casos eram três, mas no caso de garis a cota era de um apenas. Sem vacilar, o gari disse:

— Quero que todos os garis desta cidade fiquem invisíveis por uma semana.

O gênio disse que o pedido seria atendido e sumiu na nuvem de fumaça.

De fato, os garis ficaram invisíveis. O que causou o maior rebuliço. Porque o que agora se via, nas ruas, eram vassouras, aparentemente autônomas, varrendo as calçadas; o que se via era o lixo pulando para dentro dos carrinhos. Logo ficou patente que os garis continuavam trabalhando, mas invisíveis. Por quê? Alguns falavam num vírus misterioso; outros viam naquilo uma conspiração para a tomada do poder. De qualquer modo surgiu a polêmica: deveriam os garis continuar invisíveis ou seria o caso de o poder público tomar alguma providência para restaurar a visibilidade deles? A sondagem de opinião que deveria fornecer elementos para decidir a questão não chegou a ser realizada; a semana chegou ao fim e os garis recuperaram sua aparência normal.

Durante alguns dias foram objeto de curiosidade e até de afeto. Muitas pessoas dirigiam-se a eles, perguntando como se haviam sentido durante a invisibilidade. Até uma homenagem lhes foi feita, num programa de tevê.

Depois, tudo voltou ao normal. O gari da lâmpada (que agora faz parte de sua coleção) continua varrendo as ruas, sem que ninguém se dê conta de sua existência. Já não tem esperança de encontrar o gênio. Aliás, sabe que não adiantaria muito.

O escritor Moacyr Scliar escreve às segundas-feiras, nesta coluna, um texto de ficção baseado em reportagens publicadas na Folha.
SCLIAR. Moacyr. *Folha de S.Paulo*, 24 fev. 2004. Sinapse.

1. Quais os tempos verbais predominantes nos dois primeiros parágrafos da história criada por Moacyr Scliar? Justifique essa predominância.
2. “Foi assim que encontrou aquilo que lhe pareceu uma velha lamparina.” Qual o tempo verbal dessa frase? Que contraste esse tempo estabelece com um dos tempos verbais apontados na resposta à questão 1?
3. “— Mande, mestre, estou às suas ordens.” Justifique o uso dessa forma verbal na fala do gênio da lâmpada.
4. “Era, claro, o gênio da lâmpada.” Qual a importância da palavra **claro** nessa frase?
5. “— Quero que todos os garis desta cidade fiquem invisíveis por uma semana.” Por que os verbos dessa frase estão em modos diferentes?
6. Aponte as ocorrências do gerúndio no oitavo parágrafo em que se pode substituí-lo por uma estrutura iniciada pelo pronome **que**.
7. “Muitas pessoas dirigiam-se a eles, perguntando como se haviam sentido durante a invisibilidade.”Quais os tempos verbais presentes nessa frase? Justifique seu uso.
8. Qual o tempo verbal predominante no último parágrafo do texto? Que contraste estabelece com os tempos verbais predominantes nos parágrafos anteriores?
9. Qual a importância da informação sobre o autor, apresentada após o texto?
10. O texto nos conta uma história. E, principalmente, exprime um ponto de vista sobre nossa sociedade. Que ponto de vista é esse?

• **Texto 2**

Favela global

Elas são conhecidas por vários nomes. Na Indonésia, são "kampungs", na África do Sul, "townships", no Brasil, favelas. O modo de chamá-las, porém, não altera a realidade de pobreza e falta de infraestrutura básica que as cerca.

Segundo o documento das Nações Unidas intitulado "O Desafio das Favelas — Relatório Global sobre Assentamentos Humanos", já chegam a 1 bilhão as pessoas que vivem em favelas. Trata-se de 1/6 da população mundial. E esse contingente tende a crescer rapidamente. Pelas projeções, o número de favelados deverá dobrar nos próximos 30 anos.

A favelização é um fenômeno relativamente novo na história da humanidade. Está intrinsecamente ligado à urbanização, que também avança aceleradamente. Hoje, cerca de 50% da população mundial — 3 bilhões de pessoas — vive em cidades. Em duas décadas, deverão ser 5 bilhões. Habitat, o programa de assentamentos humanos da ONU, define favelas como aglomerados urbanos que combinam habitações precariamente construídas com acesso impróprio a água potável e a redes de saneamento, espaço *per capita* inadequado e ausência ou precariedade de títulos de propriedade.

No total, 31,6% dos habitantes de cidades vivem em favelas. Consideradas apenas as regiões em desenvolvimento, esse número chega a 43%. A situação, como sempre, é mais grave na África subsaariana, onde 71,9% da população urbana mora em favelas. Na América Latina e no Caribe, essa proporção é de 31,9%.

O pior de tudo nessa história é que, pelo menos em tese, o mundo dispõe de recursos e de tecnologia não só para atenuar o problema das favelas como também para acabar com a fome e melhorar substancialmente a saúde e a educação das populações mais miseráveis. Lamentavelmente, porém, a pobreza não parece ser a prioridade internacional. Basta lembrar que os EUA estão gastando, só para manter sua força invasora no Iraque, US$ 1 bilhão por semana.

***Folha de S.Paulo*, 8 out. 2003.**

1. Qual o valor do presente do indicativo no primeiro parágrafo do texto? Qual a importância desse parágrafo no conjunto do texto?
2. Qual o tempo verbal predominante no segundo parágrafo do texto? Qual o valor com que é empregado?
3. Que efeito produz sobre o leitor a apresentação dos dados do documento das Nações Unidas, no segundo parágrafo? Explique.
4. Qual o tempo verbal predominante no terceiro parágrafo do texto? Com que valor é empregado?
5. Que efeito produz sobre o leitor a definição de favela apresentada no terceiro parágrafo? Explique.
6. Que efeito produzem sobre o leitor as porcentagens apresentadas no quarto parágrafo? Explique.

7. Que indica a expressão “como sempre”, no quarto parágrafo?

8. Quais os tempos verbais predominantes no texto? Há alguma relação entre essa predominância e o tipo de texto que lemos?

9. “Lamentavelmente, porém, a pobreza não parece ser a prioridade internacional.”
   a) Que indicam as palavras “lamentavelmente” e “porém”?
   b) Você concorda com essa afirmação?

Texto 3

Soneto de separação

De repente do riso fez-se o pranto
Silencioso e branco como a bruma
E das bocas unidas fez-se a espuma
E das mãos espalmadas fez-se o espanto.

De repente da calma fez-se o vento
Que dos olhos desfez a última chama
E da paixão fez-se o pressentimento
E do momento imóvel fez-se o drama.

De repente, não mais que de repente
Fez-se de triste o que se fez amante
E de sozinho o que se fez contente.

Fez-se do amigo próximo o distante
Fez-se da vida uma aventura errante
De repente, não mais que de repente.

Oceano Atlântico, a bordo do Highland
Patriot, a caminho da Inglaterra, setembro, 1938.

Images.com/Corbis/Stock Photos

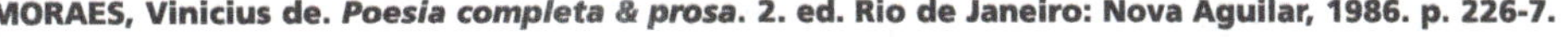
MORAES, Vinicius de. *Poesia completa & prosa*. 2. ed. Rio de Janeiro: Nova Aguilar, 1986. p. 226-7.

No “Soneto de separação”, emprega-se um único tempo verbal. É possível relacionar o tema do soneto com o valor desse tempo verbal? Comente, utilizando seus conhecimentos sobre as noções de modo, tempo e aspecto verbal.

CAPÍTULO 14

Estudo dos substantivos

A secretária eletrônica e o nome das coisas

O ser humano já não exibe o mesmo talento na arte de apelidar os objetos e fenômenos à sua volta

Existe melhor nome, para o objeto que chamamos de mesa, do que a palavra "mesa"? E a palavra "chapéu", existe melhor para designar um chapéu? A palavra "mesa" estende-se à nossa frente como guarnida de finos pratos e do melhor vinho, generosa e convidativa. A palavra "chapéu" como protege a cabeça, de tão justa e amiga. São nomes que convêm ao objeto como luva às mãos – e, diga-se de passagem, "luva" e "mão" são também, na humildade de suas sílabas, palavras da melhor qualidade. E os nomes dos bichos? Borboleta, beija-flor, chimpanzé, girafa, coruja, zebra, elefante, leão, rato, leopardo, onça, tartaruga. Esplêndidos. Joias de expressão e significado.

O escritor francês Jules Renard escreveu, a propósito das vacas: "Nós as chamamos de vacas, e é o nome que melhor lhes cabe". Claro que escreveu em francês, língua em que vaca é "vache", mas vaca é nome tão adequado ao que quer dizer quanto "vache". De maneira geral, os nomes das coisas essenciais e primitivas estão bem resolvidos, não importa em que língua. Em todas, "mesa" tem designação digna. Alguns nomes, de tão bons, servem a várias línguas, com pequenas modificações, como "girafa" e "elefante". Isso prova que o homem se saiu bem na tarefa de que o encarregou o criador, segundo a Bíblia: "Iahweh Deus modelou então, do solo, todas as feras selvagens e todas as aves do céu e as conduziu ao homem para ver como ele as chamaria; cada qual devia levar o nome que o homem lhe desse. O homem deu nomes a todos os animais, às aves do céu e a todas as feras selvagens..." (Gênese, 2, 19-20).

E hoje? A capacidade de dar nome às coisas revela-se em crise. À última, ou, se não a última, pelo menos a mais apavorante das doenças surgidas nos últimos anos, deu-se o nome de "aids", uma mera sigla. Em outros tempos, as doenças mereceram nomes como "rubéola" (que até empresta alguma graça aos rubores a que se refere) ou "escorbuto" (assustadora como os piratas que costumavam contraí-la). Os índios, com seu fraco pelo barulho das vogais, nos legaram o lindo nome de "catapora". "Aids", além de ser sigla, leva outra característica de nosso tempo, o cientificismo, com sua referência à imunodeficiência adquirida. No caso brasileiro, como nota o jornalista Marcos de Castro, num livro douto, interessante e útil, de lançamento recente (A Imprensa e o Caos na Ortografia, Editora Record), há a agravante de, incuráveis americanófilos, termos adotado a sigla em inglês. Ao contrário, franceses e espanhóis conformaram-na à ordem das palavras em seus idiomas (síndrome da imunodeficiência adquirida) e obtiveram resultado muito mais afeito à índole latina – "sida". Também os portugueses falam "sida", não "aids".

Em matéria de novas invenções, que é onde mais tem sido exigido o talento de dar nome às coisas, há falhas que advêm da própria incompreensão do objeto nomeado. "Computador" foi assim chamado porque a primeira utilidade que se vislumbrou no novo aparelho foi a de computar. Mas ele faz muito mais – compõe textos, arquiva, comunica. O objeto extravasou a designação com que se tentou aprisioná-lo. Nada supera, no entanto, em incompetência, na arte de nomear, os nomes que se deram, no Brasil, a duas outras invenções recentes – "aparelho de som" e "secretária eletrônica". "Vitrola" já era ruim. Era o nome de um produto lançado pela empresa Victor. Não tinha a nobreza de "gramofone" ou "fonógrafo", nomes que, compostos de elementos de línguas antigas, resultaram, a exemplo de "automóvel" ou "televisão", em vocábulos mais que aceitáveis. Mas "vitrola" pelo menos era original e sintético. "Aparelho de som" é um descalabro. Aparelho de produzir som é qualquer instrumento musical, e nem precisa ser isso – é qualquer lata ou pedaço de pau. Mas o pior é que, por ser nome composto e comprido, deu lugar à abreviação "som". "Não vamos esquecer de levar o som à praia", diz a namorada ao namorado, como se esse elemento incorpóreo que é o som, o som puro, a vibração que viaja no ar, pudesse ser transportado de uma parte a outra por mãos humanas. "Não ponha o som em cima da cama", diz a mãe ao filho, e isso, bem pesadas as palavras, é tão esdrúxulo como se dissesse: "Tire o vento de cima do travesseiro" ou "Guarde a claridade no armário".

Pior ainda é "secretária eletrônica". Supõe uma mulherzinha movida a pilha. Os irmãos portugueses, que nesse assunto de nomear são mais sensatos, dão a esse aparelho o nome de "gravador de chamadas". Os portugueses também não cederam ao despropósito de chamar de "mídia" os meios de comunicação, termo pelo qual, grotescamente, o latim nos chega embrulhado de inglês. Ficaram com "média", do latim original. Secretária eletrônica é um duplo insulto – às secretárias e ao aparelho que pretende designar. Às secretárias porque as equipara a uma engenhoca acoplada ao telefone. Ao aparelho, pelo desprestígio resultante de nome carregado de ridículo. O apelido que lhe foi pespegado no Brasil condenou à indignidade o gravador de chamadas.

TOLEDO, Roberto Pompeu de. Revista *Veja*, 3 mar. 1999.

Leitura: interação

1. De acordo com os dois primeiros parágrafos do texto, qual é a relação entre as palavras e as coisas que elas designam? Na sua opinião, por que se estabelece essa relação?
2. Qual a importância da citação bíblica – no segundo parágrafo – para o desenvolvimento da argumentação?
3. O terceiro parágrafo estabelece um contraste fundamental para o desenvolvimento posterior do texto. Aponte-o e comente-o, relacionando-o com o conteúdo dos parágrafos anteriores.

4. Qual a relação entre o conteúdo do quarto parágrafo e o do terceiro?
5. "Guarde a claridade no armário" é uma frase esdrúxula? Dê sua opinião sobre ela pensando no que nos diz o texto e no que você pensa e sente ao lê-la.
6. Por que o redator optou por dedicar um parágrafo inteiro à análise da denominação **secretária eletrônica**?
7. O que é a **americanofilia** e a **índole latina** de que fala o texto (terceiro parágrafo)? Que tipo de relação o texto parece estabelecer entre esses dois conceitos?
8. Faça com seus colegas uma relação de nomes dados a invenções e fatos recentes e discuta se o ser humano – particularmente o brasileiro – realmente "já não exibe o mesmo talento na arte de apelidar os objetos e fenômenos à sua volta".
9. É frequente ouvirmos e lermos referências a um passado em que as coisas eram melhores do que são agora. O que você pensa dessas comparações? Na sua opinião, por que sempre são feitas?
10. Um ensaio é um texto em que se desenvolve uma reflexão crítica sintética sobre um determinado tema. Por que uma revista como a *Veja* publica ensaios em uma de suas páginas (última) de maior destaque? Por que os leitores de *Veja* se interessam pela leitura de um texto como esse?

Conceito

Substantivo é a palavra que **nomeia** as diferentes entidades – coisas, pessoas, animais, vegetais, lugares, instituições, grupos, entes maravilhosos:

chapéu	mulher
Maria	Brasil
Teresina	comunidade
ipê	beija-flor
saci	

Incluem-se nesse grupo os nomes de ações, estados, qualidades, sensações, sentimentos:

correria	pobreza
liberdade	cidadania
saudade	alegria
respeito	

Os substantivos apresentam flexões de gênero, número e grau.

Morfossintaxe do substantivo

Nas orações da língua portuguesa, o substantivo em geral exerce funções diretamente relacionadas com o verbo: atua como núcleo do sujeito, dos complementos verbais (objeto direto ou indireto) e do agente da passiva. Pode ainda funcionar como núcleo do complemento nominal ou do aposto, como núcleo do predicativo do sujeito ou do objeto ou como núcleo do vocativo. Também encontramos substantivos como núcleos de adjuntos adnominais e de adjuntos adverbiais – quando essas funções são desempenhadas por grupos de palavras.

A palavra *substantivo* também pode ser um adjetivo

Reproduzimos a seguir o verbete **substantivo**, do *Dicionário de usos do português do Brasil*, de Francisco S. Borba. Observe que as quatro primeiras acepções se referem à palavra em sua atuação como adjetivo. Falaremos mais detidamente sobre os adjetivos num dos nossos próximos capítulos — por enquanto, aproveite para observar os possíveis significados da palavra **substantivo**.

Substantivo Adj [**Qualificador de nome não animado**]

1 que tem substância ou essência: destacava-se entre os homens hábeis daquele país o hábito de fazer uma conversa prosseguir horas a fio, sem que a proposta substantiva ganhasse clara configuração (REP); se olham as coisas não pelos resultados substantivos (VEJ);

2 essencial; profundo: eu te amo por você mesma, de um modo substantivo e positivo (LC)

3 fundamental; essencial: o submarino foi um elemento adjetivo na I Guerra Mundial e substantivo na II Guerra (VEJ)

4 que equivale a um substantivo, ou que o traz implícito: onde é que está a ideia substantiva no meio desses adjetivos? (CNT) • Nm

5 palavra que por si só designa a substância, ou seja, um ser real ou metafísico; palavra com que se nomeiam os seres, atos ou conceitos; nome: Há-kodesh é na origem um substantivo feminino (VEJ); Planctus era um particípio passado e não um substantivo (ACM)

In: BORBA, Francisco S. *Dicionário de usos do português do Brasil*. São Paulo, Ática, 2002. p. 1496.

Classificação dos substantivos

Substantivos simples ou compostos

Os substantivos **simples** apresentam um único radical em sua estrutura:

chuva	livro	livreiro
guarda	flor	desenvolvimento

Os substantivos **compostos** apresentam pelo menos dois radicais em sua estrutura:

guarda-chuva	guarda-livros	beija-flor
automóvel	palma-de-santa-rita	pernilongo
floricultura	televisão	

Substantivos primitivos ou derivados

Os substantivos que não provêm de nenhuma outra palavra da língua são chamados **primitivos:**

árvore	folha	flor
carta	dente	jornal

Os substantivos formados a partir de outras palavras da língua pelo processo de derivação são chamados **derivados:**

arvoredo	folhagem	florista
florada	carteiro	cartada
dentista	jornalista	

Substantivos concretos ou abstratos

Os substantivos que dão nome a seres de existência independente, reais ou imaginários, são chamados **concretos**:

armário	formiga	abacateiro
homem	vento	Brasil
cidade	sereia	Deus

Note que são considerados concretos os substantivos que nomeiam divindades ou seres fantásticos, pois, existentes ou não, são tomados sempre como seres dotados de vida própria.

Os substantivos que dão nome a estados, qualidades, sentimentos ou ações são chamados **abstratos**:

tristeza	concentração	clareza
brancura	abraço	honestidade
amor	paixão	conquista
crise	maturidade	atenção
beijo	ética	capacidade

Em todos esses casos, nomeiam-se conceitos cuja existência depende sempre de um ser para manifestar-se: é necessário alguém ser ou estar triste para a tristeza manifestar-se; é necessário que alguém beije ou abrace para que haja um beijo ou um abraço.

Substantivos comuns ou próprios

Os substantivos que designam todo e qualquer indivíduo de uma espécie de seres são chamados **comuns**:

homem	mulher	rio
montanha	planeta	animal
professor	país	estrela

Aqueles que designam um indivíduo particular de uma determinada espécie são chamados **próprios**:

José	Ana	Araguaia
Corcovado	Marte	Simão
Angola	Aldebarã	

Substantivos coletivos

Há um tipo de substantivo comum que nomeia conjuntos de seres de uma mesma espécie: é o chamado substantivo **coletivo**:

banda	fauna	flora
junta	legião	

Você encontrará nas páginas 510 e 511 do Apêndice uma relação dos principais coletivos da língua portuguesa; muitos deles são de uso bastante comum, facilitando a construção de frases mais concisas.

ATIVIDADES

1. Reescreva cada uma das frases a seguir, substituindo a palavra destacada por um substantivo abstrato e fazendo todas as alterações necessárias. Depois, procure perceber diferenças de sentido entre a frase original e a frase alterada.
   a) Era um sujeito tão **altivo** que nos indignava.
   b) Seu olhar é tão **triste** que ficamos tentados a ajudá-lo.
   c) A população brasileira está ficando mais **pobre**.
   d) Seu caráter era tão **rijo** que impressionava até mesmo seus adversários.
   e) Todos sentem que seu coração é **nobre**.
   f) É um material tão **rígido** que suporta os maiores esforços.

2. Nestas frases, continue substituindo as palavras em destaque por substantivos abstratos. Faça as alterações devidas.
   a) Todos conhecem seu comportamento **honesto**.
   b) É fundamental que todos sejam **participativos** e **fiscalizadores**.
   c) Sua prática **questionadora** desagradava aos mais conservadores.
   d) O ambiente era tão **claro** que turvava a vista dos presentes.
   e) Seus artigos sempre foram tão **claros** que qualquer um os podia entender.
   f) Seu comportamento **inquieto** preocupava os mais conservadores.

3. Nestas frases, os verbos é que darão lugar aos substantivos.
   a) **Conquistar** a igualdade é uma tarefa custosa.
   b) É dignificante **lutar** contra as desigualdades.
   c) O objetivo principal dessas atividades é **cultivar** a cidadania.
   d) Eles não aceitam **modificar** as regras.
   e) Optei por **praticar** esportes e **me alimentar** melhor.
   f) Busco **satisfazer** meu espírito de aventura.

4. Nestas frases, substitua as expressões destacadas por substantivos coletivos. Consulte a relação disponível na página 511 do Apêndice.
   a) O **grupo de jogadores** do clube não é dos melhores.
   b) O **grupo de condôminos reunidos** decidiu cortar despesas.
   c) Devemos proteger o **conjunto de animais** e o **conjunto de vegetais** desta região.
   d) A empresa aérea prometeu renovar **seu conjunto de aeronaves**.
   e) Formou-se um **grupo de médicos experientes** para estudar o caso.
   f) O **conjunto dos jurados** condenou-o por crime de corrupção.
   g) Um **grupo de músicos** alegrou a festa.
   h) Aonde quer que fosse, o ministro era acompanhado por um **grupo de bajuladores**.
   i) As palmas que se ouviam provinham de um **grupo de pessoas pagas para aplaudir**.
   j) Aonde quer que fosse, o ministro era acompanhado por um **grupo de acompanhantes e auxiliares**.
   k) O **grupo de atores** da peça é dos melhores.
   l) Naquela fotografia, ele aparece rodeado de um numeroso **grupo de filhos e filhas**.
   m) A biblioteca teve seu **conjunto de obras literárias** ampliado recentemente. Também foi instalado um **arquivo de jornais e revistas**.
   n) Comprei uma **seleção de poemas e crônicas** de Carlos Drummond de Andrade.

5. Observe atentamente as falas do quadrinho a seguir e responda às questões propostas.

Maitena. ***Superadas. Folha de S.Paulo,*** **28 set. 2003.**

a) Explique por que, no texto acima, **clássicos** é um substantivo.

b) Que tipo de informação temos de obter para alcançar o sentido que o substantivo **clássicos** tem no texto? Explique.

6. Que relação há entre biblioteca e livro? De que forma o texto seguinte usa essa relação?

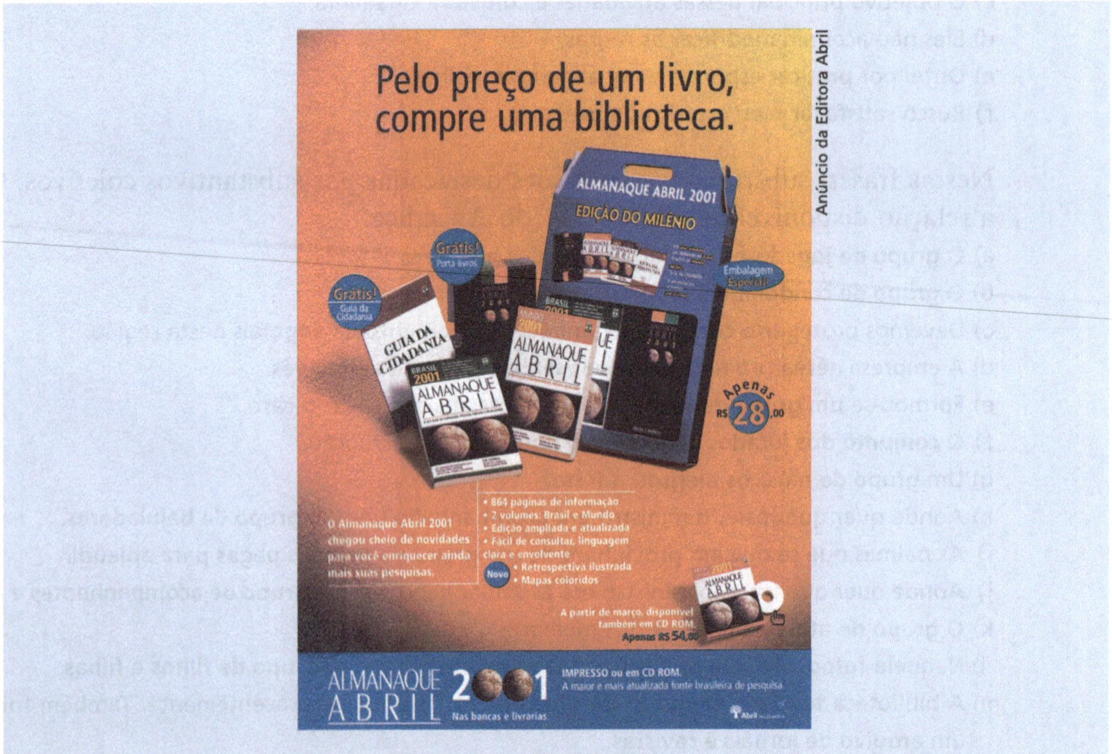

Revista ***Superinteressante,*** **fev. 2001.**

Flexões dos substantivos

Flexão de gênero

São **masculinos** os substantivos a que se pode antepor o artigo **o**:

o homem	o menino	o gato
o mar	o dia	o pó

São **femininos** os substantivos a que se pode antepor o artigo **a**:

a mulher	a menina	a gata
a terra	a semana	a mesa

Pó tem sexo?

O uso das palavras **masculino** e **feminino** costuma provocar confusão entre a categoria gramatical de gênero e a característica biológica dos sexos. Para evitar essa confusão, observe que definimos gênero como um fato relacionado com a concordância das palavras: **pó**, por exemplo, é um substantivo masculino pela concordância que estabelece com o artigo **o**, e não porque se possa pensar num possível comportamento sexual das partículas de poeira. Só faz sentido relacionar o gênero ao sexo quando se trata de palavras que designam pessoas e animais, como os pares **professor/professora** ou **gato/gata.** Ainda assim, essa relação não é obrigatória, pois há palavras que, mesmo pertencendo exclusivamente a um único gênero, podem indicar seres do sexo masculino ou feminino. É o caso de **criança**, do gênero feminino, que pode designar seres dos dois sexos.

Formação do feminino dos substantivos biformes

Os substantivos que designam seres humanos ou animais podem apresentar uma forma para o masculino e outra para o feminino: são, por isso, considerados substantivos **biformes.**

Essas duas formas podem apresentar um mesmo radical ou podem apresentar radicais diferentes; no primeiro caso, a formação do feminino está ligada principalmente à terminação da forma masculina:

- A maior parte dos substantivos terminados em -**o** átono forma o feminino pela substituição desse -**o** por -**a**:

  menin**o**/menin**a** gat**o**/gat**a** pomb**o**/pomb**a**

  Destaquem-se os pares **galo/galinha** e **maestro/maestrina.**

- A maior parte dos substantivos terminados em consoante forma o feminino pelo acréscimo da desinência -**a**:

freguês/freguesa	camponês/camponesa	remador/remadora
professor/professora	deus/deusa	juiz/juíza

Destaquem-se os pares **ator/atriz, czar/czarina** e **imperador/imperatriz.** Para **embaixador**, existem as formas **embaixatriz** (esposa do embaixador) e **embaixadora** (mulher que ocupa o cargo).

- A maior parte dos substantivos terminados em **-ão** forma o feminino pela substituição de **-ão** por **-ã** ou **-oa**:

cidad**ão**/cidad**ã**	órf**ão**/órf**ã**	anfitri**ão**/anfitri**ã**
le**ão**/le**oa**	patr**ão**/patr**oa**	leit**ão**/leit**oa**

Nos aumentativos, substitui-se **-ão** por **-ona**:

sabich**ão**/sabich**ona** valent**ão**/valent**ona**

Destaquem-se os pares sultão/sultana, cão/cadela, ladrão/ladra, perdigão/perdiz e barão/baronesa.

- Alguns substantivos ligados a títulos de nobreza, ocupações ou dignidades formam femininos em **-esa**, **-essa**, **-isa**:

barão/baron**esa**	abade/abad**essa**	sacerdote/sacerdot**isa**
cônsul/consul**esa**	conde/cond**essa**	profeta/profet**isa**
duque/duqu**esa**	visconde/viscond**essa**	poeta/poet**isa**

- Alguns substantivos terminados em **-e** formam o feminino com a substituição desse **-e** por **-a**:

mestre/mestra	infante/infanta	parente/parenta
elefante/elefanta	monge/monja	

- Alguns substantivos apresentam formações irregulares para o feminino:

avô/avó	rei/rainha	silfo/sílfide
herói/heroína	marajá/marani	réu/ré

Entre os substantivos biformes cujas formas masculinas e femininas apresentam radicais diferentes, merecem destaque os seguintes pares:

- relativos a seres humanos:

cavaleiro/amazona	cavalheiro/dama	compadre/comadre	frade/freira
frei/sóror ou soror	genro/nora	homem/mulher	marido/mulher
padrasto/madrasta	padrinho/madrinha	pai/mãe	

- relativos a animais:

boi, touro/vaca	carneiro/ovelha	bode/cabra
cavalo/égua	zangão ou zângão/abelha	

Formação do feminino dos substantivos comuns de dois gêneros

Há substantivos que apresentam uma única forma para os dois gêneros: são, por isso, chamados de **uniformes**. Nesses casos, a distinção entre a forma masculina e feminina é feita pela concordância com um artigo ou outro determinante: **o** agente/**a** agente; **aquele** jornalista/**aquela** jornalista. Esses substantivos são tradicionalmente conhecidos como **comuns de dois gêneros**:

o/a agente	o/a indígena	o/a gerente	o/a cliente
o/a camarada	o/a jornalista	o/a imigrante	o/a estudante
o/a mártir	o/a artista	o/a intérprete	o/a pianista
o/a dentista	o/a colega	o/a suicida	

Formação do feminino dos substantivos sobrecomuns e epicenos

Há ainda substantivos que designam seres humanos, animais ou vegetais e que são sempre do mesmo gênero, quer se refiram a seres do sexo masculino, quer se refiram a seres do sexo feminino. Os substantivos de um único gênero que se referem a seres humanos são tradicionalmente conhecidos como **sobrecomuns**:

o algoz	o indivíduo	a vítima	a testemunha
a criança	a criatura	o cônjuge	o modelo

Os substantivos de um único gênero que designam animais são tradicionalmente conhecidos como **epicenos**:

a águia	a borboleta	a palmeira	o condor	o jacaré
o besouro	a baleia	a cobra	o mamoeiro	o crocodilo

Observe que o gênero dos substantivos sobrecomuns e epicenos é sempre o mesmo: o que pode variar é o sexo do ser a que se referem. Quando se quer especificar esse sexo, constroem-se expressões como "criança do sexo masculino"; "um mamoeiro macho", "um mamoeiro fêmea"; "um macho de jacaré", "uma fêmea de jacaré". É possível ainda fazer variar em gênero macho e fêmea: cobra macha, jacaré fêmeo, por exemplo.

As pessoas e os bichos

Uma forma interessante de usar as palavras que designam animais em nossa língua é relacioná-las com o comportamento das pessoas. Basta você pensar em frases como "Aquela moça é uma perua." ou "Fulano ficou uma arara." para perceber do que estamos falando. Pense em termos como **burro**, **onça**, **touro**, **cabra**, **bode**, **baleia**, **elefante**, **tigre**, **jararaca** e na frequência com que empregamos essas palavras para caracterizar as pessoas com quem nos relacionamos. Você pode apontar outros exemplos? Em que situações costumam ocorrer essas referências? Fazemos justiça aos animais com elas?

Substantivos de gênero vacilante

Há muitos substantivos cujo emprego, mesmo na língua-padrão, apresenta oscilação de gênero. Em alguns casos, pode-se recomendar a adoção de um dos dois gêneros; em outros, consideram-se aceitáveis ambos os usos. Apresentamos a seguir os principais casos:

Gênero masculino

o aneurisma	o matiz	o guaraná	o eclipse	o clã
o champanha	o tracoma	o magma	o formicida	o proclama
o dó	o apêndice	o plasma	o eczema	o sósia

Gênero feminino

a agravante	a derme	a omoplata	a couve-flor	a gênese
a bacanal	a comichão	a alface	a cataplasma	a entorse
a ênfase	a aguardente	a dinamite	a sentinela	a cal

Usados em ambos os gêneros

o/a aluvião	o/a caudal	o/a personagem	o/a tapa
o/a amálgama	o/a sabiá	o/a suéter	o/a usucapião

Gênero e mudança de significado

o cabeça: chefe, líder	**a** cabeça: parte do corpo ou de um objeto; pessoa muito inteligente
o capital: conjunto de bens	**a** capital: cidade onde se localiza a sede do Poder Executivo
o crisma: óleo usado num dos sacramentos religiosos	**a** crisma: cerimônia religiosa
o cura: sacerdote	**a** cura: ato ou efeito de curar
o língua: intérprete	**a** língua: músculo do aparelho digestório; idioma
o moral: ânimo, brio	**a** moral: conjunto de valores e regras de comportamento

Em alguns casos, o que ocorre não é flexão de gênero, e sim **homonímia**: trata-se de palavras iguais na forma, mas de origem, gênero e significado diferentes. As principais são:

o cisma: separação, dissidência	**a** cisma: preocupação, suspeita
o grama: unidade de massa	**a** grama: relva, planta rasteira
o lente: professor	**a** lente: instrumento óptico

Atividades

1. Complete estas frases de acordo com o modelo proposto.

*A polícia buscava um **homem** e acabou encontrando uma **mulher**.*

a) Queria um compadre e acabou encontrando *.
b) Queriam contratar um cavaleiro e acabaram contratando *.
c) Não gostava do genro, mas adorava *.
d) Não só não caçou marajás como acabou criando *.
e) Esperavam absolver o réu e acabaram condenando *.
f) Aguardava carta de um parente e acabou recebendo a de *.
g) Não aceitaram o novo cônsul; faziam questão de que fosse *.
h) Não encontrou o anfitrião; agradeceu, então, *.
i) Meu filho será um cidadão consciente; minha filha será *.
j) Os músicos não aceitaram o novo maestro: queriam o retorno da *.
k) Aguardávamos a chegada do novo embaixador quando fomos surpreendidos pela notícia de que era *.
l) Cada rapaz da turma é um valentão; cada moça, *.
m) Cada rapaz da turma é um cavalheiro; cada moça, *.

2. Complete estas frases de acordo com o modelo proposto.

*Ele não consegue distinguir um **gato** de uma **gata**.*

a) Ele não consegue distinguir um boi de *.
b) Ele não sabe distinguir um carneiro de *.
c) Ele não pode distinguir um bode de *.
d) Ele não é capaz de distinguir um cão de *.
e) Ele não tem capacidade para distinguir um elefante de *.
f) Ele é incapaz de distinguir um leitão de *.
g) Ele não distingue um pavão de *.
h) Ele não saberia distinguir um perdigão de *.

3. Complete as frases abaixo de forma que se estabeleça concordância de gênero.

a) Senti muit* dó quando vi * couves e * alfaces que o granizo destruíra.
b) Abriu * champanha que comprara na véspera. Depois, proferiu um discurso em que cada palavra era dita com muit* ênfase. Todos os membros d* clã o aplaudiram.
c) Sua saúde era muito problemática: superad* * eczema, surgiu-lhe * tracoma. Depois, sofreu * entorse, quebrou * omoplata, extraiu * apêndice. Morreu quando lhe estourou * aneurisma.
d) Foi condenado com * agravante: vendeu aguardente falsificad* anos a fio.
e) O pênalti foi marcado e a bola colocada na marca d* cal.
f) * guaraná vendid* nas farmácias é considerad* um estimulante.

4. Estabeleça a concordância de gênero nas frases abaixo.

a) * cabeça da rebelião foi decapitad*. * cabeça foi expost* em praça pública.
b) Tod* * capital da empresa está aplicad* em bancos d* capital do país.
c) * cura confessou-se incapaz de proporcionar remédios para * cura dos pacientes.
d) * moral dos jogadores era pequen*.
e) Quem sabe consigamos construir * moral mais voltad* para a eliminação das desigualdades sociais?
f) Quant* gramas de ouro teriam sido espalhad*s pel* grama?

Flexão de número

Formação do plural dos substantivos simples

- Acrescenta-se a desinência -s aos substantivos terminados em vogal, ditongo oral ou no ditongo nasal **-ãe**:

casa/casas	saci/sacis	pai/pais	maçã/maçãs
sofá/sofás	cipó/cipós	lei/leis	mãe/mães
dente/dentes	peru/perus	herói/heróis	ipê/ipês

→ **Destaquem-se as formas avôs (o avô materno e o paterno) e avós (casal formado por avô e avó, ou plural de avó).**

- Acrescenta-se a desinência -s aos substantivos terminados em **-m**, que é substituído por **-n** na forma do plural:

homem/homens	jardim/jardins	som/sons	atum/atuns

- A maioria dos substantivos terminados em **-ão** forma o plural substituindo essa terminação por **-ões**. Incluem-se nesse grupo os aumentativos:

balão/balões
eleição/eleições
figurão/figurões
botão/botões
leão/leões
sabichão/sabichões
coração/corações
opinião/opiniões
vozeirão/vozeirões

Os paroxítonos terminados em **-ão** e alguns poucos oxítonos e monossílabos formam o plural pelo simples acréscimo de **-s**:

sótão/sótãos
bênção/bênçãos
órfão/órfãos
órgão/órgãos
cidadão/cidadãos
cristão/cristãos
irmão/irmãos
vão/vãos
mão/mãos
chão/chãos
grão/grãos

Alguns substantivos terminados em **-ão** formam o plural substituindo essa terminação por **-ães**:

alemão/alemães
capitão/capitães
escrivão/escrivães
tabelião/tabeliães
catalão/catalães
capelão/capelães
charlatão/charlatães
cão/cães
pão/pães

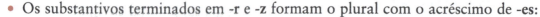

Em alguns casos, há mais do que uma forma aceitável para esses plurais; a tendência da língua portuguesa atual do Brasil é utilizar a forma de plural em **-ões**:

ancião	anciões, anciães, anciãos	guardião	guardiões, guardiães
ermitão	ermitões, ermitães, ermitãos	verão	verões, verãos
anão	anões, anãos	vilão	vilões, vilãos

- Os substantivos terminados em **-r** e **-z** formam o plural com o acréscimo de **-es**:

mar/mares
açúcar/açúcares
rapaz/rapazes
raiz/raízes
cruz/cruzes
hambúrguer/hambúrgueres

Destaquem-se os plurais de **caráter**, **júnior** e **sênior**: caracteres, juniores e seniores, formas em que ocorre também deslocamento da sílaba tônica.

- Os substantivos terminados em **-s** formam o plural com acréscimo de **-es**; quando paroxítonos ou proparoxítonos, são invariáveis – o que faz com que a indicação de número passe a depender de um artigo ou outro determinante:

gás/gases
mês/meses
obus/obuses
o atlas/os atlas
o pires/os pires
o vírus/os vírus
algum ônibus/**vários** ônibus
país/países
um lápis/**dois** lápis

- Os substantivos terminados em **-al**, **-el**, **-ol** e **-ul** formam o plural pela transformação do **-l** dessas terminações em **-is**:

canal/canais
paul/pauis
álcool/alcoóis
papel/papéis
anzol/anzóis

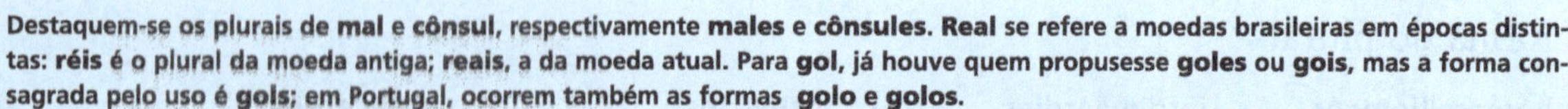
Destaquem-se os plurais de **mal** e **cônsul**, respectivamente **males** e **cônsules**. **Real** se refere a moedas brasileiras em épocas distintas: **réis** é o plural da moeda antiga; **reais**, a da moeda atual. Para **gol**, já houve quem propusesse **goles** ou **gois**, mas a forma consagrada pelo uso é **gols**; em Portugal, ocorrem também as formas **golo** e **golos**.

- Os substantivos oxítonos terminados em **-il** trocam **-l** por **-s**; os paroxítonos trocam essa terminação por **-eis**:

barril/barri**s** fuzil/fuzi**s** projétil/projét**eis** réptil/rép**teis**
ardil/ardi**s** funil/funi**s** fóssil/fóss**eis**

Além das formas paroxítonas já apresentadas, existem as formas oxítonas projetil e reptil, que fazem os plurais projetis e reptis.

- Os substantivos terminados em **-n** formam o plural pelo acréscimo de **-s** ou **-es**:

abdômen/abdomens ou abdômenes hífen/hifens ou hífenes
gérmen/germens ou gérmenes líquen/liquens ou líquenes

No português do Brasil, há acentuada tendência para o uso das formas obtidas pelo acréscimo de -s. Observe que, quando paroxítonas, essas formas de plural não recebem acento gráfico.
Destaque-se cânon, cujo plural é a forma cânones.

- Os substantivos terminados em **-x** são invariáveis; a indicação de número depende da concordância com algum determinante:

o tórax/**os** tórax **um** clímax/**alguns** clímax

- Nos diminutivos formados pelo acréscimo do sufixo **-zinho** (mais raramente **-zito**), a formação do plural deve ser feita tanto na terminação do substantivo primitivo (com posterior supressão do -s) como na do sufixo:

balãozinho/balõezinhos papelzinho/papeizinhos colarzinho/colarezinhos
pãozinho/pãezinhos anzolzinho/anzoizinhos florzinha/florezinhas

No caso de diminutivos formados a partir de substantivos terminados em **-r**, há acentuada tendência na língua atual do Brasil para limitar-se o plural à terminação da forma derivada:

colarzinho/colarzinhos florzinha/florzinhas mulherzinha/mulherzinhas

Metafonia

Há muitos substantivos cuja formação do plural não se manifesta apenas por meio de modificações morfológicas, mas também implica alteração fonológica. Nesses casos, ocorre um fenômeno chamado **metafonia**, ou seja, a mudança de som entre uma forma e outra. Trata-se da alternância do timbre da vogal, que é fechado na forma do singular e aberto na forma do plural. Eis alguns casos que se devem observar nas situações em que é necessário utilizar a variante formal da língua falada:

singular(ô)	plural(ó)	singular(ô)	plural(ó)
ap**o**sto	ap**o**stos	car**o**ço	car**o**ços
c**o**rno	c**o**rnos	c**o**rpo	c**o**rpos
c**o**rvo	c**o**rvos	esf**o**rço	esf**o**rços
f**o**go	f**o**gos	f**o**rno	f**o**rnos
imp**o**sto	imp**o**stos	j**o**go	j**o**gos
mi**o**lo	mi**o**los	**o**lho	**o**lhos
osso	**o**ssos	**o**vo	**o**vos
p**o**ço	p**o**ços	p**o**rco	p**o**rcos
p**o**rto	p**o**rtos	p**o**sto	p**o**stos
p**o**vo	p**o**vos	ref**o**rço	ref**o**rços
soc**o**rro	soc**o**rros	tij**o**lo	tij**o**los

Prática de língua falada

Leia atentamente em voz alta as frases abaixo. A seguir, comente com seus colegas que impressão causa o modo de pronunciar alguns dos substantivos presentes nessas frases e a que situação de uso da língua essa pronúncia é mais adequada.

a) Comeu as uvas e jogou os caroços no lixo.
b) Não aceitaremos um novo aumento de impostos. É bom que o governo abra os olhos e realize esforços mais sérios para controlar suas contas.
c) Não se instalam chiqueiros de porcos nas proximidades de poços.
d) Compramos fogos de artifício para a festa de abertura dos jogos estudantis.
e) Acredito na convivência harmoniosa dos diferentes povos.
f) Um médico que passava por ali prestou os primeiros socorros às vítimas do acidente.

Formação do plural dos substantivos compostos

A formação do plural dos substantivos compostos depende da forma como são grafados, do tipo de palavras que formam o composto e da relação que estabelecem entre si. Aqueles que são grafados sem hífen comportam-se como os substantivos simples:

aguardente/aguardentes
pontapé/pontapés
girassol/girassóis
malmequer/malmequeres

O plural dos substantivos compostos cujos elementos são ligados por hífen costuma provocar muitas dúvidas e discussões. Algumas orientações são dadas a seguir:

- Nos compostos em que o primeiro elemento é um verbo ou uma palavra invariável (normalmente um advérbio) e o segundo elemento é um substantivo ou um adjetivo, coloca-se apenas o segundo elemento no plural:

beija-flor/beija-flores
grão-duque/grão-duques
alto-falante/alto-falantes
sempre-viva/sempre-vivas
bate-boca/bate-bocas
abaixo-assinado/abaixo-assinados

Assemelham-se a esses substantivos aqueles formados pelo acréscimo de um prefixo ligado por hífen:

vice-presidente/vice-presidentes
super-rico/super-ricos
recém-nascido/recém-nascidos
ex-namorado/ex-namorados

- Nos compostos em que os dois elementos são variáveis, ambos vão para o plural:

guarda-civil/guardas-civis
sexta-feira/sextas-feiras
boia-fria/boias-frias
mão-boba/mãos-bobas
cota-parte/cotas-partes
peso-mosca/pesos-moscas

Nos casos em que o segundo elemento dá ideia de finalidade ou semelhança ou limita o primeiro, manda a tradição que só se pluralize o primeiro:

pombo-correio/pombos-correio
salário-família/salários-família
banana-maçã/bananas-maçã
escola-modelo/escolas-modelo
navio-escola/navios-escola
fruta-pão/frutas-pão

Pombos-correio ou pombos-correios?

A tendência na língua portuguesa atual do Brasil é a pluralização dos dois elementos também neste caso. É o que se nota quando se consulta o *Dicionário Houaiss da Língua Portuguesa*, em que pombo-correio, salário-família, banana-maçã e escola-modelo têm abonadas duas formas para o plural (salários-família e salários-famílias, por exemplo); navio-escola, no entanto, tem abonada apenas a forma navios-escola, enquanto navio-hospital, navio-oficina e navio-tanque têm abonadas as duas possibilidades de plural. De acordo com o mesmo dicionário, fruta-pão tem duas formas de plural: frutas-pão e frutas-pães.

- Nos compostos em que os elementos formadores são unidos por preposição, apenas o primeiro elemento vai para o plural:

palma-de-santa-rita/palmas-de-santa-rita
mula sem cabeça/mulas sem cabeça
pé de moleque/pés de moleque
pão de ló/pães de ló

- Nos compostos formados por palavras repetidas ou onomatopaicas, apenas o segundo elemento varia:

reco-reco/reco-recos
tico-tico/tico-ticos
tique-taque/tique-taques
pingue-pongue/pingue-pongues

Merecem destaque os seguintes substantivos compostos:
o bota-fora/os bota-fora
o diz que diz/os diz que diz
o topa-tudo/os topa-tudo
o faz de conta/os faz de conta
o paraquedas/os paraquedas
o arco-íris/os arco-íris
o salva-vidas/os salva-vidas
o louva-a-deus/os louva-a-deus
E também:
o bem-te-vi/os bem-te-vis
o bem-me-quer/os bem-me-queres

Flexão de grau

Os substantivos podem ser modificados a fim de exprimir intensificação, exagero ou mesmo deformação. Também podem ser modificados para exprimir atenuação ou diminuição de seu significado. Essas modificações, que constituem as variações de **grau** do substantivo, são tradicionalmente consideradas um mecanismo de flexão. Você perceberá, no entanto, que não se trata de mecanismos de flexão – obrigatórios para a manutenção da concordância nas frases – mas sim de processos de derivação ou de relacionamento sintático entre termos determinados e termos determinantes.

Formação do grau dos substantivos

Os graus aumentativo e diminutivo dos substantivos podem ser formados por dois processos: sintético e analítico.

O **processo sintético** consiste no acréscimo de sufixos aumentativos ou diminutivos à forma normal do substantivo. É, na verdade, um típico caso de derivação sufixal:

rato: ratão (aumentativo sintético)   ratinho (diminutivo sintético)

No **processo analítico**, a forma normal do substantivo é modificada por adjetivos que indicam aumento ou diminuição de proporções. É um caso típico de determinação sintática:

rato: rato **grande** (aumentativo analítico)   rato **pequeno** (diminutivo analítico)

Amigão é amigo grande ou grande amigo?

No uso efetivo da língua, as formas sintéticas de indicação de grau são normalmente empregadas para conferir valores afetivos aos seres nomeados pelos substantivos. Observe formas como amigão, partidão, bandidaço, mulheraço; livrinho, ladrãozinho, rapazola, futebolzinho – em todas elas, o que interessa é transmitir dados como carinho, admiração, ironia ou desprezo, e não noções ligadas ao tamanho físico dos seres nomeados.

Atividades

1. Complete as frases de acordo com o modelo proposto.

*Não posso comprar sequer um **funil**.*
*Como quer que eu compre vários **funis**?*

a) Não posso formar sequer um único jardim. Como quer *?
b) Nunca soltei sequer um único balão. Como quer *?
c) Não conheço sequer um único figurão. Como quer que lhe apresente *?
d) Infelizmente, não consegui encontrar um único cidadão de verdade nesta classe. Como quer que lhe aponte *?
e) Não conheço um único capitão do exército. Como quer que lhe apresente *?
f) Não posso comprar sequer um hambúrguer. Como quer *?

2. Observe o modelo para completar estas frases.

*Não quebrou só um **pires**: quebrou todos os **pires**.*

a) Não roubaram só um barril: roubaram *.
b) Não deixaram só um leão fugir: deixaram *.
c) Não fraudaram só uma eleição: fraudaram *.
d) Não ludibriou só um cidadão: ludibriou *.
e) Não comeu apenas um pão: comeu *.
f) Não é amigo apenas de um escrivão e de um tabelião: é amigo de *.
g) Não corrompeu apenas um caráter: corrompeu *.
h) Não promoveu tão somente um júnior para o time principal: promoveu *.
i) Não depredaram apenas um ônibus: depredaram *.
j) Não lançaram só um projétil: lançaram *.
k) Não lançaram somente um projétil: lançaram *.
l) Não se esqueceu apenas de um hífen: esqueceu-se de *.
m) Não devorou um pastelzinho apenas: devorou *.

3. Complete as frases com a palavra indicada entre parênteses. Em várias delas, você terá mais de uma opção correta:

*Costumava viajar todas as * (quinta-feira).*

*Costumava viajar todas as **quintas-feiras**.*

a) Tinha direito a vários * (*salário-família*).
b) Nunca tinha visto tantos * (*beija-flor*) ao mesmo tempo.
c) Sua intervenção pôs fim a todos os * (*bate-boca*).
d) Anunciaram seu nome por intermédio dos * (*alto-falante*).
e) Todos os * (*abaixo-assinado*) concordam com esta reivindicação.
f) Venho aqui todas as * (*segunda-feira*).
g) Vários * (*vice-presidente*) transformaram-se em presidentes da República no Brasil.
h) Os * (*recém-casado*) partiram para Pequim.
i) Ocorreu mais um acidente com caminhões que transportavam * (*boia-fria*). Isso é jeito de se transportar gente?
j) Passou mal após ter comido várias * (*banana-maçã*) e várias * (*manga-rosa*).
k) Combinaram várias * (*palavra-chave*).
l) Tiveram de comprar vários * (*guarda-roupa*) para mobiliar a casa.
m) Ele já perdeu três * (*guarda-chuva*) este ano.
n) Seu canteiro de * (*couve-flor*) está primoroso!
o) É o autor de várias * (*obra-prima*).
p) Vários * (*joão-de-barro*) construíram seus ninhos nos postes de iluminação.
q) Fotografaram várias * (*vitória-régia*) em sua viagem pela Amazônia.
r) Vários * (*navio-fábrica*) japoneses foram interceptados pelos ativistas do *Greenpeace*.
s) Os * (*livro-caixa*) da empresa haviam sido roubados.
t) Não se deviam construir esses * (*arranha-céu*) tão altos em cidades tão pequenas!
u) Vários * (*ex-diretor*) do banco foram acusados de corrupção.
v) Teve de instalar vários * (*para-raios*) para proteger as instalações da fábrica.
w) Assisto a todos os * (*bumba-meu-boi*) de que tenho notícia.

4. Procure indicar o sentido de cada uma das palavras destacadas nas frases abaixo.

a) É um **sujeitinho**.
b) É um **mulherão**!
c) É um **timaço**!
d) É um **timeco**!
e) Não passa de um **beberrão**.
f) Vou passar uns **diazinhos** na praia.
g) Que **gentalha**!
h) Por que você se envolve com essa **gentinha**?
i) O **Carlito** chegou ontem à noite.
j) Ele pegou um **peixão**! Quatro quilos!
k) A namorada dele é um **peixão**!

5. Que palavras você pode usar para descrever as dimensões avantajadas ou diminutas de:

a) uma boca?
b) um corpo?
c) um nariz?
d) uma casa?
e) um pé?
f) uma mão?
g) um cão?
h) um gato?
i) um homem?
j) uma mulher?
k) um animal?

6. Observe atentamente as capas da revista *Veja* reproduzidas a seguir e responda às questões propostas.

Editora Abril

Revista *Veja*, n. 1202.

Editora Abril

Revista *Veja*, n. 1744.

a) Qual o efeito de sentido que a forma "loirinha" produz na primeira capa?

b) Qual o efeito de sentido que a forma "loiraça" produz na segunda capa? Considere em sua resposta a relação óbvia entre as duas capas.

c) De acordo com os textos (ou seja, as capas de *Veja*), qual ou quais os predicados fundamentais para que uma mulher passe de "loirinha" a "loiraça"?

d) Por que uma publicação com o perfil da *Veja* dedica reportagens de capa a um tema como a "loirinha" que virou "loiraça"?

Substantivos na leitura e produção de textos

Saber nomear com precisão os seres e conceitos de que pretendemos tratar quando falamos ou redigimos é, obviamente, um fator de eficiência em nosso trabalho. Nesse sentido, conhecer os substantivos e refletir sobre os sentidos e significados que exprimem em situações de interação verbal são operações de ampliação do vocabulário que já dominamos. Além disso, as relações entre substantivos abstratos, verbos e adjetivos cognatos nos oferecem a possibilidade de reelaborar frases e estruturas oracionais em busca das mais adequadas a determinada necessidade ou estratégia comunicativa. Você esteve em contato com esses procedimentos nas atividades de prática e reflexão deste capítulo.

Conhecer os mecanismos de flexão dos substantivos é fundamental para o estabelecimento da concordância nas frases e orações de nossos textos orais ou escritos. Expusemos e praticamos neste capítulo as principais regras desses mecanismos; nos casos em que você tiver dúvidas, habitue-se a consultar dicionários para resolvê-las. No que diz respeito à indicação de grau, insistimos no valor afetivo que o aumentativo e o diminutivo formados por sufixação costumam transmitir: esse valor afetivo não é explorado apenas na língua coloquial, mas também na língua literária. Em suas aulas de literatura, você certamente encontrará textos em que formas diminutivas e aumentativas são exploradas expressivamente por poetas e prosadores.

Além disso, os substantivos desempenham um papel importantíssimo nos mecanismos de coesão e coerência textuais. É normalmente por meio de um substantivo que se apresenta pela primeira vez, num texto, o ser, ato ou conceito de que vamos tratar. Depois disso, utilizam-se substantivos que mantêm, com esse primeiro, relações variáveis de significado, num processo de retomada que é parte importante da progressão textual. Por meio desse processo, delimita-se ou expande-se a abrangência do sentido dos conceitos analisados. Ao mesmo tempo, com a seleção vocabular, evidencia-se o ponto de vista do produtor do texto sobre o tema tratado. É o que você observará nas atividades de prática e reflexão que seguem.

• Texto 1

A revanche dos sacis

"Sacis de todo o Brasil, unamo-nos." É com essa convocatória que um grupo de 15 jornalistas, escritores e pesquisadores, que fundaram uma organização chamada Sociedade dos Observadores de Saci (Sosaci), pretende fazer no dia 31 de outubro um "ato de resistência cultural". Na data do *Halloween*, cada vez mais presente no Brasil, a associação criada por Vladimir Sacchetta e Márcia Xavier, biógrafos de Monteiro Lobato, e por Mouzar Benedito, jornalista, lança em São Luiz do Paraitinga (SP) o Dia do Saci.

O "raloim caipira" terá abóbora, mas não com olhos, dentes e vela no interior. Ela aparece no prato, servida com carne-seca.

A Sosaci, que tem como meta "observar e estudar o insigne perneta", se define como entidade não xenófoba, mas promete para breve atos pacíficos de "terrorismo cultural", em *shoppings* por exemplo.

Um "sítio" na internet, uma série de livros e manifestações de cultura de raiz são os próximos passos dessa "caça às bruxas", às bruxas do *Halloween*.

MACHADO, Cassiano Elek. *Folha de S.Paulo*, 12 out. 2003. Reportagem local.

1. Qual parte do texto é retomada pelo substantivo **convocatória**?
2. Qual a relação entre **organização**, "Sociedade dos Observadores de Saci", **Sosaci**, **associação** e "entidade não xenófoba"?
3. Como é retomada a expressão "ato de resistência cultural" ao longo do texto?
4. Que efeito de sentido produz a grafia **raloim**?
5. Que efeito produz no leitor a estratégia de abrir o texto com a utilização da convocatória "Sacis de todo o Brasil, unamo-nos."? Que outra frase, bastante conhecida, está sendo aqui parodiada?
6. Você prefere o *Halloween* ou o **raloim**? De acordo com o texto, sua preferência integra a "cultura de raiz" ou a agride?

• Texto 2

Anúncio do Jornal da Tarde/Agência Talent Biz.

1. Por que a forma **pra** não deve receber acento gráfico?
2. **Treco** e **coiso** são substantivos? Explique.
3. Em que nível de linguagem costumamos utilizar palavras como **treco** e **coiso**? Por que o texto publicitário opta por esse nível de linguagem?

• Texto 3

Circuito fechado (I)

Chinelos, vaso, descarga. Pia, sabonete. Água. Escova, creme dental, água, espuma, creme de barbear, pincel, espuma, gilete, água, cortina, sabonete, água fria, água quente, toalha. Creme para cabelo, pente. Cueca, camisa, abotoaduras, calça, meias, sapatos, gravata, paletó. Carteira, níqueis, documentos, caneta, chaves, lenço, relógio, maço de cigarros, caixa de fósforos. Jornal. Mesa, cadeiras, xícara e pires, prato, bule, talheres, guardanapo. Quadros. Pasta, carro. Cigarro, fósforo. Mesa e poltrona, cadeira, cinzeiro, papéis, telefone, agenda, copo com lápis, canetas, bloco de notas, espátula, pastas, caixas de entrada, de saída, vaso com plantas, quadros, papéis, cigarro, fósforo. Bandeja, xícara pequena. Cigarro e fósforo. Papéis, telefone, relatórios, cartas, notas, vales, cheques, memorandos, bilhetes, telefone, papéis. Relógio. Mesa, cavalete, cinzeiros, cadeiras, esboços de anúncios, fotos, cigarro, fósforo, bloco de papel, caneta, projetor de filmes, xícara, cartaz, lápis, cigarro, fósforo, quadro-negro, giz, papel. Mictório, pia, água. Táxi. Mesa, toalha, cadeiras, copos, pratos, talheres, garrafa, guardanapo, xícara. Maço de cigarros, caixa de fósforos. Escova de dentes, pasta, água. Mesa e poltrona, papéis, telefone, revista, copo de papel, cigarro, fósforo, telefone interno, externo, papéis, prova de anúncio, caneta e papel, relógio, papel, pasta, cigarro, fósforo, papel e caneta, telefone, caneta e papel, telefone, papéis, folheto, xícara, jornal, cigarro, fósforo, papel e caneta. Carro. Maço de cigarros, caixa de fósforos. Paletó, gravata. Poltrona, copo, revista. Quadros. Mesa, cadeiras, pratos, talheres, copos, guardanapos. Xícaras. Cigarro e fósforo. Poltrona, livro. Cigarro e fósforo. Televisor, poltrona. Cigarro e fósforo. Abotoaduras, camisa, sapatos, meias, calça, cueca, pijama, chinelos. Vaso, descarga, pia, água, escova, creme dental, espuma, água. Chinelos. Coberta, cama, travesseiro.

RAMOS, Ricardo. *Circuito fechado*. São Paulo: Martins Editora, 1972. p. 21-2.

1. "Circuito fechado" nos conta uma história explorando a característica essencial dos substantivos. Qual é essa característica? Como ela possibilita que se conte uma história?
2. Qual é a história que o texto nos conta? Qual a relação entre essa história e o título do texto?
3. Caracterize o personagem apresentado pelo texto.
4. Não há praticamente substantivos abstratos no texto. Qual a relação que se pode estabelecer entre esse dado e a história contada?
5. Conte um dia típico de sua vida utilizando o mesmo processo usado em "Circuito fechado".

• Texto 4

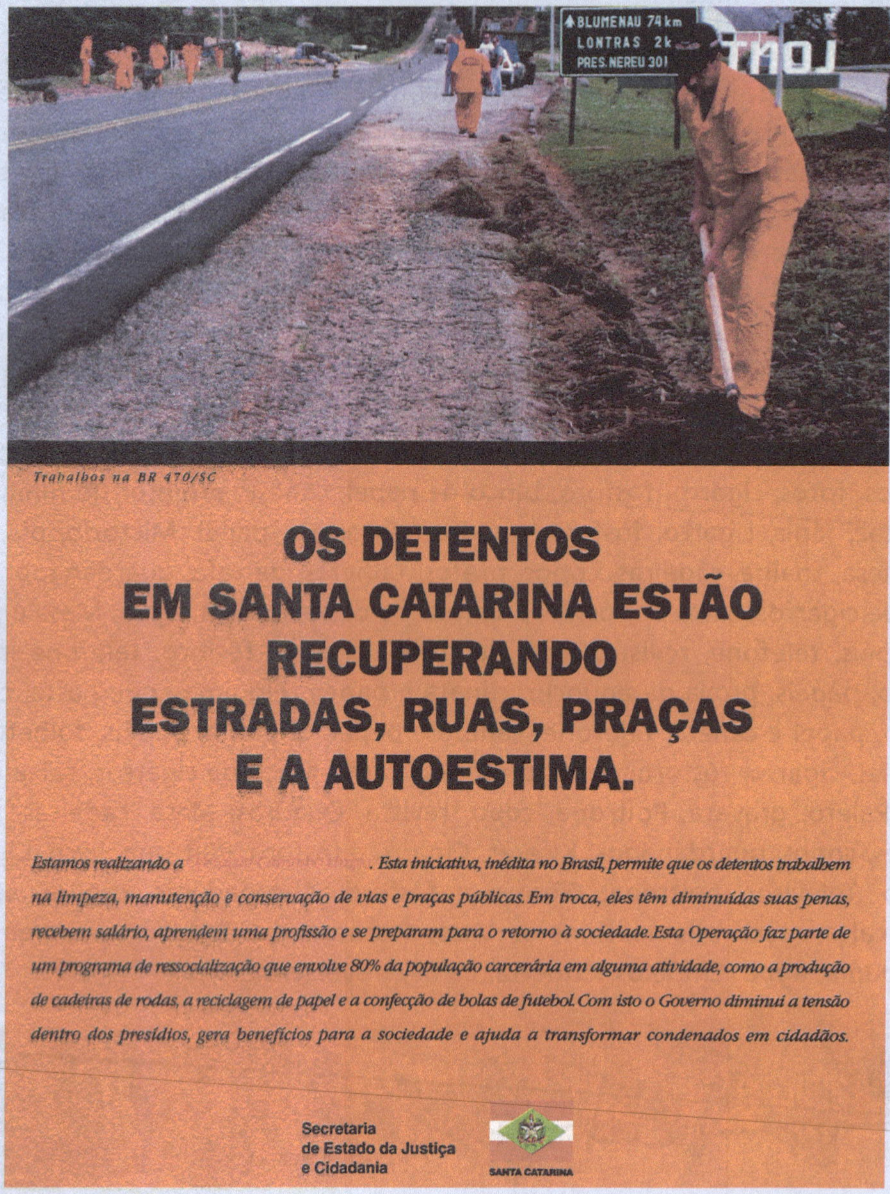

BLUMENAU 74 km
LONTRAS 2 k
PRES. NEREU 30 l

Trabalhos na BR 470/SC

OS DETENTOS EM SANTA CATARINA ESTÃO RECUPERANDO ESTRADAS, RUAS, PRAÇAS E A AUTOESTIMA.

Estamos realizando a [illegible]. Esta iniciativa, inédita no Brasil, permite que os detentos trabalhem na limpeza, manutenção e conservação de vias e praças públicas. Em troca, eles têm diminuídas suas penas, recebem salário, aprendem uma profissão e se preparam para o retorno à sociedade. Esta Operação faz parte de um programa de ressocialização que envolve 80% da população carcerária em alguma atividade, como a produção de cadeiras de rodas, a reciclagem de papel e a confecção de bolas de futebol. Com isto o Governo diminui a tensão dentro dos presídios, gera benefícios para a sociedade e ajuda a transformar condenados em cidadãos.

Secretaria
de Estado da Justiça
e Cidadania

SANTA CATARINA

Anúncio da Secretaria de Estado da Justiça e Cidadania de Santa Catarina.

Revista *Veja*, 23 ago. 2000.

1. A sequência "... estradas, ruas, praças e a autoestima" relaciona substantivos que acabam estabelecendo uma interessante relação de significado entre si. Explique.
2. Explique por que a sequência tratada na questão 1 tem grande importância argumentativa na construção do texto.
3. Por que um órgão governamental manda publicar um texto publicitário como esse numa revista de grande circulação nacional como a *Veja*? Comente.

CAPÍTULO

15 Estudo dos artigos

Canção mínima

No mistério do Sem-Fim,
equilibra-se um planeta.
E, no planeta, um jardim,
e, no jardim, um canteiro;
no canteiro, uma violeta,
e, sobre ela, o dia inteiro,
entre o planeta e o Sem-Fim,
a asa de uma borboleta.

MEIRELES, Cecília. *Obra poética*. 3. ed. Rio de Janeiro: Nova Aguilar, 1985. p. 163.

LEITURA: INTERAÇÃO

1. A organização sonora do texto permite considerá-lo de fato uma canção? Comente.
2. Como é formada a palavra **Sem-Fim**? Qual seu significado?
3. Há, no texto, um jogo contínuo de retomadas e acréscimos. Explique o percurso que esse jogo realiza.
4. Nesse jogo de retomadas e acréscimos, os substantivos surgem inicialmente precedidos pelo artigo **um** ("**um** planeta", "**um** jardim") e depois pelo artigo **o** ("**no** planeta", "**no** jardim"). Que diferença essa troca de artigo estabelece?
5. O substantivo **asa**, no último verso do poema, surge precedido pelo artigo **a**, rompendo o processo indicado na questão anterior. Que efeito esse fato produz? Comente.
6. Relacionando o título do poema e o percurso indicado pelo jogo de retomadas e acréscimos de que falamos, proponha uma interpretação para o texto.

Conceito

Artigo é a palavra que precede o substantivo, servindo basicamente para generalizar ou particularizar o sentido desse substantivo. É o que se nota no contraste entre:

um planeta/**o** planeta **um** jardim/**o** jardim

um canteiro/**o** canteiro **uma** violeta/**a** violeta

Em muitos casos, o artigo é essencial na especificação do gênero e do número do substantivo:

O jornalista recusou o convite **do** representante **dos** artistas.

A jornalista recusou o convite **da** representante **das** artistas.

A empresa colocou em circulação **o** ônibus de três eixos.

A empresa colocou em circulação **os** ônibus de três eixos.

Quando antepostos a palavras de qualquer classe gramatical, os artigos as transformam em substantivos. Nesses casos, ocorre a chamada **derivação imprópria**, que já estudamos:

É **um falar** que não tem fim.

O assalariado vive **um sofrer** interminável.

O aqui e **o agora** nem sempre se conjugam favoravelmente.

Morfossintaxe do artigo

Sintaticamente, os artigos atuam sempre como adjuntos adnominais dos substantivos que precedem.

Classificação dos artigos

- **artigo indefinido** – indica seres quaisquer dentro de uma mesma espécie. Assume as formas **um, uma; uns, umas:**

  Gosto muito de animais: queria ter **um** cachorro, **uma** gata, **uns** tucanos e **umas** araras.
- **artigo definido** – indica seres determinados dentro de uma espécie. Assume as formas **o, a; os, as:**

  Meu vizinho gosta muito de animais: você precisa ver **o** cachorro, **a** gata, **os** tucanos e **as** araras que ele tem em casa.

Combinações dos artigos

É muito frequente a combinação dos artigos definidos e indefinidos com preposições. Este quadro apresenta a forma assumida por essas combinações:

preposições	artigos			
	o, os	a, as	um, uns	uma, umas
a	ao, aos	à, às	—	—
de	do, dos	da, das	dum, duns	duma, dumas
em	no, nos	na, nas	num, nuns	numa, numas
por (per)	pelo, pelos	pela, pelas	—	—

As formas à e às indicam a fusão da preposição a com o artigo definido a. Essa fusão de vogais idênticas é conhecida por crase. As formas pelo(s)/pela(s) resultam da combinação dos artigos definidos com a forma per, equivalente a por.

O uso do acento grave que indica a ocorrência da crase será estudado no capítulo de Regência Verbal e Nominal.

ATIVIDADES

1. Os artigos são responsáveis por diversos detalhes de significação nas diferentes situações comunicativas em que são empregados. Leia atentamente as frases seguintes e comente o valor dos artigos destacados.

a) Estou levando produtos **da** região.

b) **O** menino estava tão encabulado que não sabia o que fazer com **as** mãos. Em poucos instantes, pôs-se a chorar e a chamar **pela** mãe.

c) A carne está custando 15 reais **o** quilo.

d) Aquele era **o** momento de minha vida.

e) Aquilo sim é que é **um** homem.

f) Deve ter passado **uma** meia hora desde que ele saiu.

g) Ela tem **um** talento!

2. Explique as diferenças de significado entre as frases de cada par:

a) Todo dia ele faz isso.
Todo o dia ele faz isso.

b) Pedro não veio.
O Pedro não veio.

c) Essa caneta é minha.
Essa caneta é a minha.

d) O dirigente sindical apresentou reivindicações dos trabalhadores na reunião.
O dirigente sindical apresentou as reivindicações dos trabalhadores na reunião.

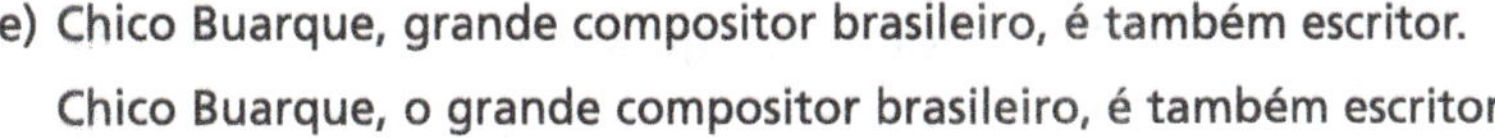

e) Chico Buarque, grande compositor brasileiro, é também escritor.
Chico Buarque, o grande compositor brasileiro, é também escritor.

Artigos, leitura e produção de textos

O uso apropriado dos artigos definidos e indefinidos permite não apenas evitar problemas com o gênero e o número de determinados substantivos, mas principalmente explorar detalhes de significação bastante expressivos – como os que apresentamos nas atividades acima.

Em geral, informações novas, nos textos, são introduzidas por pronomes indefinidos e, posteriormente, retomadas pelos definidos. Assim, o referente determinado pelo artigo definido passa a fazer parte de um conjunto argumentativo que mantém a coesão dos textos.

A sutileza de muitas modificações de significado transmitidas pelos artigos faz com que sejam frequentemente usados pelos escritores em seus textos literários: tivemos um exemplo disso no texto de abertura deste capítulo. Estudar os artigos é necessário, também, à fruição mais apurada da literatura.

LEITURA, USO, REFLEXÃO

Reportagens

O repórter de um vespertino carioca visitou uma casa em que viu muitos homens e mulheres cantando, um homem de roupa esquisita bebendo e rezando. O pessoal falava, às vezes, uma língua estranha, e fazia gestos especiais.

O repórter tirou uma fotografia e voltou para a redação com uma reportagem atrapalhada, falando de macumba, pai de santo, Exu, gongá, Ogum e outros nomes que servem para cor local.

A reportagem acabava com a seguinte pergunta: "Que dirá a isso o senhor Chefe de Polícia?"

Não tenho nenhum comentário a fazer a respeito. Quero apenas resumir aqui uma outra reportagem que fiz há tempos, por acaso, quando estava no Rio. Eu ia pela rua, certa pessoa me interessou e eu a segui. Ela entrou em uma casa grande. Como não tinha jeito de casa de família, também entrei. Dentro dessa casa vi tantas coisas extraordinárias que acabei esquecendo a tal pessoa.

Havia, no fundo de uma ampla sala, armações de madeira, coloridas e iluminadas por pequenas lâmpadas elétricas e por algumas velas. Pelas paredes, em buracos apropriados, haviam sido espalhadas estatuetas malfeitas. Um homem com uma espécie de camisola preta e com um pano bordado de ouro nas costas dizia palavras estranhas, em uma língua incompreensível. A um gesto seu, mulheres e homens se ajoelharam murmurando coisas imperceptíveis. Depois apareceu um menino com uma camisola vermelha trazendo uma caçamba de onde saía fumaça cheirosa. Uma campainha fininha começou a tocar. Todo mundo ajoelhado abaixava a cabeça e batia no peito. O homem de camisolão preto bebeu um pouco de vinho e começou a meter na boca de cada velha que se ajoelhava em sua frente uma rodela branca. Em certo momento o menino de camisola saiu com uma bandeja. Pensei que ele fosse distribuir vinho, mas em vez disso recolhia níqueis e pratinhas. Depois umas senhoritas que estavam em uma espécie de camarote começaram a cantar. Vi mulheres com véus na cabeça e fitinhas azuis no pescoço fazendo sinais estranhos, e vi ainda muitas outras coisas mais.

Que dirá a isso o senhor Chefe de Polícia?

Recife, 1935.

BRAGA, Rubem. *O conde e o passarinho & O Morro do Isolamento*. Rio de Janeiro: Record, 2002.

1. Que efeitos de sentido cria o uso dos artigos no primeiro parágrafo do texto? Comente.
2. Na sua opinião, que é uma **reportagem atrapalhada** e que são "nomes que servem para cor local"?
3. "Não tenho nenhum comentário a fazer a respeito." O cronista, de fato, não faz nenhum comentário a respeito? Explique.
4. O cronista optou por se referir a coisas e pessoas com expressões como "um homem com uma espécie de camisola preta", "um menino com uma camisola vermelha", "uma língua incompreensível", "uma caçamba de onde saía fumaça cheirosa", "uma campainha fininha", "uma rodela branca".
   a) Qual a importância do artigo indefinido nessas construções?
   b) Que efeito de sentido se obtém com essa forma de dizer?
5. Explique por que, no terceiro parágrafo, "um homem com uma espécie de camisola preta" e "um menino com uma camisola vermelha" se transformam em "o homem do camisolão preto" e "o menino de camisola"?
6. Que efeito cria a reportagem resumida pelo cronista em oposição à do "repórter de um vespertino carioca"? Que opinião o texto exprime?
7. Descreva em um parágrafo sua sala de aula. Use o recurso de Rubem Braga: em vez de nomear pessoas e coisas com substantivos, refira-se a elas com expressões iniciadas por artigo indefinido. Compare seu texto com o de seus colegas.

CAPÍTULO 16

Estudo dos adjetivos

LIDERANÇA INQUESTIONÁVEL, INCONTESTÁVEL E AGORA, TAMBÉM, INCOMPARÁVEL.

Classificados

Estadão

Folha

Nº de anúncios no ano 2000.
Diário Popular.
Líder em classificados.

Diário Popular

Estadão

Folha

Nº de anúncios no ano 2001.
Diário Popular.
Líder em classificados.
Fonte: Tríade Auditores, referente ao número de anúncios classificados de jan. e fev./2001

Venda em banca

Diário Popular

Agora

Diário Popular.
Líder em venda avulsa na Grande São Paulo.

Estadão

Folha

JT

Diário Popular

Agora

Diário Popular.
Líder em venda avulsa no Estado de São Paulo.
Fonte: IVC - Jan./2001 - Total de vendas avulsas no Estado de São Paulo.

Estadão

Folha

JT

DIÁRIO POPULAR

CADA VEZ MELHOR

DIÁRIO POPULAR

Anúncio do *Diário Popular*

Revista *IstoÉ*, 21 mar. 2001.

LEITURA: INTERAÇÃO

1. Na sua opinião, por que a palavra **também** está separada por vírgulas?
2. Por que a disposição das palavras **inquestionável, incontestável** e **incomparável** chama a atenção?
3. Dizer que algo é inquestionável, incontestável e incomparável é descrever ou avaliar? Explique.
4. De que forma os gráficos apresentados no anúncio se relacionam com o que se diz sobre a liderança do produto anunciado?
5. O texto é eficiente? Explique.

Conceito

Adjetivo é a palavra que qualifica ou categoriza o substantivo:

pessoa **simpática/antipática** estudo **técnico/científico**

Adjetivo, literalmente

A palavra **adjetivo** significa "colocado ao lado de, justaposto a". Esse significado enfatiza o caráter **funcional** do conceito de adjetivo: é necessário apresentar a relação que se estabelece entre o substantivo e o adjetivo para poder conceituar este último. Na realidade, substantivos e adjetivos apresentam muitas características semelhantes e, em muitas situações, a distinção entre ambos só é possível a partir de elementos fornecidos pelo contexto:

O jovem brasileiro tornou-se mais participativo. — jovem é substantivo, e brasileiro é adjetivo.

O brasileiro **jovem** enfrenta dificuldades profissionais. — brasileiro é substantivo, e jovem é adjetivo.

Ser adjetivo ou ser substantivo não decorre, portanto, de características morfológicas da palavra, mas da atuação efetiva numa frase da língua.

Há conjuntos de palavras que têm o valor de um adjetivo: são as **locuções adjetivas.** Essas locuções são normalmente formadas por uma preposição e um substantivo ou por uma preposição e um advérbio; para muitas delas, existem adjetivos equivalentes:

conselho **de pai** (= paterno) gente **de longe**

inflamação **da boca** (= bucal) jornal **de ontem**

Morfossintaxe do adjetivo

O adjetivo exerce sempre funções sintáticas relativas aos substantivos, atuando como **adjunto adnominal** ou como **predicativo** (do sujeito ou do objeto). Falaremos mais pormenorizadamente sobre essas funções na parte de nosso livro dedicada à Sintaxe.

Classificação dos adjetivos

Adjetivos primitivos ou derivados

Os adjetivos **primitivos** não são formados por derivação de nenhuma outra palavra:

azul feliz verde

Os adjetivos **derivados** são formados por derivação de outras palavras:

azulado infeliz esverdeado

Adjetivos simples ou compostos

Os adjetivos **simples** apresentam um único radical em sua estrutura: é o caso de todos os exemplos apontados no item anterior. Os adjetivos **compostos** apresentam pelo menos dois radicais em sua estrutura. São exemplos:

ítalo-brasileiro
sul-rio-grandense
político-institucional
socioeconômico (ou socieconômico)

Como você observou, os processos de composição e derivação dos adjetivos assemelham-se aos dos substantivos.

Atividades

Observe o seguinte trecho de uma reportagem da revista *Veja-Rio*.

Os candidatos a uma vaga na elite dos pilotos também pagam caro. Tensão é o adjetivo mais usado quando eles definem a rotina de treinamento. O capitão-tenente Hércules Lima, 30 anos, nascido em Volta Redonda, no interior do Estado do Rio, inscreveu-se em uma das primeiras seleções para a formação de pilotos de caça, logo após concluir a Escola Naval. Hoje mora em uma casa alugada em Geribá, charmosa Praia de Búzios, a trinta minutos da base em São Pedro da Aldeia. Até chegar ao ensolarado balneário, Hércules enfrentou tempestades. Literalmente. Em um voo de treinamento na região da Patagônia, na Argentina, o piloto entrou em uma nuvem carregada. "Eram blocos de gelo voando em altíssima velocidade e raios por todos os lados", lembra. O que parecia ruim piorou bastante. "A aeronave começou a ser furada pelo gelo e houve instrumentos, como o indicador de velocidade, que congelaram. Esse foi o dia em que cheguei a me apertar na cadeira e pensei: vai ser daqui a pouco", diz o piloto, referindo-se ao momento de se ejetar do avião. Não foi necessário. Hércules conseguiu pousar.

Revista *Veja*, 10 mar. 2004.

Tensão, você sabe, não é um adjetivo, mas sim um substantivo. Discuta com seus colegas: o que levou o produtor do texto a equivocar-se nesse caso?

Adjetivos pátrios

Os adjetivos referentes a países, estados, regiões, cidades ou localidades são conhecidos como adjetivos pátrios: brasileiro, argentino, paulista, carioca, senegalês.

Você encontrará relações desses adjetivos nas páginas 503-506 do Apêndice. Se necessário, consulte-os para realizar as atividades propostas.

Atividades

1. Explique a diferença entre os adjetivos pátrios destacados.

a) Ele é **fluminense**, mas não é **carioca**.

b) Nem todo **paulista** é **paulistano**.

c) Eu pensava que ele fosse **belenense**. Na verdade, ele é **belemita**.

d) Não confunda as coisas: ela é **portuense** e não **portenha**.

e) Todo **brasileiro** é **brasiliense**?

2. Substitua os adjetivos pátrios destacados por formas equivalentes.

a) Ela é **norte-rio-grandense**; o marido, **sul-rio-grandense**.

b) Meu filho é **catarinense**; minha filha, **espírito-santense**.

c) Há anos não vejo meu amigo **salvadorense**.

d) A seleção **húngara** encantou o mundo na Copa de 1954.

e) Elogia-se muito a vida noturna **buenairense**.

f) Procura-se imitar o estilo de vida **estadunidense**.

g) A tecnologia **japonesa** invadiu o mundo.

3. Substitua as expressões entre parênteses por adjetivos pátrios.

a) Tenho um amigo (*de Angola*) e outro (*de Moçambique*). Preciso fazer amigos (*da Guiné-Bissau*) e (*de Cabo Verde*).

b) Em sua viagem a Portugal, você conheceu o litoral (*da Estremadura*)? E as praias (*do Algarve*)?

c) Fui conhecer as belezas (*de Braga*) e as maravilhas (*do Entre Douro e Minho*).

d) Já provaste o azeite (*da Beira*)?

e) As tradições (*do Porto*) são comparáveis às (*de Coimbra*) e às (*de Lisboa*).

f) Seu amigo português é (*de Castelo Branco*)? Eu o supunha (*de Viseu*).

4. Substitua as expressões entre parênteses por adjetivos pátrios, agora relativos a nosso país.

a) As praias (*de Florianópolis*) são inesquecíveis.

b) O entardecer (*de Brasília*) muitas vezes realça a solidão do poder.

c) O carnaval (*de Salvador*) atrai muitos turistas.

d) O clima (*de Petrópolis*) é muito apreciado.

e) O descaso pelos problemas sociais (*do Piauí*) e (*do Maranhão*) parece não ter fim.

f) Um velho amigo (*de São Luís*) mostrou-me a beleza arquitetônica da cidade.

g) Trouxe algumas peças de cerâmica (*de Marajó*) como lembrança de minhas aventuras (*do Pará*).

h) Para ele, não basta dizer que é (*de Goiás*): é necessário acrescentar que é (*de Goiânia*).

i) Como andam as economias (*de Tocantins*) e (*de Rondônia*)?

j) Qual a população (*do Acre*)? E a (*de Rio Branco*)?

5. Continue substituindo as expressões entre parênteses por adjetivos pátrios.

a) Seu sonho (*de Nova Iorque*) converteu-se numa trapalhada (*de Assunção*). Ele embarcou no avião errado!

b) A população (*da Terra do Fogo*) é pequena.

c) Terminou a guerra civil (*de El Salvador*).

d) O time (*da Costa Rica*) surpreendeu os times (*da Escócia*) e (*da Suécia*) na Copa de 1990.

e) Nosso basquete derrotou novamente o time (*de Porto Rico*), mas perdeu do time (*dos Estados Unidos*).

f) Vou dar um passeio pela América Central: quero conhecer as realidades (*da Nicarágua*), (*da Guatemala*) e (*do Panamá*).

g) A infraestrutura urbana (*de La Paz*), (*de Lima*) e (*de Quito*) carece de investimentos.

6. Faça a substituição, também nestas frases.

a) Napoleão era (*da Córsega*).

b) Foi à Itália estudar dialetos (*da Sardenha*); acabou especializando-se em arte (*de Florença*).

c) As Guerras (*de Cartago*) ocupam boa parte dos livros de história antiga.

d) Eu sabia que ele era (*da Espanha*). Desconhecia se era (*da Galiza*) ou (*da Andaluzia*).

e) Ele é (*de Israel*)? É (*de Jerusalém*)?

f) Ele é (*da Síria*)? É (*de Damasco*)?

g) As decisões do Conselho (*de Trento*) espalharam terror pela Europa.

h) Uma das princesas (*de Mônaco*) costuma envolver-se em escândalos amorosos.

i) Ele é (*da Letônia*), (*da Lituânia*) ou (*da Estônia*)?

7. Que adjetivos pátrios compostos você empregaria para designar:

a) um acordo entre Alemanha e Itália?

b) um tratado entre China e Vietnã?

c) uma iniciativa conjunta entre a Finlândia e a Lituânia?

d) uma literatura comum a Galiza e Portugal?

e) uma exposição reunindo artistas da África e da América?

f) um império que abrangesse Áustria e Hungria?

g) uma cultura comum a gregos e romanos?

h) uma empresa formada por investidores da Bélgica e do Brasil?

i) um instituto de pesquisa financiado pelos governos da Inglaterra e da França?

8. Depois de conhecer melhor os adjetivos pátrios, você pode tentar explicar alguns nomes frequentes em nosso dia a dia. Por que será que:

a) certo tipo de queijo se chama parmesão?

b) um time de futebol se chama Fluminense?

c) um certo tipo de cão se chama pequinês?

d) certo tipo de canção se chama malaguenha?

e) certo tipo de linguiça se chama calabresa?

9. Explique de que forma os adjetivos pátrios participam da argumentação do seguinte texto.

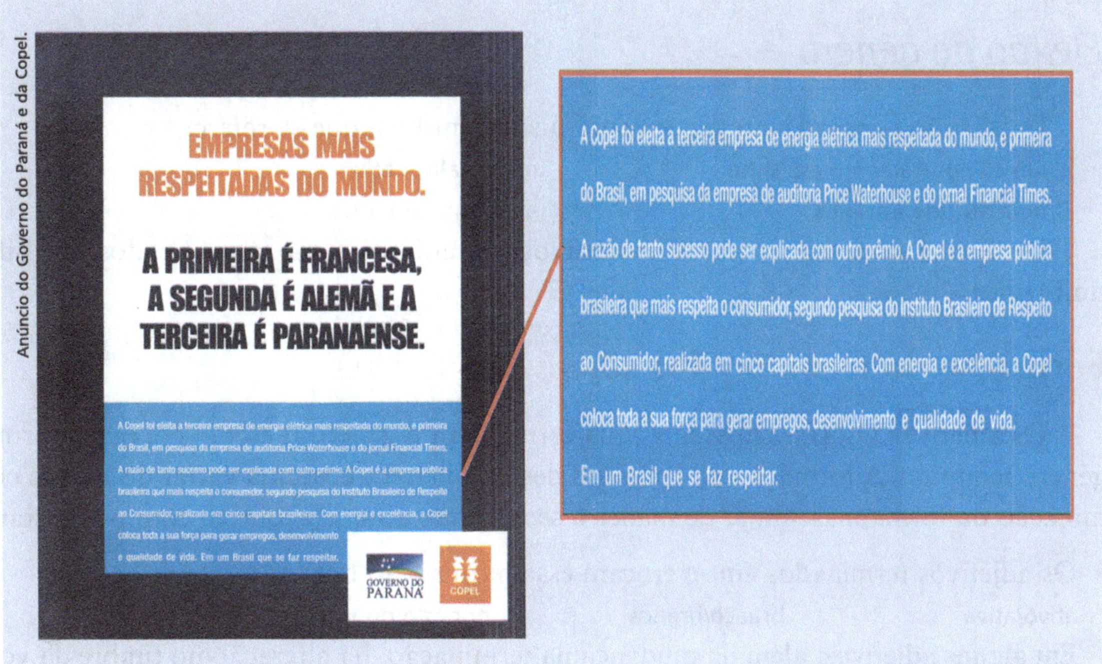

Anúncio do Governo do Paraná e da Copel.
EMPRESAS MAIS RESPEITADAS DO MUNDO.
A PRIMEIRA É FRANCESA, A SEGUNDA É ALEMÃ E A TERCEIRA É PARANAENSE.
A Copel foi eleita a terceira empresa de energia elétrica mais respeitada do mundo, e primeira do Brasil, em pesquisa da empresa de auditoria Price Waterhouse e do jornal Financial Times. A razão de tanto sucesso pode ser explicada com outro prêmio. A Copel é a empresa pública brasileira que mais respeita o consumidor, segundo pesquisa do Instituto Brasileiro de Respeito ao Consumidor, realizada em cinco capitais brasileiras. Com energia e excelência, a Copel coloca toda a sua força para gerar empregos, desenvolvimento e qualidade de vida.
Em um Brasil que se faz respeitar.
GOVERNO DO PARANÁ
COPEL

Revista *Caros Amigos*, n. 86, maio 2004.

Correspondência entre adjetivos e locuções adjetivas

Há muitos adjetivos que mantêm certa correspondência de significado com locuções adjetivas, e vice-versa. É o caso dos exemplos já citados **paterno/de pai** e **bucal/da boca**.

É necessário critério!

A correspondência de significado nesses casos não quer dizer que a substituição da locução pelo adjetivo seja sempre possível. Tampouco o contrário é sempre admissível. **Colar de marfim** é uma expressão cotidiana; seria pouco recomendável passar a dizer **colar ebúrneo** ou **ebóreo**, pois esses adjetivos têm uso restrito à linguagem literária. **Contrato leonino** é uma expressão usada na linguagem jurídica; é muito pouco provável que os advogados passem a dizer **contrato de leão**.

Em outros casos, a substituição é perfeitamente possível, transformando a equivalência entre adjetivos e locuções adjetivas em mais uma ferramenta para o aprimoramento dos textos, pois oferece possibilidades de variação vocabular. É o que ocorre na sequência de frases a seguir:

A população **das cidades** tem aumentado. A falta de planejamento **urbano** faz com que isso se torne um imenso problema.

Fornecemos nas páginas 507-508 do Apêndice uma relação de locuções adjetivas e adjetivos correspondentes. Muitos desses adjetivos são de origem erudita, tendo uso restrito à linguagem técnica ou literária. Baseando-se em sua experiência linguística, procure detectar os casos em que o adjetivo e a locução podem ser substituídos um pelo outro sem alterações de sentido.

Flexões dos adjetivos

Flexão de gênero

O adjetivo concorda em gênero com o substantivo a que se refere:

um comportamento estranho — um jornalista ativo

uma atitude estranha — uma jornalista ativa

De forma semelhante aos substantivos, os adjetivos são classificados em **biformes** e **uniformes**.

Formação do feminino dos adjetivos biformes

Os adjetivos biformes possuem uma forma para o gênero masculino e outra forma para o gênero feminino. A formação do feminino desses adjetivos costuma variar de acordo com a terminação da forma masculina, de maneira semelhante ao que acontece com os substantivos:

- Os adjetivos terminados em **-o** trocam essa terminação por **-a**:

  ativo/ativa   branco/branca   honesto/honesta

  Em alguns adjetivos, além da mudança na terminação, há alteração no timbre da vogal tônica, que de fechado passa a aberto:

  brioso/briosa   formoso/formosa   grosso/grossa

- Os adjetivos terminados em **-ês**, **-or** e **-u** geralmente recebem a terminação **-a**:

  português/portuguesa   sedutor/sedutora   cru/crua

  Destaquem-se os adjetivos abaixo, que são invariáveis:

  cortês   pedrês   incolor   multicor   bicolor   tricolor   hindu

  As seguintes formas comparativas também são invariáveis:

  maior   melhor   menor   pior   superior   inferior   anterior   posterior

  Destaque-se ainda o par **mau/má**.

- Os adjetivos terminados em **-ão** trocam essa terminação por **-ã**, **-ona** e, mais raramente, por **-oa**:

  são/sã   chorão/chorona   alemão/alemã   comilão/comilona

  catalão/catalã   beirão/beiroacristão/cristã

- Os adjetivos terminados em **-eu**, **-éu** trocam essa terminação por **-eia**, **-oa**, respectivamente:

  europeu/europeia   ilhéu/ilhoa   ateu/ateia

  plebeu/plebeia   tabaréu/tabaroa

  Destaquem-se **judeu/judia** e **sandeu/sandia**.

- Nos adjetivos compostos formados por dois adjetivos, apenas o último elemento sofre flexão:

  cidadão luso-brasileiro — cidadã luso-brasileira

  casaco verde-escuro — saia verde-escura

  consultório médico-dentário — clínica médico-dentária

  Destaque-se **surdo-mudo**, em que variam os dois elementos:

  rapaz surdo-mudo — moça surda-muda

Adjetivos uniformes

São os adjetivos que possuem uma única forma para o masculino e o feminino:

pássaro **frágil**/ave **frágil**

ator **ruim**/atriz **ruim**

empresa **agrícola**/planejamento **agrícola**

- São uniformes os adjetivos compostos em que o segundo elemento é um substantivo:

casaco **amarelo-limão** camisa **amarelo-limão**

carro **verde-garrafa** bicicleta **verde-garrafa**

papel **verde-mar** tinta **verde-mar**

- Também são uniformes os compostos **azul-marinho** e **azul-celeste**.

Flexão de número

O adjetivo concorda em número com o substantivo a que se refere:

governante **capaz**/governantes **capazes**

salário **digno**/salários **dignos**

A formação do plural dos adjetivos simples segue as mesmas regras da formação do plural dos substantivos simples. Consulte as páginas 197 a 199, se julgar necessário.

Formação do plural dos adjetivos compostos

O plural dos adjetivos compostos segue os mesmos procedimentos da variação de gênero desses adjetivos:

- Nos adjetivos compostos formados por dois adjetivos, apenas o segundo elemento vai para o plural:

  tratado **luso-brasileiro**/tratados **luso-brasileiros**

  intervenção **médico-cirúrgica**/intervenções **médico-cirúrgicas**

  Destaque-se novamente **surdo-mudo**:

  rapaz **surdo-mudo**/rapazes **surdos-mudos**

- Os adjetivos compostos em que o segundo elemento é um substantivo são invariáveis também em número:

  recipiente **verde-mar**/recipientes **verde-mar**

  uniforme **amarelo-canário**/uniformes **amarelo-canário**

  Também são invariáveis **azul-marinho** e **azul-celeste**:

  camisa **azul-marinho**/camisas **azul-marinho**

  camiseta **azul-celeste**/camisetas **azul-celeste**

Flexão de grau

Grau comparativo

Nesse grau, comparam-se a mesma característica atribuída a dois ou mais seres ou duas ou mais características atribuídas a um mesmo ser. O comparativo pode ser de **igualdade**, de **superioridade** ou de **inferioridade**, e é formado por estruturas analíticas de que participam advérbios e conjunções. Observe as frases seguintes:

Ele é **tão exigente quanto** justo.
Ele é **tão exigente quanto** (ou **como**) seu irmão.
} **comparativo de igualdade**

Estamos **mais atentos (do) que** eles.
Estamos **mais atentos (do) que** ansiosos.
} **comparativo de superioridade**

Somos **menos passivos (do) que** eles.
Somos **menos passivos (do) que** tolerantes.
} **comparativo de inferioridade**

Os adjetivos **bom**, **mau**, **grande** e **pequeno** têm formas sintéticas para o grau comparativo de superioridade: **melhor**, **pior**, **maior** e **menor**, respectivamente:

Essa solução **é melhor (do) que** a outra.
Minha voz é **pior (do) que** a sua.
O descaso pela miséria é **maior (do) que** o senso humanitário.
A preocupação social é **menor (do) que** a ambição individual.

As formas analíticas correspondentes (**mais bom**, **mais mau**, **mais grande**, **mais pequeno**) só devem ser usadas quando se comparam duas características de um mesmo ser:

Ele é **mais bom (do) que** inteligente.
Todo corrupto é **mais mau (do) que** esperto.
Meu salário é **mais pequeno (do) que** justo.
Este país é **mais grande (do) que** equilibrado.

Atente para o fato de que a forma **menor** é um comparativo de **superioridade**, pois equivale a **mais** pequeno.

Grau superlativo

Nesse grau, a característica atribuída pelo adjetivo é intensificada de forma **relativa** ou **absoluta.**

No **grau superlativo relativo**, a intensificação da característica atribuída pelo adjetivo é feita em relação a todos os demais seres de um conjunto que a possuem.

O superlativo relativo pode exprimir **superioridade** ou **inferioridade**, e é sempre expresso de forma analítica:

Ele é **o mais atento** de todos.
Ele é **o mais exigente de** todos os irmãos.
} **superlativo relativo de superioridade**

Você é **o menos crítico** de todos.
Você é **o menos passivo de** todos os irmãos.
} **superlativo relativo de superioridade**

As formas do superlativo relativo de superioridade dos adjetivos **bom**, **mau**, **grande** e **pequeno** também são sintéticas: **o melhor**, **o pior**, **o maior** e **o menor**.

No **grau superlativo absoluto**, intensifica-se a característica atribuída pelo adjetivo a um determinado ser, transmitindo ideia de excesso. O superlativo absoluto pode ser **analítico** ou **sintético**:

- o superlativo absoluto analítico é formado normalmente com a participação de um advérbio:

  Você é **muito crítico**.

  Ele é **demasiadamente exigente**.

  Somos **excessivamente tolerantes**.

- o superlativo absoluto sintético é expresso com a participação de sufixos. O mais comum deles é **-íssimo**; nos adjetivos terminados em vogal, esta desaparece ao ser acrescentado o sufixo do superlativo:

  Trata-se de um artista **originalíssimo**.

  Ele é **exigentíssimo**.

  Seremos **tolerantíssimos**.

Muitos adjetivos possuem formas irregulares para exprimir o grau superlativo absoluto sintético. Muitas dessas irregularidades ocorrem porque o adjetivo, ao receber o sufixo, assume a forma latina. É o caso dos adjetivos terminados em **-vel**, que assumem a terminação **-bilíssimo**:

volúvel → volubilíssimo   indelével → indelebilíssimo

Nas páginas 508 e 509 do Apêndice, você encontrará muitas formas irregulares do superlativo absoluto sintético. Observe que algumas são de uso comum (facílimo e dificílimo, por exemplo), enquanto outras pertencem à linguagem formal ou literária (acérrimo, pulquérrimo, por exemplo).

Atividades

1. Explique o sentido das palavras destacadas nas frases abaixo.

   a) São rios de regime **nival** e **pluvial**.

   b) Há quem acredite que ter um comportamento **viril** equivale a deixar de agir como ser **humano**.

   c) Nosso vizinho, uma pessoa muito **cordial**, tem um grave problema **cardíaco**.

   d) O corpo **discente** da escola resolveu apoiar as reivindicações do corpo **docente**.

   e) Trouxeram-nos um quilo de mel **silvestre**.

   f) Estão querendo dinamitar a gruta em que há inscrições **rupestres**!

   g) Seu inimigo **figadal** vive sofrendo de males **hepáticos**.

   h) Infelizmente, a criança nasceu com lábios **leporinos**.

   i) Percebeu que estava tornando-se **senil** quando as dores **renais**, **cervicais** e **ciáticas** não o abandonaram mais.

   j) Não toque nisso! É um veneno **letal**!

   k) Foi condenado pelo crime **passional** que cometeu há dois anos.

   l) Fale alto: ele tem um sério problema **ótico**.

   m) Não adianta gesticular diante dele: ele tem um sério problema **ótico**.

2. Releia as frases **l** e **m** do exercício anterior e proponha formas de substituir os termos grifados por outros que evitem ambiguidades.

3. Complete as frases seguintes com os adjetivos correspondentes às locuções entre parênteses.

a) Todos admiram seu andar * (*de gata*). Eu tenho medo de sua língua * (*de víbora*).

b) Saiu para sua caminhada * (*da manhã*) e acabou voltando somente na hora da refeição * (*da tarde*).

c) Houve um significativo crescimento nos rebanhos * (*de boi*),* (*de ovelhas*),* (*de cabras*) e * (*de porcos*).

d) Seus problemas * (*de estômago*) e * (*de intestino*) requerem os cuidados de um especialista.

e) Passou por uma cirurgia * (*da boca*).

f) A população * (*das ilhas*) apresenta distribuição * (*de idade*) equilibrada.

g) Após o acidente, foi levado ao hospital com dores * (*do tórax*) e suspeita de traumatismo * (*do crânio*).

h) A navegação * (*dos rios*) é muito praticada no Norte do país.

i) É um alimento de elevado teor * (*de proteínas*). Pena que seja inacessível à população mais pobre!

4. Complete as frases, flexionando adequadamente os adjetivos entre parênteses.

a) É uma dentista * (*recém-formado*), e já conquistou * (*numeroso*) clientela.

b) Comprei uma camisa * (*amarelo-claro*) e um chapéu * (*cor-de-rosa*) para desfilar no Carnaval.

c) Aquela moça é * (*sandeu*). Onde já se viu dar tanto dinheiro por uma motocicleta * (*amarelo-limão*)!

d) Muitas famílias * (*sulino*) são de origem * (*europeu*).

e) Sou do tempo em que se usava camisa * (*branco*), calça * (*azul-marinho*) e sapatos * (*preto*) como uniforme nos colégios * (*estadual*).

f) Colocaram sobre as imagens mantos * (*azul-celeste*).

g) A atual conjuntura * (*socioeconômico*) levou aquela tradicional empresa * (*anglo-saxão*) à falência.

h) A pobreza * (*latino-americano*) parece não sensibilizar a comunidade * (*ítalo-franco-germânico*).

i) Vários jovens * (*surdo-mudo*) ganharam medalhas nas olimpíadas para deficientes físicos.

j) São * (*tricolor*) as bandeiras * (*francês*) e * (*norueguês*).

5. Complete estas frases com a forma apropriada dos adjetivos entre parênteses.

a) Várias clínicas * (*médico-cirúrgico*) foram fiscalizadas durante a semana.

b) Ele é um excêntrico. As paredes de sua casa são * (*amarelo-canário*), suas camisas costumam ser * (*amarelo-ouro*); além disso, exibe uma boina * (*amarelo-limão*). Apelidaram-no *Amarelão*.

c) Os métodos * (*empregado*) pelos especialistas não têm sido * (*eficaz*). Talvez sejam * (*necessário*) medidas menos * (*tradicional*) para resolver o problema.

d) Várias entidades * (*latino-americano*) de defesa dos direitos * (*humano*) protestaram contra as ações * (*policial*).

e) Alguns torneios * (*esportivo*) * (*afro-asiático*) foram * (*suspenso*) devido à falta de empresas * (*patrocinador*).

f) Mulheres * (*surdo-mudo*) fizeram um protesto contra a discriminação de que são vítimas quando procuram emprego.

g) Os documentos do ano passado estão nas pastas * (*azul-marinho*); os deste ano, nas pastas * (*azul-celeste*).

h) Ela tem cabelos * (*castanho-escuro*) e olhos * (*azul-turquesa*). Não há como confundi-la com outra.

i) Aquelas cortinas * (*vermelho-sangue*) dão um tom trágico ao ambiente. É melhor substituí-las por outras mais * (*sóbrio*).

j) Olhos * (*verde-esmeralda*) e cabelos * (*castanho-claro*): é assim que a imagino em meus devaneios.

k) Suas roupas * (*lilás*) e seus gestos * (*audaz*) renderam muitos comentários * (*venenoso*).

6. Seguindo o modelo, construa frases comparativas a partir dos elementos dados. A relação de comparação a ser feita está indicada entre parênteses.

*país pobre – países vizinhos (**igualdade**)*
*É um país **tão** pobre **quanto** (ou **como**) os países vizinhos.*

a) indivíduo capaz – seus companheiros (*igualdade*)
b) rio poluído – outros rios (*superioridade*)
c) animal feroz – outros animais (*inferioridade*)
d) cidade pequena – cidades vizinhas (*superioridade*)
e) casa grande – casas próximas (*superioridade*)
f) desempenho bom – desempenho do irmão (*superioridade*)
g) criatura má – outras criaturas (*superioridade*)

7. Construa frases comparativas a partir dos elementos fornecidos em cada item. A relação de comparação a ser feita está indicada entre parênteses. Observe o modelo.

*pessoa – desorientada – ignorante (**igualdade**)*
*É uma pessoa **tão** desorientada **quanto** ignorante.*

a) política econômica – perversa – ineficiente (*igualdade*)
b) atitude – enérgica – justa (*superioridade*)
c) trabalho – monótono – cansativo (*inferioridade*)
d) ambição – grande – razoável (*superioridade*)
e) sujeito – bom – capaz (*superioridade*)
f) tipo – pequeno – gordo (*superioridade*)
g) comportamento – mau – alienado (*superioridade*)

8. Complete as frases de acordo com o modelo.

*Ela não é apenas uma funcionária competente: ela é a **mais** competente de todas!*

a) Esta não é apenas uma solução razoável: *.
b) Ele não é apenas um aluno aplicado: *.
c) Esta não é apenas uma má saída: *.
d) Ele não é apenas um grande amigo: *.
e) Este não é apenas um computador pequeno: *.
f) Este não é apenas um bom modo de melhorar a renda das pessoas: *.

9. Complete as frases de acordo com o modelo.

*É um poema belo. Não: é **belíssimo**!*

a) A vida é frágil. *.
b) Era um homem talentoso. *.
c) É um jogador ágil. *.
d) Foi um encontro agradável. *.
e) Será uma pessoa amável. *.
f) É uma moeda antiga. *.
g) É um corredor audaz. *.
h) Seria um homem bom. *.
i) É uma solução boa. *.
j) É uma criança doce. *.
k) Teria sido um animal feroz. *.
l) Fora um espírito livre. *.
m) É um sujeito magro. *.
n) É um país pobre. *.
o) Tinha sido uma pessoa simpática. *.
p) É uma alma volúvel. *.

10. Na língua coloquial, utilizamos formas superlativas nem sempre aceitáveis na língua formal, como você verá nas frases a seguir. Reescreva-as, utilizando o superlativo absoluto apropriado à língua formal.

a) É um piloto hiperveloz!

b) Crianças subnutridas têm uma constituição vulnerável, vulnerável.

c) Ela adotou uma posição supercrítica.

d) É superpossível que a gente vá viajar.

e) Tem uma cabeça arquipequena!

f) É um cão supermanso.

g) Ele é arquiamigo de meu irmão.

h) É uma planta fragilzinha.

i) Saiu daqui felizinho da silva!

j) É um cara sabidão!

11. Que efeito de sentido provocam no leitor as formas **garantidona, garantidaça** e **garantidésima** no texto seguinte?

VAI LEVAR A GARANTIDONA, A GARANTIDAÇA OU A GARANTIDÉSIMA?

Linha de TVs Lumina. O máximo em tecnologia, o mínimo em consumo de energia.

A tecnologia da linha de TVs LUMINA você percebe instantaneamente na qualidade do som e na perfeição da imagem. E na conta de luz: nossos TVs consomem muito menos energia. A Semp Toshiba desenvolve TVs mais econômicos desde muito antes do racionamento. E, além de mais econômica, a linha de TVs LUMINA tem a melhor garantia do País: 50 meses. Economize energia, não diversão.

50 meses de garantia. Só a Semp Toshiba tem.

INFORMAÇÕES E ATENDIMENTO AO CONSUMIDOR HOT LINE: (011) 5641-5051
www.semptoshiba.com.br

SEMP TOSHIBA
OS NOSSOS JAPONESES SÃO MAIS CRIATIVOS QUE OS JAPONESES DOS OUTROS.

Anúncio da Semp Toshiba/Agência Talent

Revista *Veja*, 1 ago. 2001.

Adjetivos, leitura e produção de textos

A adjetivação é um dos elementos modalizadores de um texto, ou seja, imprime ao que se fala ou escreve as impressões e pontos de vista de quem fala ou escreve. Quando é excessiva e voltada à obtenção de efeitos retóricos, prejudica a qualidade do texto e evidencia o despreparo ou a má-fé de quem escreve. Quando é feita com sobriedade e sensibilidade, contribui para a eficiência interlocutiva do texto.

Nos textos **dissertativos**, os adjetivos normalmente explicitam a posição de quem escreve em relação ao assunto tratado. É muitas vezes por meio de adjetivos que os juízos e avaliações do produtor do texto vêm à tona, transmitindo ao leitor atitudes como aprovação, reprovação, aversão, admiração, indiferença. Analisar a adjetivação de um texto dissertativo é, portanto, um bom caminho para captar com segurança a opinião (ou falta de opinião...) de quem o produziu. Lembre-se de que é a sua adjetivação que deve cumprir esse papel quando você escreve.

Nos textos ou passagens **descritivas**, os adjetivos cumprem uma função mais plástica: é por meio deles que se costuma atribuir forma, cor, peso, sabor e outras dimensões aos seres que estão sendo descritos. É óbvio que, nesse caso, o emprego de uma seleção sensível e eficiente de adjetivos conduz a um texto mais bem-sucedido, capaz de transmitir ao leitor uma impressão bastante nítida do ser ou objeto descrito. É nessas passagens **descritivas** que a adjetivação atua nos textos **narrativos**.

LEITURA, USO, REFLEXÃO

Texto 1

A pedra

A pedra é bela, opaca,
peso-a gostosamente como um pão.
É escura, baça, terrosa, avermelhada,
polvilhada de cinza.
Contemplo-a: é evidente, impenetrável,
preciosa.

ROSA, Antônio Ramos. *A palavra e o lugar.* Lisboa: Dom Quixote, 1977. p. 98.

1. Explique por que a adjetivação dos quatro primeiros versos cumpre um papel diferente do que é exercido pela adjetivação dos dois últimos versos.
2. Baseando-se na resposta à questão anterior, explique como o sujeito lírico do poema consegue transformar um elemento do mundo físico num objeto impregnado de humanidade.

• Texto 2

Brasil paleolítico

Entre os fatores que caracterizam um país subdesenvolvido, como o Brasil, está o contraste clamoroso nos níveis de vida da população. O exemplo das famílias que habitam em cavernas, na fronteira do Piauí com o Ceará, mostra que subdesenvolvido e injusto são conceitos suaves para definir a nação.

O fato de famílias viverem, há mais de uma geração, quase como homens do período paleolítico desafia qualquer aspecto que possa sustentar um perfil minimamente moderno e igualitário da sociedade. Para esses poucos lavradores, o fogo ainda é uma arma vital.

Enquanto em partes do país a agroindústria produz para o mercado externo com padrões internacionais, esses trabalhadores cultivam apenas o minimamente necessário para a sobrevivência de suas famílias. O "homem das cavernas" brasileiro convive ainda com cobras dentro de sua precária moradia sem ter muito o que fazer para evitá-las.

Enquanto alguns reclamam do exíguo espaço dos apartamentos modernos, estes moram entre fendas de rochas, encolhidos pelo teto baixo, ameaçados por desabamento e sem o menor instrumento que permita identificar traços de uma habitação do século 20. Não dormem sobre camas, mas sobre jiraus. Caneta, xampu e sabonete são seus objetos de desejo.

Para um país que enfrenta sérias contradições sociais, os habitantes das serras da Ibiapaba e Grande retratam de maneira mais impressionante o quanto são profundas as disparidades nacionais. Não se trata de tornar esse caso, chocante mas localizado, um emblema nacional. Ainda assim, ele está a lembrar o quanto ainda tem de ser feito para chegar à modernidade.

***Folha de S.Paulo*, 22 fev. 1996.**

1. O primeiro parágrafo introduz e delimita o assunto do texto. Como é feita essa introdução? Como se relacionam os dois períodos que formam esse parágrafo?
2. Observe os adjetivos presentes no primeiro parágrafo e responda: qual(is) deles é(são) nitidamente enfático(s)? Comente.
3. Explique a relação de significado existente entre o primeiro e o segundo parágrafo.
4. De que maneira o terceiro parágrafo se relaciona com os dois anteriores? Comente.
5. Explique o significado do adjetivo **internacionais** no terceiro parágrafo. Você sabe por que essa palavra adquiriu esse significado? Comente.
6. Qual a relação entre o quarto parágrafo e o anterior? Comente.
7. Observe no quarto parágrafo a passagem "... e sem o menor instrumento...". É frequente o uso dessa estrutura comparativa com fins enfáticos? Comente.
8. Há, no primeiro período do último parágrafo, duas estruturas das quais fazem parte adjetivos. Aponte-as e comente seu peso argumentativo.
9. Observe no último parágrafo a estrutura "... chocante mas localizado...". Que efeito se obtém com a quase justaposição desses dois adjetivos? Comente.

10. Faça um levantamento dos adjetivos empregados no último parágrafo do texto. A partir disso, verifique se a adjetivação nesse parágrafo está ligada à posição do produtor do texto em relação ao assunto de que está tratando. Comente.
11. O Brasil é paleolítico? Comente.

• Texto 3

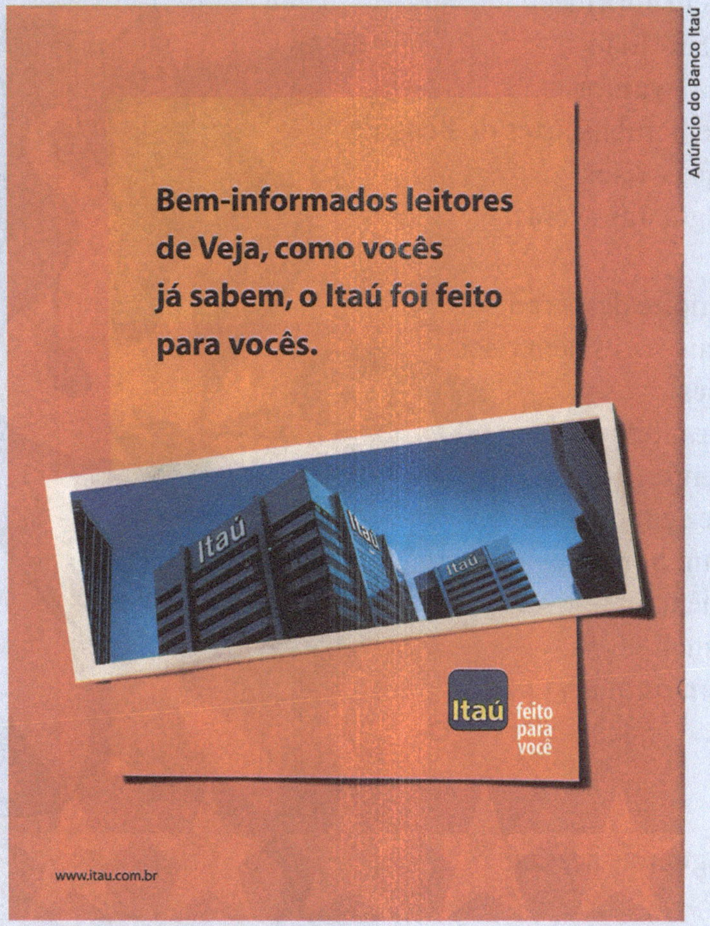

Bem-informados leitores de Veja, como vocês já sabem, o Itaú foi feito para vocês.

Itaú

Itaú feito para você

www.itau.com.br

Anúncio do Banco Itaú

Revista *Veja*, ed. comemorativa 35 anos, set. 2003.

1. Por que as expressões **grandes empresas**, **médias empresas** e **pequenas empresas** chamam a atenção no corpo do texto?
2. **Famílias**, no texto, é adjetivo ou substantivo? Explique.
3. Que efeito de sentido cria essa enumeração de adjetivos? Que relação mantém com a expressão "leitores de *Veja*"?
4. Um conceito importante nas empresas de comunicação e de publicidade é o de **público-alvo**. Relacione o texto com esse conceito. Se necessário, pesquise para elaborar sua resposta.

CAPÍTULO 17

Estudo dos advérbios

Profundamente

Quando ontem adormeci
Na noite de São João
Havia alegria e rumor
Estrondos de bombas luzes de Bengala
Vozes cantigas e risos
Ao pé das fogueiras acesas.

No meio da noite despertei
Não ouvi mais vozes nem risos
Apenas balões
Passavam errantes
Silenciosamente
Apenas de vez em quando
O ruído de um bonde
Cortava o silêncio
Como um túnel.
Onde estavam os que há pouco
Dançavam
Cantavam
E riam
Ao pé das fogueiras acesas?

– Estavam todos dormindo
Estavam todos deitados
Dormindo
Profundamente

*

Quando eu tinha seis anos
Não pude ver o fim da festa de São João
Porque adormeci

Hoje não ouço mais as vozes daquele tempo
Minha avó
Meu avô
Totônio Rodrigues
Tomásia
Rosa
Onde estão todos eles?

– Estão todos dormindo
Estão todos deitados
Dormindo
Profundamente.

BANDEIRA, Manuel. *Poesia completa & prosa*. 4. ed. Rio de Janeiro: Nova Aguilar, 1985. p. 217-8.

Leitura: interação

1. A primeira estrofe nos fala de "alegria e rumor". Aponte os elementos da organização sonora e da pontuação dessa estrofe capazes de sugerir essas noções e comente-os.
2. O verso **"Silenciosamente"**, na segunda estrofe, produz um efeito sonoro e rítmico importante. Releia a estrofe em voz alta e comente.
3. Explique a imagem "Cortava o silêncio/Como um túnel". (segunda estrofe)
4. Comente o efeito rítmico criado pela disposição gráfica dos seguintes versos:
   "Dançavam
   Cantavam
   E riam" (segunda estrofe)
5. O que significa estar "dormindo profundamente" na terceira estrofe do poema? E na última estrofe?
6. O sujeito lírico relaciona um fato do seu passado ao seu presente. Explique essa relação e o modo como o texto a representa. Qual a importância da palavra **profundamente** nessa representação?

Conceito

Advérbio é a palavra que basicamente caracteriza o processo verbal, exprimindo circunstâncias em que esse processo se desenvolve:

"**Hoje não** ouço **mais** as vozes daquele tempo." (circunstâncias de tempo, negação e tempo, respectivamente)
Os balões passavam **silenciosamente**. (circunstância de modo)

Alguns advérbios podem intensificar ou caracterizar as noções transmitidas por adjetivos ou por outros advérbios. Isso ocorre principalmente com os advérbios que exprimem intensidade e modo:

Essa é a atitude **menos** correta para alguém que pretende ser **politicamente** correto.

Você agiu **bastante** mal.

Na linguagem jornalística e publicitária atuais, têm sido frequentes os advérbios associados a substantivos:

"Isso é simplesmente futebol." – disse o jogador.

"Orgulhosamente Brasil" é o que diz a nova campanha publicitária ufanista.

Em alguns casos, os advérbios podem se referir a uma oração inteira; nessa situação, normalmente transmitem a avaliação de quem fala ou escreve sobre o conteúdo da oração:

Infelizmente, os deputados não aprovarão as emendas.

As providências tomadas foram infrutíferas, **lamentavelmente**.

As **locuções adverbiais** são conjuntos de duas ou mais palavras que funcionam como um advérbio. São geralmente formadas por preposição + substantivo ou por preposição + advérbio:

Estavam todos **lá**. (advérbio)

Estavam todos **ao pé das fogueiras acesas**. (locução adverbial)

Despertei **cedo**. (advérbio)

Despertei **no meio da noite**. (locução adverbial)

Estão **ali**. (advérbio)

Estão **por perto**. (locução adverbial)

Morfossintaxe do advérbio

Advérbios e locuções adverbiais exercem a função sintática de **adjuntos adverbiais**.

Classificação dos advérbios

Principais circunstâncias adverbiais

lugar	aqui, aí, ali, cá, lá, acolá, além, longe, perto, dentro, adiante, defronte, onde, acima, abaixo, atrás, algures (= "em algum lugar"), alhures (= "em outro lugar"), nenhures (= "em nenhum lugar"), em cima, de cima, à direita, à esquerda, ao lado, de fora, por fora
tempo	hoje, ontem, anteontem, amanhã, atualmente, brevemente, sempre, nunca, jamais, cedo, tarde, antes, depois, logo, já, agora, ora, então, outrora, aí, quando, à noite, à tarde, de manhã, de vez em quando, às vezes, de repente, hoje em dia
modo	bem, mal, assim, depressa, devagar, rapidamente, lentamente, facilmente (e a maioria dos terminados em **-mente**), às claras, às pressas, à vontade, à toa, de cor, de mansinho, de cócoras, em silêncio, sem medo, frente a frente, face a face
afirmação	sim, certamente, efetivamente, seguramente, realmente, sem dúvida, por certo, com certeza
negação	não, absolutamente, tampouco, de modo algum, de jeito nenhum
intensidade	muito, pouco, mais, menos, ainda, bastante, assaz, demais, bem, tanto, quanto, quase, apenas, mal, tão, de pouco, de todo
dúvida	talvez, quiçá, acaso, porventura, possivelmente, provavelmente, eventualmente

Outras circunstâncias...

Muitos gramáticos fazem referências a outras circunstâncias adverbiais. Algumas delas nos parecem subdivisões das apontadas anteriormente, como acontece com a **frequência** (subdivisão da circunstância de tempo). Outras parecem realmente importantes, como é o caso, por exemplo, das circunstâncias de **causa** e **finalidade**, que podem ser observadas nas locuções destacadas nas frases a seguir:
Muitas crianças estão morrendo **de fome/à míngua/devido à desnutrição/por razões ignóbeis**. (circunstância de causa)
Preparou-se **para o exame/para aquela oportunidade**. (circunstância de finalidade)

Voltaremos a falar sobre circunstâncias adverbiais no estudo dos adjuntos adverbiais e das orações subordinadas adverbiais.

Merecem destaque os chamados **advérbios interrogativos**, empregados em orações interrogativas diretas ou indiretas. Esses advérbios podem exprimir lugar, tempo, modo ou causa:

Onde estão os recursos arrecadados?
Quero saber **onde** estão os recursos arrecadados.
Quando será a reunião?
Quero saber **quando** será a reunião.
Como agir numa situação tão delicada?
Gostaria de saber **como** agir numa situação tão delicada.
Por que você aceita tudo passivamente?
Diga-me **por que** você aceita tudo passivamente.

Flexão de grau

Os advérbios não apresentam flexão de gênero e número; alguns deles – principalmente os de modo – apresentam variações de grau semelhantes às dos adjetivos.

Grau comparativo

Pode ser de igualdade, de superioridade e de inferioridade:

Ele agia **tão calmamente quanto** (ou **como**) o amigo.
Ele agia **mais calmamente (do) que** o amigo.
Ele agia **menos calmamente (do) que** o amigo.

Os advérbios **bem** e **mal** possuem as formas sintéticas de comparativo **melhor** e **pior**:
Eles atuaram **melhor/pior** (do) que os amigos.

As formas analíticas correspondentes **mais bem** e **mais mal** são usadas diante de particípios que atuam como adjetivos:
Ele é o **mais bem** informado dos amigos.
Esta casa é **a mais mal construída** de todas.

Grau superlativo

O superlativo dos advérbios é absoluto e pode ser formado de duas maneiras:

- **analítico** – O superlativo é obtido por meio do uso de um advérbio de intensidade:

  Ele agiu **muito ponderadamente**.

  Investigaram **desleixadamente demais** as causas do acidente.

  Estamos **muitíssimo perto** do local indicado.

- **sintético** – O superlativo é obtido por meio do uso do sufixo **-íssimo**:

  Amamos **muitíssimo** nossas convicções.

  As transformações sociais estão ocorrendo **lentissimamente**.

  Acordamos **cedíssimo** todos os dias.

Na linguagem coloquial e familiar, é comum a utilização de formas diminutivas dos advérbios com valor superlativo:

Amanhã vamos sair **cedinho**.

Ele anda **devagarinho**.

Atividades

1. Aponte os advérbios e locuções adverbiais presentes nos trechos a seguir e indique as circunstâncias que exprimem.

   a) "No dia seguinte almoçamos num restaurante e tomamos três garrafas de tinto; depois, num bar fiquei a alisar ternamente a sua mão fina, de veias azuis." (Rubem Braga)

   b) "Talvez um ruído de elevador, uma campainha tocando no interior de outro apartamento, o fragor de um bonde lá fora, sons de um rádio distante, vagas vozes – e, me lembro, havia um feixe de luz oblíquo dando no chão e na parte de baixo de uma porta, recordo vagamente a cor rósea da parede." (Rubem Braga)

   c) "Se é difícil arrancar um não do brasileiro em geral, mais difícil ainda é arrancar um sim do mineiro em particular." (Fernando Sabino)

   d) "Naquela solene ocasião, diante das figuras ilustres a olhar boquiabertas as dimensões ciclópicas do monumento, sobreveio a catástrofe providencial: a imensa massa de argila, amolecida pelos sucessivos baldes d'água que o escultor, temeroso de seu endurecimento, despejava sobre o trabalho, começou a desfazer-se feito melado, e de súbito desmoronou fragorosamente." (Fernando Sabino)

2. Nas frases a seguir, transforme as expressões destacadas em advérbios terminados em -mente.

   a) Tratou-nos **com amizade**.

   b) Agiu **sem medo**.

   c) Fez tudo **com prazer**.

   d) Não haverá de que reclamar, **com certeza**.

   e) Ofendeu a todos **sem distinção**.

f) Essas resoluções atingem **sem piedade** os mais humildes.
g) As ondas quebravam **de manso** na areia.
h) Passava **por acaso** por aqui.
i) Delineie suas ideias **com nitidez**.
j) Fez tudo **em silêncio**.

3. Substitua os advérbios terminados em **-mente** destacados nas frases a seguir por locuções adverbiais.
a) Jogava **habilmente**.
b) As crianças entraram **ruidosamente**.
c) Ele arrependeu-se do que dissera **impensadamente**.
d) Planejou tudo **friamente**.
e) Ela **graciosamente** dirigiu-me a palavra.
f) **Subitamente**, forte vento começou a soprar.
g) Gritava **despudoradamente** palavras obscenas.
h) **Raramente** se veem animais desse porte nestas matas.
i) Amava-a **fortemente**.
j) Pagou caro por ter agido **ingenuamente**.

4. Substitua as expressões destacadas nas frases a seguir por advérbios.
a) **Por qual razão** não atendes o telefone?
b) Não disse isso **em nenhum momento**.
c) **Em que tempo** os homens serão melhores com os outros homens?
d) **Naquele lugar** há matas nativas.
e) **Neste lugar** há muita poluição sonora.
f) Sua casa fica **a grande distância**; a minha, **a pequena distância**.
g) Vá **neste exato instante**!
h) Eu já o encontrei **em algum lugar**.
i) Deixe esse pacote **em outro lugar**.

5. Em cada par de frases a seguir, dê a classe da palavra destacada.
a) Faça isso **direito**! / Saiu pelo portão **direito**.
b) Pagou **barato** o par de tênis que está usando. / É um carro **barato**?
c) **Breve** nos tornaremos a ver. / O discurso do paraninfo foi **breve**.
d) Fale **baixo**! / É um homem **baixo**.

6. Indique a classe gramatical das palavras destacadas nas frases a seguir.
a) Ela anda **meio** desanimada.
b) Passou **meio** dia tentando consertar o carro.
c) Vai demorar a chegar, porque anda **meio** devagar.
d) Vendeu **caro** o que havia comprado **barato**. É um especulador!
e) Vendeu-me um produto **barato** pelo preço de um **caro**! Recorri aos órgãos de defesa do consumidor e reouve meu dinheiro!
f) Ele é o **melhor** jogador do país. Infelizmente, foi parar no **pior** time!
g) Enxergo **melhor** do que ouço. E ninguém enxerga **pior** que eu!

7. Quando diversos advérbios terminados em **-mente** se sucedem, recomenda-se que essa terminação seja usada apenas no último deles: "O novo tributo prejudicaria **ampla** e **injustamente** as pessoas de menor renda". Pensando nisso, comente o emprego desse tipo de advérbio na seguinte frase do escritor português Fernando Namora:

"De repente, pus-me de pé e aproximei-me lentamente, ritmadamente, voluptuosamente, da janela."

(Fernando Namora, apud CUNHA, Celso & CINTRA, Lindley)

Advérbios, leitura e produção de textos

A classe gramatical dos advérbios tem sido objeto de muitos estudos e discussões recentes entre linguistas e gramáticos. Muitas palavras tradicionalmente classificadas como advérbios vêm sendo aproximadas de outras classes gramaticais: é o caso, por exemplo, de **lá**, **aqui**, **ali** e outras, que se assemelham em muitos aspectos aos pronomes. É também o caso da palavra **não**: é um advérbio ou um elemento dos mecanismos da negação em português? Além disso, os próprios critérios tradicionais de classificação têm sido discutidos, o que conduz muitas vezes à necessidade de estudar pormenorizadamente cada palavra a fim de formar classes baseadas em características diferentes das apontadas até agora.

Alguns resultados dessas discussões podem ser úteis a quem precisa ler e escrever textos com eficiência. Um dado importante nesse sentido diz respeito aos advérbios em **-mente**, em sua maioria considerados advérbios de modo. Na verdade, esses advérbios oferecem a quem fala ou escreve a oportunidade de expressar juízos de valor em textos dissertativos; atentar neles é, portanto, fundamental a quem interpreta ou produz um texto desse tipo. Nos textos narrativos, os advérbios e locuções adverbiais permitem a caracterização dos processos verbais, indicando muitas circunstâncias indispensáveis ao andamento da história.

Palavras difíceis de classificar...

Há algumas palavras e expressões que não são facilmente classificáveis dentro dos critérios da gramática tradicional. São chamadas genericamente de **palavras denotativas** e são geralmente apresentadas em listas. Muitas delas se assemelham aos advérbios:

1. exclusão: só, somente, apenas, menos, etc.
2. explicação: isto é, a saber, por exemplo, etc.
3. designação: eis.
4. inclusão: também, até, mesmo, etc.
5. retificação: aliás, ou melhor, antes, etc.

Nem sempre as palavras dessa lista são de classificação problemática. **Antes**, por exemplo, quando indica circunstância de tempo, é advérbio. Muitas dessas palavras, aliás, se assemelham a advérbios. E a frequência com que ocorrem em frases e textos em situações diretamente envolvidas com a condução das estratégias argumentativas as torna muito importantes – como temos visto sistematicamente na análise e reflexão de textos em nosso livro. É por isso que procuramos sempre chamar sua atenção para o papel de palavras como **até**, **aliás**, **também** e outras e para os efeitos de sentido que produzem nas situações efetivas de interlocução. Podem ser difíceis de classificar, mas isso não impede que sejam importantes e necessárias.

Leitura, uso, reflexão

• **Texto 1**

Patrimônio ameaçado

Fachada do Museu Nacional da Quinta da Boa Vista, Rio de Janeiro (RJ).

Compreende-se a necessidade de economizar preciosos recursos públicos. Há décadas, um Estado ineficiente e perdulário vem onerando o contribuinte. Mas tudo tem um limite. Há certas economias que acabam custando muito caro. É o caso do roubo à biblioteca do Museu Nacional, no Rio de Janeiro.

Sem segurança digna deste nome ou verbas **até** para adquirir câmaras de vigilância, a biblioteca teve 13 obras raras furtadas e 11 danificadas, depois que o ladrão lhes arrancou as gravuras, provavelmente para vendê-las no mercado negro. Os livros que desapareceram do acervo, datados dos séculos 17 e 19, versam sobre história natural e são de autoria de pesquisadores estrangeiros ilustres como Hans Staden e Johann Baptist von Spix. Seu valor é inestimável.

Infelizmente, não se trata de um caso isolado. A mesma biblioteca **já** sofrera um outro grande roubo, em 1989, quando 17 obras foram levadas. Felizmente, acabaram sendo recuperadas. No ano passado, foi a vez da mapoteca do Palácio do Itamaraty, também no Rio, que teve subtraídos 2 066 de seus itens entre fotografias, mapas e gravuras históricas.

O pouco cuidado com o patrimônio brasileiro é, lamentavelmente, generalizado, ocorrendo nos planos artístico e arqueológico. Estátuas do maior escultor brasileiro se esfacelam ao sabor das intempéries e da ação de vândalos em Minas Gerais. Na bacia do Araripe, na divisa entre Ceará, Pernambuco e Piauí, fósseis pré-históricos são coletados pela população e vendidos ilegalmente a museus estrangeiros por valores irrisórios, às vezes o equivalente a uma cerveja. **Até** os tesouros naturais sofrem com o florescimento de um turismo muitas vezes predatório.

Não adianta, como costumam fazer autoridades, esperar que ocorram desastres naturais ou provocados para anunciar a liberação de verbas destinadas a proteger o patrimônio. **Aqui**, como em tantos outros campos, é preciso antecipar-se ao sinistro. Garantir a segurança e a conservação de obras e de lugares preciosos não é gasto. É investimento.

***Folha de S.Paulo*, 8 maio 2004.**

1. “Mas tudo tem um limite.” Qual a importância dessa frase para a estratégia de apresentação da argumentação? Explique.
2. Explique de que forma o segundo parágrafo complementa e expande o primeiro.
3. Os advérbios **infelizmente** e **felizmente** são usados no terceiro parágrafo.
   a) Eles exprimem circunstância de modo? Explique.
   b) Que efeito de sentido se obtém com a proximidade desses advérbios?
4. Qual a importância do advérbio **lamentavelmente** (quarto parágrafo) para o desenvolvimento da argumentação?
5. **Ilegalmente** (quarto parágrafo) exprime circunstância de modo? Explique.
6. Que papel desempenham no texto as palavras destacadas em negrito?
7. Que efeito de sentido se obtém com a frase curta “É investimento”, no final do texto? Aponte outra passagem do texto em que o mesmo recurso foi utilizado.
8. Por que um jornal como a *Folha de S.Paulo* publica um editorial como esse?
9. Preservar e proteger obras e lugares preciosos é de fato investimento? Há proteção e preservação desse tipo de patrimônio em sua cidade? Comente.

• Texto 2

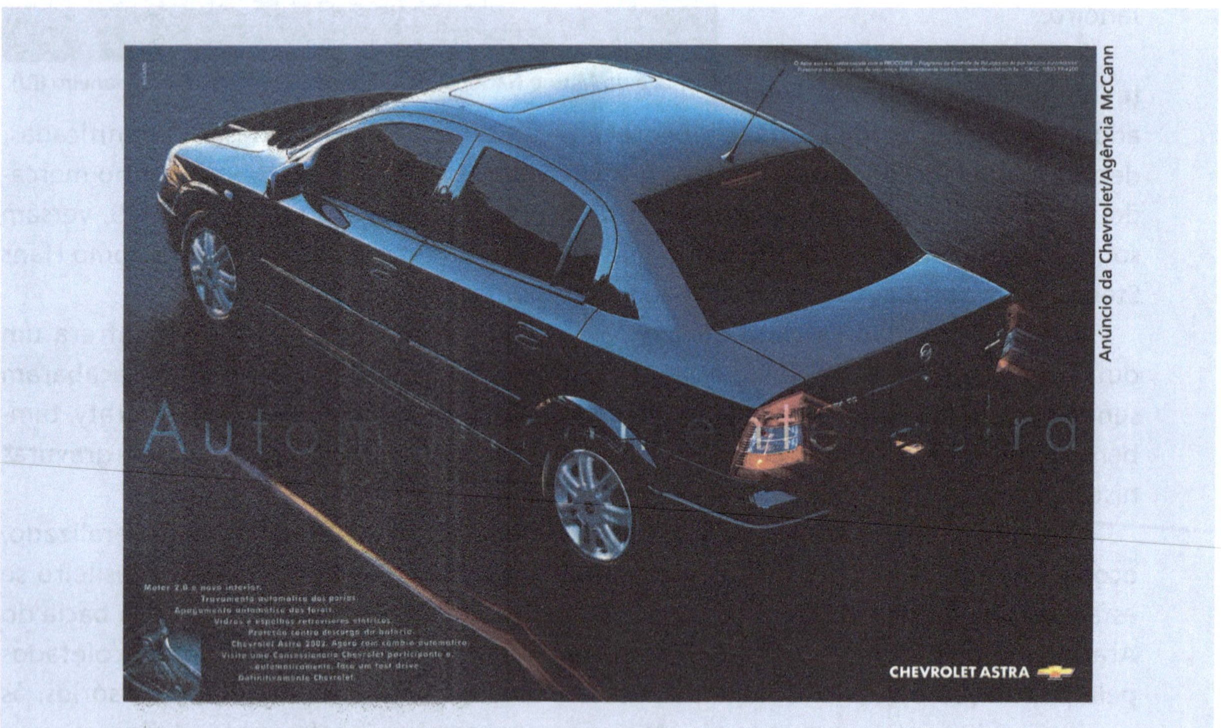

Anúncio da Chevrolet/Agência McCann

Revista *Veja*, 23 jan. 2002.

Que efeito de sentido cria o advérbio **automaticamente** no texto? Comente.

Prática de língua falada

Anúncio do Ministério do Meio Ambiente do Governo Federal/Agência Artplan

Revista *Veja*, 27 fev. 2002.

Prepare uma exposição oral aos seus colegas explicando a importância argumentativa dos advérbios terminados em **-mente**. Use o texto publicitário acima como ponto de partida para a sua exposição.

CAPÍTULO 18

Estudo dos pronomes

O senhor

Carta a uma jovem que, estando em uma roda em que dava aos presentes o tratamento de "você", se dirigiu ao autor chamando-o "o senhor":

Senhora –

Aquele a quem chamastes senhor aqui está, de peito magoado e cara triste, para vos dizer que senhor ele não é, de nada, nem ninguém.

Bem o sabeis, por certo, que a única nobreza do plebeu está em não querer esconder sua condição e esta nobreza tenho eu. Assim, se entre tantos senhores ricos e nobres a quem chamáveis "você" escolhestes a mim para tratar de "senhor", é bem de ver que só poderíeis ter encontrado essa senhoria nas rugas de minha testa e na prata de meus cabelos. Senhor de muitos anos, eis aí, o território onde eu mando é no país do tempo que foi. Essa palavra "senhor", no meio de uma frase, ergueu entre nós dois um muro frio e triste.

Vi o muro e calei. Não é de muito, eu juro, que me acontece essa tristeza; mas também não era a vez primeira. De começo eram apenas os "brotos" ainda mal núbeis que me davam senhoria; depois assim começaram a tratar-me as moças de dezoito a vinte, com essa mistura de respeito, confiança, distância e desprezo que é o sabor dessa palavra melancólica. Sim, eu vi o muro; e, astuto ou desanimado, calei. Mas havia na roda um rapaz de ouvido fino e coração cruel; ele instou para que repetísseis a palavra; fingistes não entender o que ele pedia, e voltastes a dizer a frase sem usar nem "senhor", nem "você". Mas o danado insistiu e denunciou o que ouvira e que, no embaraço de vossa delicadeza, evitáveis repetir. Todos riram, inclusive nós dois. A roda era íntima e o caso era de riso.

O que não quer dizer que fosse alegre; é das tristezas que rimos de coração mais leve. Vim para casa e como sou um homem forte, olhei-me ao espelho; e como tenho minhas fraquezas, fiz um soneto. Para vos dar o tom, direi que no fim do segundo quarteto eu confesso que às vezes já me falece valor "para enfrentar o tédio dos espelhos"; e no último terceto digo a mim mesmo: "Volta, portanto, a cara e vê de perto – a cara, a tua cara verdadeira – ó Braga envelhecido, envilecido."

Sim, a velhice é coisa vil; Bilac o disse em prosa, numa crônica, ainda que nos sonetos ele almejasse envelhecer sorrindo. Não sou Bilac; e nem me dá consolo, mas tristeza, pensar que as musas desse poeta andam por aí encanecidas e murchas, se é que ainda andam e já não desceram todas à escuridão do túmulo. Vivem apenas, eternamente moças e lindas, na música de seus versos, cheios de sol e outras estrelas. Mas a verdade (ouvi, senhora, esta confissão de um senhor ido e vivido, ainda que mal e tristemente), a verdade não é o tempo que passa, a verdade é o instante. E vosso instante é de graça, juventude e extraordinária beleza. Tendes todos os direitos; sois um belo momento da aventura do gênero humano sobre a terra. Detrás do meu muro frio eu vos saúdo e canto. Mas ser senhor é triste; eu sou, senhora, e humildemente, o vosso servo – R. B.

Abril, 1951.

BRAGA, Rubem. *200 crônicas escolhidas*. 6. ed. Rio de Janeiro: Record, 1986. p. 146-7.

Leitura: Interação

1. Quais os sentidos com que a palavra **senhor** é empregada no texto? Aponte passagens que justifiquem sua resposta.
2. Explique a imagem "o território onde eu mando é no país do tempo que foi". (quarto parágrafo)
3. Em que consiste o "tédio dos espelhos" de que o autor nos fala? (sexto parágrafo)
4. "... a verdade não é o tempo que passa, a verdade é o instante." (último parágrafo) Você concorda com essa afirmação? Comente.
5. O autor afirma que a forma de tratamento que lhe foi endereçada o colocou detrás de um "muro frio". (quarto parágrafo) Você já experimentou essa sensação? As formas de tratamento são capazes de criar tais distâncias? Comente.
6. Qual o tratamento dispensado pelo autor à jovem a quem escreve? Em que pessoa gramatical é conduzido esse tratamento?

Conceito

Pronome é a palavra que denota os seres ou se refere a eles, considerando-os como pessoas do discurso ou relacionando-os com elas. Dessa forma, o pronome permite identificar o ser como sendo aquele que utiliza a língua no momento da comunicação (eu, nós), aquele a que a comunicação é dirigida (tu, você, vós, Senhora) ou também como aquele ou aquilo que não participa do ato comunicativo, mas é nele mencionado (ele, ela, aquilo, outro, qualquer, alguém, etc.).

O pronome também pode referir-se a um determinado ser, relacionando-o com as pessoas do discurso; pode, por exemplo, estabelecer relações de posse ou proximidade com a primeira pessoa (**meu** livro, **este** livro, **isto**), com a segunda pessoa (**teu** livro, **esse** livro, **isso**) e com a terceira pessoa (**aquele** livro, **aquilo**).

Morfossintaxe do pronome

Sintaticamente, os pronomes podem exercer as mesmas funções desempenhadas pelos substantivos e pelos adjetivos. Há pronomes que, nas orações, assumem as funções dos substantivos; são, por isso, chamados **pronomes substantivos**. Também há pronomes que acompanham os substantivos a fim de caracterizá-los ou determiná-los, atuando em funções típicas dos adjetivos: são, por isso, chamados **pronomes adjetivos**.

Classificação dos pronomes

Pronomes pessoais

Os pronomes pessoais indicam diretamente as pessoas do discurso. Quem fala ou escreve assume os pronomes **eu** ou **nós**, usa os pronomes **tu, vós, você** ou **vocês** para designar a quem se dirige e **ele, ela, eles** ou **elas** para fazer referência a pessoa ou pessoas de quem fala.

Os pronomes pessoais variam de acordo com as funções que exercem nas orações, podendo ser do caso reto ou do caso oblíquo.

Para falar desses pronomes, teremos de fazer referências a vários termos da análise sintática: se você tiver dúvidas sobre eles, procure esclarecê-las na parte de nosso livro dedicada à Sintaxe.

Pronomes pessoais do caso reto

Pertencem ao caso reto os pronomes pessoais que nas orações desempenham as funções de sujeito ou predicativo do sujeito.

Pronomes pessoais do caso reto		
	singular	**plural**
primeira pessoa	eu	nós
segunda pessoa	tu	vós
terceira pessoa	ele, ela	eles, elas

Esses pronomes não costumam ser usados como complementos verbais na língua-padrão. Frases como "Vi ele na rua", "Encontrei ela na praça", "Trouxeram eu até aqui", comuns na língua oral cotidiana, devem ser evitadas na língua formal escrita ou falada. Na língua formal, devem ser usados os pronomes oblíquos correspondentes: "Vi-o na rua", "Encontrei-a na praça", "Trouxeram-me até aqui".

Pronomes pessoais do caso oblíquo

Pertencem ao caso oblíquo os pronomes pessoais que nas orações desempenham as funções de complemento verbal (objeto direto ou indireto) ou complemento nominal. Os pronomes do caso oblíquo variam de forma de acordo com a tonicidade com que são pronunciados nas frases da língua, dividindo-se em átonos e tônicos.

Pronomes oblíquos átonos		
	singular	**plural**
primeira pessoa	me	nos
segunda pessoa	te	vos
terceira pessoa	o, a, se, lhe	os, as, se, lhes

- Os pronomes **me, te, nos** e **vos** podem tanto ser objetos diretos como objetos indiretos.
- Os pronomes **o, a, os** e **as** atuam exclusivamente como objetos diretos; as formas **lhe** e **lhes**, como objetos indiretos.
- O pronome **se** pode ser objeto direto ou indireto; em qualquer caso, deve ser **reflexivo**, ou seja, deve indicar que o sujeito pratica a ação sobre si mesmo. Esse pronome também pode ser usado em construções da voz passiva sintética e na indeterminação do sujeito.

Os pronomes **me**, **te**, **lhe**, **nos**, **vos** e **lhes** podem combinar-se com os pronomes **o**, **os**, **a**, **as**, dando origem a formas como **mo**, **mos**, **ma**, **mas**; **to**, **tos**, **ta**, **tas**; **lho**, **lhos**, **lha**, **lhas**; **no-lo**, **no-los**, **no-la**, **no-las**, **vo-lo**, **vo-los**, **vo-la**, **vo-las**. Observe o uso dessas formas nos exemplos que seguem:

– Trouxeste o pacote?
– Sim, entreguei-**to** ainda há pouco.

– Não contaram a novidade a vocês?
– Não, não **no-la** contaram.

No português do Brasil, essas combinações não são usadas; até mesmo na língua literária atual, seu emprego é muito raro.

Os pronomes **o**, **os**, **a**, **as** assumem formas especiais depois de certas terminações verbais.

Quando o verbo termina em **-z**, **-s** ou **-r**, o pronome assume a forma **lo**, **los**, **la** ou **las**, ao mesmo tempo que a terminação verbal é suprimida:

fiz + o = fi-**lo** fazeis + o = fazei-**lo** dizer + a = dizê-**la**

Quando o verbo termina em som nasal, o pronome assume as formas **no**, **nos**, **na**, **nas**:

viram + o = viram-**no** repõe + os = repõe-**nos**
retém + a = retém-**na** tem + as = tem-**nas**

Pronomes oblíquos tônicos		
	singular	**plural**
primeira pessoa	mim	nos
segunda pessoa	ti	vos
terceira pessoa	ele, ela, si	eles, elas, si

- Os pronomes do caso oblíquo tônicos são sempre precedidos por preposições, como **a**, **até**, **contra**, **de**, **em**, **entre**, **para**, **por**, **sem**.

A combinação da preposição **com** e alguns desses pronomes originou as formas especiais **comigo, contigo, consigo, conosco** e **convosco**.

As preposições essenciais introduzem sempre pronomes pessoais do caso oblíquo e nunca pronomes do caso reto. Nos contextos interlocutivos que exigem o uso da língua formal, os pronomes costumam ser usados desta forma:

Não há mais nada entre **mim** e **ti**.
Não se comprovou qualquer ligação entre **ti** e **ela**.
Não há nenhuma acusação contra **mim**.
Não vá sem **mim**.

- Há construções em que a preposição, apesar de surgir anteposta a um pronome, serve para introduzir uma oração cujo verbo está no infinitivo. Nesses casos, o verbo pode ter sujeito expresso; se esse sujeito for um pronome, deverá ser do caso reto:

Trouxeram várias peças para **eu** verificar.
Não vá sem **eu** saber.

- As formas **conosco** e **convosco** são substituídas por **com nós** e **com vós** quando os pronomes pessoais são reforçados por palavras como **outros**, **mesmos**, **próprios**, **todos**, **ambos** ou algum numeral:

  Você terá de viajar **com nós todos**.
  Estávamos **com vós outros** quando chegaram as más notícias.
  Ele disse que iria **com nós três**.

- O pronome **si** é considerado exclusivamente reflexivo no português do Brasil. O mesmo ocorre com a forma **consigo**:

  Ele é muito egoísta: só pensa em **si**.
  Ela frequentemente conversa **consigo** mesma em voz alta.

A segunda pessoa indireta

A chamada segunda pessoa indireta se manifesta quando utilizamos pronomes que, apesar de indicarem nosso interlocutor (portanto, a segunda pessoa), utilizam o verbo na terceira pessoa. É o caso dos chamados **pronomes de tratamento**, que podem ser observados no quadro seguinte.

Pronomes de tratamento		
pronome de tratamento	**abreviatura**	**usado para se dirigir a**
Vossa Alteza	V. A.	príncipes, duques
Vossa Eminência	V. Em.ª	cardeais
Vossa Excelência	V. Ex.ª	altas autoridades e oficiais-generais
Vossa Magnificência	V. Mag.ª	reitores de universidades
Vossa Majestade	V. M.	reis, imperadores
Vossa Santidade	V. S.	papa
Vossa Senhoria	V. S.ª	tratamento cerimonioso

As formas da relação ao lado devem ser usadas quando designamos a segunda pessoa; para designar a terceira pessoa, é necessário substituir Vossa por Sua, obtendo os pronomes Sua Alteza, Sua Eminência, Sua Excelência, etc.

Esses pronomes representam uma forma indireta de nos dirigirmos aos nossos interlocutores. Ao tratarmos um deputado por Vossa Excelência, por exemplo, estamos nos endereçando à excelência que esse deputado supostamente tem para poder ocupar o cargo que ocupa.

É importante lembrar que esses pronomes de tratamento utilizam o verbo e outros pronomes de terceira pessoa. Observe a frase seguinte:

Vossa Excelência **decidiu** apresentar **seus** projetos na sessão de hoje?

- Também são pronomes de tratamento **o senhor, a senhora** e **você, vocês. O senhor** e **a senhora** são empregados no tratamento cerimonioso; **você** e **vocês**, no tratamento familiar. **Você** e **vocês** são largamente empregados no português do Brasil; em algumas regiões, a forma **tu** é de uso frequente, em outras, é muito pouco empregada. Já a forma **vós** tem uso restrito à linguagem litúrgica, ultraformal ou literária (como na crônica que abre este capítulo).

- No caso de **você, vocês** essas relações devem ser atentamente observadas. As formas **você, vocês** podem ser tanto usadas no papel de pronomes pessoais do caso reto (atuando como sujeito ou predicativo) como no de pronomes pessoais do caso oblíquo (atuando como complementos verbais e nominais):

Você votou na última eleição?
O responsável é **você**.
Vi **você** ontem na praça.
Entregarei as encomendas a **você**.
Não há mais nada entre mim e **você**.

- Também se usam as formas oblíquas **o, a, os, as; lhe, lhes, se, si** e **consigo** em combinação com **você, vocês** (e outros pronomes de tratamento):

Você não veio porque não quis: eu **o** havia avisado da reunião.
Já **lhe** falei várias vezes: **você** não deve insistir.
Será que **você** só pensa em **si**? **Você** só se preocupa **consigo** mesmo?

- Na língua formal, não se devem misturar os tratamentos **tu** e **você**, como ocorre com frequência na língua oral cotidiana. Devem-se evitar frases como:

  Se você chegar cedo, eu vou te ajudar.

  Em seu lugar, devemos usar frases com tratamento uniforme, como:

  Se você chegar cedo, vou ajudá-lo (ou: ajudar você).

  ou:

  Se chegares cedo, vou ajudar-te.

- Na língua coloquial, utiliza-se com frequência a forma **a gente** como pronome de primeira pessoa do plural. O verbo deve permanecer na terceira pessoa do singular:

  A gente acaba descobrindo cada coisa!

  Na língua formal, costuma-se substituir essa forma por **nós**.

ATIVIDADES

1. Nas frases seguintes, ocorrem ambiguidades relacionadas com o emprego de pronomes pessoais. Comente essas ambiguidades e proponha formas de eliminá-las.
   a) É necessário que refaça o que havia feito.
   b) Pedro garantiu a Paulo que ele seria bem-sucedido.
   c) Eu disse a Carlos que conseguiria resolver o problema.
   d) Ele me prometeu que obteria o emprego.
   e) Márcia disse a Joana que ela seria a primeira a chegar.

2. Reescreva cada uma das frases seguintes, substituindo o termo destacado por um pronome pessoal oblíquo átono.
   a) Leve **sua reivindicação** aos vereadores.
   b) Leve sua reivindicação **aos vereadores**.
   c) Mostre **seus trabalhos** ao crítico especializado.
   d) Mostre seus trabalhos **ao crítico especializado**.
   e) Indiquei **o caminho certo** aos turistas.
   f) Indiquei o caminho certo **aos turistas**.
   g) Apresentei **as provas** no tribunal.
   h) Paguei **aos meus credores**.
   i) Paguei **as minhas dívidas**.

3. Continue fazendo as substituições.
   a) Trouxeram **alguns pacotes** ao vizinho.
   b) Trouxeram alguns pacotes **ao vizinho**.
   c) Contaram **a verdade** ao pobre homem.
   d) Contaram a verdade **ao pobre homem**.
   e) Vão construir **uma nova rodovia**.
   f) Refiz **o serviço**.
   g) Pões **o nariz** onde não deves.
   h) Põe **o nariz** onde não deve.
   i) Vou pôr **estas caixas** ali no canto.
   j) Quero ver **meus velhos amigos**.

4. As frases seguintes são frequentes na língua coloquial e familiar. Reescreva-as para que fiquem adequadas ao padrão formal da língua.
   a) Vi ele ontem.
   b) Encontrei ela no supermercado.
   c) Deixa eu em paz!
   d) Ela trouxe algumas revistas pra mim dar uma olhada.
   e) Está tudo terminado entre eu e você.
   f) Mandaram eu sair dali.
   g) Cheguei a cantar pra ti dormir.
   h) Fizeram ele desistir do emprego.
   i) Trouxe ele aqui pra dar uma força pra gente.

5. Reescreva as frases de acordo com o modelo.

   Trouxeram alguns livros. Eu vou lê-los.
   Trouxeram alguns livros para eu ler.

   a) Fizeram algumas propostas. Eu vou analisá-las.
   b) Enviaram alguns documentos. Eu vou arquivá-los.
   c) Recomendaram alguns procedimentos. Eu vou adotá-los.
   d) Remeteram algumas peças. Eu vou examiná-las.
   e) Trouxeram várias fitas de vídeo. Eu vou vê-las.

6. Complete as frases seguintes com a forma apropriada do pronome pessoal da primeira pessoa do singular.

a) Este caderno é para * fazer minhas anotações.
b) Conversamos muito e tudo ficou resolvido. Não há mais nada pendente entre * e ele.
c) É difícil para * aceitar que nenhuma das minhas propostas foi acatada.
d) Quem trouxe isto para *?
e) Não parta sem *.
f) Para * está claro quem foi o responsável pelo desvio das verbas.
g) Não faça isso sem * saber.

7. Leia atentamente as frases seguintes e proponha soluções para os problemas pronominais que apresentam.

a) Querida, gosto muito de si.
b) Querida, gostaria muito de sair consigo.
c) Infelizmente, não posso ir consigo ao cinema.
d) Apesar da distância que nos separa, creia que nunca me esqueço de si.

8. Passe para o plural o verbo destacado em cada uma destas frases. Faça todas as modificações necessárias à obtenção de uma frase bem-formada.

a) Nunca me **esqueço** de que ele não simpatiza comigo.
b) Não te **queixaste** de que ninguém se preocupava contigo?
c) Não me **lembro** de que houvesse alguém comigo naquele momento.
d) Nunca te **recordas** das boas coisas que te aconteceram?
e) Não me **propus** a cuidar melhor de mim mesmo?
f) **Lembro**-me de que ela gostava de passear comigo.
g) Não te **lembras** de quem estava contigo naquela ocasião?

9. Os pronomes pessoais são muito importantes para a retomada de dados e conceitos ao longo dos textos da língua. No parágrafo seguinte, subtraímos os pronomes pessoais: sua tarefa é completar as frases que o compõem com as formas pronominais apropriadas.

"Levado ao espelho, o brasileiro dá de cara com uma imagem perturbadora – a sua própria identidade em desordem. Certamente por força da crise que há longo tempo * invade por todos os lados, * vê desmancharem-se diante de * conhecidas e reconfortantes fantasias. A realidade atropela as ilusões nacionais, a começar pela matriz de todas elas, a de que Deus é brasileiro. Como um saltimbanco entre um trapézio e outro, o brasileiro parece ter perdido a confiança na mitologia de suas gostosas qualidades, mas ainda não conseguiu * agarrar a uma cadeia de novas crenças, capazes de proteger * do abismo."

Superinteressante

10. Leia atentamente o texto seguinte.

Anúncio da Global Crossing

Revista *Veja*, 29 nov. 2000.

a) A que se refere o pronome pessoal oblíquo presente no texto?

b) Na sua opinião, por que o produtor do texto optou por essa forma pronominal e não por outra mais típica da linguagem coloquial?

11. Observe o uso dos pronomes no texto seguinte e comente o efeito de sentido que cria.

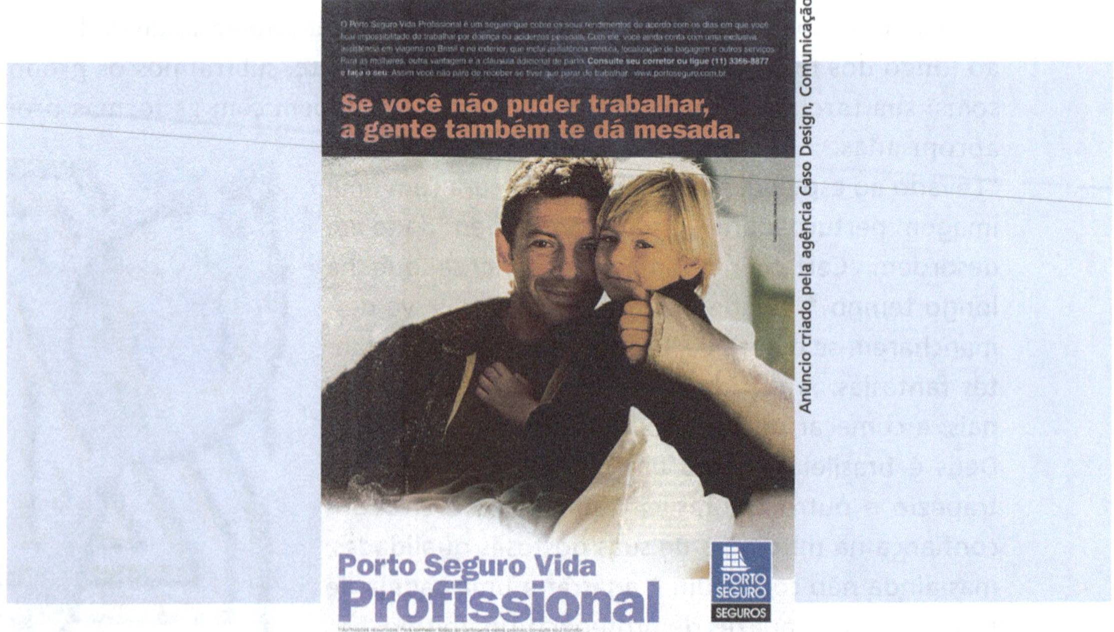

Anúncio criado pela agência Caso Design, Comunicação

Revista *Você S.A.*, mar. 2000.

Pronomes possessivos

Os pronomes possessivos estabelecem relação de posse entre seres e conceitos e as pessoas do discurso.

Pronomes possessivos		
	singular	**plural**
primeira pessoa	meu, meus, minha, minhas	nosso, nossos, nossa, nossas
segunda pessoa	teu, teus, tua, tuas	vosso, vossos, vossa, vossas
terceira pessoa	seu, seus, sua, suas	seu, seus, sua, suas

Na língua coloquial, há forte tendência a construir frases relacionando você com os possessivos da segunda pessoa do singular. Essa tendência deve ser evitada na língua formal falada ou escrita.

- A forma do possessivo depende da pessoa gramatical a que se refere; o gênero e o número concordam com o objeto possuído:
  Eu trouxe **meu** apoio e **minha** contribuição.

- Os pronomes de tratamento utilizam os possessivos da terceira pessoa:
  Vossa Excelência apresentou **seus** projetos na sessão de hoje?
  Você deve encaminhar **suas** reivindicações à direção do colégio. Tenha certeza de que **seus** amigos o apoiarão.
- Em algumas construções, os pronomes pessoais oblíquos átonos assumem valor de possessivos:
  Vou seguir-**lhe** os passos. (= Vou seguir **seus** passos.)
  Apertou-**me** as mãos. (= Apertou **minhas** mãos.)

Pronomes demonstrativos

Os pronomes demonstrativos indicam a posição dos seres designados em relação às pessoas do discurso, situando-os no espaço, no tempo ou no próprio discurso. Apresentam-se em formas variáveis (em gênero e número) e invariáveis.

Pronomes demonstrativos	
primeira pessoa	este, estes, esta, estas, isto
segunda pessoa	esse, esses, essa, essas, isso
terceira pessoa	aquele, aqueles, aquela, aquelas, aquilo

- As **formas de primeira pessoa** indicam proximidade de quem fala ou escreve:
  Este rapaz ao meu lado é um velho amigo.
  Esta camisa que estou usando é nova.
  Os demonstrativos de primeira pessoa podem indicar também o tempo presente em relação a quem fala ou escreve:
  Nestas últimas horas tenho aprendido mais do que durante toda a minha vida.

- As **formas de segunda pessoa** indicam proximidade da pessoa a quem se fala ou escreve:

  Você pode mostrar o que é **isso** em sua mão?

  Receba meus cumprimentos por mais um ano que **esse** velho corpo consegue atravessar incólume!

  Esses pronomes de segunda pessoa também podem indicar o passado ou o futuro próximos de quem fala ou escreve:

  Foram muito agradáveis **esses** dias que passei na praia.

  É provável que **essas** horas em que estaremos juntos sejam muito proveitosas.

- Os **pronomes de terceira pessoa** indicam o que está distante tanto de quem fala ou escreve como da pessoa a quem se fala ou escreve:

  Você está vendo **aquelas** nuvens para lá da montanha?

  Quem é **aquele** rapaz do outro lado da rua?

  Essas formas indicam um passado vago ou remoto:

  Naqueles tempos, o país era mais otimista.

  Naquela época, podia-se caminhar à noite em segurança.

Pronomes demonstrativos na coesão textual

- Esses pronomes demonstrativos também podem estabelecer **relações entre as partes do discurso**, ou seja, podem relacionar aquilo que já foi dito numa frase ou texto com o que ainda se vai dizer:

  Meu argumento é **este**: o crescimento econômico só faz sentido quando produz bem-estar social.

  O crescimento econômico só faz sentido quando produz bem-estar social. **Esse** é o argumento que defendo.

  Este (e as outras formas de primeira pessoa) se refere ao que ainda vai ser dito na frase ou texto; **essa** (e as outras formas de segunda pessoa) se refere ao que já foi dito.

  Também se pode utilizar a oposição entre os pronomes de primeira pessoa e os de terceira pessoa na retomada de elementos anteriormente citados:

  Crianças e idosos enfrentam problemas semelhantes na sociedade brasileira: **estes** (= os idosos) são desprezados por um sistema previdenciário ineficiente e corrupto; **aquelas** (= as crianças) são massacradas por uma distribuição de renda que impede os pais de criá-las dignamente.

Palavras que atuam como pronomes demonstrativos

- Em determinadas situações, há **outras palavras que podem atuar como pronomes demonstrativos**, desempenhando importantes papéis no inter-relacionamento das partes constituintes das frases e textos:
  - **o, os, a, as** são pronomes demonstrativos quando equivalem a **isto, isso, aquilo** ou **aquele, aqueles, aquela, aquelas**. É o que ocorre em frases como:

    Precisamos mudar nossa realidade social: é necessário que **o** façamos logo. (= ... é necessário que façamos **isso**...)

    A que fizer o melhor trabalho será promovida. (= **aquela** que fizer o melhor trabalho...)

    Não se pode desprezar tudo **o** que foi feito. (... tudo **aquilo** que foi feito...)
  - **tal, tais** podem ter o sentido aproximado dos pronomes demonstrativos ou de **semelhante, semelhantes**; nesses casos, são considerados pronomes demonstrativos, como nestes exemplos:

    Tal foi a conclusão a que chegamos. (= **Essa** foi...)

    Nunca imaginei que pudesse ouvir **tal** coisa! (= ... **semelhante** coisa)

– **semelhante, semelhantes** são demonstrativos quando equivalem a **tal, tais:**

Semelhantes despropósitos não ocorreriam se a cidadania fosse um fato e não um conceito. (= **Tais** despropósitos...)

– **mesmo, mesmos, mesma, mesmas; próprio, próprios, própria, próprias** são demonstrativos quando têm o sentido de **idêntico, em pessoa:**

Não se pode continuar insistindo nos **mesmos** erros.

O **próprio** eleitor deve fiscalizar as atitudes daqueles que elegeu.

Atividades

1. Aponte ambiguidades decorrentes do emprego dos pronomes possessivos nestas frases e proponha formas de evitá-las.
   a) Quando Marcelo chegou à casa de Artur, encontrou-o com sua namorada.
   b) Você deve encontrar seu amigo e levá-lo em seu carro até o local combinado.

2. Complete estas frases com os pronomes possessivos adequados.
   a) Você já tirou * conclusões?
   b) Já tiraste * conclusões?
   c) Você deve zelar pelo que é *.
   d) Deves zelar pelo que é *.
   e) Estou muito interessado em conhecê-la melhor: fale-me de * vida, de * hábitos, de * manias, de * predileções e de * aversões.
   f) Estou muito interessado em te conhecer melhor: fala-me de * vida, de * hábitos, de * manias, de * predileções e de * aversões.
   g) Não me venha com * costumeiras reclamações!
   h) Não comeces com * lamúrias!
   i) Evite ser muito áspero em * recriminações.
   j) Evita ser muito áspero em * recriminações.

3. Complete estas frases com os pronomes demonstrativos adequados; se necessário, use-os combinados com preposições.
   a) * pincel que tenho em minhas mãos pertenceu a um famoso pintor brasileiro.
   b) Por que você anda sempre com * mãos enfiadas nos bolsos?
   c) Veja * que tenho * sacola: são laranjas que colhi * pomar ali adiante.
   d) Você está vendo * grupo de rapazes lá do outro lado da praça?
   e) Por favor, traga-me * pacote que está aí do seu lado.
   f) Por favor, ajude-me a carregar * pacotes aqui.
   g) Por favor, ajude-me a trazer até aqui * pacotes que estão na outra sala.

4. Nestas frases, os pronomes demonstrativos e suas combinações retomam ou antecipam termos. Complete-as.
   a) A única verdade é *: ele foi o responsável pelo acidente.
   b) Apesar de ter sido o responsável pelo acidente, ele nunca reconheceu * fato.

c) Compramos um programa capaz de gerenciar os dados armazenados em nosso micro. Um programa * é indispensável ao bom desempenho do equipamento.

d) Manuel Bandeira e Carlos Drummond de Andrade falam de perto ao meu coração: *, pela inquietude de sua lucidez; *, pela feliz simplicidade de sua expressão.

5. Pronomes possessivos e demonstrativos muitas vezes são usados para exprimir detalhes interessantes de significação. Procure captar e comentar esses detalhes nestas frases:

a) Ele deve ter os **seus** trinta anos.

b) Você não vai ter um dos **seus** ataques de tosse justamente agora, vai?

c) O que deseja, **meu** senhor?

d) Venha logo, **minha** amada.

e) Ele não dispensa a **sua** cervejinha gelada.

f) O quê? A Joana vai casar com **aquilo**?

g) O quê? **Este** é **aquele**?!

h) Aonde você vai com **essa** pressa?

6. Complete as frases deste parágrafo com pronomes possessivos ou demonstrativos a fim de obter um conjunto bem-estruturado:

"Ele sempre exerceu um estranho fascínio sobre os homens. Já foi venerado por alguns povos da antiguidade e tem * forma associada a um dos signos zodiacais. * capacidade de sobreviver até dois anos sem se alimentar, encerrado num vidro de laboratório, confere-lhe alguns recordes entre os seres vivos. * antiguidade também causa admiração: ele existe há cerca de 400 milhões de anos – e pouco mudou desde * época. Quando molestado, desfere uma terrível ferroada com o aguilhão que tem dependurado na extremidade de * cauda anelada."

Globo Ciência

7. Leia o texto a seguir.

Vamos desatar esse nó.
Vamos mudar este país.
Anúncio dos Ministérios do Planejamento, da Previdência e da Fazenda
Reforma da Previdência. Reforma Tributária. O povo quer. O Brasil precisa.
BRASIL
UM PAÍS DE TODOS

Revista *Veja*, 30 abr. 2003.

a) Que efeito de sentido estabelecem os pronomes demonstrativos nesse texto?

b) Por que publicar um anúncio como esse nessa revista? Explique.

Pronomes relativos

Os pronomes relativos cumprem um papel duplo: substituem ou especificam um antecedente e introduzem uma oração subordinada adjetiva. Atuam, assim, como pronomes e conectivos a um só tempo:

Buscam-se soluções para a crise **que** há anos castiga o país.

O antecedente é **a crise**; a oração adjetiva que se subordina a esse antecedente é "que há anos castiga o país". Desdobrando o período composto acima em duas orações, percebemos a ação do pronome relativo **que**:

Buscam-se soluções para a crise. **A crise** há anos castiga o país.

que – introduz a segunda oração, na qual substitui **a crise**

Pronomes relativos
que
o qual, os quais, a qual, as quais
cujo, cujos, cuja, cujas
quem
onde
quanto, quantos, quantas
quando
como

- **Que** é o relativo de mais largo emprego, sendo por isso chamado relativo universal. Pode ser usado com referência a pessoa ou coisa, no singular ou no plural:

  Eis o velho amigo de **que** lhe falei.
  Eis os velhos amigos de **que** lhe falei.
  Eis o instrumento de **que** necessitamos.
  Eis os instrumentos de **que** necessitamos.

- **O qual, os quais, a qual** e **as quais** são exclusivamente pronomes relativos: por isso, são utilizados didaticamente para verificar se palavras como **que, quem, onde** (que podem ter várias classificações) são pronomes relativos. Todos eles são usados com referência a pessoa ou coisa por motivo de clareza ou depois de determinadas preposições:

  Ele participou da principal reunião realizada no segundo semestre, **a qual** deu origem ao atual grupo de trabalho. (O uso de **que** neste caso geraria ambiguidade.)
  Essas são as conclusões sobre **as quais** pairam muitas dúvidas?
  (Não se poderia usar **que** depois de **sobre**.)

- **Cujo** e suas flexões equivalem a **de que, do qual, de quem**. Estabelecem normalmente relação de posse entre o antecedente e o termo que especificam:

  Devem-se eleger candidatos **cujo** passado seja garantia de boas intenções. (= o passado desses candidatos deve ser garantia...)
  É uma pessoa com **cujas** opiniões não se pode concordar. (= com as opiniões dessa pessoa não se pode concordar.)

- **Quem** refere-se a uma pessoa ou a uma coisa personificada:

  Aquele velho senhor a **quem** cumprimentamos toda manhã ainda não recebeu sua aposentadoria.
  Esse é o livro a **quem** prezo como companheiro.

- **Onde** é pronome relativo quando tem o sentido aproximado de **em que**; deve ser usado, portanto, na indicação de lugar:

  Buscamos uma cidade **onde** possamos passar alguns dias tranquilos.

  Quero mostrar-lhe a casa **onde** passei boa parte de minha infância.

- **Quanto, quantos** e **quantas** são pronomes relativos quando seguem os pronomes indefinidos **tudo, todos** ou **todas**:

  Esqueci **tudo quanto** foi dito aquela noite.

  Você pode confiar em **todos quantos** estão presentes nesta sala.

- **Quando** e **como** são relativos que exprimem noções de tempo e modo, respectivamente:

  É a hora **quando** as garças levantam voo.

  Não entendi até agora a maneira **como** ela se dirigiu a mim naquela festa.

Importância nada relativa

Não é difícil perceber que os pronomes relativos são peças fundamentais à boa **articulação de frases e textos**: sua capacidade de atuar como pronomes e conectivos **simultaneamente** favorece a síntese e evita a repetição de termos. Você terá oportunidade de perceber melhor essa atuação nas atividades que desenvolveremos adiante e no estudo das orações subordinadas adjetivas.

Observação

Alguns gramáticos falam na existência de pronomes relativos sem antecedente em frases como:

Quem defende tal posição não deve ser muito lúcido.

Permaneceu parado **onde** o colocaram.

Nesses casos, os pronomes **quem** e **onde** equivalem aproximadamente a **aquele que** e **no lugar em que**.

Pronomes indefinidos

Os pronomes indefinidos referem-se à terceira pessoa do discurso de forma vaga, imprecisa ou genérica:

Alguém entrou no jardim e destruiu as mudas recém-plantadas.

Não é difícil perceber que **alguém** indica uma pessoa de quem se fala (uma terceira pessoa, portanto) de forma imprecisa, vaga. É uma palavra capaz de indicar um ser humano que seguramente existe, mas cuja identidade é desconhecida ou não se quer revelar.

Os pronomes indefinidos da língua portuguesa formam um grupo bastante numeroso, que inclui formas variáveis e invariáveis.

Pronomes indefinidos invariáveis
alguém, ninguém
tudo, nada
algo
cada
outrem
mais, menos, demais

Pronomes indefinidos variáveis
algum, alguns, alguma, algumas
nenhum, nenhuns, nenhuma, nenhumas
todo, todos, toda, todas
outro, outros, outra, outras
muito, muitos, muita, muitas
pouco, poucos, pouca, poucas
certo, certos, certa, certas
vário, vários, vária, várias
tanto, tantos, tanta, tantas
quanto, quantos, quanta, quantas
um, uns, uma, umas
bastante, bastantes
qualquer, quaisquer

Além desses pronomes, existem também as **locuções pronominais indefinidas:**

cada um   cada qual   quem quer que   todo aquele que   tudo o mais, etc.

Indefinidos sistemáticos

Se você observar atentamente os pronomes indefinidos acima, vai perceber que existem alguns grupos que criam **sistemas de oposição de sentido**. É o caso de:

- **algum/alguém/algo**, que têm sentido afirmativo, e **nenhum/ninguém/nada**, que têm sentido negativo;
- **todo/tudo**, que indicam uma totalidade afirmativa, e **nenhum/nada**, que indicam uma totalidade negativa;
- **alguém/ninguém**, que se referem a pessoa, e **algo/nada**, que se referem a coisa;
- **certo**, que particulariza, e **qualquer**, que generaliza.

Essas oposições de sentido são muito importantes na construção de frases e textos coerentes, pois delas muitas vezes dependem a solidez e a consistência dos argumentos expostos. Observe nas frases seguintes a força que os pronomes indefinidos destacados imprimem às afirmações de que fazem parte:

Nada do que tem sido feito produziu **qualquer** resultado prático. E não há **ninguém**, absolutamente **ninguém** que se possa dizer beneficiado pelos milhões de dólares já investidos nesses projetos descabidos!

Procuramos obter **todas** as informações necessárias ao bom andamento do projeto. Não há **qualquer** possibilidade de que **algo** inesperado possa ocorrer. **Certas** pessoas conseguem perceber essas sutilezas: não são pessoas **quaisquer**...

Pronomes interrogativos

Os pronomes indefinidos **que, quem, qual** e **quanto** recebem a denominação particular de pronomes interrogativos porque são empregados para formular interrogações diretas ou indiretas:

Que é isso?
Quero saber **que** é isso.
Quem é esse senhor?
Estou perguntando **quem** é esse senhor.

Qual o melhor trajeto a percorrer?
Diga-me **qual** é o melhor trajeto a percorrer.
Quanto lhe devo?
Quero saber **quanto** lhe devo.

Pronomes, leitura e produção de textos

Os pronomes são responsáveis por muitos dos mecanismos que garantem a coesão dos textos. Eles substituem, sintetizam, retomam ou precedem termos. Em outras palavras: graças à sua capacidade de inter-relacionar partes de frases e de textos, são eles que muitas vezes articulam essas mesmas partes em conjuntos harmônicos e funcionais. É óbvio que uma classe gramatical dessa importância deve ser cuidadosamente observada quando precisamos interpretar ou produzir um texto de qualquer gênero.

Além disso, os pronomes possibilitam a expressão de diversos detalhes de significação, acrescentando matizes muitas vezes sutis que indicam ironia, exagero, desprezo, admiração, decepção. Os pronomes indefinidos, que são capazes de transmitir noções como a inclusão ou a exclusão total (pense em **tudo**, **todos** ou **nada**, **nenhum**, por exemplo), são particularmente importantes na obtenção de uma argumentação consistente nos textos dissertativos. O manuseio seguro desses recursos é sinônimo de leitura e escrita eficiente.

Atividades

1. Complete estas frases utilizando pronomes relativos. Em alguns casos, você terá de colocar uma preposição antes do pronome.

a) A mata * tentamos preservar é cobiçada por várias madeireiras da região.

b) Aquele homem * nos está acenando é o responsável pela preservação deste parque.

c) Os argumentos * ele tentou convencer-nos carecem de fundamento.

d) As propostas * você duvida resultaram de longas discussões.

e) Eis o livro * leitura lhe recomendei.

f) Você está namorando a garota * pai é delegado de polícia.

g) Aqui é a sede do movimento * propostas conversamos ontem.

h) Aquele é o prédio * acontecem muitas coisas estranhas.

i) Você pode indicar-me o caminho * devo seguir?

2. Leia atentamente as duas orações de cada item a seguir e reescreva-as sob a forma de um único período, com o auxílio de um pronome relativo. Faça todas as alterações que julgar necessárias à obtenção de frases bem construídas.

a) Desenvolvemos alguns projetos de ação. Esses projetos são bastante viáveis.

b) Aproveitei o tempo para ler alguns livros. Esses livros foram-me recomendados por um velho amigo.

c) Aproveitei o tempo para ver alguns filmes. Um velho amigo havia falado entusiasticamente desses filmes.

d) Aproveitei o tempo para escrever uma carta a um vereador. Nas últimas eleições, votei nesse vereador.

e) É necessário criar instrumentos para uma política social efetiva. A erradicação da miséria deve ser o principal objetivo dessa política social.

f) Temos de criar um país. O bem-estar social deve imperar nesse país.

g) Vamos criar grupos de trabalho. A principal finalidade desses grupos de trabalho será discutir uma nova política social.

h) Não consegui evitar meu repúdio às palavras de um político conservador. Para esse político, o problema dos menores abandonados deve ser resolvido com maior repressão policial.

i) Em toda eleição surgem candidatos oportunistas. Pouco se divulga sobre a vida desses candidatos.

3. Explique a ambiguidade desta frase e proponha alguma forma de resolvê-la.

Há quem defenda que se deva considerar uma exceção o caso do membro de uma das comissões, que não pôde concluir seu trabalho devido a impedimentos materiais.

4. Substitua as palavras ou expressões destacadas nestas frases por pronomes indefinidos. Em alguns casos, você terá de fazer alterações na concordância para obter frases bem-formadas.

a) Ele se considera dono de **todas as coisas**. É um desequilibrado! **Nenhuma pessoa** o suporta!

b) Não é recomendável transferir a **outras pessoas** as responsabilidades que nos cabem.

c) Não se devem utilizar os problemas das **outras pessoas** para obter vantagens.

d) **Poucas pessoas** têm sentido crítico; **muitas pessoas** ainda se deixam levar por promessas absurdas.

e) **Nenhuma coisa** nem **nenhum ser humano** me fará mudar de ideia.

5. Explique a diferença de sentido entre as expressões destacadas nas frases de cada um dos pares seguintes.

a) Aquilo parecia ter **algum valor** para ele.
Aquilo não tinha **valor algum** para ele.

b) **Certas pessoas** não têm senso crítico.
É necessário escolher as **pessoas certas**.

c) Você não vai provar **nada**?
Levantou-se da mesa sem ter provado **nada**.

d) **Outro dia** fui visitá-lo.
Fui visitá-lo **no outro dia**.

e) Aquilo pode ser feito por **qualquer um**.
Aquilo não pode ser feito por **um qualquer**.

f) **Todo dia** ele faz a mesma coisa.
Ele faz a mesma coisa **todo o dia**.

6. Leia o texto seguinte.

Revista *Veja*, 17 set. 2001.

a) Comente a pontuação do texto principal e o efeito de sentido que produz.

b) Há no texto um problema de ambiguidade decorrente do mau uso de um pronome. Aponte-o e proponha formas de resolvê-lo.

LEITURA, USO, REFLEXÃO

• Texto 1

Inimigos

O apelido da Maria Teresa, para o Norberto, era "Quequinha". Depois do casamento, sempre que queria contar para os outros uma da sua mulher, o Norberto pegava sua mão, carinhosamente, e começava:

–

Pois a Quequinha...

E a Quequinha, dengosa, protestava:

– Ora, Beto!

Com o passar do tempo, o Norberto deixou de chamar a Maria Teresa de Quequinha. Se ela estivesse ao seu lado e ele quisesse se referir a ela, dizia:

– A mulher aqui...

Ou, às vezes:

– Esta mulherzinha...

Mas nunca mais Quequinha.

(O tempo, o tempo. O amor tem mil inimigos, mas o pior deles é o tempo. O tempo ataca em silêncio. O tempo usa armas químicas.)

Com o tempo, Norberto passou a tratar a mulher por "Ela".

– Ela odeia o Charles Bronson.

– Ah, não gosto mesmo.

Deve-se dizer que o Norberto, a esta altura, embora a chamasse de Ela, ainda usava um vago gesto da mão para indicá-la. Pior foi quando passou a dizer "essa aí" e a apontar com o queixo.

– Essa aí...

E apontava com o queixo, até curvando a boca com um certo desdém.

(O tempo, o tempo. O tempo captura o amor e não o mata na hora. Vai tirando uma asa, depois a outra...)

Hoje, quando quer contar alguma coisa da mulher, o Norberto nem olha na sua direção. Faz um meneio de lado com a cabeça e diz:

– Aquilo...

VERISSIMO, Luis Fernando. *Todas as comédias*. Porto Alegre, L&PM, 1999, p. 249.

Explique os efeitos de sentido que os pronomes criam quando Norberto os usa para se referir a Maria Teresa.

• Texto 2

Anúncio da Editora Globo/Agência W/Brasil

Revista *Época*, 4 set. 2000.

Que efeitos de sentido se obtêm com a forma como se usam os pronomes no texto?

• Texto 3

Os Meninos do Brasil

SÃO PAULO – Primeiro, foi o "arrastão" nas praias do Rio. Logo depois, nas praias de Fortaleza. Um pouco mais adiante, na festa do Círio de Nazaré, em Belém do Pará. Desceu, em seguida, para a praça da Sé, em São Paulo. Chegou ontem a Londrina, no norte do Paraná, cidade em que uma dúzia de lojas foi "arrastada" por bandos de menores movidos a cola de sapateiro.

Vê-se que já não dá sequer para o tolo conformismo de achar que essa espécie de guerrilha urbana está restrita aos grandes centros, depósitos habituais de todos os problemas do subdesenvolvimento. Londrina parecia ser apenas uma dessas cidades médias abençoadas pela alta qualidade de vida interiorana.

É evidente que deve haver, nessa onda de "arrastões", um pouco de modismo. O pessoal vê pela televisão um grupo "arrepiando bacanas" no Rio de Janeiro e resolve fazer a mesma coisa na sua própria cidade. Copiar comportamentos alheios, muito divulgados pela mídia, é um fenômeno até certo ponto corriqueiro.

O problema é que a matéria-prima para a repetição dos "arrastões" sobra no país. O Brasil, que sempre foi exemplo extremo de má distribuição de renda, tornou-se selvagem nestes muitos anos de estagnação econômica. Se há alguma indústria nacional que não sofre os efeitos da recessão é a fábrica de produzir miseráveis e marginalizados. Da marginalização à marginalidade e dela à brutalidade, a distância costuma ser curta.

Consequência inevitável; os "bacanas" já estão todos arrepiados. Pior: tornam-se cada vez mais inúteis os discursos sobre a miséria, sobre a infância desamparada, sobre as injustiças sociais. A fábrica de produzir retórica sobre essa temática é, aliás, outro setor que não entrou em recessão.

Seria altamente conveniente que admitíssemos de uma vez por todas que estamos, todos, desequipados para agir, em vez de discursar a respeito. Não é um problema que se possa resolver apenas por meio do poder público. Não é um problema que a filantropia de meia dúzia vá sequer atenuar. É uma guerra. Não serve de consolo saber que produziu poucas vítimas fisicamente até agora. Todo o país é vítima quando seus "bacanas" começam a odiar os meninos do Brasil.

ROSSI, Clóvis. *Folha de S.Paulo*, 30 out. 1992.

1. Aponte o pronome demonstrativo que relaciona o primeiro e o segundo parágrafos e explique como atua.
2. Qual o sentido do pronome destacado no trecho "Londrina parecia ser apenas uma **dessas** cidades médias abençoadas pela alta qualidade de vida interiorana." (segundo parágrafo)?
3. Aponte os pronomes demonstrativos que relacionam o terceiro parágrafo aos anteriores e explique as relações que estabelecem.
4. "O Brasil, **que** sempre foi exemplo extremo de má distribuição de renda, tornou-**se** selvagem **nestes** muitos anos de estagnação econômica." (quarto parágrafo)
   a) Explique as relações que estabelecem os pronomes **que** e **se**.
   b) Qual o sentido do pronome **estes** em "**nestes** muitos anos de estagnação econômica"?
5. "Se há **alguma** indústria nacional **que** não sofre os efeitos da recessão é a fábrica de produzir miseráveis e marginalizados." (quarto parágrafo)
   a) Explique a relação estabelecida pelo pronome **que**.
   b) Qual o efeito de sentido provocado pela forma como o pronome **alguma** é usado?
6. "Da marginalização à marginalidade e **dela** à brutalidade, a distância costuma ser curta." (quarto parágrafo)
   a) Explique a relação que estabelece no texto o pronome destacado.
   b) Substitua o pronome destacado por um pronome demonstrativo.
7. Nos dois últimos parágrafos do texto, são expostas as conclusões a que chega o articulista. Faça um levantamento dos pronomes indefinidos utilizados nesses parágrafos e utilize os dados obtidos para relacionar esse tipo de pronomes e a abrangência das conclusões expostas no texto.

Prática de língua falada

Leia atentamente estes textos. A seguir, organize-se para realizar a atividade proposta.

A banalização da barbárie

SÃO PAULO – Vamos ser honestos: o PM travestido de segurança de supermercado que pôs no *freezer* um garoto que pedia esmolas à frente do estabelecimento fez exatamente o que uma importante fatia da sociedade gostaria de fazer: congelar os miseráveis (já que congelar a miséria não se consegue mesmo; ela só faz crescer).

Claro que há uma outra fatia, espero que menos numerosa, que preferiria uma solução mais radical: deixar os miseráveis no *freezer* até que morressem e pudessem, depois, ser recolhidos ao lixo, misturados aos dejetos de supermercados, lares, indústrias, etc. É esse o ponto a que chegou o Brasil. Em vez de tentar resolver ou ao menos atenuar o seu problema mais crucial, mais infame, uma parte do público prefere ver-se livre do problema pelo meio expeditivo, o congelamento, ou, de preferência, a morte.

Não é outra coisa o que acontece todo santo dia na periferia, ao menos em São Paulo. A eliminação de pobres virou rotina a ponto de figurar nos jornais apenas como mais uma estatística macabra, misturada aos mortos no trânsito dos fins de semana prolongados, aos gols de cada rodada, aos prêmios de cada loteria.

Já se viu, aliás, que a maior parte dos eliminados não tem antecedentes criminais. Logo não poderia prevalecer a lógica de que "bandido bom é bandido morto", uma lógica subversiva porque dá a policiais ou parapoliciais o poder de julgar, condenar e executar, tudo ao mesmo tempo. Subiu-se um degrau na escala da degradação. De "bandido bom é bandido morto", passou-se a "pobre bom é pobre morto", ou, ao menos, congelado, como carne humana, mas imprestável, no mesmo refrigerador dos animais, mas com menos cuidados, porque os animais mortos ao menos têm serventia, sob essa ótica insana.

Já escrevi neste espaço que uma sociedade que tem medo de seus menores é uma sociedade doente. O episódio do supermercado é apenas um passo adiante no rumo da barbárie.

ROSSI, Clóvis. *Folha de S.Paulo*, 14 nov. 1999.

O Afeganistão é aqui

SÃO PAULO – O Taleban afegão é violento, terrorista, repressor? Sim, é. Mas, pelo menos, todos os seus pecados ganharam, a partir de 11 de setembro, a mais formidável exposição em todo o mundo.

Aqui pertinho, violências inomináveis ocorrem há pelo menos 10 anos e, no máximo, ganham registros menores nas páginas dos jornais. Refiro-me ao caso de 20 meninos da Grande São Luís (MA) mortos e, alguns deles, emasculados (tiveram os órgãos genitais extirpados).

Se alguém acha forçada a comparação com o Afeganistão, que leia a descrição da área em que moravam todas as vítimas, feita pela revista "Sem Fronteiras", editada pelos missionários combonianos do Brasil, a primeira a levantar a história: "Moravam em ocupações ou mutirões na periferia, onde nem a prefeitura nem o Estado investem em políticas públicas. São lugares onde não existem saneamento básico, linhas telefônicas, posto policial e de saúde, transporte coletivo. As escolas são poucas e precárias".

Se alguém acha que, ao contrário do que ocorre no Afeganistão do Taleban, por aqui se faz justiça, que continue a leitura:

"Passados dez anos (do primeiro caso), o quadro atual é de impunidade.

Segundo levantamento do Centro de Defesa dos Direitos da Criança e do Adolescente, dos 19 casos ocorridos (o texto é anterior à 20.ª morte), 10 encontram-se com inquéritos parados nas delegacias de polícia, um inquérito não foi localizado, três foram arquivados por determinação judicial, três estão aguardando julgamento, dois foram julgados" (um julgamento foi anulado e, no outro, o acusado foi condenado, mas logo obteve liberdade condicional).

E não há nem sequer uma Al Jazeera, a rede de TV qatariana, para iluminar um pouco que seja o extermínio de crianças no Afeganistão tupiniquim. Pobre Brasil.

ROSSI, Clóvis. *Folha de S.Paulo*, 14 out. 2001.

Os três últimos textos que você leu são de Clóvis Rossi e foram publicados na *Folha de S.Paulo* em 1992, 1999 e 2001, respectivamente.

Dividam-se em seis grupos, de forma que cada texto seja analisado por dois grupos diferentes. Para a análise, vocês deverão observar os quatro princípios de organização textual citados no capítulo 3 da Parte 1 deste livro: a **retomada**, a **progressão**, a **relação** e a **não contradição**.

Considerem, principalmente, o papel dos pronomes nessa análise.

Além desses princípios, vocês deverão avaliar:

a) A atualidade dos três textos.
b) A relação temática entre eles.
c) A adequação dos títulos aos textos e as relações que aqueles possam manter com outros textos.
d) A adequação ao público-alvo.

Os dois grupos encarregados de analisar o mesmo texto podem trocar ideias e completar os dados levantados. Em seguida, escolhem um colega para apresentar oralmente a síntese do resultado da discussão para a classe.

Trata-se de uma situação formal de comunicação: postura correta, dicção clara e correção na fala são requisitos para uma boa apresentação.

Estudo dos numerais

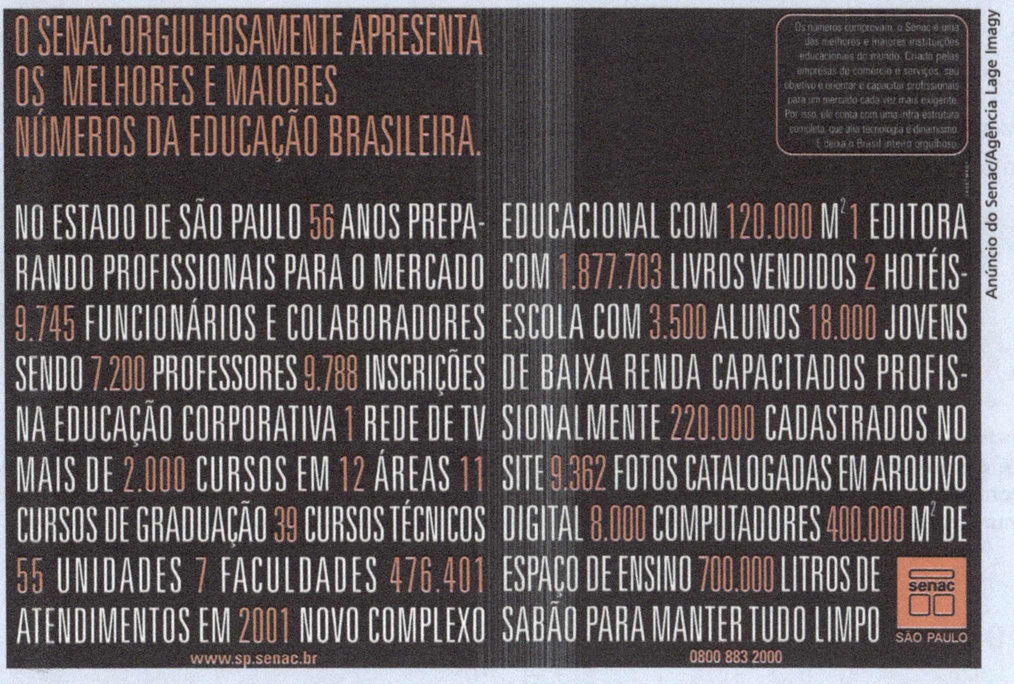

Anúncio do Senac/Agência Lage Imagy

Revista *Carta Capital*, 21 ago. 2002.

LEITURA: INTERAÇÃO

Qual o argumento que o texto explora? É convincente? Comente.

Conceito

Numeral é a palavra que quantifica entes ou conceitos ou indica a posição que ocupam numa determinada ordem.

Quando apenas nomeia o número de entes, o numeral é chamado **cardinal**:

um	dois	três
cinquenta	cem	cem mil

Quando indica a ordem que o ente ocupa numa série, o numeral é denominado **ordinal**:

primeiro	segundo	terceiro
quinquagésimo	centésimo	milésimo

Os numerais **multiplicativos** exprimem aumentos proporcionais de quantidade, indicando números que são múltiplos de outros:

dobro triplo quádruplo

Os numerais **fracionários** indicam a diminuição proporcional da quantidade, o seu fracionamento:

metade um terço um décimo

Os numerais **coletivos** designam conjuntos de entes e indicam o número exato de indivíduos que compõem o conjunto:

dezena quinzena dúzia
cento milhar milheiro

Morfossintaxe do numeral

De forma similar aos pronomes, os numerais podem desempenhar as funções sintáticas típicas do substantivo e do adjetivo. Podem ser, portanto, **numerais substantivos** ou **numerais adjetivos**.

Quadros dos numerais
Você encontrará, nas páginas 509 e 510 do Apêndice de nosso livro, três quadros de numerais. No primeiro, encontram-se os cardinais e os ordinais e os algarismos arábicos e romanos que os representam. No segundo, os numerais multiplicativos; no terceiro, os fracionários. Consulte esses quadros sempre que tiver dúvidas.

Flexões dos numerais

Os **numerais cardinais** que variam em gênero são **um/uma, dois/duas** e os que indicam centenas de **duzentos/duzentas** em diante: **trezentos/trezentas; quatrocentos/quatrocentas**, etc. Cardinais como **milhão, bilhão, trilhão**, etc. variam em número: **milhões, bilhões, trilhões**, etc. Os demais cardinais são invariáveis.

Os **numerais ordinais** variam em gênero e número:

primeiro	segundo	milésimo	primeiros	segundos	milésimos
primeira	segunda	milésima	primeiras	segundas	milésimas

Os **numerais multiplicativos** são invariáveis quando atuam em funções substantivas:

Fizeram **o dobro** do esforço e conseguiram **o triplo** de produção.

Quando atuam em funções adjetivas, esses numerais flexionam-se em gênero e número:

Teve de tomar doses **triplas** do medicamento.

Os **numerais fracionários** flexionam-se em gênero e número:

um terço dois terços
uma terça parte duas terças partes

Os **numerais coletivos** flexionam-se em número:

uma dúzia um milheiro
duas dúzias dois milheiros

É comum na linguagem coloquial a indicação de **grau nos numerais**, traduzindo afetividade ou especialização de sentido. É o que ocorre em frases como:

Me empresta **duzentinho**...
Aquela *bike* já está custando **duzentão**.
Ele é sempre o **primeirão** nessas coisas.
É artigo de **primeiríssima** qualidade!
O time está arriscado por ter caído para a **segundona**. (= segunda divisão de futebol)

Emprego dos numerais

- Para designar papas, reis, imperadores, séculos e partes em que se divide uma obra, utilizam-se os ordinais até **décimo** e a partir daí os cardinais, desde que o numeral venha depois do substantivo:

ordinais	**cardinais**
João Paulo II (segundo)	Tomo XV (quinze)
D. Pedro II (segundo)	Luís XVI (dezesseis)
Ato II (segundo)	Capítulo XX (vinte)
Século VIII (oitavo)	Século XX (vinte)
Canto IX (nono)	João XXIII (vinte e três)

- Para designar leis, decretos e portarias, utiliza-se o ordinal até **nono** e o cardinal de **dez** em diante:

Artigo 1.º (primeiro)	Artigo 10 (dez)
Artigo 9.º (nono)	Artigo 21 (vinte e um)

- Para designar dias do mês, utilizam-se os cardinais, exceto na indicação do primeiro dia, que é tradicionalmente feita pelo ordinal:

Chegamos dia dois de setembro.
Chegamos dia primeiro de dezembro.

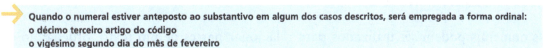

Quando o numeral estiver anteposto ao substantivo em algum dos casos descritos, será empregada a forma ordinal:
o décimo terceiro artigo do código
o vigésimo segundo dia do mês de fevereiro

- **Ambos/ambas** são considerados numerais. Significam "um e outro", "os dois" (ou "uma e outra", "as duas") e são largamente empregados para retomar pares de seres aos quais já se fez referência:

Pedro e João parecem ter finalmente percebido a importância da solidariedade.
Ambos agora participam das atividades comunitárias de seu bairro.

A forma "ambos os dois" é considerada enfática. Atualmente, seu uso indica afetação, artificialismo.

ATIVIDADES

1. Escreva por extenso os numerais representados pelos algarismos seguintes.

a) 16 c) 50 e) 80.° g) 314.°

b) 17 d) 2 834 496 016 f) 206.° h) 1305.°

2. Escreva por extenso os numerais representados por algarismos neste parágrafo:

"O Brasil ocupa a porção centro-oriental da América do Sul, entre as latitudes 5°16'N e 33°45'S e as longitudes 34°47'W e 73°59'W. Sua área total é de 8 511 965 km^2, o que corresponde a 1,66% do globo terrestre, 5,77% dos continentes, 20,80% das Américas e 47% da América do Sul. É cortado ao norte pela Linha do Equador, que atravessa os estados do Amazonas, Roraima, Pará e Amapá e, a 23°30' de latitude sul, pelo Trópico de Capricórnio, que atravessa Mato Grosso do Sul, Paraná e São Paulo. Assim, a maior parte do seu território (93%) situa-se no Hemisfério Sul e na zona intertropical (92%). Possui 23 127 km de fronteiras, sendo 15 719 km com países vizinhos – a maior com a Bolívia (3 126 km) e a menor com o Suriname (593 km). Os restantes 7 408 km fazem limites com o Oceano Atlântico." *Almanaque Abril*

3. Escreva por extenso os numerais representados por algarismos nestas frases:

a) Os poemas que você procura estão no volume IV da coleção.

b) Releia o artigo 32 da convenção do condomínio e depois tente justificar o que fez!

c) O episódio do gigante Adamastor faz parte do Canto V de *Os Lusíadas*.

d) Você já leu algo sobre a vida do papa Inocêncio VIII?

e) Quando participei da corrida de São Silvestre, cheguei em 333.° lugar.

f) Estamos comemorando o 500.° ano do descobrimento do Brasil.

4. Comente o valor dos numerais destacados nestas frases:

a) Já lhe disse isso *um milhão* de vezes!

b) É artigo de *primeira*!

c) Isso é trocar *seis* por *meia dúzia*.

d) Comprou um carro de *segunda* e agora se arrepende.

e) Dou *dez* pela aparência e *zero* pela sutileza.

5. Os numerais podem ser utilizados para relacionar partes de um texto, ordenando ou hierarquizando dados, conceitos, conclusões. Comente esse emprego dos numerais nos parágrafos seguintes:

a) "É preciso em primeiro lugar inverter drasticamente o eixo dos financiamentos, ou seja, verba pública tem que ser aplicada no setor público. Em segundo lugar, precisamos superar a dicotomia histórica colocada entre a prevenção e a cura. Essa separação transcende inclusive uma reforma curricular das universidades, que não preparam seus alunos para a realidade social existente." *Folha de S.Paulo*

b) "As teorias são basicamente três. Os saques seriam produto ou de uma ação de traficantes, em retaliação à polícia; ou de grupos de exterminadores, com a mesma motivação anterior; ou, finalmente, estariam sendo estimulados por setores militares, em conexão com a campanha salarial das Forças Armadas." *Folha de S.Paulo*

Prática de língua falada

Depois de prontos os exercícios 1, 2, 3 e 4, leia em voz alta todos os itens de cada um desses exercícios.

Numerais, leitura e produção de textos

O conhecimento das formas da norma-padrão dos numerais é obviamente importante para quem tem necessidade de produzir e interpretar textos em linguagem formal. Em particular nas exposições orais, o uso dessas formas é indispensável, por razões óbvias (não é possível substituir numerais por algarismos na língua falada!), e evita constrangimentos que podem comprometer a credibilidade do expositor.

Os numerais também podem ser empregados na produção e interpretação de textos dissertativos escritos. Como vimos, as palavras dessa classe gramatical compartilham com os pronomes a capacidade de retomar ou antecipar entes e dados e de inter-relacionar partes do texto. São, por isso, elementos importantes para a obtenção de coesão e coerência textuais. Em outros casos, podem constituir um recurso argumentativo importante, como vimos no texto de abertura deste capítulo.

• Texto 1

Uma dupla violência

Nos últimos quatro dias, em vários bairros de Belém, as gangues de rua voltaram a protagonizar cenas de violência que, se já não espelhassem sua faceta selvagem nas mortes que provocam, estabeleceram aquele tipo de situação em que cidadãos sentem-se nocauteados na própria capacidade de reagir contra a inação de autoridades a quem cabe, de fato e de direito, protegê-los.

Configura-se, assim, uma dupla violência: uma é aquela que ceifa vidas, que mutila, que estropia, lesiona com gravidade pessoas inocentes até mesmo no recesso de seus lares; a outra, tão brutal quanto a primeira, manifesta-se quando a sociedade sente-se imobilizada, sem meios para defender-se de forma eficaz e sem motivos para acreditar que estará a salvo de vândalos completamente entregues à delinquência que não poupa ninguém.

É chocante, para não dizer degradante, constatar, como mostrou reportagem há poucos dias exibida pela TV Liberal, que os moradores de uma passagem, não mais suportando os perigos, as arruaças e os enfrentamentos constantes entre gangues, manifestavam-se com a desolação atroz de quem não sabe mais a quem recorrer, para que os problemas que enfrentam sejam, se não solucionados, pelo menos atenuados.

São pessoas humildes – homens, mulheres e crianças – que jamais estiveram e jamais estarão preocupadas em saber, conceitualmente, o que significa cidadania. Almejam, isto sim, vivê-la efetivamente, sem subterfúgios, sem atropelos, sem humilhações impostas por bandidos que vivem à solta, reunidos em grupos que há muito deixaram de pichar prédios públicos e particulares, passando mesmo a matar, roubar e extorquir na maioria das vezes os pobres.

A proliferação das gangues não é uma fatalidade, ou imposição do destino a que toda cidade grande estaria sujeita. Essencialmente, as gangues estão aí, multiplicando-se em número e no potencial de violência, porque a elas não se contrapõe o poder legal, como seria de se esperar. Que cidadania podemos esperar, numa circunstância como essa?

O Liberal **(Belém-PA), 9 jul. 1998.**

1. Qual o papel do primeiro parágrafo no conjunto do texto? Comente.
2. Qual o nível de linguagem estabelecido logo no primeiro parágrafo do texto? Esse nível de linguagem é coerente com o fato de o texto ser um editorial jornalístico? Comente.
3. Explique de que forma o segundo parágrafo constitui uma extensão e uma expansão do primeiro.
4. Explique por que o terceiro parágrafo constitui uma particularização do tema.
5. O quarto parágrafo representa uma extensão do terceiro. O tom da linguagem desse parágrafo tem alguma particularidade? Comente.
6. No último parágrafo, o redator prefere inicialmente negar, para somente num segundo momento afirmar. Você considera isso uma boa estratégia de convencimento? Comente.
7. A frase interrogativa com que o texto termina é, de fato, uma pergunta? Comente.
8. Concentre sua atenção nos numerais presentes no segundo parágrafo e em seguida responda: qual a importância desses numerais para a organização dos elementos do texto?
9. Seria possível substituir **uma** e **a outra** no segundo parágrafo por numerais ordinais? Quais?
10. Sua cidade enfrenta problemas como os apontados pelo texto? Alguma atitude foi ou está sendo tomada para solucioná-los? Você se sente atingido por eles?

• Texto 2

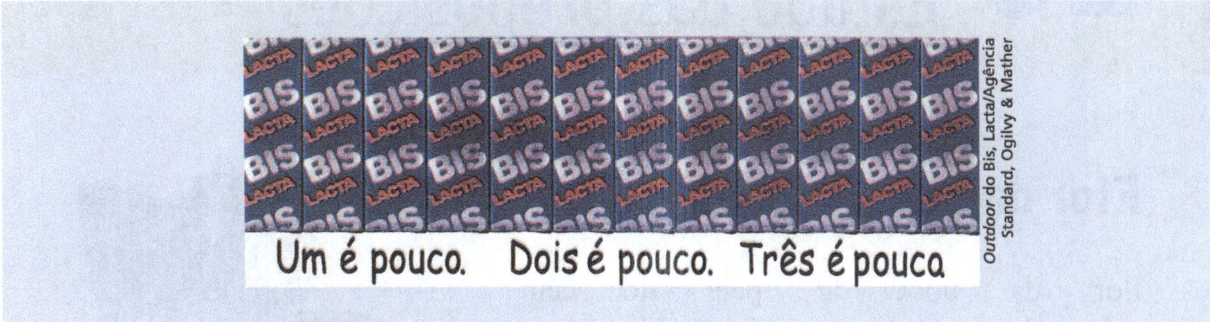

LACTA
BIS
Um é pouco. Dois é pouco. Três é pouca

Outdoor do Bis, Lacta/Agência Standard, Ogilvy & Mather

1. Comente o emprego dos numerais nesse *outdoor* relacionando-os com o nome do produto anunciado.
2. A brevidade do texto é condicionada pelo canal utilizado? Por quê?

• Texto 3

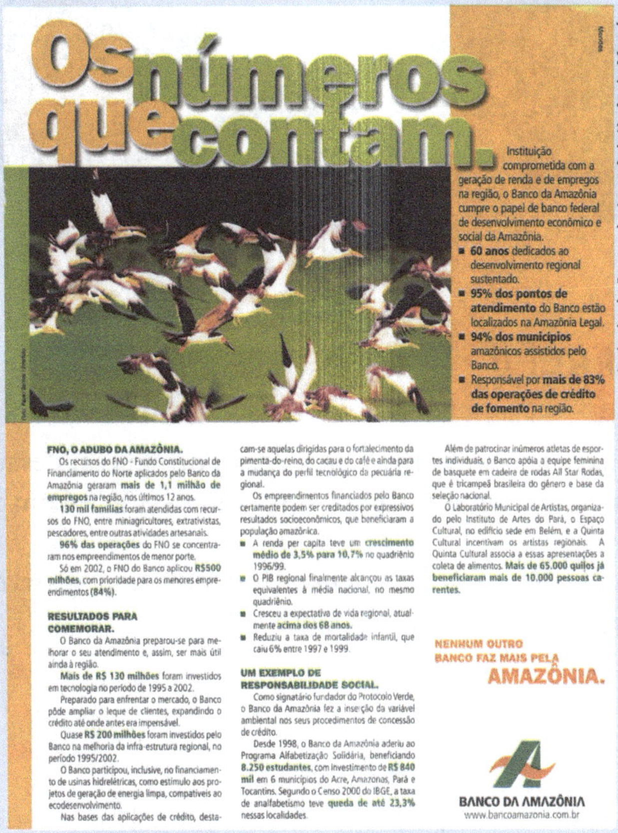

Os números que contam.

Instituição comprometida com a geração de renda e de empregos na região, o Banco da Amazônia cumpre o papel de banco federal de desenvolvimento econômico e social da Amazônia.

- **60 anos** dedicados ao desenvolvimento regional sustentado.
- **95% dos pontos de atendimento** do Banco estão localizados na Amazônia Legal.
- **94% dos municípios** amazônicos assistidos pelo Banco.
- Responsável por **mais de 83% das operações de crédito de fomento** na região.

FNO, O ADUBO DA AMAZÔNIA.

Os recursos do FNO - Fundo Constitucional de Financiamento do Norte aplicados pelo Banco da Amazônia geraram **mais de 1,1 milhão de empregos** na região, nos últimos 12 anos.

130 mil famílias foram atendidas com recursos do FNO, entre miniagricultores, extrativistas, pescadores, entre outras atividades artesanais.

96% das operações do FNO se concentraram nos empreendimentos de menor porte.

Só em 2002, o FNO do Banco aplicou **R$500 milhões**, com prioridade para os menores empreendimentos **(84%)**.

RESULTADOS PARA COMEMORAR.

O Banco da Amazônia preparou-se para melhorar o seu atendimento e, assim, ser mais útil ainda à região.

Mais de R$ 130 milhões foram investidos em tecnologia no período de 1995 a 2002.

Preparado para enfrentar o mercado, o Banco pôde ampliar o leque de clientes, expandindo o crédito até onde antes era impensável.

Quase **R$ 200 milhões** foram investidos pelo Banco na melhoria da infra-estrutura regional, no período 1995/2002.

O Banco participou, inclusive, no financiamento de usinas hidrelétricas, como estímulo aos projetos de geração de energia limpa, compatíveis ao ecodesenvolvimento.

Nas bases das aplicações de crédito, destacam-se aquelas dirigidas para o fortalecimento da pimenta-do-reino, do cacau e do café e ainda para a mudança do perfil tecnológico da pecuária regional.

Os empreendimentos financiados pelo Banco certamente podem ser creditados por expressivos resultados socioeconômicos, que beneficiaram a população amazônica.

- A renda per capita teve um **crescimento médio de 3,5% para 10,7%** no quadriênio 1996/99.
- O PIB regional finalmente alcançou as taxas equivalentes à média nacional, no mesmo quadriênio.
- Cresceu a expectativa de vida regional, atualmente **acima dos 68 anos.**
- Reduziu a taxa de mortalidade infantil, que caiu 6% entre 1997 e 1999.

UM EXEMPLO DE RESPONSABILIDADE SOCIAL.

Como signatário fundador do Protocolo Verde, o Banco da Amazônia fez a inserção da variável ambiental nos seus procedimentos de concessão de crédito.

Desde 1998, o Banco da Amazônia aderiu ao Programa Alfabetização Solidária, beneficiando **8.250 estudantes**, com investimento de **R$ 840 mil** em 6 municípios do Acre, Amazonas, Pará e Tocantins. Segundo o Censo 2000 do IBGE, a taxa de analfabetismo teve **queda de até 23,3%** nessas localidades.

Além de patrocinar inúmeros atletas de esportes individuais, o Banco apóia a equipe feminina de basquete em cadeira de rodas All Star Rodas, que é tricampeã brasileira do gênero e base da seleção nacional.

O Laboratório Municipal de Artistas, organizado pelo Instituto de Artes do Pará, o Espaço Cultural, no edifício sede em Belém, e a Quinta Cultural incentivam os artistas regionais. A Quinta Cultural associa a essas apresentações a coleta de alimentos. **Mais de 65.000 quilos já beneficiaram mais de 10.000 pessoas carentes.**

NENHUM OUTRO BANCO FAZ MAIS PELA **AMAZÔNIA.**

BANCO DA AMAZÔNIA
www.bancoamazonia.com.br

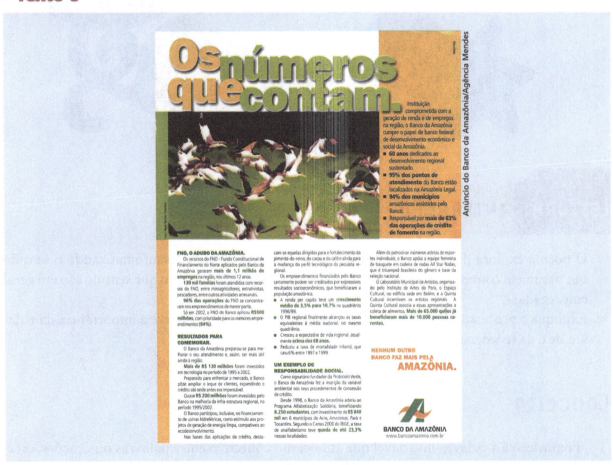

Anúncio do Banco da Amazônia/Agência Mendes

Revista *Veja*, 8 jan. 2003.

1. Qual a noção que subjaz à frase "os números que contam"?
2. Que efeito de sentido provocam as cores e a imagem?

CAPÍTULO

20 Estudo das preposições

Flor da pele

flor da boca da pele do céu
pele do céu da flor da boca
céu da flor da boca da pele
boca da pele do céu da flor

CAMPOS, Augusto de. *Viva vaia*. São Paulo: Duas Cidades, 1979. p. 107.

Leitura: interação

1. O poema explora duas expressões fixas da língua portuguesa, desautomatizando o sentido que assumem convencionalmente. Quais são essas expressões? Com que sentido são em geral empregadas?
2. Explique o processo de construção do poema. Uma sugestão: observe a importância da palavra **de** e da reordenação dos substantivos nesse processo.

Conceito

Preposição é a palavra invariável que atua como conectivo entre palavras ou orações, estabelecendo sempre uma relação de subordinação. Entre os termos ou orações ligados por uma preposição, há uma relação de dependência sintática, em que um dos termos ou orações assume o papel de subordinante e o outro, de subordinado. É o que acontece entre os substantivos que são reordenados em cada um dos versos do poema "Flor da pele".

Morfossintaxe da preposição

Sintaticamente, as preposições não exercem propriamente uma função: são consideradas **conectivos**, ou seja, elementos de ligação entre termos oracionais. No desempenho desse papel, as preposições podem introduzir:

- complementos verbais – Obedeço "**a**os meus princípios".
- complementos nominais – Continuo obediente "**a**os meus princípios".
- locuções adjetivas – É uma pessoa "**de** valor".
- locuções adverbiais – Tive de agir "**com** cautela".
- orações reduzidas – "**A**o chegar", foi recebido pelo encarregado da seção.

Observação
Às vezes, a preposição é que faz a diferença!

Há situações em que as preposições não apenas conectam termos da oração, mas também indicam noções fundamentais à compreensão da frase. Isso ocorre principalmente nas locuções adverbiais:

Saí com pressa.	Pus sob a mesa.	Estou com vocês.
Saí sem pressa.	Pus sobre a mesa.	Estou contra vocês.

Classificação das preposições

As palavras da língua portuguesa que atuam exclusivamente como preposição são chamadas preposições **essenciais:**

a	ante	após	até	com	contra	de	desde	em
entre	para	perante	por	sem	sob	sobre	trás	

Há palavras de outras classes gramaticais que, em determinadas situações, podem atuar como preposições. São, por isso, chamadas preposições **acidentais:**

como (= na qualidade de)	durante	exceto
conforme (= de acordo com)	fora	mediante
consoante (= conforme)	salvo	senão
segundo (= conforme)	tirante	visto (= por)

As preposições essenciais regem sempre a forma oblíqua tônica dos pronomes pessoais:

Não vá **sem mim**.

Não agiriam **contra si** mesmos.

As preposições acidentais, por sua vez, regem a forma reta desses mesmos pronomes:

Todos, **exceto eu**, concordaram com a decisão.

Tirante nós, todos preferiram ir a pé.

Chama-se de **locução prepositiva** ao conjunto de duas ou mais palavras que têm o valor de uma preposição. A última palavra dessas locuções é sempre uma preposição:

abaixo de	acerca de	acima de	ao lado de	a respeito de
de acordo com	dentro de	embaixo de	em cima de	em frente a
em redor de	graças a	junto a	junto de	perto de
por causa de	por cima de	por trás de		

Combinações e contrações

Tem-se **combinação** quando a preposição, ao unir-se a outra palavra, mantém todos os seus fonemas. É o que acontece entre a preposição **a** e o artigo masculino **o, os**: **ao, aos.**

Tem-se **contração** quando a preposição sofre modificações na sua estrutura fonológica ao unir-se a outra palavra. As preposições **de** e **em**, por exemplo, formam contrações com os artigos e com diversos pronomes:

do	dos	da	das	num	nuns	numa	numas
disto	disso	daquilo	naquele	naqueles	naquela	naquelas	

As formas **pelo, pelos, pela, pelas** resultam da contração da antiga preposição **per** com os artigos definidos.

Encontros especiais

A contração da preposição *a* com os artigos ou pronomes demonstrativos **a**, **as** ou com o **a** inicial dos pronomes **aquele**, **aqueles**, **aquela**, **aquelas**, **aquilo** resulta numa fusão de vogais a que se chama de **crase** – que deve ser assinalada na escrita pelo uso do acento grave:

à **às** **à**quele **à**queles **à**quela **à**quelas **à**quilo

 **Estudaremos detalhadamente o uso desse acento no capítulo 32.**

Atividades

1. Identifique as preposições e indique o sentido da relação que estabelecem nestas frases.

a) Não se deve ir à praia ao meio-dia!
b) Passei o dia à toa; à noite, senti-me vazio.
c) Como não reagir ante tanta desfaçatez?!
d) Várias pessoas seguiam após eles.
e) Após alguns minutos, resolvi intervir.
f) Estou decidido: agora, vou até o fim!
g) As discussões estão suspensas até segunda ordem.
h) Tomou as decisões necessárias com rapidez. Quando percebemos, já tinha voltado com o irmão.
i) Colava seu corpo contra o muro enquanto deslizava com agilidade.
j) Todas as provas até agora encontradas atuam contra eles.
k) Venho de longe, vou para longe...
l) Desde aquele tempo, pouco se tem feito pelos mais humildes.
m) Não desejava cair em descrédito perante a opinião pública.
n) Sobre o anoitecer chegamos a Ouro Preto.
o) Sob certos aspectos, ele está certo.
p) Trazia um embrulho sob a camisa.

2. Indique o sentido da relação estabelecida pela preposição destacada em cada frase.

a) Muita gente ainda morre **de** fome no Brasil. Há quem evite falar disso.

b) Estou vindo **de** metrô para a escola.

c) Estou vindo **do** Metrô para a escola.

d) Acabei de chegar **no** metrô.

e) Acabei de chegar **ao** Metrô.

f) Eu caminhava calmamente **sob** este céu azul quando me ocorreu que ele poderia desabar **sobre** minha cabeça.

g) O país viveu **sob** uma ditadura durante muitos anos. Hoje há quem não queira mais falar **sobre** isso, como se o passado não fosse necessário à construção do futuro.

3. Elabore frases em que as preposições indicadas a seguir estabeleçam as relações pedidas.

a) com – companhia
b) com – modo
c) em – tempo
d) em – lugar
e) a – lugar
f) a – tempo
g) de – lugar
h) de – causa
i) sobre – assunto
j) sobre – lugar
k) para – lugar
l) para – finalidade

4. Classifique as palavras destacadas nestas frases.

a) Vou sair daqui **a** pouco.

b) Eu o vi passar **há** pouco.

c) **Há** vários anos que não se investe em saúde e educação neste país.

d) Estamos **a** uma longa distância dos nossos objetivos sociais.

5. Leia atentamente cada uma das frases dos pares seguintes e explique a diferença de sentido existente em cada caso.

a) Tive de lutar contra o pai e contra o filho. Tive de lutar contra o pai e o filho.

b) É uma medida favorável aos músicos e aos compositores. É uma medida favorável aos músicos e compositores.

6. Aponte as preposições presentes neste poema e indique as relações que estabelecem.

Falar com coisas

As coisas, por detrás de nós,
exigem: falemos com elas,
mesmo quando nosso discurso
não consiga ser falar delas.
Dizem: falar sem coisas é
comprar o que seja sem moeda:
é sem fundos, falar com cheques,
em líquida, informe diarreia.

MELO NETO, João Cabral de. *Agrestes*. Rio de Janeiro: Nova Fronteira, 1985. p. 86.

7. Aponte as preposições do texto a seguir e explique as relações que estabelecem entre os termos da frase. Comente o efeito alcançado pelo jogo de palavras presente no texto.

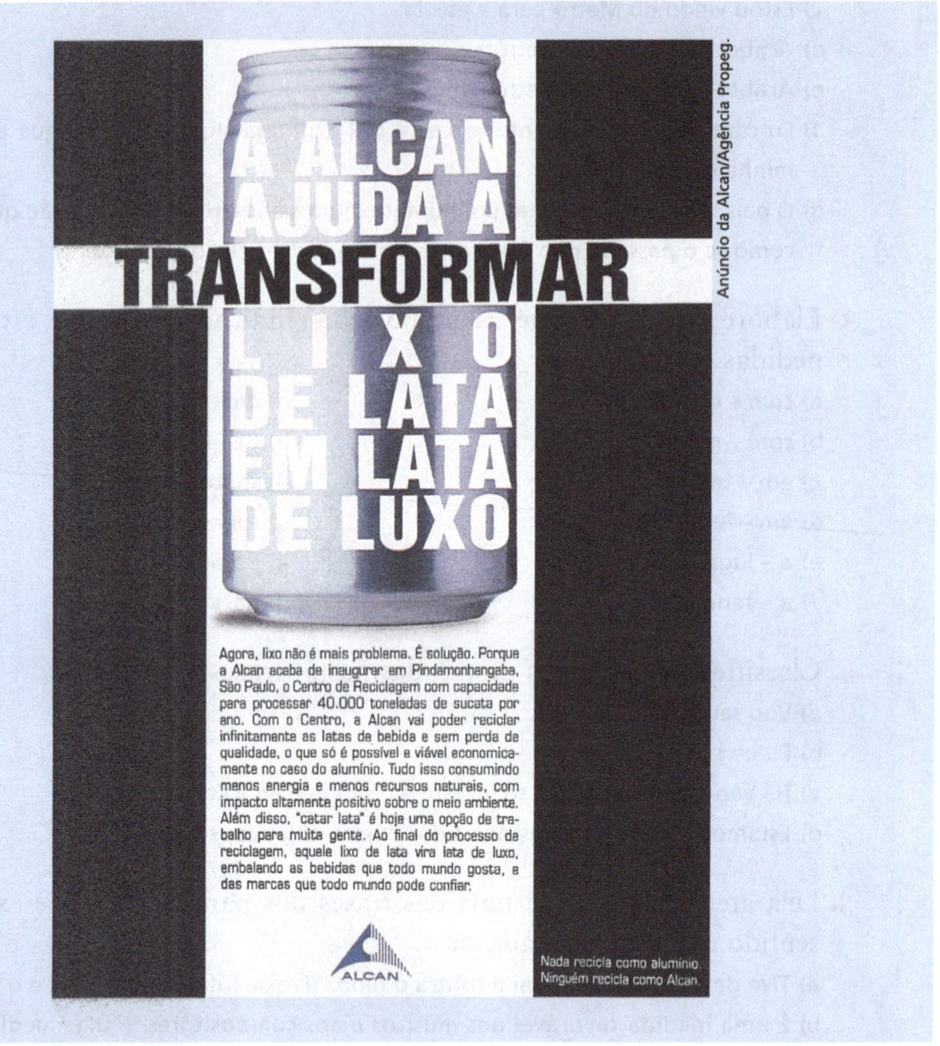

Anúncio da Alcan/Agência Propeg.

Revista *Veja*, 29 jul. 1998.

Preposições, leitura e produção de textos

O estudo das preposições será retomado e complementado em outros momentos de nosso curso: ao estudar os complementos verbais e nominais, os adjuntos adnominais e adverbiais, a regência verbal e nominal, teremos de fazer referência ao papel das preposições no estabelecimento de relações entre os termos da língua. Essa referência constante às preposições quando se estuda a língua portuguesa (e qualquer outra língua...) demonstra a importância dessas palavrinhas na construção de frases e textos eficientes.

As relações que as preposições estabelecem entre as partes do discurso são tão diversificadas quanto imprescindíveis; seja em textos narrativos, descritivos ou dissertativos, noções como tempo, lugar, causa, assunto, finalidade e outras costumam participar da construção da coerência textual e da obtenção dos efeitos de sentido discursivos.

LEITURA, USO, REFLEXÃO

• Texto 1

Retrato

Sobre a mesa
sob o tato
sem contato
com meus dedos,
não ligado
ao meu afeto:
seu retrato.

Não se perde
numa concha
o mar
que nela
instilaram.
Seu retrato
sob o tato
não dos dedos
mas do afeto
perde
um pequeno
objeto
que se reflete
em abstrato:
meu silêncio
em seu retrato.

CARLOS, Manoel. *Bicho alado*. Rio de Janeiro: Nova Fronteira, 1982. p. 67.

1. Nos quatro primeiros versos do poema, as preposições são exploradas sonora e semanticamente. Comente essa afirmação.
2. Aponte a preposição presente no sexto verso do poema. Explique o que ocorreu com a forma dessa preposição e indique os termos por ela relacionados.
3. No quarto verso da segunda estrofe, surge a forma **nela**.
   a) Que palavras fazem parte dessa forma?
   b) A que elemento anterior do texto ela se refere? Que relação estabelece com esse elemento?
4. Qual a relação estabelecida pela preposição nas expressões "em abstrato" e "em seu retrato"?
5. O texto estabelece uma relação entre a concha (e o "mar que nela instilaram") e o retrato sobre a mesa (que "perde um pequeno objeto"). Essa relação se baseia em semelhanças ou em contrastes? Comente.

• Texto 2

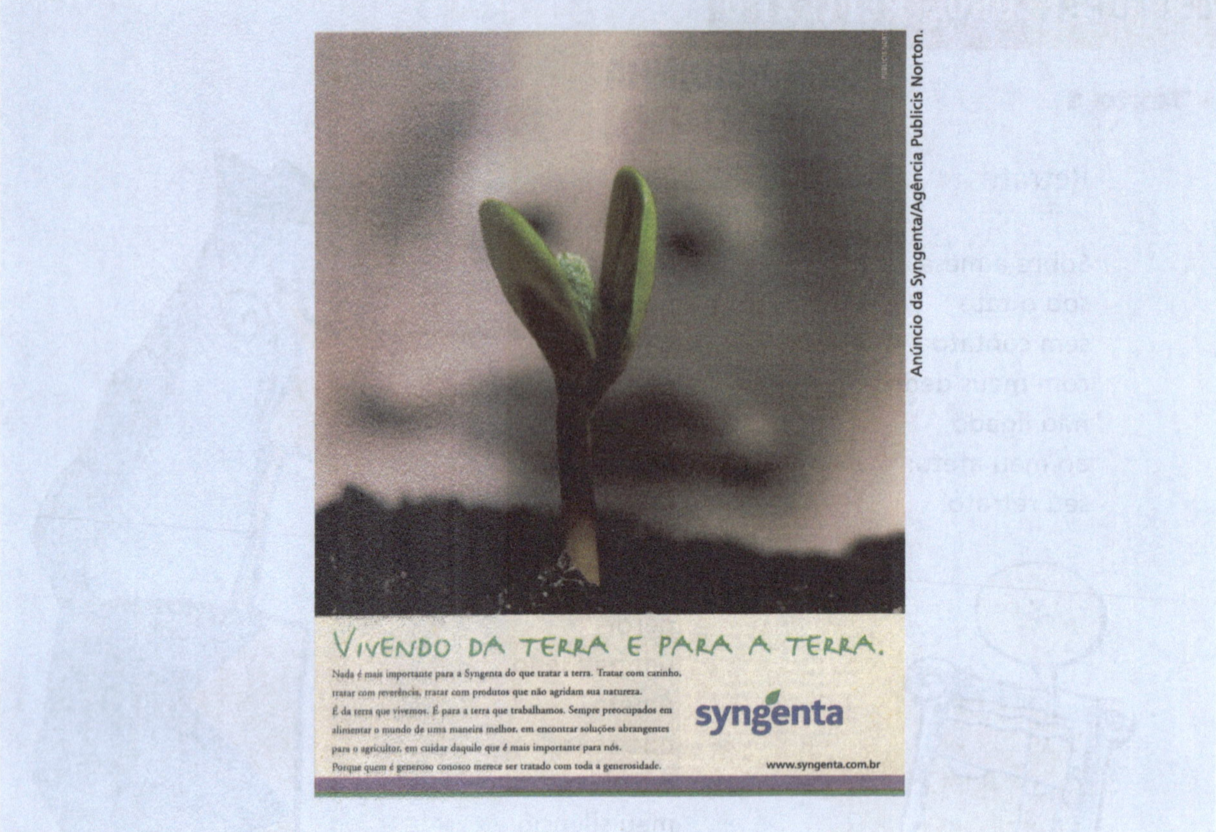

VIVENDO DA TERRA E PARA A TERRA.
Nada é mais importante para a Syngenta do que tratar a terra. Tratar com carinho, tratar com reverência, tratar com produtos que não agridam sua natureza.
É da terra que vivemos. É para a terra que trabalhamos. Sempre preocupados em alimentar o mundo de uma maneira melhor, em encontrar soluções abrangentes para o agricultor, em cuidar daquilo que é mais importante para nós.
Porque quem é generoso conosco merece ser tratado com toda a generosidade.
syngenta
www.syngenta.com.br

Anúncio da Syngenta/Agência Publicis Norton.

Revista *Veja*, 21 mar. 2001.

1. Comente o sentido que as preposições estabelecem no texto.
2. Essa forma sintética é adequada ao tipo de texto? Explique.
3. A imagem apresentada no texto tem valor argumentativo? Comente.

• Texto 3

Presença de Mandela

A presença de Nelson Mandela, com o seu sorriso e a sua perene lição de vida, nos trouxe uma lembrança que sempre é bom usar como remédio contra os enganos da nossa autocontemplação idílica. Há pouco mais de um século o Brasil ainda recebia seres humanos importados da África, que vinham como escravos construir a riqueza da classe dominante nativa. Éramos o país da casa-grande e da senzala, do cafuné e do chicote, da pompa imperial e do tráfico negreiro. Dessa mácula a nossa sociedade não se livrou de todo, apesar da inescapável realidade que a ascensão social do negro tem apresentado.

O Brasil praticou a miscigenação numa escala sem paralelo em outras terras, mas o preconceito racial sobreviveu. Criou-se um *apartheid* dissimulado em cordialidade. Para os ideólogos de uma falsa brasilidade, o ideal era o branqueamento, pelo qual os traços originais

Nelson Mandela.

do negro, físicos, culturais e de caráter, iriam desaparecendo progressivamente num fingimento de pureza étnica.

Mas a mentira foi sendo desmascarada. O preconceito sofreu um golpe marcante com a lei Afonso Arinos, que condenava a discriminação racial. Outro passo, mais concreto, veio depois, ainda sem o pleno reconhecimento do mérito de seu autor, o ex-deputado Carlos Alberto de Oliveira. Foi esse negro de boa cepa afro-baiana que fez constar do artigo 5.º da Constituição o item XLII (popularizado como "lei Caó"), determinando a punição do racismo como crime inafiançável e imprescritível.

A carinhosa acolhida a Nelson Mandela, nessa visita que coincidiu com os seus gloriosos 80 anos, teve de nossa parte o aspecto de mais um ato de reparação histórica. Ele é o líder universal que mais respeitamos. O que realizou em seu país, ao preço de 27 anos de privação da liberdade e de uma vida inteira de luta sem tréguas contra o *apartheid* infamante, foi um esplêndido serviço prestado à humanidade e a ser sempre lembrado, em particular, pelo nosso Brasil multirracial.

Ninguém expressou melhor esse legado do que ele próprio, com estas palavras sem vanglória: "Talvez uma das lições mais dramáticas e importantes que aprendemos nos últimos três anos é a de que todos os elementos de nossa sociedade refletem e se caracterizam por 300 anos de dominação colonial e pelo *apartheid*. (...) O país que herdamos é essencialmente estruturado de forma a nos negar a possibilidade de atingirmos a meta de uma nova sociedade centrada no povo".

Também nós, também nós...

CASTRO, Moacir Werneck de. *Jornal do Brasil*, 30 jul. 1998.

1. Indique as relações estabelecidas pelas preposições destacadas no seguinte trecho do primeiro parágrafo:

   "A presença **de** Nelson Mandela, **com** o seu sorriso e a sua perene lição **de** vida, nos trouxe uma lembrança que sempre é bom usar **como** remédio **contra** os enganos da nossa autocontemplação idílica. Há pouco mais de um século o Brasil ainda recebia seres humanos importados **da** África, que vinham **como** escravos construir a riqueza **da** classe dominante nativa".

2. O que é a "autocontemplação idílica" de que fala esse primeiro parágrafo? Que estratégia o redator adota em seu texto (nesse mesmo parágrafo, aliás) para mostrar com acentuada eficácia que se trata de um equívoco dos brasileiros olhar para si mesmos dessa maneira?
3. As preposições participam da estratégia apontada como resposta à questão anterior? Comente.
4. O segundo e o terceiro parágrafos constituem momentos em que se apresentam contrastes importantes para o desenvolvimento do tema. Comente.

5. Observe, na última frase do quarto parágrafo, as duas ocorrências da preposição a: "... foi um esplêndido serviço prestado à humanidade e a ser sempre lembrado, em particular, pelo nosso Brasil multirracial".

a) Quais os termos relacionados por essa preposição em cada uma de suas ocorrências?

b) A leitura desatenta desse trecho pode criar equívocos de interpretação? Explique.

6. "Também nós, também nós...", conclui o articulista. Nosso país tem as mesmas características que Nelson Mandela percebe em seu país, a África do Sul? Comente.

Prática de língua falada

Prepare uma exposição oral que fale sobre o preconceito racial em nosso país. Baseie-se no texto sobre Mandela e no texto seguinte – retire deles fatos e argumentos para estruturar sua exposição.

O *apartheid* daqui

Pesquisa mostra que a educação dos negros no Brasil é pior que na África do Sul

Acaba de sair do forno outra pesquisa sobre racismo no Brasil. Como as anteriores, o estudo, feito desta vez pelo Instituto de Pesquisa Econômica Aplicada (Ipea), constata a situação de inferioridade econômica e social dos negros em relação aos brancos no Brasil. Mas tem duas novidades desalentadoras: a pesquisa revela que a diferença de anos de escola entre negros e brancos ficou praticamente igual consideradas as três últimas gerações. Ou seja: um negro com 70 anos hoje estudou, em média, 2,2 anos a menos que um branco da mesma idade. E um negro de 30 anos mantém quase a mesma desvantagem em relação ao branco de igual idade: 2,1 anos a menos de escola. A outra novidade é que, em matéria de progresso contra a discriminação, essa relação coloca o Brasil atrás até da África do Sul, onde até 1994 vigorava um feroz regime racista, o *apartheid*. Na África do Sul, os negros também estudam menos que os brancos – mas a diferença vem diminuindo de forma mais acentuada que no Brasil com o passar do tempo. Antes, a diferença era de sete anos. Agora, caiu para três. No Brasil, não há queda.

Fernando Vivas/Editora Abril

Baixa escolaridade acaba reduzindo chances de emprego.

A pesquisa, realizada em conjunto com a Organização das Nações Unidas, é parte de um trabalho que pretende diagnosticar o problema racial no país e servir de apoio aos representantes brasileiros que vão participar, em setembro, da

Conferência Mundial contra o Racismo, em Durban, na África do Sul. Seria até um alento supor que os negros sul-africanos viviam uma situação tão precária, diante das quase cinco décadas de *apartheid*, que seus sucessos só podiam ser mais vigorosos que os dos negros brasileiros. Mas nem isso é verdade, considerando que, no Brasil, tanto os brancos quanto os negros estudam muito pouco – mesmo comparados aos de países bem mais pobres. Na África do Sul, um branco de 25 anos estuda, em média, doze anos, enquanto o negro fica nove anos na escola. No Brasil, a situação fica assim: um branco de 25 anos estuda 7,5 anos, e um negro, 5,5 anos. Conclusão: o negro sul-africano estuda muito mais que o negro do Brasil – mais até que os brancos.

É de levar em conta que quando se fala em educação se está falando de futuro, trabalho, salário. "A diferença de escolaridade repercute, de geração em geração, diretamente na diferença salarial entre brancos e negros", explica o economista Ricardo Henriques, o responsável pela pesquisa. Sabe-se que a educação está entre os principais fatores que determinam o salário de um trabalhador. Outro estudo do Ipea mostra que, de todos os fatores que reduzem o salário de um trabalhador negro, a educação entra com um peso equivalente a 27% do problema – e nenhum outro dado tem impacto tão alto. "Fizemos um estudo científico sem qualquer viés político", diz o embaixador Gilberto Saboia, secretário de direitos humanos do Ministério da Justiça. O difícil vai ser convencer, com ou sem viés político, que o Brasil está fazendo sua parte para resolver as diferenças raciais.

OS NEGROS E A ESCOLA

Os dados da pesquisa do Ipea mostram que os negros da África do Sul, apesar dos 46 anos de regime racista do *apartheid*, abolido em 1994, melhoraram mais sua escolaridade que os negros brasileiros.

A ÁFRICA DO SUL AVANÇA...

Na África do Sul, os negros com 70 anos de idade estudaram, em média, 7 anos a menos que os brancos, mas no caso dos negros com 30 anos de idade essa diferença cai para 3 anos.

... E O BRASIL FICA NA MESMA

No Brasil, a diferença de escolaridade entre negros e brancos com 70 anos de idade é bem menor, de 2,2 anos. Entre negros e brancos com 30 anos, porém, a diferença se mantém quase a mesma: é de 2,1 anos.

PACELLI, Márcio. Revista *Veja*, 21 mar. 2001.

CAPÍTULO 21

Estudo das conjunções

Proclamação

Proclamo o e
Diante do ou
Sou e
Não ou.
Sou, se só.

BARROS, Paulo Alberto M. Monteiro de (Artur da Távola). *Calentura*. Rio de Janeiro: Nova Fronteira, 1986. p. 72.

Leitura: interação

1. Observe atentamente o emprego das palavras **e** e **ou** no texto e responda: quais os significados que exprimem?
2. A partir da resposta à questão anterior, explique a que classe gramatical pertencem essas palavras.
3. Em que consiste a **proclamação** que o sujeito lírico faz no texto? O que significa "Sou e / Não ou."?
4. Como você interpreta o último verso do poema?
5. Você é **e** ou é **ou**? Ou é outra coisa diferente disso?

Conceito

Conjunção é a palavra invariável que une termos de uma oração ou une orações. No desempenho desse papel, a conjunção pode relacionar termos de mesmo valor sintático ou orações sintaticamente equivalentes – as chamadas orações **coordenadas**. Pode também relacionar uma oração com outra que nela desempenha função sintática – respectivamente, uma oração **principal** e uma oração **subordinada**.

No capítulo Sintaxe do Período Composto I de nosso livro você encontrará uma descrição detalhada dos mecanismos de coordenação e subordinação.

Morfossintaxe da conjunção

As conjunções, a exemplo das preposições, não exercem propriamente uma função sintática: são **conectivos**.

Recebem o nome de **locução conjuntiva** os conjuntos de palavras que atuam como conjunção. Essas locuções geralmente terminam em **que**:

visto que desde que ainda que por mais que à medida que à proporção que

Os critérios utilizados para classificar as conjunções são também aplicados às locuções conjuntivas.

Classificação das conjunções

As conjunções são basicamente classificadas em **coordenativas** e **subordinativas**, de acordo com o tipo de relação que estabelecem. As **coordenativas** são classificadas em:

- **aditivas** (exprimem adição, soma) – e, nem, não só..., mas também..., etc.;
- **adversativas** (exprimem oposição, contraste) – mas, porém, contudo, todavia, entretanto, no entanto, não obstante, etc.;
- **alternativas** (exprimem alternância ou exclusão) – ou; ou..., ou...; ora..., ora..., etc.;
- **conclusivas** (exprimem conclusão) – logo, portanto, por conseguinte, pois (posposto ao verbo), etc.;
- **explicativas** (exprimem explicação) – pois (anteposto ao verbo), que, porque, porquanto.

As conjunções **subordinativas** são classificadas em:

- **integrantes** (introduzem orações subordinadas substantivas) – que, se, como;
- **causais** (exprimem causa) – porque, como, uma vez que, visto que, já que, etc.;
- **concessivas** (exprimem concessão) – embora, ainda que, mesmo que, conquanto, apesar de que, etc.;
- **condicionais** (exprimem condição ou hipótese) – se, caso, desde que, contanto que, etc.;
- **conformativas** (exprimem conformidade) – conforme, consoante, segundo, como, etc.;
- **comparativas** (estabelecem comparação) – como; mais... (do) que, menos... (do) que, etc.;
- **consecutivas** (exprimem consequência) – que, de sorte que, de forma que, etc.;
- **finais** (exprimem finalidade) – para que, a fim de que, que, porque, etc.;
- **proporcionais** (estabelecem proporção) – à medida que; à proporção que; ao passo que; quanto mais..., menos..., etc.;
- **temporais** (indicam tempo) – quando, enquanto, antes que, depois que, desde que, logo que, assim que, etc.

Não se deve memorizar!

A classificação das conjunções deve ser feita a partir de seu emprego efetivo nas frases da língua. Por isso, as relações que apresentamos não devem ser memorizadas: você deve consultá-las quando necessário. O estudo mais pormenorizado do valor dessas conjunções só será possível quando observarmos atentamente sua atuação nas frases e textos da língua. Faremos isso quando estudarmos o período composto.

Conjunções, leitura e produção de textos

O bom relacionamento entre as orações de um texto garante a perfeita estruturação de suas frases e parágrafos, bem como a compreensão eficaz de seu conteúdo. Interagindo com palavras de outras classes gramaticais essenciais ao inter-relacionamento das partes de frases e textos – como os pronomes, preposições, alguns advérbios e numerais –, as conjunções fazem parte daquilo a que se pode chamar de "a arquitetura textual", isto é, o conjunto de relações que garantem a coesão do enunciado. O sucesso desse conjunto de relações depende do conhecimento do valor relacional das conjunções, uma vez que estas interferem semanticamente no enunciado.

Dessa forma, deve-se dedicar atenção especial às conjunções tanto na leitura como na produção de textos. Nos textos **narrativos**, elas estão muitas vezes ligadas à expressão de circunstâncias fundamentais à condução da história, como as noções de tempo, finalidade, causa, consequência. Nos textos **dissertativos**, evidenciam muitas vezes a linha expositiva ou argumentativa adotada – é o caso das exposições e argumentações construídas por meio de contrastes e oposições, que implicam o uso das adversativas e concessivas.

ATIVIDADES

1. Procure unir as orações de cada um dos pares seguintes utilizando uma conjunção coordenativa.

a) Este é um país rico. A maior parte de seu povo é muito pobre.

b) Você se preparou dedicadamente. Será bem-sucedido.

c) É um velho político corrupto. Não deve ser reeleito.

d) Fique descansado. Eu tomarei as providências necessárias.

e) Choveu durante a noite. As ruas estão molhadas.

f) Você pode apresentar suas propostas esta noite. Pode ficar remoendo-as sozinho por muitas noites.

g) Você deve conversar abertamente com ela sobre seus sentimentos. Deve esquecê-la definitivamente.

2. A classificação de uma conjunção só pode ser realizada satisfatoriamente a partir da análise de sua atuação numa frase ou texto. Observe os conjuntos de frases seguintes e procure indicar o tipo de relação estabelecida pela conjunção destacada.

a) **Como** chovesse, decidi adiar a partida.
Ele é compreensivo **como** um travesseiro.
Fiz tudo **como** combináramos.

b) A indignação foi tanta **que** produziu seguidas manifestações de rua.
Tivemos de sair correndo, **que** a situação ficou difícil!
Será que os brasileiros são maiores **que** a crise?

c) Por favor, fale mais alto, **que** eu também quero ouvir.
Outro, **que** não eu, suportaria calado tudo isso.

3. O emprego equivocado de uma conjunção prejudica a estruturação e a compreensão de frases e textos. Comente o uso da conjunção destacada nesta frase e, se necessário, reescreva-a a fim de obter um texto mais eficiente:

A maior parte dos trabalhadores brasileiros não recebe um salário digno, **mas** enfrenta problemas de sobrevivência.

4. Há casos em que o uso da conjunção produz efeitos de sentido que, por irem de encontro ao senso comum, só são captados quando se considera a situação efetiva de uso. Leia a frase seguinte e comente o efeito de sentido que ela produz:

Passei vários dos melhores anos da minha vida cursando faculdade, **mas** aprendi alguma coisa.

5. Leia com atenção este texto e responda às questões.

A busca da razão

Sofreu muito com a adolescência.
Jovem, ainda se queixava.
Depois, todos os dias subia numa cadeira,
agarrava uma argola presa ao teto e, pendurado,
deixava-se ficar.
Até a tarde em que se desprendeu
esborrachando-se no chão: estava maduro.

COLASANTI, Marina. *Contos de amor rasgados*. Rio de Janeiro: Rocco, 1986. p. 65.

a) Qual ou quais conjunções poderiam ser utilizadas em substituição aos dois-pontos?

b) Na sua opinião, por que a autora optou pelos dois-pontos em vez de utilizar uma conjunção?

LEITURA, USO, REFLEXÃO

• Texto 1

Embora soneto

Vivo meu porém
No encontro do todavia
Sou mas.
Contudo
Encho-me de ainda
Na espera do quando
Desando ou desbundo.

Viver é apesar
Amar é a despeito
Ser é não obstante.
Destarte
Sou outrossim
Ilusão, sem embargo
Malgrado senão.

BARROS, Paulo Alberto M. Monteiro de (Artur da Távola), op. cit., p. 17.

1. Comente o título do poema, levando em conta o fato de o soneto ser uma forma poética fixa (que, diga-se de passagem, não corresponde à forma do poema lido).
2. Classifique a palavra **contudo** em sua ocorrência no texto.
3. Faça um levantamento das conjunções que, no texto, têm seu sentido ampliado pela forma com que o autor as empregou. Comente-as.
4. A leitura do "Embora soneto" perde seu impacto devido ao conhecimento prévio do poema **Proclamação** (página 280)? Comente.
5. Você concorda com as constatações existenciais expressas nos versos "Viver é apesar/ Amar é a despeito / Ser é não obstante."? Por quê?

• Texto 2

Viver **ou** Sonhar?

Com esta dúvida você passa a vida sonhando.

Viver **e** Sonhar.

Com esta decisão você começa a viver seus sonhos.

Editora Abril

O maior desafio da vida é tornar nossos sonhos realidade.
São os sonhos que nos estimulam a criar soluções para os limites
de espaço, tempo e dinheiro. Separar momentos de sonhar e momentos
de viver é relaxar este desafio e também esta busca de soluções.
Casa Claudia todo mês vai atrás de pessoas e projetos que não abrem
mão do sonho, por menor que seja o espaço, o preço e o prazo.
E que por isso criam soluções inteligentes, provocantes e inovadoras.
São sonhos que, de projetos de decoração, se transformam em projetos de vida.

Confira em Casa Claudia.

CASA

CASA CLAUDIA

Para viver e sonhar no mesmo espaço.

Anúncio da Editora Abril/Agência Guimarães Profissionais

Revista *Veja*, 24 mar. 1997.

Explique o sentido da relação estabelecida pelas conjunções destacadas no texto acima.

CAPÍTULO 22 Estudo das interjeições

Uai!

Uai! é o que se diz, se o tempo vai
ou fica preso em nós, e lastimável.
Uai! para a manhã, o outono, o espasmo,
para os muros da infância e o amor sumido.
Dizer uai! uai! agora, e nunca
dizer senão uai! aos que fugiram,
tempos do mesmo uai! desirmanados.

CÉSAR, Guilhermino. *Sistema do imperfeito & outros poemas*. Porto Alegre: Globo, 1977. p. 17.

LEITURA: INTERAÇÃO

1. **Uai!** é o principal elemento estruturador do poema. Qual seu significado?
2. **Uai!** participa da marcação rítmica do texto? Comente.
3. O que significa, para você, o tempo ficar "preso em nós"?
4. Releia atentamente o terceiro e o quarto versos do texto e responda: de que forma as imagens aí utilizadas se relacionam com a ideia de passagem do tempo expressa nos versos anteriores? Comente.
5. O poema trata de um tema que constantemente atormenta o ser humano: a inexorável marcha do tempo. Ao relacionar um tema dessa gravidade com o **uai!**, que efeitos alcança o texto? Comente.
6. Você também tem reagido com um **uai!** à passagem do tempo?

Conceito

Interjeição é a palavra invariável que exprime emoções, sensações, estados de espírito, ou que procura agir sobre o interlocutor, levando-o a adotar certo comportamento sem que, para isso, seja necessário fazer uso de estruturas linguísticas mais elaboradas:

- **Ah!** pode exprimir prazer, deslumbramento, decepção;
- **Psiu!** pode indicar que se está querendo atrair a atenção do interlocutor, ou que se quer que ele faça silêncio.

Em alguns casos, um conjunto de palavras atua como uma interjeição: são as **locuções interjetivas**. Veja estes exemplos:

Valha-me Deus!

Macacos me mordam!

Outras interjeições e locuções interjetivas podem expressar:

- **alegria** – oh!, ah!, oba!, viva!;
- **dor** – ai!, ui!;
- **espanto, surpresa** – oh!, ah!, ih!, opa!, caramba!, upa!, céus!, puxa!, chi!, gente!, hem?!, meu Deus!, uai!;
- **chamamento** – olá!, alô!, ô!, oi!, psiu!, psit!, ó!;
- **medo** – uh!, credo!, cruzes!, Jesus!, ai!;
- **desejo** – tomara!, oxalá!, queira Deus!, quem me dera!;
- **pedido de silêncio** – psiu!, caluda!, quieto!, bico fechado!;
- **estímulo** – eia!, avante!, upa!, firme!, toca!;
- **afugentamento** – xô!, fora!, rua!, toca!, passa!, arreda!;
- **alívio** – ufa!, uf!, safa!;
- **cansaço** – ufa!.

Palavra ou frase?

A lista de interjeições poderia ser estendida indefinidamente; mais importante, no entanto, é você perceber que são consideradas interjeições algumas estruturas linguísticas bastante diferenciadas entre si. **Ah!** e **ui!**, por exemplo, são sons que servem exclusivamente para a expressão de estados emotivos; já **quieto!** e **viva!** são palavras de outras classes gramaticais que, em determinados contextos, permitem a expressão de emoções súbitas. Há casos em que temos frases desempenhando o papel de interjeição, como em **quem me dera!**.

Morfossintaxe da interjeição

Na verdade, as interjeições são frases. Pode-se perceber isso facilmente quando se atenta para seu funcionamento na linguagem. Além de serem capazes de transmitir conteúdos significativos que correspondem a frases, as interjeições têm sua significação profundamente vinculada ao momento efetivo de sua utilização: basta perceber como um **Ah!** pode exprimir desde desapontamento até o mais profundo prazer, de acordo com a situação em que é proferido (a qual determinará a entonação de voz com que será produzido).

Outra evidência de que as interjeições pertencem ao campo das palavras em utilização efetiva, e não das palavras tomadas isoladamente, é sua forma de apresentação: elas são sempre seguidas de um ponto de exclamação (às vezes combinado com outros sinais de pontuação). Ora, o uso de sinais de pontuação faz sentido quando se lida com elementos linguísticos que integram a interação efetiva por meio de frases e textos. Seria mais coerente, portanto, não considerar as interjeições uma classe de palavras à parte, e sim mais um dos possíveis tipos de frases ou textos de que a língua portuguesa dispõe.

ATIVIDADES

1. Nos breves diálogos a seguir, substitua a fala do segundo interlocutor pela interjeição que julgar mais conveniente.

a) – Parece que todo mundo vem à festa hoje à noite!
– Fico muito contente!

b) – Finalmente chegamos ao fim da escalada!
– Estou bastante aliviado e satisfeito!

c) – Ele conseguiu bater dois recordes mundiais de natação apesar de ter ficado alguns meses sem treinar!
– Como estou admirado!

d) – Para onde você estava olhando quando tropeçou?
– Estou sentindo muita dor!

e) – Por que a gente não vai junto ao cinema domingo?
– Fico bastante feliz com o convite!

f) – Vamos ter de dividir o quarto do alojamento com o Zezão – aquele que não gosta muito de banho!
– Estou com muito nojo!

2. Que interjeição ou interjeições você usaria se:

a) abrisse a porta de seu quarto e nele encontrasse a *mountain bike* que estava querendo ganhar?
b) recebesse uma carta daquela garota com quem *ficou* nas últimas férias e de quem sempre sentiu saudades?
c) recebesse um boletim repleto de boas notas?
d) recebesse um boletim repleto de notas baixas?
e) ganhasse um bom dinheiro num concurso de redação?
f) seu time fosse campeão de futebol depois de vinte anos de espera?
g) sua namorada ligasse para dizer que está tudo terminado entre vocês?
h) recebesse a notícia de que os vestibulares foram definitivamente abolidos?
i) visse uma barata subindo em suas coisas?

Interjeições, leitura e produção de textos

Usadas com muita frequência na língua falada informal, quando empregadas na língua escrita, as interjeições costumam conferir-lhe certo tom inconfundível de coloquialidade. Além disso, elas podem muitas vezes indicar traços pessoais do falante – como a escassez de vocabulário, o temperamento agressivo ou dócil, até mesmo a origem geográfica. É nos textos **narrativos** – particularmente nos diálogos – que comumente se faz uso das interjeições com o objetivo de caracterizar personagens e, também, graças à sua natureza sintética, agilizar as falas. Natureza sintética e conteúdo mais emocional do que racional fazem das interjeições presença constante nos textos publicitários.

• **Texto 1**

A comadre

O veraneio terminou mal. A ideia dos dois casais amigos, amigos de muitos anos, de alugarem uma casa juntos deu errado. Tudo por culpa do comentário que o Itaborá fez ao ver a Mirna, a comadre Mirna, de biquíni fio dental pela primeira vez. Nem tinha sido um comentário. Mais um som indefinido.

– Omnahnmon!

Aquilo pegara mal. A própria Mirna sorrira sem jeito. O compadre Adélio fechara a cara, mas decidira deixar passar. Afinal, era o primeiro dia dos quatro na praia, criar um caso naquela hora estragaria tudo. Eram amigos demais para que um simples deslize – o som fora involuntário, isto era claro – acabasse com tudo. E, ainda por cima, a casa já estava paga por um mês.

Naquela noite, no quarto, a Isamar pediu satisfação ao marido.

– Pô, Itaborá. Qual é?

– Não pude controlar, puxa.

– Na cara do Adélio!

– Eu sei. Foi chato. Mas saiu. Que que eu posso fazer?

– Nós conhecemos a Mirna e o Adélio há o quê? Quase dez anos.

– Mas eu nunca tinha visto a bunda da Mirna.

– Ora, Itá!

– Não. Entende? A gente pode conviver com uma pessoa dez, vinte anos, e ainda se surpreender com ela. A bunda da Mirna me surpreendeu, é isso. Me pegou desprevenido.

– Vai dizer que você nunca nem imaginou como era?

– Nunca. Juro. Nem me passou pela cabeça. E de repente estava ali, toda. Sei lá. Toda ali.

– Pois vê se te controla.

Pelo resto do veraneio o Itaborá fez questão de nem olhar para o fio dental da comadre. Quando os quatro iam para a praia, se apressava a caminhar na frente. Se por acaso as nádegas da comadre passassem pelo seu campo de visão, olhava para o alto, tapava o rosto com o jornal, assobiava.

Um dia, o Itaborá e o Adélio sentados no quintal, a Mirna recém-servira a caipirinha, de biquíni, e se dirigia de volta para a casa, e o Itaborá suspirou.

– Que foi? – perguntou o Adélio, agressivo.

– Essa política econômica – disse o Itaborá. – Sei não. Não levo fé.

– Ah – disse o Adélio.

Até o fim do veraneio ficou aquela coisa chata entre os quatro. O Itaborá não podia tossir que todos o olhavam, desconfiados.

VERISSIMO, Luis Fernando. *O marido do dr. Pompeu*. São Paulo: Círculo do Livro, 1987. p. 89-90.

1. O **comentário** do Itaborá pode ser considerado uma interjeição? Explique.
2. Observe o trecho colocado entre travessões no parágrafo que segue o comentário do Itaborá e responda: há ironia nessa passagem? Comente.
3. "E, **ainda por cima**, a casa já estava paga por um mês." A expressão destacada nos permite avaliar melhor o modo como as pessoas se relacionam em sociedade? Comente.
4. Faça um levantamento das interjeições usadas no diálogo entre Itaborá e Isamar e comente o papel que desempenham na conversa.
5. "A gente pode conviver com uma pessoa dez, vinte anos, e ainda se surpreender com ela." Na situação em que é usada, essa frase tem efeito cômico? Comente.
6. O que exprime a resposta de Adélio aos comentários de Itaborá sobre a política econômica?
7. É inegável que as interjeições têm um papel destacado no texto. Comprove isso. Não se esqueça de relacioná-las também com o nível de linguagem utilizado.

Texto 2

Olímpica

ufa ufa ufa ufa
por ufa ufa ufa
ufa que ufa ufa
ufa ufa me ufa
ufa ufa ufa ufa
no ufa ufa ufa
ufa do ufa ufa
ufa ufa meu ufa
ufa ufa ufa pa
ís ufa uff fff

PAES, José Paulo. *Um por todos: poesia reunida*. São Paulo: Brasiliense, 1986. p. 66.

Texto 3

ufanismo

[De *ufano*, do v. *ufanar*, + *-ismo*; por alusão ao livro *Por que me Ufano do meu País*, do Conde Afonso Celso.]

S. m. Bras.

1. Atitude, posição ou sentimento dos que, influenciados pelo potencial das riquezas brasileiras, pelas belezas naturais do país, etc., dele se vangloriam, desmedidamente.

Dicionário Aurélio Eletrônico – século XXI.

Explique o processo de construção do poema de José Paulo Paes, levando em conta as informações contidas no verbete **ufanismo**. Atente no título do poema e nas interjeições utilizadas.

• Texto 4

USE OPS!
E DEIXE
AS OUTRAS
SNIF-SNIF!

Agência W/Brasil

O Boticário

OPS! A FRAGRÂNCIA UAU!

1. **Ops!** é uma interjeição? Explique.
2. **Snif-snif** é uma interjeição? Explique.
3. **Uau!**, no texto, é uma interjeição? Comente.
4. A que tipo de público são dirigidos esse produto e esse anúncio? Explique.
5. O argumento que o texto propõe para persuadir o leitor a comprar o produto é ético? Comente.

Parte IV

Sintaxe

CAPÍTULO 23

Introdução à sintaxe

Rios sem discurso

A Gabino Alejandro Carriedo

Quando um rio corta, corta-se de vez
o discurso-rio de água que ele fazia;
cortado, a água se quebra em pedaços,
em poços de água, em água paralítica.
Em situação de poço, a água equivale
a uma palavra em situação dicionária:
isolada, estanque no poço dela mesma,
e porque assim estanque, estancada;
e mais: porque assim estancada, muda,
e muda porque com nenhuma comunica,
porque cortou-se a sintaxe desse rio,
o fio de água por que ele discorria.

*

O curso de um rio, seu discurso-rio,
chega raramente a se reatar de vez;
um rio precisa de muito fio de água
para refazer o fio antigo que o fez.
Salvo a grandiloquência de uma cheia
lhe impondo interina outra linguagem,
um rio precisa de muita água em fios
para que todos os poços se enfrasem:
se reatando, de um para outro poço,
em frases curtas, então frase e frase,
até a sentença-rio do discurso único
em que se tem voz a seca ele combate.

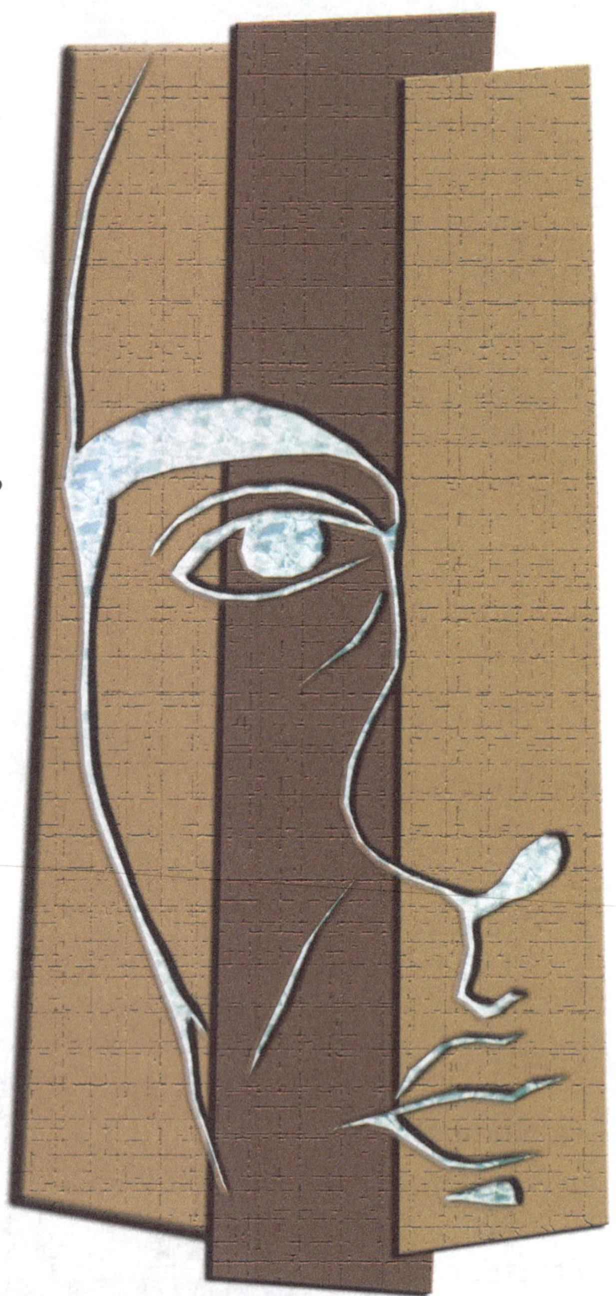

MELO NETO, João Cabral de. *Poesias completas*. 4. ed. Rio de Janeiro: J. Olympio, 1986. p. 26.

Leitura: interação

1. **Cortar** apresenta o mesmo significado em suas duas ocorrências no primeiro verso? Comente.
2. Comente a imagem "água paralítica" (primeira estrofe, quarto verso).
3. O que é a "situação dicionária" de uma palavra? (primeira estrofe, sexto verso).
4. Explique a relação entre a sintaxe do rio e a sintaxe das palavras.
5. Por que o texto chama de **interina** à linguagem das cheias (segunda estrofe, sexto verso)?
6. O texto afirma que o rio pode combater a seca se tiver **voz** (segunda estrofe, último verso). Em que consiste a "voz" de um rio?
7. **Curso, discurso** e **discorrer** são palavras que mantêm estreita ligação semântica e morfológica. Explique.
8. Releia a segunda estrofe do poema e explique como se constitui o discurso-rio. Qual a relação entre ele e os discursos que formamos com as palavras?

Conceitos básicos

Sintaxe é o conjunto das relações que as palavras estabelecem entre si nas orações e que as orações da língua estabelecem entre si nos períodos. Também se pode falar de sintaxe quando se analisam as relações que as partes de um texto estabelecem entre si.

A **frase** se define pelo seu propósito comunicativo, ou seja, pela sua capacidade de, num intercâmbio linguístico, ser capaz de transmitir um conteúdo satisfatório para a situação em que é utilizada. Na língua falada, a frase apresenta uma entoação que indica nitidamente seu início e seu fim; na língua escrita, esses limites são normalmente indicados pelas iniciais maiúsculas e pelo uso de ponto (final, de exclamação ou de interrogação) ou reticências. O conceito de frase é abrangente:

– Ai! (estrutura simples, que em dada situação é perfeitamente suficiente para transmitir um conteúdo claro). Diante das inúmeras provas apresentadas pelos acusadores, parece-nos incontestável que o réu efetivamente se envolveu em diversas atitudes ilícitas e que sua condenação passa a ser um imperativo da Justiça. (estrutura complexa)

Frase, oração e período

As frases de maior complexidade organizam-se normalmente a partir de um ou mais verbos (ou locuções verbais). À frase ou ao membro de uma frase que se organiza ao redor de um verbo ou locução verbal damos o nome de **oração**. A frase organizada em orações constitui o **período**, que pode ser **simples** (formado de uma única oração) ou **composto** (formado de duas ou mais orações):

Vive-se um momento social delicado.	**período simples**, formado por uma única oração (organizada a partir da forma verbal destacada).
Estamos atravessando um momento social tão delicado que **temos de** constantemente **refletir** sobre nossa conduta.	**período composto**, formado por duas orações (organizadas a partir das locuções verbais destacadas e conectadas pela conjunção **que**).

Tipos de frases

As frases exprimem sentidos que só podem ser plenamente captados se atentarmos para o contexto em que são empregadas. Um elemento muito importante das frases relacionado ao seu sentido nas situações de uso efetivo é a entoação. Na língua falada, a entoação representa uma ampla possibilidade de expressão: pense, por exemplo, numa frase simples como "É ele." indicando constatação, dúvida, surpresa, indignação, decepção, etc. Na língua escrita, utilizam-se os sinais de pontuação, que atuam como auxiliares na organização do sentido das frases escritas: "É ele."; "É ele?"; "É ele!"; "É ele?!"; "É ele...", etc.

Existem, na língua portuguesa, alguns tipos de frases cuja entoação é mais ou menos previsível, de acordo com o sentido que transmitem:

- **frases declarativas** – informam ou declaram alguma coisa. Podem ser afirmativas ou negativas:

  Já começou a assembleia. (afirmativa)

  A assembleia ainda não começou. (negativa)

- **frases interrogativas** – são empregadas quando se deseja obter alguma informação. A interrogação pode ser direta ou indireta:

  Já começou a assembleia?

  Quem quer falar comigo? (interrogações diretas)

  Desejo saber se já começou a assembleia.

  Diga quem quer falar comigo. (interrogações indiretas)

- **frases imperativas** – são usadas sempre que se quer influenciar diretamente o comportamento do interlocutor, o que ocorre quando se dão conselhos ou ordens ou se fazem pedidos. Podem ser afirmativas ou negativas:

  Diga sinceramente o que pensa. (afirmativa)

  Não faça isso. (negativa)

- **frases exclamativas** – esse tipo de frase é usado quando o emissor precisa exteriorizar um estado emotivo. É o caso de:

  Já começou a assembleia!

  Vai começar tudo outra vez!

- **frases optativas** – usam-se as frases optativas para exprimir desejo. São exemplos:

  Deus te acompanhe!

  Bons ventos o levem!

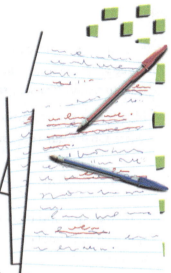

ATIVIDADES

O Manual de estilo da Editora Abril afirma:

Se você deseja ser compreendido, suas frases deverão atender a um requisito essencial: a clareza. É uma exigência para a qual não existe meio-termo. Se a frase for clara, você dirá o que quis dizer. Se a frase for obscura, você provocará confusão.

Tomando por base essas considerações, comente as frases seguintes, retiradas da mesma página desse Manual:

Enfim, toda vez que você sentar-se à máquina, postar-se diante do terminal ou pegar a caneta com o propósito de escrever, lembre-se que sentenças de breve extensão, amiúde logradas por intermédio da busca incessante da simplicidade no ato de redigir, da utilização frequente do ponto, do corte de palavras inúteis que não servem mesmo para nada e da eliminação sem dó nem piedade dos clichês, dos jargões tão presentes nas laudas das matérias dos setoristas, da retórica discursiva e da redundância repetitiva – sem aquelas intermináveis orações intercaladas e sem o abuso de partículas de subordinação, como por exemplo "que", "embora", "onde", "quando", capazes de encompridá-las desnecessariamente, tirando em consequência o fôlego do pobre leitor –, isso para não falar que não custa refazê-las, providência que pode aproximar o verbo e o complemento do sujeito, tais sentenças de breve extensão, insistimos antes que comecemos a chateá-lo, são melhores e mais claras.

Ou seja, use frases curtas.

As frases e a pontuação

Na língua escrita, os elementos vocais da linguagem desaparecem. Em seu lugar surge um sistema de sinais visuais que mantêm alguma correspondência com os recursos vocais: são os sinais de pontuação. O aprendizado do uso dos sinais de pontuação está ligado à percepção de seu papel organizador da língua escrita. Isso significa que não se aprende a usar os sinais de pontuação partindo do pressuposto de que eles representam na escrita as pausas e a entoação da língua falada. Para aprender a usá-los, devemos nos basear na organização sintática e nos vínculos semânticos das frases escritas e não nas pausas e na melodia das frases faladas.

Por isso, decidimos organizar o estudo da pontuação tomando como ponto de partida a sintaxe. Você perceberá, assim, que o conhecimento da organização sintática da língua portuguesa é um poderoso instrumento para se alcançar uma pontuação eficiente.

Neste capítulo, vamos falar dos sinais que delimitam as frases no campo gráfico do papel.

Ponto final (.)

O ponto final é utilizado basicamente para indicar o término de uma frase declarativa:

Vive-se um momento social delicado.

É provável que ainda se passe muito tempo tentando resolver esses problemas.

Ponto de interrogação (?)

É o sinal que indica o término de uma frase interrogativa direta:

O que você está querendo dizer?

Quanto tempo será necessário para que se perceba que miséria e desenvolvimento são inconciliáveis?

Nas frases interrogativas indiretas utiliza-se ponto-final:

Quero saber o que você está tentando dizer com suas insinuações.

Ponto de exclamação (!)

É o sinal que indica o término de frases exclamativas ou optativas:

Que belo susto você nos pregou!

Vá com Deus!

Também pode ser usado para marcar o final de frases imperativas:

Cale-se!

É comum como recurso de ênfase a repetição do ponto de exclamação ou sua combinação com o ponto de interrogação:

Quê! Outra vez!! Não suporto mais isso!!!

Você de novo?! Não!!

Sinal de reticências (...)

As reticências indicam uma interrupção da estrutura frasal. Tal interrupção pode decorrer da hesitação de quem tem sua fala representada ou indicar que se espera do leitor o complemento da frase (muitas vezes com finalidade irônica):

Bem, eu não sei... Talvez seja... É, realmente eu não sei...

Bem, eu queria... Você já sabe o que eu quero...

O técnico do time é bastante competente, mas os jogadores...

Também o sinal de reticências é constantemente combinado com pontos de interrogação ou exclamação, acrescentando matizes de significado à frase:

Você saberia responder?...

Mais uma vez!...

Representação gráfica dos diálogos

Na representação gráfica de diálogos, utilizam-se os dois-pontos (:) e os travessões (–):

Depois de um longo silêncio, ele disse:

– É melhor esquecer tudo.

– É melhor esquecer tudo – disse ele, depois de um longo silêncio.

– É melhor – concordei.

Também se podem empregar vírgulas no lugar dos travessões intermediários:

– É melhor esquecer tudo, disse ele, assim ninguém mais será prejudicado.

Frases, leitura e produção de textos

Conceitos básicos como frase, oração e período podem ser bastante úteis para a interpretação e produção de textos. Como um texto é um conjunto articulado de frases, isso significa que entre essas frases há algo mais do que uma simples sequência – há um constante jogo de referências mútuas que as torna coesas. Temos estudado esses mecanismos de referências mútuas e vamos continuar a estudá-los. É importante perceber, no entanto, que o sucesso desse trabalho de construção depende também da qualidade individual de cada uma das frases que, organizadas, constroem o texto.

É nesse ponto que os conceitos estudados neste capítulo se tornam úteis. Sabendo que a frase é uma unidade de sentido que se pode organizar em orações, você pode controlar criticamente seu trabalho de leitor e redator. Se estiver encontrando dificuldades ao ler um texto, tente observar a construção de suas frases: cada uma delas é uma unidade de sentido? A organização da frase em períodos foi feita satisfatoriamente, ou seja, há verbos a partir dos quais se ordenam os demais elementos? Essas mesmas perguntas devem ser constantemente feitas quando é você quem redige.

Leia as recomendações do *Manual de redação e estilo* de *O Globo* e perceba como os profissionais do texto adotam esse procedimento para controlar a qualidade do trabalho:

"A frase deve ser curta. Não telegráfica, mas permitindo ao leitor assimilar uma ideia ou um fato de cada vez. (...) Construir uma frase é trabalho de pedreiro: cada tijolo apoia o que lhe é posto em cima e nenhum deve atrapalhar a harmonia do conjunto. Quando se trabalha direito, faz-se um muro; quando não há noção de equilíbrio e continuidade, fica-se com uma pilha de tijolos."

Prática de língua falada

1. Leia atentamente as frases de cada um dos grupos seguintes. Depois, releia-as em voz alta, procurando conferir-lhes a entoação adequada.

   a) Ele já chegou.
   Ele já chegou?
   Ele já chegou!
   Ele já chegou...
   Ele já chegou?!

   b) Não quero que você venha.
   Não quero que você venha!
   Não quero que você venha?
   Não quero que você venha...

   c) Já sei!
   Já sei?
   Já sei.

2. Observe:

   a) – O que você fez esta manhã?
   – Fui ao centro.

   b) – Onde você foi?
   – Fui ao centro.

Há evidente diferença na forma de acentuar tonicamente a frase "Fui ao centro." em cada um desses casos. Leia em voz alta algumas vezes esses pequenos diálogos. A seguir, aplique as diferenças de entoação necessárias nas frases seguintes:

c) – Quem senta aqui?
– Eu sento aqui.

d) – O que faz aqui?
– Eu sento aqui.

e) – Quem fez isto tudo?
– Eu fiz isto tudo.

f) – O que você fez?
– Eu fiz isto tudo.

3. Agora, observe o elemento destacado nas frases seguintes. Atribuindo, na leitura da frase, destaque tônico a esse elemento, mudamos nossa mensagem. Procure descobrir, então, a que pergunta responde cada uma dessas frases.

a) O **deputado** fez uma declaração infeliz.
b) O deputado **fez** uma declaração infeliz.
c) O deputado fez **uma** declaração infeliz.
d) O deputado fez uma declaração **infeliz**.

ATIVIDADES

1. Foram retirados os pontos-finais dos períodos que formam o parágrafo seguinte. Recoloque-os.

a ideia de que a violência provém da má índole dos indivíduos que a praticam é bastante generalizada ouvem-se com bastante frequência grupos de cidadãos que exigem maior eficiência da polícia e até mesmo a intervenção do Exército como forma de garantir a segurança dos indivíduos e seu patrimônio mais raras são as vozes que se levantam para denunciar uma sociedade hipócrita em que aqueles que posam como pais de família exemplares se transformam em exterminadores sem escrúpulos assim que seguram o volante de um automóvel saliente-se que nesse caso a culpa é da neurose do trânsito das grandes cidades e não da má índole individual

2. Foram retirados os sinais de pontuação indicadores do final dos períodos que formam o parágrafo seguinte. Recoloque-os.

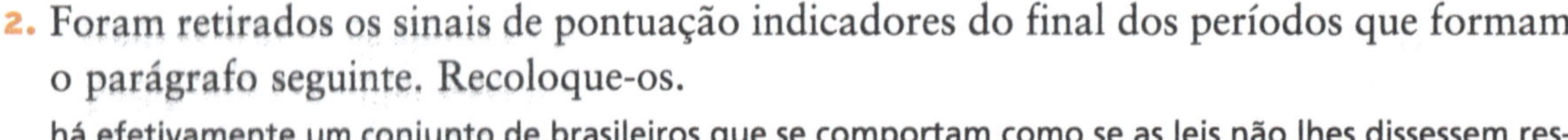

há efetivamente um conjunto de brasileiros que se comportam como se as leis não lhes dissessem respeito o convívio social não passa de uma forma de lhes satisfazer os desejos as obrigações inerentes a qualquer forma de sociedade pertencem exclusivamente aos outros seria importante saber o que efetivamente produzem esses indivíduos para o bem da comunidade são eles seres verdadeiramente sociais a resposta a essa pergunta pode dar início à redescoberta da noção de bem comum

3. Crie um diálogo empregando pontos de exclamação, pontos de interrogação, reticências e travessões.

LEITURA, USO, REFLEXÃO

Tira criada por Ziraldo.

Revista *Imprensa*, abr. 1995.

Comente o emprego das frases que formam os diálogos da tirinha acima. Como é explorado o significado dessas frases?

CAPÍTULO 24

Sintaxe do período simples (I)
Termos essenciais da oração

Fome

Pudessem minhas mãos falar às tuas
e dizer-lhes: sim, quero-te muito.
Pudesse eu inundar-te de ternura
e no silêncio ter-te, ampla e desnuda.
Que eu não faria versos sobre mim,
nem falaria em rosas, alma, lua.

Pudesse o meu olhar adormecer-te,
colher-te, fresca e firme, a forma viva.
Que coisas não faria nesta vida?
Que coisas não seria?

SOUSA, João Rui de. In: SENA, Jorge de (seleção e apresentação). *Líricas Portuguesas*. Lisboa: Edições 70, 1983. v. II, p. 403).

Images.com/Corbis/Stock Photos

LEITURA: INTERAÇÃO

1. Qual a importância da repetição de estruturas sintáticas para o ritmo do texto?
2. As frases iniciadas pelo imperfeito do subjuntivo estabelecem uma gradação? Comente.
3. "Que eu não faria versos sobre mim,
nem falaria em rosas, alma, lua." (primeira estrofe)
Explique e comente esses versos.
4. "Pudesse o meu olhar adormecer-te,
colher-te, fresca e firme, a forma viva." (segunda estrofe)
   a) Comente a exploração de elementos sonoros nos versos de João Rui de Sousa.
   b) Em que consiste "a forma viva" de que fala o texto?
5. A quem ou a que se referem as formas verbais **faria** e **seria** nos últimos versos do poema? Explique.
6. Relacione o título do poema com o seu conteúdo.

Os termos essenciais

Sujeito

Observe a seguinte frase:

Os estudantes participaram das manifestações contra a corrupção.

Ela constitui um período simples, formado por uma oração que se organiza a partir da forma verbal **participaram**, na terceira pessoa do plural por causa da relação que estabelece com o termo "os estudantes". Esse termo equivale ao pronome de terceira pessoa do plural **eles** – e a forma verbal adequada a esse pronome deve estar na terceira pessoa do plural. Se você modificar a flexão do verbo, colocando-o na terceira pessoa do singular, perceberá que o termo "os estudantes" também sofrerá flexão de número, passando a "o estudante":

O estudante participou das manifestações contra a corrupção.

Se você optar por modificar a pessoa gramatical do verbo, verá que não é possível manter "os estudantes" nessa oração. No período seguinte, a forma verbal **participei** relaciona-se com a primeira pessoa do singular (**eu**):

Participei das manifestações contra a corrupção.

Dessa forma, constatamos que existe entre o verbo e o termo "os estudantes" uma relação que os obriga a concordar em número e pessoa. Essa relação recebe o nome de **concordância verbal**, e o termo da oração que concorda em número e pessoa com o verbo recebe o nome de **sujeito**.

Sujeito é função substantiva

Só faz sentido falar em sujeito quando estamos lidando com orações, ou seja, quando é possível perceber uma relação entre um determinado termo e o verbo de uma oração. Sujeito, portanto, é o nome de uma função sintática – o que significa dizer que é o nome que se atribui a um dos papéis que as palavras podem desempenhar quando se relacionam umas com as outras. O sujeito é uma função **substantiva** da oração porque são os substantivos e as palavras de valor substantivo (pronomes e numerais substantivos ou outras palavras substantivadas) que atuam como núcleos dessa função nas orações da língua portuguesa.

Observe a classe gramatical a que pertencem os núcleos dos sujeitos seguintes:

Os cidadãos
(substantivo)

Todos
(pronome substantivo)

Ambos
(numeral substantivo)

Os aposentados
(adjetivo substantivado)

} manifestaram sua insatisfação.

Predicado

Predicado é aquilo que se declara a respeito do sujeito; em termos práticos, equivale a tudo o que, na oração, é diferente do próprio sujeito (e do vocativo, quando este ocorrer):

sujeito	predicado
Os estudantes	participaram das manifestações contra a corrupção.
Os cidadãos	manifestaram sua insatisfação.

À noite, (predicado) a temperatura (sujeito) diminui. (predicado)

Os verbos no predicado

Em todo predicado existe necessariamente um verbo ou uma locução verbal. Para analisar a importância do verbo no predicado, devemos considerar dois grupos distintos: os verbos nocionais e os não nocionais.

Os **verbos nocionais** são os que exprimem processos; em outras palavras, indicam ação, acontecimento, fenômeno natural, desejo, atividade mental:

acontecer	considerar	desejar	julgar	pensar	querer	suceder
chover	correr	fazer	nascer	pretender	raciocinar	

Esses verbos são sempre **núcleos dos predicados** em que aparecem.

Os verbos não nocionais exprimem estado; são mais conhecidos como verbos de ligação. Fazem parte desse grupo, entre outros:

ser	permanecer	continuar	andar	persistir	virar
estar	ficar	achar-se	acabar	tornar-se	passar (a)

Os verbos não nocionais sempre fazem parte do predicado, mas **não atuam como núcleos**.

Para perceber se um verbo é nocional ou não nocional, é necessário considerar o contexto em que é usado. Assim, na oração:

Ele anda depressa.

o verbo *andar* exprime uma ação, atuando como um verbo nocional. Já na oração:

Ele anda cansado.

o verbo exprime um estado, atuando como verbo não nocional.

Observação

Os verbos e sua transitividade

Os verbos nocionais podem ou não ser acompanhados de complementos, de acordo com a sua **transitividade.** Um verbo que não se faz acompanhar de complementos é chamado **intransitivo**; é o que ocorre nesta oração:

Muitas águas vão rolar.

em que se percebe que o verbo **rolar** não necessita de nenhum complemento (afinal, "aquilo que rola simplesmente rola!").

Um verbo que se faz acompanhar de complementos é chamado **transitivo**; se o complemento não é introduzido por preposição obrigatória, chama-se **objeto direto** e o verbo é **transitivo direto**; se o complemento é introduzido por preposição obrigatória, chama-se **objeto indireto** e o verbo é **transitivo indireto**. Há verbos que se fazem acompanhar de dois complementos, um objeto direto e um objeto indireto: são os **transitivos diretos e indiretos**:

Trouxeram as encomendas.	"quem traz, traz **algo**" – verbo transitivo direto; "as encomendas" é objeto direto
Precisa-se de empregados.	"quem precisa, precisa **de algo**" – verbo transitivo indireto; "de empregados" é objeto indireto
Mostrei meu trabalho a todos.	"quem mostra, mostra **algo a alguém**" – verbo transitivo direto e indireto; "meu trabalho" é objeto direto; "a todos", objeto indireto

Atividades

1. Transforme cada uma das orações seguintes de acordo com o modelo proposto. A seguir, indique o sujeito de cada oração.

Sempre acordo cedo.
*Sempre **acordas** cedo.*
*Sempre **acordamos** cedo.*
*Sempre **acordais** cedo.*

a) Cumpri a promessa feita.
b) Fui surpreendido pela notícia.

2. Passe para o plural cada uma destas orações. Depois, indique o sujeito e o predicado de cada uma delas.

a) Aconteceu um fato inédito.
b) Sempre ocorre uma nova surpresa nos momentos decisivos.
c) Basta-me uma palavra de apoio.
d) Faltou o melhor jogador do time naquela partida.
e) Dói-lhe o braço.
f) Caiu um raio sobre aquela velha árvore.
g) Desabou um temporal muito forte ontem à tarde.
h) Existe uma cultura ainda desconhecida naquela região amazônica.
i) Nosso esforço foi reconhecido por todos.
j) Cometeu-se uma injustiça naquela ocasião.

3. Escreva estas orações no plural, indicando o sujeito e o predicado de cada uma.

a) Deve ter acontecido alguma coisa surpreendente.
b) Deve ocorrer uma forte pancada de chuva esta tarde.
c) Poderia bastar-me uma palavra de apoio.
d) Poderá faltar justamente o melhor jogador do time no jogo de amanhã.
e) Poderia estar doendo-lhe o braço.
f) Parece ter caído um raio sobre aquela velha árvore.
g) Deve ter desabado um temporal muito forte ontem à tarde.
h) Parece ter existido uma cultura ainda desconhecida naquela região amazônica.
i) Nosso desprendimento parece ter sido reconhecido por todos.
j) Deve-se ter cometido alguma injustiça naquela ocasião.

4. Classifique os verbos das orações seguintes em nocionais e não nocionais.

a) Estamos aborrecidos.
b) Estamos na sala.
c) Permanecemos quietos durante a reunião.
d) Permanecemos exatamente no mesmo lugar.
e) Ele virou uma fera.
f) O vendaval virou alguns barcos.
g) Fiquei horas naquele quarto.
h) Fiquei sentado a tarde toda.
i) Ele passou a líder do grupo.
j) A tempestade passou.
k) Persistimos em ser atendidos.
l) A má distribuição de renda persiste vitoriosa.
m) Achei minhas chaves.
n) Acho-me doente.

Tipos de sujeito

Sujeito determinado

É o tipo de sujeito que se pode identificar com precisão a partir da concordância verbal:

Faltou-nos **determinação** naquele momento.
sujeito

Lazer e esporte conduzem à saúde mental e física.
sujeito

Na primeira oração, o sujeito determinado apresenta um único núcleo: o substantivo **determinação**. É, por isso, um **sujeito determinado simples.**

Na segunda oração, o sujeito apresenta dois substantivos como núcleos: **lazer** e **esporte**. Os sujeitos determinados que apresentam dois ou mais núcleos são chamados **sujeitos determinados compostos.**

Costuma-se chamar de **sujeito determinado oculto** ou **sujeito determinado elíptico** àquele que fica implícito na forma verbal ou no contexto. É o que ocorre quando a terminação verbal dispensa o uso do pronome pessoal correspondente, em orações como "Estou acostumado a isso." (sujeito: **eu**) ou "Trouxemos as encomendas." (sujeito: **nós**).

Em alguns casos, o sujeito é facilmente detectável pelo contexto. Na sequência de orações seguintes, o sujeito da forma verbal **marcaram** é o pronome **eles**, implícito na terminação verbal **-am**. Esse pronome se refere a **os estudantes**, sujeito determinado simples do verbo da primeira oração, **participaram**:

Os estudantes participaram das manifestações contra a corrupção. **Marcaram** presença com sua alegria cívica.

Sujeito indeterminado

Quando não se quer ou não se pode identificar claramente a quem o predicado da oração se refere, ocorre o **sujeito indeterminado**. Em nossa língua, há duas maneiras de indeterminar o sujeito de uma oração:

- o verbo é colocado na terceira pessoa do plural, que não se refere a nenhum termo identificado anteriormente (mesmo em outra oração, como no caso do sujeito determinado elíptico visto anteriormente):

Telefonaram para você hoje de manhã.

Estão gritando seu nome lá fora.

- o verbo surge acompanhado do pronome **se**, que atua como **índice de indeterminação do sujeito.** Essa construção ocorre com verbos que não apresentam complemento direto (verbos intransitivos, transitivos indiretos e de ligação). O verbo obrigatoriamente fica na terceira pessoa do **singular:**

Vive-se melhor nas cidades pequenas.

Precisa-se de profissionais competentes.

Tratava-se de questões delicadas.

Era-se mais feliz naqueles tempos.

Construções diferentes, sentidos diferentes

Observe que a primeira forma de indeterminar o sujeito indica que quem fala ou escreve não participa da ação mencionada. Na segunda forma, não há necessariamente essa distância entre quem fala ou escreve e aquilo a que se refere. Compare as orações de sujeito indeterminado:

Falam sobre reformas sociais.

Fala-se sobre reformas sociais.

Na primeira, é evidente que quem produz a oração não se inclui no grupo dos que falam sobre as reformas; na segunda oração, essa exclusão não só não é necessária, como se produz a impressão de que quem fala ou escreve está se referindo a algo que lhe é próximo ou de que participa.

Orações sem sujeito

Nessas orações, formadas apenas pelo predicado, surge um dos chamados verbos **impessoais**. Os principais casos de orações sem sujeito da língua portuguesa ocorrem com:

- verbos que exprimem fenômenos da natureza:

Anoiteceu calmamente sobre o vale.

Está amanhecendo.

Choveu demais no último verão.

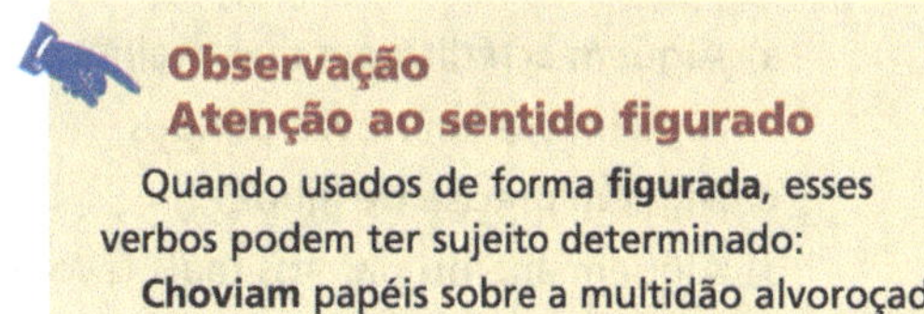

Observação
Atenção ao sentido figurado

Quando usados de forma **figurada**, esses verbos podem ter sujeito determinado:

Choviam papéis sobre a multidão alvoroçada. (papéis = sujeito)

- os verbos **estar, fazer, haver** e **ser** nas frases em que se relacionam com expressão de tempo ou fenômeno natural:

Está cedo.

Já **é** tarde.

São oito e meia.

Fez muito calor no último verão.

Há anos que esperamos por este momento.

Faz meses que encomendamos esses pacotes.

Deve fazer alguns anos que não nos vemos.

- o verbo **haver**, quando exprime existência ou acontecimento:

Há boas razões para suspeitarmos dele.

Houve várias brigas depois do jogo.

Deve ter havido muitos episódios interessantes nessa viagem.

Observação
Verbos na terceira pessoa do singular

Exceção feita ao verbo **ser**, que na indicação de tempo varia de acordo com a expressão numérica que o acompanha (É uma hora./São **duas** horas.), os verbos impessoais devem ser usados **sempre na terceira pessoa do singular**. Atente principalmente para o verbo **fazer** e para o verbo **haver** usados impessoalmente. Não se devem empregar esses verbos no plural em frases como:

Faz / **Deve fazer** } muitos anos que não nos vemos.

Há / **Houve** / **Havia** / **Haverá** / **Deve ter havido** / **Pode ter havido** } dúvidas quanto à legalidade de cobrança de novos impostos.

ATIVIDADES

1. Aponte e classifique o sujeito destas orações:
   a) Naquele instante soou o alarme.
   b) Ocorreu-me então uma ideia oportuna.
   c) Passou-me uma velha imagem pela lembrança.
   d) Explodiu novo conflito étnico na Europa Oriental.
   e) Surgiu uma nova droga para o combate à Aids.
   f) Teria o país condições de enfrentar uma nova crise política?
   g) Têm sido cada vez mais frequentes os ataques da guerrilha à capital do país.
   h) Banqueiros e bancários não chegaram a um acordo sobre salários e condições de trabalho.
   i) Parecem infindáveis as crises políticas e os desarranjos econômicos brasileiros.

2. Reescreva cada uma destas orações, indeterminando o sujeito, como no modelo proposto.
   Alguém necessita de auxílio. → Necessita-se de auxílio.
   a) Alguém acredita em dias melhores.
   b) Alguém crê em novos tempos.
   c) Alguém precisa de ajuda.
   d) Alguém apelou para os mais favorecidos.
   e) Alguém assistiu a filmes de terror.
   f) Alguém aspira ao bem-estar social.
   g) Alguém obedece aos impulsos mais generosos.
   h) Alguém tratou de questões delicadas naquela reunião.

3. Complete cada um destes breves diálogos com uma frase em que haja um sujeito indeterminado pela terceira pessoa do plural.
   a) – Há algum recado para mim?
      – (*).
   b) – De onde veio este pacote?
      – (*).
   c) – Quem entregou este bilhete?
      – (*).
   d) – Onde você encontrou esse bebê?
      – (*).
   e) – Como você ficou sabendo disso?
      – (*).
   f) – Isso é verdade?
      – (*).

4. Reescreva estas frases, alterando-as de acordo com o modelo proposto.
   Faz dez anos que não o vejo. → Deve fazer dez anos que não o vejo.
   a) Fazia vinte anos que não nos víamos.
   b) Faz alguns meses que não chove nesta região.
   c) Fazia alguns meses que não o encontrava.

5. Reescreva estas frases, alterando o tempo verbal, como no modelo:

Há diversas provas contra o réu. → Havia diversas provas contra o réu.
Houve diversas provas contra o réu.

a) Há várias questões pendentes.
b) Há vários cargos em disputa.
c) Há incontáveis maneiras de participar.
d) Há inumeráveis modos de colaborar.
e) Há diversas alternativas.

6. Altere estas frases, seguindo o modelo:

Deve haver outras razões para o conflito. → Deve ter havido outras razões para o conflito.
Pode ter havido outras razões para o conflito.

a) Deve haver acusações mais sérias contra ele.
b) Deve haver implicações mais graves para o caso.
c) Deve haver problemas mais complexos.
d) Deve haver circunstâncias menos preocupantes.
e) Deve haver leis mais justas.

7. Organize orações a partir dos elementos oferecidos em cada um dos itens, estabelecendo as relações de concordância verbal em cada caso.

a) Tocar/os sinos da catedral/de hora em hora.
b) Ocorrer/várias ideias brilhantes/durante a noite.
c) Faltar/três alunos/ontem.
d) Acontecer/acidentes graves/último domingo.
e) Desabar/fortes chuvas/mês passado.

Tipos de predicado

Predicado verbal

No predicado verbal, o núcleo é sempre um **verbo**. Para ser núcleo do predicado, é necessário que o verbo seja nocional:

Os estudantes **participaram** das manifestações contra a corrupção.
Chovia intensamente sobre os campos.
Ocorreram diversos imprevistos durante a viagem.
Nada mais **podia ser feito** naquela situação.

Predicado nominal

No predicado nominal, o núcleo é sempre um **nome**, que desempenha a função de **predicativo do sujeito**. O predicativo do sujeito é um termo que caracteriza o sujeito, tendo como intermediário um verbo. No predicado nominal, esse verbo intermediário é sempre um verbo de ligação. Os exemplos seguintes mostram como os verbos de ligação exprimem diferentes circunstâncias relativas ao estado do sujeito, ao mesmo tempo que o ligam ao predicativo:

A vida **é** frágil.
Ele **está** cansado.
Permanecemos quietos.
As taxas de inflação **continuam** elevadas.
Um menino pobre **virou** uma celebridade nacional.
O país **parece** ansioso.
Ele se **acha** acamado.
O salvador da pátria **acabou** cassado.

A função de predicativo do sujeito pode ser exercida por termos que têm como núcleo um adjetivo, um substantivo ou uma palavra de valor substantivo:

A vida é **bastante delicada**.
núcleo: **delicada**, adjetivo

A vida é **um constante retomar**.
núcleo: **retomar**, verbo substantivado

Predicado verbo-nominal

O predicado verbo-nominal apresenta dois núcleos: um verbo (que será sempre nocional) e um predicativo (que pode referir-se ao sujeito ou a um complemento verbal). Na oração:

Os excursionistas **voltaram exaustos** da caminhada.

o predicado é verbo-nominal porque tem como núcleos o verbo nocional (**voltaram**) e o predicativo do sujeito (**exaustos**). O predicado dessa oração poderia ser desdobrado em dois outros, um verbal e outro nominal:

Os excursionistas **voltaram** da caminhada. Eles estavam **exaustos**.

A oração:

Consideramos inaceitável a proposta apresentada.

também tem predicado verbo-nominal; seus núcleos são o verbo nocional (**consideramos**) e o predicativo do objeto (**inaceitável**). "A proposta apresentada" é objeto direto da forma verbal **consideramos**, pois é o termo que complementa o verbo sem preposição intermediária. **Inaceitável** caracteriza esse objeto direto, atuando como predicativo do objeto.

Observação

Para perceber como o verbo **considerar** participa da relação entre o objeto direto e seu predicativo, passe a oração para a voz passiva:

A proposta apresentada foi considerada inaceitável por nós.

Nessa forma, fica evidente a intermediação verbal entre "a proposta apresentada" e **inaceitável**.

Os termos essenciais e a pontuação

- Como vimos, o sujeito e o predicado são chamados termos essenciais porque constituem a estrutura básica das orações mais típicas da língua portuguesa. Por isso, a ligação que mantêm entre si não pode ser interrompida por uma vírgula, mesmo quando o sujeito é muito longo ou vem posposto ao predicado:

  Várias tentativas de estabelecer uma nova relação entre os setores produtivo e financeiro resultaram em fracasso.
  Ocorreram diversas manifestações contra a corrupção.

- A intercalação de termos entre o sujeito e o predicado deve ser marcada por vírgulas. É indispensável que, nesses casos, haja uma vírgula antes e outra depois do termo intercalado:

  Os ministros, ontem à noite, encaminharam um pedido coletivo de demissão.
  A vida, meus amigos, é um mergulho na bruma.

- Usa-se vírgula para separar os núcleos de um sujeito composto:

  Pedaços de madeira, restos de tijolos, montículos de areia, amontoados de pequenas pedras compunham o cenário da obra abandonada.

Se o último desses núcleos for introduzido pelas conjunções e, **ou** ou **nem**, não será separado por vírgula:

Ônibus, automóveis e caminhões ficaram retidos no pedágio.

Um touro, um búfalo ou um cavalo deve ter feito esse estrago.

Não ocorreram protestos veementes nem intervenções exaltadas durante a reunião.

Se cada um dos núcleos for introduzido pela conjunção, deve-se empregar a vírgula:

Moviam-se incessantemente as pessoas, e os animais, e os veículos, e os seus reflexos e sombras.

Nem você, nem ela, nem o próprio dono desta espelunca me farão mudar de ideia.

- Nas orações de predicado verbo-nominal em que o predicativo do sujeito é anteposto ao verbo, usam-se vírgulas para isolá-lo:

Aborrecido, o homem velho afastou-se devagar. **O homem velho, aborrecido, afastou-se devagar.**

- A vírgula pode também indicar a omissão de um verbo:

No chão, vários objetos quebrados.

Termos essenciais, leitura e produção de textos

Conhecer os termos essenciais da oração significa aprender a lidar com o mecanismo da concordância verbal. Em situações formais – por exemplo, numa conferência ou num artigo de uma publicação especializada –, o estabelecimento equivocado das relações de concordância verbal acaba por comprometer a credibilidade de quem expõe dados e conceitos. Por isso, voltaremos a estudá-la num capítulo à parte.

A importância da relação entre o sujeito e o predicado não se limita, porém, à adequação aos modelos da língua-padrão. Conhecer a natureza e as possibilidades de articulação dos termos essenciais permite aos usuários da língua materializar de forma mais satisfatória suas intencionalidades ao se expressar.

A concordância verbal é também um dos elementos estruturadores dos textos em língua portuguesa; ela permite a retomada ou a antecipação de seres, dados e conceitos, contribuindo para a coesão do texto. Manuseada com eficiência, a concordância é um instrumento muito útil para a construção de textos bem formados. É o que veremos nas atividades que seguem.

ATIVIDADES

1. Classifique os predicados destas orações:

a) Aconteceram alguns problemas durante a viagem.

b) Houve alguns problemas durante a viagem.

c) Mandaram arrancar os trilhos da ferrovia.

d) Ocorreu-me uma ideia.

e) Chovia muito.

f) A chuva era forte.

g) Os trilhos da ferrovia eram um monumento à simplicidade.

h) A viagem deve ter sido empolgante.

i) Julguei essa atitude um ato bárbaro.

j) A derrota do time deixou a torcida desnorteada.

2. Aparentemente, os itens **a** e **b** não passam de duas formas diferentes de dizer a mesma coisa. Leia-os atentamente e responda: está-se realmente dizendo a mesma coisa? Comente.

a) Depois de uma curva na estrada, a cordilheira surgiu imensa à nossa frente.

b) Depois de uma curva na estrada, a cordilheira surgiu à nossa frente. Era imensa.

3. Em cada um destes itens, você encontrará uma oração de predicado nominal. Leia atentamente cada uma delas e explique a diferença de sentido que apresentam em relação à oração inicial.

Ele é terrivelmente mal-humorado.

a) Ele está terrivelmente mal-humorado.

b) Ele ficou terrivelmente mal-humorado.

c) Ele continua terrivelmente mal-humorado.

d) Ele anda terrivelmente mal-humorado.

e) Ele parece terrivelmente mal-humorado.

f) Ele se tornou terrivelmente mal-humorado.

g) Ele permanece terrivelmente mal-humorado.

4. Empregue as vírgulas necessárias à organização destas frases. Há casos em que não é necessária vírgula alguma.

a) O descomunal e despropositado investimento em rodovias mal planejadas foi lavado do mapa pelas primeiras chuvas de verão.

b) Têm feito sensíveis progressos os agricultores que optaram por culturas voltadas ao consumo interno.

c) Foram postos de lado os mal-entendidos as disputas mesquinhas a estupidez mútua.

d) Entrechocam-se nas ruas trabalhadores e estudantes e bancários e vendedores de salgadinhos.

e) Você ou seu irmão deveria assumir esse posto.

f) Seres humanos animais e vegetais sofrem com a poluição.

g) Atordoado caminhei até a porta.

5. Explique a diferença de sentido entre as frases de cada par.

a) O cão desvairado vinha em nossa direção. / O cão, desvairado, vinha em nossa direção.

b) Muitos espíritos sem dúvida passarão a duvidar. / Muitos espíritos, sem dúvida, passarão a duvidar.

c) Jovens, estudantes, trabalhadores, ativistas de vários movimentos de defesa dos direitos humanos participaram dos protestos. / Jovens estudantes, trabalhadores ativistas de vários movimentos de defesa dos direitos humanos participaram dos protestos.

LEITURA, USO, REFLEXÃO

• Texto 1

Nadinha

Nasceu assim e assim cresceu: um nadinha. Já tinha três anos, mas parecia ter um. A avó a embalava cantando "boi da cara preta", que para ela não tinha cara nenhuma, e nem sabia o que era boi. Com quatro anos deu os primeiros passos, e já a chamavam de Nadinha. Mas seu nome mesmo era Maria Auxiliadora. Foi perto dos cinco anos que deu uma dor no pé. Chorou a noite toda. Deram a ela tudo o que foi chá. Até de bosta de galinha deram. Não adiantou. Arrumaram uma rezadeira. "Com dois te botaram, com três eu te tiro", a mulher rezou em vão. Arranjaram ficha pro médico e ele disse que só operando. Dali a três meses operou, mas não adiantou de nada. Ninguém sabe como nem por quê, Nadinha nunca mais andou. Era só pôr o pé no chão e chorar. Queria colo da vovó a manhosa. Mais dois meses e a perna foi secando. Ficou uma maniva de macaxeira, zombavam os irmãos. Mas Nadinha continuava cada dia mais alheada do mundo, não sabia o que era maniva, muito menos macaxeira. Mais uns tempos e a outra perna foi afinando. Os pés viraram um nervo só, retorcidos que nem rabinho de porco. A mãe chorava, a vovó também, que só sabia cantar "boi da cara preta". Nadinha, de cabeça desmongolada, olhava pra cara da avó sem ver o mundo. Bebia tudo por um canudinho de mamona enquanto os irmãos corriam com as pernas boas só pra fazer inveja. Mas Nadinha não sabia o que era inveja.

VIANA, Antonio Carlos. *O meio do mundo e outros contos*. São Paulo: Companhia das Letras, 1999. p. 24-5.

1. Qual o sujeito das formas verbais **nasceu, cresceu, tinha** e **parecia**, no início do texto? Que efeito de sentido se cria com essa forma de enunciar o sujeito?
2. Qual o sujeito das formas verbais **sabia, deu** (em "... deu os primeiros passos...") e **chorou**?
3. Qual o sujeito das formas verbais **chamavam, deram, arrumaram** e **arranjaram**?
4. A que universo social pertencem as personagens? De que forma a linguagem do texto participa da reelaboração ficcional desse universo?
5. **Nadinha** é um nome apropriado para o conto? Comente.

Texto 2

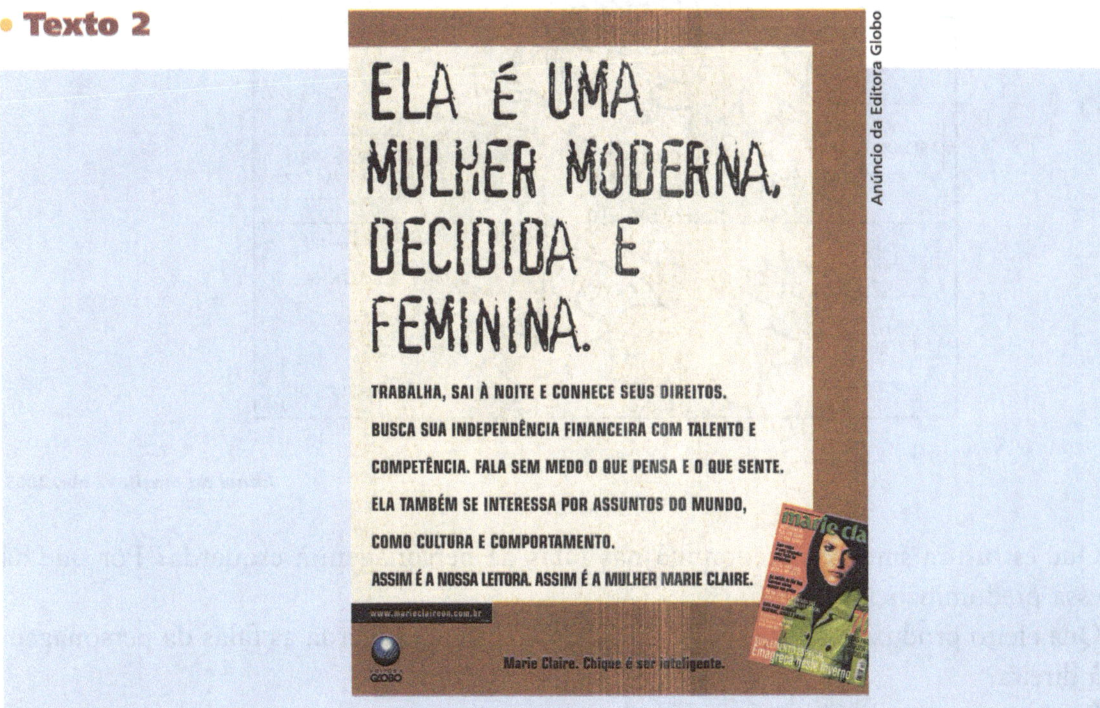

Revista *Época*, 14 ago. 2000.

1. Explique de que maneira a concordância verbal atua na coesão do texto.
2. **Moderna, decidida** e **feminina** são palavras descritivas ou avaliativas? Comente.
3. É frequente, nos textos publicitários, a atribuição de um conceito ao produto anunciado. Em que parte do texto essa atribuição se explicita?

• Texto 3

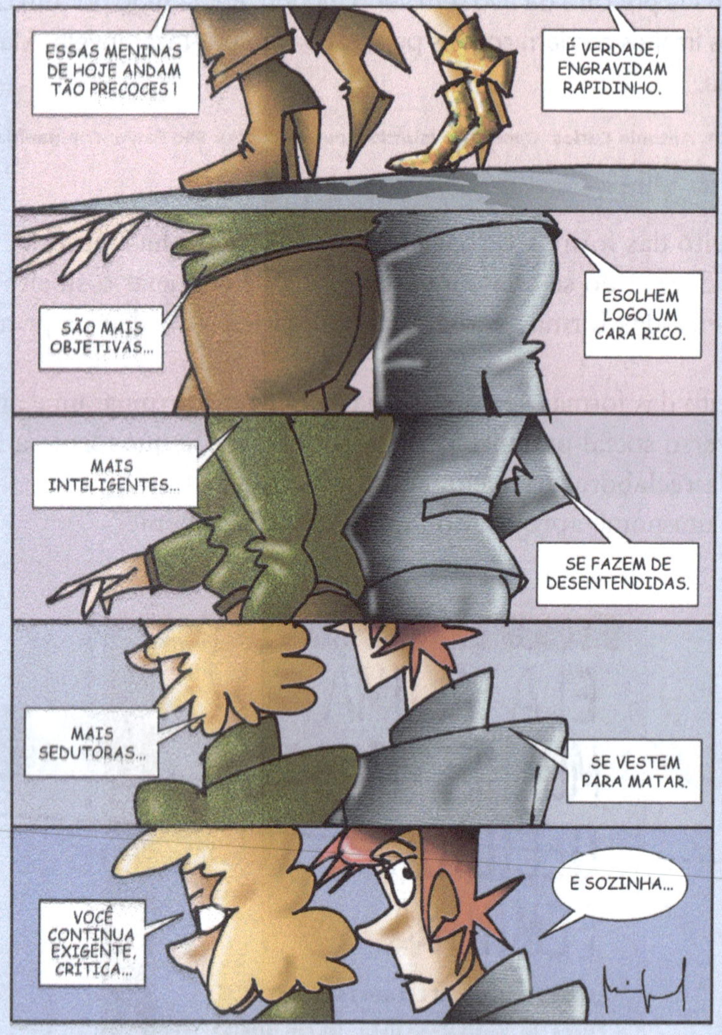

Jornal do Brasil, 17 abr. 2005.

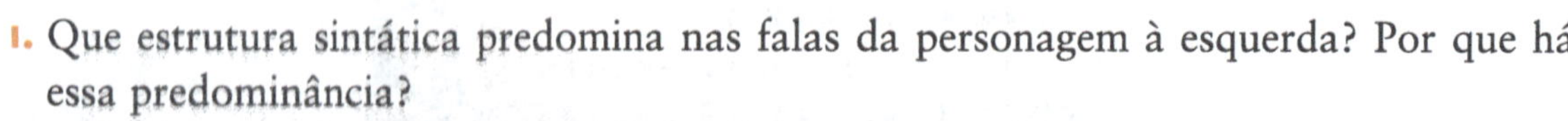

1. Que estrutura sintática predomina nas falas da personagem à esquerda? Por que há essa predominância?

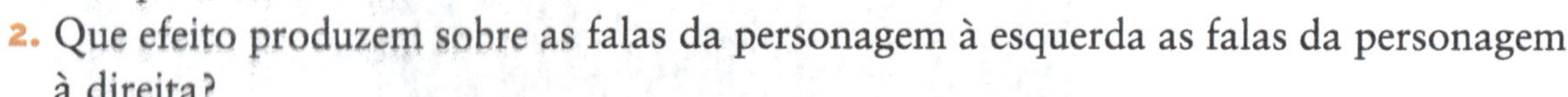

2. Que efeito produzem sobre as falas da personagem à esquerda as falas da personagem à direita?
3. Por que, na sua opinião, o desenhista optou por esse enquadramento das personagens?
4. Compare este texto com o anterior e responda: afinal, como é a **mulher moderna**?

CAPÍTULO 25

Sintaxe do período simples (II)
Termos integrantes da oração

Dependência

para ter meus chinelos, meu vestido, meu perfume, meu casaco
dependo de meu crédito, de minha ficha no fichário.

para ter meu emprego, meu salário, minhas férias, meu abono
dependo de meu horário, de meu terno, de minha gravata e do ponto de meu ônibus.

para ter minha morada, minha casa, minha cama e meu quarto
dependo de minha firma no cartório e de meu contrato.

para ter meu automóvel, minha tevê, meu sofá, minha poltrona
dependo de meu débito, do saldo de minha poupança.

para ter minha comida, o meu prato, a minha louça, a água de meu copo
dependo de minha renda, do depósito de meu imposto.

para ter minha cadeira, minha panela, meu pijama, meu capacho
dependo de meu empréstimo, do registro do meu nome no cadastro.

para ter meu espelho, meu batom, minha tesoura, minha peruca
dependo de minha moda, de meu receio, de minha censura.

para ter o meu passeio, a minha viagem, o meu domingo na avenida
dependo de minha carteira, de minha bagagem, de minha licença na curva de cada esquina.

para ter minha escola, o meu livro, o meu lápis, a minha vaga
dependo do desconto do meu juro, do preço de minha taxa.

para ter minha escolha, minha vontade, minha raiva, meu consolo
dependo de meu costume, de minha lei, de meu remorso.

para ter minha palavra, meu discurso, meu juízo, meu governo
dependo do estado de meu regime, da omissão do meu desejo.

para ter meus amigos, minha paixão, minha mulher, meu sexo, a minha festa
dependo de meu tabu, de minha recusa no disfarce de minha entrega.

para ter minhas ideias, meu direito, a força de minha luta
dependo de minha fraqueza, de minha fuga, do meu mando que me anula.

dependo do fichário
do ponto de meu ônibus
do contrato.

dependo da poupança
do meu imposto
de minha taxa
do nome no cadastro.

dependo de cada esquina
do meu remorso
de cada ficha
deste decreto
de minha censura
do teu vulto
que se avulta.

CHAMIE, Mário. *Sábado na hora da escuta – antologia.* São Paulo: Summus, 1978. p. 97-8.

LEITURA: INTERAÇÃO

1. Por que a repetição constante de estruturas se torna significativa?
2. A exposição dos elementos possuídos e dos elementos de que depende essa posse obedece a alguma ordem? Comente.
3. O processo expresso pelo verbo **depender** necessita de complementação. De que forma o texto explora essa necessidade?
4. Você conhece a dependência de que fala o poema? Comente.

Os complementos verbais

Como vimos no capítulo anterior, os verbos nocionais podem ou não ser acompanhados de complementos. Aqueles que não são acompanhados de complementos são **intransitivos**; os que o são, são **transitivos**. Os verbos transitivos, por sua vez, subclassificam-se em transitivos **diretos**, transitivos **indiretos** e transitivos **diretos e indiretos**.

Há dois tipos de complementos verbais: o objeto direto e o objeto indireto. Chama-se **objeto direto** ao complemento que, para ligar-se ao verbo, não necessita de preposição. Chama-se **objeto indireto** ao complemento que se liga ao verbo por meio de uma preposição exigida por esse verbo.

Os complementos verbais são funções substantivas da oração, ou seja, são funções desempenhadas por substantivos ou palavras de valor substantivo.

Se julgar necessário, volte à página 302 do nosso livro e releia o que lá dissemos sobre transitividade verbal e complementos verbais.

Objeto direto preposicionado

Em alguns casos, o objeto direto pode vir precedido de preposição: é o chamado **objeto direto preposicionado**. Nesses casos, o verbo é sempre transitivo direto e seu complemento é, obviamente, um objeto direto. A preposição surge por necessidades expressivas ou por razões morfossintáticas, mas **nunca porque o verbo a exige** (se isso ocorresse, o verbo seria transitivo indireto). Observe alguns objetos diretos preposicionados e os respectivos comentários:

Estimo **aos meus colegas**.	Estimar **alguém**: o verbo é transitivo direto. A preposição **a** surge como um recurso enfático e não porque o verbo a exija.
A nova determinação inclui **a todos**. A nova determinação inclui **a mim**.	Incluir **algo** ou **alguém**: o verbo é transitivo direto. A presença da preposição decorre do tipo de pronomes que atuam como objetos diretos: um pronome indefinido relativo a pessoa e um pronome pessoal oblíquo tônico.
Principalmente **aos mais humildes** agridem essas medidas.	Agredir **alguém**: o verbo é, novamente, transitivo direto. A preposição é fundamental, no caso, para evitar ambiguidade: os mais humildes sofrem a agressão das medidas. Note o tom enfático da frase, obtido com a inversão da ordem canônica (sujeito + predicado) da frase.

Funções dos pronomes oblíquos

Os complementos verbais são, assim como o sujeito, funções **substantivas** da oração. Também podem desempenhar essas funções os pronomes e numerais substantivos e qualquer palavra substantivada. No caso dos pronomes pessoais do caso oblíquo, devemos relembrar que alguns deles desempenham funções específicas:

- os pronomes **o, os, a, as** atuam exclusivamente como **objetos diretos**, enquanto **lhe, lhes** atuam exclusivamente como **objetos indiretos**:

  Comuniquei **minhas conclusões** aos colegas presentes.

  Comuniquei-**as** aos colegas presentes. (objeto direto)

  Comuniquei minhas conclusões **aos colegas presentes**.

  Comuniquei-**lhes** minhas conclusões. (objeto indireto)

- os pronomes **me, te, se, nos** e **vos** podem atuar como **objetos diretos ou indiretos,** de acordo com a transitividade verbal:

Elegeram-**me** representante da classe. → Eleger **alguém**: o verbo é transitivo direto; **me** é, portanto, objeto direto.

Mostraram-**nos** um mundo insuspeitado. → Mostrar **algo a alguém**: o verbo é transitivo direto e indireto; "um mundo insuspeitado" é objeto direto; **nos** é objeto indireto.

Observação

A transitividade de um verbo só pode ser efetivamente determinada num dado contexto:

A chuva **passou**. (intransitivo)

Nos últimos segundos, o corredor queniano **passou** seu concorrente norte-americano. (transitivo direto)

Tenho de **passar** esta boa novidade a meus colegas. (transitivo direto e indireto)

Por motivos expressivos, podem surgir os chamados **objetos pleonásticos**: tanto o objeto direto como o objeto indireto podem ser colocados em destaque, no início da oração, sendo depois repetidos por um pronome pessoal na posição onde deveriam naturalmente estar:

Sua carta, releio-**a** sempre com prazer.

→ "sua carta" é objeto direto; **a** é objeto direto pleonástico.

Aos amigos, dedica-**lhes** o melhor de si.

→ "aos amigos" é objeto indireto; **lhes** é objeto indireto pleonástico.

O complemento nominal

A transitividade não é privilégio dos verbos; também há nomes (substantivos, adjetivos e advérbios) transitivos. Isso significa que determinados substantivos, adjetivos e advérbios se fazem acompanhar de **complementos**, denominados **complementos nominais**, sempre introduzidos por uma preposição:

Faça uma cuidadosa leitura **do texto**. → **Leitura** é núcleo do objeto direto. Quando lemos, fazemos a leitura **de algo**; **leitura** é, portanto, um nome transitivo, e "do texto" é seu complemento nominal.

Temos sido fiéis **aos nossos princípios**. → **Fiéis** é núcleo do predicativo do sujeito. Nessa oração, afirma-se fidelidade **a algo**. "Aos nossos princípios" complementa o adjetivo **fiéis**; é, portanto, um complemento nominal.

Ele mora perto **de um grande parque**. → **Perto** é, nessa oração, o núcleo de um adjunto adverbial de lugar. O advérbio **perto** precisa de um complemento: perto **de algo** ou **de alguém**.
"De um grande parque" é complemento nominal do advérbio **perto**.

O complemento nominal é mais uma função substantiva da oração: nos casos citados, o núcleo dos complementos é sempre um substantivo (**texto, princípios, parque**).

Pronomes e numerais substantivos, assim como qualquer palavra substantivada, também podem desempenhar essa função:

Tenho-**lhe** uma justificada admiração. → **Admiração** é, no caso, admiração **a alguém** (ou **por alguém**). O pronome **lhe** tem o valor de "a alguém"; é, portanto, o complemento nominal do substantivo **admiração**, que atua como núcleo do objeto direto.

Observação

O complemento nominal não se relaciona com o verbo da oração. Ele se subordina a um nome que pode desempenhar as mais diversas funções. Sendo assim, fará parte desse termo e exercerá a mesma função que ele.

A preservação **da biodiversidade** é necessária **às gerações futuras.**

- da biodiversidade: complemento nominal
- às gerações futuras: complemento nominal
- A preservação da biodiversidade: sujeito (núcleo: **preservação**)
- necessária às gerações futuras: predicativo do sujeito (núcleo: **necessária**)

Atividades

1. Em cada grupo de frases, um mesmo verbo é utilizado com transitividade diferente. Indique a transitividade verbal em cada oração.

a) Quem está falando?
Não nos falaram a verdade.
Falei-lhes a verdade.

b) Vários alunos faltaram hoje.
Faltou-me determinação naquele momento.

c) Certos mosquitos transmitem doenças.
Transmita meus cumprimentos a toda a família.

d) Ele está sempre cantando.
É um poema que canta as glórias passadas do povo português.
Não tinha coragem de cantar aos presentes.
Cantou suas mágoas a todos que o ouviam.

2. Classifique o termo destacado em cada uma das frases seguintes. Depois, substitua-o por um pronome oblíquo átono.

a) Faltou responsabilidade **aos membros do Parlamento**.

b) Naquele instante, uma nova concepção de vida ocorreu **ao austero e renomado desembargador**.

c) Muitos estudantes queriam efetivar **sua cidadania**.

d) Adoro **música popular brasileira**.

e) **A todos os presentes** comunico meu afastamento do cargo de diretor desta empresa.

f) A todos os presentes comunico **meu afastamento do cargo de diretor desta empresa**.

g) Paguei **todas as minhas dívidas**.

h) Paguei **a todos os meus credores**.

i) Entreguei **nossas reivindicações** ao presidente da comissão pró-melhoria do ensino público.

j) Entreguei nossas reivindicações **ao presidente da comissão pró-melhoria do ensino público**.

3. Compare cada par de frases e comente as diferenças de sentido existentes.

a) Comi o bolo.
Comi do bolo.

b) Beberam o suco de abacaxi.
Beberam do suco de abacaxi.

c) Sacou a espada.
Sacou da espada.

4. Forme orações a partir dos elementos fornecidos em cada item seguinte. Estabeleça as relações necessárias à obtenção de orações bem-estruturadas.

a) Acontecer/fatos inesperados/lhe/durante a viagem ao Nordeste.
b) Haver/alguns problemas/na sessão de ontem.
c) Comunicar/os jornais/novo reajuste dos aluguéis/hoje de manhã.
d) Favorecer/novas regras de exploração mineral/poucos grupos empresariais.
e) Necessitar/investimentos em educação pública/o país.
f) Apresentar/propostas de alteração constitucional/vários parlamentares/na sessão de ontem/aos colegas.

5. Reescreva estas frases, substituindo os verbos destacados pelos nomes correspondentes. Faça as adaptações necessárias à obtenção de frases bem-estruturadas.

a) O governo optou por **intervir** no mercado do dólar.
b) O ministro recusou-se a **negociar** com os grevistas.
c) O candidato prometeu que, se fosse eleito, **investiria** em saúde e educação.
d) O empresariado optou por **suspender** as importações de componentes eletrônicos.

6. Aponte os complementos nominais presentes nas orações seguintes.

a) Sempre fui tolerante com os mais jovens.
b) Os investimentos em pesquisa e desenvolvimento tecnológico são inferiores às necessidades do país.
c) Vá para bem longe daqui!
d) Sou-lhe eternamente grato por tudo isso!
e) Sua dedicação aos mais humildes não passava de demagogia eleitoreira.
f) Foram presos ontem vários caçadores de jacarés.
g) Chega hoje aos meios de comunicação de massa mais uma campanha de esclarecimento da população para o combate à Aids.

O agente da passiva

Uma das flexões verbais é a **voz**, que indica a relação entre o sujeito de um verbo e o processo que esse mesmo verbo exprime:

Os ministros anunciaram novas medidas econômicas.

"Os ministros", termo que é sujeito da oração, é também o **agente** do processo verbal, ou seja, quem pratica a ação expressa pelo verbo **anunciaram**; "novas medidas econômicas" – o objeto direto – é o **paciente** desse mesmo processo verbal, pois é o termo que indica aquilo ou aquele que sofre a ação expressa pelo verbo.

São conceitos bastante diferentes: **sujeito** é o termo que concorda em número e pessoa com o verbo; **agente** é quem pratica a ação expressa pelo verbo. **Objeto direto** é o termo que complementa o verbo sem preposição obrigatória; **paciente** é quem sofre a ação expressa pelo verbo. Na oração que estamos analisando, o verbo está na **voz ativa,** o **sujeito** é também o **agente** do processo verbal.

Um verbo está na voz ativa quando o sujeito é também o agente do processo verbal que esse verbo exprime.

Podemos transformar a oração em:

Novas medidas econômicas foram anunciadas **pelos ministros.**

O sujeito "novas medidas econômicas" é o **paciente** do processo verbal. Um verbo apresenta **sujeito paciente** quando está na **voz passiva.** A locução **foram anunciadas** é, portanto, uma forma passiva do verbo **anunciar.** Em nosso estudo das flexões verbais (páginas 139 a 141), vimos que a voz passiva formada com o verbo auxiliar **ser** é chamada **voz passiva analítica.**

"Pelos ministros" é o agente da passiva, termo que exprime quem pratica a ação na construção da voz passiva (no português atual do Brasil, o agente da passiva ocorre quase exclusivamente na voz passiva analítica). É um termo sempre introduzido por preposição (normalmente **por** e suas formas contraídas com artigos – **pelo, pelos, pela, pelas** – e com menor frequência **de**).

O agente da passiva é mais uma função substantiva da oração; na que analisamos, seu núcleo é o substantivo **ministros.** Também podem atuar como agentes da passiva pronomes e numerais substantivos, além de outras palavras substantivadas:

Todas aquelas árvores foram plantadas **por mim.**

É uma pessoa estimada **de todos.**

Fui enganado **por ambos.**

As vozes verbais – funções e transformações

Numa oração como:

Um dos alpinistas feriu-se acidentalmente durante a escalada.

o verbo está na **voz reflexiva,** pois o sujeito "um dos alpinistas" pratica a ação verbal sobre si mesmo. O pronome **se** é, no caso, objeto direto da forma verbal **feriu.**

Na voz reflexiva, os pronomes pessoais do caso oblíquo **me, te, se, nos** e **vos** podem atuar como objetos diretos ou como objetos indiretos, de acordo com a transitividade do verbo:

Não **me** considero tão importante.	→	**me** é objeto direto (quem considera, considera **algo** ou **alguém**).
Reservo-**me** o direito de expressar minha opinião.	→	**me** é objeto indireto (quem reserva, reserva algo **a alguém**).

Transformação de voz ativa em voz passiva

A transformação de uma oração na voz ativa em outra na voz passiva obedece a um esquema fixo: o sujeito da voz ativa passa a ser agente da passiva, ao mesmo tempo que o verbo da voz ativa é convertido numa locução em que surge o auxiliar **ser** (com menor frequência, **estar** e **ficar**):

Os alpinistas alcançaram o topo da montanha.

sujeito/agente — **objeto direto/paciente**

O topo da montanha foi alcançado **pelos alpinistas**.

sujeito/paciente — **agente da passiva**

Na obtenção da forma passiva do verbo, o auxiliar assume o tempo e o modo do verbo ativo (no caso, pretérito perfeito do indicativo), enquanto este assume a forma do particípio (**alcançaram** → **alcançado**).

Não pode haver voz passiva sem sujeito determinado e expresso. Por isso, é fácil perceber que **somente os verbos que possuem objeto direto na voz ativa formam a voz passiva**; afinal, é o objeto direto da voz ativa que dá origem ao sujeito da voz passiva. Em outras palavras: somente os verbos **transitivos diretos** e os **transitivos diretos e indiretos** podem formar a voz passiva.

Agente da passiva indeterminado

Você já sabe que, na voz ativa, pode haver orações de sujeito indeterminado pelo verbo na terceira pessoa do plural:

Aumentaram o preço dos combustíveis.

Nessa oração, o sujeito está indeterminado, mas é fácil perceber que esse sujeito é o agente do processo verbal. Quem quer que tenha aumentado o preço dos combustíveis **praticou** – e não sofreu – uma ação. Na voz passiva, teremos uma oração cujo agente da passiva estará indeterminado:

O preço dos combustíveis foi aumentado. (por quem?)

Ao lado dessa forma de **voz passiva analítica** (formada com um verbo auxiliar), podemos formar uma outra, a **voz passiva sintética**, da qual participa o pronome se:

Aumentou-se o preço dos combustíveis.

Nessa oração, "o preço do combustível" é o sujeito da forma verbal **aumentou-se.** No plural, essa oração seria:

Aumentaram-se os preços dos combustíveis.

A voz passiva sintética tem como ponto de partida uma oração na voz ativa cujo sujeito está indeterminado. Para formá-la, utilizamos o pronome **se, pronome apassivador** ou **partícula apassivadora.** A forma sintética, assim como a analítica só ocorre com os verbos **transitivos diretos** e os **transitivos diretos e indiretos:**

voz ativa	Abandonaram aquele carro ali.
voz passiva analítica	Aquele carro foi abandonado ali.
voz passiva sintética	Abandonou-se aquele carro ali.

Observação

O verbo na voz passiva sintética concorda em número e pessoa com o sujeito da oração:

Vendeu-se aquela casa./**Venderam-se** aquelas casas.
Divulgou-se o resultado da pesquisa./**Divulgaram-se** os resultados da pesquisa.
Anunciou-se um novo acordo de paz./**Anunciaram-se** novos acordos de paz.
Transmitiu-se a notícia aos familiares da vítima./**Transmitiram-se** as notícias aos familiares da vítima.

O papel do pronome *se*

A voz passiva é privativa dos verbos transitivos diretos e transitivos diretos e indiretos: somente em casos excepcionais se forma a voz passiva de verbos com outra transitividade. Por isso, o pronome **se** surge como **formador da voz passiva sintética** ao lado desses tipos de verbos; ao lado de verbos de ligação, intransitivos ou transitivos indiretos, o pronome **se** surge como **indeterminador do sujeito:**

Aluga-se uma casa na praia. → voz passiva sintética: **alugar** é transitivo direto.
Comunicou-se o fato aos interessados. → voz passiva sintética: **comunicar** é transitivo direto e indireto.
Sempre se está sujeito a erros. → oração com sujeito indeterminado: **estar** é verbo de ligação.
Mata-se impunemente neste país. → oração com sujeito indeterminado: **matar** é verbo intransitivo.
Apela-se para os mais sensíveis. → oração com sujeito indeterminado: **apelar** é transitivo indireto.

Nunca se esqueça de que a voz passiva sintética tem sempre um sujeito com o qual o verbo deve estabelecer concordância no singular ou no plural – o que não acontece com os casos de indeterminação de sujeito, em que o verbo deve estar obrigatoriamente no singular.

Há uma semelhança entre as estruturas em que o **se** atua como pronome apassivador e aquelas em que o **se** atua como índice de indeterminação do sujeito: em ambos os casos, o **agente** do processo verbal está indeterminado:

Procura-se uma solução para o problema. → voz passiva sintética. O sujeito da oração é "uma solução para o problema"; o **agente** do processo verbal está indeterminado (não se pode precisar **quem** procura a tal solução).

Acredita-se em dias de cidadania efetiva. → oração com sujeito indeterminado. O **agente** do processo verbal está indeterminado (não se pode precisar **quem** acredita nesses dias). "Em dias de cidadania efetiva" é objeto indireto.

É possível indeterminar o sujeito dos verbos transitivos diretos utilizando o pronome **se** (que nesse caso será índice de indeterminação do sujeito). Para isso, o verbo deve ser acompanhado de um objeto direto preposicionado:

Estima-se aos bons amigos.

Ama-se aos pais.

Nessas duas orações, os verbos transitivos diretos são completados por objetos diretos preposicionados; trata-se, portanto, de casos de indeterminação do sujeito e não de voz passiva sintética. Essas construções evitam ambiguidades: observe que as formas "Estimam-se os bons amigos." e "Amam-se os pais." podem tanto indicar a voz passiva como a voz reflexiva.

Os termos integrantes e a pontuação

- Os complementos verbais e o complemento nominal integram o sentido de verbos e nomes, estabelecendo com eles conjuntos significativos. Essa relação não deve ser interrompida por uma vírgula mesmo quando os complementos estiverem antepostos ao termo que complementam:

Deve-se reagir às palavras dos provocadores com sensatez.

Às palavras dos provocadores deve-se reagir com sensatez.

A todos os interessados comunicamos os novos preços dos cursos de especialização.

Não havia necessidade de tanta violência.

De tanta violência não havia necessidade.

- Os termos intercalados entre um verbo ou um nome e seus complementos devem ser isolados por vírgulas (é indispensável que se coloque uma vírgula antes e outra depois do termo intercalado):

Perceba, meu colega, as vantagens da nossa situação.

- Quando os complementos verbais ou nominais são formados por mais de um núcleo, devem-se adotar os mesmos procedimentos aplicados aos sujeitos compostos:

Compramos doces, salgados, refrigerantes.

Ele pediu dinheiro, roupas ou comida?

Mandou buscar parentes, amigos e vizinhos para a cerimônia.

Exige atenção, e carinho, e dedicação, e devoção exclusiva.

- Nas construções em que ocorra objeto direto ou indireto pleonástico, deve-se usar a vírgula:

Aquelas flores, colhera-as para dar de presente.

Aos presentes, disse-lhes algumas poucas palavras.

Ao agente da passiva são aplicados esses mesmos princípios de pontuação.

Termos integrantes, leitura e produção de textos

O estudo dos complementos verbais e nominais permite-nos refletir sobre uma importante relação sintática da língua portuguesa: a transitividade. Conhecendo melhor essa relação, tornamo-nos aptos a criar frases mais bem-estruturadas, evitando a desagradável sensação de conjunto incompleto transmitida por verbos e nomes cujo sentido não está devidamente integrado por complementos necessários. Ao mesmo tempo, o conhecimento da transitividade nos permite perceber sentidos novos em estruturas que nos são oferecidas para leitura.

O estudo das vozes verbais também abre um amplo leque de possibilidades expressivas: como vimos, a opção por uma construção ativa ou passiva implica diferenças de sentido que o bom leitor e redator não despreza.

As relações entre termos que complementam e termos complementados também contribuem para a estruturação dos textos. Para perceber isso, basta lembrar a importância dos pronomes pessoais na retomada de elementos e no inter-relacionamento de partes de textos. A forma pronominal mais apropriada a cada caso desses pode depender da predicação verbal.

Um estudo mais detalhado da transitividade verbal e nominal será desenvolvido no capítulo dedicado à regência verbal e nominal.

ATIVIDADES

1. Em algumas destas frases, ocorre o agente da passiva. Aponte-o.
   a) Tinha prometido um governo empenhado em lutar pelas camadas mais pobres da população.
   b) Há vários anos a mata vem sendo derrubada pelas madeireiras.
   c) Os melhores resultados foram obtidos pelos grupos empresariais que mais investiram em pesquisa.
   d) O São Paulo foi surpreendentemente derrotado pelo Bandeirante de Birigui no último domingo.
   e) Está sendo veiculada pela imprensa uma campanha de esclarecimento da população para o combate à Aids.

2. Fornecemos, a seguir, duas redações para uma mesma manchete de jornal. Compare-as e indique as diferenças de sentido que transmitem.

MINISTRO DO PLANEJAMENTO
ANUNCIA NOVO PROGRAMA
DE COMBATE À SECA NO NORDESTE

NOVO PROGRAMA DE COMBATE
À SECA NO NORDESTE É
ANUNCIADO PELO MINISTRO
DO PLANEJAMENTO

3. Passe cada uma destas orações para a voz passiva. A seguir, responda: a forma ativa e a forma passiva das orações são exatamente equivalentes? Comente.

a) A Secretaria da Saúde vai divulgar novos dados sobre a dengue no interior de São Paulo.
b) Pelé, Tostão e Gérson comandaram o time brasileiro na Copa de 70 no México.
c) Mais uma emissora de televisão havia convidado os candidatos à prefeitura para um debate ao vivo.
d) Algumas decisões do governo têm levado os agricultores ao desespero.
e) O principal sindicato da categoria havia convocado uma greve para a semana seguinte.
f) O movimento dos aposentados acaba de obter várias conquistas na Justiça.

4. Cada uma destas orações deve ser passada para a voz passiva. Lembre-se de que, neste caso, há duas formas possíveis de voz passiva para cada oração.

a) Trouxeram as encomendas hoje pela manhã.
b) Encomendaram dez quilos de carne.
c) Nomearam o novo diretor do colégio.
d) Divulgaram uma nova tabela de preços para os remédios.
e) Agrediram um mendigo esta madrugada.
f) Fizeram ameaças à testemunha de acusação.
g) Transformaram a cidade num caos.

5. Reescreva cada uma destas orações, passando para o plural o termo destacado e fazendo as modificações necessárias.

a) Adotou-se **uma medida de emergência** para combater a cólera.
b) Prometeu-se **um novo estudo** sobre a navegabilidade dos rios do Sudeste.
c) Aspira-se a **uma vida mais digna**.
d) Localizou-se **o principal foco** de disseminação da doença.
e) Não se sabe **a verdadeira causa** da moléstia.
f) Não se dispõe de **um meio eficiente** para combater o mal.
g) É provável que ainda se desconheça **a origem** de tudo isso.
h) É recomendável que se parta de **um dado comprovável** para dar início aos trabalhos de manutenção.
i) É evidente que se trata de **um caso** de superfaturamento.

6. Forme orações com os elementos disponíveis em cada um dos itens seguintes e empregando o pronome se. Esteja atento à concordância verbal.

a) Procurar/alternativas para geração de energia.
b) Precisar/novas fontes de energia.
c) Liberar/as importações de produtos de informática/finalmente.
d) Ultrapassar/últimas barreiras ao livre comércio.
e) Pensar/soluções para a crise.
f) Encontrar/cura para várias doenças.
g) Atentar/índices de pobreza no país.

7. Explique as possíveis interpretações destas orações e proponha formas de eliminar a ambiguidade.

Incentivam-se os alunos. Desmascaram-se os culpados. Acusam-se os responsáveis.

8. Empregue as vírgulas necessárias à organização destas frases. Em alguns casos, não será necessária vírgula alguma.

a) Transmiti os cumprimentos de meus colegas aos representantes das demais escolas da região.

b) Diferentes versões foram transmitidas por rádios jornais e canais de TV.

c) Aos que se sentem prejudicados cabe-lhes o direito de recorrer à Justiça.

d) Requeiro mais atenção mais interesse mais aplicação.

e) Precisa-se de dois torneiros cinco operadores de retífica oito mecânicos de manutenção e dez eletricistas naquela fábrica de motores.

f) A que espécie de princípios você diz estar sendo fiel?

g) A esse tipo de atitude conduzem as palavras insensatas daquele tresloucado.

h) Não queria ver amigos nem parentes nem colegas do futebol ou das pescarias.

i) A manutenção dos atuais níveis de desemprego e de contração econômica poderá conduzir a já combalida sociedade brasileira a atitudes de total descrédito nas possibilidades de organização democrática do Estado.

9. Explique a diferença de sentido entre as frases seguintes.

Do meu ponto de vista nada sabem os que me criticam.

Do meu ponto de vista, nada sabem os que me criticam.

10. Leia o texto abaixo.

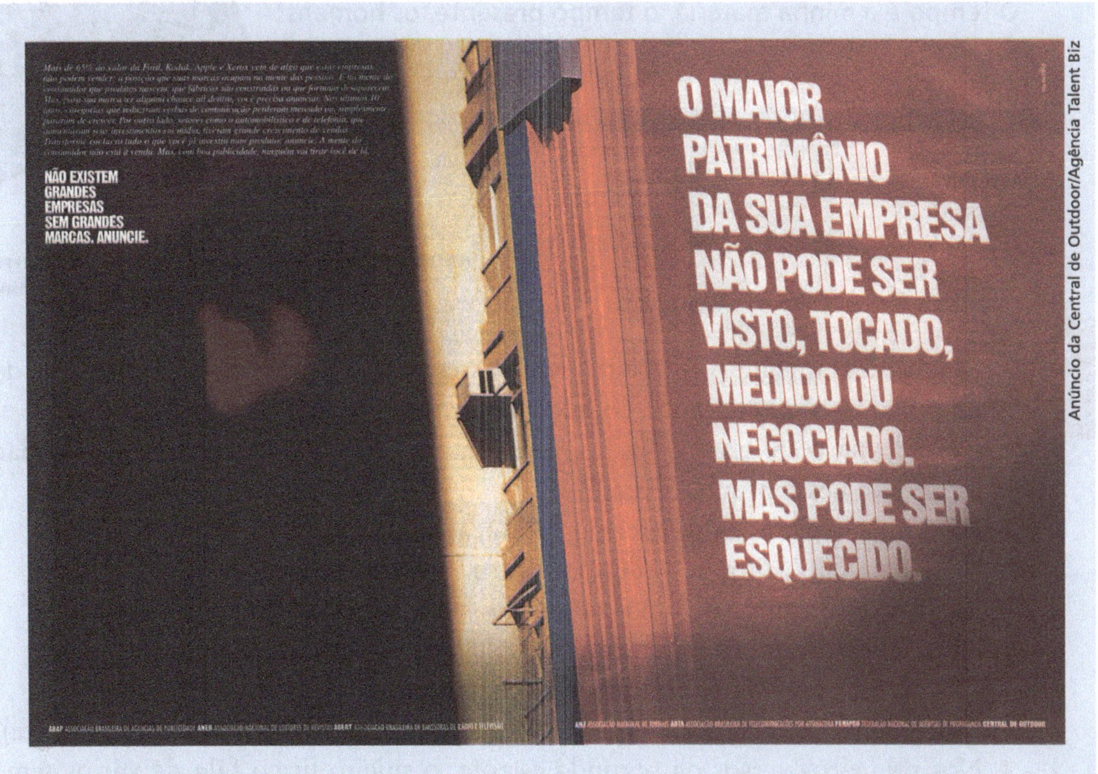

Anúncio da Central de Outdoor/Agência Talent Biz

Revista *Veja*, 5 dez. 2001.

a) Por que o produtor do texto optou pela voz passiva?

b) Você, como consumidor, o que pensa da forma como se consolidam as marcas?

• **Texto 1**

Mãos dadas

Não serei o poeta de um mundo caduco.
Também não cantarei o mundo futuro.
Estou preso à vida e olho meus companheiros.
Estão taciturnos mas nutrem grandes esperanças.
Entre eles, considero a enorme realidade.
O presente é tão grande, não nos afastemos.
Não nos afastemos muito, vamos de mãos dadas.

Não serei o cantor de uma mulher, de uma história,
não direi os suspiros ao anoitecer, a paisagem
[vista da janela,
não distribuirei entorpecentes ou cartas de suicida,
não fugirei para as ilhas nem serei raptado por serafins.
O tempo é a minha matéria, o tempo presente, os homens
[presentes,
a vida presente.

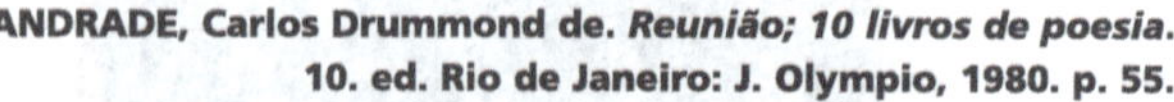

ANDRADE, Carlos Drummond de. *Reunião; 10 livros de poesia*. 10. ed. Rio de Janeiro: J. Olympio, 1980. p. 55.

1. Releia atentamente o primeiro verso e responda: é possível interpretá-lo de mais de uma maneira? O conjunto do texto favorece qual interpretação?
2. Baseado na resposta à questão anterior, explique a relação de transitividade que se estabelece nesse primeiro verso.
3. Dê a função sintática dos termos destacados nos versos seguintes.
   "Também não cantarei **o mundo futuro.**" (primeira estrofe)
   "Não serei o cantor **de uma mulher, de uma história**" (segunda estrofe)
4. Dê a função sintática dos termos destacados nos versos seguintes.
   "Estou preso **à vida** e olho meus companheiros." (primeira estrofe)
   "não fugirei para as ilhas nem serei raptado **por serafins.**" (segunda estrofe)
5. Nos primeiros versos da segunda estrofe, o sujeito lírico fala de vários temas de que não tratará. Esses temas podem ser relacionados com algum tipo particular de poesia? Comente.
6. O que significa, em sua opinião, ser o poeta da "vida presente"?

• Texto 2

A invenção do brasileiro

O brasileiro não existe. É uma enganação. Uma mentira. Venho repetindo esse conceito sem parar, aborrecidamente, em todos os meus artigos e livros: o brasileiro é uma mentira, o brasileiro é uma mentira, o brasileiro é uma mentira.

Quem inventou a figura do brasileiro foi a ditadura getulista. Inventou uma raça, glorificando a miscigenação de brancos, negros e índios, fruto de um estupro coletivo. Inventou uma língua, com a simplificação das regras gramaticais. Inventou mitos, como o de Aleijadinho, o brasileiro desafortunado que não desiste nunca, uma espécie de Vanderlei de Lima barroco. Inventou o futebol, difundindo-o entre os mais pobres, com a filha do presidente no papel de madrinha da seleção. Inventou o Carnaval, com seus enredos patrióticos. Inventou a música popular, com a Rádio Nacional. A tão admirada musicalidade do brasileiro nasceu aí, nesse ambiente goebbeliano: Lamartine Babo e Ary Barroso, Emilinha Borba e Vicente Celestino, Francisco Alves e Carmem Miranda eram apenas iscas destinadas a fisgar o populacho para o noticiário da *Hora do Brasil,* que divulgava as imposturas do governo.

A ditadura getulista inventou o brasileiro para melhor dominá-lo. Ditaduras são assim mesmo. Criam instrumentos para reprimir todas as formas de oposição. A propaganda do regime insistia em noções como identidade nacional, orgulho nacional, sentimento nacional, mentalidade nacional. A ideia era transformar a unidade da nação em valor supremo, inatacável. Como era o governo a tutelar essa unidade, quem quer que atacasse o governo podia ser acusado de cometer um atentado contra a nação. Ia parar na cadeia. As cartilhas escolares eram proibidas de manifestar "pessimismo ou dúvida quanto ao poder futuro da raça brasileira". E a imprensa era censurada com o propósito de "combater a penetração ou disseminação de qualquer ideia perturbadora ou dissolvente da unidade nacional".

A Itália de Mussolini passou por isso. A Alemanha de Hitler também. A diferença é que Itália e Alemanha se livraram do discurso totalitário de sessenta anos atrás. E o Brasil continuou igual, remoendo ideias de 1930. Os grandes nomes da nossa intelectualidade e da nossa cultura ainda são aqueles velhos colaboracionistas da ditadura getulista, que ajudaram a forjar a imagem do brasileiro: Gilberto Freyre, Sérgio Buarque de Holanda, Villa-Lobos, Carlos Drummond de Andrade, Mário de Andrade, Portinari, Vinicius de Moraes, Cecília Meireles, Humberto Mauro, Lúcio Costa, Oscar Niemeyer. Getúlio Vargas sabia que o melhor jeito para lidar com artistas e intelectuais era arranjar-lhes um servicinho. Até Graciliano Ramos foi beijar-lhe a mão, depois de ter sido preso por ele.

Cultura é contraposição, enfrentamento, insulto, tabefe. No Brasil aconteceu o contrário. Criada por decreto pelo Estado autoritário, nossa cultura só gerou conformidade, acomodação, adesismo, subordinação. O melhor para o Brasil seria o brasileiro desistir de ser brasileiro.

MAINARDI, Diogo. Revista *Veja*, 17 nov. 2004.

1. Qual o significado do título do texto? Como se descobre isso?
2. "O brasileiro não existe." Que efeito produz sobre o leitor essa afirmação na abertura do texto? Comente.
3. Qual a importância da expressão "em todos os meus artigos e livros" para a argumentação do texto?
4. Na sua opinião, em que consiste o "estupro coletivo" de que fala o texto?

5. Explique o sentido da expressão "ambiente goebbeliano".
6. Que efeito de sentido a palavra "colaboracionistas" produz sobre o leitor?
7. "**Até** Graciliano Ramos foi beijar-lhe a mão, depois de ter sido preso por ele." Que efeito de sentido produz a palavra destacada?
8. Que efeito de sentido criam as enumerações e repetições no texto?
9. "Cultura é contraposição, enfrentamento, insulto, tabefe." Você concorda com esse conceito? Comente.
10. "... nossa cultura **só** gerou conformidade..." Qual a importância da palavra destacada para a argumentação desenvolvida pelo texto?
11. "O melhor para o Brasil seria o brasileiro desistir de ser brasileiro." Você concorda com essa conclusão? Explique.

• Texto 3

Costeletas ao molho escabeche

Ingredientes:
4 costeletas de carneiro
1 cebola picada
150 g de iogurte natural desnatado
2 colheres de chá de páprica

Escabeche:
2 colheres de chá de suco de limão
2 colheres de sopa de vinho branco
1/2 colher de chá de açúcar
1/2 colher de chá de tomilho seco
sal e pimenta-do-reino a gosto
páprica para polvilhar
salsinha para decorar

Modo de preparar:
Misture os ingredientes do escabeche, com sal e pimenta a gosto. Limpe as costeletas, retirando toda a gordura, coloque-as no escabeche e deixe descansar durante 2 a 3 horas. Escorra as costeletas e enxugue-as com papel absorvente. Coloque-as em uma forma refratária rasa. Ponha a cebola por cima e cubra com papel-alumínio. Asse em forno moderado durante 1 hora.
Misture o iogurte com a páprica e coloque sobre as costeletas. Continue a assar por mais 15 minutos. Sirva-as polvilhadas com páprica e decoradas com salsinha.

Lisa Charles Watson/Food Pix/Outras Imagens

Rendimento: 4 porções
Calorias por porção: 240

TABOADA, Paulo. *100 receitas com baixa caloria*. Rio de Janeiro: Ediouro, s. d. p. 75.

Faça um levantamento das ocorrências do termo "as costeletas" e dos pronomes que a ele remetem. A partir desse levantamento, explique de que forma a transitividade participa da estruturação de um texto como o que estamos analisando.

CAPÍTULO 26

Sintaxe do período simples (III)
Termos acessórios da oração – Vocativo

África esquecida

Remanescentes de antigos quilombos, 511 comunidades negras vivem isoladas no interior do país

Desde 1888, quando foi abolida a escravidão no país, os remanescentes dos antigos quilombos – redutos onde se reuniam os negros foragidos – permaneceram esquecidos embaixo do tapete da História brasileira. Nos últimos tempos, contudo, eles começaram a reaparecer. Graças ao trabalho de pesquisadores, do governo e ao efeito da Constituição de 1988, que reconheceu o direito à terra de descendentes dos negros escravos, o que se está descobrindo é surpreendente. Até hoje, a Fundação Palmares, órgão do Ministério da Cultura, já registrou 511 comunidades de negros que podem ser remanescentes de quilombos em 22 Estados. Dez delas, com 380 famílias, já passaram pela burocracia do Estado e receberam os títulos de suas terras. Foram 90 041 hectares, área pouco maior que a de Curitiba e Florianópolis somadas.

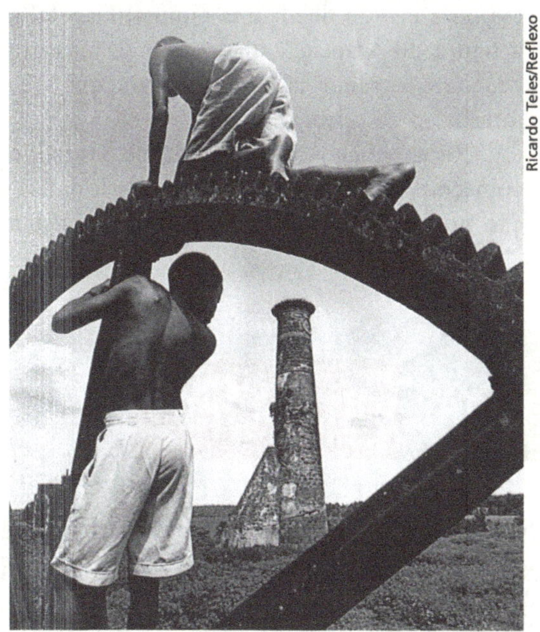
Ricardo Teles/Reflexo

Moradores da fazenda Frechal: donos da terra onde seus avós foram escravos.

Em Mirinzal, no Maranhão, Estado onde houve a maior concentração de escravos do império, 183 famílias tomaram posse da fazenda Frechal – um dos primeiros latifúndios de açúcar do país, onde seus avós provavelmente foram escravos. Nos 10 500 hectares da fazenda, localizada a cerca de 300 quilômetros de São Luís, essas famílias vivem hoje da agricultura de subsistência, da caça e da pesca, controladas pelo Ibama. No Pará existem dezenas de vilas de negros ao longo do rio Trombetas oriundas de quilombos formados pelos escravos foragidos das antigas fazendas de castanha. Dez delas já receberam terras, três somente no município de Oriximiná, no coração da selva, a mais de 300 quilômetros de Santarém. "As aldeias se sucedem ao longo do rio", diz o fotógrafo Ricardo Teles, dedicado a registrar a vida nessas vilas em todo o país. "Deve haver cerca de 2 000 negros por lá."

Até a Abolição, haviam desembarcado no Brasil cerca de 6 milhões de negros escravos. Nunca se soube quantos fugiram para os quilombos nem quantos são seus descendentes. O certo é que eles existem e continuam num histórico isolamento do resto do país, agrupados em vilas e adaptados aos costumes de cada região. Em Oriximiná, vivem quase como os índios: queimam a mata para plantar mandioca, pescam e moram em palafitas. Nas vilas de Rio das Rãs, próximas ao rio São Francisco, em Bom Jesus da Lapa, na Bahia, moram em casas de pau a pique. Somente no mês passado chegou água encanada e luz elétrica à região. São na maioria católicos, mas mantêm algumas manifestações religiosas de origem africana. Quando as pessoas ficam doentes, procuram o velho Andrelino, pai de santo que faz as vezes de curandeiro com passes e rezas de candomblé numa casa onde cultiva um altar para Iemanjá. Duas vezes ao ano, Rio das Rãs celebra a marujada – festa em que homens, vestidos com cocares de papel, cantam e rezam imitando o movimento de um barco, guiados pelo "mestre" Isauro. É um ritual mágico, próprio das populações ribeirinhas, realizado após as novenas nos dias santos ou a pedido de alguma família. Não falta a figura do "capeta", que com uma máscara de couro espanta as crianças, para que não interfiram na celebração.

Recentemente, o Ministério do Trabalho começou uma campanha de profissionalização no lugar. No centro comunitário, ensina profissões como a de barbeiro e a construir casas de alvenaria. Já foram desapropriados e demarcados 23 070 hectares de Rio das Rãs, mas a terra permanece sem titulação. O trabalho de reconhecimento de uma comunidade descendente de quilombos é lento e difícil. "Conseguir a propriedade da terra tendo de provar que seus avós foram escravos fugidos é muito penoso", afirma o sociólogo Clóvis Moura, autor de vários livros sobre os negros brasileiros. "A questão não é antropológica, é social." Dependente da tradição oral, a maior parte desses negros nem sequer preserva a memória dos tempos em que seus ancestrais foram escravos. "Muitos nem sabem que houve escravidão", diz Moura. "Tudo o que eles sabem é que são negros e donos da terra onde vivem."

Revista *Veja*, 20 maio 1998.

Leitura: interação

1. Qual a relação entre o primeiro parágrafo e o restante do texto? Comente.
2. Que tipo de ordenação é usado para organizar os fatos no segundo e no terceiro parágrafo? Quais expressões do texto explicitam esse tipo de ordenação?
3. Qual a relação entre o último parágrafo e o restante do texto? Comente.
4. Há, no texto, um grande número de expressões que indicam circunstâncias: noções como tempo, lugar, causa, finalidade. Aponte algumas dessas expressões.
5. O texto tem preocupação didática, ou seja, procura ensinar ao leitor alguns conceitos básicos ao mesmo tempo em que o informa. Aponte trechos em que essa preocupação é evidente.
6. "Tudo o que eles sabem é que são negros e donos da terra onde vivem."
   a) Terminar o texto com essa afirmação confere a ela importância adicional?
   b) Como devemos tratar esses sobreviventes dos quilombos? Você concorda com o que diz Clóvis Moura?

Adjunto adverbial

Adjunto adverbial é o termo da oração que **indica as circunstâncias** em que se desenvolve o processo verbal (noções como tempo, lugar, modo, causa, finalidade, etc.) ou **intensifica** um verbo, um adjetivo ou um advérbio. A semelhança entre esse conceito e o de **advérbio**, que estudamos na Morfologia, não é gratuita: na realidade, o adjunto adverbial é uma função adverbial na oração, ou seja, é uma função desempenhada por advérbios e locuções adverbiais.

Na classificação do adjunto adverbial, deve-se apontar a circunstância expressa:

Milhares de somalis morreram **de fome nos últimos anos.**

Há nessa oração dois adjuntos adverbiais: "de fome" é adjunto adverbial de causa; "nos últimos anos" é adjunto adverbial de tempo.

Um ataque de neonazistas provocou a morte de duas crianças turcas **ontem à noite na Alemanha.**

Nessa oração, "ontem à noite" é adjunto adverbial de tempo e "na Alemanha" é adjunto adverbial de lugar.

Eles se amam **muito.**

Sua atitude foi **muito** louvável.

Não pretendo ir **muito** longe em meu passeio.

Nesses três casos, **muito** é adjunto adverbial de intensidade. No primeiro, intensifica uma forma verbal (**amam**), que é núcleo de um predicado verbal. No segundo, intensifica um adjetivo (**louvável**), que é núcleo de um predicativo do sujeito. Na terceira oração, **muito** intensifica um advérbio (**longe**), que é núcleo de um adjunto adverbial de lugar.

Observação

Nem sempre é possível nomear com precisão a circunstância expressa por um adjunto adverbial. Em alguns casos, as diferentes possibilidades de interpretação dão origem a orações sugestivas. Em "Entreguei-me **calorosamente** àquela causa.", é difícil precisar se **calorosamente** é um adjunto adverbial de modo ou de intensidade: na verdade, parece ser uma forma de exprimir as duas circunstâncias simultaneamente. Por isso, mais importante do que decorar classificações para os adjuntos adverbiais é atentar em seu valor nos textos em que ocorrem.

Na relação a seguir, você encontrará algumas circunstâncias expressas por adjuntos adverbiais. Essa relação deve servir para você avaliar a riqueza expressiva desse termo sintático e não para "descabelar-se" tentando aprendê-la de cor.

Algumas circunstâncias expressas pelos adjuntos adverbiais

• **afirmação**	**Sim, efetivamente** estive lá naquela noite.
• **dúvida**	**Talvez** a vida melhore.
• **fim, finalidade**	Prepararam-se **para o exame.**
• **meio**	Viajei **de trem.**
• **companhia**	Foi acampar **com alguns amigos.**
• **concessão**	**Apesar dos percalços,** a democracia vem se consolidando no país.
• **assunto**	Conversavam **sobre política.**
• **condição**	**Sem determinação,** não se conseguirá nada.
• **instrumento**	Os astronautas agarraram o satélite **com as próprias mãos.**
• **causa**	**Por convicção pessoal,** não aderi ao movimento.
• **intensidade**	Tem sido uma crise **bastante** prolongada.
• **lugar**	Vou **à praia.**
	Estou **no meu quarto.**
• **modo**	Agiu **com determinação.**
	Receberam-nos **afetuosamente.**
• **negação**	**Não** se fazem certas coisas.
• **tempo**	A repartição funciona **das 8h às 11h.**
	Partiram **em janeiro.**

A importância das preposições

Como você já sabe, as locuções adverbiais consistem em expressões encabeçadas por uma preposição. Quando uma dessas locuções atua como adjunto adverbial numa oração, devemos prestar bastante atenção à preposição, pois, na expressão de circunstâncias adverbiais, essas partículas transmitem importantes conteúdos relacionais. Observe:

Estou voltando **de casa**.
Estou voltando **para casa**.
Vou sair **com meus amigos**.
Vou sair **sem meus amigos**.

Nesses dois pares de orações, a troca das preposições determina importantes modificações de significado na circunstância expressa pelo adjunto adverbial: no primeiro caso, passa-se de um adjunto adverbial de lugar que indica a origem para um que indica o destino; no segundo caso, passa-se de um adjunto adverbial de companhia para um adjunto adverbial que indica justamente a ausência dela (e que seria classificável como adjunto adverbial de modo).

Adjunto ou complemento?

Quando introduzem complementos verbais ou nominais, as preposições desempenham um papel meramente conectivo, ligando um termo subordinante a um termo subordinado. Por isso, em muitos casos, são até mesmo omitidas sem prejuízo aparente de sentido. É o que ocorre com a construção popular (e já usada por alguns grandes jornais brasileiros) "Poucos torcedores assistiram o jogo ontem.", em que se omite a preposição recomendada pela língua-padrão ("Poucos torcedores assistiram **a**o jogo ontem.").

No caso dos adjuntos adverbiais, a omissão da preposição acarreta modificações drásticas de sentido. Basta comparar, por exemplo, "Recomendaram-nos delicadeza." a "Recomendaram-nos com delicadeza.", em que a ausência da preposição **com** modifica completamente a função sintática de **delicadeza** (que passa de núcleo do adjunto adverbial de modo a núcleo do objeto direto).

É por isso que se consideram adjuntos adverbiais de lugar e não objetos indiretos os termos que se seguem aos verbos de movimento e permanência em construções como:

Estamos **no mesmo lugar**.
Chegamos **à velha casa de nossa infância**.
Permaneceremos **ao pé da porta**.
Voltou **à terra natal**.
Viemos **de Poços de Caldas**.

Nesses casos, seria questionável dizer que os verbos não necessitam de um termo que os complemente. Esse termo, no entanto, não é um objeto indireto, pois tem nítido valor adverbial – observe como as preposições que os encabeçam são significativas. Pela nomenclatura atualmente disponível nos estudos gramaticais, o mais recomendável é classificá-los como adjuntos adverbiais de lugar, considerando intransitivos os verbos a que se ligam. Alguns gramáticos propõem a denominação complemento circunstancial de lugar ou complemento adverbial locativo para esses termos.

Mais importante do que classificá-los, no entanto, é perceber-lhes o sentido e aprender a usá-los apropriadamente.

Adjunto adnominal

Adjunto adnominal é o termo que caracteriza um substantivo sem a intermediação de um verbo. É uma função adjetiva na oração, sendo, portanto, desempenhada por adjetivos, locuções adjetivas, artigos, pronomes adjetivos e numerais adjetivos. Em qualquer função sintática que desempenhe, o substantivo pode ser caracterizado por um ou mais de um adjunto adnominal:

Sua longa cabeleira lisa dá-lhe **um** ar **de poeta romântico.**

Nessa oração, "sua longa cabeleira lisa" é sujeito; "um ar de poeta romântico" é objeto direto. O núcleo do sujeito é o substantivo **cabeleira;** relacionados a ele, caracterizando-o, estão os adjuntos adnominais **sua, longa** e **lisa** (respectivamente, um pronome adjetivo possessivo e dois adjetivos). O núcleo do objeto direto é o substantivo **ar;** relacionados a ele, caracterizando-o, estão os adjuntos adnominais **um** e "de poeta romântico" (respectivamente, um artigo indefinido e uma locução adjetiva).

Foi ajudado pel**os dois** amigos **de infância**.

Nessa oração, "pelos dois amigos de infância" é agente da passiva. O núcleo desse agente da passiva é o substantivo **amigos,** caracterizado pelos adjuntos adnominais **os** (artigo da contração per + os), **dois** (numeral adjetivo) e "de infância" (locução adjetiva).

Analisando relações: adjunto adnominal e predicativo do objeto

Para perceber que o adjunto adnominal faz parte de um termo cujo núcleo é um substantivo, basta substituir esse termo por um pronome substantivo: os adjuntos acompanham-no:

A nova política salarial prejudica **os trabalhadores de menor poder aquisitivo**.
Ela prejudica-**os**.

Essa percepção de que o adjunto adnominal é sempre parte de um outro termo sintático que tem como núcleo um substantivo é importante para diferenciá-lo do **predicativo do objeto**. Observe:

Noel Rosa deixou uma obra riquíssima.

Nessa oração, **riquíssima** é adjunto adnominal de **obra**, que é o núcleo do objeto direto. Na substituição desse objeto direto por um pronome pessoal, obteríamos "Noel Rosa deixou-**a**".

Já na oração:

Seu comportamento deixou todos os seus amigos perplexos.

perplexos é predicativo do objeto direto: "todos os seus amigos". Na substituição, obteríamos "Seu comportamento deixou-os perplexos". **Perplexos** não é parte do objeto direto, e sim um termo sintático relacionado também ao verbo da oração, ou seja, é um predicativo do objeto direto.

Adjunto adnominal × complemento nominal

É comum confundir o adjunto adnominal na forma de locução adjetiva com o complemento nominal. Para evitar essa confusão, considere o seguinte:

- somente os substantivos podem ser acompanhados de adjuntos adnominais; já os complementos nominais podem ligar-se a substantivos, adjetivos e advérbios. É óbvio, portanto, que o termo ligado por preposição a um adjetivo ou a um advérbio só pode ser complemento nominal.

- os complementos nominais são exigidos pela transitividade do nome a que se ligam; indicam, portanto, o paciente ou o alvo da noção expressa pelo substantivo. Já os adjuntos adnominais indicam o agente ou o possuidor da noção expressa pelo substantivo:

  Os investimentos da iniciativa privada em educação e saúde deveriam ser proporcionais aos lucros de cada empresa.

  Nessa oração, o sujeito é "os investimentos da iniciativa privada em educação e saúde". O núcleo desse sujeito é o substantivo **investimentos**; presos a esse núcleo por meio de preposição há os termos "da iniciativa privada" e "em educação e saúde". Observe que o primeiro indica o agente ou possuidor dos investimentos (é a iniciativa privada que investe), enquanto o segundo indica o paciente ou alvo desses investimentos (saúde e educação recebem esses investimentos). "Da iniciativa privada" é adjunto adnominal, enquanto "em saúde e educação" é complemento nominal.

Atividades

1. Nestas frases, aponte os adjuntos adverbiais e as circunstâncias que exprimem.

a) De repente, tudo se modificou.
b) Chegou silenciosamente a casa às oito horas.
c) À noite se podem perceber com muita clareza os efeitos benéficos do silêncio.
d) As obras de recuperação da estrada foram precipitadamente concluídas pela empreiteira.
e) Viajei de trem por toda a Europa.
f) Trata-se, obviamente, de produtos superfaturados.
g) Minha cidade natal fica muito longe daqui, na região do pampa gaúcho.
h) Na próxima segunda-feira, não haverá expediente das sete às dez da manhã.
i) A pobre senhora quase morreu de vergonha.
j) Sem trabalho, nada acontece.
k) Apesar de tudo, o rapaz conseguiu estudar satisfatoriamente para os exames.

2. Complete estas frases com adjuntos adverbiais que exprimam as circunstâncias solicitadas entre parênteses.

a) (*dúvida*) seja possível recomeçar tudo.
b) Não vou à festa (*causa*).
c) (*tempo*), houve várias manifestações contra o racismo (*lugar*).
d) O novo auxiliar desempenhou (*modo*) todas as suas obrigações.
e) Ensaiei muito (*fim*).
f) Dedicava-se (*intensidade*) às crianças carentes de sua cidade.
g) Os migrantes não encontram ocupação (*lugar*).
h) Nada será realizado (*condição*).
i) (*concessão*), as obras prosseguem.
j) Fui à praia (*tempo*) (*companhia*).

3. Passe para o plural cada uma destas frases.

a) Ele agiu rápido.

b) Ele agiu rapidamente.

c) Ele foi rápido.

d) Um grito de protesto levantou-se inesperadamente.

e) Um grito de protesto levantou-se inesperado.

f) O aluno falava muito baixo.

g) O aluno era muito baixo.

h) Sua atitude ponderada subitamente converteu-se em um gesto irritado.

4. Faça a análise sintática destas frases. Indique quais são os núcleos das diferentes funções sintáticas e os adjuntos adnominais que se subordinam a eles.

a) Uma nova mentalidade empresarial deve ser incentivada.

b) Muitos candidatos despreparados pedem votos pouco críticos a eleitores desinteressados.

c) Os garimpeiros têm transmitido doenças graves aos índios da Amazônia.

d) Um redator eficiente deve comunicar informações claras e realmente importantes ao público interessado.

5. Explique por meio do seu conhecimento das funções sintáticas a ambiguidade das frases seguintes.

a) Não posso julgar aquela atitude inusitada.

b) Não serei mais um pichador desta cidade!

c) É absurdo que tenhamos medo de criança!

Aposto

Aposto é um termo que amplia, explica, desenvolve ou resume o conteúdo de outro termo. O termo a que o aposto se refere pode desempenhar qualquer função sintática. Sintaticamente, o aposto é equivalente ao termo com que se relaciona:

Nossa terra, o Brasil, carece de políticas sociais sérias e consequentes.

Nessa oração, "nossa terra" é o sujeito. "O Brasil" é aposto desse sujeito, pois amplia e especifica o conteúdo do termo a que se refere. Para perceber como, sintaticamente, "o Brasil" é equivalente ao sujeito, basta eliminar "nossa terra":

O Brasil carece de políticas sociais sérias e consequentes.

"O Brasil" passa a exercer satisfatoriamente a função de **sujeito**, antes exercida pelo termo do qual era aposto.

O aposto é mais uma função substantiva da oração, tendo como núcleo um substantivo, um pronome ou numeral substantivo ou uma palavra substantivada.

De acordo com a relação que estabelece com o termo a que se refere, pode-se classificar o aposto em:

- explicativo — A Ecologia, **ciência que investiga as relações dos seres vivos entre si e com o meio em que vivem**, adquiriu grande destaque no mundo atual.
- enumerativo — Suas reivindicações incluíam muitas coisas: **melhor salário, melhores condições de trabalho, assistência médica extensiva a familiares**.
- recapitulativo — Vida digna, cidadania plena, igualdade de oportunidades, **tudo isso** está na base de um país melhor.
- comparativo — Seu senso crítico, **eterno indagador**, levou-o a questionar aqueles dados.

Há ainda o chamado **aposto especificativo**, que, por não vir marcado por sinais de pontuação (dois-pontos ou vírgulas), merece alguma atenção especial. Esse tipo de aposto é normalmente um substantivo próprio que individualiza um substantivo comum, prendendo-se a ele diretamente ou por meio de preposição:

O compositor **Chico Buarque de Holanda** continua a produzir uma obra representativa.

O rio **Tietê** atravessa o estado de **São Paulo**.

Nessas orações, os termos destacados – todos nomes próprios – são apostos especificativos dos substantivos comuns **compositor, rio** e **estado. Compositor** e **rio** atuam como núcleos dos sujeitos, enquanto **estado** é núcleo do objeto direto.

Vocativo

O nome **vocativo** nos faz pensar em várias palavras ligadas à ideia de "chamar", "atrair a atenção": evocar, convocar, evocação, vocação. **Vocativo** é justamente o nome do termo sintático que serve para nomear um interlocutor a que se dirige a palavra. É um termo independente: não faz parte nem do sujeito nem do predicado. É mais uma função substantiva da oração, sendo desempenhada por substantivos, pronomes e numerais substantivos ou palavras substantivadas:

Amigo, venha visitar-me no próximo domingo.

A vida, **amada minha**, é um constante retomar.

Não sei o que te dizer, **meu amor**.

Nessas orações, os termos destacados são vocativos: indicam e nomeiam o interlocutor a que se está dirigindo a palavra. Numa oração como a primeira, não se deve confundir o vocativo **amigo** com o sujeito da forma imperativa **venha**, que é **você**.

Os termos acessórios, o vocativo e a pontuação

- Como vimos, os adjuntos adnominais fazem parte do termo sintático a que pertence o substantivo a que se ligam. Por isso, não devem ser separados por vírgula desse substantivo:

  Os frequentes termos de baixo calão do deputado governista evidenciam seu pleno despreparo.

- Os adjuntos adverbiais podem ser separados por vírgula quando vêm após os verbos e seus complementos:

  Encontrei alguns amigos, ontem à noite, na praça.

  ou

  Encontrei alguns amigos ontem à noite na praça.

- Quando são antepostos ou intercalados, os adjuntos adverbiais devem ser obrigatoriamente separados por vírgulas. As vírgulas são dispensáveis quando o adjunto é de pequena extensão:

  Ontem à noite, encontrei alguns amigos na praça.

  Encontrei, durante aqueles dias de férias, alguns velhos amigos.

  Amanhã virei ajudá-lo.

  Ali se vendem esses produtos.

- O aposto é separado do termo a que refere por vírgulas ou dois-pontos. Somente o aposto especificativo não é marcado por sinais de pontuação:

Seus olhos, duas bolas de pânico, impressionavam quem o via.
É imprescindível que o país adote duas diretrizes: distribuição de renda e reconstrução do ensino público.
Caetano Veloso, compositor consagrado, não suporta quem desrespeita sinal vermelho.
O compositor Caetano Veloso não suporta quem desrespeita sinal vermelho.

- O vocativo deve ser sempre separado por vírgulas, qualquer que seja sua posição na frase:

Participem das decisões nacionais, cidadãos.
Cidadãos, participem das decisões nacionais.
Participação crítica, cidadãos, é o caminho para um país melhor.

ATIVIDADES

1. Classifique sintaticamente o termo "Pesado Senhor" e comente o efeito que produz no texto publicitário abaixo.

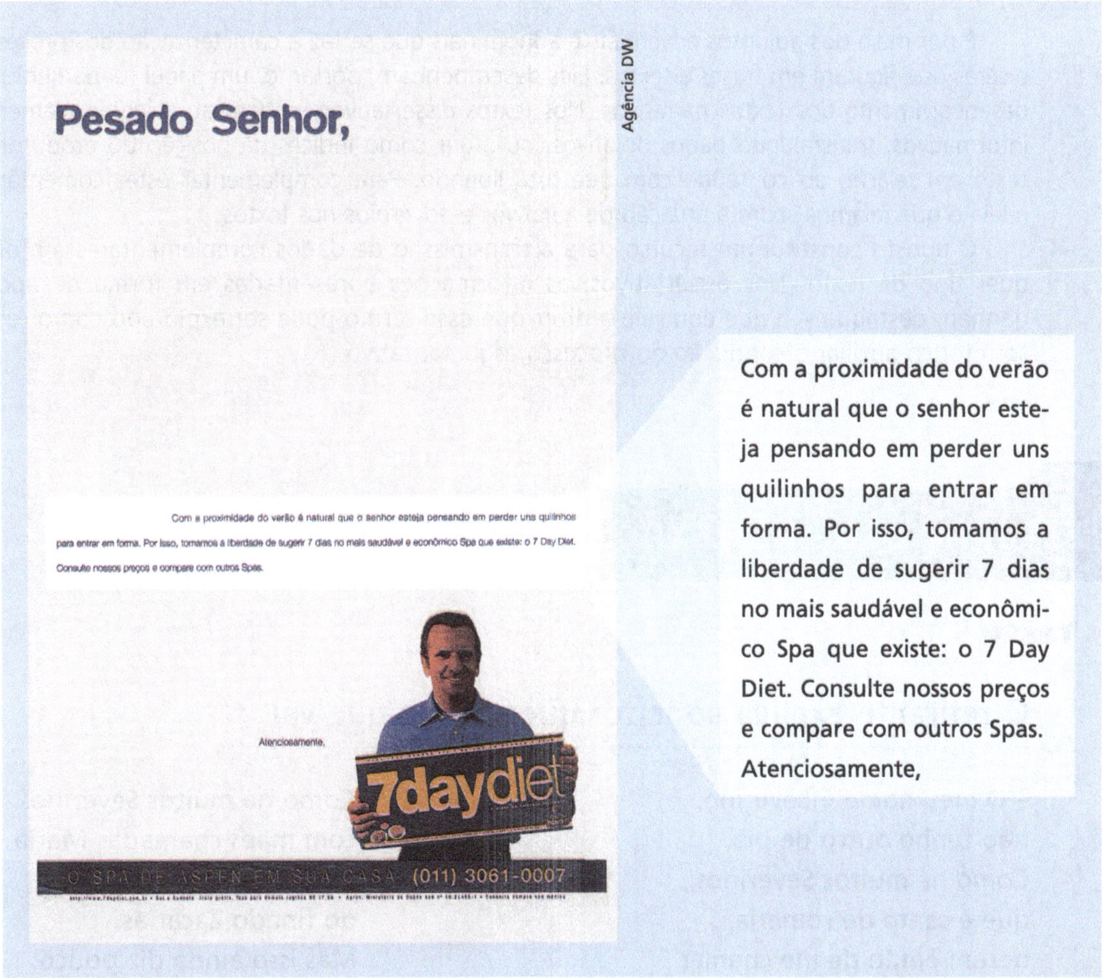

Pesado Senhor,

Agência DW

Com a proximidade do verão é natural que o senhor esteja pensando em perder uns quilinhos para entrar em forma. Por isso, tomamos a liberdade de sugerir 7 dias no mais saudável e econômico Spa que existe: o 7 Day Diet. Consulte nossos preços e compare com outros Spas.
Atenciosamente,

7daydiet

O SPA DE ASPEN EM SUA CASA (011) 3061-0007

Revista *Veja*, 2 set. 1998.

2. Pontue adequadamente estas frases. Em alguns casos, pontuar corretamente significa não usar nenhum sinal de pontuação.

a) O Brasil país que via seus jovens como garantia de um grande futuro parece ter optado por simplesmente eliminar boa parte deles.

b) Acorde menino e vá ver a vida lá fora.

c) A cidadania essa ilustre desconhecida ainda passa ao largo de muitas mentes brasileiras.

d) Sob aquelas velhas árvores ali perto do poço repousam muitos dos meus sonhos.

e) Daqui a dois anos poderemos avaliar os efeitos dessas medidas.

f) Poderemos daqui a dois anos avaliar os efeitos dessas medidas.

g) Poderemos avaliar os efeitos dessas medidas daqui a dois anos.

h) Uma imensa nuvem de fumaça e poeira deverá atingir a capital filipina nas próximas horas.

i) Gostaria de saber o que está acontecendo Alfredo.

j) A reação mais sensata dos envolvidos teria sido escolher um advogado competente.

k) Tudo pode ser resumido numa única palavra incompetência.

l) Gilberto Gil músico e compositor continua criativo e iluminado.

m) O músico e compositor Gilberto Gil continua criativo e iluminado.

Termos acessórios, leitura e produção de textos

É por meio dos adjuntos adverbiais e adnominais que se faz a caracterização dos processos e seres que figuram em frases e textos. Eles desempenham, portanto, um papel fundamental ao desenvolvimento dos textos narrativos. Nos textos dissertativos, podem atuar como elementos informativos, transmitindo dados objetivos, ou atuar como índices da posição do produtor do texto em relação ao conteúdo com que está lidando. Para complementar estes comentários, releia o que falamos sobre a atuação de adjetivos e advérbios nos textos.

O aposto constitui um recurso para a transmissão de dados complementares em qualquer tipo de texto. Nos dissertativos, as informações apresentadas em forma de aposto ganham destaque – o que equivale a dizer que esse termo pode ser explorado como recurso retórico auxiliar à condução do processo argumentativo.

• Texto 1

O retirante explica ao leitor quem é e a que vai

– O meu nome é Severino,
não tenho outro de pia.
Como há muitos Severinos,
que é santo de romaria,
deram então de me chamar
Severino de Maria;
Como há muitos Severinos
com mães chamadas Maria,
fiquei sendo o da Maria
do finado Zacarias.
Mas isso ainda diz pouco:
há muitos na freguesia,

por causa de um coronel
que se chamou Zacarias
e que foi o mais antigo
senhor desta sesmaria.
Como então dizer quem fala
ora a Vossas Senhorias?
Vejamos: é o Severino
da Maria do Zacarias,
lá da serra da Costela,
limites da Paraíba.
Mas isso ainda diz pouco:
se ao menos mais cinco havia
com nome de Severino
filhos de tantas Marias
mulheres de outros tantos,
já finados, Zacarias,
vivendo na mesma serra
magra e ossuda em que eu vivia.
Somos muitos Severinos
iguais em tudo na vida:
na mesma cabeça grande
que a custo é que se equilibra,
no mesmo ventre crescido
sobre as mesmas pernas finas.
E iguais também porque o sangue
que usamos tem pouca tinta.
E se somos Severinos
iguais em tudo na vida,
morremos de morte igual,
mesma morte severina:
que é a morte de que se morre
de velhice antes dos trinta,
de emboscada antes dos vinte,
de fome um pouco por dia
(de fraqueza e de doença
é que a morte severina
ataca em qualquer idade,
e até gente não nascida).
Somos muitos Severinos
iguais em tudo e na sina:
a de abrandar estas pedras
suando-se muito em cima,
a de tentar despertar
terra sempre mais extinta,
a de querer arrancar
algum roçado da cinza.
Mas, para que me conheçam
melhor Vossas Senhorias
e melhor possam seguir
a história de minha vida,
passo a ser o Severino
que em vossa presença emigra.

MELO NETO, João Cabral de. ***Morte e Vida Severina e Outros Poemas em Voz Alta*****. 20. ed. Rio de Janeiro: J. Olympio, 1984. p. 70-2.**

1. Qual a função sintática do termo **severina**? O emprego dessa palavra nessa função cria algum efeito expressivo especial? Comente.
2. Comente a imagem “serra magra e ossuda”.
3. As palavras **igual** e **mesmo** (e suas flexões) ocorrem repetidas vezes no texto. Relacione essa repetição com a caracterização do personagem e do meio em que vive.
4. Qual a importância dos adjuntos adnominais para a caracterização do personagem? Comente.

• Texto 2

Anúncio do Governo do Amapá/AR Publicidade

Revista *Caros Amigos*, abr. 2001.

Comente o efeito de sentido resultante da ordem sintática adotada pelo criador do texto.

• Texto 3

Anúncio dos Correios/Agência Giacometti

Revista *Veja*, 26 jun. 2002.

Que efeito de sentido se cria com a expressão "pelos correios" neste texto?

CAPÍTULO 27

Sintaxe do período composto (I)
Orações subordinadas substantivas

Porteira fechada

Eu ignorava que esta fonte
estava escondida no bosque
sob as folhas apodrecidas
caídas da árvore escarlate.

Eu não sabia que esta trilha
levava à divisa das águas.
Para mim ela terminava
na cerca de arame farpado.

Ninguém me disse que era meu
este velho cavalo manco
comprado em porteira fechada.

Eu ignorava ser o dono
das folhas de jacarandá
pelo vendaval derrubadas.

Images.com/Corbis/Latinstock

IVO, Lêdo. *Poesia Completa 1940-2004*. Rio de Janeiro: Topbooks, 2004, p. 748-9.

LEITURA: INTERAÇÃO

1. No texto, qual a transitividade dos verbos **ignorar**, **saber** e **dizer**? Quais seus complementos?
2. Por que a repetição de estruturas sintáticas semelhantes é importante para a construção do texto?
3. Há características comuns às coisas, fatos e entes que o sujeito lírico desconhecia? Comente.
4. Ignorar é achar que as porteiras estão sempre fechadas? Comente.

Conceitos básicos

Período é, como já sabemos, uma frase organizada em orações. O **período simples** é formado por uma única oração – e sua sintaxe já foi por nós estudada nos capítulos anteriores. O **período composto** é formado por duas ou mais orações, que se podem relacionar por meio de dois processos sintáticos diferentes: a subordinação e a coordenação.

Ocorre **subordinação** quando um termo atua como determinante de um outro termo. É o que se verifica, por exemplo, entre um verbo e seus complementos verbais: os complementos atuam como determinantes do verbo, integrando sua significação. O objeto direto e o objeto indireto são, portanto, termos subordinados ao verbo, que é o termo subordinante. Outros termos subordinados da oração são, por exemplo, os adjuntos adnominais (subordinados ao substantivo que caracterizam) e os adjuntos adverbiais (subordinados geralmente a um verbo).

A subordinação ocorre no período composto quando orações desempenham funções sintáticas em outras, ou seja, atuam como determinantes de outras orações:

Percebi que alguma coisa delicada estava acontecendo.

Esse período composto é formado por duas orações: a primeira organizada em torno da forma verbal **percebi**; a segunda, em torno da locução verbal **estava acontecendo**. Na primeira oração, o verbo é transitivo direto (perceber **algo**). O complemento desse verbo é, no caso, a oração "que alguma coisa delicada estava acontecendo".

Nesse período, a segunda oração atua como objeto direto do verbo da primeira: dizemos que o período é composto por subordinação porque esse é o processo sintático que relaciona as orações que o formam. A que atua como termo sintático de outra é uma **oração subordinada**; a que tem um de seus termos na forma de oração subordinada é a **oração principal**.

Ocorre **coordenação** quando termos sintaticamente equivalentes são relacionados entre si. Nesse caso, não se estabelece uma hierarquia entre eles, pois são sintaticamente equivalentes:

Alunos e professores integram uma mesma comunidade.

Nessa oração, o sujeito composto "alunos e professores" apresenta dois núcleos coordenados entre si: os dois substantivos desempenham um mesmo papel sintático.

No período composto, a coordenação ocorre quando se relacionam orações sintaticamente equivalentes:

Abri a porta, entrei em casa, respirei aliviado.

Nesse período, há três orações, organizadas a partir das formas verbais **abri**, **entrei**, **respirei**. Cada uma delas é sintaticamente independente das demais: na primeira, por exemplo, temos um verbo transitivo direto (**abrir**) acompanhado de seu respectivo objeto direto ("a porta"); na segunda e na terceira, verbos intransitivos são acompanhados por um adjunto adverbial de lugar e um predicativo do sujeito, respectivamente. Nenhuma oração desempenha função em outra: são, por isso, orações sintaticamente independentes entre si.

O período é composto por coordenação porque é esse o processo sintático que relaciona essas orações, chamadas de **orações coordenadas**. Observe que a sequência tem sua ordem fixada por uma questão semântica e não sintática (os fatos indicados pelas orações têm de obedecer à ordem cronológica).

Há períodos em que se combinam esses dois processos de organização sintática:

Abri a porta e pedi ao primeiro da fila que entrasse.

Tipos de orações subordinadas

Conforme a natureza das **funções sintáticas** que exercem, as orações subordinadas são classificadas em substantivas, adjetivas e adverbiais. Neste capítulo, vamos estudar pormenorizadamente as substantivas. Nos capítulos seguintes, as adjetivas e as adverbiais.

Subordinadas substantivas

Ontem à noite, percebi a sensatez das palavras de um velho amigo.

Nessa oração, o sujeito é **eu**, facilmente determinável pela terminação verbal. "A sensatez das palavras de um velho amigo" é objeto direto da forma verbal **percebi**; presos ao núcleo desse objeto – o substantivo **sensatez** – estão os adjuntos adnominais **a** e "das palavras de um velho amigo" (nesse último, temos como núcleo o substantivo **palavras**, ao qual se prendem os adjuntos adnominais **as** e "de um velho amigo", também formado por um núcleo – **amigo** –, ao qual se liga o adjunto adnominal **velho**). "Ontem à noite" é adjunto adverbial de tempo.

É possível transformar o objeto direto desse período simples em uma oração:

Ontem à noite, percebi que as palavras de um velho amigo eram sensatas.

Nesse período composto, o complemento da forma verbal **percebi** é a oração "que as palavras de um velho amigo eram sensatas". Trata-se de um período composto por subordinação em que uma oração desempenha a função de objeto direto. O objeto direto é uma função substantiva na oração, ou seja, é uma função desempenhada por substantivos e palavras de valor substantivo. É natural, portanto, que a oração subordinada que desempenhe essa função seja considerada uma **oração subordinada substantiva.**

Orações desenvolvidas e orações reduzidas

Quanto à **forma**, as orações subordinadas podem ser desenvolvidas ou reduzidas:

Sinto **que cresce uma forte consciência da cidadania**.

Sinto **crescer uma forte consciência da cidadania**.

No primeiro período, a oração subordinada é encabeçada por uma conjunção subordinativa (**que**) e apresenta uma forma verbal do modo indicativo (**cresce** – presente do indicativo). Trata-se de uma **oração subordinada desenvolvida**, pois assim são chamadas as subordinadas que apresentam forma verbal dos modos indicativo ou subjuntivo e que são normalmente introduzidas por conjunção subordinativa ou pronome relativo.

No segundo período, a oração subordinada apresenta o verbo numa de suas formas nominais (no caso, um infinitivo) e não é introduzida por conjunção subordinativa ou pronome relativo. Trata-se de uma **oração subordinada reduzida.** As orações reduzidas têm o verbo numa de suas formas nominais (infinitivo, gerúndio ou particípio) e não apresentam conectivo (em alguns casos, são encabeçadas por preposições).

Estudo das orações subordinadas substantivas

As orações subordinadas substantivas desempenham funções substantivas na oração principal a que se ligam. Como veremos, são nomeadas de acordo com sua função. Essas orações podem ser desenvolvidas ou reduzidas. As desenvolvidas se ligam à oração principal por meio das conjunções subordinativas integrantes **que**, **se** e, mais raramente, **como**. As reduzidas apresentam verbo no infinitivo e podem ou não ser encabeçadas por preposição.

Subjetivas

As orações subordinadas substantivas subjetivas atuam como **sujeito** do verbo da oração principal:

É necessário **que se estabeleça um projeto para o país.**

É necessário **estabelecer um projeto para o país.**

Nesses dois períodos compostos, as orações destacadas são subjetivas. No segundo, trata-se de uma oração reduzida de infinitivo.

Quando a oração é o sujeito...

A oração principal sempre apresenta verbo na terceira pessoa do singular quando ocorre oração subordinada substantiva subjetiva. As estruturas típicas da oração principal nesse caso são:

- verbo de ligação + predicativo (é bom..., é conveniente..., é claro..., está comprovado..., parece certo..., fica evidente..., etc.). Observe os exemplos:

  É necessário que se tomem providências eficazes.
  Está provado que soluções mágicas não existem.

- verbo na voz passiva sintética ou analítica (sabe-se..., soube-se..., comenta-se..., dir-se-ia..., argumenta-se..., foi anunciado..., etc.). Exemplos:

  Argumenta-se que o país não tem tecnologia competitiva.
  Dir-se-ia que tudo pode ser feito de um momento para o outro.

- verbos como **convir**, **cumprir**, **importar**, **ocorrer**, **acontecer**, **suceder**, **parecer**, **constar**, **urgir**, etc. Exemplos:

  Convém que se apurem os fatos.
  Parece que nenhuma das acusações pode ser comprovada.
  Aconteceu fazerem todos um mesmo pedido ao diretor.

Objetivas diretas

As orações subordinadas substantivas objetivas diretas atuam como **objeto direto** do verbo da oração principal:

Sinto **que se podem modificar muitas coisas.**

Sinto **mudarem as mentalidades.**

Aposto **como você se sairá bem no exame.**

Nas frases interrogativas indiretas, surgem orações subordinadas substantivas objetivas diretas encabeçadas pela conjunção subordinativa integrante **se** e por pronomes interrogativos:

Quero saber
- **se** ela virá à festa.
- **como** você chegou aqui.
- **onde** você esteve.
- **quanto** foi gasto.
- **quando** você chegou.
- **qual** foi o problema.

Uma oração especial

Com os verbos **deixar**, **mandar** e **fazer** (chamados auxiliares causativos) e **ver**, **sentir**, **ouvir**, **perceber** (chamados auxiliares sensitivos), ocorre um tipo interessante de oração subordinada substantiva objetiva direta reduzida de infinitivo:

Deixe-**me descansar**.
Mandei-**os entrar**.
Ouvi-**o gritar**.

Nesses casos, as orações destacadas são todas objetivas diretas reduzidas de infinitivo. E, o que é mais interessante, os pronomes oblíquos atuam todos como sujeitos dos infinitivos verbais. Essa é a única situação da língua-padrão em que um pronome oblíquo atua como sujeito. Para perceber melhor este fenômeno, convém transformar as orações reduzidas em orações desenvolvidas:

Deixe **que eu descanse**.
Mandei **que eles entrassem**.
Ouvi **que ele gritava**.

Nas orações desenvolvidas, os pronomes oblíquos foram substituídos pelas formas retas correspondentes. Dessa maneira, é fácil perceber que se trata, efetivamente, dos sujeitos das formas verbais.

Objetivas indiretas

As orações subordinadas substantivas objetivas indiretas atuam como **objeto indireto** do verbo da oração principal:

Não se esqueça **de que ainda não se resolveram graves problemas sociais brasileiros.**

Lembre-se **de auxiliar-me em algumas tarefas.**

Completivas nominais

As orações subordinadas substantivas completivas nominais atuam como **complemento nominal** de um termo da oração principal:

Tenho certeza **de que ainda há esperanças**.

Tenho a impressão **de estarmos andando em círculos**.

Observação
Precedidas de preposição

Observe que as objetivas indiretas integram o sentido de um **verbo**, enquanto as completivas nominais integram o sentido de um **nome**. Para distinguir uma da outra, já que ambas são introduzidas por preposição, é necessário atentar para o termo que complementam. Essa é, aliás, a diferença entre o objeto indireto e o complemento nominal: o primeiro complementa um verbo; o segundo, um nome.

Predicativas

As orações subordinadas substantivas predicativas atuam como **predicativo do sujeito** da oração principal:

Minha vontade é **que se consigam superar as atuais dificuldades**.

Nosso desejo era **encontrares o teu caminho**.

Apositivas

As orações subordinadas substantivas apositivas atuam como **aposto** de um termo da oração principal:

Faço apenas um pedido: **que você reveja sua opinião sobre esse assunto**.

Há um fato ainda inexplicado: **terem eles sobrevivido a tantas adversidades**.

Outros tipos de subordinadas substantivas

Além das orações substantivas já descritas, há um outro tipo que não é reconhecido por todos os gramáticos. São as orações introduzidas por pronomes relativos sem antecedente. Observe:

Daremos o recado **a quem aparecer por aqui**.

Nesse período, "a quem aparecer por aqui" é o objeto indireto da forma verbal **daremos**. Trata-se, portanto, de uma oração subordinada substantiva objetiva indireta.

Muitos gramáticos preferem desdobrar essas estruturas, obtendo construções como:

Daremos o recado àquele que aparecer por aqui.

Nesse caso, o pronome **quem** é substituído pela expressão "aquele que". Com essa substituição, o objeto indireto passa a ser **àquele**, e surge a oração subordinada adjetiva "que aparecer por aqui". Essas substituições nem sempre são muito felizes: é questionável dizer que "Daremos o recado a quem aparecer por aqui." equivale a "Daremos o recado àquele que aparecer por aqui.". Por que não dizer: "Daremos o recado àqueles que aparecerem por aqui."? Para evitar essas questões, é melhor analisar o que realmente está diante dos olhos e não o que parece ser equivalente.

Ao aceitarmos a existência de mais esse tipo de orações subordinadas substantivas, teremos de incluir em nossos estudos as orações com função de **agente da passiva** e de **vocativo**. Observe:

Isto foi feito **por quem entende do assunto**.

Quem estiver ouvindo, por favor, acuda.

As orações subordinadas substantivas e a pontuação

- Para fazer a pontuação dos períodos compostos em que ocorram orações subordinadas substantivas, basta considerar as funções sintáticas por elas exercidas. Não se separam por vírgula da oração principal as orações subjetivas, objetivas diretas, objetivas indiretas, completivas nominais e predicativas – afinal, sujeitos, complementos verbais e nominais não são separados por vírgulas dos termos a que se ligam; o mesmo se pode dizer do predicativo nos predicados nominais.
- A oração subordinada substantiva apositiva deve ser separada da oração principal por vírgula ou dois-pontos, exatamente como ocorre com o aposto:

  Fiz uma recomendação, que se portasse dignamente.

  Peço-lhe uma providência: que administre melhor os recursos da instituição.

Atividades

1. Transforme os termos destacados nestes períodos em orações subordinadas substantivas. Depois, compare a frase original àquela que você obteve, considerando dados como clareza, síntese e elegância.

   a) Pressentimos **a chegada do inverno**.

   b) Tudo depende **do meu esforço**.

   c) Sou favorável **à condenação do réu**.

   d) O importante é **a sua vinda**.

   e) Não careço **de sua ajuda**.

   f) Anunciaram **a tua partida**.

   g) Lamentei **vosso pouco interesse pelo assunto**.

2. Classifique as orações subordinadas substantivas destacadas nos períodos seguintes.

   a) Sucede **que o país precisa de uma política agrícola**.

   b) Sabe-se **que o país precisa de uma política agrícola**.

   c) Não negue **que o país precisa de uma política agrícola**.

   d) É inegável **que o país precisa de uma política agrícola**.

   e) O fato é **que o país precisa de uma política agrícola**.

   f) Estou certo **de que o país precisa de uma política agrícola**.

   g) Não se pode duvidar **de que o país precisa de uma política agrícola**.

   h) Faço uma afirmação: **que o país precisa de uma política agrícola**.

3. Observe atentamente estes dois períodos compostos e indique a diferença de sentido entre eles.

   Diga se você me quer. / Diga que você me quer.

4. Proponha uma oração principal para cada um destes períodos compostos.

   a) ... que a situação social do país é delicada.

   b) ... de que a violência só gera mais violência.

   c) ... que não é essa a melhor forma de tratar a questão dos menores carentes.

   d) ... a que sejam feitos investimentos em saúde e educação.

   e) ... de que vão surgir grandes dificuldades.

5. Pontue adequadamente as frases seguintes. Lembre-se de que pontuar corretamente pode significar não usar nenhum sinal de pontuação.

a) Vive-me pedindo que o ajude que intervenha em seu favor que faça as coisas por ele.

b) Não se confia em que tudo possa ser resolvido por palavras e intenções.

c) Faço-lhe um pedido compreender nossos problemas.

d) É surpreendente constatar que muitos ainda acreditam ser possível resolver nossos problemas com promessas demagógicas.

e) Fazermos tudo isso a que se destina?

f) Quero apenas uma coisa que você faça o que lhe convier.

g) Não há qualquer possibilidade de que esses recursos cheguem ao seu destino.

h) O treinador já sabia que ele era um craque.

Subordinadas substantivas, leitura e produção de textos

Os períodos compostos de que participam orações subordinadas substantivas têm particular aplicação nos textos dissertativos. Na construção desses períodos, podem-se expor e ao mesmo tempo avaliar fatos e conceitos. A avaliação normalmente é feita nas orações principais – basta lembrar de estruturas como "É importante...", "É indispensável...", "É imprescindível...", "Destaque-se...", "O importante é..." –, enquanto o fato ou conceito é expresso na oração subordinada.

Observar atentamente as orações principais desse tipo de período nos textos dissertativos é um instrumento poderoso para se captar a posição do produtor do texto em relação ao tema de que trata. É nessas orações que muitas vezes se encontra a opinião de quem escreve. E é nessas orações que você pode expor sua opinião sobre fatos e conceitos de uma forma adequada aos padrões formais da língua escrita e falada.

• Texto 1

Exclusão escolar

A lei determina que crianças e jovens frequentem a escola e prevê a progressiva extensão da obrigatoriedade do ensino para o ciclo médio. O senso comum reconhece que nem todos estudam e desconfia de que os excluídos sejam principalmente os meninos, chamados a trabalhar para contribuir com o sustento de famílias de baixa renda. As estatísticas porém revelam que a maior vítima da exclusão escolar é do sexo feminino, tem entre 15 e 17 anos, é pobre, negra ou parda e está grávida.

Estudo inédito da Unesco (órgão da ONU para educação, ciência e cultura) realizado com mais de 10 mil jovens em todo o Brasil indica que, dos mais de 1,5 milhão de meninos e meninas entre 15 e 17 anos que não estão na escola (18%), 56% são do sexo feminino. Em relação à renda, 69% pertencem às classes D e E. Quanto à cor, 72% são negros ou pardos. E um dos fatores que explicam a prevalência das adolescentes fora do sistema é a gravidez precoce.

Segundo a pesquisa, 21% dos jovens fora do ensino já haviam abandonado os estudos uma vez antes, sendo que 14% deles já o haviam feito em duas ou mais ocasiões. Quanto às jovens que deixam os estudos devido a uma gravidez precoce constatou-se que correm maior risco de repetir essa experiência.

Tuca Vieira/Folha Imagem

"...um dos fatores que explicam a prevalência das adolescentes fora do sistema é a gravidez precoce."

As causas da má distribuição de renda e do racismo estão muito além do alcance de iniciativas pontuais no âmbito da educação. Isso não significa, é claro, que as autoridades nada tenham a fazer.

Ampliar a prevenção da gravidez precoce e apoiar a jovem gestante para que possa seguir com os estudos é um objetivo factível.

Para tanto, seria necessário ampliar os programas de educação sexual nas escolas e oferecer métodos contraceptivos. Em relação às já grávidas, poderiam sentir-se incentivadas a continuar estudando se houvesse escolas especiais com serviço de creche. A gravidez precoce deve ser antes de tudo evitada, mas, ocorrendo, é cruel que condene a adolescente à ignorância e à pobreza.

***Folha de S.Paulo*, 6 jan. 2005.**

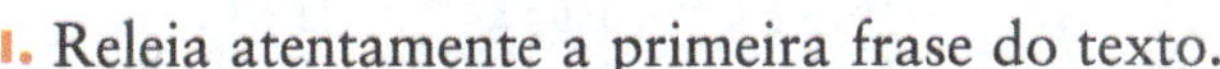

1. Releia atentamente a primeira frase do texto.
   a) Que relação de sentido se estabelece entre essa frase e as seguintes?
   b) Aponte os complementos das formas verbais **determina** e **prevê**.
2. Quais os complementos das formas verbais **reconhece**, **desconfia** e **revelam** (todas no primeiro parágrafo)?
3. Qual o complemento da forma verbal **indica** (segundo parágrafo)?
4. Qual o sujeito da forma verbal **constatou**-se (terceiro parágrafo)?
5. "Isso não significa, é claro, que as autoridades nada tenham a fazer."
   a) A que se refere o pronome **isso**?
   b) Qual o efeito de sentido da expressão é **claro**?
6. "Para tanto, seria necessário ampliar os programas de educação sexual nas escolas e oferecer métodos contraceptivos."
   a) Qual o sujeito da forma verbal **seria**?
   b) Essa afirmação é impessoal ou está marcada pelo ponto de vista do produtor do texto? Explique.
7. "A gravidez precoce dever ser antes de tudo evitada, mas, ocorrendo, é cruel que condene a adolescente à ignorância e à pobreza."
   a) Qual o sujeito da forma verbal **é**?
   b) **Cruel** exprime um juízo de valor? Explique.
8. **Exclusão escolar** explicita por que os períodos compostos de que participam orações subordinadas substantivas são tão frequentes em textos dissertativos. Explique.
9. Você sabe evitar a gravidez? Põe em prática esse conhecimento quando necessário ou se deixa levar pela sensação de que esse tipo de coisa nunca vai acontecer a você?

• Texto 2

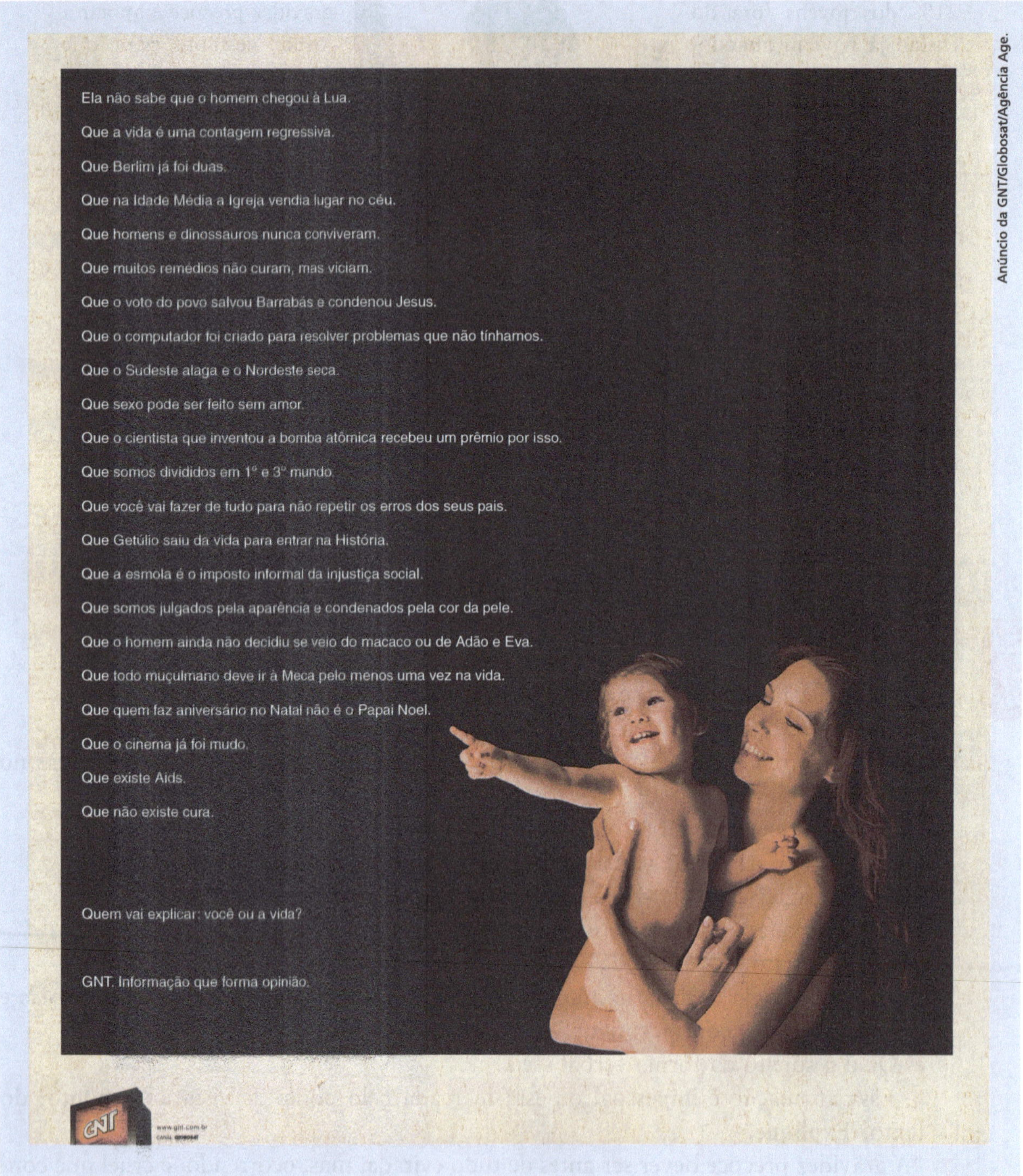

Ela não sabe que o homem chegou à Lua.

Que a vida é uma contagem regressiva.

Que Berlim já foi duas.

Que na Idade Média a Igreja vendia lugar no céu.

Que homens e dinossauros nunca conviveram.

Que muitos remédios não curam, mas viciam.

Que o voto do povo salvou Barrabás e condenou Jesus.

Que o computador foi criado para resolver problemas que não tínhamos.

Que o Sudeste alaga e o Nordeste seca.

Que sexo pode ser feito sem amor.

Que o cientista que inventou a bomba atômica recebeu um prêmio por isso.

Que somos divididos em 1º e 3º mundo.

Que você vai fazer de tudo para não repetir os erros dos seus pais.

Que Getúlio saiu da vida para entrar na História.

Que a esmola é o imposto informal da injustiça social.

Que somos julgados pela aparência e condenados pela cor da pele.

Que o homem ainda não decidiu se veio do macaco ou de Adão e Eva.

Que todo muçulmano deve ir à Meca pelo menos uma vez na vida.

Que quem faz aniversário no Natal não é o Papai Noel.

Que o cinema já foi mudo.

Que existe Aids.

Que não existe cura.

Quem vai explicar: você ou a vida?

GNT. Informação que forma opinião.

GNT

Anúncio da GNT/Globosat/Agência Age.

Revista *Época*, 9 out. 2000.

1. Que estrutura sintática o texto explora?
2. Qual efeito de sentido cria a repetição dessa estrutura sintática?

CAPÍTULO 28

Sintaxe do período composto (II)
Orações subordinadas adjetivas

Comunhão

O homem que pensa é uma dádiva,
é como o pão,
é como os rios.

O homem que pensa é franco e generoso,
é pura chuva,
tem o coração voltado para os outros.

O homem que pensa é fonte e hóstia,
é musgo e noite,
é cor de sangue, cor de Sol a pino.

O homem que pensa é justo e solidário:
o pensamento é trigo
a partilhar na mesa dos convivas;
o pensamento não é fruto, é todo o horto das nogueiras.

O pensamento é comunhão: bebei do vinho,
que esse é o vinho do Homem que não morre;
o pensamento é comunhão
e se oferece para que o homem seja mais humano
e viva mais humanamente:

a Lua não é Lua quando não é vista,
porém é Lua, e Lua mais terrena e mais perfeita
quando fulgura, cheia, em pleno céu,
a dar-se toda no ato de brilhar,
a desfazer-se em luz por sobre todos.

RAMOS, Péricles Eugênio da Silva. *Poesia quase completa*.
Rio de Janeiro: J. Olympio, 1972. p. 137-8.

Leitura: interação

1. Segundo o texto, pensar é uma atividade inerente a todo ser humano? Explique.
2. O texto explora diversos símbolos da liturgia cristã. Aponte-os e comente seu emprego.
3. Qual é, a seu ver, a diferença entre homem e Homem?
4. Segundo o texto, qual a essência do ser humano? De que forma a imagem da Lua é usada para definir essa essência?
5. Você se considera um "homem que pensa"?

Conceitos básicos

As orações subordinadas adjetivas exercem a função de **adjunto adnominal** de um termo da oração principal:

Deve-se investir em soluções **definitivas**.

Deve-se investir em soluções **que resolvam definitivamente os problemas**.

Comparando esses períodos, é fácil perceber que a oração "que resolvam definitivamente os problemas" exerce função idêntica à do adjetivo **definitivas**: ambos são adjuntos adnominais do substantivo **soluções**, que é núcleo do objeto direto. "Que resolvam definitivamente os problemas" é, portanto, uma **oração subordinada adjetiva** (**restritiva**, como veremos adiante).

A dupla função do pronome relativo

A conexão entre a oração subordinada adjetiva e o termo da oração principal é feita, no caso, pelo pronome relativo **que**. Esse pronome, além de conectar (ou "relacionar"; daí o nome "relativo") as duas orações, desempenha uma função sintática na oração subordinada, ocupando o papel que seria exercido pelo termo que o antecede:

Deve-se investir em soluções. **Essas soluções** devem resolver definitivamente os problemas.

Deve-se investir em soluções **que** resolvam definitivamente os problemas.

No primeiro caso, o substantivo **soluções** é núcleo de duas funções sintáticas em duas orações: na primeira, é núcleo do objeto indireto; na segunda, núcleo do sujeito. Ao unirmos as duas orações num período composto, o substantivo **soluções** deixa de ser repetido: em seu lugar, exercendo a função de sujeito da forma verbal **resolvam**, surge o pronome relativo **que**. Note que, para unir as duas orações, tivemos de alterar o modo verbal da segunda oração.

Ao introduzir uma oração subordinada adjetiva, o pronome relativo não apenas liga essa oração à principal, mas também exerce uma função sintática, que é exatamente a mesma que seria exercida pelo termo que ele substitui. Isso é válido para o pronome relativo **que** e também para os demais pronomes relativos que estudamos: **quem, o qual** (e suas flexões **os quais, a qual, as quais**), **cujo** (e suas flexões **cujos, cuja, cujas**), **onde, quanto, quando, como.**

Quando são introduzidas por um pronome relativo e apresentam verbo no modo indicativo ou subjuntivo, as orações subordinadas adjetivas são chamadas **desenvolvidas.** Além delas, existem as orações subordinadas adjetivas **reduzidas,** que **não** são introduzidas por pronome relativo (podem ser introduzidas por preposição) e apresentam o verbo numa das formas nominais (infinitivo, gerúndio ou particípio):

Essas são as ideias **que ele tanto valoriza**!

Essas são as ideias **tão valorizadas por ele**!

No primeiro período, temos uma oração subordinada adjetiva desenvolvida, introduzida pelo pronome relativo **que** cujo verbo está no presente do indicativo. No segundo período, temos uma oração subordinada adjetiva reduzida de particípio: não apresenta pronome relativo e seu verbo está no particípio.

Aspectos semânticos das subordinadas adjetivas: orações restritivas e explicativas

Na relação que estabelecem com o termo que caracterizam, as orações subordinadas adjetivas podem atuar de duas maneiras diversas. Algumas restringem o sentido do termo antecedente, individualizando-o: são as **restritivas.** Outras realçam um detalhe ou amplificam dados sobre o antecedente, que já se encontra suficientemente definido: são as **explicativas:**

Pedi ajuda a um homem **que passava naquele momento**.

A miséria parece não sensibilizar o homem, **que se considera um ser emocionalmente privilegiado**.

No primeiro período, a oração "que passava naquele momento" restringe e particulariza o sentido da palavra **homem:** trata-se de um homem único, que se caracteriza, no caso, por estar passando por um determinado lugar, num determinado momento. É, portanto, uma **oração subordinada adjetiva restritiva.** No segundo período, a oração "que se considera um ser emocionalmente privilegiado" não tem sentido restritivo em relação à palavra **homem:** na verdade, apenas explicita uma ideia que já sabemos estar contida no conceito de **homem.** Trata-se, portanto, de uma **oração subordinada adjetiva explicativa.**

A pontuação como diferencial

Se você ler atentamente em voz alta os dois períodos citados anteriormente, vai perceber que a oração subordinada adjetiva explicativa é separada da oração principal por uma pausa, representada, na escrita, pela vírgula. É comum, por isso, indicar-se a pontuação como forma de se diferenciarem as orações explicativas das restritivas. De fato, as explicativas vêm sempre isoladas por vírgulas; as restritivas, não. Essa diferença, no entanto, é facilmente perceptível quando estamos diante de um período escrito; mas, quando nós próprios temos de redigir o período, é necessário levar em conta as diferenças de significado que as orações restritivas e as explicativas implicam (afinal, somos nós que temos de colocar as vírgulas nesse caso!). Em períodos bastante semelhantes, a oração subordinada pode ser explicativa ou restritiva, de acordo com o que se pretende dizer:

Recebi uma carta de minha irmã **que está morando em Salvador**.

Recebi uma carta de minha irmã, **que está morando em Salvador**.

No primeiro período, a pessoa que fala ou escreve passa duas informações: que tem mais de uma irmã e que recebeu uma carta daquela que mora em Salvador. A palavra **irmã**, nesse caso, tem de ter seu sentido individualizado, e para isso se usa uma oração subordinada adjetiva restritiva. No segundo período, a pessoa está informando que tem uma única irmã, a qual mora em Salvador e lhe enviou uma carta. Provavelmente o ouvinte ou leitor dessa frase já sabe de quem se trata: a informação de que a irmã mora em Salvador não é uma particularidade, e sim um detalhe que se quer comunicar, realçar ou relembrar.

ATIVIDADES

1. Reescreva estas frases, substituindo os termos destacados por orações subordinadas que exerçam as mesmas funções sintáticas. Depois, comente as diferenças entre as frases originais e as que você obteve, considerando dados como clareza, síntese e elegância.
   a) Muitas empresas tiveram prejuízos **incalculáveis**.
   b) A origem das populações ameríndias continua um mistério **insolúvel**.
   c) Os índios, **notáveis conhecedores da vida nas selvas**, tendem a ser eliminados por uma aculturação antropofágica.
   d) O Brasil, **grande exportador de matérias-primas**, enfrenta uma crise econômica interminável.
   e) O Brasil, grande exportador de matérias-primas, enfrenta uma crise econômica **interminável**.

2. Leia atentamente as frases de cada um dos pares seguintes e explique as diferenças de sentido existentes entre elas.
   a) O Brasil que passa fome não encontra soluções para seus problemas.
   O Brasil, que passa fome, não encontra soluções para seus problemas.
   b) Comprovou-se a participação dos empresários do setor farmacêutico, cujos nomes foram encontrados numa relação manuscrita.
   Comprovou-se a participação dos empresários do setor farmacêutico cujos nomes foram encontrados numa relação manuscrita.
   c) Os jogadores da seleção de quem se esperava maior empenho foram vaiados.
   Os jogadores da seleção, de quem se esperava maior empenho, foram vaiados.
   d) Serão criados grupos de estudo nas cidades do litoral onde a poluição das praias é alarmante.
   Serão criados grupos de estudo nas cidades do litoral, onde a poluição das praias é alarmante.

3. Leia atentamente a frase seguinte e explique por que é contraditória. Proponha uma nova redação para o período a fim de que não haja mais contradição.
   Os brasileiros, que só têm deveres, são frequentemente humilhados pelos brasileiros, que só têm direitos.

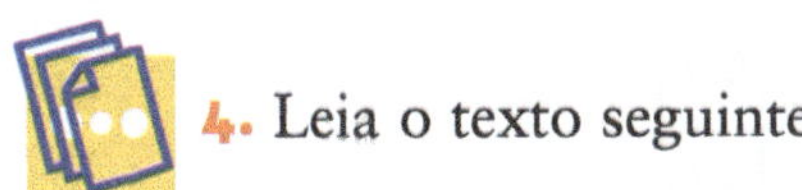

4. Leia o texto seguinte.

GENTE IGUAL. GENTE DIFERENTE.
GENTE QUE ACEITA A DIFERENÇA.
GENTE QUE OLHA NO OLHO.
GENTE QUE ACREDITA. GENTE QUE SONHA.
GENTE QUE SE EMOCIONA E NÃO SENTE VERGONHA.
QUE DÁ E ACEITA OPINIÃO. QUE TEM DEFEITO
E ACEITA A IMPERFEIÇÃO. QUE BRIGA
E FAZ AS PAZES. QUE ERRA E ADMITE
QUE ERROU. GENTE QUE PEDE E ACEITA DESCULPAS.
QUE NEM SEMPRE ACERTA MAS SEMPRE TENTA.
QUE TAMBÉM TEM PREGUIÇA MAS
SEMPRE LEVANTA. QUE FAZ MELHOR PORQUE
FAZ O QUE GOSTA. GENTE QUE VIVE O MOMENTO
MAS NÃO ESQUECE O FUTURO. QUE É LIVRE PARA
SE COMPROMETER. QUE TEM PRESSA
MAS NÃO DEIXA DE DAR BOM DIA. QUE VIBRA
COM O BRASIL E TORCE PELO PLANETA.
GENTE QUE SE CUIDA E QUE CUIDA DA GENTE.
GENTE QUE GOSTA DE GENTE.
QUE GOSTA DA BELEZA.
QUE GOSTA DA VERDADE.
GENTE BONITA DE VERDADE.
natura
bem estar bem
Para conhecer os produtos Natura ou saber mais sobre Gente Bonita de Verdade, fale com a sua Consultora Natura. Ligue 0800-115566 ou acesse www.natura.net
Detalhe de anúncio da Natura/Agência Guimarães

Revista *Veja*, 16 out. 2002.

a) Que estrutura sintática o texto repete à exaustão?

b) Que efeito de sentido se obtém com essa repetição?

Pronomes relativos: usos e funções

Que

Que é chamado relativo universal por ser largamente empregado: pode ser usado com referência a pessoa ou coisa, no singular ou no plural. Sintaticamente, esse relativo pode desempenhar várias funções:

• sujeito	Um indivíduo que zela por seus direitos merece tê-los.
• objeto direto	As dificuldades que houver devem ser superadas solidariamente.
• objeto indireto	Ainda acredito nas coisas em que acreditava quando jovem.
• complemento nominal	As fortes razões a que você sempre fazia referência desapareceram?
• predicativo	O pessimista que eu era deu lugar a um insuportável sonhador.
• agente da passiva	Os mosquitos por que temos sido picados não transmitem nenhuma doença?
• adjunto adverbial (no caso, de instrumento)	A enxada com que ele costumava trabalhar foi-lhe roubada.

Pelos exemplos citados, percebe-se que o pronome relativo deve ser precedido da preposição apropriada a cada função que exerce. Na língua escrita formal, essa presença é sempre recomendável.

Quem

Quem, como já sabemos, refere-se a pessoa ou a coisa personificada, no singular ou no plural. É sempre precedido de preposição, podendo exercer diversas funções sintáticas:

• objeto direto preposicionado	Aquele velho senhor a quem acabamos de cumprimentar sentiu-se mal ontem na fila do INSS.
• objeto indireto	Ali vai o veterano craque a quem me refiro sempre.
• complemento nominal	Ali vai o veterano craque a quem sempre faço referência.
• agente da passiva	O falso corretor por quem fomos enganados foi preso ontem em Brasília.
• adjunto adverbial (no caso, de companhia)	A garota com quem vivo querendo sair começou a namorar um amigo meu.

O qual, os quais, a qual, as quais

O qual, os quais, a qual e **as quais** são usados com referência a pessoa ou coisa por motivo de clareza ou depois de determinadas preposições. Podem desempenhar as mesmas funções do pronome **que**; seu uso, no entanto, é bem menos frequente:

• sujeito	Participamos da principal reunião realizada no segundo semestre, a qual deu origem ao atual grupo de trabalho.
• complemento nominal	São esses os procedimentos sobre os quais pairam tantas dúvidas?

Cujo, cujos, cuja, cujas

Cujo e suas flexões equivalem a **de que, do qual** (e suas flexões **dos quais, da qual, das quais**), **de quem**. Estabelecem normalmente relação de posse entre o antecedente e o termo que especificam, atuando como:

• adjunto adnominal	Procuro conviver com pessoas cujas vidas tenham sido ricas em experiências. (= as vidas dessas pessoas tenham sido...)
• complemento nominal	A estrada cuja construção está destruindo a Mata Atlântica teve suas obras embargadas. (= a construção da estrada está destruindo...)

Depende do nível...

Na língua portuguesa falada no Brasil, esse pronome tem uso restrito às situações formais. Mesmo as pessoas de maior grau de escolaridade raramente o empregam, optando por construções como: "A metalúrgica que a produção vem caindo nos últimos anos." ou "A metalúrgica que a produção dela vem caindo nos últimos anos.".

Essas construções, típicas da língua falada informal, devem ser evitadas na língua falada e escrita formal. Em seu lugar, deve-se usar:

A metalúrgica cuja produção vem caindo nos últimos anos.

Observe que nunca se usa artigo definido depois do pronome **cujo**. São consideradas erradas construções como "O garoto cujo o pai é médico..."; basta dizer "O garoto cujo pai é médico...".

Onde

Onde é pronome relativo quando tem o sentido aproximado de **em que**; deve ser usado, portanto, na indicação de lugar, atuando sintaticamente como **adjunto adverbial de lugar:**

Buscamos uma praia distante **onde** possamos passar alguns dias.

Quero mostrar-lhe o quintal **onde** meu pai plantou várias jabuticabeiras há muitos anos.

Onde apenas na indicação de lugar

Há uma forte tendência na língua portuguesa atual para o uso de **onde** como um verdadeiro relativo universal. Há casos em que o pronome surge sem nenhuma razão sintática que o justifique. Esses usos são mais frequentes quando um falante de desempenho linguístico menos flexível procura "falar difícil". Surgem então frases como: "Vai ser uma partida difícil, muito disputada, onde nós vamos tentar conseguir mais um resultado positivo." ou ainda: "Tem faltado apoio, onde nós temos enfrentado muitas dificuldades.".

Na língua padrão, escrita ou falada, **onde** deve ser limitado aos casos em que há indicação de **lugar**. Quando não houver essa indicação, deve-se preferir **em que** ou **no qual** (e suas flexões **nos quais, na qual, nas quais**):

Deve-se aguardar o momento **em que** todos estejam dormindo.

Foi um discurso violento e ressentido, **no qual** o velho militar criticou seus antigos companheiros.

Quanto, como, quando

Quanto, quantos e **quantas** são pronomes relativos quando seguem os pronomes indefinidos **tudo, todos** ou **todas.** Atuam principalmente como **sujeito** e **objeto direto:**

- sujeito — Procure conhecer todos quantos comparecerem à reunião desta noite.
- objeto direto — Fez tudo quanto prometera.

Quando e **como** exprimem noções de tempo e modo, respectivamente; atuam, portanto, como **adjuntos adverbiais de tempo** e **de modo:**

É a hora **quando** o sol começa a deitar-se.

Não me agrada o modo **como** ele se tem comportado ultimamente.

Existem orações subordinadas adjetivas introduzidas por pronomes relativos sem antecedente:

Chegou a vez de quem tanto esperou.

Nesse período, "de quem tanto esperou" é adjunto adnominal de vez. Como é um adjunto adnominal na forma de oração, deve ser classificado como oração subordinada adjetiva (restritiva, como será visto adiante).

Alguns gramáticos, no entanto, preferem desdobrar o período em:

Chegou a vez daquele que tanto esperou.

analisando **daquele** como adjunto adnominal e "que tanto esperou" como oração subordinada adjetiva ligada a **aquele**.

Reiteramos aqui nossa posição a respeito desse procedimento: consideramos sempre mais recomendável analisar o que efetivamente foi falado ou escrito do que optar por uma frase aparentemente equivalente.

As orações subordinadas adjetivas e a pontuação

- As orações restritivas ligam-se intimamente ao termo cujo sentido particularizam: não devem ser dele separadas por vírgulas. As orações explicativas atuam como uma espécie de comentário adicional ao termo com que estão ligadas: devem ser isoladas por vírgulas.

Um senhor que não conheço esteve aqui e perguntou por você.

O Sr. Alfredo, que há muito eu não via, esteve aqui e perguntou por você.

O país cuja distribuição de renda é perversa tem poucas perspectivas de desenvolver-se antes de resolver esse problema.

O país, cuja distribuição de renda é perversa, tem poucas perspectivas de desenvolver-se antes de resolver esse problema.

Na primeira das duas últimas frases, está-se usando a oração restritiva para delimitar o sentido da palavra **país**, que passa a ser aplicável apenas àqueles países que têm renda concentrada e mal distribuída. Na segunda, a oração adjetiva explicita um dado já aceito como inerente ao país de que se fala – no caso, o Brasil.

É frequente o uso de uma vírgula após as orações subordinadas adjetivas restritivas muito longas, principalmente quando o verbo dessa oração subordinada e o verbo da oração principal vêm em sequência:

A estrada com que generais megalomaníacos, tecnocratas alucinados e empreiteiros inescrupulosos se locupletaram, está abandonada.

Observe que a vírgula colocada entre **locupletaram** e **está** separa o sujeito do predicado. Seu uso, consagrado como recurso de clareza, não condiz com o papel organizador das relações lógicas e significados que cabe à pontuação.

ATIVIDADES

1. Em cada item a seguir, você encontrará duas orações que deverão ser transformadas num único período composto. Para isso, use o pronome relativo adequado e, em alguns casos, faça outras modificações.

a) Muitas crianças deveriam estar na escola. Essas crianças estão hoje nas ruas.

b) Muitas crianças poderiam tornar-se bons profissionais. A essas crianças não se oferecem oportunidades de desenvolvimento pessoal.

c) Boa parte da infância brasileira não tem direito a uma vida digna. Muita gente tem medo dessa boa parte da infância brasileira.

d) Muitas crianças não têm direito ao aprimoramento pessoal. A vida dessas crianças é, desde cedo, miséria e exploração.

e) Causa remorso e desconforto viver no Brasil. No Brasil, muitas crianças são transformadas em problema policial.

2. Em cada item seguinte, acrescente a preposição que está faltando para que a frase seja considerada apropriada à língua formal.

a) Muitos problemas (*) cujas consequências convivemos há anos continuam intocados.
b) Vários amigos (*) quem sempre lhe falo estarão hoje à noite na festa.
c) Vários amigos (*) os quais sempre envio cartas nunca me respondem.
d) São duas almas (*) as quais não pode haver amizade.
e) Uma árvore caída está bloqueando a estrada (*) onde costumamos passar.
f) Ele trancou a porta (*) que costumamos entrar.
g) É um candidato (*) cujas promessas não se pode acreditar.
h) É um candidato (*) cujo passado pouco se sabe.
i) Vista aquela camisa (*) a qual você fica muito bem.
j) Mais uma vez vem à tona o velho problema (*) que sempre me refiro.
k) Você vai poder fazer as viagens de trem (*) que alude com tanta saudade!
l) O transporte ferroviário é uma alternativa (*) que sempre se esquecem os que fazem planejamento neste país.

3. Estes períodos são típicos da linguagem falada informal. Reescreva-os, adequando-os à linguagem formal escrita.

a) É um problema que a solução não pode ser conseguida em curto prazo.
b) Estou namorando uma garota que o pai dela é delegado de polícia.
c) O país que o saldo da balança comercial for negativo não conseguirá empréstimos junto ao organismos internacionais de crédito.
d) É uma situação onde todos nos sentimos muito constrangidos.
e) Eu tenho me empenhado muito, onde acho que vou ser bem-sucedido.
f) Foi um gesto onde todos nos sentimos recompensados.

4. As frases a seguir são ambíguas ou oferecem dificuldades à compreensão. Proponha novas formas de redigi-las que resolvam esses problemas.

a) Apresentei minhas sugestões à comissão de desenvolvimento tecnológico, que abrirá novas perspectivas de investimento.
b) Tentarei participar de todas as reuniões dos grupos ecológicos, que, sem dúvida, levantarão questões de interesse nacional.
c) Um novo dentista abriu seu consultório neste bairro, que atende todas as manhãs.
d) O time apresentou uma nova contratação, que há muitos anos não ganha um título.
e) Estão procurando o amigo do prefeito com cujo carro o prefeito sofreu o acidente.

5. No trecho seguinte, aponte e classifique as orações subordinadas adjetivas.

"Os dois Brasis estão aqui. Não o moderno e o arcaico, como já foi dito, mas o daqueles que tudo podem e o dos que tudo devem. Não existe país que se pretenda moderno (não é essa a palavra mágica?) com uma ruptura tão marcada em seu tecido social. E o caminho para o Primeiro Mundo passa, necessariamente, pelo direito à cidadania para toda a população, não apenas para 'os mais iguais'."

PINSKY, Jaime. *O Estado de S. Paulo*.

6. Pontue adequadamente estes períodos. Lembre-se de que, em alguns casos, não haverá necessidade de nenhuma vírgula.

a) A Biologia que estuda a organização das formas de vida no planeta tem conhecido notável desenvolvimento nos últimos anos.

b) Naquela época era comum referir-se jocosamente aos botafoguenses cujo time não era campeão há mais de quinze anos.

c) O vulto que vi ontem no quintal não me sai da lembrança.

d) No sonho que vivo sonhando esses problemas terão fim.

e) Voltei à minha cidade natal onde estivera pela última vez há trinta anos.

f) Voltei à cidade onde conheci meu grande amor.

7. Explique a diferença de sentido entre as frases de cada um destes pares.

a) Os alunos do terceiro ano que encaminharam seus pedidos de transferência ao diretor devem comparecer à secretaria a partir de segunda-feira.

Os alunos do terceiro ano, que encaminharam seus pedidos de transferência ao diretor, devem comparecer à secretaria a partir de segunda-feira.

b) O Brasil com que sonhamos ainda dorme em berço esplêndido.

O Brasil, com que sonhamos, ainda dorme em berço esplêndido.

8. Leia o texto seguinte.

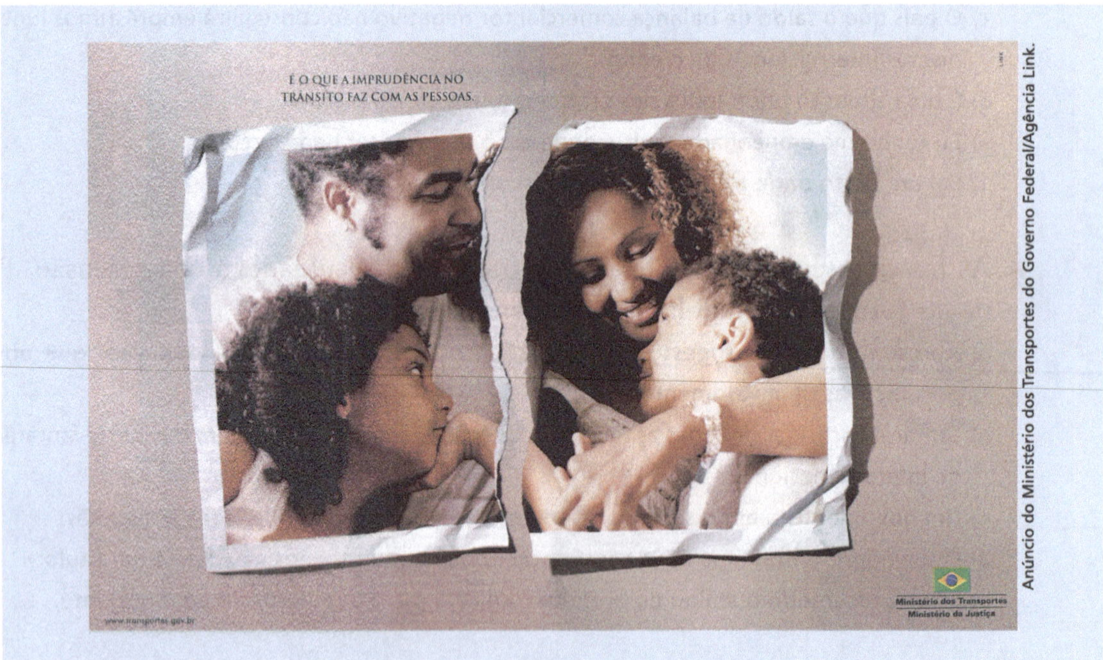

Anúncio do Ministério dos Transportes do Governo Federal/Agência Link.

Revista *Veja*, 25 dez. 2002.

a) "É **o** que a imprudência no trânsito faz com as pessoas." Por qual ou quais palavras pode ser substituído o termo grifado?

b) Como se pode perceber que o **que** da frase acima é um pronome relativo?

c) Qual a importância da imagem para a argumentação do texto?

Subordinadas adjetivas, leitura e produção de textos

As orações subordinadas adjetivas podem ser usadas como instrumentos de precisão ou de ênfase. As restritivas permitem a quem redige um grau de precisão elevado na definição de conceitos: por meio delas, podem-se eliminar ambiguidades e indeterminações de nomes e pronomes. Já as explicativas desempenham uma função ligada principalmente à ênfase que se quer dar a determinados dados ou conceitos. Quando usadas apropriadamente, essas orações permitem a quem escreve conferir destaque a determinada informação relevante para a argumentação desenvolvida. Quando usadas impropriamente, costumam indicar descuido por parte de quem escreve. Como todo recurso retórico, as adjetivas explicativas devem ser usadas com propriedade naqueles momentos do texto em que servem para conduzir ou fortalecer a argumentação. Mal empregadas, incham o texto, desviam a atenção do leitor do que é essencial, indicam despreparo ou má-fé de quem fala ou escreve.

• Texto 1

O HOMEM QUE DISSE NÃO

Morre o capitão Sérgio Carvalho, que em 1968 impediu um plano mirabolante e terrorista da ultradireita

Morreu na semana passada um brasileiro que, à custa de sua própria trajetória pessoal, ajudou o país a entender melhor como funcionava o bolsão mais radical dos porões do regime militar. Até junho de 1968, o capitão Sérgio Ribeiro Miranda de Carvalho, chamado pelos amigos de "Sérgio Macaco", era um oficial paraquedista da Primeira Esquadrilha Aeroterrestre de Salvamento, o Para-Sar, um grupo de elite da Força Aérea Brasileira treinado para missões de busca e resgate na selva. A partir daquela data, Carvalho foi punido com prisões disciplinares e transferências para paragens distantes do país, viu-se proibido de pilotar e saltar de paraquedas e finalmente foi cassado pelo AI-5 – embora não tivesse nenhuma inclinação política pela esquerda. Passou o resto da vida explicando o que fez: impediu que o Para-Sar levasse a cabo um plano mirabolante da repressão política que acarretaria a morte de milhares de civis, espalharia o pânico na cidade do Rio de Janeiro e eliminaria sumariamente políticos contrários ao regime.

A história contada por Sérgio Macaco, e subscrita por várias testemunhas, incrimina pesadamente seus superiores e, em especial, o brigadeiro João Paulo Penido Burnier, chefe de gabinete do então ministro da Aeronáutica, brigadeiro Márcio de Souza Mello. Segundo Sérgio, naquele junho fatídico, Burnier convocou o Para-Sar para uma missão terrorista.

Eles deveriam explodir o gasômetro do Rio, um complexo de três reservatórios destinado a abastecer de gás toda a cidade, localizado a curta distância da Rodoviária Novo Rio e de um depósito de combustíveis. Simultaneamente, teriam de mandar pelos ares a hidrelétrica de Ribeirão das Lages, a 78 quilômetros do Rio. As explosões e as consequentes mortes em massa seriam atribuídas aos comunistas e desencadeariam uma sequência de represálias que incluiriam a execução de militantes esquerdistas e de políticos como Juscelino Kubitschek e Carlos Lacerda.

Punição final – Sérgio Carvalho, refletindo a perplexidade da tropa, rompeu com a hierarquia e o espírito de corpo: negou-se a cumprir as ordens. Denunciou os planos de Burnier a oficiais superiores, mas pouca simpatia conseguiu, inclusive do próprio ministro Souza Mello, que deu mão forte a seu chefe de gabinete. Acabou punido. Por mais de duas décadas, para sustentar a mulher e os três filhos, trabalhou como vendedor e relações-públicas e elegeu-se suplente de deputado federal pelo PDT. Durante todo esse período, empenhou-se num esforço obsessivo em obter sua reintegração nas Forças Armadas. Em 1979, incluído compulsoriamente entre os beneficiários da anistia, rechaçou-a: "Anistia é para quem cometeu crimes, e eu, pelo contrário, os evitei".

Carvalho morreu no último dia 5, no Rio de Janeiro, vitimado por um câncer no estômago. Sua última punição foi-lhe imposta pela morosidade do presidente Itamar Franco em homologar a decisão do Supremo Tribunal Federal reintegrando-o à Aeronáutica e promovendo-o a brigadeiro. Os papéis repousavam na mesa do presidente desde novembro último. Só na quinta-feira da semana passada, cinco dias depois da morte de Carvalho, Itamar oficializou a promoção póstuma.

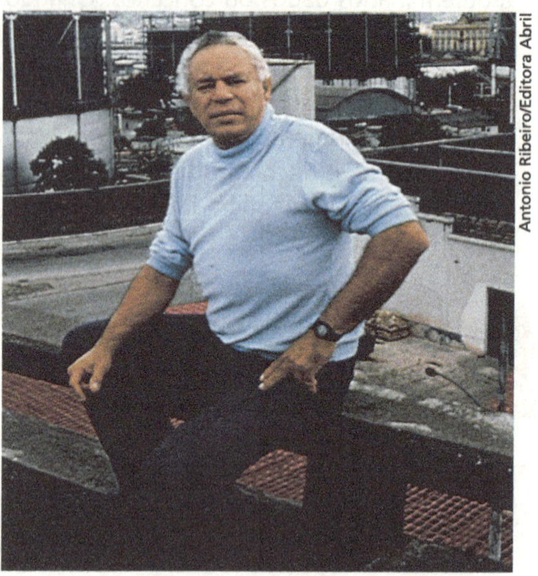
Antonio Ribeiro/Editora Abril

Capitão Sérgio Carvalho, o "Sérgio Macaco".

Revista *Veja*, 16 fev. 1994.

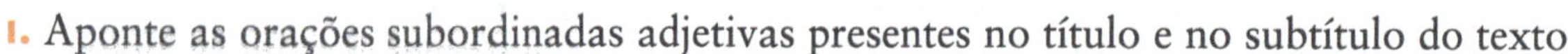

1. Aponte as orações subordinadas adjetivas presentes no título e no subtítulo do texto.
2. As informações contidas na oração subordinada adjetiva explicativa indicada na resposta à questão anterior são dispensáveis? Comente.
3. "Morreu na semana passada um brasileiro **que**, à custa de sua própria trajetória pessoal, ajudou o país a entender melhor como funcionava o bolsão mais radical dos porões do regime militar." (primeiro parágrafo)
   a) Como se sabe que a palavra destacada é um pronome relativo?
   b) As vírgulas que surgem nesse período indicam uma alteração na ordem mais convencional dos termos sintáticos. Na sua opinião, que efeito pretende obter o redator com essa alteração? Comente.
4. "... chamado pelos amigos de 'Sérgio Macaco'..." (primeiro parágrafo) é uma oração? Explique.
5. "Passou o resto da vida explicando **o que** fez: impediu **que** o Para-Sar levasse a cabo um plano mirabolante da repressão política **que** acarretaria a morte de milhares de civis, espalharia o pânico na cidade do Rio de Janeiro e eliminaria sumariamente políticos contrários ao regime." (primeiro parágrafo)
   a) Classifique morfológica e sintaticamente as palavras destacadas.
   b) Classifique as orações subordinadas que algumas dessas palavras introduzem.
   c) O uso do adjetivo **mirabolante** nos indica o que pensa o produtor do texto? Comente.

6. Releia o segundo parágrafo e responda: de que maneira o redator procura mostrar que a história contada por Sérgio Carvalho é verdadeira? Comente.
7. Classifique a oração "... que deu mão forte a seu chefe de gabinete". (terceiro parágrafo) O conteúdo dessa oração é importante para o encaminhamento do texto? Comente.
8. O texto não se limita a contar fatos; também expressa uma opinião sobre eles. Qual a opinião do redator sobre a vida e a morte de Sérgio Carvalho?
9. Sérgio Carvalho foi um herói? Comente.

Texto 2

Revista *Época*, 22 nov. 2004.

1. Que efeito de sentido cria a repetição da estrutura sintática energia + subordinada adjetiva restritiva?
2. Compare o que diz o texto publicitário com o seguinte trecho de uma reportagem da Revista *Veja* e responda: para que pode servir a publicidade?
"Construída a toque de caixa pelo regime militar, Tucuruí inundou uma área de 2 000 quilômetros quadrados sem que dela se retirasse a floresta. A decomposição orgânica elevou os níveis de emissão de gases a ponto de fazer da represa, nos anos 90, a maior emissora de poluentes do Brasil, segundo estudo do ecólogo Philip Fearnside." (**Revista *Veja*, 9 jul. 2004.**)

CAPÍTULO 29

Sintaxe do período composto (III) – Orações subordinadas adverbiais

Enquanto

Enquanto houver um homem caído de bruços no passeio
e um sargento que lhe volta o corpo com a ponta do pé
para ver como é;
enquanto o sangue gorgolejar das artérias abertas
e correr pelos interstícios das pedras,
pressuroso e vivo como vermelhas minhocas despertas;
enquanto as crianças de olhos lívidos e redondos como luas,
órfãs de pais e de mães,
andarem acossadas pelas ruas
como matilhas de cães;
enquanto as aves tiverem de interromper o seu canto
com o coraçãozinho débil a saltar-lhes do peito fremente,
num silêncio de espanto
rasgado pelo grito da sereia estridente;
enquanto o grande pássaro de fogo e alumínio
cobrir o mundo com a sombra escaldante das suas asas
amassando na mesma lama de extermínio
os ossos dos homens e as traves das suas casas;
enquanto tudo isto acontecer, e o mais que se não diz por ser verdade,
enquanto for preciso lutar até ao desespero da agonia,
o poeta escreverá com alcatrão nos muros da cidade:

ABAIXO O MISTÉRIO DA POESIA.

GEDEÃO, Antônio. *Poesias completas*. 10. ed. Lisboa: Sá da Costa, 1987. p. 140.

LEITURA: INTERAÇÃO

1. Qual a importância da repetição de estruturas sintáticas para o texto? Comente.
2. A violência e a injustiça animalizam e coisificam o homem? Explique, baseando-se no texto.
3. As imagens utilizadas no texto despertam que tipo de sentimento no leitor?
4. Como você interpreta o verso final do texto? Justifique.

Conceitos básicos

Uma oração é considerada subordinada adverbial quando exerce a função de **adjunto adverbial** do verbo da oração principal:

Muita gente ainda morre **de fome.**

Muita gente ainda morre **porque não tem comida.**

No primeiro período, "de fome" é um adjunto adverbial de causa, ligado à forma verbal **morre.** No segundo, esse papel é exercido pela oração "porque não tem comida", que é, portanto, uma **oração subordinada adverbial** (**causal**, como veremos mais adiante). Não é difícil perceber que se trata de uma oração **desenvolvida** – é encabeçada por uma conjunção subordinativa (**porque**) e apresenta uma forma verbal do indicativo (**tem**). A forma **reduzida** dessa oração pode ser vista no período seguinte:

Muita gente ainda morre **por não ter comida.**

"Por não ter comida" é uma oração reduzida porque apresenta uma forma nominal do verbo (**ter** é infinitivo) e não é introduzida por conjunção subordinativa, mas por uma preposição (**por**).

Características semânticas das subordinadas adverbiais: a expressão de circunstâncias

Causa

Causa é aquilo que provoca um determinado fato. As orações subordinadas adverbiais que exprimem causa são chamadas **causais.** A conjunção subordinativa mais utilizada para a expressão dessa circunstância é **porque.** Também se empregam **como** (em orações subordinadas sempre antepostas à principal), **pois que, já que, uma vez que, visto que.**

As ruas foram alagadas **porque o rio transbordou.**

Como não se planejaram adequadamente as etapas de realização do projeto, os trabalhos tiveram de ser suspensos várias vezes.

Não encontrando apoio para sua proposta, retirou-se da reunião. (reduzida de gerúndio)

Consequência

As orações subordinadas adverbiais **consecutivas** exprimem um fato que é efeito daquilo que se declara na oração principal. Essa circunstância é normalmente expressa por estruturas correlativas como **tão... que..., tanto... que..., tamanho... que...** e pelas locuções e conjunções **que, de forma que, de sorte que, tanto que:**

A falta de planejamento foi tanta **que as obras tiveram de ser suspensas várias vezes.**

Tamanha era sua vontade de viajar **que chegou ao aeroporto três horas antes da partida.**

Não se diminui o poder de compra dos salários **sem prejudicar os setores produtivos.** (reduzida de infinitivo)

Condição

Condição é o fato real ou hipotético necessário à realização (ou não realização) de outro fato. As orações subordinadas adverbiais **condicionais** exprimem condições para que se realize ou deixe de realizar o fato expresso na oração principal. A conjunção mais utilizada para introduzir essas orações é **se**; além delas, podem-se empregar **caso, contanto que, desde que, salvo se, exceto se, a menos que, uma vez que** (seguida de verbo no subjuntivo):

Se houver um planejamento apropriado, os bons resultados surgirão.

Caso você não possa vir, faça-me saber.

Elaboradas com cuidado, as tarefas serão bem-sucedidas. (reduzida de particípio)

Concessão

Denomina-se **concessão** ao fato que, embora possa afetar a realização de um outro fato, não o faz. As orações adverbiais que exprimem concessão são chamadas **concessivas.** A conjunção típica para expressar essa relação é **embora;** além dela, podem ser usadas a conjunção **conquanto** e as locuções **ainda que, ainda quando, mesmo que, se bem que, posto que, apesar de que:**

Embora tudo tenha sido cuidadosamente planejado, ocorreram vários imprevistos.

Conquanto a economia nacional tenha crescido, a maior parte da população continua marginalizada.

Apesar de sermos contrários a tais medidas, vamos aceitar sua aprovação. (reduzida de infinitivo)

ATIVIDADES

1. Substitua os termos destacados nestas frases por orações subordinadas. A seguir, compare os períodos originais aos que você obteve, levando em consideração itens como clareza, síntese e elegância.
   a) Nos domingos à tarde, quase se morre **de tédio.**
   b) **À noite,** a imprecisão dos contornos sugere formas fantásticas.
   c) **Não obstante** sua dedicação ao trabalho, pouco conseguia progredir.
   d) **Sem eficiência,** este país não sairá do atraso tecnológico.
   e) Tenho muitos motivos **de queixa.**
   f) **Durante as férias,** vi vários filmes.

2. Leia atentamente cada uma das orações que compõem estes períodos. Depois, explique a relação existente entre os fatos mencionados.
   a) O ministro optou pelo silêncio porque não tinha argumentos convincentes.
   b) Os argumentos do ministro eram tão inconsistentes que ele optou pelo silêncio.
   c) Se os argumentos do ministro fossem consistentes, ele os teria defendido com mais veemência.
   d) Embora possuísse argumentos convincentes, o ministro optou pelo silêncio.

3. Reescreva os períodos seguintes utilizando as conjunções e locuções conjuntivas apresentadas em cada item. Faça as modificações necessárias à obtenção de frases bem formadas.

I. Muitos trabalhadores não conseguem comprar sua casa própria porque recebem salários baixos.

a) como
b) já que
c) visto que
d) tão... que...

II. A situação social do país é tão preocupante que muita gente tradicionalmente omissa resolveu agir.

a) como
b) porque
c) de modo que
d) uma vez que

III. Se houver decisões rápidas e eficientes, o quadro social pode começar a melhorar.

a) caso
b) desde que
c) contanto que

IV. Apesar de que existem provas irrefutáveis contra ele, o réu continua a dizer-se inocente.

a) embora
b) conquanto
c) ainda que

4. Leia atentamente os dois períodos e explique a relação entre dedicação e sucesso em cada um dos casos citados.

Se você não se dedicar, não obterá sucesso.

Embora você se dedique, não obterá sucesso.

5. Leia atentamente os dois períodos seguintes e explique as relações estabelecidas pela locução conjuntiva **uma vez que** em cada um dos casos.

A comissão de moradores da periferia protestou em frente à prefeitura uma vez que o prefeito não a quis receber.

A comissão de moradores da periferia não protestará em frente à prefeitura uma vez que o prefeito a receba.

6. Nos esquemas seguintes, substitua **x** e **y** por fatos que obedeçam às relações estabelecidas. Procure substituir também as formas do verbo acontecer.

a) **x** aconteceu porque **y** aconteceu.
b) Como **y** aconteceu, **x** não aconteceu.
c) Se **y** acontecer, **x** acontecerá.
d) Caso **y** aconteça, **x** acontecerá.
e) Embora **y** aconteça, **x** acontecerá.
f) Embora **y** não aconteça, **x** acontecerá.
g) Ainda que **y** aconteça, **x** não acontecerá.

7. Na campanha publicitária de uma famosa marca de biscoitos, encontramos a frase: "Biscoito X: vende mais porque é fresquinho ou é fresquinho porque vende mais?". Qual relação entre fatos é explorada? Que tipo de oração é utilizado para expressar essa relação?

8. De que forma esse texto publicitário quebra as expectativas do leitor? Qual a importância da locução "mesmo que..." nesse processo? Comente.

Anúncio da Apple Macintosh/Agência Almap/BBDO.

Revista *Veja*, 25 jun. 1997.

Comparação

As orações subordinadas adverbiais **comparativas** contêm o fato ou ser com que se compara o fato ou ser mencionado na oração principal. A conjunção típica para expressar comparação é **como**; além dela, utilizam-se com muita frequência as estruturas que formam o grau comparativo dos adjetivos e dos advérbios: **tão... como (quanto), mais (do) que..., menos (do) que:**

Ele tem trabalhado **como um obstinado** (trabalha).

Sua sensibilidade é tão afinada **quanto sua inteligência** (é).

Como se pode perceber nos exemplos, é comum a elipse do verbo nas orações subordinadas adverbiais comparativas.

Conformidade

As orações subordinadas adverbiais **conformativas** exprimem fatos que estão de acordo com o que se declara na oração principal. A conjunção típica para exprimir essa circunstância é **conforme**; além dela, utilizam-se **como, consoante** e **segundo** (todas com o mesmo valor de **conforme**):

Tudo foi feito **conforme combináramos na véspera.**

As novas leis foram aprovadas **consoante fora acordado entre os líderes dos partidos.**

Como se costuma fazer nesses casos, o pai levou a filha à igreja.

Fim, finalidade

São as orações subordinadas adverbiais **finais** que exprimem a intenção, o objetivo do que se declara na oração principal. Essa circunstância é normalmente expressa pela locução conjuntiva **a fim de que**; além dela, utilizam-se as conjunções **que** e **porque** (= para que) e a locução **para que**:

Vários grupos atuaram conjuntamente **a fim de exercer maior pressão**.

Fizestes tudo **porque eu não obtivesse bons resultados**. (= para que eu não obtivesse...)

Forçaram a porta **para conseguir sair**. (reduzida de infinitivo)

Proporção

As orações subordinadas adverbiais **proporcionais** estabelecem relações de gradação entre o processo verbal que exprimem e aquele declarado na oração principal. Essa circunstância é tipicamente expressa pela locução conjuntiva **à proporção que**; além dela, utilizam-se **à medida que** e **ao passo que**. Também são usadas as estruturas correlativas **quanto mais/menos... mais/menos, quanto mais/menos... tanto mais/menos...**:

À proporção que os navios se vão afastando, mais melancólica se torna a tarde.

Quanto mais nos dedicamos, mais aprendemos.

Quanto mais você a procura, tanto menos ela o quer ver.

Tempo

As orações subordinadas adverbiais **temporais** exprimem fatos simultâneos, anteriores ou posteriores ao fato expresso na oração principal, localizando-o no tempo. As conjunções e locuções conjuntivas mais utilizadas são **quando, enquanto, assim que, logo que, sempre que, antes que, depois que, desde que**:

Quando recebi seu recado, já nada mais podia ser feito.

Ele me fala de sua vida passada **enquanto caminhamos lado a lado**.

Resolvida a demanda, cada um passou a cuidar de sua vida. (reduzida de particípio)

Modo

Apesar de não constarem da classificação oficial, existem orações subordinadas adverbiais que exprimem **modo**. Essas orações são normalmente introduzidas pela locução **sem que**:

Saiu **sem que ninguém notasse**.

Quero passar uns dias descansando na praia, **sem que nada me aborreça**.

Retirou-se **sem se despedir de ninguém**. (reduzida de infinitivo)

Lugar

Existem orações subordinadas adverbiais que indicam circunstância de **lugar**. A exemplo das modais, não constam da classificação oficial. São introduzidas pelo pronome relativo sem antecedente **onde**:

Acho que aquele jardim deve ficar exatamente **onde está**.

Ele quer ir justamente **para onde a situação está mais delicada**.

Vou ficar exatamente **onde devo ficar**.

O que realmente importa

Mais importante do que aprender a classificar as orações subordinadas adverbiais é interpretá-las adequadamente e utilizar as conjunções e locuções conjuntivas de maneira eficiente. Por isso, desaconselhamos que você memorize listas de conjunções a fim de conseguir dar um rótulo às orações. Em vez de preocupar-se com nomenclatura, que é absolutamente inútil quando se consideram casos mais sutis de construção de frases, busque dominar o uso efetivo das estruturas linguísticas.

Observe, nas frases seguintes, o emprego da locução **sem que** em diversos contextos semânticos: em cada um deles, temos uma oração subordinada adverbial diferente. Como poderíamos reconhecê-las se partíssemos de uma lista de conjunções memorizadas em vez de procurar compreender o que efetivamente está sendo declarado?

Muitas águas vão rolar **sem que tenhamos saído desta situação**. (valor temporal)

Cheguei até a porta **sem que ninguém me visse**. (valor modal)

Não vem aqui **sem que acabe arranjando encrenca**. (valor consecutivo)

Nada vai mudar **sem que se tomem providências sérias**. (valor condicional)

Existe muita gente egoísta neste mundo, **sem que tenhamos de nos desesperar por causa disso**. (valor concessivo)

As orações subordinadas adverbiais e a pontuação

A pontuação dos períodos em que ocorrem orações subordinadas adverbiais obedece aos mesmos princípios observados em relação aos adjuntos adverbiais. Isso significa que a oração subordinada adverbial sempre pode ser separada por vírgulas da oração principal. Essa separação é optativa quando a oração subordinada está posposta à principal e é obrigatória quando a oração subordinada está intercalada ou anteposta:

Decisões importantes devem ser tomadas a fim de que se evitem maiores danos ao ambiente.

ou

Decisões importantes devem ser tomadas, a fim de que se evitem maiores danos ao ambiente.

Quando sairmos desta situação, tomarei um longo e restaurador banho.

Fizemos, conforme fora combinado, todo o possível para não sermos notados.

ATIVIDADES

1. Explique a relação estabelecida entre os fatos ou seres mencionados em cada um destes períodos.

a) Retiraram-se da festa sem que ninguém percebesse.
b) Ele tem se comportado como uma criança mimada.
c) Ele tem se comportado como havia prometido.
d) Alguns córregos foram canalizados para que não provoquem inundações durante o verão.
e) Sua pele é tão delicada quanto a de um bebê.
f) Desde que o tempo esfriou, ele vem tendo problemas respiratórios.
g) Desde que você se acautele, nenhuma surpresa ocorrerá.
h) Deixe-o exatamente onde está.
i) À medida que nos aproximamos da data do exame, cresce nossa ansiedade.
j) Na medida em que não nos sentimos à vontade, não voltamos mais àquele lugar.

2. Construa períodos compostos relacionando as orações de cada item. Utilize a conjunção subordinativa que julgar mais apropriada a cada caso.

a) Este estagiário tem trabalhado muito. Os outros estagiários não têm trabalhado tanto.
b) Ele tem aprendido muito. Curiosamente, ele quer aprender sempre mais.
c) Estamos mais próximos do fundo do vale. Podemos ouvir cada vez mais distintamente o som do riacho.
d) Vou dar-lhe um presente. Não quero que ela saiba disso antecipadamente.
e) Devemos formar um time de futebol. Assim, poderemos participar dos vários campeonatos estudantis.
f) Deve-se investir em saúde e educação. Dessa forma, começarão a surgir perspectivas para o país.
g) Caminhamos à beira do rio. Ela me fala de sua infância no interior.
h) O ministro foi empossado ontem. Ele fez um discurso vazio e comovente sobre a seca e a miséria nordestinas.
i) Conseguimos sobreviver às vicissitudes do cotidiano. Muitos tecnocratas elaboram planos mirabolantes.
j) Ela partiu para a França. Seu pai chegou ao aeroporto duas horas depois.
k) Abri a porta. Percebi que alguma coisa estranha acontecera naquela casa.
l) Caminhamos várias horas. Lembramo-nos, então, de que as janelas da casa haviam ficado abertas.

3. Explique as relações estabelecidas entre os fatos ou seres mencionados nestes períodos compostos.

a) Não pode haver redução de salários sem que se prejudiquem os setores produtivos da sociedade.
b) O país não encontrará soluções sem que haja disposição política para isso.
c) Já fizemos várias tentativas infrutíferas, sem que isso nos tivesse feito desistir de tudo.
d) As peças foram retiradas do museu sem que ninguém se desse conta.
e) Muitos anos vão passar sem que se tomem providências efetivas.

4. Substitua **x** e **y** nas frases seguintes por fatos, seres ou conceitos que se afinem com as relações estabelecidas. Substitua, sempre que puder, as formas verbais de ser e acontecer.

a) **x** é mais importante do que **y**.

b) **x** é menos agradável do que **y**.

c) **x** é como **y**.

d) **x** acontece como **y** acontece.

e) **x** não acontece como **y** acontece.

f) **x** acontece conforme **y**.

g) Como **y** aconteceu, **x** aconteceu.

h) À medida que **y** acontece, **x** acontece.

i) **x** acontece à proporção que **y** acontece.

5. Transformar orações desenvolvidas em orações reduzidas é uma forma produtiva de evitar períodos sobrecarregados de conjunções e pronomes relativos. Faça isso com estes períodos.

a) Creio que tenhamos que suportar as exigências que ela faz.

b) Sinto que estão acontecendo fatos que poderiam ser evitados.

c) Quando terminou a sessão, percebi que se havia desperdiçado uma oportunidade que há muito procurávamos.

d) As promessas que se faziam ali indicavam que o novo governo tinha nítido perfil populista.

e) A expressão que mantinha em seu rosto indicava que ele não se corrigira ainda.

f) Se fossem executadas as obras que o candidato prometera, o município assumiria dívidas que várias gerações não conseguiriam saldar.

g) É importante que você tenha visto tudo a fim de que possa opinar mais tarde.

6. Faça a pontuação adequada dos períodos seguintes.

a) Se tudo desse certo logo estaríamos em casa.

b) Logo estaríamos em casa se tudo desse certo.

c) Como não houve interessados o concurso foi suspenso.

d) As praias estão poluídas porque não se fizeram investimentos em saneamento básico.

e) À medida que avança a cólera expõe a miséria social do país.

f) Os jogadores como tinha sido previsto atuaram sem disposição.

g) Notamos quando ainda seria possível modificar o rumo das discussões a falta de interesse em aprimorar o debate.

Subordinadas adverbiais, leitura e produção de textos

O estudo das orações subordinadas adverbiais é um poderoso instrumento para a interpretação e a construção de textos narrativos e dissertativos. A expressão apropriada das diversas circunstâncias relacionadas com essas orações permite o desenvolvimento mais coerente de sequências de fatos (das quais participam indicações de tempo e de causa e consequência, principalmente) e de procedimentos argumentativos (dos quais podem participar todas as circunstâncias aqui estudadas). Faz parte desse uso eficiente o manuseio das conjunções subordinativas e das orações reduzidas para a obtenção de textos precisos e elegantes.

• **Texto 1**

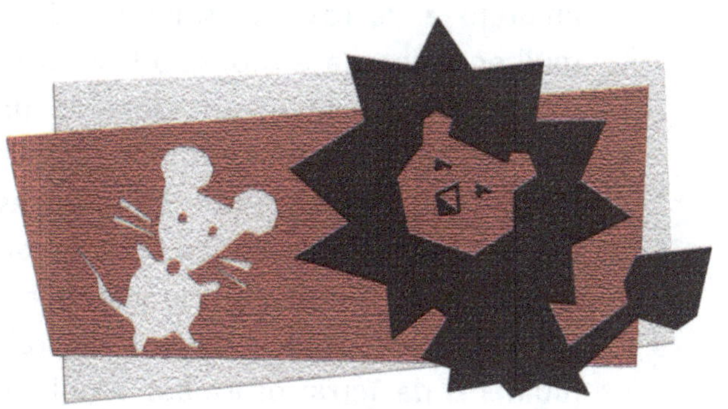

Hierarquia

Diz que um leão enorme ia andando chateado, não muito rei dos animais, porque tinha acabado de brigar com a mulher e esta lhe dissera poucas e boas[1]. Ainda com as palavras da mulher o aborrecendo, o leão subitamente se defrontou com um pequeno rato, o ratinho mais menos que ele já tinha visto. Pisou-lhe a cauda e, enquanto o rato forçava inutilmente para fugir, o leão gritou: "Miserável criatura, estúpida, ínfima, vil, torpe: não conheço na criação nada mais insignificante e nojento. Vou te deixar com vida apenas para que você possa sofrer toda a humilhação do que lhe disse, você, desgraçado, inferior, mesquinho, rato!" E soltou-o. O rato correu o mais que pôde, mas, quando já estava a salvo, gritou pro leão: "Será que Vossa Excelência poderia escrever isso pra mim? Vou me encontrar agora mesmo com uma lesma que eu conheço e quero repetir isso pra ela com as mesmas palavras!"[2].

MORAL: AFINAL NINGUÉM É TÃO INFERIOR ASSIM. SUBMORAL: NEM TÃO SUPERIOR, POR FALAR NISSO.

1. Quer dizer: muitas e más.
2. Na grande hora psicanalítica, que soa para todos nós, a precisão de linguagem é fundamental.

FERNANDES, Millôr. *Fábulas fabulosas*. 11. ed. Rio de Janeiro: Nórdica, 1985. p. 112.

1. Relacione o tipo de texto com as circunstâncias expressas pela maioria das orações subordinadas adverbiais nele presentes.
2. Você concorda com a moral e a submoral do texto? Comente.

• **Texto 2**

Na minha opinião era melhor

Que o Amazonas não fosse o maior rio do mundo em volume de água; o azul dos céus brasileiros não fosse tão escandalosamente azul; Pelé não fosse o melhor jogador de futebol de todos os tempos; nosso hino dispensasse algumas de suas luxuriantes figuras de gramática e outros tantos pararatimbuns; nossas várzeas tivessem menos flores e nossos bosques menos amores; menos estrelejadas fossem as noites; as borboletas e os pássaros não ostentassem tão variegadas cores; Minas não fosse um peito de ferro num coração de ouro; não existissem tantas e tão deslumbrantes cascatas (véus de noiva) no recesso de nossas matas; os prados se apresentassem um pouco menos verdejantes; os ipês e as quaresmeiras não tingissem de amarelo e de roxo o esplendor de nosso campo; a mulher carioca (até isto) não fosse a mais bela, a mais elegante e a mais encantadora do universo; a nossa mulata cor da lua vem surgindo cor de prata não fosse tão espetacular; a brisa do Brasil beijasse e balançasse menos o auriverde pendão da esperança; o samba se tornasse um ritmo um pouquinho menos irresistível; idem para a moçada brasileira em relação a todas as mulheres da Terra; os irmãos Wright tivessem sido os pioneiros do mais pesado; Carlos Gomes não chegasse a ser um gênio; o sabiá cantasse menos nas palmeiras; o algodão do Seridó fosse o segundo em qualidade; Rui Barbosa tivesse abafado menos em Haia; o Marechal de Ferro tivesse sido um pouco mais brando; as praias do nosso litoral não fossem incomparáveis; nossos compatriotas não fossem os donos exclusivos daquilo que se chama modestamente *bossa*; o brasileiro não fosse tão inteligente e tão fogo na roupa; os nossos pratos típicos não humilhassem tanto as cozinhas estrangeiras; a Europa não se curvasse tão frequentemente perante o Brasil; a Baía de Guanabara não fosse um escândalo de tão bonita; o Rio fosse um tiquinho menos maravilhoso; São Paulo desse de vez em quando uma paradinha; o sertanejo não fosse antes de tudo (mas depois de umas duas ou três coisas) um forte; não fôssemos logo recebendo os ingleses *a bala*; o Aleijadinho não tivesse ficado tão doente; Dom Pedro II não tivesse se interessado tanto pelo invento de Graham Bell; a vitória-régia não embasbacasse tanto os forasteiros; os americanos não tivessem tanto pavor da nossa faca e da nossa navalha.

Contanto que:

Tivéssemos água canalizada em abundância; a mortalidade infantil não apresentasse em certas regiões índices negativamente exemplares; a esquistossomose e outras moléstias parasitárias não destruíssem uma bonita percentagem da população; o tracoma, o bócio, a doença de Chagas, a opilação e a lepra não fossem banais; os ladrões públicos não fossem tão numerosos, tão simpáticos e tão ladrões; o brasileiro pudesse comer mais; a carne não fosse tão cara; o leite não fosse tão caro e tão aguado; os remédios e os hospitais dessem para todos; todo brasileiro possuísse pelo menos um par

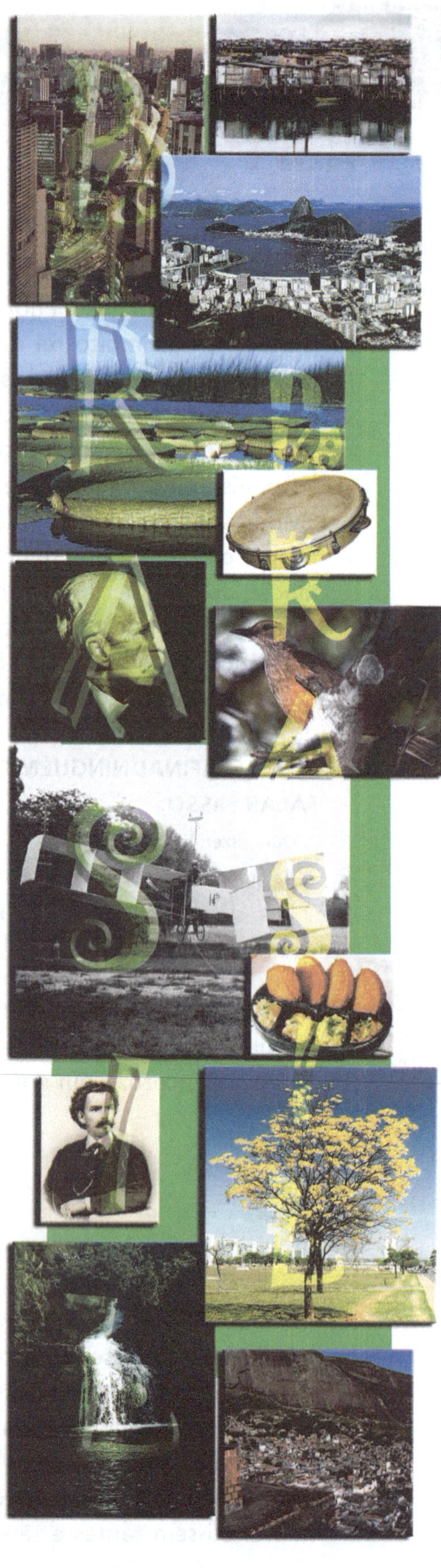

de sapatos; muitos milhões de nossos patrícios não vivessem em condições sub-humanas; existissem escolas para todas as crianças; nossas câmaras representativas contassem com uma percentagem mínima de 33 homens sinceros e capazes em 100; não exportássemos matérias-primas que virão a faltar-nos daqui a pouco; a competição política fosse menos corrosiva; um largo vento de honestidade lavasse as cabeças reacionárias ainda recuperáveis; não fôssemos tão convencionais; o sertanejo não fosse, antes de tudo, um pobre coitado; os nossos técnicos não fossem tão nebulosamente teóricos; as melhores regiões do Centro e do Sul não estivessem em tão agressiva disparidade com o resto do Brasil; a frivolidade das classes de cima não tivesse maiores consequências; a burocracia fosse um meio e não um sistema.

CAMPOS, Paulo Mendes. *O Brasil brasileiro*. Rio de Janeiro: Civilização Brasileira, 2000. p. 159-160.

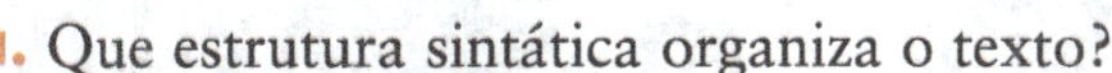

1. Que estrutura sintática organiza o texto?
2. O que há em comum entre os elementos que formam a longa enumeração do primeiro parágrafo? Comente.
3. O que há em comum entre os elementos que formam a longa enumeração do último parágrafo? Comente.
4. Que efeito de sentido cria o texto? Que ponto de vista defende o cronista? Comente.
5. Na sua opinião o que seria melhor?

• Texto 3

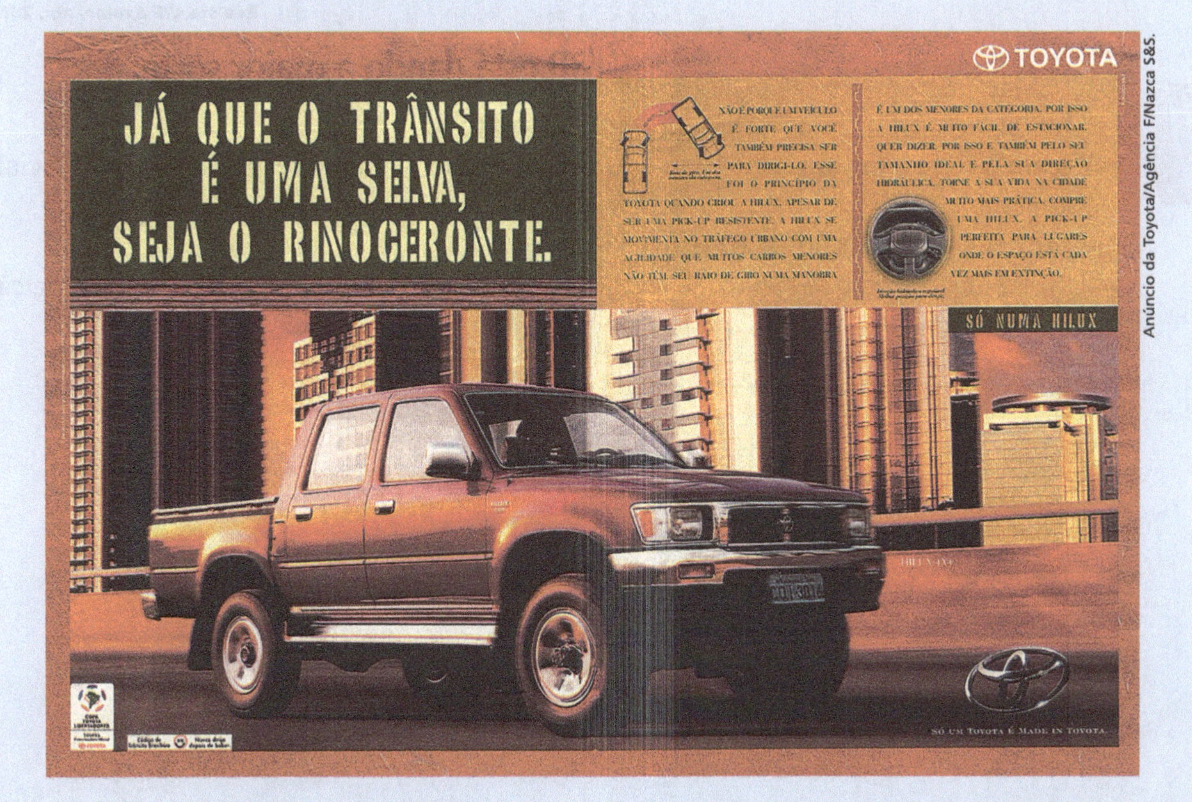

Anúncio da Toyota/Agência F/Nazca S&S.

Revista *Veja*, 17 jun. 1998.

• Texto 4

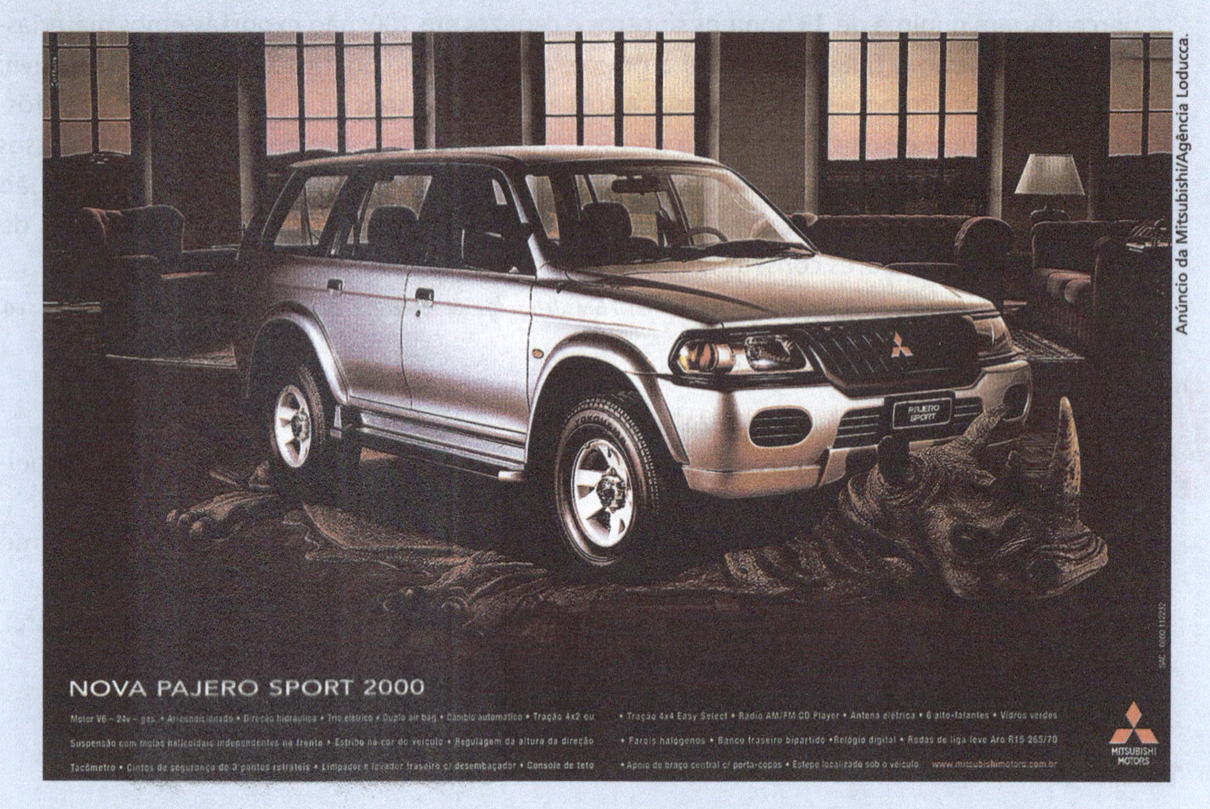

Anúncio da Mitsubishi/Agência Loducca.

Revista *VIP Exame*, abr. 2000.

1. Qual a circunstância adverbial presente no texto 3?
2. Quem produz um anúncio como o texto 3 tem alguma responsabilidade social? Comente.
3. O texto 4 é uma resposta ao texto 3?
4. Um anúncio como o texto 4 tem alguma responsabilidade social? E ecológica? Comente.

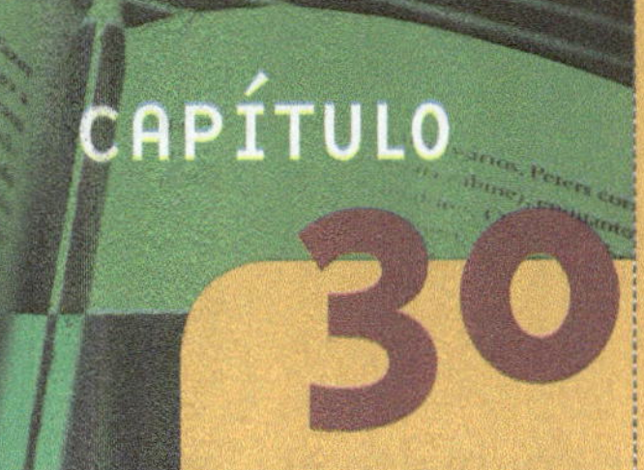

CAPÍTULO 30 Sintaxe do período composto (IV)

Orações coordenadas

Tarefa

Morder o fruto amargo e não cuspir
mas avisar aos outros quanto é amargo,
cumprir o trato injusto e não falhar
mas avisar aos outros quanto é injusto,
sofrer o esquema falso e não ceder
mas avisar aos outros quanto é falso;
dizer também que são coisas mutáveis...
E quando em muitos a noção pulsar
– do amargo e injusto e falso por mudar –
então confiar à gente exausta o plano
de um mundo novo e muito mais humano.

CAMPOS, Geir. *Tarefa*. Rio de Janeiro: Civilização Brasileira; São Paulo: Massao Ohno; Brasília: INL, 1981. p. 10.

LEITURA: INTERAÇÃO

1. Divida o texto em duas partes, baseando-se nas estruturas sintáticas empregadas. Explique sua divisão.
2. Na parte inicial do texto, repete-se uma mesma estrutura sintática. Nessa estrutura predomina a coordenação ou a subordinação? Explique.
3. Qual a importância do verso "– do amargo e injusto e falso por mudar –" para o conjunto do texto? Comente.
4. Em que consiste, a seu ver, "um mundo novo e muito mais humano"?
5. Você está cumprindo a "tarefa" de que fala o texto? Por quê?

Conceitos básicos

Num período composto por coordenação as orações são sintaticamente equivalentes. Isso significa que nenhuma delas desempenha função sintática em outra ou possui algum termo na forma de oração:

Levantei-me, expus minhas opiniões a todos os presentes, ouvi as críticas e considerações de cada um e tornei a sentar.

Nesse período há quatro orações, organizadas a partir das formas verbais **levantei, expus, ouvi** e da locução verbal **tornei a sentar**. São orações sintaticamente equivalentes, pois nenhuma delas atua como termo sintático de outra: você, que já conhece as orações subordinadas, pode perceber claramente isso. Trata-se, portanto, de um período composto por coordenação – e as quatro orações que o formam são orações **coordenadas**.

A conexão entre as três primeiras é feita exclusivamente por uma pausa, representada na escrita por uma vírgula. Entre a terceira e a quarta oração, a conexão é feita pela conjunção e. As orações coordenadas que se ligam umas às outras apenas por uma pausa, sem conjunção, são chamadas **assindéticas**. As encabeçadas por uma conjunção são chamadas **sindéticas**. À primeira oração de um período composto por coordenação costuma-se chamar **oração coordenada inicial**.

Classificação das orações coordenadas sindéticas

Aditivas

As coordenadas sindéticas aditivas indicam normalmente fatos ou acontecimentos dispostos em sequência, sem lhes acrescentar outro matiz de significação. As conjunções coordenativas aditivas típicas são **e** e **nem**:

Fizemos um estudo da questão **e propusemos algumas soluções.**

Não se discutiu o assunto **nem se tomou qualquer providência.**

Como a conjunção **nem** tem o valor da expressão **e não**, condena-se, na língua formal, a sequência **e nem** para introduzir orações aditivas.

Para enfatizar

A língua portuguesa dispõe também de estruturas correlativas para coordenar orações. Essas estruturas, conhecidas como **séries aditivas enfáticas**, costumam ser usadas quando se pretende dar destaque ao conteúdo da segunda oração:

Não só fizemos um estudo da questão, **mas (também) chegamos a propor soluções**.

Não apenas estivemos lá, **como participamos de todas as atividades**.

Adversativas

As orações coordenadas sindéticas adversativas exprimem fatos ou conceitos que se opõem ao que se declara na oração coordenada anterior, estabelecendo contraste ou compensação. A conjunção coordenativa adversativa típica é **mas**; além dela, empregam-se **porém, contudo, todavia, entanto, entretanto, no entanto, não obstante:**

Muito já foi prometido, **mas pouco efetivamente foi feito.**

O Brasil é um país de grandes potenciais; **sua má administração, porém, tem produzido apenas contrastes sociais gritantes.**

Não é um jogador habilidoso, **mas é muito voluntarioso.**

Alternativas

As orações coordenadas sindéticas alternativas exprimem fatos ou conceitos que se alternam ou que se excluem mutuamente. Essa relação é comumente expressa pela conjunção **ou** (que pode surgir isolada ou em pares); além dela, empregam-se os pares **ora... ora..., já... já..., quer... quer...**:

Tome uma atitude agora **ou assuma sua incapacidade.**

Ora age com polidez, ora trata a todos com extrema vulgaridade.

Coordenadas entre si

Em algumas ocorrências, as orações podem estar coordenadas entre si.

Quer você aceite, quer você negue, ela já age como quem domina a situação.

Nesse caso, o par **quer... quer...** está coordenando entre si duas orações que são subordinadas adverbiais concessivas de "ela já age...".

Conclusivas

As orações coordenadas sindéticas conclusivas exprimem uma conclusão ou consequência lógica obtida a partir dos fatos ou conceitos expressos na oração anterior. As conjunções mais comuns neste caso são **logo, portanto** e **pois** (posposto ao verbo). Também se usam **então, assim, por isso, por conseguinte, de modo que, em vista disso:**

Saúde e educação são áreas sociais básicas, **logo devem ser priorizadas.**

Trata-se de um caso comprovado de abuso de poder econômico; **os responsáveis devem ser punidos, portanto.**

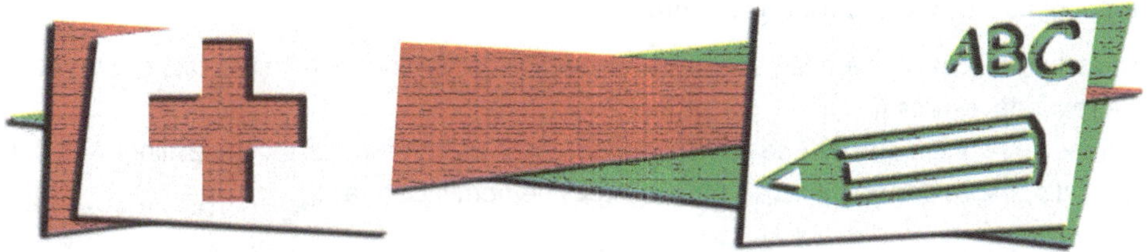

Explicativas

As orações coordenadas sindéticas explicativas expressam o que levou alguém a fazer uma declaração anterior. As conjunções mais usadas para isso são **que, porque** e **pois** (anteposto ao verbo).

Não o perturbe, **que ele precisa trabalhar.**

Choveu, **porque as ruas estão molhadas.**

Explicação não é causa!

Não se deve confundir **explicação** com **causa**, o que significa que não se devem confundir as orações coordenadas explicativas com as subordinadas adverbiais causais. Uma explicação é sempre posterior ao fato que a gerou; uma causa é sempre anterior à consequência que dela resulta.

Nos exemplos citados anteriormente, é fácil perceber que não se estão indicando causas, e sim apresentando explicações: no primeiro caso, alguém pede que não se perturbe uma terceira pessoa, e explica por que está fazendo o pedido; no segundo caso, alguém afirma que choveu e explica que percebeu isso olhando para as ruas molhadas.

Note, nesse segundo caso, que seria absurdo pensar que as ruas molhadas são a causa da chuva – o que ocorre é exatamente o inverso. Se estabelecêssemos uma relação de causa e consequência, obteríamos a frase:

As ruas estão molhadas porque choveu.

em que "porque choveu" é oração subordinada adverbial causal. Note que a causa (a chuva) precede a consequência (as ruas molhadas).

Ainda a questão da nomenclatura

Em nossa apresentação das orações coordenadas, seguimos as orientações fixadas pela Nomenclatura Gramatical Brasileira. Essas orientações, no entanto, deixam de considerar muitos fatos importantes da língua, como a classificação das coordenadas sindéticas também por seu valor semântico e não apenas em função da conjunção que as introduz.

Você quer ajuda, **e eu não o posso ajudar**.

Faça o que lhe digo **e será bem-sucedido**.

Nesses dois casos, se seguíssemos as orientações propostas, teríamos de falar em orações coordenadas sindéticas aditivas, pois ambas são encabeçadas pela conjunção **e**. É evidente, no entanto, que essas orações não são puramente aditivas: no primeiro caso, há um inegável valor adversativo ("Você quer ajuda, **mas** eu não posso ajudar."); no segundo caso, percebe-se um valor consecutivo ("Faça o que lhe digo e **em consequência** será bem-sucedido.").

Observe, ainda, mais estes dois períodos:

Fiz de tudo para alertá-los do perigo; **ninguém me quis ouvir**.

Não fale alto: **não tenho nenhum problema auditivo**!

Nesses casos, as duas orações destacadas, apesar de assindéticas, têm sentidos bem marcados: a primeira tem valor adversativo; a segunda, explicativo.

Por isso, voltamos a insistir em que você se preocupe mais com o uso efetivo das estruturas linguísticas do que com as intermináveis discussões dos gramáticos sobre questões de nomenclatura...

As orações coordenadas e a pontuação

- Separam-se por vírgula as orações coordenadas assindéticas e as orações coordenadas sindéticas introduzidas por conjunções diferentes de e:

Alguns reclamam, um ou outro protesta, ninguém reivindica.

A exploração racional dos recursos naturais é um investimento lucrativo, logo deve ser incentivado num país subdesenvolvido.

A destruição de florestas nativas pelo fogo representa grande desperdício de capital, mas continua a ser praticada neste país pobre.

- No caso das orações coordenadas introduzidas pela conjunção e, devem-se adotar os mesmos procedimentos aplicados aos termos coordenados, ou seja:

a) quando a conjunção surge apenas entre a penúltima e a última oração de uma sequência, não se emprega vírgula nesse ponto da frase:

Expus meus pontos de vista e fiz minhas reivindicações.

Compareci à reunião, levei minhas anotações, expus meus pontos de vista e fiz minhas reivindicações.

b) quando a conjunção introduz as várias orações de uma sequência, deve ser sempre precedida de vírgula:

O homenzinho ia, e vinha, e tornava a ir, e ainda uma vez voltava, e insistia em se afastar, e logo fazia meia-volta...

c) a vírgula também deve ser usada quando a conjunção une orações que possuem sujeitos diferentes:

Os estudantes tomaram as ruas com seus protestos, e os aposentados se dirigiram ao Ministério da Previdência Social.

- Também o ponto-e-vírgula é utilizado na pontuação das orações coordenadas. Isso ocorre principalmente com orações adversativas e conclusivas:

Faça o que quiser; mas não me impeça de pensar livremente.

A situação tem piorado consideravelmente; portanto devem ser tomadas medidas eficientes com rapidez.

- O uso do ponto-e-vírgula ocorre também entre as orações assindéticas que tenham nítido valor adversativo ou conclusivo:

Tentei demovê-los daquele intento; ninguém me quis ouvir.

A vida é frágil; deve-se manuseá-la com sensibilidade.

- O uso do ponto-e-vírgula é obrigatório quando a conjunção das coordenadas sindéticas adversativas e conclusivas não estiver no início dessas orações. Observe que, nesses casos, as conjunções deslocadas devem ser isoladas por vírgulas:

Têm-se apontado muitas razões para o subdesenvolvimento do país; nunca, porém, se fala na manutenção de privilégios.

Privilégios continuam existindo; o país, portanto, prosseguirá em sua trajetória descendente.

- O ponto e vírgula permite organizar blocos de orações coordenadas que estabelecem contraste:

Uns avançam os sinais vermelhos, oprimem os pedestres nas faixas de segurança, estacionam em fila dupla e ostentam suas poses de bons cidadãos; outros nascem na miséria, crescem nas ruas, vendem gomas de mascar nos semáforos e acabam recebendo destaque nas reportagens policiais.

- O ponto e vírgula deve ser usado para separar os membros de uma enumeração:

Numa eleição, deve-se levar em conta:

a) o perfil ideológico e o programa de cada partido;

b) a atuação dos membros do partido em gestões anteriores;

c) a qualidade individual dos candidatos do partido.

Orações coordenadas, leitura e produção de textos

O estudo das orações coordenadas facilita o trabalho de quem necessita interpretar ou produzir textos narrativos e dissertativos. As orações coordenadas aditivas são bastante empregadas em sequências narrativas, criando os mais diversos efeitos, aumentando ou diminuindo a velocidade narrativa de acordo com as intenções do produtor do texto. As coordenadas adversativas, conclusivas, alternativas e explicativas são praticamente indispensáveis nos textos dissertativos, pois possibilitam a quem elabora o texto a adoção das mais diversas estratégias de argumentação. As adversativas, por exemplo, permitem a quem está redigindo ou falando a contraposição imediata de argumentos. Isso significa que, por meio dessas orações, podem-se considerar as posições contrárias às que se defende, estrategicamente colocadas em posição de menor destaque. Observe:

É inegável que o país vem atravessando um período difícil, mas é igualmente inegável que isso não justifica o abandono das áreas de saúde e educação.

Emprego semelhante pode ser dado às orações ligadas pelas chamadas séries aditivas enfáticas. Nesse caso, coordenam-se dois argumentos favoráveis à mesma tese, conferindo-se ênfase ao segundo deles:

Não só se deve considerar a validade destas medidas, mas principalmente deve-se, a partir de agora, passar à sua aplicação efetiva.

ATIVIDADES

1. Explique as relações existentes entre os fatos expressos nos períodos compostos seguintes.

a) Ele já se mudou, porque sua casa está vazia.

b) Fique calmo, que tudo dará certo.

c) É milionário e vive pedindo fiado.

d) Muitos deputados ausentaram-se intencionalmente da votação; sua ausência deve ser vista como uma tomada de posição, pois.

e) Não falte amanhã, pois temos de tomar decisões importantes.

f) Faça bem-feito ou terá de fazer de novo.

2. Construa períodos compostos por coordenação, unindo as orações de cada um dos itens seguintes. Utilize a conjunção coordenativa apropriada e faça as alterações necessárias.

a) Aquele foi um janeiro quente e ensolarado. Não pudemos tirar férias.
b) Nesta terra de fartura há muitos pobres. Algo está errado.
c) Venha me visitar. Quero estar com você algum tempo.
d) A colheita baterá recordes. Muita gente passará fome.
e) Não conseguíamos resolver nossos problemas. Devíamos procurar novas alternativas.
f) Invista em si mesmo desde já. Poderá enfrentar dificuldades mais tarde.
g) Chove torrencialmente. A seca castiga a tudo e a todos.
h) Muito me engano. Escrevi uma carta desnecessária.
i) Não compareci à reunião. Não posso opinar sobre o assunto.
j) Viajarei com vocês nas férias. Não estarei em casa.
k) Podem ir. Voltem cedo.
l) Esperarei alguns instantes. Telefonarei para ela. Marcarei um encontro para a tarde.
m) Entre logo. Está ficando frio.
n) Ela sorri o tempo todo. Deve ser feliz.
o) Preste atenção à estrada. Está cheia de buracos.
p) Há anos estudo francês. Estou começando a estudar italiano.
q) Vou dar o recado a ela. A viagem não será adiada.
r) Sofreu uma queda violenta. Não se machucou.

3. Ordene os fatos expressos nas orações de cada item e forme períodos compostos por coordenação. Utilize as conjunções ou sinais de pontuação apropriados a cada caso.

a) Acendeu a fogueira. Juntou galhos e gravetos.
b) Armou a barraca com cuidado. Escolheu um local plano e aberto. Limpou a área.
c) A luz invadiu o recinto. Levantou-se da cama. Alcançou a janela. Caminhou cuidadosamente no escuro. Abriu-a.
d) Nada posso dizer a respeito. Não sei nada sobre o assunto.
e) Há crianças dormindo. Não faça barulho.
f) Não teve nenhum ferimento grave. Sofreu um acidente terrível.
g) Não conseguirá bons resultados. Faça tudo com capricho.

4. Em cada item, há um período composto por subordinação. Estude bem a relação estabelecida entre os fatos; depois, proponha um período composto por coordenação cujo sentido se aproxime do expresso pelo período original.

a) Embora se trate de uma questão séria, o candidato nega-se a discuti-la.
b) Se você não se dedicar seriamente, os resultados não serão satisfatórios.
c) As janelas estão trancadas porque não há ninguém em casa.

5. Pontue adequadamente os períodos seguintes.

a) O time empenhou-se mas não conseguiu superar o adversário.
b) O álcool combustível é uma fonte renovável de energia portanto deve ter seu uso ampliado e estimulado.
c) O álcool combustível é uma fonte renovável de energia deve ter seu uso ampliado e estimulado portanto.

d) Insistiu e acabou conseguindo o que queria.

e) Tentou uma vez e insistiu e tornou a tentar e acabou conseguindo o que queria.

f) Olhei percebi a falta de coordenação do trabalho e decidi intervir.

g) Muitas medidas têm sido propostas como forma de aliviar as tensões sociais do país nenhuma delas contudo considera uma distribuição de renda menos iníqua.

h) Encaminhei várias propostas nenhuma foi sequer analisada.

i) Chamo-me Ernesto ele João.

6. Comente o emprego da conjunção e no texto do anúncio abaixo.

A ÁGUA É GELADA.
O TUBARÃO É ASSASSINO
E A FOTO NÃO PODE
SAIR TREMIDA.
A ÁGUA É GELADA. O TUBARÃO É ASSASSINO E A FOTO NÃO PODE SAIR TREMIDA.
AGORA EM PORTUGUÊS
JÁ NAS BANCAS
CHEGOU A REVISTA!
NATIONAL GEOGRAPHIC
TUBARÃO BRANCO
NATIONAL GEOGRAPHIC BRASIL
O MUNDO COM OUTROS OLHOS

Anúncio da National Geographic/Agência Lowe.

Revista *Placar*, maio 2000.

LEITURA, USO, REFLEXÃO

• Texto

O mato

Veio o vento frio, e depois o temporal noturno, e depois da lenta chuva que passou toda a manhã caindo e ainda voltou algumas vezes durante o dia, a cidade entardeceu em brumas. Então o homem esqueceu o trabalho e as promissórias, esqueceu a condução e o telefone e o asfalto, e saiu andando lentamente por aquele morro coberto de um mato viçoso, perto de sua casa. O capim cheio de água molhava seu sapato e as pernas da calça; o mato escurecia sem vaga-lumes nem grilos.

Pôs a mão no tronco de uma árvore pequena, sacudiu um pouco, e recebeu nos cabelos e na cara as gotas de água como se fosse uma bênção. Ali perto mesmo a cidade murmurava, estava com seus ruídos vespertinos, ranger de bondes, buzinar impaciente de carros, vozes indistintas; mas ele via apenas algumas árvores, um canto de mato, uma pedra escura. Ali perto, dentro de uma casa fechada, um telefone batia, silenciava, batia outra vez, interminável, paciente, melancólico. Alguém, com certeza já sem esperança, insistia em querer falar com alguém.

Por um instante o homem voltou seu pensamento para a cidade e sua vida. Aquele telefone tocando em vão era um dos milhões de atos falhados da vida urbana. Pensou no desgaste nervoso dessa vida, nos desencontros, nas incertezas, no jogo de ambições e vaidades, na procura de amor e de importância, na caça ao dinheiro e aos prazeres. Ainda bem que de todas as grandes cidades do mundo o Rio é a única a permitir a evasão fácil para o mar e a floresta. Ele estava ali num desses limites entre a cidade dos homens e a natureza pura; ainda pensava em seus problemas urbanos – mas um camaleão correu de súbito, um passarinho piou triste em algum ramo, e o homem ficou atento àquela humilde vida animal e também à vida silenciosa e úmida das árvores, e à pedra escura, com sua pele de musgo e seu misterioso coração mineral.

E pouco a pouco ele foi sentindo uma paz naquele começo de escuridão, sentiu vontade de deitar e dormir entre a erva úmida, de se tornar um confuso ser vegetal, um grande sossego, farto de terra e de água; ficaria verde, emitiria raízes e folhas, seu tronco seria um tronco escuro, grosso, seus ramos formariam copa densa, e ele seria, sem angústia nem amor, sem desejo nem tristeza, forte, quieto, imóvel, feliz.

BRAGA, Rubem. *200 crônicas escolhidas*. 6. ed. Rio de Janeiro: Record, 1978. p. 260-1.

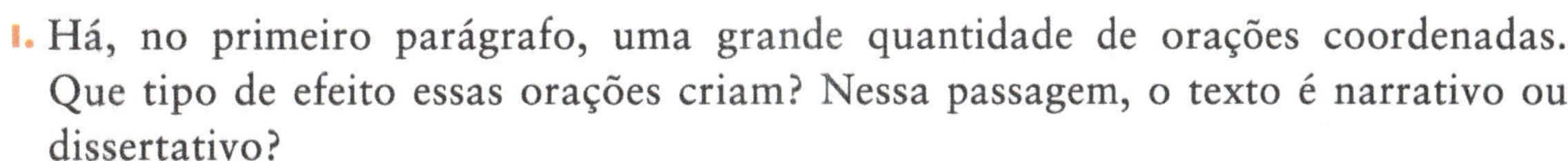

1. Há, no primeiro parágrafo, uma grande quantidade de orações coordenadas. Que tipo de efeito essas orações criam? Nessa passagem, o texto é narrativo ou dissertativo?
2. Que efeito criam as orações do primeiro período do segundo parágrafo?
3. Justifique o emprego do ponto-e-vírgula no segundo período do segundo parágrafo. Justifique também o emprego da conjunção **mas** nesse mesmo período.
4. Explique o porquê do uso da conjunção **mas** no terceiro parágrafo do texto.
5. O último parágrafo é formado por um único período. Como se organizam as orações desse período?
6. Qual o processo de organização sintática que predomina no texto? Essa predominância produz algum efeito especial? Comente.
7. Você já sentiu desejo de se tornar um ser "forte, quieto, imóvel, feliz"? Por quê?

CAPÍTULO 31

Concordância verbal e nominal

Não há vagas

O preço do feijão
não cabe no poema. O preço
do arroz
não cabe no poema.
Não cabem no poema o gás
a luz o telefone
a sonegação
do leite
da carne
do açúcar
do pão

O funcionário público
não cabe no poema
com seu salário de fome
sua vida fechada
em arquivos.
Como não cabe no poema
o operário
que esmerila seu dia de aço
e carvão
nas oficinas escuras

– porque o poema, senhores,
está fechado:
"não há vagas"
Só cabe no poema
o homem sem estômago
a mulher de nuvens
a fruta sem preço

O poema, senhores,
não fede
nem cheira

GULLAR, Ferreira. *Toda poesia (1950-1980)*. 3. ed. Rio de Janeiro: Civilização Brasileira, 1983. p. 224.

Leitura: interação

1. A repetição de estruturas sintáticas cumpre papel importante no texto? Comente.
2. Na sua opinião, quem são os "senhores" a que o texto se dirige?
3. Faça um levantamento das coisas que cabem no poema e das que não cabem e responda: que concepção de poesia o texto critica? Que tipo de poesia ele postula?
4. Faça um levantamento das ocorrências do verbo **caber** no texto e indique os seus respectivos sujeitos. Há alguma particularidade quanto à concordância desse verbo? Comente.
5. O que você acha da poesia em que "não há vagas"?

Concordância verbal

Regras básicas

O verbo e o sujeito de uma oração mantêm entre si uma relação de mútua solidariedade chamada **concordância verbal**. De acordo com essa relação, verbo e sujeito concordam em número e pessoa:

Reconheço os próprios erros. / Reconhecemos os próprios erros.

sujeito da primeira pessoa do singular — sujeito da primeira pessoa do plural

Qualquer pessoa razoável reconhece os próprios erros.

sujeito da terceira pessoa do singular

Pessoas razoáveis reconhecem os próprios erros.

sujeito da terceira pessoa do plural

O sujeito composto equivale a um sujeito no plural:

Pai e filho conversaram longamente.

Pais e filhos devem conversar com frequência.

Nos sujeitos compostos de que participam pessoas gramaticais diferentes, a concordância no plural obedece às seguintes prioridades: a primeira pessoa prevalece sobre a segunda pessoa, que por sua vez prevalece sobre a terceira:

Nossos amigos, tu e **eu** | formaremos um belo time de futebol.
primeira pessoa do plural

Tu e teus colegas | formareis um belo time de futebol.
segunda pessoa do plural

Professores e alunos | participam de uma mesma comunidade.
terceira pessoa do plural

Devido ao limitado uso das formas verbais de segunda pessoa do plural (**vós**) no português atual, tem ocorrido com bastante frequência a concordância com a forma verbal de terceira pessoa, já incorporada à língua-padrão:

Tu e teus colegas formarão um belo time de futebol.

Em todos os casos vistos até agora, os sujeitos compostos estão **antepostos** ao verbo com que concordam. No caso de sujeitos compostos **pospostos** ao verbo, abre-se uma nova possibilidade de concordância: o verbo pode deixar de concordar no plural com a totalidade do sujeito para estabelecer concordância com o núcleo do sujeito mais próximo. Essa possibilidade é extensiva aos demais casos de concordância com sujeitos compostos que estudaremos mais adiante.

Bastaram determinação e capacidade. — Bastou determinação e capacidade.

Pouco opinamos eu e meus colegas. — Pouco opinei eu e meus colegas.

No entanto, quando há reciprocidade, a concordância deve ser feita no plural. Esse fenômeno é extensivo aos demais casos de concordância que ainda serão estudados:

Agrediram-se o deputado e o senador. (isto é, agrediram um ao outro)

Ofenderam-se o jogador e o árbitro. (isto é, ofenderam um ao outro)

Casos de sujeito simples que merecem destaque

Expressões partitivas

Quando o sujeito é formado por uma expressão partitiva (**parte de..., uma porção de..., o grosso de..., metade de..., a maioria de..., a maior parte de..., grande número de...**) seguida de um substantivo ou pronome no plural, o verbo pode ficar no singular ou no plural:

A maioria dos alunos participou/participaram da reunião.

Metade dos candidatos à prefeitura não apresentou/apresentaram qualquer proposta consistente.

Nesses casos, o verbo no singular enfatiza a unidade do conjunto; já o verbo no plural dá destaque aos elementos que formam esse conjunto.

Expressões que indicam quantidade aproximada

Quando o sujeito é formado por expressão que indica quantidade aproximada (**cerca de..., mais de..., menos de..., perto de...**) seguida de numeral e substantivo, o verbo concorda com o substantivo:

Cerca de vinte **corpos foram resgatados** dos escombros.

Perto de quinhentas **pessoas compareceram** à cerimônia.

Mais de um **atleta estabeleceu** novo recorde nas últimas Olimpíadas.

Quando a expressão **mais de um** se associa a verbos que exprimem reciprocidade ou for repetida, o plural é o uso mais frequente:

Mais de um parlamentar se ofenderam na tumultuada sessão de ontem. (= ofenderam um ao outro)

Mais de um casal, mais de uma família já perderam qualquer esperança num futuro melhor.

Quais de nós/quais de vós

Quando o sujeito é um pronome interrogativo ou indefinido plural (**quais, quantos, alguns, poucos, muitos, quaisquer, vários**) seguido de **de nós** (ou **vós**), o verbo pode concordar com o primeiro pronome (na terceira pessoa do plural) ou com o pronome pessoal:

Quais de **nós sabiam/sabíamos** disso tudo?

Alguns de **vós temiam/temíeis** novas revelações.

Vários de **nós participaram/participamos** das discussões.

A opção por uma ou outra forma indica a inclusão ou exclusão de quem fala ou escreve. Quando alguém estabelece a concordância "Muitos de nós sabíamos de tudo e nada fizemos.", está-se incluindo num grupo de omissos, o que não ocorre com a concordância "Muitos de nós sabiam de tudo e nada fizeram.", que soa como uma acusação ou denúncia.

Nos casos em que o interrogativo ou indefinido estiver no singular, o verbo ficará no singular:

Qual de nós **sabia** de tudo?

Algum de vós **fez** isso.

Plural aparente

Quando o sujeito é um plural aparente, ou seja, é uma palavra ou expressão com forma de plural, mas sentido de singular, o verbo concorda no singular:

Flores não recebe mais acento. Nós é um pronome pessoal do caso reto.

Quando se trata de nomes próprios, a concordância deve ser feita levando-se em conta a ausência ou presença de artigo (que pode ou não fazer parte do título de obras literárias):

Os Estados Unidos **impuseram** uma nova ordem mundial.

Poços de Caldas **continua** agradável.

As Minas Gerais **são** inesquecíveis.

Minas Gerais **produz** laticínios de boa qualidade.

***Os** lusíadas* **consumiram** anos de dedicação do poeta.

As *Memórias póstumas de Brás Cubas* **renovaram** a estética do romance.

Porcentagens

Quando o sujeito for indicação de uma porcentagem seguida de substantivo, o verbo pode concordar com o numeral ou com o substantivo. A tendência na língua portuguesa atual do Brasil é concordar com o substantivo:

25% do **orçamento** do país **deve** destinar-se/**devem** destinar-se à Educação.

85% dos **entrevistados declararam** sua insatisfação com o prefeito.

1% da **classe recusou**-se a colaborar.

1% dos **alunos recusou**-se/**recusaram**-se a colaborar.

Sujeito *que*

Quando o sujeito é o pronome relativo **que**, a concordância em número e pessoa é feita com o antecedente desse pronome:

Fui **eu** que **fiz** isso. Fomos **nós** que **fizemos** isso. Não és **tu** que me **provocas** riso.

Um dos que

Com as expressões **um dos... que...** e **um dos que**, o verbo costuma assumir o plural:

O Amazonas é **um dos rios que cortam** a Floresta Equatorial brasileira.

O ministro é **um dos que defendem** tal postura.

Nesses dois casos, tem sido muito frequente a concordância no singular em textos que devem seguir a língua-padrão.

Sujeito *quem*

Quando o sujeito é o pronome relativo **quem**, pode-se utilizar o verbo na terceira pessoa do singular ou em concordância com o antecedente do pronome.

Fui eu **quem fez** isso. / Fui eu quem **fiz** isso.

Fomos nós **quem fez** isso. / Fomos **nós** quem **fizemos** isso.

ATIVIDADES

1. Complete as frases seguintes com a forma apropriada do verbo entre parênteses.
   a) (*) várias coisas estranhas na tarde de ontem. (*acontecer*)
   b) (*)-nos poucos dias de férias. (*restar*)
   c) (*) alguns poucos amigos fiéis no fim da festa. (*ficar*)
   d) (*) alguns doces. (*sobrar*)
   e) (*) alguns bons amigos para o alegrar. (*bastar*)
   f) Ainda (*) bons motivos para ficarmos juntos. (*dever existir*)
   g) Ainda (*) surpresas nesse campeonato. (*poder ocorrer*)
   h) É provável que ainda (*) lembranças daquele passado. (*sobreviver*)
   i) Devem-se preservar os poucos indivíduos que (*). (*restar*)
   j) Você e seus amigos (*) das reuniões da classe. (*dever participar*)
   k) Tu e teus amigos (*) das reuniões da classe. (*dever participar*)
   l) Por que não (*) tu e teus amigos às reuniões da classe? (*comparecer*)

2. Leia a frase seguinte e indique formas de evitar as possíveis ambiguidades.
   Feriram-se o pai e o filho.

3. Complete as frases seguintes com a forma apropriada dos verbos entre parênteses.
   a) As mensalidades do curso preparatório para o exame de medicina (*) muito nos últimos dois meses. (*subir*)
   b) Uma pesquisa recente revelou que a maioria dos adolescentes não se (*) contra a Aids. (*prevenir*)
   c) A maior parte dos acidentes de trânsito (*) pela imprudência dos envolvidos. (*ser provocado*)
   d) Cerca de dez mil pessoas (*) das manifestações contra a corrupção. (*participar*)
   e) Mais de um sonhador (*) seu dinheiro em loterias. (*gastar*)
   f) Mais de um torcedor (*) naquela tarde infeliz. (*agredir-se*)

4. Explique as diferenças de significado que se podem perceber entre as frases de cada um dos pares seguintes.
   a) Grande número de pessoas participou do ato público. / Grande número de pessoas participaram do ato público.
   b) Alguns de nós são culpados de omissão. / Alguns de nós somos culpados de omissão.
   c) Mais de um atleta feriu-se durante a partida. / Mais de um atleta feriram-se durante a partida.

5. Complete as frases seguintes com a forma apropriada dos verbos entre parênteses.
   a) Quantos de vós (*) de tudo e (*) calar-se? (*saber/preferir*)
   b) Poucos dentre nós (*) realmente dignos do cargo que (*). (*ser/ocupar*)
   c) Qual de nós (*) isso? (*fazer*)
   d) Algum de nós (*) essa negociata. (*aceitar intermediar*)
   e) Andradas (*) no sul de Minas. (*ficar*)
   f) Os Estados Unidos (*) intervir no conflito iugoslavo. (*decidir*)
   g) Alguns editorialistas de jornal vivem pedindo aos Estados Unidos que (*) a humanidade. (*policiar*)

h) Alagoas (*) praias belíssimas. (*ter*)
i) Ouvi dizer que as Alagoas (*) praias belíssimas. (*ter*)
j) *Os sertões* (*) jornalismo, história e literatura. (*reunir*)
k) As *Memórias do cárcere* (*) indispensáveis a quem acredita na dignidade humana. (*ser*)

6. Complete as frases seguintes com a forma apropriada dos verbos entre parênteses.
a) 40% dos candidatos nunca (*) de um concurso antes. (*haver participado*)
b) 1% dos entrevistados (*) seu voto. (*negar-se a declarar*)
c) 32% do orçamento (*) nos meandros da burocracia. (*desaparecer*)
d) 1% do capital investido nesta bicicleta (*) a mim! (*pertencer*)
e) Fui eu que (*) esses pacotes. (*trazer*)
f) Fui eu quem (*) esses presentes. (*comprar*)
g) Somos sempre nós que (*) tarde. (*chegar*)
h) Foste tu que (*) suco de laranja? (*pedir*)
i) Não fui eu quem (*) isso. (*falar*)
j) Lá vai um dos que (*) que a lei é só para os pobres. (*pensar*)
k) Ela é uma das candidatas que (*) a pena de morte. (*repudiar*)

Casos de sujeito composto que merecem destaque

Núcleos sinônimos

Quando os núcleos do sujeito composto são sinônimos ou quase sinônimos ou estabelecem uma gradação, o verbo pode concordar no singular:

O desalento e a tristeza **minou**-lhe/**minaram**-lhe as forças.

Um aceno, um gesto, uma palavra, um estímulo **faria / fariam** muito por ele.

Com o verbo no singular, enfatiza-se, no primeiro caso, a unidade do sentimento formado pela combinação desalento/tristeza. No segundo caso, o singular enfatiza o último elemento da série gradativa.

Núcleos unidos por *ou/nem*

Quando os núcleos do sujeito composto são unidos por **ou** ou **nem**, o verbo no plural indica que a declaração contida no predicado pode ser atribuída conjuntamente a todos os núcleos:

Um sorriso ou uma lágrima o **tirariam** daquela incerteza. / Nem poder, nem dinheiro o **corrompiam**.

O verbo no singular com esse tipo de sujeito indica alternância ou mútua exclusão:

Milão ou Berlim **sediará** a próxima Olimpíada. / Nem você nem ele **será** o novo representante da classe.

Com as expressões **um ou outro** e **nem um nem outro**, a concordância costuma ser feita no singular, embora o plural também seja usado. Com a locução **um e outro**, o plural é mais frequente, embora também se use o singular. Não há uniformidade no tratamento dado a essas expressões por gramáticos e escritores. Em todos esses casos, parece razoável adotar o mesmo procedimento usado com outros sujeitos unidos por **e**, **ou** e **nem**.

Núcleos unidos por *com*

Quando os núcleos do sujeito são unidos por **com**, a forma plural do verbo indica que esses núcleos recebem um mesmo grau de importância. **Com**, nesses casos, tem sentido muito próximo ao de **e**:

O professor com o aluno **montaram** o equipamento.

O presidente com seus ministros **reuniram**-se hoje à tarde.

O verbo no singular dá destaque ao primeiro elemento:

O velho patriarca, com sua mulher e filhos, **fazia**-se notar pela elegância do porte.

Nesse caso, não se tem propriamente um sujeito composto, e sim um sujeito simples e seu adjunto adverbial de companhia.

Expressões correlativas

Quando os núcleos do sujeito são unidos por expressões correlativas como **não só... mas também..., não só... como também..., não só... mas ainda..., não somente... mas ainda..., não apenas... mas também..., tanto... quanto...**, o verbo concorda de preferência no plural:

Não só a seca mas também o descaso **assolam** o Nordeste.

Tanto o pai quanto o filho **costumavam** passar por ali.

Aposto recapitulativo

Quando os elementos de um sujeito composto são seguidos por um aposto recapitulativo, a concordância é feita com esse termo resumidor:

Carros, casas, prédios, viadutos, pontes, **tudo** foi destruído pelo terremoto.

Luxo, riqueza, dinheiro, **nada** o tentava.

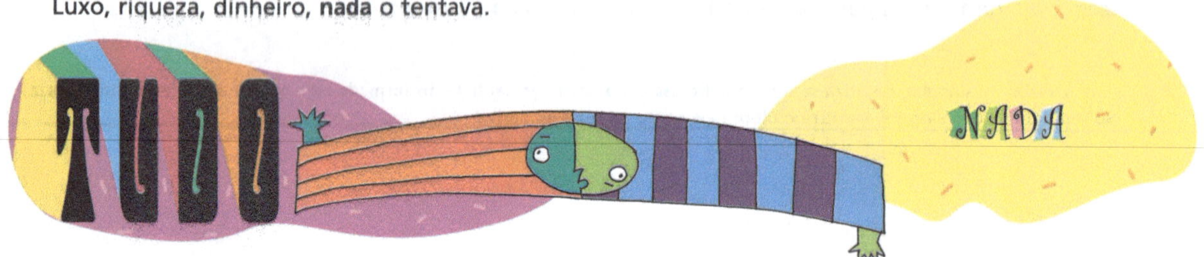

Concordância de alguns verbos e estruturas verbais

O verbo e a palavra *se*

Merece destaque a concordância das estruturas verbais formadas com a participação do pronome **se**. Dentre as várias funções que esse pronome exerce, há duas de particular interesse para a concordância verbal: a de **índice de indeterminação do sujeito** e a de **pronome apassivador**.

Reveja nos capítulos sobre termos essenciais e termos integrantes da oração o que falamos dessas funções e da concordância verbal apropriada a cada caso.

Haver/fazer

O verbo **haver**, quando indica existência ou acontecimento, é impessoal, devendo permanecer sempre na **terceira pessoa do singular**. **Haver** e **fazer** são impessoais quando indicam tempo. Nesse caso, devem permanecer na **terceira pessoa do singular**.

Observação
A expressão *haja vista*

A expressão **haja vista** é usada em várias construções:

Participar é indispensável: haja vista as recentes manifestações contra a corrupção.

Votar bem é indispensável: hajam vista as últimas eleições municipais.

Desrespeito e arrogância matam: haja vista aos acidentes de trânsito.

Reveja o que falamos dessas estruturas impessoais no capítulo sobre os termos essenciais da oração.

Ser

A concordância do verbo **ser** é muito rica em detalhes. Em muitas situações, esse verbo deixa de concordar com o sujeito para concordar com o predicativo. Em outras, pode concordar com um ou com outro, de acordo com o termo que se quer enfatizar.

- Quando colocado entre um substantivo comum no singular e outro no plural, o verbo **ser** tende a ir para o plural. Poderá ficar no singular por motivo de ênfase:

  A sua paixão eram os filmes de terror.

  Aquele amor é apenas cacos de um passado.

- Quando colocado entre um nome próprio e um substantivo comum, o verbo tende a concordar com o nome próprio. Entre um pronome pessoal e um substantivo comum ou próprio, o verbo concorda com o pronome:

  Garrincha foi as maravilhas do drible.

  O responsável pela expedição sou eu.

  Eu sou José da Silva.

  José da Silva sou eu.

- Quando colocado entre um pronome não pessoal e um substantivo, o verbo **ser** tende a concordar com o substantivo:

  Tudo eram alegrias naquela noite.

  Isso são manias de um ocioso.

  Quem são os vencedores?

  Que são ideias?

Nos dois primeiros casos, há gramáticos que consideram possível também a concordância com o pronome.

- Nas expressões que indicam quantidade (medida, peso, preço, valor), o verbo **ser** é invariável:

  Dois quilos é pouco.

  Vinte mil reais é demais.

  Dez minutos é mais do que eu preciso para ir daqui até lá.

  Mil reais já foi muito, hoje é pouco, é bem menos do que eu estou precisando.

- Nas indicações de tempo, o verbo **ser** concorda com a expressão numérica que o acompanha:

  É uma hora.

  São três e vinte.

  Já é mais de uma hora.

  Já são mais de duas horas.

  São cinco para uma.

  Hoje são vinte de setembro. (mas: Hoje é dia vinte de setembro.)

ATIVIDADES

1. Complete as frases seguintes com a forma apropriada do verbo entre parênteses.
   a) O ardor e a paixão (*) aquele coração exaltado. (*alimentar*)
   b) Uma foto, uma imagem, uma lembrança (*) para atormentá-lo. (*bastar*)
   c) A dignidade ou a cidadania (*) de nós um país melhor. (*fazer*)
   d) Nem a omissão da maioria, nem a corrupção impune (*) a qualquer projeto de nação. (*conduzir*)
   e) Tenho certeza de que você ou seu irmão (*) a eleição para a presidência do clube dos calvos. (*vencer*)
   f) Nem um nem outro vereador (*) a presidência da câmara. (*ocupar*)
   g) Nem um nem outro (*) falta ao grupo. (*fazer*)
   h) Um e outro pouco (*) para o bem-estar de todos. (*colaborar*)
   i) A rainha, com sua comitiva, (*) ontem de manhã. (*desembarcar*)
   j) O técnico da seleção brasileira com seus colaboradores (*) entrevista coletiva à tarde. (*conceder*)

2. Passe para o plural os termos destacados em cada uma das frases seguintes e faça as mudanças necessárias.
   a) Anunciou-se **a reforma administrativa**.
   b) Amanhã se fará **o último exame**.
   c) Trata-se de **uma questão polêmica**.
   d) Revogar-se-á **a lei**.
   e) Apelou-se para **o médico mais experiente do hospital**.
   f) Obteve-se **um microprocessador mais veloz**.
   g) Definiu-se **o objetivo da reforma fiscal**.
   h) Ele prefere não opinar quando se fala em **eleição**.
   i) O ministro comunicou a todos que se estava preparando **um novo conjunto de medidas econômicas**.

3. Este exercício é semelhante ao anterior.
   a) Houve **um problema** durante a viagem.
   b) Ocorreu **um problema** durante a viagem.
   c) Parece ter havido **uma dúvida** durante a realização da prova.
   d) Parece ter surgido **uma dúvida** durante a realização da prova.
   e) Ele acredita que deve ter havido **algum transtorno** durante a viagem.
   f) Ele acredita que deve ter ocorrido **algum transtorno** durante a viagem.
   g) Faz **um ano** que ele viajou.
   h) Faz **mais de uma hora** que ela saiu.
   i) Deve fazer **uma década** que o país está nessa situação.

4. Complete as frases seguintes com a forma apropriada do verbo ser.
   a) Maria (*) as alegrias da avó.
   b) Tudo (*) tristezas naquela tarde.
   c) Hoje (*) dia trinta de setembro.
   d) Hoje (*) vinte e três de abril.
   e) Vinte milhões (*) muito!
   f) (*) vinte para as três.
   g) Seu problema (*) eu?
   h) Quem (*)? (*) nós.
   i) Tu (*) o professor dessa matéria.
   j) O país (*) nós. Nós (*) a nação brasileira.
   k) A vida (*) momentos.
   l) Isso (*) idiossincrasias de um chato.

Uso do infinitivo

O infinitivo exprime o processo verbal sem indicação de tempo. Em português, apresenta duas modalidades: a impessoal, em que se considera apenas o processo verbal, e a pessoal, em que se atribui a esse processo verbal um agente:

É proibido fumar. (impessoal) / É bom fazermos algo. (pessoal, sujeito/agente **nós**)

Nem sempre a modalidade pessoal do infinitivo vem flexionada: há casos em que se deve determinar o sujeito pelo contexto.

Fiquemos quietos para surpreendermos quem entrar.

Fiquemos quietos para surpreender quem entrar.

Em ambas as frases, o sujeito de **surpreender** é **nós**. Como se trata de um caso optativo de emprego da forma flexionada, decidiu-se, na segunda frase, pela forma não flexionada. Observe que a primeira frase é mais enfática do que a segunda.

É difícil estabelecer regras para o uso da forma flexionada do infinitivo. Em muitos casos, trata-se de uma opção estilística, como nas últimas frases analisadas. Algumas recomendações, no entanto, podem ser feitas.

Forma não flexionada

Usa-se a forma não flexionada:

- quando o verbo é empregado indeterminadamente, assumindo valor substantivo:

  Agir é tudo.

  Atacar é a melhor defesa.

- quando o infinitivo tem valor imperativo:

  Direita, volver!

  Apressar o passo! Apressar o passo!

- quando o infinitivo, regido de preposição **de**, assume sentido passivo como complemento de um adjetivo:

  Seus constantes desaforos eram ossos duros de roer. (= de serem roídos)

  Passei por momentos difíceis de esquecer. (= de serem esquecidos)

- quando o infinitivo vem como verbo principal de uma locução verbal:

  Não podíamos prever o que os outros iriam fazer.

  Eles acabam de confirmar sua participação nos jogos.

  Estão a brincar comigo?

- quando o infinitivo ocorre numa oração substantiva reduzida que complementa um auxiliar causativo (**deixar**, **mandar**, **fazer**) ou sensitivo (**ver**, **sentir**, **ouvir**, **perceber**) e tem como sujeito um pronome oblíquo:

  Deixe-os falar.

  Mandaram-nos sair dali.

  Viram-te passar na rua.

Forma flexionada

A forma flexionada deve ser usada obrigatoriamente quando houver sujeito próprio, diferente do sujeito da oração principal. Isso ocorre também quando o sujeito do infinitivo é indeterminado e o da oração principal não é:

Existe muita gente que diz sermos nós um tanto sonhadores.

Lembrei-me da recomendação médica de tomares sol todas as manhãs.

É hora de vocês passarem à ação.

Senti apalparem-me o braço.

Podemos usar a forma flexionada ou não flexionada quando o infinitivo da oração reduzida que complementa um auxiliar causativo ou sensitivo apresentar como sujeito um substantivo ou quando quisermos enfatizar o agente do processo verbal nas orações subordinadas cujo sujeito é igual ao das orações principais:

Deixe os meninos falarem/falar.

Ouvi os pássaros cantarem/cantar.

Trouxemos nossos produtos para vendermos/vender.

Os manifestantes se dirigiram ao palanque para protestarem/protestar contra os oradores.

O verbo *parecer* e o infinitivo

O verbo **parecer** pode relacionar-se de duas maneiras distintas com o infinitivo:

Os dias parecem voar. Os dias parece voarem.

Na primeira frase, **parecer** é verbo auxiliar de **voar**. Na segunda, temos na realidade uma inversão da ordem dos termos, que seria "Parece voarem os dias.". **Parece** é o verbo de uma oração principal cujo sujeito é a oração subordinada substantiva subjetiva reduzida de infinitivo "voarem os dias". Se desenvolvermos essa oração, obteremos "Parece que os dias voam.".

Atividades

1. Complete as lacunas das frases seguintes com a forma flexionada ou não flexionada do infinitivo entre parênteses. Indique os casos em que o uso é optativo.
   a) Pediram-me autorização para (*). (*sair*)
   b) Vocês precisam (*) no assunto seriamente. (*pensar*)
   c) Confessaram (*) contado a história a outros. (*ter*)
   d) Acabaram de (*) um novo disco do Caetano Veloso. (*lançar*)
   e) Não nos deixaram (*) na reunião. (*falar*)
   f) Temos visto (*) mais pessoas interessadas no assunto. (*surgir*)
   g) Mandei-os (*). (*entrar*)
   h) Mandei as crianças (*). (*sair*)
   i) Tu disseste para eles (*) os documentos necessários? (*trazer*)
   j) Dissemos que muitas de suas atitudes têm sido difíceis de (*). (*aturar*)

k) As fortes chuvas de verão começaram a (*). (*cair*)
l) Viemos até aqui para (*) nossas opiniões. (*expor*)
m) Seus olhos pareciam (*) que eu me aproximasse. (*pedir*)
n) Seus olhos parecia (*) que eu me aproximasse. (*pedir*)

2. Observe atentamente as duas frases seguintes e aponte as diferenças de sentido entre elas.

As luzes da cidade pareciam conversar com a noite.
As luzes da cidade parecia conversarem com a noite.

Concordância nominal

Regras básicas

A relação entre um substantivo (ou um pronome ou numeral substantivo) e as palavras que a ele se ligam para caracterizá-lo (artigos, adjetivos, pronomes adjetivos, numerais adjetivos) recebe o nome de **concordância nominal.** Para estudar como essa relação se estabelece, é necessário lembrar que adjetivos e palavras de valor adjetivo podem atuar como adjuntos adnominais ou predicativos dos substantivos a que se referem. No estudo que faremos a partir de agora, deve-se considerar que o comportamento dos adjetivos é extensivo às outras palavras de emprego adjetivo.

Adjuntos adnominais de um único substantivo

Quando atuam como adjuntos adnominais de um único substantivo, os adjetivos concordam em gênero e número com esse substantivo:

Seus olhos **escuros** transmitem uma funda inquietação.

Adjuntos adnominais de dois ou mais substantivos

Quando atuam como adjuntos adnominais de dois ou mais substantivos, os adjetivos podem sempre concordar com o mais próximo desses substantivos. Nos casos em que estão pospostos aos substantivos, os adjetivos podem também concordar com todos eles:

Tratava-se de **inoportuno** momento e lugar.
Tratava-se de momento e lugar **inoportuno**.
Tratava-se de momento e lugar **inoportunos**.

A forma adotada nesse último exemplo é a mais clara, pois indica que o adjetivo efetivamente se refere aos dois substantivos.

O adjetivo anteposto a nomes próprios deve sempre concordar no plural:

As **dedicadas** Maria e Joana participaram do concurso.

Substantivos de gêneros diferentes

Quando um adjetivo se refere ao mesmo tempo a substantivos de gêneros diferentes, assume a forma do masculino plural:

Tratava-se de ocasião e lugar inoportunos.

Predicativo de um sujeito ou de um objeto simples

Quando um adjetivo atua como predicativo de um sujeito simples ou de um objeto simples, concorda com ele em gênero e número:

A situação é delicada.

As árvores velhas continuam acolhedoras.

Considero encerrada a questão.

Considero solucionados os problemas.

Predicativo de um sujeito ou de um objeto compostos

Quando um adjetivo atua como predicativo de um sujeito ou de um objeto compostos, concorda com todos os núcleos desses termos. Se o predicativo do sujeito estiver anteposto ao sujeito, pode concordar apenas com o núcleo mais próximo (o que acontece também com o verbo da oração):

Pai e filho são **talentosos**.

Marido e mulher são **bem-humorados**.

Considero **brilhantes** o pai e o filho.

Julguei **insensatas** sua atitude e suas palavras.

São **calamitosos** a pobreza e o desamparo.

É **calamitosa** a pobreza e o desamparo.

Um substantivo modificado por dois ou mais adjetivos

Quando um único substantivo é modificado por dois ou mais adjetivos no singular, podem ser usadas estas construções:

Estudo **a cultura** italiana e **a** francesa.

Estudo **as culturas** italiana e francesa.

A construção:

Estudo a cultura italiana e francesa.

embora provoque incerteza (trata-se de duas culturas distintas ou de uma única, ítalo-francesa?), é aceita por muitos gramáticos.

No caso de numerais ordinais que se referem a um único substantivo posposto, podem ser usadas as construções:

Avisei todos os moradores do primeiro e segundo andar.

ou

Avisei todos os moradores do primeiro e segundo andares.

ATIVIDADES

1. Complete as frases seguintes com a forma apropriada do determinante colocado entre parênteses. Indique os casos em que mais de uma concordância é possível.
   a) Sempre o vejo usando óculos (*). (*escuro*)
   b) Conheço todos os países (*). (*latino-americano*)
   c) É um estudioso das culturas (*). (*latino-americano*)

d) (*) atitude e comportamento são (*). (*seu/inaceitável*)
e) (*) comportamento e atitude são (*). (*seu/deplorável*)
f) (*) foi (*) (*) excursão. (*aquele/um/melancólico*)
g) Viam-se ao longe (*) mangueiras e abacateiros. (*alto*)
h) Viam-se ao longe (*) abacateiros e mangueiras. (*robusto*)
i) É um especialista em plantas e animais (*). (*marinho*)
j) É um especialista em animais e plantas (*). (*marinho*)
k) Lá vai ela, desfilando com seu corpo e cabelo (*). (*dourado*)
l) Ele mora numa casa com portões e janelas (*). (*branco*)
m) Ele mora numa casa com janelas e portões (*). (*branco*)

2. Comente a clareza obtida em cada uma das frases seguintes.

Às vezes paro e fico admirando os ipês e as sibipirunas floridas.
Às vezes paro e fico admirando os ipês e as sibipirunas floridos.

3. Complete as frases seguintes com a forma apropriada do determinante entre parênteses.

a) É um especialista em língua e literatura (*). (*francês*)
b) É um especialista no idioma e literatura (*). (*sueco*)
c) Havia (*) livros e revistas sobre a mesa. (*muito*)
d) Havia (*) revistas e livros sobre a mesa. (*muito*)
e) Considero (*) as atividades da comissão. (*indispensável*)
f) Julgo as atividades da comissão (*). (*desnecessário*)
g) São (*) a altura e o peso do lutador. (*excessivo*)
h) É (*) a altura e o peso do lutador. (*excessivo*)
i) Considero (*) a altura e o peso do lutador. (*excessivo*)
j) O talento e a habilidade desse músico são (*). (*famoso*)
k) É (*) o talento e a habilidade desse músico. (*famoso*)
l) São (*) o talento e a habilidade desse músico. (*famoso*)
m) O time principal e o time de juniores terminaram o campeonato (*). (*vitorioso*)
n) Terminaram (*) o time principal e o time de juniores. (*vitorioso*)
o) Terminou (*) o time principal e o time de juniores. (*vitorioso*)

4. Una as orações de cada item seguinte numa única oração. Atente para a concordância nominal.

a) Eu estudo a cultura inglesa. Eu também estudo a cultura alemã.
b) É um especialista na língua francesa. É também especialista na língua russa.
c) Levarei a encomenda aos moradores do terceiro andar. Também levarei a encomenda aos moradores do quarto andar.
d) Os alunos da quinta série organizaram uma festa. Os alunos da sexta série também participaram da organização dessa festa.
e) O imperador almejava o poder temporal. O imperador almejava também o poder espiritual.

Palavras e construções que merecem destaque

Próprio, mesmo, anexo, incluso, quite, obrigado

Concordam em gênero e número com o substantivo ou pronome a que se referem:

Elas **próprias** disseram: "Nós **mesmas** fizemos isso".

Seguem **anexas** as cópias solicitadas.

Seguem **inclusos** os documentos requeridos.

Não há mais nada a discutir: estamos **quites**.

O rapaz agradeceu: "Muito **obrigado**".

Os aposentados disseram ao ministro: "Muito **obrigados** por tudo!".

Meio, bastante

Podem atuar como adjetivos ou como advérbios. No primeiro caso, referem-se a substantivos e são variáveis. No segundo, referem-se a verbos, adjetivos ou advérbios e são invariáveis:

Pedi **meia** cerveja e **meia** porção de batatas fritas.

Meia classe terá de permanecer após o sinal de **meio**-dia e **meia**.

Venderam-se muitas **meias** dúzias de ovos na feira de ontem.

Há **bastantes** pessoas insatisfeitas com o que ganham.

Bastantes coisas estão erradas.

As jogadoras estavam **meio** desgastadas pela competição.

A atleta não foi bem porque estava **meio** ansiosa.

Andamos **meio** aborrecidos.

Ainda acreditamos **bastante** em nós mesmos, apesar de estarmos **bastante** cansados.

Eles se amam **bastante**. E são **bastante** loucos a ponto de casar.

É proibido, é bom, é necessário, é preciso

Quando desacompanhados de determinante (artigos, pronomes e numerais adjetivos), os substantivos podem ser tomados em sentido amplo. Nesse caso, expressões como é **proibido, é bom, é necessário, é preciso** e similares não variam:

Água **é bom** para a saúde.

É proibido entrada.

Liberdade **é necessário**.

É preciso cidadania.

Esta água da serra é muito **boa** para a saúde.

É **proibida a** entrada de estranhos.

A liberdade de expressão é **necessária**.

São **precisas algumas** medidas de urgência.

Concordância ideológica

Muitas vezes os mecanismos gramaticais da língua são contaminados pela significação de palavras e expressões. Essa contaminação faz com que muitas vezes a concordância formal e lógica seja substituída pela concordância ideológica e psicológica. Em outras palavras: somos levados a colocar um verbo ou adjetivo no plural ou no singular não porque o sujeito ou substantivo tenha essa forma, mas sim porque **significa** isso. Às vezes, a alteração diz respeito à pessoa gramatical ou ao gênero gramatical.

A concordância ideológica é chamada de **silepse**. Ocorrem silepses de **número, gênero** e **pessoa.**

Silepse de número

Ocorre particularmente quando o sujeito é um coletivo e o verbo passa a concordar no plural:

O conjunto apresentaram um amplo repertório.

Essa forma de silepse, perfeitamente válida na linguagem literária, é evitada na linguagem formal do cotidiano comunicativo.

Outra forma de silepse de número ocorre quando se utiliza o chamado "plural de modéstia", em que a pessoa que fala ou escreve refere-se a si mesma como "nós". Os adjetivos referentes ao falante vêm no singular:

Nossas palavras foram recebidas com carinho pelo público, o que nos deixou **satisfeito** e **comovido**.

Silepse de gênero

Ocorre particularmente quando se utiliza um pronome de tratamento:

Vossa Excelência está cansado?

Sua Santidade continua gripado.

Um outro caso, também comum:

Alguém está com saudades e quer que você vá vê-la.

Silepse de pessoa

É bastante comum quando quem fala ou escreve se inclui num sujeito de terceira pessoa:

Os brasileiros sabemos que o país atravessa séria crise.

Todos faremos o possível.

Plantados na praça os quatro amigos, falávamos da vida.

Na língua coloquial, é comum a silepse de pessoa com a forma **a gente**:

A gente disse que vínhamos e viemos.

A gente queremos participar.

ATIVIDADES

1. Complete as frases seguintes com a forma apropriada do termo entre parênteses.

a) Eles (*) comunicaram à atriz que ela (*) teria de tomar as providências necessárias. (*mesmo/mesmo*)

b) As funcionárias garantiram que elas (*) iriam fiscalizar para que seus documentos seguissem (*) à ficha de cadastro. (*mesmo/anexo*)

c) A foto pedida segue (*) à ficha de cadastro. (*incluso*)

d) Favor enviar (*) os documentos solicitados. (*anexo*)

e) – Muito (*)! – disseram os rapazes. – Estamos (*) agora! (*obrigado/quite*)

f) – Muito (*). – agradeceu a moça, com um sorriso sem graça nos lábios. – Acho que é hora de eu (*) tomar uma atitude. (*obrigado/próprio*)

g) – Eu (*) farei isso! – disse o rapaz. (*próprio*)

h) Apesar de tudo, nós (*) teremos de procurá-lo e dizer: "Muito (*) pela sua ajuda, senhor deputado! É o fim!" (*mesmo/obrigado*)

2. Este exercício é semelhante ao anterior.

a) Acho que a goiabada que comemos de manhã estava (*) estragada. (*meio*)

b) Faz uma hora e (*) que ele está esperando. (*meio*)

c) A situação do país é (*) preocupante: (*) famílias tiveram de vender suas terras e migrar para os centros urbanos. (*bastante/bastante*)

d) Faça tudo com (*) rapidez e esteja aqui antes de (*)-dia e (*). (*bastante/meio/meio*)

e) Já passava de (*)-noite e (*) quando ela chegou. Estava (*) cansada e (*) nervosa. (*meio/meio/bastante/meio*)

f) (*) pessoas acham estranho este plural. É que estavam (*) desinformadas sobre as coisas da língua portuguesa. (*bastante/meio*)

g) Muitas mães de família andam (*) desgastadas com a dupla jornada de trabalho que têm de cumprir. (*meio*)

3. Explique por que as frases de cada par seguinte têm comportamento diferente quanto à concordância.

a) Comida é necessário. / Uma comida balanceada é necessária à saúde de qualquer um.

b) É proibido entrada. / É proibida a entrada de elementos estranhos ao serviço.

c) Água é bom. / A água da represa não é boa para banhos.

4. Comente a concordância em cada uma das frases seguintes.

a) A beleza de Maria e Teresa provocaram ciúmes e disputas.

b) Perguntei sobre a família Pereira e disseram-me que estavam bem.

c) O time – depois de toda a pressão sofrida – comportaram-se bem.

d) Sugiro a Vossa Excelência que fique em casa esta noite, pois está adoentado.

e) Decidimos participar desta reunião porque nos julgamos apto a contribuir de alguma forma.

f) Vi alguém que se aproximava e corri a abraçá-la.

g) A testemunha teve de ser protegido por escolta policial para poder depor.

h) Os estudantes participamos das manifestações contra a corrupção.

Concordância, leitura e produção de textos

O estudo da concordância constitui um poderoso instrumento para quem precisa interpretar e produzir textos de acordo com os padrões da língua culta. Em qualquer tipo de texto, a concordância verbal e nominal bem-feita pode ser explorada como recurso expressivo. Já a concordância defeituosa pode provocar interpretações distorcidas. Nos casos em que a divergência em relação aos modelos da língua-padrão é muito acentuada, pode ficar abalada a própria credibilidade do texto e de seu elaborador.

Na construção dos textos dissertativos, é muito frequente o uso de construções com verbos impessoais ou com o pronome **se** (atuando como apassivador ou como indeterminador do sujeito). O domínio dos mecanismos de concordância dessas construções é, portanto, um recurso indispensável a quem precisa redigir com eficiência esse tipo de texto.

• Texto

Cadê os plural?

É só impressão minha, ou está cada vez mais difícil ouvir plurais ortodoxos? Aqueles de antigamente, arrematados com um "s" – plurais tradicionais, quatrocentões? Os plurais agora estão cada vez mais enrustidos, dissimulados, problemáticos. Cada vez menos plurais são assumidos. Os plurais agora precisam ser subentendidos.

Verdade seja dita: não somos os únicos no mundo a ter problemas com a maldita letra "s" no final das palavras. Os franceses, debaixo de toda aquela empáfia, há séculos desistiram de pronunciar o "s" dos plurais. No francês oral, o plural é indicado pelo artigo, e pronto. Ou seja: eles falam "as mina" e "os mano" desde que foram promovidos de gauleses a guardiães da cultura e da civilização.

Os italianos também não podem com a letra "s" no fim das palavras. Fazem seus plurais em "i" e em "e", dependendo do sexo, ops, do gênero das palavras. Quando a palavra é estrangeira, entretanto, eles simplesmente desistem de falar no plural: decretaram que termos forasteiros são invariáveis, e tudo bem. Una foto, due foto; una caipirinha, quattro caipirinha. Quattro caipirinha? Hic! Zuzo bem!

Os alemães, metódicos que só, reservam o "s" justamente a esses vocábulos estrangeiros que os italianos permitem que andem por aí sem plural. Com as palavras do seu próprio idioma, no entanto, os alemães são implacáveis. As palavras mais sortudas ganham apenas um "e" no final, mas as outras são flexionadas com requintes de tortura – com "n" (!) ou com "r" (!!), às vezes em conjunto com um trema (!!!) numa vogal da penúltima sílaba (!!!!), só para infernizar a vida dos alunos do Instituto Goethe ao redor do planeta.

Práticos são os indonésios, que formam o plural simplesmente duplicando o singular: gado-gado, padang-padang, ylang-ylang. Pelo menos foi isso que eu li uma vez. (Claro que não chequei a informação. Eu detestaria descobrir que isso não é verdade.) Já pensou se a moda pega aqui, feito aquele pavoroso cigarro de cravo? Os mano-mano. As mina-mina. Um chopps e dois pastel-pastel.

Nem mesmo nossos primos de fala espanhola escapam da síndrome dos comedores de plural. Os andaluzes e praticamente todos os latino-americanos também não são muito chegados a um "s" final. Em vez do "s" ríspido e perigosamente carregado de saliva dos madrilenhos (que chiam quase tanto quanto os portugueses), eles transformaram o plural num acontecimento sutil, perceptível apenas por ouvidos treinados. Em Sevilha, Buenos Aires ou em Santo Domingo, o "s" vira um "h" aspirado – lah cosah, lah personah, loh pluraleh.

Entre nós, contudo, a mutilação do plural não tem nada a ver com sotaques ou incapacidade de pronunciar fonemas. Aqui em São Paulo, a falta de "s" é um fenômeno sociocultural. Os pobres não falam no plural por falta de cultura. Da classe média para cima, deixamos o plural de lado quando há excesso de intimidade. É como se o plural fosse algo opcional, como escolher entre "você" e "o senhor". Se a situação exige, você vai lá e aperta a tecla PLURAL. Se a conversa for entre amigos, basta desligar, e os esses desaparecem em algum ponto entre o cérebro e a boca.

O que se deve fazer? Uma grande campanha educativa, com celebridades declarando que é chique falar os plurais? Lançar pagodes e canções sertanejas falando da dor de cotovelo causada por não usar "s" no final das palavras? Ou contratar um grupo de artistas alternativos para sair pichando nos muros por aí uma mensagem subversiva? Tipo assim: OS MANOS E AS MINAS.

FREIRE, Ricardo. Revista *Época*, 21 fev. 2005.

1. Que tipo de estratégia o uso de "Cadê os plural?" como título sugere?
2. Plurais, de acordo com o primeiro parágrafo do texto, pertencem a que época? Explique.
3. Qual a relação entre o primeiro e o segundo parágrafo? E entre o segundo parágrafo e os quatro seguintes?
4. O que indica a interjeição **ops** (terceiro parágrafo)?
5. O texto trabalha com estereótipos? Comente.
6. Qual a importância argumentativa da conjunção **contudo** (sétimo parágrafo)?
7. Em que consiste o "fenômeno sociocultural" que explica o sumiço dos plurais? Você acha que essa é a melhor explicação para o fenômeno?
8. O que é uma "mensagem subversiva"? A que o texto propõe é de fato subversiva? Comente.
9. Por que se publica um texto como este numa revista como *Época*?

Prática de língua falada

Analise cuidadosamente os textos publicitários seguintes. A seguir, prepare uma exposição oral para ser apresentada a seus colegas de classe, analisando os fenômenos de concordância verbal e nominal mais destacados e os sentidos que produzem no texto. Aproveite e avalie os anúncios. Não se esqueça de considerar a relação entre imagem e texto.

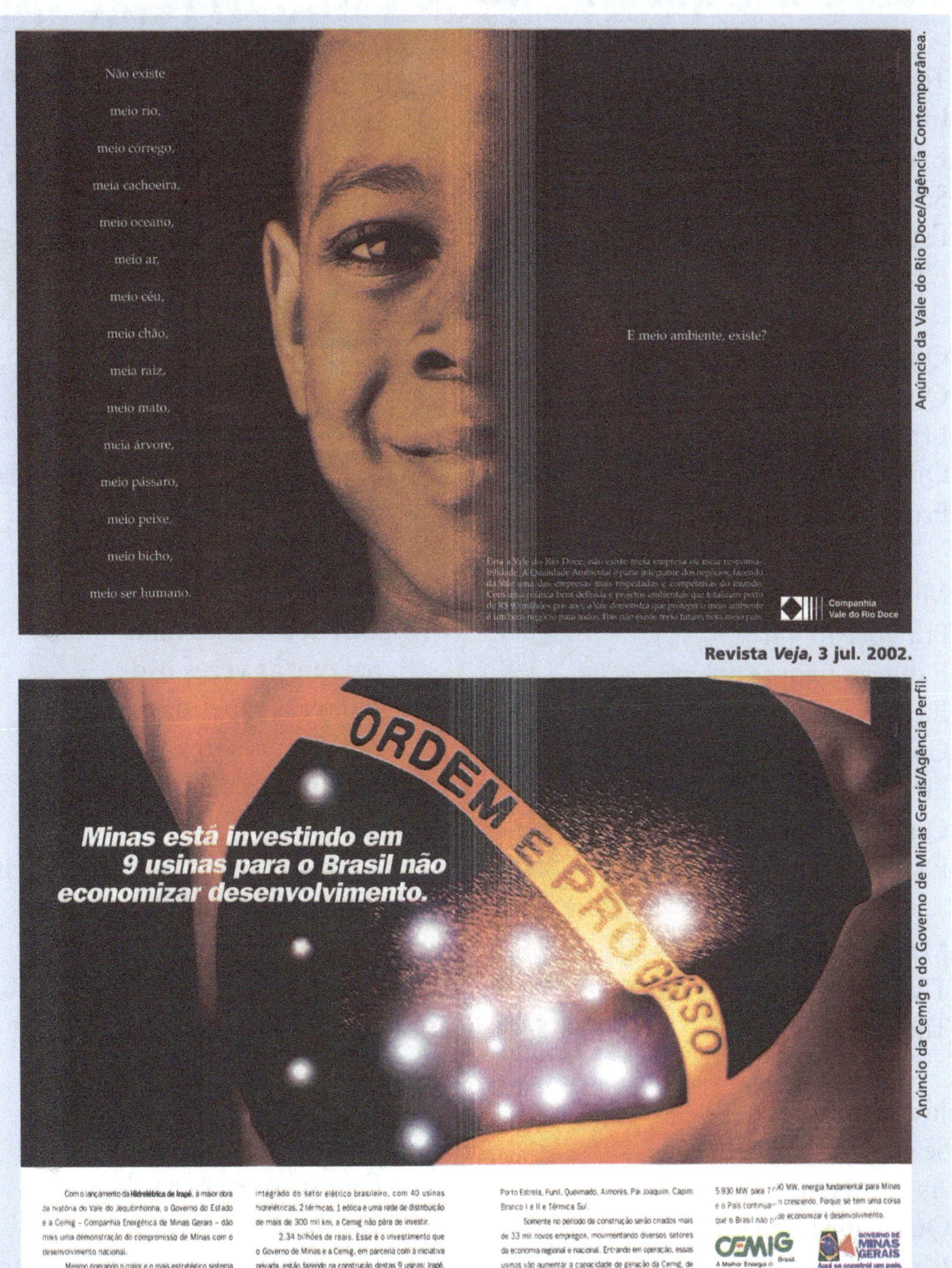

Anúncio da Vale do Rio Doce/Agência Contemporânea.

Revista *Veja*, 3 jul. 2002.

Anúncio da Cemig e do Governo de Minas Gerais/Agência Perfil.

Revista *IstoÉ*, 9 maio 2001.

CAPÍTULO 32

Regência verbal e nominal

Quase sem querer

Tenho andado distraído,
Impaciente e indeciso
E ainda estou confuso.
Só que agora é diferente:
Estou tão tranquilo
E tão contente.

Quantas chances desperdicei
Quando o que eu mais queria
Era provar pra todo o mundo
Que eu não precisava
Provar nada pra ninguém.

Me fiz em mil pedaços
Pra você juntar
E queria sempre achar
Explicação pro que eu sentia.
Como um anjo caído
Fiz questão de esquecer
Que mentir pra si mesmo
É sempre a pior mentira.

Mas não sou mais
Tão criança a ponto de saber
Tudo.

Já não me preocupo
Se eu não sei por quê
Às vezes o que eu vejo
Quase ninguém vê
E eu sei que você sabe
Quase sem querer
Que eu vejo o mesmo que você.

Tão correto e tão bonito:
O infinito é realmente
Um dos deuses mais lindos.
Sei que às vezes uso
Palavras repetidas
Mas quais são as palavras
Que nunca são ditas?

Me disseram que você estava chorando
E foi então que percebi
Como lhe quero tanto.

Já não me preocupo
Se eu não sei por quê
Às vezes o que eu vejo
Quase ninguém vê
E eu sei que você sabe
Quase sem querer
Que eu quero o mesmo que você.

Dado Villa-Lobos, Renato Russo e Renato Rocha. In: *Legião Urbana — Dois.* CD EMI-Odeon, Brasil, 1986. faixa 2.

Leitura: interação

1. "Tenho andado **distraído, / Impaciente** e **indeciso**/ E ainda estou **confuso.** / Só que agora é diferente: / Estou tão **tranquilo** / E tão **contente.**"
Qual a relação de sentido entre os termos destacados?

2. "Fiz questão de esquecer / Que mentir pra si mesmo / É sempre a pior mentira."
a) Qual o complemento da palavra **questão**?
b) Qual o complemento do verbo **esquecer**?
c) Que efeito de sentido cria a proximidade **mentir/mentira**?

3. "E eu sei que você sabe / Quase sem querer / Que eu vejo o mesmo que você."
a) Qual o complemento da forma verbal **sei**?
b) Qual o complemento da forma verbal **sabe**?
c) Que efeito de sentido cria a proximidade **sei/sabe**?

4. "**Sei** que às vezes uso / Palavras repetidas"
Reescreva o período acima, substituindo o verbo destacado por cada uma das expressões seguintes e fazendo todas as adaptações necessárias a cada caso:
a) ter consciência;
b) ter convicção;
c) estar convencido.

5. "Que eu quero o mesmo que você."
"E foi então que percebi / Como lhe quero tanto."
Qual o complemento do verbo **querer** em cada uma de suas ocorrências acima? Qual o sentido do verbo em cada caso?

6. Muitas coisas importantes de sua vida você descobre "quase sem querer"? O amor, por exemplo, foi uma dessas coisas? Comente, relacionando sua experiência pessoal com a letra da canção.

Regência verbal

Regência verbal é o nome da relação que se estabelece entre os verbos e os termos que os complementam (objetos diretos e objetos indiretos) ou caracterizam (adjuntos adverbiais). O estudo da regência analisa principalmente como é feita a relação entre o verbo regente e o complemento ou adjunto regido: dessa relação pode ou não participar uma preposição ou até mesmo uma conjunção (quando os complementos ou adjuntos assumem forma de oração subordinada); além disso, essa relação pode variar, produzindo modificações de significado. Outro dado a ser considerado nos estudos de regência verbal é a diferença entre o uso coloquial e o uso formal da língua. É desses aspectos que os próximos itens vão tratar.

Regência de alguns verbos

Verbos intransitivos

- **Chegar** e **ir** são normalmente acompanhados de adjuntos adverbiais de lugar. Na língua-padrão, as preposições usadas para indicar direção são **a** e **para**. A preposição **em** deve ser usada para indicações de tempo ou meio:

Chegamos **a** Salvador **em** meados de janeiro.

Fui **ao** cinema **no** domingo.

Cheguei **a** Manaus **num** velho barco.

Fomos **para** Brasília.

Verbos transitivos diretos

Como já sabemos, os pronomes pessoais do caso oblíquo que atuam como objetos diretos são **o, os, a, as**, que podem assumir as formas **lo, los, la, las** (após formas verbais terminadas em **-r, -s** ou **-z**) ou **no, nos, na, nas** (após formas verbais terminadas em sons nasais). Não se devem usar como complemento desses verbos os pronomes **lhe, lhes:**

abandonar	ajudar	conservar	prejudicar
abençoar	alegrar	convidar	prezar
aborrecer	ameaçar	defender	proteger
abraçar	amolar	eleger	respeitar
acompanhar	auxiliar	estimar	socorrer
acusar	castigar	humilhar	suportar
admirar	condenar	namorar	ver
adorar	conhecer	ouvir	visitar

Na língua-padrão, o funcionamento desses verbos é idêntico ao do verbo **amar:**

Amo aquele homem. / Amo-**o**.

Amo aquela mulher. / Amo-**a**.

Amam aquele menino. / Amam-**no**.

Ele vai amar aquela mulher. / Ele vai amá-**la**.

> **Os pronomes lhe, lhes só acompanham esses verbos para indicar posse (caso em que atuam como adjuntos adnominais):**
> **Quero conhecer-lhe os hábitos. (= conhecer seus hábitos)**
> **Prejudicaram-lhe a carreira. (= prejudicaram sua carreira)**

Verbos transitivos indiretos

Como sabemos, os pronomes pessoais do caso oblíquo que atuam como objetos indiretos de pessoa são **lhe, lhes:** não se devem usar os pronomes **o, os, a, as** como complementos de verbos transitivos indiretos. Com os objetos indiretos que não indicam pessoa, usam-se os pronomes oblíquos tônicos de terceira pessoa em lugar dos pronomes átonos **lhe, lhes**. Lembre-se de que os verbos transitivos indiretos não admitem voz passiva – as poucas exceções serão apontadas a seguir.

- **antipatizar** e **simpatizar**, que têm complemento introduzido pela preposição **com:**

Antipatizo com os que defendem aquele rapaz.

Simpatizo com os que defendem a proibição da caça às baleias.

> **Esses verbos não são pronominais. Não se deve dizer, portanto, "antipatizei-me com alguém" ou "simpatizei-me com alguém".**

- **consistir**, que tem complemento introduzido pela preposição **em**:

  Desenvolvimento **consiste em** melhor padrão de vida para todos.

- **obedecer** e **desobedecer**, que têm complemento introduzido pela preposição **a**:

  Obedeço a velhos preceitos. / Não **desobedeço a** meus princípios.

  Apesar de transitivos indiretos, admitem a voz passiva analítica:

  Sinais de trânsito devem ser obedecidos. / Certas normas mínimas de civilidade não podem ser desobedecidas.

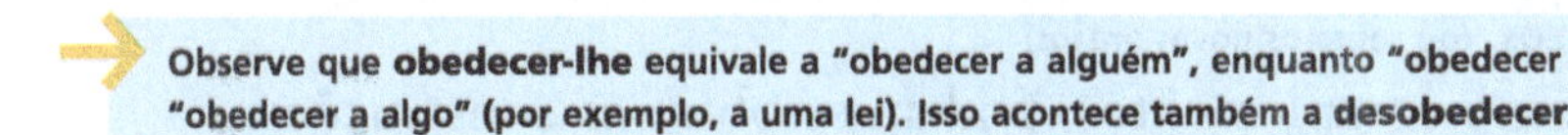

Observe que **obedecer-lhe** equivale a "obedecer a alguém", enquanto "obedecer a ele" ou "obedecer a ela" equivalem também a "obedecer a algo" (por exemplo, a uma lei). Isso acontece também a **desobedecer**.

- **responder**, que tem complemento introduzido pela preposição **a**:

  Respondi a vários interessados. / **Respondemos às** questões propostas.

  Também admite voz passiva analítica, desde que o sujeito seja aquilo a que se responde:

  Todas as perguntas foram respondidas satisfatoriamente.

Verbos indiferentemente transitivos diretos ou indiretos

Alguns verbos podem ser usados como transitivos diretos ou transitivos indiretos, sem que isso implique alteração de sentido:

abdicar (de) | anteceder (a) | consentir (em) | preceder (a)
acreditar (em) | atender (a) | deparar (com) | presidir (a)
almejar (por) | atentar (em, para) | gozar (de) | renunciar (a)
ansiar (por) | cogitar (de, em) | necessitar (de) | satisfazer (a)

Também podem ser usados como transitivos diretos ou transitivos indiretos os verbos **esquecer** e **lembrar**. Nesse caso, porém, há um detalhe importante: quando transitivos indiretos, esses verbos são também pronominais:

Esqueci tudo. / **Esqueci-me de** tudo.

Não esqueça seus amigos. / Não **se esqueça de** seus amigos.

Não esquecemos nossas reivindicações. / Não **nos esquecemos de** nossas reivindicações.

Não lembro nada. / Não **me lembro de** nada.

Esses verbos também apresentam uma outra possibilidade de construção, hoje restrita à língua literária:

Não me esquecem aqueles dias maravilhosos. (= não me saem da memória...)

Não me lembrou o dia dos teus anos. (= não me veio à lembrança...)

Lembrar, no sentido de "advertir, notar, fazer recordar", usa-se com objeto indireto de pessoa e objeto direto que indica a coisa a ser lembrada:

Lembrei aos meus amigos que muita coisa ainda tinha de ser feita.

Verbos transitivos diretos e indiretos

- **agradecer**, **perdoar** e **pagar**, que apresentam objeto direto de coisa e objeto indireto de pessoa:

  Agradeci a ajuda a meu velho amigo.

  Não perdoarei a dívida aos maus pagadores.

  Pagamos as contas ao cobrador.

O uso dos pronomes oblíquos átonos deve ser feito com particular cuidado. Observe:

Agradeci **um favor**. / Agradeci-**o**.

Agradeci **a um amigo**. / Agradeci-**lhe**.

Perdoei **a ofensa**. / Perdoei-**a**.

Perdoei **a quem me ofendeu**. / Perdoei-**lhe**.

Paguei **minhas contas**. / Paguei-**as**.

Paguei **aos meus credores**. / Paguei-**lhes**.

- **informar**, que apresenta objeto direto de coisa e objeto indireto de pessoa, ou vice-versa:

  Informe os novos prazos aos interessados.

  Informe os interessados dos novos prazos. (ou sobre os novos prazos)

  Quando se utilizam pronomes como complementos, podem-se obter as construções:

  Informe-os aos interessados. / Informe-lhes os novos prazos.

  Informe-os dos novos prazos. / Informe-os deles. (ou sobre eles)

- **preferir**, que na língua-padrão deve apresentar objeto indireto introduzido pela preposição **a**:

  Prefiro doces **a salgados**.

  Preferimos liberdade **a privilégios**.

  Prefiro que me ajudes **a que me aconselhes**.

  Esse verbo deve ser usado sem termos intensificadores como **muito, antes, mil vezes, um milhão de vezes**. Segundo os gramáticos que fazem essa observação, a ênfase já é dada pelo prefixo verbal (o **pre** de **preferir** é um prefixo – coisa que qualquer etimologista sabe...).

ATIVIDADES

1. Substitua os termos destacados nas frases seguintes pelos pronomes oblíquos átonos apropriados.
   a) Não quero aborrecer **aqueles senhores**.
   b) Vou ajudar **aquelas crianças de rua**.
   c) Não queremos prejudicar **os participantes da prova**.
   d) Vou enviar **estes pacotes de alimentos** aos flagelados.
   e) Vou enviar estes pacotes de alimentos **aos flagelados**.
   f) Seu sonho é namorar **a Júlia**.
   g) Vim aqui alegrar **os amigos**.
   h) Prezo muito **esse intelectual**.
   i) Não obedeci **aos meus pais**.
   j) Não responderam **aos que enviaram pedidos de informações**.

2. Em cada item você encontrará uma frase típica da linguagem coloquial. Adapte cada uma delas à regência verbal da língua culta.
   a) Não se aborreça comigo, querida: eu lhe amo muito.
   b) Desde que lhe vi, ando muito satisfeito.
   c) Eu não me simpatizo muito com essas ideias.
   d) Eu não obedeço sinal fechado, não.
   e) Respondi o bilhete que você me mandou.
   f) Não posso lhe proteger contra ele.
   g) Se Deus lhe ajudar, tudo vai dar certo.
   h) Não vou lhe amolar mais, não.
   i) Só queria lhe abraçar.

3. Comente a regência verbal da frase seguinte:
   As medidas emergenciais consistem de novas regras para as aplicações financeiras e de um novo sistema de controle de divisas.

4. Substitua os termos destacados pelo pronome pessoal oblíquo átono apropriado.

a) Vou pagar **minhas contas**.

b) Há meses não pagam **aos funcionários**.

c) O governo está pensando em perdoar **aos empresários inadimplentes**.

d) Não vou perdoar **as palavras duras** que me disse.

e) Agradeço muito **os favores** que me prestou.

f) Agradeço **a todos os presentes** a estima manifestada.

5. Observe a regência verbal das frases seguintes e modifique-as a fim de torná-las adequadas ao padrão culto da língua portuguesa.

a) Lembro sempre de você.

b) Nunca esqueci de tudo o que passamos juntos.

c) Antipatizei-me com ele desde a primeira vez que o vi.

d) Prefiro mil vezes ficar aqui do que ir com você.

e) Prefiro ser o que sou do que ser o que querem que eu seja.

f) Antes prefiro química à física.

g) Preferimos dormir que trabalhar.

h) Informo-lhe de que não pode ficar aqui.

i) Informo-a que seu financiamento ainda não foi concedido.

Verbos cuja mudança de transitividade implica mudança de significado

- **agradar**: quando transitivo direto, significa "fazer carinho", "acariciar":

  Agradou a criança com alegria. / Agradou-a com alegria.

  Nunca o vejo agradar seu cão. / Nunca o vejo agradá-lo.

  Quando transitivo indireto, rege complemento introduzido pela preposição **a** e significa "causar agrado a", "satisfazer a", "ser agradável a":

  O candidato indicado pelo partido não agradou aos eleitores.

  O candidato indicado pelo partido não lhes agradou.

- **aspirar**: quando transitivo direto, significa "sorver", "inspirar", "inalar":

  Há anos venho aspirando as emissões de poluentes destas indústrias.

  Há anos venho aspirando-as.

  Quando transitivo indireto, rege complemento introduzido pela preposição **a** e significa "desejar", "almejar", "pretender". Não se deve usar **lhe** ou **lhes** como objeto indireto desse verbo:

  Ainda aspiro a um país melhor. / Ainda aspiro a ele.

- **assistir**: quando transitivo direto, significa "ajudar", "prestar assistência a":

  O pediatra que está assistindo o menino é especializado nesses casos.

  O pediatra que o está assistindo é especializado nesses casos.

  Quando transitivo indireto, pode significar "ver", "presenciar", "estar presente a" ou "caber", "pertencer". Nos dois casos, rege complemento introduzido pela preposição **a**; no primeiro, apresenta objeto indireto de coisa; no segundo, de pessoa. Observe:

  Assistiremos ao jogo decisivo. / Assistiremos a ele.

  Não assisti às últimas sessões. / Não assisti a elas.

  Reclamar é um direito que assiste ao consumidor. / Reclamar é um direito que lhe assiste.

Também pode ser usado como transitivo indireto com o sentido de “ajudar”, “prestar assistência”:

Um novo geriatra vai assistir aos aposentados do bairro. Um novo geriatra vai assistir-lhes.

Quando intransitivo, tem o sentido de “morar”, “residir”. É normalmente acompanhado de adjunto adverbial de lugar introduzido pela preposição **em**:

Assisti muitos anos naquela velha casa de fazenda.

Guia de usos do português

O *Guia de usos do português*, de Maria Helena de Moura Neves, é uma obra preciosa para quem precisa esclarecer dúvidas sobre as formas da língua-padrão. A autora comparou o que os manuais tradicionais recomendam com o que de fato tem sido usado nos textos atuais em português e expôs analiticamente os resultados. Veja o que ela descobriu sobre o verbo **assistir**.

"**Assistir**

1. Significando 'presenciar', recomendam as lições tradicionais que o verbo **assistir** se use com complemento iniciado pela preposição **a** (sem possibilidade de uso do pronome oblíquo átono **lhe** nessa posição). Essa foi, de fato, a construção mais frequente (cerca de 80%). • ***Oliveira, conhecido como Carlinhos, disse à Folha por telefone que apenas ASSISTIU ao crime.*** (FSP) • ***Outro dia ASSISTI a filme na televisão.*** (GD)

Entretanto, esse verbo ocorre (20%) com complemento sem preposição (objeto direto), talvez por sugestão da regência de verbos do mesmo significado (**ver, presenciar**). Ele ocorre, também, na voz passiva. • ***Para matar o tempo, ASSISTI parte do filme.*** (BB) • ***Começa aí o namoro e logo a seguir o noivado e o casamento, que É ASSISTIDO por seus pais e pelos pais da noiva.*** (AG)

2. Significando 'prestar assistência a', 'socorrer', usa-se com complemento sem preposição (objeto direto). • ***O Introdutor Diplomático (...), um assessor direto do chanceler, que o ASSISTE na organização dos seus contatos.*** (DIP) • ***Nas últimas horas, a equipe médica que ASSISTE o senhor presidente da República desenvolveu todos os esforços para conseguir, através de procedimentos terapêuticos, resolver o problema (...)*** (FSP)

Os manuais tradicionais também apontam, com esse significado, o uso com complemento introduzido pela preposição **a**, mas a construção não ocorreu.

3. Significando 'residir', usa-se com complemento de lugar iniciado pela preposição **em**. É construção pouco usada. • ***Por aquela época vinha ASSISTIR em Serras Azuis uma família americana, emigrada dos Estados Unidos, logo depois da Guerra Civil, lá do Sul deles.*** (S).

4. Significando 'caber', 'competir', usa-se apenas na terceira pessoa do singular, com complemento iniciado pela preposição **a**. • ***Ao árbrito ASSISTE o direito de não assinalar a marcação de um tiro livre, se tal concessão beneficiar o infrator.*** (FUT) • ***Chorar é o bem que me ASSISTE.*** (GCC)".

NEVES, Maria Helena de Moura. *Guia de usos do português – confrontando regras e usos*. São Paulo: UNESP, 2003. p. 96-7.

Abreviaturas: FSP – ***Folha de S.Paulo***; GD – ***O ganhador***, de I. L. Brandão; BB – ***Balé branco***, de C. H. Cony; AG – ***A Gazeta***, de Vitória (ES); DIP – ***O que é diplomacia***, de S. Bath; S – ***Serras Azuis***, de G. F. Lima; FUT – ***Futebol de salão***, de L. G. Fernandes; GCC – ***Guerra do Cansa Cavalo***, O. Luís.

- **chamar**: quando transitivo direto, significa “solicitar a atenção ou a presença”:

Por favor, vá chamar sua irmã. / Por favor, vá chamá-la.

Quando significa “denominar”, “tachar”, “apelidar”, pode ser transitivo direto ou transitivo indireto. Ao seu complemento se refere um predicativo do objeto que pode ser introduzido pela preposição **de**:

Chamaram o vereador arrivista. / Chamaram-no arrivista.

Chamaram ao vereador arrivista. / Chamaram-lhe arrivista.

Chamaram o vereador de arrivista. / Chamaram-no de arrivista.

Chamaram ao vereador de arrivista. / Chamaram-lhe de arrivista.

Observe que a última construção é a que transmite maior clareza.

- **custar**: quando intransitivo, significa "ter o valor de", "ter o preço de". Nesse caso, o verbo é acompanhado de um adjunto adverbial (que pode ser classificado como "de preço" ou "de valor"):

  Um nada daqueles está custando três milhões.

  Os alimentos básicos não devem custar fortunas.

  Quando transitivo indireto, significa "ser penoso", "ser difícil", e tem como sujeito uma oração subordinada substantiva reduzida. Observe:

  Custa a um cidadão crer num absurdo desses.

  Custou-nos perceber que estávamos sendo iludidos.

  Custou-lhe ter que recomeçar.

  Na linguagem cotidiana, são comuns construções como "Custei a perceber isso." ou "Custamos a encontrar a causa do problema.". Na língua-padrão, essas construções em que o sujeito é pessoa ainda são rejeitadas. Em seu lugar, propõem-se construções em que haja objeto indireto de pessoa: "Custou-me perceber..." e "Custou-nos encontrar...".

- **implicar**: quando transitivo direto, significa "dar a entender", "pressupor" ou "trazer como consequência", "acarretar", "provocar":

  Sua obstinação implicava uma deliberada intenção de vencer.

  Liberdade implica responsabilidade.

  Observar direitos e deveres implica respeitar e ser respeitado.

  Quando transitivo indireto, significa "embirrar", "ter implicância":

  Implicas muito com tua sogra?

  Quando transitivo direto e indireto, significa "envolver", "comprometer":

  Acabaram implicando o ex-ministro em atividades criminosas.

- **proceder**: quando intransitivo, significa "ter cabimento", "ter fundamento" ou "portar-se", "comportar-se". Nessa segunda acepção, vem sempre acompanhado de adjunto adverbial de modo:

  A alegação de que não se está respeitando o direito de defesa não procede.

  Sempre procedi com isenção.

  Quando transitivo indireto, pode significar "originar-se", "provir" (sendo usado com a preposição **de**) ou "dar início", "realizar" (sendo usado com a preposição **a**):

  Aquele carregamento de álcool procede do interior de São Paulo.

  Proceder-se-á aos trâmites legais necessários.

- **querer**: quando transitivo direto, significa "desejar", "ter vontade de", "cobiçar":

  Queremos melhores condições de vida.

  Vive querendo um carro novo.

  Quando transitivo indireto, rege complemento introduzido pela preposição **a** e significa "ter afeição", "estimar", "amar":

  Queremos muito aos nossos companheiros.

  Quero-lhe muito.

- **visar:** quando transitivo direto, significa "mirar", "apontar" ou "pôr visto", "rubricar":

  O caçador visava a cabeça do rinoceronte.

  O gerente negou-se a visar esses documentos.

  Quando transitivo indireto, rege complemento introduzido pela preposição **a** e significa "ter em vista", "ter como objetivo":

  Essas medidas visam a uma reestruturação do ensino público.

  Os acordos visavam a uma solução consensual para o problema.

Observações

1. Na língua formal falada e escrita, não se deve atribuir a verbos de regências diferentes um mesmo complemento. Por isso, devem-se evitar construções como:

   Entramos e saímos do trem várias vezes. Assisti e gostei muito do filme.

   Em seu lugar, devem ser usadas estruturas como:

   Entramos no trem e saímos dele várias vezes. Assisti ao filme e gostei muito dele.
2. Em nossos estudos de regência verbal, analisamos o comportamento dos verbos que costumam suscitar dúvidas. Caso você tenha de lidar com algum verbo que não estudamos aqui, pode consultar dicionários especializados em regência verbal (o *Dicionário de verbos e regimes*, de Francisco Fernandes, e o *Dicionário prático de regência verbal*, de Celso Pedro Luft), manuais de redação e estilo de jornais e revistas ou simplesmente um bom dicionário como o *Aurélio*.

ATIVIDADES

1. Substitua a expressão destacada pela forma verbal apropriada do verbo entre parênteses. Faça todas as demais modificações necessárias.
   a) Nunca **sorvi** perfume tão agradável! (*aspirar*)
   b) **Queremos obter** uma vida mais decente. (*aspirar*)
   c) Há amestradores que dizem ser pouco recomendável **acariciar** os filhotes de cães. (*agradar*)
   d) Ele fez tudo para **satisfazer** o inexorável sogro que Deus lhe deu. (*agradar*)
   e) Uma equipe médica foi formada para **tratar** o paciente. (*assistir*)
   f) Há anos não **presencio** uma partida tão empolgante. (*assistir*)
   g) Esse é um direito que **pertence** a todos nós. (*assistir*)
   h) Ainda tenho de **rubricar** alguns papéis. (*visar*)
   i) As últimas medidas tomadas **têm como objetivo** o saneamento das finanças municipais. (*visar*)
   j) **Tenho grande afeição por ele.** (*querer*)
   k) Sempre **cobicei** um exemplar da primeira edição da História do Brasil, de Murilo Mendes. (*querer*)

2. Observe a regência verbal das frases seguintes e faça as modificações necessárias para que se tornem adequadas ao padrão culto da língua portuguesa.
   a) Custamos muito para perceber o que estava acontecendo.
   b) Ele custou para chegar.
   c) Custei um bocado a notar a encrenca em que me metera.
   d) Cidadania implica em direitos e deveres.
   e) Conclui-se que as atuais condições do sistema escolar público implicarão em maior evasão de alunos a curto e médio prazos.
   f) Ele procedeu o exame das provas.

3. Aponte as diferenças de sentido entre as frases seguintes.

a) O estagiário disse que assistira a várias cirurgias enquanto estivera no hospital. / O estagiário disse que assistira várias cirurgias enquanto estivera no hospital.

b) Quero-a muito. / Quero-lhe muito.

4. É preciso acrescentar uma preposição a cada uma das frases seguintes para que se tornem adequadas ao padrão culto da língua portuguesa. Faça esse acréscimo.

a) Não se esqueça que você tem obrigação de colaborar com seus colegas.

b) O último filme que assisti me deixou muito impressionado.

c) É um senhor muito simpático, que todos querem muito.

d) A saída que aspiramos ainda está um pouco longe.

e) A lei que ele se recusa a obedecer já existe há mais de trinta anos.

f) O diretor cujo filme assistimos domingo ganhou vários prêmios internacionais.

g) A estabilidade que se visa com as novas regras econômicas parece ainda distante.

5. Forme frases organizando as palavras e expressões sugeridas em cada item.

a) Muitos motoristas / obedecer / sinalização de trânsito.

b) Idealistas / aspiram / mundo melhor.

c) Quem / nunca aspirar / perfume de um jasmim?

d) Tipos estranhos / assistir / filmes do Rambo.

e) Protestar / direito / todo ser pensante.

f) Equipe médica / assistir / os doentes de Aids.

g) Eu / preferir / natação / ciclismo.

h) Ninguém / simpatizar / pessoas pernósticas.

i) Sucesso / implicar / planejamento eficiente.

j) Medidas econômicas / visar / distribuição de renda.

k) Custar / qualquer pessoa decente / conviver com tanta miséria.

Regência nominal

Regência nominal é o nome da relação entre um substantivo, adjetivo ou advérbio transitivo e seu respectivo complemento nominal. Essa relação é sempre intermediada por uma preposição.

No estudo da regência nominal, deve-se levar em conta que muitos nomes seguem exatamente o mesmo regime dos verbos correspondentes. Conhecer o regime de um verbo significa, nesses casos, conhecer o regime dos nomes cognatos. É o que ocorre, por exemplo, com **obedecer** e os nomes correspondentes: todos regem complementos introduzidos pela preposição **a**: obedecer **a** algo/**a** alguém; obediência **a** algo/**a** alguém; obediente **a** algo/**a** alguém; obedientemente **a** algo/**a** alguém.

Regência de alguns nomes

Substantivos

admiração a, por
atentado a, contra
aversão a, para, por
bacharel em
capacidade de, para
devoção a, para com, por
doutor em
dúvida acerca de, em, sobre
horror a
impaciência com
medo a, de
obediência a
ojeriza a, por
proeminência sobre
respeito a, com, para com, por

Adjetivos

acessível a
acostumado a, com
afável com, para com
agradável a
alheio a, de
análogo a
ansioso de, para, por
apto a, para
ávido de
benéfico a
capaz de, para
compatível com
contemporâneo a, de
contíguo a
contrário a
curioso de, por
descontente com
desejoso de
diferente de
entendido em
equivalente a
escasso de
essencial a, para
fácil de
fanático por
favorável a
generoso com
grato a, por
hábil em
habituado a
idêntico a
impróprio para
indeciso em
insensível a
liberal com
natural de
necessário a
nocivo a
paralelo a
parco em, de
passível de
preferível a
prejudicial a
prestes a
propício a
próximo a, de
relacionado com
relativo a
satisfeito com, de, em, por
semelhante a
sensível a
sito em
suspeito de
vazio de

Advérbios

longe de
perto de

Os advérbios em **-mente** tendem a seguir o regime dos adjetivos de que são formados:

paralela a	paralelamente a
relativa a	relativamente a

Observação

Quando o complemento de um nome ou verbo tiver a forma de oração reduzida de infinitivo, não se deve fazer a contração entre a preposição e o eventual sujeito desse infinitivo – a preposição, afinal, introduz toda a oração, e não apenas o sujeito dessa oração (o sujeito, aliás, é um termo que não pode ser preposicionado). Observe:

Penso na possibilidade de eles intervirem. (e não "deles intervirem")
É hora de a cidadania contaminar as mentes e gestos dos brasileiros. (e não "da cidadania")
A questão consiste em os brasileiros adotarem posturas mais críticas e menos individualistas em relação ao Estado. (e não "consiste nos")

ATIVIDADES

1. Complete as frases seguintes com a preposição adequada (use os artigos quando necessário).
   a) Não existe vida em sociedade sem respeito (*) direitos dos outros.
   b) Nutro profunda aversão (*) ególatras.
   c) Felizmente, minha ojeriza (*) certos preconceitos permanece inabalada.
   d) Terá ele capacidade (*) governar satisfatoriamente?
   e) Há quem ainda tenha dúvidas (*) a utilidade dos estudos linguísticos?
   f) Não tenho devoção (*) futebol.
   g) Seu medo (*) opressão é maior que sua obediência (*) velhos dogmas.
   h) Sua figura é um verdadeiro atentado (*) a estética.
   i) Tenho admiração (*) todos os que defendem os seus direitos.

2. Faça o mesmo com as frases seguintes.
   a) A aprovação dessa lei é essencial (*) a proteção dos mananciais.
   b) Não se deve nunca ficar acostumado (*) falta de liberdade.
   c) Não é um assunto acessível (*) leigos.
   d) As medidas adotadas não foram agradáveis (*) bancários.
   e) Foi dormir no quarto contíguo (*) este.
   f) Este caso é análogo (*) o que analisamos no ano passado.
   g) É uma substância necessária (*) a vida.
   h) Ando meio escasso (*) ideias.
   i) Este caso foi contemporâneo (*) outro?
   j) Há gente insensível (*) a miséria.
   k) É preferível calar (*) falar asneiras.
   l) Quero adquirir o imóvel sito (*) a rua do Sol.
   m) É uma pessoa vazia (*) emoções.
   n) Trate de ser mais afável (*) seus colegas.

3. É preciso acrescentar uma preposição a cada uma das frases seguintes para que se tornem adequadas ao padrão culto da língua portuguesa. Faça esse acréscimo.
   a) Não faço oposição que ele entre no grupo.
   b) Está acostumado que eu lhe telefone bem tarde.
   c) Estou ansioso que esse problema seja resolvido logo.
   d) Fui contrário que incluíssem meu nome num manifesto de solidariedade ao atual prefeito.
   e) O povo parece desejoso que se encontre uma saída para a crise.
   f) Era um pequeno cão cuja presença estávamos todos habituados.
   g) São crianças cuja tragédia muita gente é insensível.

4. Observe a frase seguinte, típica do padrão culto da língua, e explique a particularidade de regência que apresenta.
   Ainda não se determinou o momento exato de ela intervir com seus argumentos contundentes.

O uso do acento indicador de crase

A palavra **crase** significa "fusão". Nos estudos de língua portuguesa, crase é o nome que se dá à fusão de duas vogais idênticas. Tem particular importância a crase da preposição **a** com o artigo feminino **a(s)**, com o pronome demonstrativo **a(s)**, com o **a** inicial dos pronomes **aquele(s)**, **aquela(s)**, **aquilo** e com o a do relativo **a qual** (**as quais**) – em todos esses casos, a fusão das vogais idênticas é assinalada na escrita por um acento grave.

O uso apropriado do acento indicador da crase depende essencialmente da compreensão desse fenômeno. Como já foi dito, a crase que se assinala na escrita ocorre entre uma preposição e um artigo ou pronome. Aprender a colocar o acento consiste, portanto, em aprender a verificar a ocorrência simultânea dessas duas palavras num ponto da cadeia sintática.

Verificar a existência de uma preposição é, antes de mais nada, aplicar os conhecimentos de regência verbal e nominal que você tem:

Conheço **a** nova professora. / Refiro-me **à** nova professora.

No primeiro caso, o verbo é transitivo direto (conhecer é conhecer algo ou alguém) – não existe preposição: não pode ocorrer crase, portanto. No segundo caso, o verbo é transitivo indireto (referir-se é referir-se a algo ou a alguém) – e a preposição é precisamente **a**: a crase é possível, desde que essa preposição seja seguida por um artigo feminino ou um dos pronomes já especificados.

Dois expedientes práticos

Para verificar a existência de um artigo feminino ou de um demonstrativo **a(s)** após uma preposição **a**, podem-se utilizar dois expedientes práticos:

- colocar um termo masculino no lugar do termo feminino sobre o qual se tem dúvida – o surgimento da forma **ao** denuncia, nesse caso, a ocorrência da crase:

Conheço **a** nova professora. → Conheço **o** novo professor.

Refiro-me **à** nova professora. → Refiro-me **ao** novo professor.

Prefiro **a** tela da direita **à** da esquerda. → Prefiro **o** quadro da direita **ao** da esquerda.

- trocar o termo regente acompanhado pela preposição **a** por outro acompanhado de uma preposição diferente (**para**, **em**, **de**, **por**, **sob**, **sobre**) – essa substituição permite perceber claramente se a preposição é ou não seguida de um **a**:

Refiro-me **à** nova professora. → Penso **na** nova professora.
Gostamos **da** nova professora.

Acostumei-me **a** duvidar. → Cansei-me **de** duvidar.
Fui punido **por** duvidar.
Tudo consiste **em** duvidar.

Dúvidas mais frequentes

Palavras que não admitem artigo feminino

A **crase** obviamente **não ocorre** diante de palavras que não podem ser precedidas de artigo feminino. É o caso:

- dos substantivos masculinos:

Andávamos **a** cavalo. Fizemos compras **a** prazo.
Íamos **a** pé. Assisti **a** jogos memoráveis.

- dos verbos:

Não tenho nada **a** declarar. Chegou **a** titubear.
Começamos **a** sofrer. Pôs-se **a** andar.

- da maioria dos pronomes:

Diga **a** ela. Mostrei **a** vocês.
Veio **a** mim. Entreguei **a** Vossa Excelência.
Isso não diz respeito **a** ninguém.
a nenhuma pessoa aqui presente.
a qualquer um de nós.
Pretendo falar **a** todos.
a poucas pessoas.
a alguns amigos.
a essas poucas pessoas.

Os poucos casos de pronomes que admitem artigo podem ser facilmente detectados pela aplicação dos métodos descritos anteriormente:

Estou-me referindo **à** mesma pessoa. (**ao** mesmo homem)
à própria Luísa. (**ao** próprio Luís)
Comunique o ocorrido **à** senhora Garcia. (**ao** senhor Garcia)
à senhorita Rita. (**ao** jovem Pedro)

No caso dos pronomes possessivos femininos, a utilização do artigo é optativa; a ocorrência da crase e o consequente emprego do acento também o são:

Refiro-me **a** minha velha amiga. / Refiro-me **à** minha velha amiga.
Refiro-me **a** meu velho amigo. / Refiro-me **ao** meu velho amigo.

- de palavras femininas no plural precedidas de um **a**:

Dirigi-me **a** pessoas desconhecidas.
O prêmio foi entregue **a** esportistas aplicadas.
É um assunto relativo **a** jornalistas especializadas.

Nesses casos, o **a** é preposição, e os substantivos estão sendo usados em sentido genérico. Quando são usados em sentido específico, os substantivos passam a ser precedidos do artigo **as**; ocorrerá, então, a crase. Compare as frases seguintes:

Esse caso não se aplica **a** pessoas de índole nervosa.
Esse caso não se aplica **às** pessoas de que estávamos falando.
Você está se referindo **a** vidas humanas?
Você está se referindo **às** vidas dos nossos companheiros?

Expressões adverbiais de lugar

Com as expressões adverbiais de lugar, deve-se fazer a verificação da ocorrência da crase por meio da troca de termo regente:

Vou **à** Paraíba. → Vim **da** Paraíba. Estou **na** Paraíba.

Vou **à** Itália. → Vim **da** Itália. Estou **na** Itália.

Vou **a** Recife. → Vim **de** Recife. Estou **em** Recife.

Vou **à** Recife dos grandes poetas. → Vim **da** Recife dos grandes poetas. Estou **na** Recife dos grandes poetas.

Expressões e locuções com palavras femininas

O acento indicador de crase é usado nas expressões adverbiais, nas locuções prepositivas e conjuntivas de que participam palavras femininas:

às avessas	à direita	à frente de	à noite
à semelhança de	à beça	às escondidas	à imitação de
às ocultas	à sombra de	à beira de	à escuta
à luz	às ordens	à tarde	à chave
à esquerda	à larga	à procura de	à toa
às claras	à exceção de	à medida que	à proporção que
às turras	à deriva	à força de	às moscas
à revelia	às vezes		

Incluem-se nessas expressões as **indicações de horas especificadas:**

à meia-noite	à uma hora	às duas horas	às três e quarenta

Não confundir com as indicações não especificadas:

Passei por ali **a** uma hora morta.

Irei daqui **a** duas horas.

Merece destaque a expressão "à moda de", que pode estar subentendida:

Resolveu vestir-se **à moda de** James Dean.

Fez alguns sonetos **à** (moda de) Vinicius de Moraes.

Pedimos arroz **à** (moda) grega.

Palavras *casa* e *terra*

Observe com atenção o comportamento das palavras **casa** e **terra** nestas expressões:

Cheguei **a** casa. → Venho **de** casa. Estou **em** casa. (**casa** designa a residência de quem fala ou escreve)

Cheguei **à** casa de meus pais. → Venho **da** casa dos meus pais. Estou **na** casa de meus pais.

A tripulação do cargueiro desceu **a** terra. → A tripulação do cargueiro está **em** terra. (**terra** se opõe à noção de "estar embarcado")

A aeromoça chegou **à** terra de seus pais. → A aeromoça está **na** terra de seus pais.

Expressões formadas por palavras repetidas

Não ocorre crase nas expressões formadas por palavras repetidas femininas ou masculinas:

cara a cara gota a gota passo **a** passo dia **a** dia

Nomes próprios femininos e preposição *até*

A crase é facultativa diante dos nomes próprios femininos e após a preposição **até** que antecede substantivos femininos (também o é, como vimos, no caso já apontado dos pronomes possessivos):

Dei o recado **a** Maria. → Dei o recado **a** João.
à Maria. → **ao** João.

Vou até **a** praia. → Vou até **o** parque.
à praia. → **ao** parque.

Fui até **as** últimas consequências. → Fui até **os** últimos motivos.
às últimas consequências. → **aos** últimos motivos.

Pronomes *aquele, aquela, aquilo*

A ocorrência da crase com os pronomes demonstrativos **aquele**(s), **aquela**(s) e **aquilo** depende apenas da verificação da presença da preposição que antecede esses pronomes:

Estou olhando aquele jardim. (**olhar** é transitivo direto: não há preposição)
aquela casa antiga.
aquilo.

Aludi **à**quele jardim. (**aludir** é transitivo indireto e pede complemento introduzido pela preposição **a**)
àquela casa antiga.
àquilo.

Pronome demonstrativo *a*

A crase com o demonstrativo **a**(s) é detectável pelo expediente da substituição do termo regido feminino por um termo regido masculino:

Perguntarei **à** que chegar primeiro. → Perguntarei **ao que** chegar primeiro.

Prefiro **a** da esquerda **à** da direita. → Prefiro **o** da esquerda **ao** da direita.

O mesmo expediente deve ser usado para detectar a crase com o pronome **a qual**, **as quais**:

A catedrática **à** qual tanto deve a pesquisa brasileira faleceu ontem.

O catedrático **ao** qual tanto deve a pesquisa brasileira faleceu ontem.

Várias pessoas **às quais** ele se referiu estiveram presentes à reunião de ontem.

Vários indivíduos **aos quais** ele se referiu estiveram presentes à reunião de ontem.

ATIVIDADES

1. Coloque o acento indicador de crase quando for necessário.

a) Comunique nossas decisões as pessoas interessadas.
b) Envie dinheiro a estas instituições beneficentes.
c) Nada posso dizer-lhe a respeito disso.
d) Não posso mais comprar a crédito.
e) O presidente afirmou que nada pode fazer a curto prazo.
f) Já fiz minha contribuição a democracia brasileira.
g) O atendimento a pacientes conveniados está suspenso.
h) Não há mais nada a fazer.
i) Trago a vocês as últimas novidades.
j) Diga a Sua Excelência que não tenho nada a acrescentar as palavras que já disse.

2. Este exercício é semelhante ao anterior.

a) Transmita a cada um dos presentes as instruções necessárias a continuidade da sessão.
b) Não vou a festas, não assisto a novelas e não aspiro a grandes posses. Estou fora de moda.
c) Diga as pessoas que me procurarem que tive de sair.
d) Vamos a sua casa ou a minha?
e) Vamos a Bahia ou a Santa Catarina nas próximas férias?
f) Fui a Europa, de onde passei a Ásia.
g) Fui a Natal, de onde passei a Fortaleza.
h) Fui a Natal das praias inesquecíveis.
i) Finalmente, chegamos a Florianópolis das quarenta e duas praias.
j) Cheguei a casa tarde da noite ontem.
k) Vários marinheiros preferiram não descer a terra.
l) Fui a velha casa onde passei minha infância.
m) Preciso ir a terra dos meus antepassados.

3. Este exercício é semelhante ao anterior.

a) Não sei por que trazer a baila essas velhas desavenças.
b) Vou-lhe contar algo a boca pequena.
c) Ando a cata de inspiração.
d) A noite, teremos de ficar a espreita.
e) Dobre a esquerda ali adiante.
f) A vítima levara vários tiros a queima-roupa.
g) Tente se manter a tona.
h) Vários policiais a paisana observavam a manifestação a procura dos líderes do movimento.
i) A loja estava as moscas quando chegamos, as quatro horas.
j) Não recomendo que você saia a rua a meia-noite.
k) A proporção que o tempo passa, a situação mais se complica.
l) Fique a vontade. Terá tudo de que precisa a mão.
m) Quero um belo peixe a fiorentina.
n) Não é fácil jogar a moda da seleção holandesa de 1974.
o) Dia a dia aumentava a possibilidade de que os velhos inimigos teriam de debater cara a cara.

4. Este exercício é semelhante ao anterior.

a) Prefiro isto aquilo.

b) Entregue tudo aquele homem de quem lhe falei.

c) Transmita aquelas pessoas os meus cumprimentos.

d) A pessoa a que fiz referência não esteve presente a reunião.

e) A pessoa a qual fiz referência não esteve presente a cerimônia.

f) A cantora a cuja voz sempre me refiro virá ao Brasil daqui a dois meses.

g) Diga a moça da direita que está aprovada; a da esquerda diga que terá nova oportunidade no próximo mês.

h) Esta casa é igual a que meu pai fez construir no interior.

5. Explique a diferença de sentido entre as frases seguintes:

a) Chegou à noite. / Chegou a noite.

b) Saiu à francesa. / Saiu a francesa.

c) Parecia agradável à primeira vista. / Parecia agradável a primeira vista.

d) Às vencedoras enviaram felicitações. / As vencedoras enviaram felicitações.

e) À indústria nacional prejudicou o acordo. / A indústria nacional prejudicou o acordo.

f) Fez seu trabalho à máquina. / Fez seu trabalho a máquina.

Regência, leitura e produção de textos

O relacionamento entre termos regentes e termos regidos participa dos mecanismos de construção da coesão e da coerência textuais. Isso ocorre principalmente porque o uso de pronomes pessoais do caso oblíquo – palavras essenciais à articulação e inter-relacionamento das partes dos textos – está diretamente ligado ao regime de verbos e nomes.

Além disso, é necessário observar sempre a adequação do texto aos modelos da forma de língua em que deve ser produzido. A língua-padrão, como vimos, tem seus modelos próprios e, nas situações de interação em que deve ser usada, eles devem ser acatados. É verdade que há oscilação e variedade nessas formas – isso, no entanto, não evita que nossos interlocutores tenham determinadas expectativas quanto ao nosso desempenho linguístico. Para que nosso desempenho – particularmente no universo escolar e no mundo do trabalho – seja satisfatório, devemos avaliar devidamente essas expectativas antes de optar por uma determinada regência verbal ou nominal.

• **Texto 1**

Montepio

Que herança transmite
o pai a seu filho?
Não lhe deixa casa
ou sombra de apólice
nem tampouco o sujo
de seu colarinho.
Não lhe lega a velha
mala das viagens
nem os seus amores
e as suas bobagens.
E as roupas do pai
que a chuva encolheu
no filho não cabem.
Com pau seco e fogo
o pai de resina
arma o seu legado.
Deixa uma fogueira
que ele fez sozinho
no escuro da mata.

(Borboletas em
seus ombros pousavam.)
E também menino
na pele do vento
solta para o céu
o seu papagaio.
E antes de mudar-se
de suor em musgo
o pai dá ao filho
como pé-de-meia
algo da paisagem
– sobra de pupila,
moeda de lágrimas.
Deixa-lhe o balaio
cheio de apetrechos
e o jeito de andar
com as mãos às costas.
Para o filho passa
todo o seu cansaço
suas promissórias
e seu olhar baço.
Da árvore do povo
deixa-lhe no sangue
um ramo orvalhado.
Transmite-lhe o grito
de espantado amor
que gritou na praia.
De agrestes gravetos
faz o fogo e esquenta
na palhoça ao vento
a comida fria
de sua marmita.
O pai dá ao filho
o ninho vazio
achado no bosque

e a raposa morta
por sua espingarda.
Dá-lhe a sua anônima
grandeza do nada.
Sua herança é o frio
que sentiu rapaz
quando impaludado.
Dá-lhe a lua imensa
na noite azulada.
Estende-lhe as mãos
sujas de carvão
molhadas de orvalho.
Fala-lhe da dor
que sente nos calos.
Dá-lhe a verde e rubra
pimenteira em flor.
Mostra-lhe o tambor
de salitre e brisa
que rufa sozinho
entre os arquipélagos
de sua pobreza.
Mostra-lhe o cadarço
de espuma no mar
cheio de mariscos.
Ser pai é ensinar
ao filho curioso

o nome de tudo:
bicho e pé de pau.
Que o pai, quando morre,
deixa para o filho
o seu montepio
– tudo o que juntou
de manhã à noite
no batente, dando
duro no trabalho.
Deixa-lhe palavras.

IVO, Lêdo. *O sinal semafórico*. Rio de Janeiro: J. Olympio; Brasília: INL, 1974. p. 379-81.

1. Os dois primeiros versos indicam o tema e a regência verbal que serão estendidos por todo o poema. Identifique esse tema e essa regência.
2. Faça um levantamento dos verbos que, ao longo do texto, repetem a regência do verbo apresentado no primeiro verso.
3. Comente a imagem "E antes de mudar-se / de suor em musgo".
4. Comente as imagens "– sobra de pupila, / moeda de lágrimas".
5. Em que consiste, em sua opinião, a "anônima grandeza do nada"?
6. Em que consiste, em sua opinião, "o tambor de salitre e brisa" de que fala o texto?
7. Faça um levantamento dos fatos e coisas que o pai lega ao filho. A seguir, indique o que esses elementos têm em comum.
8. O poema "Montepio" comprova que a regência pode atuar como elemento de coesão textual? Explique.
9. Como deve ser a relação entre pai e filho? Que tipo de montepio se deve transmitir?

• Texto 2

MINAS SE ESCREVE COM M, DE MULHER.

Minas é um Estado que valoriza e cuida da mulher. Prova disto é o **Programa Viva Mulher**, que tem como foco a prevenção e o tratamento dos cânceres de mama e de colo uterino. Um trabalho fundamental na vida das mineiras, dirigido tanto aos profissionais da saúde - que recebem treinamento específico sobre o assunto - como para as usuárias do SUS, que passam a contar com uma rede nacional integrada, com um núcleo em cada município, para ampliar o acesso da mulher aos serviços de saúde. Resultado da ação conjunta do Ministério da Saúde, do Governo do Estado de Minas, das administrações municipais e de organizações não-governamentais, o **Programa Viva Mulher** tem como objetivo motivar a mulher a cuidar da sua saúde e proporcionar as condições necessárias para que elas sejam assistidas. Porém, mais do que cuidar, prevenir é o verbo que se procura conjugar quando o assunto é a saúde das mineiras. Por isso, não faltam ações para que cada dia seja o Dia da Mulher.

PROGRAMA VIVA MULHER
Minas na luta contra o câncer

GOVERNO DE MINAS GERAIS
S A Ú D E
Aqui se constrói um país.

Anúncio do Governo do Estado de Minas Gerais/Programa Viva Mulher

Revista *IstoÉ*, 14 mar. 2001.

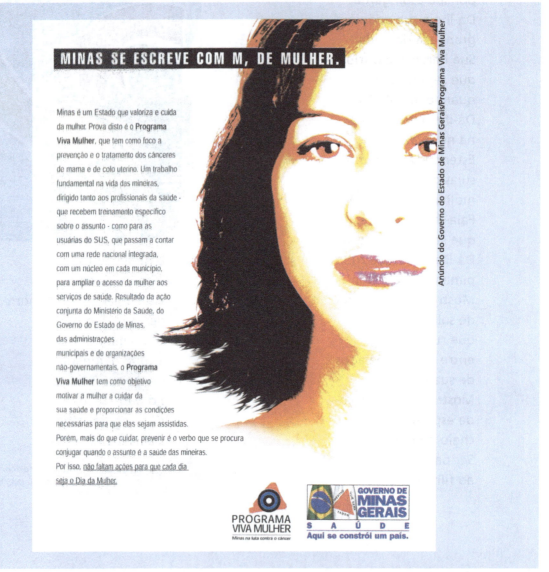

1. "Minas é um Estado que valoriza e cuida da mulher."
   Comente a opção do produtor do texto no tocante à atribuição de complementos verbais a **valorizar** e **cuidar**.
2. Procure no texto o adjetivo **dirigido** e observe sua transitividade. A seguir, comente a opção do produtor do texto no tocante à atribuição de complementos a esse nome.
3. "... para que elas sejam assistidas." Qual o sentido de **assistir** nessa construção?
4. "Porém, mais do que cuidar, prevenir é o verbo que se procura conjugar quando o assunto é a saúde das mineiras." A oposição **cuidar/prevenir** é sugestiva?
5. Que tipo de identificação a frase "Minas se escreve com m, de mulher" busca estabelecer? Comente.

Parte V

Apêndice

CAPÍTULO 33 Problemas gerais da língua-padrão

Forma e grafia de algumas palavras e expressões

Que / Quê

Que é pronome, conjunção, advérbio ou partícula expletiva. Por se tratar de monossílabo átono, não é acentuado:

(O) **Que** você pretende?

Você me pergunta (o) **que** vou fazer. (O) **Que** posso fazer?

Que beleza! **Que** bela atitude!

Convém **que** o assunto seja discutido seriamente.

Quase **que** me esqueço de avisá-lo.

Quê representa um monossílabo tônico. Isso ocorre quando encontramos um pronome em final de frase, imediatamente antes de um ponto (final, de interrogação ou exclamação) ou de reticências, ou quando **quê** é um substantivo (com o sentido de "alguma coisa, certa coisa") ou uma interjeição (indicando surpresa, espanto):

Afinal, você veio aqui fazer o **quê**?

Você precisa de **quê**?

Certas mulheres, apesar de não serem belas, têm um **quê** capaz de as fazer atraentes.

Há um **quê** inexplicável em sua atitude.

Quê! Conseguiu chegar a tempo?!

Quê! A inflação acabou?!

Por que / Por quê / Porque / Porquê

A forma **por que** é a sequência de uma preposição (**por**) e um pronome interrogativo (**que**). Equivale a "por qual razão", "por qual motivo":

Não é fácil saber **por que** a situação persiste em não melhorar.

Não sei **por que** você acha isso.

Não deixe de ler a matéria intitulada: "**Por que** os corruptos não vão para a cadeia". É impressionante!

Caso surja no final de uma frase, imediatamente antes de um ponto (final, de interrogação, de exclamação) ou de reticências, a sequência deve ser grafada **por quê**, pois, devido à posição na frase, o monossílabo **que** passa a ser tônico:

– Ainda não terminou? **Por quê?**

– Você tem coragem de perguntar **por quê?!**

– Claro. **Por quê?**

– Não sei **por quê!**

Há casos em que **por que** representa a sequência preposição + pronome relativo, equivalendo a **pelo qual** (ou alguma de suas flexões **pela qual, pelos quais, pelas quais**). Em outros contextos **por que** equivale a "para que":

Estas são as reivindicações **por que** estamos lutando.

O túnel **por que** deveríamos passar desabou ontem.

Lutamos **por que** um dia este país seja melhor.

A forma **porque** é uma conjunção, equivalendo a **pois, já que, uma vez que, como:**

Sei que há algo errado **porque** ninguém apareceu até agora.

Você continua implicando comigo! É **porque** eu não abro mão de minhas ideias?

Porque também pode indicar finalidade, equivalendo a **para que, a fim de.** Trata-se de um uso pouco frequente na língua atual:

Não julgues **porque** não te julguem.

A forma **porquê** representa um substantivo. Significa "causa", "razão", "motivo" e normalmente surge acompanhada de palavra determinante (artigo, por exemplo):

Dê-me ao menos um **porquê** para sua atitude.

Não é fácil encontrar o **porquê** de toda essa confusão.

Creio que os verdadeiros **porquês** mais uma vez não vieram à luz.

Onde / Aonde

Aonde indica ideia de movimento ou aproximação. Opõe-se a **donde,** que exprime afastamento. Veja nos exemplos que a forma **aonde** costuma referir-se a verbos de movimento:

Aonde você vai?

Aonde devo dirigir-me para obter esclarecimentos?

Aonde querem chegar com essas atitudes?

Não sei **aonde** ir.

Onde indica o lugar em que se está ou em que se passa algum fato. Normalmente, refere-se a verbos que exprimem estado ou permanência:

Onde você está?

Discrimine os locais **onde** as tropas permanecem estacionadas.

Onde você vai ficar nas próximas férias?

Não sei **onde** começar a procurar.

Essa diferença de significado não era feita na língua clássica; ainda hoje, é comum encontrar-se o emprego indiferente de uma ou outra forma.

Mas / Mais

Mas é uma conjunção adversativa, equivalendo a **porém, contudo, entretanto:**

Tentou, **mas** não conseguiu. / O país parece ser viável, **mas** não consegue sair do subdesenvolvimento.

Mais é pronome ou advérbio de intensidade, opondo-se normalmente a **menos:**

Ele foi quem **mais** tentou; ainda assim, não conseguiu.

É um dos países **mais** miseráveis do planeta.

Mal / Mau

Mal pode ser advérbio ou substantivo. Como advérbio, significa "irregularmente", "erradamente", "de forma inconveniente ou desagradável". Opõe-se a **bem**:

Era previsível que ele se comportaria **mal**.

Era evidente que ele estava **mal**-intencionado porque suas opiniões haviam repercutido **mal** na reunião anterior.

A seleção brasileira jogou **mal**, mas conseguiu vencer a partida.

Mal, como substantivo, pode significar "doença", "moléstia"; em alguns casos, significa "aquilo que é prejudicial ou nocivo":

A febre amarela é um **mal** de que já nos havíamos livrado e que, devido ao descaso, voltou a atormentar as populações pobres.

O **mal** é que não se toma nenhuma atitude definitiva.

O substantivo **mal** também pode designar um conceito moral, ligado à ideia de maldade; nesse sentido, a palavra também se opõe a **bem**:

Há uma frase de que a visão da realidade nos faz muitas vezes duvidar: "O **mal** não compensa".

Mau é adjetivo. Significa "ruim", "de má índole", "de má qualidade". Opõe-se a **bom** e apresenta a forma feminina **má**:

Não é **mau** sujeito.

Trata-se de um **mau** administrador.

Tem um coração **mau**.

A par / Ao par

A par tem o sentido de "bem-informado", "ciente":

Mantenha-me **a par** de tudo o que acontecer.

É importante manter-se **a par** das decisões parlamentares.

Ao par é uma expressão usada para indicar relação de equivalência ou igualdade entre valores financeiros (geralmente em operações cambiais):

As moedas fortes mantêm o câmbio praticamente **ao par**.

Ao encontro de / De encontro a

Para não confundir essas expressões, observe o seguinte:

Ao encontro de indica "ser favorável a", "aproximar-se de":

Ainda bem que sua posição veio **ao encontro d**a minha. Pudemos, assim, unir nossas reivindicações.

Quando a viu, foi rapidamente **ao seu encontro** e a abraçou afetuosamente.

De encontro a indica oposição, choque, colisão. Veja:

Como você queria que eu o ajudasse se suas opiniões sempre vieram **de encontro à**s minhas? Nós pertencemos a mundos diferentes.

O caminhão foi **de encontro** ao muro, derrubando-o.

A e há na expressão de tempo

O verbo **haver** é usado em expressões que indicam tempo já transcorrido:

Tais fatos aconteceram **há dez anos**.

Nesse sentido, é equivalente ao verbo **fazer**:

Tudo aconteceu **faz dez anos**.

A preposição **a** surge em expressões em que a substituição pelo verbo **fazer** é impossível:

O lançamento do satélite ocorrerá daqui **a duas semanas**.

Partiriam dali **a duas horas**.

Acerca de / Há cerca de

Acerca de significa "sobre", "a respeito de":

Haverá uma palestra **acerca das** consequências das queimadas sobre a temperatura ambiente.

Há cerca de indica um período aproximado de tempo já transcorrido:

Os primeiros colonizadores surgiram **há cerca de** quinhentos anos.

Afim / A fim

Afim é um adjetivo que significa "igual", "semelhante". Relaciona-se com a ideia de afinidade:

Tiveram comportamentos **afins** durante os trabalhos de discussão.

São espíritos **afins**.

A fim surge na locução **a fim de**, que significa "para" e indica ideia de finalidade:

Tentou mostrar-se capaz de inúmeras tarefas **a fim de** nos enganar.

Demais / De mais

Demais pode ser advérbio de intensidade, com o sentido de "muito"; aparece intensificando verbos, adjetivos ou outros advérbios:

Aborreceram-nos **demais**: isso nos deixou indignados **demais**.

Estou até bem **demais**!

Demais também pode ser pronome indefinido, equivalendo a "os outros", "os restantes":

Apesar de ter chegado até lá como integrante de um grupo, resolvi partir sozinho, deixando aos **demais** a liberdade de escolher.

Fiquei sabendo posteriormente que os **demais** membros da comissão também acabaram abandonando os projetos.

De mais opõe-se a **de menos**. Refere-se sempre a um substantivo ou pronome:

Não vejo nada **de mais** em sua atitude!

Decidiu-se suspender o concurso público porque surgiram candidatos **de mais**.

Senão / Se não

Senão equivale a "caso contrário" ou "a não ser":

É bom que ele chegue a tempo, **senão** não haverá como ajudá-lo.

Não fazia coisa alguma **senão** criticar.

Se não surge em orações condicionais. Equivale a "caso não":

Se não houver seriedade, o país não sairá da situação melancólica em que se encontra.

Na medida em que / À medida que

Na medida em que exprime relação de causa e equivale a **porque, já que, uma vez que:**

O fornecimento de combustível foi interrompido **na medida em que** os pagamentos não vinham sendo efetuados.

Na medida em que os projetos foram abandonados, a população carente ficou entregue à própria sorte.

À medida que indica proporção, desenvolvimento simultâneo e gradual. Equivale a **à proporção que:**

Os verdadeiros motivos da renúncia foram ficando claros **à medida que** as investigações iam obtendo resultados.

A ansiedade aumentava **à medida que** o prazo fixado ia chegando ao fim.

Deve-se evitar a forma **à medida em que**, resultante do cruzamento das duas locuções estudadas.

ATIVIDADES

1. Complete as frases seguintes utilizando a forma apropriada dentre as que são fornecidas entre parênteses.

a) Tenho muito o * fazer. (*que/quê*)

b) É preciso um * de louco para poder fazer isso. (*que/quê*)

c) Estamos rindo sem ter de * . (*que/quê*)

d) * você quer saber? É * sua curiosidade é maior que sua inteligência? (*por que/porque/por quê/porquê*)

e) Você quer saber * ? Não lhe direi * . (*por que/porque/por quê/porquê*)

f) Resta ainda descobrir o * dessas declarações. É difícil entender * ele teria dito tudo aquilo. (*por que/porque/por quê/porquê*)

g) * está seu orgulho? (*onde/aonde*)

h) Irei * você quiser que eu vá. (*onde/aonde*)

i) Não gosto muito dela, * tenho de admitir que é * inteligente do que eu supunha. (*mas/mais*)

j) Comportou-se * durante a reunião. Não creio que seja um * sujeito, porém. (*mal/mau*)

k) Às vezes, penso que o * anda vencendo o bem de goleada neste nosso mundo. Isso é tão * ! (*mal/mau*)

l) *-humorados de todo o mundo, uni-vos! (*mal/mau*)

m) Deixe-me * de tudo o que estiver acontecendo. (*a par/ao par*)

n) Várias pessoas expuseram opiniões que vieram * minhas durante o debate, o que muito me animou. (*ao encontro de/de encontro a*)

o) Muitas pessoas têm opiniões que vêm * minhas, o que não chega a me desanimar. (*ao encontro de*/*de encontro a*)

p) * anos não nos vemos. E só poderei reencontrá-lo daqui * dois meses! (*há*/*a*)

q) Dali * três meses, eu mudaria de vida. (*há*/*a*)

r) Nada sei * das manifestações que ocorreram no país * de dois anos. (*acerca*/*há cerca*)

s) Já que temos ideias *, deveríamos trabalhar juntos * de conseguir melhores resultados. (*afim*/*a fim*)

t) Não há nada * em gostar * de doces. (*de mais*/*demais*)

u) * se fizer alguma coisa, o país escorregará para o caos. E ainda há quem não faça nada * perseguir privilégios. (*se não*/*senão*)

v) * caminhávamos, podíamos perceber a mudança da paisagem. (*à medida que*/*na medida em que*)

w) A distribuição de renda melhorará * forem feitos investimentos voltados para o mercado interno. (*à medida que*/*na medida em que*)

2. Nos trechos a seguir, todos extraídos de jornais e revistas, destacamos algumas formas e palavras. Observe-as atentamente: justifique o emprego daquelas que você considerar corretas e corrija aquelas que você considerar erradas.

a) "A atitude e a declaração são típicas de Mehta, de 55 anos, indiano de **descendência** persa, um dos mais festejados maestros do mundo e também um dos que costumam associar a profissão ao charme e à badalação maia frequentes entre astros *pop*." (*Veja*)

b) "VEJA – **Por que** alguns maestros, como o senhor, tornaram-se também *superstars*, badalados como os astros de *rock*?

MEHTA – Não concordo com essa colocação. Alguns regentes tornaram-se populares **porque** esta é uma profissão mística.

Por que é mística eu não sei. Outros tornam-se muito populares por insistência." (*Veja*)

c) "MEHTA – Para começar, odeio *rock'n'roll*. Odeio! Gosto de *jazz* e gosto muito de música de câmara (...). O **que** me faz enlouquecer é **que** quando vou ao cinema assistir a um belo filme a música de fundo não é feita **sob** medida para a cena – é só *rock'n'roll*. No final, nos créditos a lista é de centenas de músicas. **Porque** eu tenho de ser submetido a isto?" (*Veja*)

d) "Com equipamento de menos e gente **de mais**, os militares estão cada vez **mais** especializados em funções civis, sem contar as quinze vezes em que se meteram na vida política do país, da independência em 1822 até o poder em 1964." (*Veja*)

O uso do hífen

Já vimos um dos empregos do hífen quando estudamos as regras para separação silábica e para translineação de palavras. Além desse emprego, o hífen também é usado para ligar pronomes oblíquos a formas verbais e para relacionar elementos formadores de palavras.

Usa-se o hífen para unir os pronomes oblíquos que seguem as formas verbais com que se relacionam: amam-se, escutaram-nos, disseram-me, resumi-lo, estruturá-la, mostramos--lhe, conceder-vos. O hífen também é empregado quando o pronome vem colocado no interior da forma verbal, numa construção conhecida como **mesóclise**: encontrar-te-ei, mostrar--nos-ão, dir-nos-ia, recolher-se-á. Há casos em que ao verbo se juntam dois pronomes: dê-se--lhe, mostre-se-lhe.

Quando se devem relacionar elementos formadores de palavras, o emprego do hífen acarreta dificuldades provenientes das confusas orientações oficiais publicadas a respeito. Podemos, no entanto, apontar algumas orientações gerais.

Palavras compostas

Usa-se hífen para unir os elementos de uma palavra composta. É por isso que se deve usar hífen na grafia de palavras como estas:

alto-forno
alto-relevo
amor-perfeito
bem-estar
boa-fé
bom-senso
dedo-duro
dois-pontos
guarda-roupa

louva-a-deus
lugar-comum
má-criação
matéria-prima
mau-caráter
pão-duro
para-brisas
para-raios
pé-de-meia

Prefixos e elementos de composição

Usa-se o hífen com diversos prefixos e elementos de composição. Esse uso baseia-se em alguns critérios nem sempre muito claros e, pior, muitas vezes desrespeitados nos próprios textos oficiais. Basicamente, o problema consiste em evitar que determinados prefixos, que terminam em certas letras, formem uma única palavra com o elemento a que se antepõem. Isso porque a junção dos dois elementos produziria duplicação de vogais ou pouca clareza gráfica. Assim, por exemplo, o prefixo **contra-**, diante de palavra iniciada por **a**, deve ser separado por hífen, para evitar duplicação da vogal: **contra-argumento** e não "**contraargumento**".

Podemos dividir os prefixos em grupos, de acordo com a letra em que terminam:

- **prefixos terminados em** ***-a*** (contra-, extra-, infra-, intra-, supra-, ultra-) – Ligam-se por hífen às palavras iniciadas por **h** e **a**:

contra-almirante
extra-atmosférico
extra-humano
infra-axilar
intra-arterial

supra-auricular
supra-hepático
ultra-apressado
ultra-hiperbólico

- **prefixos terminados em *-o*** (auto-, neo-, proto-, pseudo-) – Ligam-se por hífen às palavras iniciadas por **h** e **o**:

auto-observação	proto-histórico
neo-ortodoxia	pseudo-hexagonal

- **prefixos terminados em *-e*** (ante-, sobre-) – Ligam-se por hífen às palavras iniciadas por **h** ou vogal inicial igual à última do prefixo:

ante-histórico	sobre-exaltar	sobre-humano

- **prefixos terminados em *-i*** (anti-, arqui-, semi-) – Ligam-se por hífen às palavras iniciadas por **h** e **i**:

anti-hemorrágico	anti-imperialismo	arqui-inimigo
anti-herói	anti-inflamatório	semi-hospitalar
anti-higiênico	arqui-hipérbole	semi-interno

- **prefixo terminado em *-r*** (hiper-, inter-, super-) – Liga-se por hífen às palavras iniciadas por **h** e **r**:

hiper-humano	inter-hemisfério	super-homem
hiper-requintado	inter-regional	super-humano
hiper-requisitado	inter-relação	super-realismo

- **prefixos terminados em *-n* e *-l*** (pan- e mal-) – Ligam-se por hífen às palavras iniciadas por **h** e vogal:

pan-africano	pan-helenismo	mal-educado
pan-americano	mal-acabado	mal-humorado
pan-eslavismo	mal-agradecido	

- **prefixos terminados em *-b*** (ab-, ob-, sob-) – Ligam-se por hífen às palavras iniciadas por **r**:

ab-reptício (exaltado, arrebatado)	ob-reptício (ardiloso, astucioso)
ab-rogar (pôr em desuso)	sob-roda

- **prefixo terminado em *-d*** (ad-) – Liga-se por hífen às palavras iniciadas por **r**:

ad-rogar (adotar)	ad-renal

- **prefixo *bem*** – Deve ser separado por hífen sempre que se ligar a um elemento que possui existência autônoma na língua:

bem-amado	bem-comportado	bem-humorado
bem-aventurado	bem-educado	bem-vindo
bem-casado	bem-falante	

Em muitos compostos, no entanto, *bem* vem aglutinado com o segundo elemento, como em **benfeito** e **benfazejo**, ao lado de **bem-dizer** e **bem-querer**.

- Há prefixos e elementos formadores que são sempre ligados por hífen à palavra a que são acrescentados: além-, aquém-, recém-; pós-, pré-, pró- (nesses casos, usa-se hífen quando o segundo elemento tem vida à parte); ex- e vice-, por exemplo. Observe as seguintes palavras:

além-fronteiras	ex-aluno	pós-glacial	pré-romântico	recém-nascido
além-mar	ex-deputado	pós-operatório	pró-democracia	vice-presidente
além-túmulo	ex-namorada	pré-escolar	pró-independência	vice-rei
aquém-fronteiras	ex-presidente	pré-histórico	recém-casado	vice-reitor

Observação

Como dissemos inicialmente, as determinações oficiais são confusas e contraditórias em muitos passos referentes ao emprego do hífen. Por isso, o melhor a fazer é habituar-se a consultar bons dicionários ou publicações especializadas no momento em que se redige, a fim de procurar solucionar as dúvidas que porventura surjam. O Acordo Ortográfico da Língua Portuguesa (1990) tenta simplificar tais confusões e dúvidas.

ATIVIDADES

1. Una os elementos de cada item seguinte, empregando o hífen quando necessário.

a) arqui, milionário
b) arqui, secular
c) anti, escravismo
d) anti, didático
e) anti, hemorrágico
f) anti, social
g) anti, tetânico
h) ante, sala
i) ante, datar
j) contra, ofensiva
k) contra, ponto
l) contra, senso
m) auto, biografia
n) auto, educação
o) auto, suficiente
p) extra, regulamentar
q) extra, oficial
r) infra, vermelho
s) intra, venoso
t) intra, muscular
u) neo, latino
v) mal, agradecido
w) mal, criado

2. Este exercício é semelhante ao anterior.

a) bem, comportado
b) semi, aberto
c) pseudo, científico
d) semi, deus
e) semi, extensivo
f) pseudo, etimologia
g) proto, histórico
h) pré, escolar
i) pró, democracia
j) neo, socialismo
k) neo, modernismo

3. Explique a diferença de significado entre os termos destacados nos pares de frases seguintes.

a) Quem os vê percebe que se trata de um **amor perfeito**. / Deu-me uma muda de **amor-perfeito**.

b) Deu **pão duro** aos mendigos. / Mais uma vez, bancou o **pão-duro**.

Colocação dos pronomes pessoais oblíquos átonos

Os pronomes pessoais oblíquos átonos (me, te, se, o, a, lhe, nos, vos, se, os, as, lhes) atuam basicamente como complementos verbais. Em relação aos verbos, esses pronomes podem assumir três posições:

- **próclise** – O pronome surge antes do verbo:

  Não **nos** mostraram nada. Nada **me** disseram.

- **ênclise** – O pronome surge depois do verbo:

  Apresento-**lhe** meus cumprimentos. Contaram-**te** tudo?

- **mesóclise** – O pronome é intercalado ao verbo, que deve estar no futuro do presente ou no futuro do pretérito do indicativo:

  Mostrar-**lhe**-ei meus escritos. Falar-**vos**-iam a verdade?

Por muito tempo, perseguiram-se regras para orientar a colocação desses pronomes. Da busca de orientação passou-se logo à fixação de verdadeiras "leis", normalmente criadas a partir de modelos da fala lusitana, o que as tornava ainda mais impraticáveis para os falantes brasileiros. Felizmente, nos últimos tempos, a discussão sobre as regras de colocação pronominal tem sido substituída por procedimentos norteados pelo bom-senso.

Apresentamos a seguir algumas orientações básicas a esse respeito e salientamos que não se deve perder tempo com uma questão tão pouco relevante para o uso eficiente da língua.

- A **ênclise** pode ser considerada a colocação básica do pronome, pois obedece à sequência verbo-complemento. Na língua culta, deve ser observada no início das frases:

  Apresentaram-**se** vários projetos durante a sessão.

  Contaram-**me** casos estranhíssimos.

  Parece-**me** que o mais acertado seria retomar os programas de incentivo agrícola.

  A ênclise não ocorre com as formas dos futuros do indicativo e do particípio. Com os futuros, quando não é possível fazer a próclise, deve-se optar pela mesóclise, forma completamente desusada na língua coloquial do Brasil:

  Dir-**nos**-ão o que fazer? Entender-**me**-ia o estrangeiro?

- A **próclise** tende a ocorrer após pronomes relativos, pronomes interrogativos e conjunções subordinativas. Também ocorre nas negações:

  É a pessoa que **nos** orientou. / Nunca **nos** encontraremos novamente.

  Quem **te** disse isso? / Jamais **se** cumprimentam. Nada foi feito, embora **se** conhecessem as consequências.

  Gostaria de saber por que **nos** fizeram vir aqui. Não **me** falaram nada a respeito disso.

  No início de frase, a próclise é típica da língua coloquial brasileira e é usada na escrita quando se pretende reproduzir a língua falada:

  Me faça um favor. **Nos** falaram que era tudo mentira.

- Com as locuções verbais e tempos compostos, a tendência brasileira é colocar o pronome antes do verbo principal:

  Vou **lhe** mostrar meus trabalhos. Continuo pensando em **lhe** mostrar meus trabalhos.

O pronome também pode surgir em outras posições. Observe:

Eu **lhes** estou mostrando. Eu estou mostrando-**lhes**.

O uso do hífen nos casos em que o pronome aparece em posição intermediária é considerado optativo:

Estou-**lhes** mostrando. Estou **lhes** mostrando.

Na verdade, a primeira forma tende a representar a fala lusitana, que "encosta" o pronome no verbo auxiliar ("Estou-lhes...") enquanto a segunda tende a representar a fala brasileira, que "encosta" o pronome no verbo principal ("... lhes mostrando.").

Língua-padrão, leitura e produção de textos

Como você percebeu, a maior parte dos detalhes da língua-padrão levantados neste capítulo dizem respeito a formas da língua escrita. É importante repetir que a produção de textos escritos num nível formal pode ser comprometida por erros de ortografia. Por isso, fique atento e não tenha preguiça de consultar um bom dicionário ou um guia ortográfico quando tiver as dúvidas que todo mundo tem. Lembre-se de alguns manuais de redação (dos jornais *Folha de S.Paulo*, *O Estado de S. Paulo*, *O Globo* e da Editora Abril) e, particularmente, do *Guia de usos do português,* de que já falamos, todos muito úteis para solucionar essas dúvidas. Habitue-se a ter esse tipo de publicação à mão quando estiver produzindo textos escritos na escola ou em ambiente profissional.

LEITURA, USO, REFLEXÃO

- **Texto**

Come, meu filho

— O mundo parece chato mas eu sei que não é.

— ...

— Sabe por que parece chato? Porque, sempre que a gente olha, o céu está em cima, nunca está embaixo, nunca está de lado. Eu sei que o mundo é redondo porque disseram, mas só ia parecer redondo se a gente olhasse e às vezes o céu estivesse lá embaixo. Eu sei que é redondo, mas para mim é chato, mas Ronaldo só sabe que o mundo é redondo, para ele não parece chato.

— ...

— Porque eu estive em muitos países e vi que nos Estados Unidos o céu também é em cima, por isso o mundo parecia todo reto para mim. Mas Ronaldo nunca saiu do Brasil e pode pensar que só aqui é que o céu é lá em cima, que nos outros lugares é embaixo ou do lado, e ele pode pensar que o mundo só é chato no Brasil, que nos outros lugares que ele não viu vai redondando. Quando dizem para ele, é só acreditar, pra ele nada precisa parecer. Você prefere prato fundo ou prato chato?

— Chat... — raso, quer dizer.

— Eu também. No fundo, parece que cabe mais, mas é só para o fundo, no chato cabe para os lados e a gente vê logo tudo o que tem. Pepino não parece inreal?

— Irreal.

— Por que você acha?

— Se diz assim.

— Não, por que é que você achou que pepino parece irreal? Eu também. A gente olha e vê um pouco do outro lado, é cheio de desenho bem igual, é frio na boca, faz barulho de um pouco de vidro quando se mastiga. Você não acha que pepino parece inventado?

— Parece.

— Aonde foi inventado feijão com arroz?

— Aqui.

— Ou no árabe, igual que Pedrinho disse de outra coisa?

— Aqui.

— Na sorveteria Gatão o sorvete é bom porque tem gosto igual da cor. Para você carne tem gosto de carne?

— Às vezes.

— Duvido! Só quero ver: da carne pendurada no açougue?!

— Não.

— E nem da carne que a gente fala. Não tem gosto de quando você diz que carne tem vitamina.

— Não fala tanto, come.

— Mas você está olhando desse jeito para mim, mas não é para eu comer, é porque você está gostando muito de mim, adivinhei ou errei?

— Adivinhou. Come, Paulinho.

— Você só pensa nisso. Eu falei muito para você não pensar só em comida, mas você vai e não esquece.

LISPECTOR. Clarice. *Para não esquecer*. São Paulo: Círculo do Livro, 1988. p. 122-4.

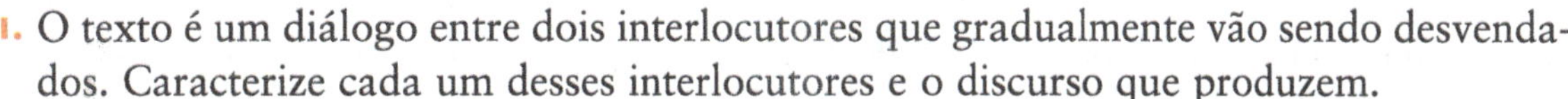

1. O texto é um diálogo entre dois interlocutores que gradualmente vão sendo desvendados. Caracterize cada um desses interlocutores e o discurso que produzem.
2. Por ser um diálogo, o texto procura transferir para a escrita algumas peculiaridades da língua falada. Aponte passagens em que isso ocorre de forma mais acentuada.
3. Há passagens em que notamos que a transposição da fala para a escrita produziu modificações mais acentuadas em palavras e estruturas. Aponte algumas delas e comente-as.
4. O discurso da criança, em muitos momentos, parece colidir com o discurso adulto. De acordo com o que o texto nos apresenta, qual a lógica em que Paulinho se baseia para afirmar que, para ele, o mundo é chato? Que você acha dessa lógica?
5. O texto também evidencia que a visão infantil é capaz de perceber relações que os adultos normalmente não concebem. Pensando nisso, comente o que o texto nos fala sobre o pepino e sobre o sabor de alguns alimentos.
6. De que forma o final do texto inverte os papéis habituais exercidos por mãe e filho? Comente.
7. Comente o uso de **aonde** no texto.
8. Há muitos **por que** e **porque** no texto.
   a) Faça um levantamento das ocorrências e justifique a grafia adotada.
   b) Qual a relação que se costuma estabelecer entre esse tipo de palavra e um dos personagens do texto?

CAPÍTULO 34 A significação das palavras e os textos

Sinônimos e antônimos

Palavras de significados opostos como **ausência** e **presença** ou **sim** e **não** são chamadas **antônimos**.

Palavras de significados próximos são chamadas **sinônimos**. É o que ocorre com palavras como **agradável, ameno, aprazível, deleitável, deleitoso, delicioso, grato, gostoso, saboroso.** Observe que os sentidos delas são próximos, mas não são exatamente equivalentes.

O uso de palavras sinônimas pode ser de grande utilidade nos processos de retomada de elementos que inter-relacionam as partes dos textos:

Alguns segundos depois, apareceu **um menino**. Era **um garoto** magro, de pernas compridas e finas. "– Um **moleque**!", diria meu avô.

Apesar de cada uma dessas palavras ter seus matizes próprios de significação, são usadas no texto para designar um mesmo ser. Perceba, assim, que a relação de sinonímia não depende exclusivamente do significado das palavras isoladas, mas resulta do emprego que têm nos textos.

Hipônimos e hiperônimos

Uma relação de significado muito importante para a construção de textos é a que se estabelece entre hiperônimos e hipônimos. **Hiperônimo** é uma palavra cujo significado é mais abrangente do que o de seu **hipônimo**. É o que acontece, por exemplo, com as palavras **veículo** e **carro** – **veículo** é hiperônimo de **carro** porque em seu significado está contido o significado de **carro** ao lado do significado de outras palavras como **carroça, trem, caminhão. Carro** é um hipônimo de **veículo.** A relação entre hipônimos e hiperônimos é muito útil para a retomada de elementos textuais:

Há muito tempo planejavam derrubar aquele **ipê**. A velha **árvore** parecia perturbar os administradores municipais.

Proteja o **lobo-guará**. É um **animal** que corre risco de extinção.

São hiperônimos importantes palavras de sentido genérico como **coisa, fato, acontecimento, fenômeno, pessoa, ser,** bastante frequentes nos mecanismos de retomada de elementos textuais. Seu uso, entretanto, deve ser limitado a essa função, pois elas carecem da precisão característica dos hipônimos:

A **ampliação da pobreza** compromete a estabilidade social do país e é um **fato** que não pode ser omitido em qualquer proposta séria de planejamento governamental.

A **troca de insultos e sopapos** entre os deputados ganhou destaque nos jornais. O **acontecimento** foi recriminado em vários editoriais.

As relações de significado que envolvem a semelhança ou igualdade de sons e grafias de palavras – a paronímia e homonímia – já foram estudadas no capítulo deste livro dedicado à Ortografia.

Atividades

1. Complete as frases seguintes com um hiperônimo ou com uma palavra de sentido genérico.
   a) O dono da fábrica negava-se a indenizar as famílias dos operários mortos com a explosão de uma caldeira. Esse (*) revoltou a população da cidade.
   b) Vários automóveis foram arrastados pela correnteza. Alguns (*) foram encontrados muito longe do local onde haviam sido deixados por seus donos.
   c) Cuidado com as bactérias com que você está lidando no laboratório. São (*) muitas vezes perigosos.
   d) Grupos de refugiados chegam diariamente do sertão castigado pela seca. São (*) famintas, maltrapilhas, destruídas.

2. Substitua a forma do verbo **dar** pela forma apropriada de um dos sinônimos relacionados a seguir. Observe que as frases se tornam mais precisas com a substituição.

   demonstrar doar oferecer produzir dedicar atinar bater

   a) Dei vários livros à biblioteca da escola.
   b) O time dava sinais evidentes de cansaço.
   c) Não escovar os dentes dá mau hálito.
   d) Este lugar não nos dá nenhum conforto.
   e) Dá o que tem de melhor aos filhos.
   f) Tive de dar garantias.
   g) Dava nos outros por qualquer coisa.
   h) Até que enfim deram com a resposta certa.

3. Agora, substitua o verbo **fazer** pelo sinônimo apropriado de uma das formas a seguir.

   produzir fingir-se conceber formar gravar causar
   construir montar gerar induzir forçar

   a) Sou capaz de fazer uma mesa em poucas horas.
   b) Faz um disco por ano.
   c) O medo faz mais admiradores que a paixão.
   d) Faz pena vê-lo assim.
   e) O trânsito brasileiro faz muitas vítimas.
   f) Ele se fez de desentendido
   g) Fiz que tomasse uma atitude.
   h) Não se pode fazer uma ideia do sofrimento daquelas pessoas.

Leitura, uso, reflexão

• Texto 1

O pião e a carrapeta

Rio de Janeiro – Era brinquedo de pobre, mas todos, até mesmo os meninos ricos, tinham o seu pião. Parece que não existem mais, mas, na minha rua, o guri que não tinha o seu pião e não era mestre no ofício de rodá-lo no chão ou na palma da mão tornava-se qualquer coisa de abominável, um ser hediondo execrado pelos outros garotos.

Rogério Montenegro/Editora Abril

Nunca fui bom de pião, insistia com o pai, ele comprava os melhores, mas eu não os fazia girar com a perícia adequada. Tantas levei pela cara que o pai, para me consolar, falou mal dos piões, de todos os piões ("é brinquedo de moleque") e deu-me uma carrapeta suntuosa, com frisos amarelos, azuis e vermelhos, fazia um som civilizado quando rodava.

E era fácil de manejar. Bastava dar corda e ela se empinava, rodava loucamente, imóvel em seu eixo de lata, e o zumbido que fazia, cortando o ar, parecia o fundo musical de um pedaço do paraíso.

K. Hackenberg/Zefa/Corbis

É bem verdade que os outros guris me olhavam desconfiados, achando que carrapeta era coisa aveadada e, pensando bem, eu próprio também achava o brinquedo meio suspeito.

Até o dia em que um garoto chegou-se para o meu lado e, como se fizesse uma proposta indecente, sugeriu que trocássemos de equipamento. Ele me daria o seu pião, o mais famoso e letal daquela rua, que partia ao meio os piões adversários. E eu lhe daria a carrapeta faiscante, que girava como um planeta sonoro enquanto lhe durava a corda.

Cheguei em casa e o pai descobriu o péssimo negócio que o filho fizera. Num primeiro momento, pensou em procurar o guri e desfazer a troca. É evidente que se aproveitara da minha ingenuidade ou da minha cobiça em ter um pião igual ao dos outros.

Pensou melhor. Olhou-me fundo, avaliou o pião escalavrado e sebento que eu trazia como um troféu. E lançou a profecia que se realizaria pela vida afora: "Você nunca será alguém, meu filho!".

CONY, Carlos Heitor. *Folha de S.Paulo*, 8 jul. 2004.

1. Que substantivos são usados no texto para designar brinquedos? Comente as relações de sentido que mantêm entre si.
2. Que substantivos são usados no texto para designar meninos? Comente as relações de sentido que mantêm entre si.
3. Observe os adjetivos usados em relação à carrapeta e compare-os com os adjetivos usados em relação ao pião pelo qual o narrador a trocara. Que relação de significado mantêm entre si esses adjetivos? Que efeito de sentido se obtém com essa relação?
4. Há autoironia no texto? Explique.
5. A que tipo de público se dirige o texto? Explique.

Texto 2

Anúncio da Intelig/Agência Talent.

Revista *Veja*, 18 out. 2000.

Texto 3

Anúncio da Philco/Agência DPZ.

Revista *Veja*, 13 nov. 2002.

Quais as relações de significado que os textos exploram? Que importância têm para a argumentação desenvolvida?

CAPÍTULO 35

Noções elementares de Estilística

A Estilística estuda como se podem manipular os recursos da linguagem para sugerir e transmitir conteúdos emotivos e intuitivos por meio das palavras e de sua organização. Neste capítulo, vamos fazer um estudo bastante breve dessas possibilidades, que fogem ao âmbito dos estudos gramaticais.

Recursos fonológicos

Os sons da língua podem ser organizados de forma a transmitir sugestões e conteúdos intuitivos. Uma das formas de se conseguir isso é a **aliteração**, ou seja, a repetição de uma mesma consoante numa sequência linguística, como ocorre com /v/ e /l/ no trecho seguinte:

Vozes veladas, veludosas vozes,
Volúpias dos violões, vozes veladas,
Vagam nos velhos vórtices velozes
Dos ventos, vivas, vãs, vulcanizadas.

Cruz e Sousa

A repetição de uma mesma vogal numa sequência linguística recebe o nome de **assonância**. É o que ocorre com /ã/ e /õ/ em:

E bamboleando em ronda
dançam bandos tontos e bambos
de pirilampos.

Guilherme de Almeida

A tentativa de reproduzir linguisticamente sons e ruídos do mundo natural constitui a **onomatopeia**:

Lá vem o vaqueiro pelos atalhos,
tangendo as reses para os currais.
Blem... blem... blem... cantam os chocalhos
dos tristes bodes patriarcais.
E os guizos finos das ovelhinhas ternas
dlin... dlin... dlin...
E o sino da igreja velha:
bão... bão... bão...

Ascenso Ferreira

 **A poesia, principalmente, explora esses e outros recursos sonoros da linguagem. O estudo dos ritmos e dos padrões métricos da linguagem poética foge ao âmbito dos estudos gramaticais. Para conhecê-los, devem-se procurar as obras especializadas e principalmente os bons poemas da língua portuguesa.**

Recursos morfológicos

Os casos mais comuns de exploração expressiva de recursos morfológicos estão relacionados com o uso de determinados sufixos. É muito frequente o emprego dos sufixos aumentativos e diminutivos para exprimir conteúdos afetivos nem sempre relacionados com a dimensão física dos seres. É o caso de palavras como **mulherão** ou **coitadinho,** que fazem referência respectivamente à beleza e às características psicológicas dos seres designados.

 **Tratamos desses e de outros casos quando estudamos a estrutura e a formação das palavras.**

Recursos sintáticos

A Sintaxe é uma fonte inesgotável de recursos expressivos. Vamos ver algumas das formas de produzir efeitos sutis de significação.

O **assíndeto**, ou coordenação de termos ou orações sem utilização do conectivo, costuma imprimir lentidão ao ritmo narrativo:

Foi apanhar gravetos, trouxe do chiqueiro das cabras uma braçada de madeira meio roída pelo cupim, arrancou touceiras de macambira, arrumou tudo para a fogueira.

Graciliano Ramos

O **polissíndeto**, ou repetição do conectivo na coordenação de termos ou orações, costuma acelerar o ritmo narrativo:

O amor que a exalta e a pede e a chama e a implora.

Machado de Assis

Quando ocorre a **inversão** da ordem normal dos termos da oração ou da frase, o termo deslocado de sua posição normal recebe forte ênfase. A inversão não é privilégio da linguagem literária, ocorrendo também no uso cotidiano da linguagem:

Das minhas coisas cuido eu!

Professor já não sou.

 **A repetição de termos ou de estruturas sintáticas (chamada esta última de anáfora) é um recurso de ênfase e coesão, de que falamos em vários momentos de nossos estudos.**

O **anacoluto**, ou ruptura da ordem lógica da frase, é um recurso muito utilizado nos diálogos, que procuram reproduzir na escrita a língua falada. Também permite a caracterização de estados de confusão mental:

Deixe-me ver... É necessário começar por... Não, não, o melhor é tentar novamente o que foi feito ontem.

 **Outro recurso sintático é a silepse, ou concordância ideológica, estudada no capítulo dedicado à concordância verbal e nominal.**

Recursos semânticos

A exploração dos significados das palavras gera duas figuras principais: a metáfora e a metonímia. Outras formas de explorar significados de maneira expressiva são a antítese, o eufemismo, a hipérbole, a ironia, a gradação e a prosopopeia ou personificação.

A **metáfora** ocorre quando uma palavra passa a designar alguma coisa com a qual não mantém nenhuma relação objetiva. Na base de toda metáfora está um processo comparativo:

Senti a seda do seu rosto em meus dedos.

Seda, na frase acima, é uma metáfora. Por trás do uso dessa palavra para indicar uma pele extremamente agradável ao tato, há várias operações de comparação: a pele descrita é tão agradável ao tato quanto a seda; a pele descrita é uma verdadeira seda; a pele descrita é **seda**.

A **metonímia** ocorre quando uma palavra é usada para designar alguma coisa com a qual mantém uma relação de proximidade ou posse:

Meus olhos estão tristes porque você decidiu partir.

Olhos, na frase acima, é uma metonímia. Na verdade, essa palavra, que indica uma parte do ser humano, está sendo usada para designar o ser humano completo.

A **antítese**, ou aproximação de antônimos, salienta a oposição entre duas palavras ou ideias:

Onde queres revólver sou coqueiro
E onde queres dinheiro sou paixão
Onde queres descanso sou desejo
E onde sou só desejo queres não
E onde não queres nada nada falta
E onde voas bem alta eu sou o chão
E onde pisas o chão minha alma salta
E ganha liberdade na amplidão

Caetano Veloso

Eufemismo é o atenuamento intencional de uma expressão em certas situações:

Falta-lhe inteligência para compreender isso.

Hipérbole é o exagero intencional de uma expressão:

Faria isso mil vezes se fosse preciso.

A **ironia** consiste em, aproveitando-se do contexto, utilizar palavras que devem ser compreendidas no sentido oposto do que aparentam transmitir. É um poderoso instrumento para o sarcasmo:

Muito competente aquele candidato! Construiu viadutos que ligam nenhum lugar a lugar algum.

A **gradação** consiste em encadear palavras cujos significados têm efeito cumulativo:

Os grandes projetos de colonização resultaram em pilhas de papéis velhos, restos de obras inacabadas, hectares de floresta devastada, milhares de famílias abandonadas à própria sorte.

A **prosopopeia** ou **personificação** consiste em atribuir características de seres animados a seres inanimados ou características humanas a seres não humanos:

A floresta gesticulava nervosamente diante do fogo que a devorava.

O ipê acenava-lhe brandamente, chamando-o para casa.

Leitura, uso, reflexão

• **Texto 1**

Pacotes, excluídos e emergentes

Ou: o uso do eufemismo na arte de governar e de administrar as relações entre as classes

Considere-se a afirmação seguinte: "Os países atrasados anunciaram um pacote de ajuda aos miseráveis". Considere-se agora esta outra: "Os países emergentes anunciaram um conjunto de medidas de ajuda aos excluídos". Qual a diferença entre uma frase e outra? Nenhuma, quanto ao conteúdo. Mas como soa mais benigna a segunda, expurgada da crueza selvagem da primeira... A primeira, dita num salão, choca como palavrão. Soa como vitupério de rameira em rixa de bordel. A segunda deleita como solo de clarineta. Parece discurso de doutor em noite de entrega de título *honoris causa*. Por isso, governa-se com a segunda.

Images.com/Corbis/Latinstock

Estamos falando da arte de se valer dos eufemismos. Quando morre a mãe de alguém, é grosseiro anunciar-lhe: "Sua mãe morreu". No mínimo, a pessoa dirá que a mãe "faleceu". Também poderá dizer que "desapareceu". Ou então, se ainda achar pouco, que "feneceu", delicado verbo emprestado às flores, com o que a morte se apresentará cheirosa como lírio, colorida como cravo. O eufemismo, como a hipocrisia, é a homenagem que, na linguagem, o vício presta à virtude. Soa mais virtuoso confessar a existência de "relações impróprias" com alguém, conforme fórmula celebrizada pelo presidente dos Estados Unidos, do que dizer que se cometeu adultério.

Na segunda das frases acima estão reunidos três dos eufemismos mais correntes na vida pública. Dois deles são universais — "emergente" para país atrasado e "excluído" para miserável. O terceiro, "conjunto de medidas" em lugar de "pacote", fala exclusivamente à sensibilidade brasileira e, mais ainda, do atual governo brasileiro. "Emergente" para país atrasado ou, para ser mais exato, remediado, é a última de uma longa linhagem de fórmulas classificatórias dos países segundo sua riqueza. Até a primeira metade do século, quando ainda não se carecia de eufemismos, nesta área — ou, caso se prefira, de linguagem politicamente correta — os países eram simplesmente ricos e pobres, quando não metrópoles e colônias. Com a adoção do conceito de "desenvolvimento", depois da II Guerra, passaram a ser "desenvolvidos" e "subdesenvolvidos". Mais adiante, para não achincalhar a todos, indistintamente, com a pecha infamante de "subdesenvolvido", premiou-se os melhores com o gentil "em desenvolvimento". Tais países não eram mais "sub", não estavam mais tão por baixo. Nos últimos anos, substituiu-se o "em desenvolvimento" por "emergente", palavra que igualmente se opõe ao "sub". São países não mais submersos, mas que emergem. Já põem a cabeça para fora.

"Excluídos" para designar os miseráveis é o coroamento de uma linhagem mais longa ainda de palavras com as quais se tenta melhorar a condição das pessoas na rabeira da escala social. Já se recorreu a peças do vestuário, por exemplo. Na Revolução Francesa havia os "sans-culottes", os desprovidos do tipo de calça — o "culotte" — de uso dos nobres. Na Argentina de Perón e Evita consagrou-se o "descamisado". Também já se falou — e se fala ainda — em menos favorecidos, despossuídos, humildes... "Excluído", dirá o leitor, tem um sentido diverso. É aquele que o sistema produtivo exclui. Alguém pode ser pobre, porque mal remunerado, mas incluído, porque tem emprego e função na produção. Se o pobre pode não ser excluído, no entanto, dificilmente alguém será miserável e incluído. O que leva a concluir que, na prática, o excluído quase sempre se confunde com o miserável.

Resta falar da sorte da palavra "pacote". "Pacote" nasceu inocentemente, na administração da economia, talvez por imitação das agências de turismo, que quando vendem passagens e hospedagem, tudo junto, vendem um "pacote", para designar não uma, mas várias iniciativas adotadas ao mesmo tempo. Nasceu nesse sentido e nele devia permanecer: o de uma pluralidade de medidas, em vez de uma única. Sabe-se que o governo, para enfrentar a presente crise, adotará uma pluralidade de medidas. Por que então o horror à palavra pacote, anatematizada repetidas vezes pelo presidente Fernando Henrique Cardoso, que, ainda num discurso na semana passada, garantiu que "não existe nada de pacotes"?

Ocorre, circunstância fatídica, que os pacotes foram introduzidos na política brasileira pelo regime militar e costumavam ser baixados sem aviso nem consulta. Essa característica acabou contaminando o conceito de pacote, e eis-nos então de volta à anódina expressão "conjunto de medidas", com a qual se pretende conferir a tais medidas, por maldosas que sejam, um atestado de bom comportamento. O eufemismo, desde sempre, foi parte integrante tanto da arte de governar quanto da de administrar as relações entre as classes sociais. No Brasil do século passado não havia escravo. Havia o "elemento servil". O que isso tudo quer dizer é que quando é difícil modificar a sociedade, ou o governo, modifica-se a linguagem. Se não conseguimos, governo e sociedade, ser mais justos ou mais democráticos, sejamos, pelo menos, mais finos.

TOLEDO, Roberto Pompeu de. Revista *Veja*, 14 out. 1998.

1. Observe no primeiro parágrafo a caracterização de cada uma das duas frases usadas como exemplo. Afinal, por que se governa com a segunda forma?
2. Explique a relação entre o segundo e o primeiro parágrafo.
3. "Mais adiante, para não achincalhar a todos, indistintamente, com a pecha infamante de 'subdesenvolvido', **premiou-se** os melhores com o gentil 'em desenvolvimento'."
   "Já se **recorreu** a peças do vestuário, por exemplo."
   Comente a concordância das formas verbais destacadas.
4. Apesar de tratar do eufemismo, o texto abusa de uma outra figura de linguagem. Aponte-a e destaque trechos em que seu uso é nítido.

5. "O que isso tudo quer dizer é que quando é difícil modificar a sociedade, ou o governo, modifica-se a linguagem. Se não conseguimos, governo e sociedade, ser mais justos ou mais democráticos, sejamos, pelo menos, mais finos."

a) Qual a relação entre a linguagem e o exercício do poder que se pode depreender do trecho acima?

b) A conclusão a que o texto chega é irônica?

• Texto 2

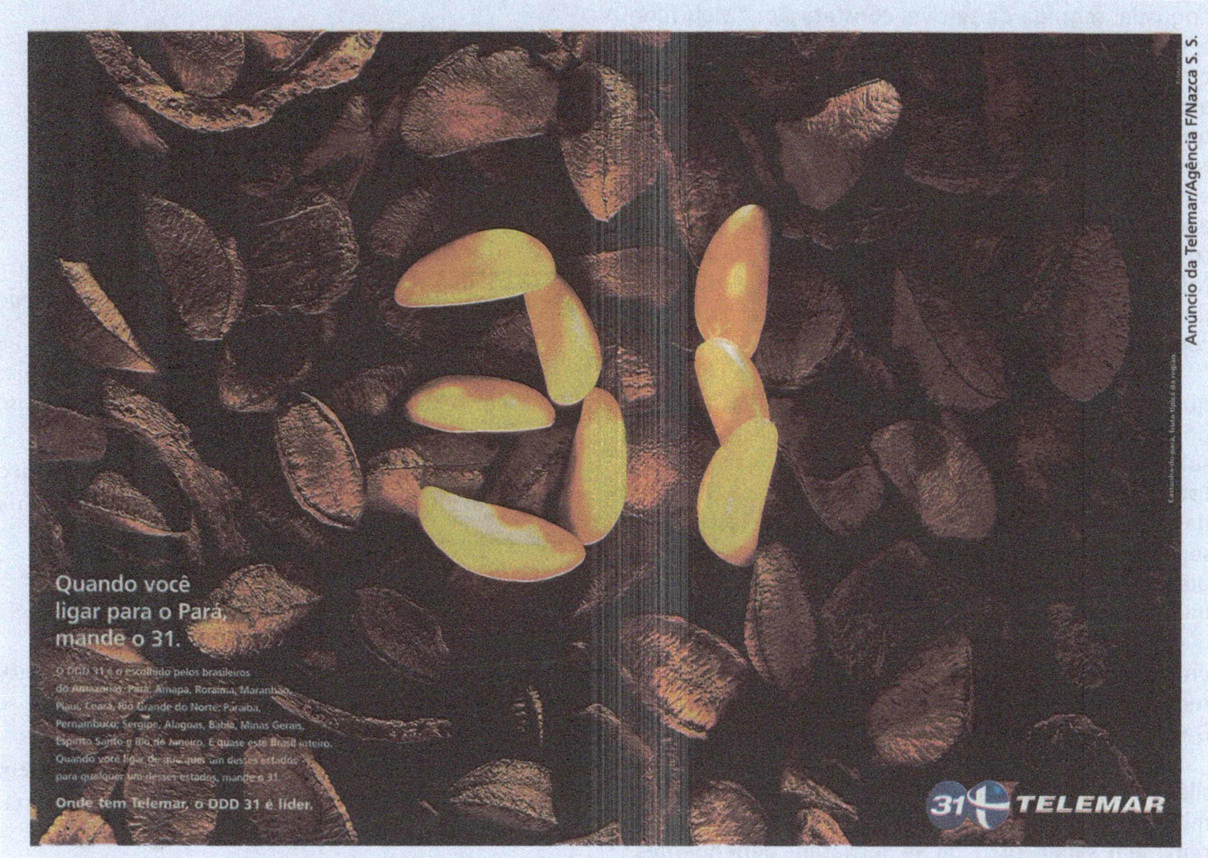

Anúncio da Telemar/Agência F/Nazca S. S.

Revista *Veja*, 31 out. 2001.

1. Que figura de linguagem está presente no texto? Explique.
2. Que efeito de sentido se consegue com essa figura de linguagem?

CAPÍTULO 36

Questões e testes de vestibulares e do Enem

O texto a seguir servirá de base para as questões de 1 a 3.

Um dia, sem querer, você mãe, abre uma das gavetas do seu filho adolescente e encontra um cigarro de maconha. A sensação é de decepção, medo, angústia, seguida da terrível constatação: "Meu filho é um drogado". Enquanto torce mentalmente para que ele não esteja viciado, você, sem perceber, se vê abrindo a gaveta de remédios para retirar o calmante que usa nos momentos de tensão, antevendo a inevitável e difícil conversa que precisará travar quando ele chegar. É nessa gaveta de medicamentos que você encontra o alívio para o corpo e a alma. São analgésicos para a dor, ansiolíticos para relaxar, anti-inflamatórios e até mesmo comprimidos de anfetamina usados para conter o apetite que tantas vezes você não consegue controlar naturalmente.

Em meio ao nervosismo, você não se dá conta de que alguns desses remédios ingeridos diariamente podem causar mais danos e dependência que as substâncias que você conhece como "drogas ilícitas". Esteja certo: se um químico fizesse uma análise fria das substâncias encontradas na sua gaveta e na do seu filho, o garoto não seria o único a precisar de uma conversa séria sobre o perigo de se amparar em muletas psicoativas.

"Do ponto de vista científico, não há diferença entre um dependente de cocaína e um viciado em remédios que contêm anfetamina", diz o psiquiatra Dartiu Xavier da Silveira.

Enquanto prevalece uma estranha cortina de silêncio sobre o problema da farmacodependência, milhares de pessoas que ingerem medicamentos correm, sem saber, risco de se tornarem dependentes. Um problema que conta com a irresponsabilidade de alguns médicos e os interesses bilionários de uma das mais poderosas forças econômicas mundiais: a indústria farmacêutica.

Adaptado da *Revista Superinteressante*, fev. 2003.

1. (Cefet-PR) Segundo o texto, é **incorreto** afirmar que:

a) os pais viciados em remédios são responsabilizados pelo uso abusivo que os filhos fazem de substâncias tóxicas, pois dão o exemplo.

b) as atitudes da mãe e do filho são comparadas através do uso que ambos fazem de algum tipo de substância tóxica.

c) tanto a mãe como o filho, do ponto de vista científico, podem ser considerados viciados.

d) alguns remédios, ou drogas lícitas, podem prejudicar mais seu dependente do que as "drogas ilícitas".

e) a indústria farmacêutica negligencia o problema por interesses econômicos.

2. (Cefet-PR) O texto dado **não** apresenta característica:

a) narrativa.

b) publicitária.

c) opinativa.

d) informativa.

e) argumentativa.

3. (Cefet-PR) Assinale a alternativa correta de acordo com o texto.

a) No texto, não há metáforas ou palavras usadas em sentido figurado por se tratar aqui de um texto com bases científicas.

b) Trata-se de um texto exclusivamente científico por apresentar palavras de uso específico da área da bioquímica.

c) O texto estabelece uma comparação central entre os interesses dos pais e os interesses da indústria farmacêutica.

d) O termo "drogas ilícitas" refere-se, no texto, aos remédios usados abusivamente como se fossem entorpecentes.

e) O uso da segunda pessoa **você**, no texto, tem a intenção de aproximar o leitor do problema, e não pode ser considerado um erro.

4. (Cefet-PR) Leia o texto publicitário a seguir e assinale a alternativa **correta**.

"Pense rápido. Pense Celta Energy 1.4.

O celta possui o motor mais potente da categoria. Foi feito na medida para você, que exige alta tecnologia num carro econômico. É ver para crer."

fonte: www.chevrolet.com.br – 2 out. 2003.

a) O termo **rápido** pode ser substituído por **rapidamente**, sem que a mensagem publicitária seja alterada.

b) A propaganda é enganosa, pois é impossível aliar alta tecnologia à economia.

c) A expressão "da categoria" deveria ser eliminada, pois restringe a ideia de potência.

d) No texto, há recursos que visam à interação com o leitor, que é tratado como pessoa criteriosa em matéria de carros.

e) A expressão "É ver para crer", por ser de uso corrente, não deveria ser usada nessa modalidade de texto escrito.

Texto de referência para as questões de 5 a 8.

Belicismo de Bush rende Nobel a Carter

O ex-presidente norte-americano Jimmy Carter foi apontado, ontem, como o ganhador do Prêmio Nobel da Paz deste ano, numa inusitada e pouco velada crítica à política militarista do atual presidente dos EUA, George W. Bush.

O presidente da Comissão Nobel, Gunnar Berge, disse, depois de anunciar Carter como o ganhador do prêmio, que a escolha poderia e deveria ser interpretada como uma crítica à linha que a atual administração (americana) está adotando, numa referência à escalada da retórica de guerra de Washington contra o Iraque.

Mas outros membros da comissão – que normalmente não expressam suas posições sobre questões políticas – desmentiram que a crítica a Bush tivesse motivado a escolha de Carter. "Essa não é a opinião da comissão", declarou uma das juradas do Nobel, Inger Marie Ytterhorn.

***Gazeta do Povo*, 12 out. 2002.**

5. (Cefet-PR) Assinale a alternativa correta a respeito do texto.

a) As ações de George W. Bush em questões bélicas assemelham-se às de Jimmy Carter.

b) As ações militaristas de Bush favoreceram a escolha de Carter como ganhador do prêmio Nobel da Paz, segundo Gunnar Berge.

c) O prêmio não deveria ser de Carter porque os EUA constantemente estão envolvidos em conflitos bélicos.

d) Nem todos os membros da comissão acham que o prêmio deveria ser de Carter.

e) Inger Marie Ytterhorn, costumeiramente, desmentiu Gunnar Berge.

6. (Cefet-PR) Os termos "inusitada", "pouco velada" e "retórica" significam, no texto, respectivamente:

a) incomum, mal disfarçada, discurso.

b) memorável, brilhante, fala.

c) rara, clara, ataque.

d) abrangente, pouco oculta, política.

e) total, esclarecedora, crítica.

7. (Cefet-PR) Assinale a alternativa que **não** reescreve corretamente o segundo parágrafo do texto.

a) Depois de anunciar Carter como o ganhador do prêmio, o presidente da Comissão Nobel, Gunnar Berge, disse que a escolha poderia e deveria ser interpretada como uma crítica à linha que a atual administração (americana) está adotando, numa referência à escalada da retórica de guerra de Washington contra o Iraque.

b) Numa referência à escalada da retórica de guerra de Washington contra o Iraque, o presidente da Comissão Nobel, Gunnar Berge, disse, depois de anunciar Carter como o ganhador do prêmio, que a escolha poderia e deveria ser interpretada como uma crítica à linha que a atual administração (americana) está adotando.

c) A escolha que poderia e deveria ser interpretada como uma crítica à linha que a atual administração (americana) está adotando, disse o presidente da Comissão Nobel, Gunnar Berge, depois de anunciar Carter como o ganhador do prêmio, numa referência à escalada da retórica de guerra de Washington contra o Iraque.

d) Gunnar Berge, presidente da Comissão Nobel, depois de anunciar Carter como o ganhador do prêmio, disse que a escolha poderia e deveria ser interpretada como uma crítica à linha que a atual administração (americana) está adotando, numa referência à escalada da retórica de guerra de Washington contra o Iraque.

e) O presidente da Comissão Nobel, Gunnar Berge, depois de anunciar Carter como o ganhador do prêmio, disse que a escolha poderia e deveria ser interpretada como uma crítica à linha que a atual administração (americana) está adotando, numa referência à escalada da retórica de guerra de Washington contra o Iraque.

8. (Cefet-PR) Assinale a alternativa **incorreta** a respeito do texto.

a) O terceiro parágrafo introduz uma ideia nova ao texto.

b) O segundo parágrafo complementa e esclarece as informações dadas no primeiro.

c) As informações do terceiro parágrafo se opõem às do segundo.

d) A ideia contida no título é sustentada pelas informações do segundo parágrafo.

e) As informações do segundo e do terceiro parágrafo se opõem às do primeiro.

Texto para as questões 9 e 10.

"Vi *Cidade de Deus*, de Fernando Meirelles. Gostei. Vi *Carandiru*, de Hector Babenco, um dos bons cineastas do mundo. Gostei também, a despeito de algumas reservas que só têm relação com o ritmo da narrativa. A crítica segundo a qual ambos os filmes são lenientes com a violência e tentam estetizá-la, endeusando a bandidagem, é coisa de gente botocuda, que supõe (ou faz de conta que supõe) que um filme deva ser dirigido como um tribunal, resguardando o direito de defesa. Cineastas, a exemplo de romancistas e quaisquer outros artistas, têm o direito de eleger à vontade seus bandidos e heróis. Devem satisfações apenas a si mesmos e a seu público."

AZEVEDO, Reinaldo. *Bravo!*, set. 2003.

9. (Cefet-PR) Os trechos das alternativas a seguir são sequências do texto dado, com adaptações. Assinale a que **não** complementa ou **não** reitera as ideias nele postuladas.

a) A obra de arte não tem nenhuma obrigação de ser moral, justa ou ética. Aliás até prefiro que não seja.

b) De todo modo, confesso que minha tolerância com dramas sociais no cinema atingiu o ponto de saturação com *O homem do ano*, de J. H. Fonseca.

c) A sordidez costuma ser um terreno mais fértil para as paixões humanas do que os bons sentimentos.

d) Gente normal é agradável à convivência, mas raramente sustenta mais de um parágrafo interessante ou uma sequência que nos mantenha presos à poltrona.

e) Cineastas não precisam nortear seus trabalhos pela crítica de cinema.

10. (Cefet-PR) Assinale a alternativa correta.

a) "A despeito de" pode ser substituído por "apesar de", sem prejuízo para o sentido do texto.

b) "Que" tem como referência o "ritmo da narrativa".

c) "Só", no texto, tem o mesmo sentido de "só" em "antes só do que mal acompanhado".

d) "Segundo" pode ser substituído, no texto, por "cuja" sem alteração de sentido.

e) "Deva" não está atendendo à língua padrão e deveria ser substituído por "deve".

11. (Cefet-PR) Assinale a alternativa que reescreve todas as informações apresentadas a seguir em um único período coerente e de acordo com as normas da língua escrita culta.

- A população idosa é agora encarada como um mercado de alto potencial.
- Os idosos observam a proliferação de várias iniciativas públicas e privadas.
- Essas iniciativas estão dispostas a dar aos idosos melhor qualidade de vida.
- Essas instituições trabalham para mudar a visão que se tem do idoso: alguém a quem só resta "se encostar" numa aposentadoria.

a) A população idosa é agora encarada como um mercado de alto potencial, pois os idosos observam a proliferação de várias iniciativas públicas e privadas, cujas iniciativas estão dispostas a dar aos idosos melhor qualidade de vida, portanto trabalham para mudar a visão do idoso que é alguém a quem só resta "se encostar" numa aposentadoria.

b) Por a população idosa ser agora encarada como um mercado de alto potencial, observam a proliferação de várias iniciativas públicas e privadas, dispostas a dar aos idosos melhor qualidade de vida e trabalham para mudar a visão do idoso que é alguém a quem só resta "se encostar" numa aposentadoria.

c) São os idosos que, agora, encaram como um mercado de alto potencial, e observam a proliferação de várias iniciativas públicas e privadas, as quais estão dispostas a dar aos idosos melhor qualidade de vida por trabalharem para mudar a visão que se tem do idoso: alguém a quem só resta "se encostar" numa aposentadoria.

d) Agora encarada como um mercado de alto potencial, a população idosa observa a proliferação de várias iniciativas públicas e privadas, dispostas a dar aos idosos melhor qualidade de vida e a trabalhar para mudar a visão que se tem do idoso como alguém a quem só resta "se encostar" numa aposentadoria.

e) Os idosos observam a proliferação de várias iniciativas públicas e privadas; as iniciativas estão dispostas a dar aos idosos melhor qualidade de vida, pois, por consequência, a população idosa é agora encarada como um mercado de alto potencial e trabalha para mudar a visão que se tem do idoso como alguém a quem só resta "se encostar" numa aposentadoria.

Texto para as questões de 12 a 14.

A filosofia é menos difícil do que se imagina. Se parece difícil, é por uma razão simples: ela é um gênero à parte. Conhecê-la é aprender a ler de um modo diferente. Ela tem pontos comuns com a ciência e com a literatura, mas se distingue de ambas. Como a ciência, ela procede com rigor e costuma ter, no horizonte, uma ideia de verdade. Mas a ciência se atualiza sempre e descarta seu passado. A filosofia não. Como a arte ou a literatura, ela preserva seu passado como um patrimônio irrenunciável.(...)

Nos últimos 20 anos, aumentou muito a demanda por filosofia. Quem diria que, em 1968, quando "la definitiva noche se abría sobre Latinoamérica", a filosofia viria a ser sucesso de público? Nos colégios, aposentava-se a escrita em favor das provas com cruzadinhas. A filosofia era acusada de perigosa, pelas ditaduras, ou de inútil, pela tecnocracia. Mas isso mudou. A edição de filosofia está em franca expansão.

Por isso, até eu, que critico a ênfase excessiva que os cursos de filosofia dão aos autores (em detrimento das questões propriamente filosóficas), recomendo começar por eles. Filosofar é caminhar – por isso, é tão importante o caminhante solitário de Jean-Jacques Rousseau (1712-1778) (...). O maior erro de quem quiser conhecer filosofia será acreditar que cada conceito tem um sentido exato, e um só. O leitor verá que cada autor lhe dá um significado diferente! E esse significado só cabe no pensamento desse autor. Assim, os dicionários de filosofia são úteis, mas não demais. Nenhum deles substitui a frequentação direta de uma obra. (...)

Não tenha medo do jargão filosófico. Toda disciplina tem seu rigor próprio, e na filosofia ele é decisivo. Mas penso que ela só adota jargão bem técnico ao ser ministrada nas universidades – o que acontece no fim da Idade Média, com a escolástica, e, modernamente, desde Emmanuel Kant (1724-1804). Ela então se torna mais difícil ao leigo, mas retirando esses 500 anos mais técnicos, restam pelo menos dois milênios de filosofia feita, em larga medida, para um público não acadêmico.

Filósofo, diz a etimologia, é o amigo do saber (do grego *filia*, "amizade", e *sofia*, "saber"). A filosofia começa, na Grécia do século 6.º a.C., sob o signo da modéstia. O Oriente conhecia a figura do sábios; ora, os gregos repudiavam a pretensão a serem sábios, isto é, proprietários do saber. Eles eram apenas (apenas?) amigos do conhecimento. Não queriam ser donos da verdade.

RIBEIRO, Renato Janine. *Folha de S.Paulo*, 26 ago. 2003. Caderno Sinapse (adaptado).

12. (Cefet-PR) Observe as proposições abaixo, elaboradas a partir do texto:

I. As dificuldades para se estudar filosofia devem-se à especificidade do gênero, às poucas obras de introdução e ao jargão filosófico.

II. A filosofia apresenta pontos em comum tanto com a literatura como com a ciência. Da primeira, guarda relação com o passado; da segunda, a pretensão à verdade.

III. Apesar do descrédito com a filosofia no final dos anos 60, por conta das ditaduras, seu prestígio continua alto e em ascensão.

IV. O autor recomenda o estudo da filosofia por temas e/ou questões filosóficas em detrimento ao estudo dos autores.

Estão corretas somente as proposições:

a) I e II.
b) II e III.
c) I e IV.
d) I e III.
e) II e IV.

13. (Cefet-PR) Das alternativas a seguir, assinale a que **não** se pode atribuir ao texto.

a) Uma recomendação dada pelo autor é o cuidado que se deve ter com os dicionários de filosofia que, apesar de úteis, não dispensam a consulta direta a uma obra.
b) Dicionários de filosofia têm uso restrito, pois um conceito só pode ser interpretado a partir do pensamento de cada autor.
c) A filosofia, ao contrário de outras disciplinas, apresenta um jargão próprio que se torna mais técnico após a Idade Média e fora dos círculos acadêmicos.
d) Na etimologia da palavra **filosofia** encontra-se a intenção dos gregos em relação a essa área do conhecimento.
e) Ao contrário dos orientais, que valorizavam a figura do sábio, os gregos não pretendiam apoderar-se do saber.

14. (Cefet-PR) Observe o período destacado e assinale a alternativa que **não** o interpreta adequadamente.

"Eles eram apenas (apenas?) amigos do conhecimento."

a) A repetição do advérbio **apenas** (agora entre parênteses e com ponto de interrogação) altera seu sentido literal, pois coloca em cheque a "modesta" dimensão da proposta dos gregos.
b) O autor, ao utilizar o advérbio **apenas** duas vezes, procura, na segunda ocorrência, salientar que a pretensão dos gregos era muito maior do que eles imaginavam.
c) O substantivo **modéstia**, utilizado anteriormente pelo autor, encontra no período destacado uma confirmação, na primeira ocorrência de **apenas**, e uma oposição na segunda.
d) A segunda ocorrência do advérbio **apenas** enfatiza o significado global do período.
e) O significado do termo **filosofia** (amigo(a) da sabedoria) que se pretendia modesto é questionado.

15. (Cefet-PR) Assinale a alternativa que apresenta coerência e coesão textuais. (Texto adaptado de *Bravo!*, set. 2003)

a) A orquestra sinfônica, grande invenção cultural do século 18, com sua centena de músicos regidos pela figura quase mítica do maestro, que reinou absoluta no centro da música ocidental durante o século 19, onde tornou-se o símbolo máximo do refinamento estético.

b) Com sua centena de músicos regidos pela figura quase mítica do maestro, a orquestra sinfônica, grande invenção cultural do século 18, reinando absoluta no centro da música ocidental durante o século 19, tornando-se o símbolo máximo do refinamento estético.

c) Grande invenção cultural do século 18, a orquestra sinfônica, com sua centena de músicos regidos pela figura quase mítica do maestro, reinou absoluta no centro da música ocidental durante o século 19, tornando-se o símbolo máximo do refinamento estético.

d) Grande invenção cultural do século 18, a orquestra sinfônica, com sua centena de músicos regidos pela figura quase mítica do maestro, uma vez que, durante o século 19, reinou absoluta no centro da música ocidental, e tornando-se o símbolo máximo do refinamento estético.

e) Com sua centena de músicos regidos pela figura quase mítica do maestro, a orquestra sinfônica – grande invenção cultural do século 18, embora reinasse absoluta no centro da música ocidental durante o século 19, e tornou-se o símbolo máximo do refinamento estético.

Leia atentamente o texto e responda às questões de 16 a 19.

Independentemente das perspectivas adotadas – por exemplo, de gênero, etnia, idade, religião ou orientação sexual –, evidências dão conta de que o perfil da força de trabalho vem se diversificando cada vez mais nas últimas décadas nos Estados Unidos e na União Europeia (Wentling e Palma-Rivas, 1998), levando pesquisadores de diversas áreas a intensificarem seus esforços de investigação desse fenômeno, tal como apontam Nkomo e Cox Jr. (1999).

Em geral, a gestão da diversidade tem sido defendida com base em dois pontos. Primeiro, programas internos de empresas voltados à diversidade seriam socialmente mais justos do que políticas de ação afirmativa – impostas por uma legislação que remonta às lutas por direitos civis nos Estados Unidos durante as décadas de 1960 e 1970 –, uma vez que se baseiam na meritocracia e não no favorecimento. Segundo, um bom gerenciamento da diversidade de pessoas nas organizações conduziria à criação de vantagem competitiva, o que, em tese, elevaria o desempenho da organização no mercado, tendo em vista a influência positiva de um ambiente interno multicultural, com membros de distintas experiências e habilidades.

Em uma sociedade com graves problemas de justiça, como a brasileira, há quem defenda que a valorização da gestão da diversidade teria um aspecto altamente positivo por representar iniciativas promissoras de inclusão social (Fleury, 2000). No Brasil, vários grupos são historicamente marginalizados e seus membros excluídos do exercício da cidadania. As poucas políticas públicas de ação afirmativa têm eficácia duvidosa, como mostra a história recente. Nesse contexto, seriam bem-vindas, portanto, práticas empresariais inovadoras, como a gestão da diversidade por empresas – brasileiras ou não – que atuam no contexto brasileiro.

No entanto, pode-se perguntar: seria a gestão da diversidade capaz de criar uma solução para a exclusão de grupos tradicionalmente discriminados? Ou, ainda, a gestão da diversidade não poderia ser uma forma, ideologicamente articulada, de esconder conflitos que surgem, prioritariamente, do campo social, como, por exemplo, da existência de preconceitos contra grupos sociais marginalizados?

ALVES, Mario Aquino e GALEÃO-SILVA, Luis Guilherme. A crítica da gestão da diversidade nas organizações. *RAE – Revista de Administração de Empresas*. São Paulo, v. 44, n. 3, p. 21, jul.-set. 2004.

16. (FGV-SP) A julgar pelo primeiro e pelo segundo parágrafos do texto, a diversidade consiste em:

a) juntar, por exemplo, pessoas de diferentes gêneros ou etnias.

b) separar pessoas de diferentes gêneros, etnias, idade, religião ou orientação sexual.

c) agrupar pessoas para o desenvolvimento de ações afirmativas.

d) agrupar pessoas, segundo seu gênero, sua etnia, sua idade, etc.

e) juntar pessoas de diferentes religiões.

17. (FGV-SP) Com base no que sugerem o texto e a leitura de jornais e revistas sobre o assunto, pode-se dizer que as ações afirmativas são aquelas que:

a) declaram explicitamente que as minorias têm direitos que a sociedade deve respeitar. Exemplo disso seria a declaração a respeito dos direitos dos negros, no Brasil.

b) permitem maior diversidade no perfil dos empregados das empresas que atuam no Brasil, favorecendo a criação de sua vantagem competitiva.

c) favorecem certos grupos sociais. Exemplo disso poderia ser o sistema de cotas reservadas, nas universidades, para grupos sociais tradicionalmente marginalizados.

d) podem permitir vantagens competitivas de empresas que atuam no Brasil, sejam elas de origem brasileira ou não.

e) não permitem que o conjunto dos trabalhadores que atuam em empresas brasileiras seja diversificado e, com isso, mais competitivo.

18. (FGV-SP) Segundo o texto:

a) os defensores das políticas de ação afirmativa precisariam introduzir no Brasil a legislação norte-americana das décadas de 1960 e 1970.

b) um dos argumentos utilizados pelos defensores da gestão da diversidade é que ela poderia criar vantagem competitiva para as empresas.

c) tanto a gestão da diversidade quanto as políticas de ação afirmativa poderiam ser úteis para a sociedade norte-americana, já que ambas têm seus méritos.

d) as políticas de ação afirmativa são meritocráticas.

e) a gestão da diversidade não é meritocrática.

19. (FGV-SP) Segundo o texto, um dos argumentos em que se baseiam os defensores da gestão da diversidade tem o seguinte encadeamento lógico:

a) a existência de vantagem competitiva da organização poderia conduzir a um ambiente multicultural de trabalho, o que, por sua vez, elevaria o desempenho da organização.

b) a coexistência de funcionários com diferentes experiências e habilidades poderia levar a problemas de comunicação entre eles, o que, por sua vez, acarretaria uma desvantagem competitiva.

c) a existência de funcionários com diferentes experiências e habilidades poderia criar um ambiente multicultural de trabalho, o que, por sua vez, elevaria o desempenho da organização e, assim, conduziria à criação de vantagem competitiva para essa organização.

d) diferentes experiências e habilidades levam, obrigatoriamente, a uma vantagem competitiva.

e) diferentes experiências e habilidades não levam a vantagem competitiva alguma.

Leia atentamente o texto e responda às questões de 20 a 23.

A última das três abordagens, entre as teorias idealistas, é a que considera **cultura como sistemas simbólicos**. Esta posição foi desenvolvida nos Estados Unidos principalmente por dois antropólogos: o já conhecido Clifford Geertz e David Schneider.

O primeiro deles busca uma definição de homem baseada na definição de cultura.

Para isto, refuta a ideia de uma forma ideal de homem, decorrente do iluminismo e da antropologia clássica, perto da qual as demais eram distorções ou aproximações, e tenta resolver o paradoxo (...) de uma imensa variedade cultural que contrasta com a unidade da espécie humana.

Para isto, a cultura deve ser considerada "não um complexo de comportamentos concretos mas um conjunto de mecanismos de controle, planos, receitas, regras, instruções (que os técnicos de computadores chamam programa) para governar o comportamento". Assim, para Geertz, todos os homens são geneticamente aptos para receber um programa, e este programa é o que chamamos cultura. E esta formulação – que consideramos uma nova maneira de encarar a unidade da espécie – permitiu a Geertz afirmar que "um dos mais significativos fatos sobre nós pode ser finalmente a constatação de que todos nascemos com um equipamento para viver mil vidas, mas terminamos no fim tendo vivido uma só!"

LARAIA, Roque de Barros. *Cultura, um conceito antropológico*. 16. ed. Rio de Janeiro: Jorge Zahar, 2003, p. 62.

20. (FGV-SP) Assinale a alternativa correta.

a) Geertz define o homem com base na cultura.

b) Geertz não encontra uma definição de homem baseada na cultura.

c) Geertz rejeita a noção de homens ideais, cujas ideias provêm do Iluminismo.

d) O autor do livro rejeita a noção do homem ideal, característica do Iluminismo.

e) É paradoxal a ideia de que o homem seja definido por sua cultura.

21. (FGV-SP) O texto introduz parágrafos duas vezes com a expressão "Para isto". Assinale a alternativa correta em relação a essa expressão no texto.

a) Na primeira ocorrência, **isto** significa definição de cultura.

b) Na primeira ocorrência, **isto** significa cultura.

c) Na segunda ocorrência, **isto** significa resolver o paradoxo.

d) Na segunda ocorrência, **isto** significa refutar uma forma ideal de homem.

e) Na segunda ocorrência, **isto** significa a cultura deve ser considerada um programa.

22. (FGV-SP) De acordo com o texto:

a) para Geertz, é um paradoxo a cultura assemelhar-se a um programa de computador.

b) para Geertz, a noção de cultura se assemelha à noção de programa de computador.

c) para o autor do texto, é um paradoxo a cultura assemelhar-se a um programa de computador.

d) não fosse pelo fato de referir-se a computador, a noção de programa seria semelhante à noção de cultura.

e) o autor do texto é contrário às opiniões de Geertz sobre cultura.

23. (FGV-SP) Leia a afirmação de Geertz, transcrita nas últimas linhas do texto. Com base nessa afirmação, podemos dizer que:

a) o equipamento para viver mil vidas, com o qual nascemos, é alterado pela cultura para que vivamos poucas das possibilidades.

b) ao nascer, o homem tem condições potenciais de viver vários programas, mas vai escolher um só.

c) o ser humano tem condições potenciais de viver variados estilos de vida, mas acaba por viver aquele que lhe oferece a cultura em que nasce.

d) é uma pena a cultura restringir as opções de estilo de vida do homem.

e) a vida que vivemos é determinada pelo equipamento com que nascemos.

24. (FGV-SP) Assinale a alternativa que não é abonada pela norma culta, quanto à regência.

a) Tratou-o com fidalguia, como a um padre.

b) Não lhe perguntou nada, apenas concordou com o que ele dizia.

c) É claro que Jesus a ama!

d) José agradeceu o homem que lhe trouxera o presente e retirou-se.

e) O chefe não lhe permitiu atender o cliente.

25. (FGV-SP) Assinale a alternativa em que um verbo, tomando outro sentido, tem alterada a sua predicação.

a) O alfaiate virou e desvirou o terno, à procura de um defeito. / Francisco virou a cabeça para o lado, indiferente.

b) Clotilde anda rápido como um raio. / Clotilde anda adoentada ultimamente.

c) A mim não me negam lugar na fila. / Neguei o acesso ao prédio, como me cabia fazer.

d) Não assiste ao prefeito o direito de julgar essa questão. / Não assisti ao filme que você mencionou.

e) Visei o alvo e atirei. / As autoridades portuárias visaram o passaporte.

26. (FGV-SP) Assinale a alternativa em que a ausência da preposição, antes do pronome relativo **que**, está de acordo com a norma culta.

a) É uma quantia vultosa, que o Estado não dispõe: falta-lhe numerário.

b) Vi claramente o bolso que você pôs o dinheiro nele.

c) Não interessava perguntar qual a agência que o remetente enviou a carta.

d) A garota que eu gosto não está namorando mais. Chegou a minha oportunidade.

e) Essa era a declaração que o alcaide insistia em fazer.

27. (FGV-SP) Das alternativas abaixo, assinale aquela em que a oração destacada indica uma condição.

a) **A menos que ele faça o pagamento da fatura,** seu crédito não será restabelecido.

b) Não sabia **se devia esperar pelo chefe naquela rua deserta.**

c) Se o trator derrubar o casebre, **seus moradores vão ficar na rua.**

d) O garoto não era assim tão forte; **por isso, devia-se ajudá-lo.**

e) Ei-la que passa sem perceber **que é bonita como uma deusa.**

28. (FGV-SP) Assinale a alternativa em que o uso dos verbos **fazer, haver** e **ser** está de acordo com a norma culta.

a) Ele não se olhava no espelho haviam três dias. A esposa se queixava muito daquela situação.

b) Faziam dias alegres naquele verão. Muito calor e muita mulher bonita.

c) Não houveram mais casos de dengue nas redondezas, desde a intervenção do médico.

d) Meu maior incômodo são as aves noturnas que vêm fazer ninho no forro da casa.

e) Agora são meio-dia. As pessoas que fazem a sesta se dirigem a casa.

29. (FGV-SP) Assinale a alternativa em que a grafia das palavras está correta.

a) Beneficiente, asterístico, Ciclano, sombrancelha, excessão.

b) Estorno, beneficente, pretensão, Sicrano, assessor.

c) Auto-falante, eletrecista, asterístico, exceção, losângulo.

d) Estorno, previlégio, prazeiroso, sombrancelha, pretenção.

e) Estorno, privilégio, beneficiente, acessor, celebral.

30. (FGV-SP) Assinale a alternativa em que as formas **mal** ou **mau** estão utilizadas de acordo com a norma culta.

a) Mau-agradecidas, as juízas se postaram diante do procurador, a exigir recompensas.
b) Seu mal humor ultrapassava os limites do suportável.
c) Mal chegou a dizer isso, e tomou um sopapo que o lançou longe.
d) As respostas estavam mau dispostas sobre a mesa, de forma que ninguém sabia a sequência correta.
e) Então, mau ajeitada, desceu triste para o salão, sem perceber que alguém a observava.

Texto para as questões 31 e 32.

Devemos reprimir o uso de palavras estrangeiras?

A história ensina que a imposição da língua é uma forma de dominação de um povo sobre o outro. O estrangeirismo abusivo é lesivo ao patrimônio cultural e está promovendo uma verdadeira descaracterização da língua portuguesa. Nosso idioma oficial passa por uma transformação que não se ajusta aos processos aceitos de evolução das línguas. Que obrigação tem um brasileiro de entender que uma mercadoria "on sale" está em liquidação?

Aldo Rebelo, Deputado Federal pelo PC do B-SP, é autor do projeto de lei que restringe o uso de estrangeirismos.

O estrangeirismo é essencial. Negar a influência de um idioma sobre outro é negar a natureza de todas as línguas. Cerca de 70% das palavras do português vêm do latim e o restante, de outros idiomas. Apesar da luta dos puristas de todas as épocas, as línguas vivem em constante aprimoramento. Ainda assim, acredito que uma eventual estratégia de defesa do idioma não deveria ser feita por decreto, mas pela melhoria do sistema educacional.

Francisco Marto de Moura, autor de livros didáticos de língua portuguesa. *Nova Escola*, mar. 2003.

31. (PUC-PR) Assinale a alternativa correta.

a) Francisco Marto de Moura afirma: "Cerca de 70% das palavras do português vêm do latim e o restante, de outros idiomas". Pode-se pressupor que Moura acredita que o estrangeirismo é inaceitável.
b) A partir da leitura do texto, é possível concluir que Aldo Rebelo e Francisco Marto de Moura defendem pontos de vista diferentes.
c) A partir da leitura do texto, é possível concluir que Aldo Rebelo e Francisco Marto de Moura defendem o mesmo ponto de vista.
d) Ao ler o texto, é possível concluir que Aldo Rebelo e Francisco Marto de Moura concordam que a defesa do idioma será feita com a melhoria do sistema educacional.
e) Aldo Rebelo afirma: "Nosso idioma oficial passa por uma transformação". Pode-se pressupor que o deputado acredita que o estrangeirismo é aceitável.

32. (PUC-PR) Assinale a alternativa em que o termo **apesar**, que inicia a frase "Apesar da luta dos puristas de todas as épocas, as línguas vivem em constante aprimoramento", está traduzido corretamente:

a) Sem a luta dos puristas de todas as épocas, as línguas vivem em constante aprimoramento.
b) Contudo a luta dos puristas de todas as épocas, as línguas vivem em constante aprimoramento.
c) Mas a luta dos puristas de todas as épocas, as línguas vivem em constante aprimoramento.
d) Embora os puristas de todas as épocas lutem, as línguas vivem em constante aprimoramento.
e) Com a luta dos puristas de todas as épocas, as línguas vivem em constante aprimoramento.

Texto para a questão 33.

Um diferencial deste ano está nos assuntos propostos. Para a sua definição foi realizada uma consulta pública em junho e julho deste ano, que contou com a participação de 1863 entidades não governamentais e não partidárias de mais de cem países.

33. (PUC-PR) Marque a possível versão para o seguinte trecho da notícia:

a) Um diferencial desse ano está nos assuntos propostos, uma vez que para a definição dos mesmos foi realizada uma consulta pública em junho e julho deste ano, para a participação de 1863 entidades não governamentais e não partidárias de mais de cem países.
b) Um diferencial deste ano está nos assuntos propostos, já que para a determinação daqueles foi realizada uma consulta pública em junho e julho deste ano, contando com a participação de 1863 entidades não governamentais e não partidárias de mais de cem países.
c) Um diferencial deste ano está nos assuntos propostos, uma vez que para defini-los realizou-se uma consulta pública em junho e julho deste ano, a qual contou com a participação de 1863 entidades não governamentais e não partidárias de mais de cem países.
d) Um diferencial deste ano está nos assuntos propostos, já que para a definição dos mesmos realizou-se uma consulta pública em junho e julho deste ano, cuja a participação de 1863 entidades não governamentais e não partidárias de mais de cem países foi essencial.

e) Um diferencial deste ano está nos assuntos propostos, cuja a definição se deu por meio de uma consulta pública em junho e julho deste ano, a qual contou com a participação de 1863 entidades não governamentais e não partidárias de mais de cem países.

34. (PUC-PR) Marque a alternativa que substitui a forma verbal **comenta** no enunciado:

"... comenta a representante do instituto Paulo Freire no Comitê Organizador Brasileiro..."

a) promete
b) discute
c) evoca
d) concorda
e) justifica

35. (PUC-PR) Observe os seguintes enunciados e, depois, assinale a questão com a análise correta:

I. ..."agentes políticos que entrarão na centralidade dos debates."
II. "Outra inovação desta edição é a centralização dos espaços."
III. "O fórum vai acontecer todo no centro de Porto Alegre."

a) Em III, é possível trocar a expressão **vai acontecer** por **acontecerá**, sem alterar a marca de tempo do enunciado.
b) Em I, seria melhor o emprego da expressão **políticos ágeis** do que **agentes políticos**.
c) Em I, ficaria mais formal trocar **entrarão** por **vão estar entrando**.
d) Para evitar repetição no texto, é válido trocar **centralização dos espaços**, em II, por **unanimidade dos espaços**.
e) Para reforçar a ideia em II, seria interessante mudar a expressão **outra inovação** por **nova inovação**.

Texto para as questões de 36 e 37.

Problemas

Os candidatos que participaram da eleição municipal e que largaram *banners* nos postes de iluminação estão sendo convocados pela Justiça Eleitoral para fazerem a retirada. Caso não retirem suas propagandas, o juiz eleitoral da 175.ª Zona Eleitoral, Fernando Ferreira de Moraes, vai adotar medidas enérgicas, como a aplicação de multas no valor de 50 mil UFIRs.

Curitiba, *Gazeta do Povo*, 7 nov. 2004, p. 13.

36. (PUC-PR) Assinale a possível versão para o texto.

a) Os candidatos que participaram da eleição municipal e que deixaram *banners* nos postes de iluminação estão sendo convocados pela Justiça Eleitoral para retirarem suas propagandas. Se não o fizerem, o juiz eleitoral da 175.ª Zona Eleitoral, Fernando Ferreira Moraes, adotará providências enérgicas, como a aplicação de multas no valor de 50 mil UFIRs.
b) Os candidatos que participaram da eleição municipal e que largaram *banners* nos postes de iluminação, estão sendo convocados para retirá-los. Se não o fizerem, o juiz eleitoral Fernando Ferreira Moraes, da 175.ª Zona Eleitoral, vai adotar medidas graves aplicando multas de 50 mil UFIRs.
c) Os candidatos que participaram da eleição municipal deixando *banners* nos postes de iluminação estão sendo convocados pela Justiça Eleitoral para fazerem o recolhimento. Se não retirarem, o juiz eleitoral da 175.ª Zona Eleitoral, Fernando Ferreira Moraes, adotará medidas enérgicas, como aplicação de multas no valor de 50 mil UFIRs.
d) Os candidatos que participaram da eleição municipal, e que deixaram *banners* nos postes de iluminação, estão sendo convocados pela Justiça Eleitoral para retirarem as suas propagandas. Se não o fizerem, o juiz eleitoral, da 175.ª Zona Eleitoral, Fernando Ferreira Moraes, adotará providências enérgicas como, a aplicação de multas, no valor de 50 mil UFIRs.
e) Os candidatos que participaram da eleição municipal, os quais largaram *banners* nos postes de iluminação, estão sendo convocados pela Justiça Eleitoral para fazerem a retirada. Se não retirarem as suas propagandas, o juiz eleitoral, Fernando Ferreira Moraes, da 175.ª Zona Eleitoral, vai estar adotando medidas enérgicas, como aplicação de multas no valor de 50 mil UFIRs.

37. (PUC-PR) Escolha a alternativa correta:

a) Como havia mulheres participando das eleições e que também não retiraram suas propagandas dos postes de iluminação, era gramaticalmente necessário iniciar o texto com Os(As) candidatos(as).
b) A palavra **largaram** foi empregada no texto com o mesmo significado de **esqueceram**.
c) Seria possível reescrever o texto **Problemas**, sem alteração de sentido, iniciando-o com a expressão "O candidato" e reorganizando a concordância entre o verbo e o sujeito.
d) No texto, afirma-se que todos os candidatos que participaram da eleição municipal serão convocados pela Justiça Eleitoral.

e) É possível ler no texto que todos os candidatos que não cumprirem a determinação da Justiça receberão multa no valor de 50 mil UFIRs.

38. (PUC-PR) A língua é bastante flexível, o que permite escolhas no modo de dizer. Indique a alternativa com a alteração **inadequada**:

"Segundo números do Ibope eRatings, o país tem 20 milhões de internautas que utilizam em média 10 horas mensais de acesso. Entre as páginas mais procuradas estão finanças, comércio eletrônico, notícias e serviços de governo (Resol, set./out. 2004, p. 12).

a) Inverter a ordem da última frase: "Finanças, comércio eletrônico, notícias e serviços de governo estão entre as páginas mais procuradas".
b) Substituir "o país tem" por "no país há".
c) Substituir "em média" por "cerca de".
d) Substituir "Segundo" por "Conforme".
e) Substituir as vírgulas da última frase por ponto e vírgula.

39. (PUC-PR) Os cinco parágrafos, a seguir, compõem o relato de um experimento no campo da inteligência social realizado por pesquisadores da Universidade Emory (EUA), com macacos-prego.

I. A atitude "rebelde" se repetiu em cerca de metade dos testes. Os pesquisadores concluíram que uma espécie de "indignação" diante da recompensa mais valorizada dada ao companheiro estaria por trás dessa atitude.

II. Duas fêmeas eram colocadas no chão de uma câmara de teste, junto com um pesquisador. Animais do sexo feminino eram usados, porque se sabe que elas tendem a prestar mais atenção no comportamento de seus companheiros de espécie.

III. O truque do experimento era dar a uma das fêmeas um pedaço de pepino e à outra uma uva. Assim, elas podiam comparar o que ganhavam.

IV. A tarefa dos bichos consistia em trocar uma pedrinha por uma recompensa dada pelo pesquisador. A recompensa podia ser uma fatia de pepino, que eles apreciam, ou uma uva, que eles adoram e quase sempre preferem ao pepino.

V. Conforme os testes iam sendo repetidos, as fêmeas que recebiam a recompensa menos valiosa passaram a se dar conta disso: recusavam-se a devolver a pedrinha ao pesquisador, não aceitavam o pepino ou mesmo o atiravam na cara dele.

Indique a ordenação que assegura coerência à informação.

a) Nesse caso, a ordem é indiferente.
b) IV, II, V, III, I
c) II, IV, III, V, I
d) III, V, I, II, IV
e) III, IV, V, II, I

40. (PUC-PR) Indique a frase em que a concordância verbal está de acordo com a escrita formal.

a) Ainda não se conhece técnicas de cultivo para a maioria das plantas típicas do cerrado paulista.
b) Em meados do século passado, os 14% do estado de São Paulo originalmente ocupados por vegetação do cerrado permanecia pouco alterado.
c) Amostras de rochas do fundo do mar, datando do final do período Permiano, revelaram a presença de vidro dentro de cristais, característica que, segundo os pesquisadores, decorre do derretimento induzido pelas ondas de choque resultante do impacto.
d) Os primeiros resultados da econofísica – ciência que une economia à física estatística – tem sido promissores, até mesmo quando aplicados a aspectos da economia brasileira.
e) Os EUA, bem como outras nove nações, votaram a favor de eliminar um dos artigos do Pacto Internacional sobre Recursos Fitogenéticos para Alimentação e Agricultura.

Texto para a questão 41.

Chat, para quem não sabe, é um lugar onde fica uma porção de chatos, todos com pseudônimos (homem diz que é mulher e mulher vira homem) a te perguntar: você está aí?

PRATA, Mario. *Chats* e chatos pela Internet. *O Estado de S. Paulo*, 2 dez. 1998.

41. (PUC-PR) Leia o texto e assinale a alternativa que melhor o resume.

a) O autor define o *chat* de forma humorística e irônica.
b) Para Mario Prata, *chat* é um meio de comunicação eficiente.
c) *Chat* é o lugar onde ficam muitos chatos.
d) *Chat* é o lugar onde ficam homens e mulheres chatas que fazem uso de pseudônimo para conversar com você.
e) O autor explica o que é um *chat*.

Texto para as questões de 42 a 49.

O filme *Cazuza – O tempo não para* me deixou numa espécie de felicidade pensativa. Tento explicar por quê. Cazuza mordeu a vida com todos os dentes. A doença e a morte parecem ter-se vingado de sua paixão exagerada de viver. É impossível sair da sala de cinema sem se perguntar mais uma vez: o que vale mais, a preservação de nossas forças, que garantiria uma vida mais longa, ou a livre procura da máxima intensidade e variedade de experiências?

Digo que a pergunta se apresenta "mais uma vez" porque a questão é hoje trivial e, ao mesmo tempo, persecutória. (...) Obedecemos a uma proliferação de regras que são ditadas pelos progressos da prevenção. Ninguém imagina que comer banha, fumar, tomar pinga, transar sem camisinha e combinar, sei lá, nitratos com Viagra seja uma boa ideia. De fato não é. À primeira vista, parece lógico que concordemos sem hesitação sobre o seguinte: não há ou não deveria haver prazeres que valham um risco de vida ou, simplesmente, que valham o risco de encurtar a vida. De que adiantaria um prazer que, por assim dizer, cortasse o galho sobre o qual estou sentado?

Os jovens têm uma razão básica para desconfiar de uma moral prudente e um pouco avara que sugere que escolhamos sempre os tempos suplementares. É que a morte lhes parece distante, uma coisa com a qual a gente se preocupará mais tarde, muito mais tarde. Mas sua vontade de caminhar na corda bamba e sem rede não é apenas a inconsciência de quem pode esquecer que "o tempo não para". É também (e talvez sobretudo) um questionamento que nos desafia: para disciplinar a experiência, será que temos outras razões que não sejam só a decisão de durar um pouco mais?

CALLIGARIS, Contardo. *Folha de S.Paulo*.

42. (Fuvest-SP) A reação caracterizada como "uma espécie de felicidade pensativa" justifica-se, no texto, pelo fato de que o filme a que o autor assistiu:

a) convenceu-o de que a experiência das paixões mais radicais não é incompatível com os "progressos da prevenção".

b) convenceu-o de que arriscar a vida não vale a pena porque é prudente nos pouparmos para viver os "tempos suplementares".

c) proporcionou-lhe um exemplo de prazer vital e intenso, ao mesmo tempo em que o fez refletir sobre o "risco de encurtar a vida".

d) proporcionou-lhe um prazer tão intenso que passou a defender a lucidez "de quem pode esquecer que o tempo não para".

e) proporcionou-lhe um estado de grande satisfação e o fez concluir que é indefensável a tese da "preservação de nossas forças".

43. (Fuvest-SP) Considerando-se o contexto, traduz-se corretamente o sentido de uma frase do texto em:

a) "Cazuza mordeu a vida com todos os dentes" = Cazuza respondeu com ressentimento a todas as adversidades da vida.

b) "(...) uma moral prudente e um pouco avara que sugere que escolhamos sempre os tempos suplementares" = uma moral rígida e mesquinha que nos incita a um prazer excessivo.

c) "Obedecemos a uma proliferação de regras que são ditadas pelos progressos da prevenção" = Curvamo-nos aos inúmeros preceitos que nos deixam prevenidos em relação ao progresso.

d) "(...) cortasse o galho sobre o qual estou sentado" = privilegiasse o meu instinto de sobrevivência.

e) "(...) a questão é hoje trivial e, ao mesmo tempo, persecutória" = mesmo banalizada, a questão preocupa o tempo todo.

44. (Fuvest-SP) Quando o autor pergunta: "para disciplinar a experiência, será que temos outras razões que não sejam só a decisão de durar um pouco mais?", ele:

a) refuta a validade das experiências que sejam vividas sem muita disciplina.

b) desconfia da decisão de quem disciplina uma experiência para fazê-la durar mais tempo.

c) considera que prolongar a vida pode ser o único motivo para vivermos com prudência.

d) duvida de que a disciplina de uma experiência nos leve à decisão de prolongarmos a vida.

e) questiona a ideia de que a experiência é a melhor base para a tomada de decisões.

45. (Fuvest-SP) Considere as seguintes afirmações:

I. Os trechos "mordeu a vida com todos os dentes" e "caminhar na corda bamba e sem rede" podem ser compreendidos tanto no sentido figurado quanto no sentido literal.

II. Na frase "De que adiantaria um prazer que (...) cortasse o galho sobre o qual **estou sentado**", o sentido da expressão destacada corresponde ao de "se está sentado".

III. Em "mais uma vez", no início do terceiro parágrafo, o autor empregou aspas para indicar a precisa retomada de uma expressão do texto.

Está correto o que se afirma em:

a) I, somente.

b) I e II, somente.

c) II, somente.

d) II e III, somente.

e) I, II e III.

46. (Fuvest-SP) Considere as seguintes frases:

I. O autor do texto assistiu ao filme sobre Cazuza.

II. O filme provocou-lhe uma viva e complexa reação.

III. Sua reação mereceu uma análise.

O período em que as frases acima estão articuladas de modo correto e coerente é:

a) Tendo assistido ao filme sobre Cazuza, este provocou o autor do texto numa reação tão viva e complexa que lhe mereceu uma análise.
b) Mereceu uma análise, a viva e complexa reação, provocadas pelo filme que o autor do texto assistiu sobre Cazuza.
c) A reação que provocou no autor do texto o filme sobre Cazuza foi tão viva e complexa que mereceu uma análise.
d) Foi viva e complexa a reação, que aliás mereceu uma análise, provocado pelo filme sobre Cazuza, que o autor assistiu.
e) O filme sobre Cazuza que foi assistido pelo autor provocou-lhe uma reação viva e complexa, que a sua análise foi merecida.

47. (Fuvest-SP) Entre as frases "Cazuza mordeu a vida com todos os dentes" e "A doença e a morte parecem ter-se vingado de sua paixão exagerada de viver", estabelece-se um vínculo que pode ser corretamente explicitado com o emprego de:

a) desde que.
b) tanto assim que.
c) uma vez que.
d) à medida que.
e) apesar de que.

48. (Fuvest-SP) As opções de vida que se caracterizam pela "preservação de nossas forças" e pela "procura da máxima intensidade e variedade de experiências" estão metaforizadas no texto, respectivamente, pelas expressões:

a) "regras" e "moral prudente".
b) "galho" e "corda bamba".
c) "dentes" e "rede".
d) "prazeres" e "progressos da prevenção".
e) "risco de vida" e "tempos suplementares".

49. (Fuvest-SP) Embora predomine no texto a linguagem formal, é possível identificar nele marcas de coloquialidade, como as expressões destacadas em:

a) "**mordeu** a vida" e "moral prudente e um pouco **avara**".
b) "sem se perguntar **mais uma vez**" e "não **deveria haver** prazeres".
c) "parece **lógico**" e "**que não sejam** só a decisão".
d) "e combinar, **sei lá**, nitratos" e "**a gente** se preocupa".
e) "que valham **um risco de vida**" e "(e talvez **sobretudo**) um questionamento".

Texto para as questões de 50 a 54.

"– Assim, pois, o sacristão da Sé, um dia, ajudando a missa, viu entrar a dama, que devia ser sua colaboradora na vida de D. Plácida. Viu-a outros dias, durante semanas inteiras, gostou, disse-lhe alguma graça, pisou-lhe o pé, ao acender os altares, nos dias de festa. Ela gostou dele, acercaram-se, amaram-se. Dessa conjunção de luxúrias vadias brotou D. Plácida. É de crer que D. Plácida não falasse ainda quando nasceu, mas se falasse podia dizer aos autores de seus dias: – Aqui estou. Para que me chamastes? E o sacristão e a sacristã naturalmente lhe responderiam: – Chamamos-te para queimar os dedos nos tachos, os olhos na costura, comer mal, ou não comer, andar de um lado para outro, na faina, adoecendo e sarando, com o fim de tornar a adoecer e sarar outra vez, triste agora, logo desesperada, amanhã resignada, mas sempre com as mãos no tacho e os olhos na costura, até acabar um dia na lama ou no hospital; foi para isso que te chamamos, num momento de simpatia".

ASSIS, Machado de. *Memórias póstumas de Brás Cubas*.

50. (Fuvest-SP) No trecho acima, Brás Cubas reflete sobre a história de Dona Plácida, reconhecendo a extrema dureza de sua vida. No contexto do livro, esse reconhecimento revela que Brás Cubas, embora perceba com precisão o desamparo dos pobres, não faz mais que:

a) procurar remediá-lo com soluções fantasiosas, com a invasão do emplasto, cuja finalidade era de eliminar as desigualdades sociais.
b) declarar sua impotência para saná-lo, tendo em vista a extensão desse problema na sociedade brasileira do Segundo Reinado.
c) considerá-lo do ponto de vista de seus próprios interesses, interpretando-o conforme lhe é mais conveniente.
d) transformá-lo em recurso retórico, utilizado por ele nos discursos demagógicos que proferia na Câmara de Deputados.
e) interpretá-lo conforme a doutrina do Humanitismo, segundo a qual os sofrimentos dos indivíduos servem para purgar os pecados cometidos em vidas passadas.

51. (Fuvest-SP) Consideradas no contexto em que ocorrem, constituem um caso de antítese as expressões:

a) "disse-lhe alguma graça" – "pisou-lhe o pé".
b) "acertaram-se" – "amaram-se".
c) "os dedos no tacho" – "os olhos na costura".
d) "logo desesperada" – "amanhã resignada".
e) "na lama" – "no hospital".

52. (Fuvest-SP) Dos verbos no infinitivo que ocorrem na resposta do sacristão e da sacristã, o único que deve ser entendido necessariamente, em dois sentidos diferentes é:

a) queimar.
b) comer.
c) andar.
d) adoecer.
e) sarar.

53. (Fuvest-SP) A palavra assinalada no trecho "que devia ser sua colaboradora na **vida** de D. Plácida" mantém uma relação sinonímica com a palavra **dia(s)** em:

a) "um dia, (...), viu entrar a dama".
b) "Viu-a outros dias".
c) "ao acender os altares, nos dias de festa".
d) "podia dizer aos autores de seus dias".
e) "até acabar um dia na lama".

54. (Fuvest-SP) No trecho, "pisou-lhe o pé", o pronome **lhe** assume valor possesivo, tal como ocorre em uma das seguintes frases, também extraídas de *Memórias póstumas de Brás Cubas*:

a) "falei-lhe do marido, da filha, dos negócios, de tudo".
b) "mas enfim contei-lhe o motivo da minha ausência".
c) "se o relógio parava, eu dava-lhe corda".
d) "Procure-me, disse eu, poderei arranjar-lhe alguma coisa".
e) "envolvida numa espécie de mantéu, que lhe disfarçava as ondulações do talhe".

55. (Enem) No ano passado, o governo promoveu uma campanha a fim de reduzir os índices de violência. Noticiando o fato, um jornal publicou a seguinte manchete:

CAMPANHA CONTRA A VIOLÊNCIA
DO GOVERNO DO ESTADO
ENTRA EM NOVA FASE

A manchete tem um duplo sentido, e isso dificulta o entendimento. Considerando o objetivo da notícia, esse problema poderia ter sido evitado com a seguinte redação:

a) Campanha contra o governo do Estado e a violência entram em nova fase.
b) A violência do governo do Estado entra em nova fase de Campanha.
c) Campanha contra o governo do Estado entra em nova fase de violência.
d) A violência da campanha do governo do Estado entra em nova fase.
e) Campanha do governo do Estado contra a violência entra em nova fase.

56. (Enem) A Propaganda pode ser definida como divulgação intencional e constante de mensagens destinadas a um determinado auditório visando criar uma imagem positiva ou negativa de determinados fenômenos. A Propaganda está muitas vezes ligada à ideia de manipulação de grandes massas por parte de pequenos grupos. Alguns princípios da Propaganda são: o princípio da simplificação, da saturação, da deformação e da parcialidade.

BOBBIO, Norberto, et al. *Dicionário de política* (adaptado).

Segundo o texto, muitas vezes a propaganda:

a) não permite que minorias imponham ideias à maioria.
b) depende diretamente da qualidade do produto que é vendido.
c) favorece o controle das massas difundindo as contradições do produto.
d) está voltada especialmente para os interesses de quem vende o produto.
e) convida o comprador à reflexão sobre a natureza do que se propõe vender.

57. (Enem) Do pedacinho de papel ao livro impresso vai uma longa distância. Mas o que o escritor quer, mesmo, é isso: ver o seu texto em letra de forma. A gaveta é ótima para aplacar a fúria criativa; ela faz amadurecer o texto da mesma forma que a adega faz amadurecer o vinho.

Em certos casos, a cesta de papel é melhor ainda. O período de maturação na gaveta é necessário, mas não deve se prolongar muito. "Textos guardados acabam cheirando mal", disse Silvia Plath, (...) que, com esta frase, deu testemunho das dúvidas que atormentam o escritor: publicar ou não publicar? guardar ou jogar fora?

SCLIAR, Moacyr. *O escritor e seus desafios*.

Nesse texto, o escritor Moacyr Scliar usa imagens para refletir sobre uma etapa da criação literária. A ideia de que o processo de maturação do texto nem sempre é o que garante bons resultados está sugerida na seguinte frase:

a) "A gaveta é ótima para aplacar a fúria criativa."
b) "Em certos casos, a cesta de papel é melhor ainda."
c) "O período de maturação na gaveta é necessário, (...)."
d) "Mas o que o escritor quer, mesmo, é isso: ver o seu texto em letra de forma."
e) "ela (a gaveta) faz amadurecer o texto da mesma forma que a adega faz amadurecer o vinho."

58. (Enem)

Nesta tirinha, a personagem faz referência a uma das mais conhecidas figuras de linguagem para:

a) condenar a prática de exercícios físicos.
b) valorizar aspectos da vida moderna.
c) desestimular o uso das bicicletas.
d) caracterizar o diálogo entre gerações.
e) criticar a falta de perspectiva do pai.

59. (Enem) A conversa entre Mafalda e seus amigos (tirinha abaixo):

a) revela a real dificuldade de entendimento entre posições que pareciam convergir.
b) desvaloriza a diversidade social e cultural e a capacidade de entendimento e respeito entre as pessoas.
c) expressa o predomínio de uma forma de pensar e a possibilidade de entendimento entre posições divergentes.
d) ilustra a possibilidade de entendimento e de respeito entre as pessoas a partir do debate político de ideias.
e) mostra a preponderância do ponto de vista masculino nas discussões políticas para superar divergências.

60. (Unicamp-SP)

Folha de S.Paulo, **11 de outubro de 2004.**

Na tira de Garfield (página anterior), a comicidade se dá por uma dupla possibilidade de leitura.

a) Explicite as duas leituras possíveis e explique como se constrói cada uma delas.

b) Use vírgula(s) para discernir uma leitura da outra.

61. (Unicamp-SP) Na primeira página da *Folha de S. Paulo* de 22 de outubro de 2004, encontramos uma sequência de fotos acompanhada de uma legenda cujo título é: "A QUEDA DE FIDEL". No texto da legenda, o jornal explica: O ditador cubano, Fidel Castro, 78, se desequilibra e cai após discursar em praça de Santa Clara (Cuba), em evento transmitido ao vivo pela TV; logo depois, ele disse achar que havia quebrado o joelho e talvez um braço, mas que estava "inteiro"; mais tarde, o governo divulgou que Fidel fraturou o joelho esquerdo e teve fissura do braço direito.

a) O que a leitura desse título provoca? Por quê?

b) Proponha um outro título para a legenda. Justifique.

62. (Unicamp-SP) Foi no tempo em que a Bandeirantes recém-inaugurara suas novas instalações no Morumbi. Não havia transporte público até o nosso local de trabalho, e a direção da casa organizou um serviço com viaturas próprias. (...) Paraná era um dos motoristas. (...)

Numa das subidas para o Morumbi "fechou" sem nenhuma maldade um automóvel. O cidadão que o dirigia estava com os filhos, era diretor do São Paulo F. C., e largou o verbo em cima do pobre do Paraná. Que respondeu à altura. Logo depois que a perua chegou ao Morumbi, todo mundo de ponto batido, o automóvel para em frente da porta dos funcionários, e o seu condutor desce bufando: "Onde está o motorista dessa perua? (e lá vinha chegando o Paraná). Você me ofendeu na frente dos meus filhos. Não tem o direito de agir dessa forma, me chamar do nome que me chamou. Vou falar ao João Saad, que é meu amigo!"

E o Paraná, já fuzilando, dedo em riste, tonitruou em seu sotaque mais que explícito: "Le" chamei e "le" chamo de novo... veado ... veado ...

Não houve reação da parte ofendida.

ARAÚJO, Flávio. *O rádio, o futebol e a vida*. São Paulo: Senac, 2001. p. 50-1.

a) Na sequência "(...) e largou o verbo em cima do pobre do Paraná. Que respondeu à altura", se trocarmos o ponto final que aparece depois de **Paraná** por uma vírgula, ocorrem mudanças na leitura? Justifique.

b) O trecho da resposta de Paraná "Le chamei e le chamo de novo..." chama a atenção do leitor para a sintaxe da língua. Explique.

c) Substitua **tonitruou** por outra palavra ou expressão.

63. (Unicamp-SP) Em um jornal de circulação restrita, vemos, na capa, a seguinte chamada:

Inspire
saúde!
Sem fumar,
respire
aliviado!

No interior do Jornal, a matéria começa da seguinte forma: Desperte o não fumante que há em você!, seguida logo adiante de O fumante passivo – aquele que não fuma, mas frequenta ambientes poluídos pela fumaça do cigarro – também tem sua saúde prejudicada.

***Jornal da Cassi* – Publicação da Caixa de Assistência dos Funcionários do Banco do Brasil, ano IX, n. 40, jun./jul. 2004.**

Levando em consideração os trechos citados, observamos, na chamada da capa, um interessante jogo polissêmico.

a) Apresente dois sentidos de **inspire** em "Inspire saúde!". Justifique.

b) Apresente dois sentidos de **aliviado** em "respire aliviado!". Justifique.

64. (Unicamp-SP) Em *Angústia*, de Graciliano Ramos, encontramos sequências instigantes:

"Penso em indivíduos e em objetos que não têm relação com os desenhos: processos, orçamentos, o diretor, o secretário, políticos, sujeitos remediados que me desprezam porque sou um pobre-diabo. Tipos bestas. Ficam dias inteiros fuxicando nos cafés e preguiçando, indecentes.

(...)

Fomos morar na vila. Meteram-me na escola de seu Antônio Justino, para desasnar, pois, como disse Camilo quando me apresentou ao mestre, eu era um cavalo de dez anos e não conhecia a mão direita. Aprendi leitura, o catecismo, a conjugação dos verbos. O professor dormia durante as lições. E a gente bocejava olhando as paredes, esperando que uma réstia chegasse ao risco de lápis que marcava duas horas. Saíamos em algazarra".

RAMOS, Graciliano. *Angústia*. 56. ed. Rio de Janeiro: Record, 2003. p. 8-9 e 15.

a) Que processos permitem as construções **preguiçando** e **desasnar** na língua?

b) Se substituirmos **preguiçando** por **descansando** e **desasnar** por **aprender**, observamos uma relação diferente com a poesia da língua. Explicite essa diferença.

c) O uso de **desasnar** pode nos remeter, entre outras palavras, a **desemburrecer** e **desemburrar**. No *Dicionário Houaiss da língua portuguesa* (ed. Objetiva, 2001), o verbete **desemburrar** apresenta como acepções tanto "livrar-se da ignorância", quanto "perder o enfezamento", e marca sua etimologia como des + emburrar. Seguindo nossa consulta, encontramos no verbete **emburrar** o ano de 1647 que, segundo a Chave do *Dicionário Houaiss*, indica a "data em que [essa palavra] entrou no português". A fonte dessa datação é a obra *Thesouro da lingoa portuguesa composta pelo Padre D. Bento Pereyra*, publicada em Lisboa. Embora **desemburrecer** não apareça no dicionário, encontramos **emburrecer**, cuja entrada no português, segundo o *Houaiss*, data de 1998, atestada pela obra de Celso Pedro Luft *Dicionário prático de regência verbal*, publicada em São Paulo. O verbete **desasnar** data de 1713, atestado pela obra *Vocabulário portuguez e latino de Rafael Bluteau*, publicada em Coimbra-Lisboa.

Tendo em vista as observações acima apresentadas – a presença ou não desses verbetes no dicionário, as datas de entrada no português e as fontes que atestam essas entradas – o que se pode compreender sobre a relação entre o dicionário e a língua?

65. (Unicamp-SP) Mario Sergio Cortella, em sua coluna mensal "Outras Ideias", escreve: "(...) reconheça-se: a maior contribuição de Colombo não foi ter colocado um ovo em pé ou ter aportado por aqui depois de singrar mares nunca dantes navegados. Colombo precisa ser lembrado como a pessoa que permitiu a nós, falantes do inglês, do francês ou do português, que tivéssemos contato com uma língua que, do México até o extremo sul da América, é capaz de nos ensinar a dizer 'nosotros' em vez de apenas 'we', 'nous', 'nós', afastando a arrogante postura do 'nós' de um lado e do 'vocês' do outro. Pode parecer pouco, mas 'nós' é quase barreira que separa, enquanto 'nosotros' exige perceber uma visão de alteridade, isto é, ver o outro como um outro, e não como um estranho. Afinal, quem são os outros de nós mesmos? O mesmo que somos para os outros, ou seja, outros!".

CORTELLA, Mario Sergio. *Folha de S.Paulo*, 9 out. 2003.

O texto nos faz pensar na distinção entre um **nós** inclusivo e um **nós** excludente.

a) Segundo o excerto, **nosotros** apresenta um sentido inclusivo. Justifique pela morfologia dessa palavra.

b) "Nós brasileiros falamos português" apresenta um **nós** excludente. Explique.

66. (Unicamp-SP) Em matéria recentemente publicada no Caderno Sinapse da *Folha de S.Paulo*, é apresentada uma definição de "media training": ensinar profissionais a lidarem com a imprensa e se saírem bem nas entrevistas. Na parte final da reportagem, o jornalista faz a seguinte ressalva:

O "media training" não se restringe a corporações. A Universidade X distribui para seus profissionais uma cartilha com dicas para que professores e médicos possam ter um bom relacionamento com a imprensa. Ironicamente intitulado de "Corra que a Imprensa vem aí", o manual aponta gafes cometidas e dá dicas sobre a melhor forma de atender um repórter.

Adaptado de GALVÃO, Vinícius Queiroz. Treinamento antigafe. *Caderno Sinapse*, 30 set. 2003, p. 32.

a) No trecho acima, as aspas são utilizadas em dois momentos diferentes. Transcreva as passagens entre aspas e explique seu uso em cada uma delas.

b) Podemos relacionar o título da cartilha com o título em português da conhecida comédia norte-americana *Corra que a polícia vem aí*, que trata de um inspetor de polícia atrapalhado. Explicite os sentidos da palavra **correr** nos títulos do filme e do manual.

67. (Unicamp-SP) Em sua coluna na *Folha Ilustrada*, Mônica Bergamo comenta sobre o curta-metragem previsto para ser lançado em novembro de 2003 – "Um Caffé com o Miécio". Transcrevemos parte da coluna a seguir:

(...) Quando ouvia a trilha sonora do curta "Um Caffé com o Miécio", que Carlos Adriano finaliza sobre o caricaturista, colecionador de discos e estudioso Miécio Caffé (1920-2003), Caetano Veloso se encantou por uma música específica. Era a desconhecida marchinha "A voz do povo", de Malfitano e Frazão, que Orlando Silva gravou em 1940, cuja letra diz "**que** raiva danada **que** eu tenho do povo, **que** não me deixa ser original". "É um manifesto, como **sua** obra", disse o <u>músico baiano</u> ao <u>cineasta paulistano</u>.

Adaptado de BERGAMO, Mônica. *Folha de S.Paulo*, 11 out. 2003, p. E2.

a) Explique o título do curta-metragem.

b) Identifique pelo menos duas possibilidades de leitura de "**sua** obra" e justifique cada uma delas.

c) As três ocorrências da partícula **que** destacadas em negrito estabelecem relações de natureza linguística diversa. Explicite-as.

d) Os dois trechos sublinhados retomam elementos anteriormente apresentados no texto de maneira diferente dos recursos analisados nos itens **b** e **c**. Como funciona esse processo de retomada?

68. (Unicamp-SP) Jogos de imagens e palavras são característicos da linguagem de história em quadrinhos. Alguns desses jogos podem remeter a domínios específicos da linguagem a que temos acesso em nosso cotidiano, tais como a linguagem dos médicos, a linguagem dos economistas, a linguagem dos locutores de futebol, a linguagem dos surfistas, dentre outras. É o que ocorre na tira de Laerte, a seguir.

***Folha de S. Paulo*, 8 out. 2003, p. F8.**

a) Transcreva as passagens da tira que remetem a domínios específicos e explicite que domínios são esses.

b) Levando em consideração as relações entre imagens e palavras, identifique um momento de humor na tira e explique como é produzido.

69. (Unicamp-SP) Em setembro de 2003, uma universidade brasileira veiculou um convite-propaganda para a palestra "Desenvolvimento da saúde e seus principais problemas", que seria proferida por José Serra, ex-ministro da saúde. Do convite-propaganda fazia parte uma foto de José Serra sobre a qual foi colocada uma tarja branca com o seguinte enunciado:

A "Universidade X" ADVERTE:
ESSA PALESTRA FAZ BEM À SAÚDE

a) Esse enunciado faz alusão a um outro. Qual?

b) Compare os dois enunciados.

c) O convite-propaganda situa a "Universidade X" em um lugar de autoridade. Explique como isso acontece.

70. (Unicamp-SP) Em 28 nov. 2003, quando muito se noticiava sobre a reforma ministerial, a *Folha de S.Paulo* publicou uma matéria intitulada "Lula sugere que Walfrido e Agnelo ficam". Considerando as relações entre as palavras que compõem o título da matéria, justifique o uso do verbo **ficar** no presente do indicativo.

71. (Unicamp-SP) Por ocasião da comemoração do dia dos professores, no mês de outubro de 2003, foi veiculada a seguinte propaganda, assinada por uma grande corporação de ensino:

Parabéns [Pl. de *parabém*] *S. m. pl.* 1. Felicitações, congratulações. 2. Oxítona terminada em *ens*, sempre acentuada. Acentuam-se também as terminadas em *a*, *as*, *e*, *es*, *o*, *os*, e *em*.

Para a homenagem ao Dia do Professor ser completa, a gente precisava ensinar alguma coisa.

a) Observe os itens 1 e 2 do verbete **Parabéns** no interior do quadro. Há diferenças entre eles. Aponte-as.

b) Levando em conta o enunciado que está abaixo do quadro, a quem se dirige essa propaganda?

c) Diferentes imagens da educação escolar sustentam essa propaganda. Indique pelo menos duas dessas imagens.

72. (Unicamp-SP) Considere a tira abaixo:

Jornal da Tarde, 8 fev. 2001.

Nessa tira, a crítica ao "estrategista militar" não é explícita. Para compreender a tira, o leitor deve reconhecer uma alusão a um fato histórico e uma hipótese sobre transmissão genética.

a) Qual é o fato histórico ao qual a tira faz alusão?

b) Qual é a explicação para as qualidades profissionais do estrategista?

c) Explicite o raciocínio da personagem que critica o estrategista.

73. (Unicamp-SP) São comuns na imprensa manifestações de profissionais liberais transmitindo ao grande público informações sobre questões técnicas de interesse social. O texto a seguir, de autoria de um advogado, elabora uma **distinção** relevante para definir as responsabilidades de uma certa categoria profissional, em caso de insucesso:

"(...) Os processos judiciais contra médicos são complexos em razão da dificuldade de aferição da culpa pelo dano sofrido. A responsabilidade civil dos médicos em ações de indenização é, em geral, de meios e não de resultado. A obrigação de meios ocorre quando um profissional assume prestar um serviço ao qual dedicará toda a sua atenção, cuidado e conhecimento através das regras consagradas pela prática médica, sem se comprometer com a obtenção de um certo resultado. A obrigação de resultado é aquela em que o profissional se compromete a realizar um certo fim, a alcançar um determinado resultado. As exceções consagradas pela jurisprudência são a cirurgia estética embelezadora e a anestesia, atos médicos tidos como obrigações de resultado. Desde que o ordenamento jurídico brasileiro, a doutrina e a jurisprudência consagraram a necessidade da prova de culpa para aquele que pretenda uma indenização por ato ilícito de outrem, a prova desta mesma culpa, no caso dos médicos, tendo obrigação geral de meios, reside na comprovação de que o profissional agiu com falta de cuidado ou deixou de aplicar a prática dos recursos usuais da ciência médica aplicáveis ao caso concreto."

MAINES, Rafael. Responsabilidade.
***Diário Catarinense*, 25 ago. 2001.**

a) Diga, sucintamente, qual é a distinção apresentada no texto, e como ela afeta a categoria profissional em questão.

b) Imagine que você mandou consertar um equipamento qualquer, mas o conserto não foi bem-sucedido. Formule uma breve reclamação, partindo do princípio de que a firma responsável pelo conserto tinha obrigação de meios, não de resultado.

c) Nos dicionários, as palavras aparecem, em geral, associadas a vários sentidos. Para **consagrar**, o dicionário Houaiss anota, entre outros, os seguintes: "1. Investir(-se) de caráter ou funções sagradas, dedicando(-se), por meio de um rito, a uma ou mais de uma divindade; sagrar. 2. Entre os católicos e em certas seitas protestantes, operar a transubstanciação pelo rito da eucaristia. 3. Oferecer(-se) a Deus, a um santo, etc. por meio de voto ou promessa. [...] 6. Aclamar, eleger, promover, elevar. 7. Reconhecer como legítimo; acolher, sancionar. 8. Jurar pela hóstia consagrada". Supondo que você tenha dúvidas sobre o sentido de "consagradas" ("exceções consagradas") e "consagraram" ("a doutrina e a jurisprudência consagraram"), em qual das definições se apoiaria para aproximar-se da acepção que essas palavras têm no texto?

74. (Unicamp-SP) Alguém menos tolerante no que se refere a imprecisões de linguagem poderia dizer que a notícia abaixo (publicada no jornal *Folha de S.Paulo*, de 26 maio 2001) faz referência a alguma coisa impossível.

a) Que coisa é essa e por que é impossível?

b) O que, provavelmente, a legenda da foto quer dizer?

Didrik Johnck/Corbis/Stock Photos

Erik Weihenmayer, 32, escala o Monte Everest: ele tornou-se ontem o primeiro cego a escalar a montanha mais alta do mundo e pretende repetir o feito em outros continentes.

75. (Unicamp-SP) Em julho de 1998, a sociedade brasileira tomou conhecimento pela imprensa de que as pílulas anticoncepcionais comercializadas por um determinado laboratório durante um certo período haviam sido fabricadas à base de farinha de trigo e não continham as substâncias que deveriam constituir seu princípio ativo. A charge abaixo é alusiva a esse fato.

Laerte

***Folha de S.Paulo*, 14 jul. 1998.**

a) Segundo o noticiário, qual era a relação entre farinha e pílulas anticoncepcionais? Como esta relação aparece na charge?

b) O que sugere a expressão "depois que virar pizza", no segundo balão?

c) Para responder a **b**, o leitor deve considerar uma expressão idiomática que não está no texto e que inclui a palavra **pizza**. Qual é a expressão e o que ela significa?

76. (Unicamp-SP) Uma revista semanal brasileira traz a seguinte nota em sua seção *A Semana*:

O homem das bexigas

O britânico Ian Ashpole bateu no domingo 28 o recorde de altitude em voo com bexigas: subiu 3.350 metros amarrado a 600 balões, superando sua marca de 3 mil metros. Ian subiu de bexiga e voltou de paraquedas. "Quando eu era criança, assisti a um filme chamado Balão vermelho. Desde então me apaixonei por esse esporte", disse ele.

***Istoé*, 7 nov. 2001.**

a) O título poderia ser considerado ambíguo, dado que a palavra **bexiga** tem vários sentidos em português. Cite pelo menos dois desses sentidos.

b) Em que passagem do texto se desfaz a ambiguidade do título?

c) Dada a modalidade esportiva que Ian pratica, qual poderia ser o tema do filme mencionado?

77. (Unicamp-SP) Os dois textos abaixo, extraídos do livro *E os preços eram commodos*, de M. Guedes e R. de A. Berlink (São Paulo, Humanitas, 2000), representam um tipo de anúncio comum nos jornais do século passado e são muito semelhantes, embora tratem de assuntos que hoje consideraríamos bastante diferentes.

ESCRAVO FUGIDO

Fugio no dia 30 de Junho pp o escravo de nome Anacleto; creoulo, representando idade de 30 a 35 annos, com os seguintes signaes: altura mediana, côr fula, corpo delgado, rosto comprido e um pouco entortado, boca regular e falta 2 ou 3 dentes da parte de cima, um signal de cada lado das maçans do rosto, cabello cortado rente; a entrada da testa do lado esquerdo é maior do que a do lado direito, falla manso mostrando humildade. Sabe lêr e escrever e costuma inculcar-se forro e voluntário da pátria. Levou vestido, paletot e calça casimira preta com pouco uso e uma troxa de roupas com calças e paletots brancos. Usa também de bigode e barba rapada

Quem o prender e trouxer em Campinas e pozer na Cadêa receberá gratificação 100$000 do sr Joaquim Candido Thevenar

(Gazeta de Campinas, 17 de julho de 1870)

ANIMAL DESAPPARECIDO

Na noite de domingo para segunda-feira, foi roubado em frente do Chico Pinto um animal com os seguintes signaes ruano, calçado dos quatro pés, tem no queixo um osso saliente para fora, andar de trote. O referido estava arreado com basto, novo, pellego imitação de carneiro, sobrexincha de cadarço verde. Quem der notícias certas ou entregar ao proprietário, será gratificado com 50$000.

Antonio Victorino da Silva

Jahú, 1º de agosto de 1897.

(Correio do Jahú, 08 de agosto de 1897).

a) Sem considerar as diferenças de ortografia, identifique no anúncio da *Gazeta de Campinas* duas expressões que hoje não seriam correntes e, portanto, para ser adequadamente compreendidas, exigiriam algum tipo de pesquisa histórica ou linguística.

b) Explicite pelo menos duas semelhanças no conteúdo dos dois anúncios.

c) Que traço da mentalidade escravocrata pode ser identificado pela comparação dos dois anúncios?

78. (Unicamp-SP) O Partido X dedica-se a essa atividade mais do que nunca. Ocorre que ainda está longe do desejado, seja por falta de vontade, de vocação ou de incapacidade do partido. Entre outras razões, é por esse motivo que o dólar sobe.

RODRIGUES, Fernando.
***Folha de S.Paulo*, 25 set. 2002 - parcialmente adaptado.**

a) Na primeira oração ocorre uma palavra (um pronome) que permite concluir que o trecho acima não é o início do texto de Fernando Rodrigues. Qual é a palavra e por que sua ocorrência permite tal conclusão?

b) O final da sequência "seja por falta de vontade, de vocação ou de incapacidade..." apresenta um problema de coerência, que pode ser eliminado de duas maneiras. Quais são essas duas maneiras?

c) Destaque uma passagem que indica que o texto é pessimista (ou crítico) em relação ao Partido.

79. (Unicamp-SP) MARCAPASSO NATURAL – Uma alternativa menos invasiva pode substituir o implante do marcapasso eletrônico [...].

Cientistas do Hospital John Hopkins, nos EUA, conseguiram converter células cardíacas de porquinhos-da-índia em células especializadas, que atuam como um marcapasso, controlando o ritmo dos batimentos cardíacos. No experimento, o coração dos suínos recuperou a regularidade dos movimentos. A expectativa é que em alguns anos seja possível testar a técnica em humanos.

***Istoé*, 1720, 18 set. 2002.**

a) Alguém que nunca tivesse ouvido falar de marcapasso poderia dar uma definição desse instrumento lendo este texto. Qual é essa definição?

b) A ocorrência da expressão "a técnica", no final do texto, indica que ela foi explicada anteriormente. Em que consiste essa técnica?

c) Apesar do nome, o porquinho-da-índia é um roedor. Sendo assim, há uma forma equivocada de referir-se a ele no texto. Qual é essa forma e como se explica sua ocorrência?

Tabelas para consulta

Quadro dos fonemas da língua portuguesa e sua transcrição fonológica

	símbolo	exemplo	transcrição fonológica
consoantes	/p/	paca	/paka/
	/b/	bula	/bula/
	/t/	tara	/tara/
	/d/	data	/data/
	/k/	cara, quero, Kartista	/kara/, /kɛro/, /kartista/
	/g/	gola, guerra	/gɔla/, /gɛRa/
	/f/	faca	/faka/
	/v/	vala, Wagner	/vala/, /Vagner/
	/s/	sola, assa, moça	/sɔla/, /asa/, /mosa/
	/z/	asa, zero	/aza/, /zɛro/
	/ʃ/	mecha, xá	/mɛʃa/, /ʃa/
	/ʒ/	jaca, gela	/ʒaka/, /ʒɛla/
	/m/	mola	/mɔla/
	/n/	nata	/nata/
	/ɲ/	ninho	/niɲo/
	/l/	lata	/lata/
	/ʎ/	calha	/kaʎa/
	/r/	Mara	/mara/
	/R/	rota, carroça	/Rɔta/, /kaRɔsa/
semi-vogais	/j/	cai, põe, yang	/kaj/, /põj/, /jang/
	/w/	pau, pão, Wesley	/paw/, /pãw/, Wɛsley/
vogais	/a/	cá	/ka/
	/ɛ/	mel	/mɛl/
	/e/	seda	/seda/
	/i/	rica	/Rika/
	/ɔ/	sola	/sɔla/
	/o/	soma	/soma/
	/u/	gula	/gula/
	/ã/	manta, maçã	/mãta/, /masã/
	/ẽ/	tenda	/tẽda/
	/ĩ/	cinta	/sĩta/
	/õ/	conta, põe	/kõta/, /põj/
	/ũ/	fundo	/fũdo/

Quadro classificatório das vogais

		anteriores	centrais	posteriores
altas		/i/ /ĩ/		/u/ /ũ/
médias	fechadas	/e/ /ẽ/		/o/ /õ/
	abertas	/ɛ/		/ɔ/
baixas			/a /ã/	

Observação:

A distribuição das vogais nesse quadro forma um triângulo. Esse triângulo simula o movimento da língua dentro da cavidade bucal para a pronúncia das diferentes vogais. Se você pronunciar todas as vogais orais, começando pelo /i/ e seguindo a ordem do quadro até o /u/, perceberá que sua língua percorrerá o caminho indicado pelo triângulo. Começando pelo /u/ em direção ao /i/, a língua percorrerá exatamente o caminho inverso.

Quadro classificatório das consoantes portuguesas

cavidades bucal e nasal		orais						nasais
modo de articulação		oclusivas		constritivas				
				fricativas		laterais	vibrantes	
ponto de articulação	cordas vocais	surdas	sonoras	surdas	sonoras	sonoras	sonoras	sonoras
	bilabiais	/p/	/b/					/m/
	labiodentais			/f/	/v/			
	linguodentais	/t/	/d/					/n/
	alveolares			/s/	/z/	/l/	/r/	
	palatais			/ʃ/	/ʒ/	/ʎ/		/ɲ/
	velares	/k/	/g/				/R/	

Observações:

1. A nomenclatura classificatória das consoantes é descritiva. Mais do que decorá-la, importa observar o que ela nos pode ensinar. Note, por exemplo, que os nomes dados a partir do ponto de articulação nos mostram como devemos posicionar a língua para realizar um determinado som. Isso pode ser útil para, conscientemente, corrigir eventuais problemas ao emitirmos alguns sons; além disso, esses dados nos ajudam a aprender línguas estrangeiras, pois podemos comparar mais acertadamente a forma de produzir os fonemas em português à de outras línguas.
2. Observe que, em alguns casos, as consoantes distinguem-se uma da outra apenas pela vibração das cordas vocais. É o que ocorre com /p/ e /b/ ou /t/ e /d/, por exemplo. Nesses casos, as consoantes são chamadas **homorgânicas** e devem ser pronunciadas com cuidado, pois podem muitas vezes provocar dúvidas de entendimento a quem nos ouve. Não seria difícil confundir frases como:
   É um homem solitário. / É um homem solidário.
   Soltaram a pomba. / Soltaram a bomba.

Prefixos da língua portuguesa

Prefixos de origem latina	
prefixo e significado	**exemplos**
a-, ab-, abs- (separação, afastamento, privação)	abdicar, abjurar, abster, abstrair, ab-rogar, absolver, absorver, abuso, abusar, amovível, aversão
a-, ad- (aproximação, direção, aumento, transformação)	abeirar, achegar, abraçar, aproveitar, amadurecer, adiantar, avivar, adjunto, administrar, admirar, adventício, assimilar
além- (para o lado de lá, do lado de lá)	além-túmulo, além-mar, além-mundo
ante- (anterioridade no espaço ou no tempo)	antebraço, antemuro, antepasto, antessala, antevéspera, antedata, antegozar, antepor, anteontem
aquém- (para o lado de cá, do lado de cá)	aquém-mar, aquém-fronteiras
bem-, ben- (de forma agradável, positiva ou intensa)	bem-aventurado, bem-vindo, benfeitor, benquisto, bem-acabado, bem-apanhado, bem-apessoado, bem-nascido, bem-querer, bem-visto
circum-, circun- (ao redor de, em torno de)	circuncentro, circunscrever, circunvizinhança, circum-escolar, circum-hospitalar, circum-murado, circum-navegação
cis- (posição aquém, do lado de cá)	cisandino, cisplatino, cisalpino, cislunar, cispadano
co-, com- (contiguidade, companhia, agrupamento)	coabitar, coadjuvante, coadministração, coadquirir, condiscípulo, coarrendamento, combater, correligionário, conjurar, consoante, confluência, compor, cooperar, corroborar, conviver, coirmão
contra- (oposição, ação conjunta, proximidade)	contra-atacar, contra-argumento, contradizer, contrapor, contraprova, contrabalançar, contracheque, contracultura, contraexemplo, contracapa, contracanto, contramestre
de- (movimento de cima para baixo)	decrescer, decompor, depor, depender, decapitar, deliberar, decair
des- (separação, ação contrária, negação, privação)	despedaçar, desfazer, desleixar, desumano, desamor, desventura, desintegrar, desigual, desconforme, desobedecer, desmatar, desenganar, desunião, descaroçar, desfolhar; às vezes, serve apenas para reforço: desafastar, desinfeliz, desinquieto
dis-, di- (separação, movimento para diversos lados, negação)	difícil, dissidente, dilacerar, dirimir, disseminar, distender, disforme, dissabor, divagar, difundir
e-, es-, ex- (movimento para fora, separação, transformação)	emigrar, evadir, expor, exportar, exprimir, expatriar, extrair, esquentar, esfriar, esburacar; ex-tuberculoso, ex-presidente, ex-ministro, ex-namorada
en-, em-, i-, in-, im- (posição interior, movimento para dentro)	enraizar, enterrar, embarcar, embeber, imigrar, irromper, importar, importação, ingerir, inocular
entre-, inter- (posição intermediária, reciprocidade)	entreabrir, entrechoque, entrelaçar, entrevista, entretela, entrever, interação, intercâmbio, intervir, interromper, intercalar

extra- (posição exterior, fora de)	extraconjugal, extrajudicial, extraoficial, extraordinário, extranumerário, extraterrestre, extravasar, extraviar
i-, in- (negação, privação)	imoderado, inalterado, ilegal, ilegítimo, irresoluto, irrestrito, incômodo, inútil, incapaz, impuro, impróprio
intra- (posição interior)	intrapulmonar, intravenoso, intraocular
intro- (movimento para dentro)	introduzir, intrometer, intrometido, introverter, introjeção, introspecção
justa- (posição ao lado)	justapor, justaposição, justalinear, justamarítimo
mal- (de forma irregular, desagradável ou escassa)	mal-humorado, mal-educado, mal-arrumado, mal-assombrado, malfeito, mal-assado, mal-aventurança, malcriado, malcheiroso, malvisto
ob-, o- (posição em frente, diante, oposição)	objeto, obstar, obstáculo, obstruir, obstrução, opor, oposição
per- (movimento através)	perpassar, percorrer, percurso, perfurar, perseguir, perdurar
pos-, pós- (posterioridade, posição posterior)	posfácio, pospor, posposição, posponto, pós-escrito, pós-diluviano, pós-graduação, pós-eleitoral, pós-simbolismo, pós-verbal
pre-, pré- (anterioridade, antecedência)	premeditar, preestabelecer, predizer, predispor, pre-disposição, prever, previsão, previdente, pré-história, pré-carnavalesco, pré-adolescente, pré-amplificador, pré-ajustar
pro-, pró- (movimento para a frente, a favor de)	promover, propelir, progredir, progresso, proeminente, proclamar, prosseguir, pró-americano, pró-socialista, pró-britânico, pró-anistia
re- (movimento para trás, repetição)	refluir, reagir, repugnar, reassumir, reatar, reaver, reeditar, recomeçar, reedificar, reorganizar, reorganização, reviver, renascer, reanimar
retro- (movimento para trás)	retroação, retrocesso, retroceder, retrogradar, retroativo, retropropulsão, retrógrado, retrospectivo, retrovisor
semi- (metade de, quase, que faz o papel de)	semicírculo, semibreve, semicerrado, semicondutor, semiconsciente, semiescravidão, semianalfabeto, semivogal, semimorto, semi-integral
soto-, sota- (debaixo, posição inferior)	soto-pôr, sota-vento, sota-proa, sota-voga, soto-soberania
sub-, su-, sob-, so- (movimento de baixo para cima, inferioridade, quase)	sobraçar, soerguer, soterrar, sujeitar, subjugar, submeter, subalimentado, subdesenvolvimento, subliteratura, subumano, submarino, subverter, subdelegado, suspender, suster
sobre-, super-, supra- (posição acima ou em cima, excesso, superioridade)	sobrepor, superpor, sobrescrito, sobrescrever, sobreviver, supranumerário, sobredito, supradito, supersensível, super-homem, supermercado, superdotado, supercivilização

tras-, tres-, trans- (movimento ou posição para além de; através)	traspassar ou transpassar, trasbordar ou transbordar tresandar, tresvariar, transatlântico, transalpino, transandino, transcoar, transplantar, transiberiana
ultra- (posição além de; em excesso)	ultrapassar, ultramar, ultravioleta, ultramicroscópico, ultraconservador, ultrarromântico, ultrassom, ultrassofisticado
vice- (em lugar de, em posição imediatamente inferior)	vice-presidente, vice-diretor, vice-cônsul, vice-almirante, vice-rei, vice-campeão, vice-artilheiro

Observação:

Na lista, encontramos prefixos cuja frequência de uso é bastante variada. Alguns têm sido pouco usados na língua atual (como, por exemplo, **justa-**), enquanto outros são extremamente produtivos (como **contra-**, **des-**, **in-**, etc.).

Prefixos de origem grega	
prefixo e significado	**exemplos**
an-, a- (privação, negação)	anarquia, anônimo, ateu, acéfalo, amoral, anestesia, afônico, anemia
an(a)- (movimento de baixo para cima, movimento inverso, repetição, afastamento, intensidade)	anacronismo, anagrama, análise, anabatista, anáfora, analogia, anatomia
anf(i)- (de um e de outro lado, ao redor)	anfiteatro, anfíbio, anfípode
ant(i)- (ação contrária, oposição)	antagonista, antítese, antiaéreo, antípoda, antídoto, antipatia, anticonstitucional, anticorpo, antifebril, antimonárquico, antissocial
ap(o)- (afastamento, separação)	apóstata, apogeu, apóstolo
arc(a)-, arce-, arque-, arqui- (superioridade, primazia)	arcanjo, arquiduque, arquétipo, arcebispo, arquimilionário
cata- (movimento de cima para baixo, oposição, em regressão)	cataclismo, catacumba, catarro, catástrofe, catadupa, catacrese, catálise, catarata
di(a)- (através, por meio de, separação)	diagnóstico, diálogo, dialeto, diâmetro, diáfano
dis- (mau estado, dificuldade)	dispneia, disenteria, dislalia, dispepsia
ec-, ex- (movimento para fora)	eclipse, exantema, êxodo
en-, e-, em- (posição interior, dentro)	encéfalo, emplastro, elipse, embrião
end(o)- (movimento para dentro, posição interior)	endocarpo, endotérmico, endoscópio
ep(i)- (posição superior, sobre, movimento para, posteridade)	epiderme, epígrafe, epílogo, epicarpo, epidemia
eu-, ev- (bem, bom)	eufonia, eugenia, eufemismo, euforia, eutanásia, evangelho, evônimo
hiper- (posição superior, excesso, além)	hipérbole, hipertensão, hipercrítico, hiperdesenvolvimento, hiperestesia, hipermercado, hipermetropia, hipertrofia, hipersônico

hip(o)- (posição inferior, escassez)	hipodérmico, hipótese, hipocalórico, hipogeu, hipoglicemia, hipotensão, hipoteca
met(a)- (mudança, sucessão, posterioridade, além)	metáfora, metamorfose, metafísica, metonímia, metacarpo, metátese, metempsicose
par(a)- (perto, ao lado de, elemento acessório)	paradoxo, paralelo, parágrafo, paramilitar, parábola, parâmetro
peri- (movimento ou posição em torno)	perímetro, perífrase, periferia, período, perianto, pericarpo
pro- (movimento para diante, posição em frente ou anterior)	programa, prólogo, prognóstico, pródromo, próclise
sin-, sim- (ação conjunta, companhia, reunião, simultaneidade)	sinestesia, sincronia, síntese, sinônimo, sinfonia simpatia, sílaba, sintaxe, sistema

Observações:
A maior parte das aplicações desses prefixos se liga à nomenclatura científica. Observe, no entanto, que alguns são correntes na linguagem cotidiana, principalmente **anti-** e **hiper-**. **Anti-** é, particularmente, um prefixo muito empregado na linguagem jornalística, em que surge em palavras ligadas à política, como **antigetulista**, **antimalufismo** e outras, muitas delas de vida efêmera.

Preposições e advérbios que vêm sendo usados como prefixos

prefixo e significado	exemplos
sem- (falta, privação, ausência)	sem-amor, sem-terra, sem-teto, sem-fim, sem-vergonha, sem-família
quase- (perto, aproximadamente, por pouco, pouco menos)	quase delito, quase equilíbrio, quase posse
não- (negação por exclusão)	não alinhado, não euclidiano, não violência, não engajamento, não essencial, não perecível, não ficção, não metal, não participante Note que não socialista não é o mesmo que antissocialista.

Sufixos da língua portuguesa

1. Formam substantivos a partir de outros substantivos

-ada

- **ferimento, golpe ou marca produzida por instrumento**: facada, punhalada, navalhada, martelada, pedrada, bicada, chifrada, dentada, unhada, penada, pincelada.
- **medida ou quantidade**: garfada, batelada, fornada, tigelada, carrada, colherada.
- **multidão**: boiada, carneirada, estacada, ramada, papelada, meninada.
- **alimentos ou bebidas**: cajuada, laranjada, limonada, cocada, marmelada, goiabada, feijoada.
- **movimentos ou atos rápidos, enérgicos ou de duração prolongada**: risada, gargalhada, cartada; jornada, noitada, temporada.

-ado, -ato

- **títulos honoríficos, territórios governados, cargos elevados, instituições**: viscondado, arcebispado, principado, pontificado, protetorado, condado, almirantado, eleitorado, apostolado, noviciado, bacharelado, reitorado, consulado; clericato, tribunato, sindicato, triunvirato, baronato, cardinalato.

-agem

- **noção coletiva**: folhagem, ferragem, plumagem, ramagem, pastagem.
- **ação ou resultado da ação, estado**: aprendizagem, ladroagem, vadiagem.

-al

- **sentido coletivo**: bananal, cafezal, feijoal, batatal, laranjal, morangal, pinhal, olival, jabuticabal, areal, lamaçal, lodaçal.
- **relação, pertinência**: dedal, portal, pantanal.

-alha

- **noção coletiva de valor pejorativo**: gentalha, canalha, politicalha, miuçalha.

-ama, -ame

- **noção coletiva ou de quantidade**: dinheirama, mourama, velame, vasilhame, cordoame.

-aria, -eria

- **ramo de negócio ou estabelecimento**: chapelaria, livraria, alfaiataria, drogaria, tinturaria, drogaria, confeitaria, leiteria, sorveteria.
- **noção coletiva**: pedraria, sacaria, caixaria, fuzilaria, gritaria, infantaria ou infanteria.
- **atos ou resultados dos atos de certos indivíduos**: patifaria, velhacaria, pirataria, galantaria ou galanteria.

-ário

- **atividade, ofício, profissão**: boticário, operário, secretário, bancário.
- **lugar onde se coloca algo**: campanário, aquário, relicário, vestiário.
- **noção coletiva**: rimário, anedotário, erário.

-edo

- **sentido coletivo**: arvoredo, vinhedo, olivedo, passaredo.
- **objeto isolado, de grande vulto**: penedo, rochedo.

-eiro, -eira

- **ofícios e ocupações:** barbeiro, sapateiro, parteira, peixeiro, carteiro, bombeiro, sineiro, toureiro, marinheiro, livreiro, copeiro, pedreiro.
- **nomes de árvores ou arbustos:** cajueiro, laranjeira, roseira, amendoeira, coqueiro, cafeeiro, pessegueiro, mangueira, jaqueira, goiabeira, craveiro, figueira, castanheiro ou castanheira, espinheiro ou espinheira.
- **objetos ou lugares que servem para guardar:** cigarreira, manteigueira, paliteiro, cinzeiro, tinteiro, compoteira, açucareiro, agulheiro, saladeira; galinheiro, coelheira.
- **objetos de uso pessoal em geral:** pulseira, perneira, joelheira, munhequeira, banheira, chuteira.
- **noção coletiva, de quantidade ou de intensidade:** nevoeiro, poeira, lameira, chuveiro; pedreira, carvoeira, ostreira; vespeiro, formigueiro; cabeleira.

-ia

- **profissão, dignidade ou lugar onde se exerce profissão:** advocacia, baronia, chefia, chancelaria, delegacia, reitoria, diretoria.
- **sentido coletivo**: confraria, clerezia, penedia.

-io

- **noção coletiva**: mulherio, rapazio, poderio, gentio.

-ite

- **inflamação**: bronquite, gastrite, rinite, estomatite, esplenite, otite, enterite.

-ugem

- **semelhança ou ideia de porção:** ferrugem, lanugem, penugem, babugem.

-ume

- **noção coletiva, de quantidade ou intensidade**: cardume, negrume, azedume, chorume.
- **ação ou resultado da ação**: curtume, urdume.

Observação:

Alguns sufixos dessa relação se transformam em fortes recursos expressivos, pois são capazes de transmitir uma clara noção de valor àquilo que falamos ou escrevemos. Isso é particularmente perceptível em relação ao sufixo **-alha**, em formações como **gentalha, politicalha** e outras. Também ocorre com **-aria, -agem** e **-eira**, em palavras como **baixaria, ladroagem, picaretagem, bandalheira, lameira** e outras.

2. Formam substantivos a partir de adjetivos

Os substantivos derivados de adjetivos indicam qualidades, propriedades ou estados.

-dade

- crueldade, maldade, bondade, divindade, sociedade, umidade, liberalidade, fragilidade, facilidade, legalidade, amabilidade, possibilidade, solubilidade.

-dão

- mansidão, podridão, escuridão, gratidão.

-ez, -eza

- altivez, mudez, surdez, sordidez, intrepidez, honradez, mesquinhez, pequenez, pureza, firmeza, nobreza, fraqueza, estranheza, delicadeza, sutileza.

-ia

- valentia, ufania, cortesia, alegria, melhoria.

-ice, ície

- velhice, meninice, criancice, beatice, tolice, modernice; calvície, canície, planície; imundice ou imundície.

-or

- alvor, amargor, dulçor, negror.

-tude

- amplitude, magnitude, latitude, longitude.

-ura

- brancura, amargura, loucura, frescura, verdura, doçura, largura, espessura.

3. Formam substantivos a partir de verbos

-ança (-ância), -ença (-ência)

- **nomes de ação ou de resultados dela, nomes de estado**: esperança, lembrança, vingança, folgança, usança, constância, importância, relevância, crença, descrença, diferença, detença, regência, conferência, obediência.

-ante, -ente, -inte

- **agente**: ajudante, emigrante, navegante, combatente, pretendente, ouvinte, pedinte. Em muitos casos, houve especialização de sentido: poente, restaurante, estante, minguante, vazante, afluente.

-dor, -tor, -sor, -or

- **nome de agente ou de instrumento**: armador, roedor, salvador, pescador, carregador, tradutor, jogador, apostador, poupador, investidor, investigador, inspetor; regador, aquecedor, raspador, interruptor, disjuntor.

-ção, -são, -ão

- **ação ou resultado dela**: coroação, nomeação, posição, traição, adulação, consolação, obrigação, negação, declaração, audição, solução, invocação, extensão, agressão, repercussão, discussão, puxão, arranhão, escorregão.

-douro, -tório

- **lugar ou instrumento para prática da ação**: miradouro, ancoradouro, desaguadouro, logradouro, matadouro, bebedouro, babadouro, purgatório, dormitório, laboratório, vomitório, oratório.

-dura, -tura, -sura, -ura

- **resultado ou instrumento da ação**: atadura, armadura, escritura, fechadura, clausura, urdidura, benzedura, mordedura, torcedura, pintura, magistratura, formatura.

-mento

- **ação, resultado da ação ou instrumento**: acolhimento, apartamento, pensamento, conhecimento, convencimento, esquecimento, fingimento, impedimento, ferimento, ornamento, instrumento, armamento, fardamento.

4. Formam substantivos e adjetivos a partir de outros substantivos e adjetivos

-ismo

- **doutrinas ou sistemas religiosos, filosóficos, políticos, artísticos**: calvinismo, bramanismo, budismo, materialismo, espiritismo, socialismo, capitalismo, federalismo, gongorismo, simbolismo, modernismo, impressionismo.
- **maneira de proceder ou de pensar**: heroísmo, pedantismo, patriotismo, servilismo, ufanismo, nepotismo, filhotismo, arrivismo, oportunismo, revanchismo.
- **formas de expressão que apresentam particularidades**: vulgarismo, latinismo, galicismo, arcaísmo, neologismo, solecismo, barbarismo.
- **terminologia científica**: magnetismo, galvanismo, alcoolismo, reumatismo, traumatismo.

-ista

- **sectários de certas doutrinas**: calvinista, bramanista, budista, materialista, espiritista, socialista, capitalista, federalista, gongorista, simbolista, modernista, impressionista.
- **ofícios, agentes**: flautista, florista, telefonista, maquinista, latinista, dentista, acionista, tenista, esportista.
- **adeptos de determinadas formas de agir ou pensar**: oportunista, golpista, saudosista, emancipacionista, desenvolvimentista, arrivista, revanchista.
- **nomes pátrios ou indicadores de origem**: nortista, sulista, paulista, santista, campista.

Observação:
A relação entre as palavras formadas por esses dois sufixos é óbvia: modernismo/modernista; calvinismo/calvinista, etc. Note, no entanto, que não é uma relação obrigatória: protestantismo/protestante; maometismo/maometano; islamismo/islamita.

5. Formam adjetivos a partir de substantivos ou de outros adjetivos

-aco

- **estado íntimo, pertinência, origem**: maníaco, demoníaco, austríaco, siríaco.

-ado

- **provido, cheio de**: barbado, ciliado, dentado.
- **que tem caráter de**: adamado, afeminado, amarelado, avermelhado.

-aico

- **referência, pertinência, origem**: prosaico, onomatopaico, judaico, caldaico, aramaico.

-al, -ar

- **relação, pertinência**: dorsal, causal, substancial, anual, pessoal, escolar, palmar, vulgar, solar, lunar, pessoal, consular, familial ou familiar.

-ano

- **pertinência, proveniência, relação com**: humano, mundano, serrano.
- **adeptos de doutrinas estéticas, religiosas, filosóficas**: maometano, luterano, anglicano, camoniano, shakespeariano, horaciano.
- **nomes pátrios**: americano, baiano, pernambucano, peruano, prussiano, açoriano, alentejano.

-ão

- **proveniência, origem**: alemão, coimbrão, beirão, aldeão.

-eiro, -ário

- **relação, posse, origem**: verdadeiro, rasteiro, costeiro, originário, ordinário, diário, subsidiário, tributário, mineiro, brasileiro.

-engo, -enho, -eno

- **relação, procedência, origem**: mulherengo, avoengo, solarengo, flamengo, ferrenho, estremenho, madrilenho, panamenho, portenho, nazareno, terreno, tirreno, chileno.

-ento

- **provido ou cheio de, que tem o caráter de**: sedento, rabugento, peçonhento, cinzento, ciumento, corpulento, turbulento, opulento, barrento, vidrento.

-ês, -ense

- **relação, procedência, origem**: francês, inglês, genovês, milanês, escocês, irlandês; paraense, cearense, maranhense, vienense, parisiense, catarinense, forense, castrense.

-eo

- **relação, semelhança, matéria**: róseo, férreo.

-esco, -isco

- **referência, semelhança**: burlesco, dantesco, mourisco.

-este, -estre

- **relação**: agreste, celeste; campestre, terrestre, alpestre, silvestre.

-eu

- **relação, procedência, origem**: europeu, judeu, caldeu, hebreu, filisteu, cananeu.

-ico, -ício

- **relação, procedência**: bíblico, melancólico, pérsico, céltico, britânico, ibérico, geométrico; alimentício, natalício.

-il

- **referência, semelhança**: febril, infantil, senhoril, servil, varonil, estudantil, fabril.

-ino

- **relação, origem, natureza**: argentino, florentino, platino, bizantino, cristalino, leonino, alabastrino, diamantino, londrino, caprino, bovino.

-ita

- **relação, origem**: ismaelita, israelita, jesuíta.

-onho

- **propriedade, hábito**: medonho, risonho, enfadonho, tristonho.

-oso

- **provido, cheio de, que provoca**: orgulhoso, furioso, desejoso, rigoroso, noticioso, leitoso, sulfuroso, montanhoso, pedregoso, temeroso, lamentoso, lastimoso, vergonhoso, angustioso.

-tico

- **relação**: aromático, problemático, asiático, rústico.

-udo

- **provido de, cheio de ou com a forma de, muitas vezes com ideia de desproporção**: sisudo, pontudo, bicudo, peludo, cabeludo, narigudo, espadaúdo, repolhudo, bochechudo, carnudo, polpudo.

6. Formam adjetivos a partir de verbos

-ante, -ente, -inte

- **ação, qualidade, estado**: semelhante, tolerante, doente, resistente, constituinte, seguinte.

-io, -ivo

- **ação, referência, modo de ser**: escorregadio, erradio, fugidio, tardio, prestadio; pensativo, lucrativo, fugitivo, afirmativo, negativo, acumulativo.

-iço, -ício

- **referência, possibilidade de praticar ou sofrer ação**: abafadiço, movediço, quebradiço, assustadiço, alagadiço, metediço; acomodatício, factício, translatício, sub-reptício.

-doiro, -douro, -tório

- **ação, muitas vezes de valor futuro, pertinência**: duradouro, casadoiro, vindouro, inibitório, preparatório, emigratório, expiatório, satisfatório.

-vel

- **possibilidade de praticar ou sofrer ação**: desejável, vulnerável, remediável, substituível, suportável, louvável, admissível, reduzível, removível, corrigível, discutível.

Observação:
Alguns desses sufixos nos permitem utilizar adjetivos para substituir orações:
Todo o lixo que **pode ser reciclado** deve ser embalado.
Todo o lixo **reciclável** deve ser embalado.
É um material **que resiste** a esforços de torção.
É um material **resistente** a esforços de torção.

7. Forma advérbios a partir de adjetivos

-mente

- justamente, vaidosamente, livremente, burguesmente, perigosamente, firmemente, fracamente.

Observação:
Em muitos casos, prefere-se utilizar o adjetivo no lugar do advérbio de modo:
Ele chegou **rápido**.
Ele chegou **rapidamente**.
Na primeira frase, o uso do adjetivo no papel do advérbio torna a frase mais direta e forte. A segunda frase é mais neutra e formal.

8. Formam verbos a partir de substantivos e adjetivos

-ar

- murar, jardinar, telefonar, ancorar, ordenar, almoçar.

-ear

- sapatear, floretear, golpear, saborear, saquear, mastrear, folhear, sanear, clarear.

-ejar

- lacrimejar, gotejar, gaguejar, voejar.

-entar

- amolentar, aformosentar.

-ecer, -escer

- favorecer, escurecer, florescer, rejuvenescer.

-ficar

- falsificar, petrificar, exemplificar, fortificar, dignificar, purificar.

-ilhar

- dedilhar, fervilhar.

-inhar

- escrevinhar, cuspinhar.

-iscar

- chuviscar, lambiscar.

-itar

- saltitar, dormitar.

-izar

- organizar, civilizar, harmonizar, fertilizar, esterilizar, tranquilizar, vulgarizar, simpatizar, economizar, arborizar.

Os verbos novos da língua são criados pelo acréscimo da terminação **-ar** a substantivos e adjetivos. Essa terminação é formada pela vogal temática da primeira conjugação seguida pela desinência do infinitivo impessoal, atuando como um verdadeiro sufixo.

Os demais sufixos costumam conferir detalhes de significado aos verbos que formam.

Observe:

-ear

- indica ação repetida (cabecear, folhear) ou ação que se prolonga (clarear). O mesmo acontece com **-ejar**: gotejar, velejar.

-entar

- indica processo de atribuição de uma qualidade ou estado (amolentar). O mesmo se dá com **-ficar** e **-izar**: clarificar, solidificar; civilizar, atualizar.

-iscar

- indica ação repetida e diminuída: chuviscar, lambiscar. O mesmo ocorre com **-itar** (dormitar, saltitar), **-ilhar** e outros. No caso de **-inhar**, muitas vezes há sentido depreciativo, como em **escrevinhar**.

9. Sufixos aumentativos

-ão, -eirão, -arrão, -alhão, -zarrão

- casarão, caldeirão, paredão, grandalhão, chapeirão, vagalhão, homenzarrão.

-aça, -aço, -uça

- barcaça, barbaça, ricaço, doutoraço, mulheraço, dentuça.

-alha

- fornalha.

-anzil

- corpanzil.

-aréu

- fogaréu, povaréu, mundaréu.

-arra, -orra

- bocarra, naviarra, beiçorra, cabeçorra.

-astro

- medicastro, poetastro.

-az, -alhaz, -arraz

- ladravaz, linguaraz, fatacaz, machacaz, facalhaz, pratarraz.

10. Sufixos diminutivos

-acho, -icho, -ucho

- riacho, fogacho, governicho, barbicha, gorducho, papelucho, casucha.

-ebre

- casebre.

-eco, -ico

- livreco, soneca, padreco, burrico, marica.

-ejo

- lugarejo, animalejo.

-ela

- ruela, viela, magricela.

-elho, -ilho

- folhelho, rapazelho; pecadilho, tropilha.

-ete, -eta, -eto

- tiranete, fradete, artiguete, lembrete, diabrete, saleta, lingueta, esboceto.

-inho, -zinho

- livrinho, pratinho, caixinha, florzinha, branquinho, novinho, bonitinho, toquinho, vozinha.

-im

- espadim, lagostim, camarim, fortim.

-ino

- pequenino.

-isco, -usco

- chuvisco, petisco, velhusco.

-ito, -zito

- rapazito, casita, copito, amorzito, jardinzito, florzita.

-ola

- rapazola, bandeirola, portinhola, fazendola.

-ote, -oto, -ota

- rapazote, caixote, velhote, fidalgote, saiote, perdigoto, velhota.

-ulo, -ula, -culo, -cula

- corpúsculo, maiúsculo, glóbulo, nódulo, radícula, gotícula, grânulo, homúnculo, montículo, opúsculo, partícula, película, questiúncula, régulo, versículo.

Observação:
A leitura atenta dos exemplos referentes ao uso dos sufixos aumentativos e diminutivos deixa evidente que a dimensão física não é a única coisa com que eles se relacionam. É fácil notar que muitas vezes esses sufixos sugerem deformidade (como em beiçorra, cabeçorra), admiração (carrão), desprezo (asneirão, poetastro, artiguete), carinho (paizinho, pequenino), intensidade (alegrinho), ironia (safadinha) e vários outros matizes semânticos. No caso dos sufixos pertencentes ao último grupo apresentado, temos a formação de diminutivos eruditos – diretamente importados do latim –, os quais são muito usados na terminologia científica.

Radicais de origem grega

Elementos que normalmente surgem na parte inicial do composto	
radical e significado	**exemplos**
acr-, acro- (alto, elevado)	acrópole, acrofobia, acrobata
aer-, aero- (ar)	aeródromo, aeronauta, aeróstato, aéreo
agro- (campo)	agrologia, agronomia, agrografia, agromania
al-, alo- (outro, diverso)	alopatia, alomorfia
andr-, andro- (homem, macho)	androceu, andrógino, androide, androsperma
anemo- (vento)	anemógrafo, anemômetro
angel-, angelo- (mensageiro, anjo)	angelólatra, angelogia
ant-, anto- (flor)	antologia, antografia, antoide, antomania
antropo- (homem)	antropógrafo, antropologia, filantropo
aritm-, aritmo- (número)	aritmética, aritmologia, aritmomancia
arque-, arqueo- (primeiro, origem, antigo)	arquétipo, arquegônio, arqueografia, arqueologia, arqueozoico
aster-, astro- (estrela, astro)	asteroide, astrólogo, astronomia
auto- (próprio)	autocracia, autógrafo, autômato
bari-, baro- (peso)	barômetro, barítono, barisfera
biblio- (livro)	bibliografia, biblioteca, bibliófilo
bio- (vida)	biografia, biologia, macróbio, anfíbio
caco- (mau)	cacofonia, cacografia
cali- (belo)	califasia, caligrafia
cardi-, cardio- (coração)	cardiologia, cardiografia
cin-, cine-, cines- (movimento)	cinestesia, cinemática
core-, coreo- (dança)	coreografia, coreógrafo
cosmo- (mundo)	cosmógrafo, cosmologia
cript-, cripto- (escondido)	criptônimo, criptograma
cris-, criso- (ouro)	crisálida, crisântemo
crom-, cromo- (cor)	cromossomo, cromogravura, cromoterapia
crono- (tempo)	cronologia, cronômetro, cronograma
datilo- (dedo)	datilografia, datiloscopia
demo- (povo)	demografia, democracia, demagogia
dinam-, dinamo- (força, potência)	dinamômetro, dinamite
eco- (casa)	ecologia, ecossistema, economia

eletro- (âmbar, eletricidade)	elétrico, eletrômetro
enter-, entero- (intestino)	enterite, enterogastrite
ergo- (trabalho)	ergonomia, ergometria
estere-, estereo- (sólido, fixo)	estereótipo, estereografia
estomat-, estomato- (boca, orifício)	estomatite, estomatoscópio
etno- (raça)	etnografia, etnologia
farmaco- (medicamento)	farmacologia, farmacopeia
filo- (amigo)	filósofo, filólogo
fisio- (natureza)	fisiologia, fisionomia
fono- (voz)	eufonia, fonologia
fos-, foto- (luz)	fósforo, fotofobia
gastr-, gastro- (estômago)	gastrite, gastrônomo
gen-, geno- (que gera)	genótipo, hidrogênio
geo- (terra)	geografia, geologia
ger-, gero- (velhice)	geriatria, gerontocracia
helio- (sol)	heliografia, helioscópio
hemi- (metade)	hemisfério, hemistíquio
hemo-, hemato- (sangue)	hemoglobina, hematócrito
hetero- (outro)	heterônimo, heterogêneo
hidro- (água)	hidrogênio, hidrografia
hier-, hiero- (sagrado)	hieróglifo, hierosolimita
hipo- (cavalo)	hipódromo, hipopótamo
homo-, homeo- (semelhante)	homeopatia, homógrafo, homogêneo
icono- (imagem)	iconoclastia, iconolatria
ictio- (peixe)	ictiófago, ictiologia
iso- (igual)	isócrono, isósceles
lito- (pedra)	litografia, litogravura
macro- (grande)	macrocéfalo, macrocosmo
mega-, megalo- (grande)	megatério, megalomaníaco
melo- (canto)	melodia, melopeia
meso- (meio)	mesóclise, Mesopotâmia
micro- (pequeno)	micróbio, microcéfalo, microscópio
miso- (que odeia)	misógino, misantropo
mito- (fábula)	mitologia, mitômano
necro- (morto)	necrópole, necrotério
neo- (novo)	neolatino, neologismo
neuro-, nevr- (nervo)	neurologia, nevralgia
odonto- (dente)	odontologia, odontalgia
ofi-, ofio- (cobra, serpente)	ofiologia, ofimancia
oftalmo- (olho)	oftalmologia, oftalmoscópio
onomato- (nome)	onomatologia, onomatopeia
ornit-, ornito- (ave)	ornitologia, ornitoide
oro- (montanha)	orogenia, orografia

orto- (reto, justo)	ortografia, ortodoxo
oste-, osteo- (osso)	osteoporose, osteodermo
oxi- (ácido, agudo)	oxítona, oxígono, oxigênio
paleo- (antigo)	paleografia, paleontologia
pan- (todos, tudo)	panteísmo, pan-americano
pato- (doença, sentimento)	patologia, patogenético, patético
pedi-, pedo- (criança)	pediatria, pedologia
piro- (fogo)	pirólise, piromania, pirotecnia
pluto- (riqueza)	plutomania, plutocracia
poli- (muito)	policromia, poliglota, polígrafo, polígono
potamo- (rio)	potamografia, potamologia
proto- (primeiro)	protótipo, protozoário
pseudo- (falso)	pseudônimo, pseudópode
psico- (alma, espírito)	psicologia, psicanálise
quiro- (mão)	quiromancia, quiróptero
rino- (nariz)	rinoceronte, rinoplastia
rizo- (raiz)	rizófilo, rizotônico
sider- (ferro)	siderólito, siderurgia
sismo- (abalo, tremor)	sismógrafo, sismologia
taqui- (rápido)	taquicardia, taquigrafia
tax-, taxi-, taxio- (ordem, arranjo)	taxiologia, taxidermia
tecno- (arte, ofício, indústria)	tecnologia, tecnocracia, tecnografia
tele- (longe)	telegrama, telefone, telepatia
teo- (deus)	teocracia, teólogo
term-, termo- (calor)	termômetro, isotérmico
tipo- (figura, marca)	tipografia, tipologia
topo- (lugar)	topografia, toponímia
xeno- (estrangeiro)	xenofobia, xenomania
xilo- (madeira)	xilógrafo, xilogravura
zoo- (animal)	zoógrafo, zoologia

Numerais

radical e significado	exemplos	radical e significado	exemplos
mon-, mono- (um)	monarca, monogamia	**deca-** (dez)	decaedro, decalitro
di- (dois)	dipétalo, dissílabo	**hendeca-** (onze)	hendecassílabo, hendecaedro
tri- (três)	trilogia, trissílabo	**dodeca-** (doze)	dodecassílabo
tetra- (quatro)	tetrarca, tetraedro	**icos-** (vinte)	icosaedro, icoságono
pent-, penta- (cinco)	pentatlo, pentágono	**hecto-, hecato-** (cem)	hectoedro, hecatombe, hectômetro, hectograma
hexa- (seis)	hexágono, hexâmetro		
hepta- (sete)	heptágono, heptassílabo	**quilo-** (mil)	quilograma, quilômetro
octo- (oito)	octossílabo, octaedro	**miria-** (dez mil; inumerável)	miriâmetro, miríade, miriápode
enea- (nove)	eneágono, eneassílabo		

Elementos que normalmente surgem na parte final do composto	
radical e significado	**exemplos**
-agogia (condução)	pedagogia, demagogia
-agogo (que conduz)	demagogo, pedagogo
-algia (dor)	cefalalgia, nevralgia
-arca (que comanda)	heresiarca, monarca
-arquia (comando, governo)	autarquia, monarquia
-astenia (debilidade)	neurastenia, psicastenia
-cefalo (cabeça)	macrocéfalo, microcéfalo
-ciclo (círculo)	bicicleta, hemiciclo
-cracia (poder)	democracia, plutocracia, gerontocracia
-derme (pele)	endoderme, epiderme
-doxo (que opina)	ortodoxo, heterodoxo
-dromo (lugar para correr)	hipódromo, velódromo
-edro (base, face)	pentaedro, poliedro
-eido, -oide (forma, semelhança)	caleidoscópio, asteroide, aracnoide
-fagia (ato de comer)	aerofagia, antropofagia
-fago (que come)	antropófago, necrófago
-filia (amizade)	bibliofilia, lusofilia
-fobia (inimizade, aversão)	fotofobia, hidrofobia
-fobo (que tem aversão)	xenófobo, zoófobo
-foro (que leva ou conduz)	fósforo, semáforo
-gamia (casamento)	monogamia, poligamia
-gamo (que casa)	bígamo, polígamo
-glota, -glossa (língua)	poliglota, isoglossa
-gono (ângulo)	pentágono, polígono
-grafia (escrita, descrição)	ortografia, geografia
-grafo (que escreve)	calígrafo, polígrafo
-grama (escrito, peso)	telegrama, quilograma
-logia (discurso, tratado, ciência)	arqueologia, fonologia
-logo (que fala ou trata)	diálogo, teólogo
-mancia (adivinhação)	necromancia, quiromancia
-mania (loucura, tendência)	megalomania, piromania
-mano (louco, inclinado)	bibliômano, mitômano
-maquia (combate)	logomaquia, tauromaquia
-metria (medida)	antropometria, biometria
-metro (que mede)	hidrômetro, pentâmetro
-morfo (que tem forma de)	antropomorfo, polimorfo
-nomia (lei, regra)	agronomia, astronomia
-nomo (que regula)	autônomo, metrônomo

-orama (espetáculo)	panorama, cosmorama
-peia (ato de fazer)	melopeia, onomatopeia
-polis, -pole (cidade)	Petrópolis, metrópole
-ptero (asa)	díptero, helicóptero
-scopia (ato de ver)	macroscopia, microscopia
-scópio (instrumento para ver)	microscópio, telescópio
-sofia (sabedoria)	filosofia, teosofia
-stico (verso)	dístico, monóstico
-teca (lugar onde se guarda)	biblioteca, discoteca
-terapia (cura)	fisioterapia, hidroterapia
-tomia (corte, divisão)	dicotomia, neurotomia
-tono (tensão, tom)	barítono, monótono
-trof, -trofia (nutrição)	atrofia, hipertrofia

Radicais de origem latina

Elementos que normalmente surgem na parte final do composto	
radical e significado	**exemplos**
agri-, agro- (campo)	agrícola, agricultura
ali- (asa)	alígero, alípede, aliforme
alti- (alto)	altissonante, altiplano
alvi- (branco)	alviverde, alvinegro
ambi- (ambos)	ambidestro
api- (abelha)	apicultura, apiário, apícola
arbori- (árvore)	arborícola
auri- (ouro)	auriverde, auriflama
avi- (ave)	avicultura
bel-, beli- (guerra)	belígero, beligerante
bis-, bi- (duas vezes)	bisavô
calori- (calor)	calorífero
cent- (cem)	centavo, centena, centopeia
cruci- (cruz)	crucifixo
curvi- (curvo)	curvilíneo
equi-, equi- (igual)	equilátero, equivalência
ferri-, ferro- (ferro)	ferrovia
fili- (filho)	filicídio, filial
fratri-, frater- (irmão)	fratricida, fraternidade
igni- (fogo)	ignívomo
lati- (grande, largo)	latifoliado, latifúndio

loco- (lugar)	locomotiva
matri- (mãe)	matrilinear, matriarcal
maxi- (muito grande)	maxidesvalorização, maxissaia
mili- (mil, milésima parte)	milípede, milímetro
mini- (muito pequeno)	minissaia, minifúndio
morti- (morte)	mortífero
multi- (muito)	multiforme, multidimensional
nocti- (noite, trevas)	noctívago, nocticolor
nubi- (nuvem)	nubívago, nubífero
oni- (todo)	onipotente
patri- (pai)	patrilinear, patrilocal
pedi- (pé)	pedilúvio
pisci- (peixe)	piscicultor
pluri- (muitos)	pluriforme, plurisseriado
quadri- (quatro)	quadrimotor, quadrúpede
reti- (reto)	retilíneo
tri- (três)	tricolor
umbri- (sombra)	umbrívago, umbrífero
uni- (um)	uníssono
uxori- (esposa)	uxório, uxoricida
vermi- (verme)	vermífugo

Elementos que normalmente surgem na parte final do composto	
radical e significado	**exemplos**
-cida (que mata)	regicida, fratricida
-cola (que cultiva ou habita)	vitícola, arborícola
-cultura (ato de cultivar)	apicultura, piscicultura
-fero (que contém ou produz)	aurífero, flamífero
-fico (que faz ou produz)	benéfico, frigorífico
-forme (que tem forma de)	cuneiforme, uniforme
-fugo (que foge ou que faz fugir)	centrífugo, febrífugo
-gero (que contém ou produz)	armígero, belígero
-paro (que produz)	multíparo, ovíparo
-pede (pé)	palmípede, velocípede
-sono (que soa)	horríssono, uníssono
-vago (que anda)	nubívago, noctívago
-vomo (que expele)	fumívomo, ignívomo
-voro (que come)	carnívoro, herbívoro

Paradigmas dos verbos regulares

Tempos simples

1.ª conjugação	2.ª conjugação	3.ª conjugação
modelo: *opinar*	modelo: *aprender*	modelo: *nutrir*

Modo indicativo

presente		
opino	aprendo	nutro
opinas	aprendes	nutres
opina	aprende	nutre
opinamos	aprendemos	nutrimos
opinais	aprendeis	nutris
opinam	aprendem	nutrem

pretérito mais-que-perfeito		
opinara	aprendera	nutrira
opinaras	aprenderas	nutriras
opinara	aprendera	nutrira
opináramos	aprendêramos	nutríramos
opináreis	aprendêreis	nutríreis
opinaram	aprenderam	nutriram

pretérito imperfeito		
opinava	aprendia	nutria
opinavas	aprendias	nutrias
opinava	aprendia	nutria
opinávamos	aprendíamos	nutríamos
opináveis	aprendíeis	nutríeis
opinavam	aprendiam	nutriam

futuro do presente		
opinarei	aprenderei	nutrirei
opinarás	aprenderás	nutrirás
opinará	aprenderá	nutrirá
opinaremos	aprenderemos	nutriremos
opinareis	aprendereis	nutrireis
opinarão	aprenderão	nutrirão

pretérito perfeito		
opinei	aprendi	nutri
opinaste	aprendeste	nutriste
opinou	aprendeu	nutriu
opinamos	aprendemos	nutrimos
opinastes	aprendestes	nutristes
opinaram	aprenderam	nutriram

futuro do pretérito		
opinaria	aprenderia	nutriria
opinarias	aprenderias	nutririas
opinaria	aprenderia	nutriria
opinaríamos	aprenderíamos	nutriríamos
opinaríeis	aprenderíeis	nutriríeis
opinariam	aprenderiam	nutririam

Observações:

1. Observe as formas do futuro do presente do indicativo que são acentuadas graficamente (opinarás, opinará – oxítonas terminadas em **-a**, **-as**) e perceba que a omissão desse acento causa confusão com as formas correspondentes do pretérito mais-que-perfeito do indicativo (opinaras, opinara – paroxítonas).
2. Compare a terceira pessoa do plural do pretérito perfeito do indicativo com a terceira pessoa do plural do futuro do presente: a primeira é paroxítona e termina em **-am** (opinaram, aprenderam, nutriram); a segunda é oxítona e termina em **-ão** (opinarão, aprenderão, nutrirão).
3. Compare a segunda pessoa do singular com a segunda pessoa do plural do pretérito perfeito do indicativo: a primeira termina em **-ste** (opinaste, aprendeste, nutriste); a segunda termina em **-stes** (opinastes, aprendestes, nutristes).

Modo subjuntivo

presente		
opine	aprenda	nutra
opines	aprendas	nutras
opine	aprenda	nutra
opinemos	aprendamos	nutramos
opineis	aprendais	nutrais
opinem	aprendam	nutram

pretérito imperfeito		
opinasse	aprendesse	nutrisse
opinasses	aprendesses	nutrisses
opinasse	aprendesse	nutrisse
opinássemos	aprendêssemos	nutríssemos
opinásseis	aprendêsseis	nutrísseis
opinassem	aprendessem	nutrissem

futuro		
opinar	aprender	nutrir
opinares	aprenderes	nutrires
opinar	aprender	nutrir
opinarmos	aprendermos	nutrirmos
opinardes	aprenderdes	nutrirdes
opinarem	aprenderem	nutrirem

Modo imperativo

afirmativo		
opina tu	aprende tu	nutre tu
opine você	aprenda você	nutra você
opinemos nós	aprendamos nós	nutramos nós
opinai vós	aprendei vós	nutri vós
opinem vocês	aprendam vocês	nutram vocês

Observação:

Observe as particularidades do modo imperativo: não se conjuga a primeira pessoa do singular; além disso, na terceira pessoa se utilizam os pronomes **você/vocês**.

negativo		
não opines tu	não aprendas tu	não nutras tu
não opine você	não aprenda você	não nutra você
não opinemos nós	não aprendamos nós	não nutramos nós
não opineis vós	não aprendais vós	não nutrais vós
não opinem vocês	não aprendam vocês	não nutram vocês

Formas nominais

infinitivo		
opinar	aprender	nutrir
opinares	aprenderes	nutrires
opinar	aprender	nutrir
opinarmos	aprendermos	nutrirmos
opinardes	aprenderdes	nutrirdes
opinarem	aprenderem	nutrirem

infinitivo		
opinar	aprender	nutrir

gerúndio		
opinando	aprendendo	nutrindo

particípio		
opinado	aprendido	nutrido

Observação:

Em vários tempos, as formas de primeira e segunda pessoas do plural são acentuadas porque são proparoxítonas.

Tempos compostos

Modo indicativo

pretérito perfeito	
tenho/hei tens/hás tem/há temos/havemos tendes/haveis têm/hão	opinado aprendido nutrido

pretérito mais-que-perfeito	
tinha/havia tinhas/havias tinha/havia tínhamos/havíamos tínheis/havíeis tinham/haviam	opinado aprendido nutrido

futuro do presente	
terei/haverei terás/haverás terá/haverá teremos/haveremos tereis/havereis terão/haverão	opinado aprendido nutrido

futuro do pretérito	
teria/haveria terias/haverias teria/haveria teríamos/haveríamos teríeis/haveríeis teriam/haveriam	opinado aprendido nutrido

Modo subjuntivo

pretérito perfeito	
tenha/haja tenhas/hajas tenha/haja tenhamos/hajamos tenhais/hajais tenham/hajam	opinado aprendido nutrido

pretérito mais-que-perfeito	
tivesse/houvesse tivesses/houvesses tivesse/houvesse tivéssemos/houvéssemos tivésseis/houvésseis tivessem/houvessem	opinado aprendido nutrido

futuro	
tiver/houver tiveres/houveres tiver/houver tivermos/houvermos tiverdes/houverdes tiverem/houverem	opinado aprendido nutrido

Formas nominais

infinitivo impessoal (pretérito)	
ter/haver	opinado, aprendido, nutrido

gerúndio (pretérito)	
tendo/havendo	opinado, aprendido, nutrido

infinitivo pessoal (pretérito)	
ter/haver teres/haveres ter/haver termos/havermos terdes/haverdes terem/haverem	opinado aprendido nutrido

Observações:

1. Você observou que os tempos compostos são formados pelos verbos auxiliares **ter** e **haver** mais o particípio do verbo principal. Apenas os auxiliares se flexionam.
2. No Brasil, há uma acentuada tendência ao emprego do auxiliar **ter**; o uso do auxiliar **haver** restringe-se à língua formal falada ou escrita.
3. O pretérito mais-que-perfeito composto do indicativo é largamente usado no português falado e escrito do Brasil, confinando a forma simples ao uso escrito formal.
4. As formas compostas do infinitivo e do gerúndio têm valor de pretérito.

Particularidades de alguns verbos regulares

averiguar	
presente do indicativo	**presente do subjuntivo**
averiguo	averigue
averiguas	averigues
averigua	averigue
averiguamos	averiguemos
averiguais	averigueis
averiguam	averiguem

enxaguar	
presente do indicativo	**presente do subjuntivo**
enxáguo	enxágue
enxáguas	enxágues
enxágua	enxágue
enxaguamos	enxaguemos
enxaguais	enxagueis
enxáguam	enxáguem

Observações:

1. Apresenta acentuação tônica semelhante a **averiguar** o verbo **apaziguar**. Atente na acentuação tônica dessas formas verbais. As três pessoas do singular e a terceira do plural são formas rizotônicas: o acento tônico recai na vogal **u** (continuo, apaziguo, efetue, apazigue, habituem, apaziguem). A primeira e a segunda pessoa do plural são arrizotônicas: o acento tônico recai na vogal **a** ou na vogal **e**: apaziguamos, continuamos, efetuais, apaziguais (presente do indicativo), habituemos, apaziguemos, habitueis, apazigueis (presente do subjuntivo).
2. Apresentam acentuação tônica semelhante a **enxaguar** os verbos **aguar, desaguar** e **minguar**. Atente para a acentuação gráfica dessas formas verbais: são acentuadas as formas paroxítonas terminadas em ditongo (**enxáguo, enxáguas, enxáguam, enxágue, enxágues, enxágue, enxáguem**). Antes do Acordo Ortográfico (1990), as formas do presente do subjuntivo recebiam trema sobre o **u** do grupo **gu** ("enxágüe", "enxágües", "enxágüe", "enxagüemos", "enxagüeis", "enxágüem"), já que ele é pronunciado; após a assinatura do Acordo, o trema foi abolido nesses casos.
3. Antes do Acordo Ortográfico (1990), as formas **apazigue, apazigues, apazigue** e **apaziguem** recebiam acento gráfico sobre o **u** para indicar sua tonicidade ("apazigúe", "apazigúes", "apazigúe", "apazigúem"). Com o Acordo, esses acentos foram eliminados. As formas **apaziguemos** e **apazigueis** recebiam trema sobre o **u** para marcar a necessidade de pronunciá-lo como semivogal ("apazigüemos", "apazigüeis"). O emprego do trema foi abolido em situações como essas.

indignar	
presente do indicativo	**presente do subjuntivo**
indigno	indigne
indignas	indignes
indigna	indigne
indignamos	indignemos
indignais	indigneis
indignam	indignem

mobiliar	
presente do indicativo	**presente do subjuntivo**
mobílio	mobílie
mobílias	mobílies
mobília	mobílie
mobiliamos	mobiliemos
mobiliais	mobilieis
mobíliam	mobíliem

Observações:

1. O verbo **indignar** é mais empregado em sua forma pronominal **indignar-se**.
2. Apresentam a mesma acentuação tônica de **mobiliar** os verbos **impugnar** e **dignar-se**.

Verbos irregulares apenas no presente do indicativo e tempos derivados

Você encontrará a seguir os principais verbos que apresentam irregularidades no presente do indicativo e, consequentemente, no presente do subjuntivo e no imperativo. Conjugaremos apenas o presente do indicativo e o presente do subjuntivo desses verbos: para obter o imperativo, basta seguir o esquema já conhecido. Haverá observações sempre que for necessário chamar a sua atenção para alguma particularidade.

passear	
presente do indicativo	**presente do subjuntivo**
passei-o	**passei**-e
passeias	**passei**-es
passeia	**passei**-e
passeamos	passee-mos
passeais	passee-is
passeiam	**passei**-em

Observações:

1. Atente na primeira e segunda pessoas do plural, em que o radical apresenta modificação.
2. Seguem esse modelo os demais verbos terminados em **-ear**: **apear, atear, arrear, bloquear, cear, enlear, folhear, frear, hastear, granjear, lisonjear, recear, semear, titubear**, etc.

intermediar	
presente do indicativo	**presente do subjuntivo**
intermedei-o	**intermedei**-e
intermedeias	**intermedei**-es
intermedeia	**intermedei**-e
intermediamos	intermediemos
intermediais	intermedieis
intermedeiam	**intermedei**-em

Observações:

1. Seguem esse modelo os verbos **mediar, ansiar, remediar, incendiar, odiar** e seus derivados.
2. Os demais verbos terminados em **-iar** são regulares.

crer	
presente do indicativo	**presente do subjuntivo**
crei-o	**crei**-a
crês	**crei**-as
crê	**crei**-a
cremos	**crei**-amos
credes	**crei**-ais
creem	**crei**-am

Observações:

1. Atente nas formas da segunda e terceira pessoas do plural do presente do indicativo.
2. Segue esse modelo o derivado **descrer**.
3. O pretérito perfeito do indicativo desse verbo é regular (cri, creste, creu, cremos, crestes, creram).

ler	
presente do indicativo	**presente do subjuntivo**
lei-o	**lei**-a
lês	**lei**-as
lê	**lei**-a
lemos	**lei**-amos
ledes	**lei**-ais
leem	**lei**-am

Observações:

1. Atente nas formas da segunda e terceira pessoas do plural do presente do indicativo.
2. Seguem esse modelo os derivados **reler** e **tresler**.

perder	
presente do indicativo	**presente do subjuntivo**
perc-o	**perc**-a
perdes	**perc**-as
perde	**perc**-a
perdemos	**perc**-amos
perdeis	**perc**-ais
perdem	**perc**-am

requerer	
presente do indicativo	**presente do subjuntivo**
requeir-o	**requeir**-a
requeres	**requeir**-as
requer	**requeir**-a
requeremos	**requeir**-amos
requereis	**requeir**-ais
requerem	**requeir**-am

Observações:

O pretérito perfeito do indicativo desse verbo é regular (**requeri**, **requereste**, **requereu**, **requeremos**, **requerestes**, **requereram**).

valer	
presente do indicativo	**presente do subjuntivo**
valh-o	**valh**-a
vales	**valh**-as
vale	**valh**-a
valemos	**valh**-amos
valeis	**valh**-ais
valem	**valh**-am

Observações:

Assim se conjuga **equivaler**.

advertir	
presente do indicativo	**presente do subjuntivo**
advirt-o	**advirt**-a
advertes	**advirt**-as
adverte	**advirt**-a
advertimos	**advirt**-amos
advertis	**advirt**-ais
advertem	**advirt**-am

Observação:

Irregularidade desse verbo: a primeira pessoa do singular do presente do indicativo apresenta **-i-** em lugar do **-e-** do infinitivo. Outros verbos apresentam esse mesmo comportamento: **aderir**, **compelir**, **competir**, **conferir**, **despir**, **digerir**, **discernir**, **divergir**, **divertir**, **expelir**, **ferir**, **inserir**, **investir**, **preferir**, **referir**, **repelir**, **repetir**, **seguir**, **sentir**, **servir**, **sugerir**, **vestir** são alguns.

agredir	
presente do indicativo	**presente do subjuntivo**
agrid-o	**agrid**-a
agrides	**agrid**-as
agride	**agrid**-a
agredimos	**agrid**-amos
agredis	**agrid**-ais
agridem	**agrid**-am

Observação:

A troca do **-e-** do radical pelo **-i-** só não ocorre na primeira e segunda pessoas do plural. Seguem esse modelo: **denegrir**, **prevenir**, **progredir**, **regredir**, **transgredir**.

cobrir	
presente do indicativo	**presente do subjuntivo**
cubr-o	cubr-a
cobres	cubr-as
cobre	cubr-a
cobrimos	cubr-amos
cobris	cubr-ais
cobrem	cubr-am

Observação:

Seguem esse modelo os derivados **descobrir, encobrir, recobrir,** além de **dormir, engolir** e **tossir.**

pedir	
presente do indicativo	**presente do subjuntivo**
peç-o	peç-a
pedes	peç-as
pede	peç-a
pedimos	peç-amos
pedis	peç-ais
pedem	peç-am

Observação:

Seguem esse modelo **despedir, impedir, medir.** Ouvir apresenta conjugação semelhante: ouço, ouves, ouve, etc.; ouça, ouças, ouça, etc.

subir	
presente do indicativo	**presente do subjuntivo**
sub-o	sub-a
sobes	sub-as
sobe	sub-a
subimos	sub-amos
subis	sub-ais
sobem	sub-am

Observação:

Seguem esse modelo: **acudir, bulir, consumir, cuspir, entupir, fugir, sacudir, sumir.**

polir	
presente do indicativo	**presente do subjuntivo**
pul-o	pul-a
pules	pul-as
pule	pul-a
polimos	pul-amos
polis	pul-ais
pulem	pul-am

Observação:

Segue esse modelo o verbo **sortir.**

Observação:

Alguns verbos apresentam particularidades na terceira pessoa do singular do presente do indicativo. Como essas particularidades não ocorrem na primeira pessoa do singular, não afetam os tempos derivados do presente do indicativo. São os verbos terminados em **-air** (cair, decair, sair, por exemplo), **-oer** (doer, moer, roer) e **-uir** (atribuir, contribuir, retribuir).

Em todos esses verbos, a terceira pessoa do singular do presente do indicativo apresenta desinência **-i** e não **-e** (cai, decai, sai; dói, mói, rói; atribui, contribui, retribui).

Nos verbos terminados em **-uzir** (conduzir, produzir, reduzir, traduzir), a terceira pessoa do singular não apresenta a desinência **-e** (conduz, produz, reduz, traduz).

Verbos irregulares no presente e no pretérito perfeito do indicativo e respectivos tempos derivados

estar					
presente do indicativo	**presente do subjuntivo**	**pretérito perfeito do indicativo**	**pretérito mais-que-perfeito do indicativo**	**pretérito imperfeito do subjuntivo**	**futuro do subjuntivo**
estou	esteja	estive	**estive**-ra	**estive**-sse	**estive**-r
estás	estejas	**estive**-ste	**estive**-ras	**estive**-sses	**estive**-res
está	esteja	esteve	**estive**-ra	**estive**-sse	**estive**-r
estamos	estejamos	estivemos	**estivé**-ramos	**estivé**-ssemos	**estive**-rmos
estais	estejais	estivestes	**estivé**-reis	**estivé**-sseis	**estive**-rdes
estão	estejam	estiveram	**estive**-ram	**estive**-ssem	**estive**-rem

Observações:

1. O presente do subjuntivo não utiliza o radical do presente do indicativo. A conjugação do imperativo segue o esquema estudado no capítulo anterior.
2. Atente nas formas do presente do subjuntivo: na língua culta, deve-se usar **esteja** e não "esteje".

dar					
presente do indicativo	**presente do subjuntivo**	**pretérito perfeito do indicativo**	**pretérito mais-que-perfeito do indicativo**	**pretérito imperfeito do subjuntivo**	**futuro do subjuntivo**
dou	dê	dei	**de**-ra	**de**-sse	**de**-r
dás	dês	**de**-ste	**de**-ras	**de**-sses	**de**-res
dá	dê	deu	**de**-ra	**de**-sse	**de**-r
damos	demos	demos	**dé**-ramos	**dé**-ssemos	**de**-rmos
dais	deis	destes	**dé**-reis	**dé**-sseis	**de**-rdes
dão	deem	deram	**de**-ram	**de**-ssem	**de**-rem

aprazer					
presente do indicativo	**presente do subjuntivo**	**pretérito perfeito do indicativo**	**pretérito mais-que-perfeito do indicativo**	**pretérito imperfeito do subjuntivo**	**futuro do subjuntivo**
apraz-o	**apraz**-a	aprouve	**aprouve**-ra	**aprouve**-sse	**aprouve**-r
aprazes	**apraz**-as	**aprouve**-ste	**aprouve**-ras	**aprouve**-sses	**aprouve**-res
apraz	**apraz**-a	aprouve	**aprouve**-ra	**aprouve**-sse	**aprouve**-r
aprazemos	**apraz**-amos	aprouvemos	**aprouvé**-ramos	**aprouvé**-ssemos	**aprouve**-rmos
aprazeis	**apraz**-ais	aprouvestes	**aprouvé**-reis	**aprouvé**-sseis	**aprouve**-rdes
aprazem	**apraz**-am	aprouveram	**aprouve**-ram	**aprouve**-ssem	**aprouve**-rem

Observações:

1. A única irregularidade no presente do indicativo desse verbo e dos que a ele se assemelham – **prazer**, **comprazer** e **desprazer** – é a terceira pessoa do singular, que não apresenta a desinência **-e**.
2. **Desprazer** e **prazer** seguem o modelo de **aprazer** em todos os tempos; **prazer** é normalmente usado apenas na terceira pessoa do singular e na terceira pessoa do plural.
3. **Comprazer** segue o modelo de **aprazer**. No pretérito perfeito do indicativo e tempos derivados, pode também ser conjugado regularmente; há, portanto, duas formas possíveis para esses tempos: comprouve/comprazi, comprouveste/comprazeste, etc.

caber					
presente do indicativo	**presente do subjuntivo**	**pretérito perfeito do indicativo**	**pretérito mais-que-perfeito do indicativo**	**pretérito imperfeito do subjuntivo**	**futuro do subjuntivo**
caib-o	caib-a	coube	coube-ra	coube-sse	coube-r
cabes	caib-as	coube-ste	coube-ras	coube-sses	coube-res
cabe	caib-a	coube	coube-ra	coube-sse	coube-r
cabemos	caib-amos	coubemos	coubé-ramos	coubé-ssemos	coube-rmos
cabeis	caib-ais	coubestes	coubé-reis	coubé-sseis	coube-rdes
cabem	caib-am	couberam	coube-ram	coube-ssem	coube-rem

dizer					
presente do indicativo	**presente do subjuntivo**	**pretérito perfeito do indicativo**	**pretérito mais-que-perfeito do indicativo**	**pretérito imperfeito do subjuntivo**	**futuro do subjuntivo**
dig-o	dig-a	disse	disse-ra	disse-sse	disse-r
dizes	dig-as	disse-ste	disse-ras	disse-sses	disse-res
diz	dig-a	disse	disse-ra	disse-sse	disse-r
dizemos	dig-amos	dissemos	dissé-ramos	dissé-ssemos	disse-rmos
dizeis	dig-ais	dissestes	dissé-reis	dissé-sseis	disse-rdes
dizem	dig-am	disseram	disse-ram	disse-ssem	disse-rem

Observações:

1. Seguem esse modelo os derivados: **bendizer, condizer, contradizer, desdizer, maldizer, predizer.**
2. Os futuros do indicativo desse verbo e seus derivados são irregulares: direi, dirás, dirá, etc. são as formas do futuro do presente; diria, dirias, diria, etc. são as formas do futuro do pretérito.
3. O particípio desse verbo e de seus derivados é irregular: dito, bendito, contradito, etc.

fazer					
presente do indicativo	**presente do subjuntivo**	**pretérito perfeito do indicativo**	**pretérito mais-que-perfeito do indicativo**	**pretérito imperfeito do subjuntivo**	**futuro do subjuntivo**
faç-o	faç-a	fiz	fize-ra	fize-sse	fize-r
fazes	faç-as	fize-ste	fize-ras	fize-sses	fize-res
faz	faç-a	fez	fize-ra	fize-sse	fize-r
fazemos	faç-amos	fizemos	fizé-ramos	fizé-ssemos	fize-rmos
fazeis	faç-ais	fizestes	fizé-reis	fizé-sseis	fize-rdes
fazem	faç-am	fizeram	fize-ram	fize-ssem	fize-rem

Observações:

1. Seguem esse modelo: **desfazer, liquefazer, perfazer, rarefazer, satisfazer.**
2. Os futuros do indicativo desse verbo e seus derivados são irregulares: farei, farás, fará, etc. são as formas do futuro do presente; faria, farias, faria, etc. são as formas do futuro do pretérito.
3. O particípio desse verbo e de seus derivados é irregular: feito, desfeito, liquefeito, satisfeito, etc.

haver					
presente do indicativo	**presente do subjuntivo**	**pretérito perfeito do indicativo**	**pretérito mais-que-perfeito do indicativo**	**pretérito imperfeito do subjuntivo**	**futuro do subjuntivo**
hei	haja	houve	houve-ra	houve-sse	houve-r
hás	hajas	houve-ste	houve-ras	houve-sses	houve-res
há	haja	houve	houve-ra	houve-sse	houve-r
havemos	hajamos	houvemos	houvé-ramos	houvé-ssemos	houve-rmos
haveis	hajais	houvestes	houvé-reis	houvé-sseis	houve-rdes
hão	hajam	houveram	houve-ram	houve-ssem	houve-rem

Observação:
O presente do subjuntivo não utiliza o radical do presente do indicativo. O imperativo é obtido de acordo com o esquema conhecido.

poder					
presente do indicativo	**presente do subjuntivo**	**pretérito perfeito do indicativo**	**pretérito mais-que-perfeito do indicativo**	**pretérito imperfeito do subjuntivo**	**futuro do subjuntivo**
poss-o	poss-a	pude	pude-ra	pude-sse	pude-r
podes	poss-as	pude-ste	pude-ras	pude-sses	pude-res
pode	poss-a	pôde	pude-ra	pude-sse	pude-r
podemos	poss-amos	pudemos	pudé-ramos	pudé-ssemos	pude-rmos
podeis	poss-ais	pudestes	pudé-reis	pudé-sseis	pude-rdes
podem	poss-am	puderam	pude-ram	pude-ssem	pude-rem

Observação:
Atente na terceira pessoa do singular do pretérito perfeito do indicativo, que recebe acento gráfico diferencial.

pôr						
presente do indicativo	**presente do subjuntivo**	**pretérito imperfeito do indicativo**	**pretérito perfeito do indicativo**	**pretérito mais-que-perfeito do indicativo**	**pretérito imperfeito do subjuntivo**	**futuro do subjuntivo**
ponh-o	ponh-a	punha	pus	puse-ra	puse-sse	puse-r
pões	ponh-as	punhas	puse-ste	puse-ras	puse-sses	puse-res
põe	ponh-a	punha	pôs	puse-ra	puse-sse	puse-r
pomos	ponh-amos	púnhamos	pusemos	pusé-ramos	pusé-ssemos	puse-rmos
pondes	ponh-ais	púnheis	pusestes	pusé-reis	pusé-sseis	puse-rdes
põem	ponh-am	punham	puseram	puse-ram	puse-ssem	puse-rem

Observações:

1. Atente na diferença entre a terceira pessoa do singular e a terceira pessoa do plural do presente do indicativo: põe/põem.
2. Atente nas formas do pretérito imperfeito do indicativo.
3. Atente na grafia das formas do pretérito perfeito e tempos derivados: emprega-se sempre a letra **-s-**: pusemos, puseram.
4. Atente nas formas do futuro do subjuntivo.
5. Todos os derivados do verbo **pôr** seguem exatamente esse modelo: **antepor, compor, contrapor, decompor, descompor, depor, dispor, expor, impor, indispor, interpor, opor, pospor, predispor, pressupor, propor, recompor, repor, sobrepor, supor, transpor** são alguns deles.
6. O particípio do verbo **pôr** e de seus derivados é irregular: posto, anteposto, composto, decomposto, deposto, etc.

querer					
presente do indicativo	**presente do subjuntivo**	**pretérito perfeito do indicativo**	**pretérito mais-que-perfeito do indicativo**	**pretérito imperfeito do subjuntivo**	**futuro do subjuntivo**
quero	queira	quis	**quise**-ra	**quise**-sse	**quise**-r
queres	queiras	**quise**-ste	**quise**-ras	**quise**-sses	**quise**-res
quer	queira	quis	**quise**-ra	**quise**-sse	**quise**-r
queremos	queiramos	quisemos	**quisé**-ramos	**quisé**-ssemos	**quise**-rmos
quereis	queirais	quisestes	**quisé**-reis	**quisé**-sseis	**quise**-rdes
querem	queiram	quiseram	**quise**-ram	**quise**-ssem	**quise**-rem

Observações:

1. O presente do subjuntivo não utiliza o radical do presente do indicativo.
2. Observe a grafia das formas do pretérito perfeito e tempos derivados: utiliza-se sempre a letra **-s-**.
3. Já sabemos como se comporta o verbo **requerer**: irregular na primeira pessoa do singular do presente do indicativo (requeiro) e formas derivadas e regular no pretérito perfeito do indicativo e formas derivadas (requeri, requereste, etc.).

saber					
presente do indicativo	**presente do subjuntivo**	**pretérito perfeito do indicativo**	**pretérito mais-que-perfeito do indicativo**	**pretérito imperfeito do subjuntivo**	**futuro do subjuntivo**
sei	saiba	soube	**soube**-ra	**soube**-sse	**soube**-r
sabes	saibas	**soube**-ste	**soube**-ras	**soube**-sses	**soube**-res
sabe	saiba	soube	**soube**-ra	**soube**-sse	**soube**-r
sabemos	saibamos	soubemos	**soubé**-ramos	**soubé**-ssemos	**soube**-rmos
sabeis	saibais	soubestes	**soubé**-reis	**soubé**-sseis	**soube**-rdes
sabem	saibam	souberam	**soube**-ram	**soube**-ssem	**soube**-rem

ser						
presente do indicativo	**presente do subjuntivo**	**pretérito imperfeito do indicativo**	**pretérito perfeito do indicativo**	**pretérito mais-que-perfeito do indicativo**	**pretérito imperfeito do subjuntivo**	**futuro do subjuntivo**
sou	seja	era	fui	**fo**-ra	**fo**-sse	**fo**-r
és	sejas	eras	**fo**-ste	**fo**-ras	**fo**-sses	**fo**-res
é	seja	era	foi	**fo**-ra	**fo**-sse	**fo**-r
somos	sejamos	éramos	fomos	**fô**-ramos	**fô**-ssemos	**fo**-rmos
sois	sejais	éreis	fostes	**fô**-reis	**fô**-sseis	**fo**-rdes
são	sejam	eram	foram	**fo**-ram	**fo**-ssem	**fo**-rem

Observações:

1. O verbo **ser** é considerado **anômalo** devido aos diferentes radicais que apresenta em sua conjugação.
2. O presente do subjuntivo não se forma a partir do radical do presente do indicativo. O imperativo obedece ao esquema conhecido, com exceção das duas segundas pessoas do imperativo afirmativo, que são respectivamente **sê** (tu) e **sede** (vós).

ter						
presente do indicativo	**presente do subjuntivo**	**pretérito imperfeito do indicativo**	**pretérito perfeito do indicativo**	**pretérito mais-que-perfeito do indicativo**	**pretérito imperfeito do subjuntivo**	**futuro do subjuntivo**
tenh-o	tenh-a	tinha	tive	tive-ra	tive-sse	tive-r
tens	tenh-as	tinhas	tive-ste	tive-ras	tive-sses	tive-res
tem	tenh-a	tinha	teve	tive-ra	tive-sse	tive-r
temos	tenh-amos	tínhamos	tivemos	tivé-ramos	tivé-ssemos	tive-rmos
tendes	tenh-ais	tínheis	tivestes	tivé-reis	tivé-sseis	tive-rdes
têm	tenh-am	tinham	tiveram	tive-ram	tive-ssem	tive-rem

Observações:

1. Seguem esse modelo os verbos: **ater**, **conter**, **deter**, **entreter**, **manter**, **reter**.
2. Atente na diferença gráfica entre a terceira pessoa do singular e a terceira pessoa do plural do presente do indicativo: tem/têm. Nos verbos mencionados na nota 1, essa diferença é atém/atêm; contém/contêm, etc.

trazer					
presente do indicativo	**presente do subjuntivo**	**pretérito perfeito do indicativo**	**pretérito mais-que-perfeito do indicativo**	**pretérito imperfeito do subjuntivo**	**futuro do subjuntivo**
trag-o	trag-a	trouxe	trouxe-ra	trouxe-sse	trouxe-r
trazes	trag-as	trouxe-ste	trouxe-ras	trouxe-sses	trouxe-res
traz	trag-a	trouxe	trouxe-ra	trouxe-sse	trouxe-r
trazemos	trag-amos	trouxemos	trouxé-ramos	trouxé-ssemos	trouxe-rmos
trazeis	trag-ais	trouxestes	trouxé-reis	trouxé-sseis	trouxe-rdes
trazem	trag-am	trouxeram	trouxe-ram	trouxe-ssem	trouxe-rem

Observação:

Os futuros do indicativo desse verbo são irregulares: trarei, trarás, trará, etc. para o futuro do presente; traria, trarias, traria, etc. para o futuro do pretérito.

ver					
presente do indicativo	**presente do subjuntivo**	**pretérito perfeito do indicativo**	**pretérito mais-que-perfeito do indicativo**	**pretérito imperfeito do subjuntivo**	**futuro do subjuntivo**
vej-o	vej-a	vi	vi-ra	vi-sse	vi-r
vês	vej-as	vi-ste	vi-ras	vi-sses	vi-res
vê	vej-a	viu	vi-ra	vi-sse	vi-r
vemos	vej-amos	vimos	ví-ramos	ví-ssemos	vi-rmos
vedes	vej-ais	vistes	ví-reis	ví-sseis	vi-rdes
veem	vej-am	viram	vi-ram	vi-ssem	vi-rem

Observações:

1. Atente na forma da terceira pessoa do plural do presente do indicativo: veem. Não confunda com a forma correspondente do verbo **vir**: vêm.
2. Seguem esse modelo os derivados: **antever**, **entrever**, **prever**, **rever**.
3. O particípio de **ver** e de seus derivados é irregular: visto, previsto, revisto, etc.
4. **Prover** segue o modelo acima apenas no presente do indicativo e seus tempos derivados; nos demais tempos, comporta-se como um verbo regular da segunda conjugação.

ir						
presente do indicativo	**presente do subjuntivo**	**pretérito imperfeito do indicativo**	**pretérito perfeito do indicativo**	**pretérito mais-que-perfeito do indicativo**	**pretérito imperfeito do subjuntivo**	**futuro do subjuntivo**
vou	vá	ia	fui	**fo**-ra	**fo**-sse	**fo**-r
vais	vás	ias	**fo**-ste	**fo**-ras	**fo**-sses	**fo**-res
vai	vá	ia	foi	**fo**-ra	**fo**-sse	**fo**-r
vamos	vamos	íamos	fomos	**fô**-ramos	**fô**-ssemos	**fo**-rmos
ides	vades	íeis	fostes	**fô**-reis	**fô**-sseis	**fo**-rdes
vão	vão	iam	foram	**fo**-ram	**fo**-ssem	**fo**-rem

Observações:

1. **Ir** é, devido a suas acentuadas irregularidades, um verbo **anômalo**.
2. Atente na diferença entre a segunda pessoa do plural do presente do indicativo e a segunda pessoa do plural do presente do subjuntivo: ides/vades.
3. As formas do pretérito perfeito e tempos derivados dos verbos **ir** e **ser** são idênticas: somente pelo contexto em que aparecem é que se pode perceber de qual verbo se trata.

vir						
presente do indicativo	**presente do subjuntivo**	**pretérito imperfeito do indicativo**	**pretérito perfeito do indicativo**	**pretérito mais-que-perfeito do indicativo**	**pretérito imperfeito do subjuntivo**	**futuro do subjuntivo**
venh-o	**venh**-a	vinha	vim	**vie**-ra	**vie**-sse	**vie**-r
vens	**venh**-as	vinhas	**vie**-ste	**vie**-ras	**vie**-sses	**vie**-res
vem	**venh**-a	vinha	veio	**vie**-ra	**vie**-sse	**vie**-r
vimos	**venh**-amos	vínhamos	viemos	**vié**-ramos	**vié**-ssemos	**vie**-rmos
vindes	**venh**-ais	vínheis	viestes	**vié**-reis	**vié**-sseis	**vie**-rdes
vêm	**venh**-am	vinham	vieram	**vie**-ram	**vie**-ssem	**vie**-rem

Observações:

1. Observe a diferença gráfica entre as terceiras pessoas do presente do indicativo: vem/vêm. Compare essas formas com as correspondentes do verbo **ver**.
2. Seguem esse modelo os verbos: **advir, convir, desavir-se, intervir, provir, sobrevir**. Nesses verbos, a diferença gráfica entre as terceiras pessoas do presente do indicativo passa a ser advém/advêm; convém/convêm, etc. Atente nas formas desses verbos no pretérito perfeito e tempos derivados.
3. O particípio de **vir** e de seus derivados é irregular: vindo, convindo, intervindo, etc. Essas formas são iguais às do gerúndio desses verbos.

Verbos defectivos pessoais

Para estudarmos os principais verbos defectivos, vamos dividi-los em três grupos. Insistimos em que os preceitos colocados pela gramática normativa nem sempre condizem com o uso cotidiano da língua. Procure seguir os padrões da língua culta em seus textos formais escritos.

Primeiro grupo

São verbos que não são empregados na primeira pessoa do singular do presente do indicativo: consequentemente, não apresentam presente do subjuntivo e seu imperativo se limita às pessoas diretamente provenientes do presente do indicativo. É o caso dos seguintes verbos: abolir, aturdir, banir, carpir, colorir, delinquir, demolir, exaurir, extorquir, retorquir, entre outros.

Segundo grupo

São verbos que só apresentam as formas arrizotônicas do presente do indicativo. Em termos práticos, podemos dizer que só são empregados naquelas formas em que o radical vem seguido de **-i-**. Não possuem presente do subjuntivo e seu imperativo se limita às formas diretamente retiradas do presente do indicativo. Estão nesse grupo os seguintes verbos: aguerrir, combalir, comedir-se, falir, fornir, foragir-se, remir.

demolir	
presente do indicativo	**imperativo afirmativo**
eu —	—
tu demoles	demole tu
ele demole	—
nós demolimos	—
vós demolis	demoli vós
eles demolem	—

falir	
presente do indicativo	**imperativo afirmativo**
eu —	—
tu —	—
ele —	—
nós falimos	—
vós falis	fali vós
eles —	—

Observações:

1. Os verbos desses dois grupos são regulares no pretérito perfeito do indicativo e tempos derivados.
2. Nem sempre os gramáticos estão de acordo sobre os verbos defectivos desses dois grupos. Há, por exemplo, quem inclua o verbo **explodir** no primeiro grupo; para outros, trata-se de um verbo irregular e não defectivo, apresentando como primeira pessoa do singular **expludo**. **Delinquir**, para alguns gramáticos, pertence ao primeiro grupo; para outros, ao segundo... O melhor a fazer nesses casos é evitar o uso dessas formas polêmicas em textos que implicam avaliação, como redações de vestibular.

Terceiro grupo

Reúne três verbos: **adequar**, **precaver** e **reaver**, conjugados apenas nas formas arrizotônicas do presente do indicativo.

adequar	
presente do indicativo	**imperativo afirmativo**
eu —	—
tu —	—
ele —	—
nós adequamos	adequemos nós
vós adequais	adequai vós
eles —	—

Observações:

1. No pretérito perfeito do indicativo e tempos derivados, comporta-se como verbo regular: adequei, adequaste, adequou, etc.
2. Certos gramáticos admitem a conjugação do verbo **adequar** nas formas arrizotônicas do presente do subjuntivo (adequemos, adequeis). Consequentemente, admitem também a conjugação dessas mesmas formas do imperativo negativo e da primeira pessoa do plural do imperativo afirmativo.

precaver	
presente do indicativo	**imperativo afirmativo**
eu —	—
tu —	—
ele —	—
nós precavemos	—
vós precaveis	precavei vós
eles —	—

Observação:

Precaver é um verbo defectivo: não segue o modelo de **ver** nem de **vir**. No pretérito perfeito do indicativo e tempos derivados, comporta-se como verbo regular: precavi, precaveste, precaveu, etc.

reaver	
presente do indicativo	**imperativo afirmativo**
eu —	—
tu —	—
ele —	—
nós reavemos	—
vós reaveis	reavei vós
eles —	—

Observação:

Na prática, pode-se dizer que **reaver** segue o modelo de **haver**, sendo utilizado apenas nas formas em que surge -**v**- no radical. Atente no pretérito perfeito do indicativo: reouve, reouveste, reouve, etc.

Verbos abundantes

infinitivo impessoal	particípio regular	particípio irregular	infinitivo impessoal	particípio regular	particípio irregular
aceitar	aceitado	aceito	eleger	elegido	eleito
entregar	entregado	entregue	morrer	morrido	morto
enxugar	enxugado	enxuto	prender	prendido	preso
expressar	expressado	expresso	suspender	suspendido	suspenso
expulsar	expulsado	expulso	emergir	emergido	emerso
findar	findado	findo	expelir	expelido	expulso
isentar	isentado	isento	exprimir	exprimido	expresso
limpar	limpado	limpo	extinguir	extinguido	extinto
matar	matado	morto	imergir	imergido	imerso
salvar	salvado	salvo	imprimir	imprimido	impresso
segurar	segurado	seguro	inserir	inserido	inserto
soltar	soltado	solto	omitir	omitido	omisso
acender	acendido	aceso	submergir	submergido	submerso
benzer	benzido	bento			

Observações:

1. Os particípios regulares são empregados normalmente com os auxiliares **ter** e **haver**; os particípios irregulares são normalmente empregados com os auxiliares **ser**, **estar**:
   ter/haver elegido ser/estar eleito
   ter/haver exprimido ser/estar expresso
2. **Ganhar**, **gastar** e **pagar** são abundantes: ganhado/ganho; gastado/gasto; pagado/pago são seus particípios. As formas irregulares podem ser usadas com os auxiliares **ser**, **estar**, **ter** e **haver**; as formas regulares, somente com **ter** e **haver**:
   ter/haver/ser/estar ganho, gasto, pago ter/haver ganhado, gastado, pagado
3. **Pegar** e **chegar**, na língua culta, apresentam apenas o particípio regular: pegado e chegado.
4. **Abrir** (e derivados), **cobrir** (e derivados), **escrever** (e derivados) apresentam particípios irregulares: aberto, reaberto, entreaberto; coberto, recoberto, encoberto, descoberto; escrito, reescrito, subscrito.

Adjetivos pátrios

Adjetivos pátrios referentes ao Brasil

estado ou cidade	adjetivo pátrio	estado ou cidade	adjetivo pátrio
Acre	acriano	Maranhão	maranhense
Alagoas	alagoano	Mato Grosso	mato-grossense
Amapá	amapaense	Mato Grosso do Sul	mato-grossense-do-sul ou sul-mato-grossense
Amazonas	amazonense		
Anápolis (GO)	anapolino	Minas Gerais	mineiro
Angra dos Reis (RJ)	angrense	Natal	natalense ou papa-jerimum
Aracaju	aracajuano ou aracajuense	Niterói	niteroiense
Bahia	baiano	Novo Hamburgo (RS)	hamburguense
Belém (PA)	belenense	Palmas (TO)	palmense
Belo Horizonte	belo-horizontino	Pará	paraense ou paroara
Boa Vista	boa-vistense	Paraíba	paraibano
Brasil	brasileiro	Paraná	paranaense
Brasília	brasiliense	Pernambuco	pernambucano
Cabo Frio (RJ)	cabo-friense	Petrópolis (RJ)	petropolitano
Campo Grande	campo-grandense	Piauí	piauiense
Ceará	cearense	Poços de Caldas (MG)	caldense
Cuiabá	cuiabano	Porto Alegre	porto-alegrense
Curitiba	curitibano	Porto Velho	porto-velhense
Duas Barras (RJ)	bibarrense	Recife	recifense
Espírito Santo	espírito-santense ou capixaba	Rio de Janeiro (estado)	fluminense
		Rio de Janeiro (cidade)	carioca
Florianópolis	florianopolitano	Rio Branco	rio-branquense
Fortaleza	fortalezense	Rio Grande do Norte	rio-grandense-do-norte, norte-rio-grandense ou potiguar
Goiânia	goianiense		
Goiás	goiano		
João Pessoa	pessoense	Rio Grande do Sul	rio-grandense-do-sul, sul-rio-grandense ou gaúcho
Juiz de Fora (MG)	juiz-forrano, juiz-de-forano ou juiz-forense		
Macapá	macapaense	Rondônia	rondoniense ou rondoniano
Maceió	maceioense	Roraima	roraimense
Manaus	manauense ou manauara	Salvador (BA)	salvadorense ou soteropoliano
Marajó (ilha)	marajoara		

estado ou cidade	adjetivo pátrio	estado ou cidade	adjetivo pátrio
Santa Catarina	catarinense, catarineta ou barriga-verde	**Sergipe**	sergipano
		Teresina	teresinense
Santarém (PA)	santareno	**Tocantins**	tocantinense
São Luís	são-luisense ou ludovicense	**Três Corações (MG)**	tricordiano
		Três Rios (RJ)	trirriense
São Paulo (estado)	paulista	**Vitória (ES)**	vitoriense
São Paulo (cidade)	paulistano		

Adjetivos pátrios referentes a Portugal, países e territórios de língua portuguesa

país ou território	adjetivo pátrio	país ou território	adjetivo pátrio
Açores	açoriano	**Goa**	goano, goês, goense
Alentejo	alentejano	**Guimarães**	vimaranense
Algarve	algarvio ou algarviense	**Guiné-Bissau**	guineense
Angola	angolano ou angolense	**Leiria**	leiriense
Aveiro	aveirense	**Lisboa**	lisboeta, lisbonense, olisiponense ou ulissiponense
Beira	beirão ou beirense		
Beja	bejense		
Braga	bracarense, brácaro ou braguês	**Luanda**	luandense
		Macau	macaense ou macaísta
Bragança	bragantino, bragançano, bragançāo, brigantino ou bragancês	**Madeira**	madeirense
		Minho	minhoto
		Moçambique	moçambicano
Cabo Verde	cabo-verdiano ou cabo-verdense	**Portalegre**	portalegrense
		Porto	portuense
Castelo Branco	albicastrense	**Ribatejo**	ribatejano
Coimbra	coimbrão, conimbricense, conimbrigense ou colimbriense	**Santarém**	santareno, escalabitano
		São Tomé e Príncipe	são-tomense ou são-tomsense
Dio	dioense	**Setúbal**	setubalense
Douro	duriense	**Timor**	timorense
Entre Douro e Minho	interamnense	**Trás-os-Montes**	trasmontanos ou transmontanos
Estremadura	estremenho		
Évora	eborense	**Viana do Castelo**	vianense ou vianês
Faro	farense	**Vila Real**	vila-realense
Funchal	funchalense	**Viseu**	visiense

Adjetivos pátrios referentes às Américas			
país ou território	**adjetivo pátrio**	**país ou território**	**adjetivo pátrio**
Alasca	alasquense ou alasquiano	**Havana**	havanês
Assunção	assuncionenho	**Honduras**	hondurenho
Bogotá	bogotano	**La Paz**	pacenho
Boston	bostoniano	**Lima**	limenho
Buenos Aires	buenairense, bonaerense ou portenho	**Manágua**	managuenho ou managuense
Caracas	caraquenho	**Montevidéu**	montevideano
Caribe	caribenho	**Nicarágua**	nicaraguense ou nicaraguano
Chicago	chicaguense		
Costa Rica	costa-riquenho ou costa-riquense	**Nova Iorque**	nova-iorquino
		Panamá	panamenho
El Salvador	salvadorenho	**Patagônia**	patagão
Equador	equatoriano	**Porto Rico**	porto-riquenho
Estados Unidos	estadunidense, norte-americano ou ianque	**Quito**	quitenho
		Suriname	surinamês
		Tegucigalpa	tegucigalpenho
Guatemala	guatemalteco	**Terra do Fogo**	fueguino
Guiana	guianense	**Trinidad e Tobago**	trinitário

Outros adjetivos pátrios			
país, cidade ou região	**adjetivo pátrio**	**país, cidade ou região**	**adjetivo pátrio**
Afeganistão	afegão ou afegane	**Camarões**	camaronês
Andaluzia	andaluz	**Canárias**	canarino
Argélia	argelino ou argeliano	**Cartago**	cartaginês ou púnico
Armênia	armênio	**Catalunha**	catalão
Azerbaijão	azerbaijano	**Casaquistão**	casaque
Bagdá	bagdali	**Ceilão**	cingalês
Bangladesh	bengali	**Chipre**	cipriota
Barcelona	barcelonês ou barcelonense	**Cingapura**	cingapuriano
		Congo	congolês
Baviera	bávaro	**Córsega**	corso
Belém (Jordânia)	belemita	**Costa do Marfim**	marfinense
Bélgica	belga	**Croácia**	croata
Bielorrússia	bielorrusso	**Curdistão**	curdo
Bilbau	bilbaíno	**Damasco**	damasceno
Bizâncio	bizantino	**Egito**	egípcio
Bulgária	búlgaro	**Eslováquia**	eslovaco
Cairo	cairota	**Eslovênia**	esloveno

país, cidade ou região	adjetivo pátrio	país, cidade ou região	adjetivo pátrio
Estônia	estoniano	**Moldávia**	moldávio
Etiópia	etíope	**Mônaco**	monegasco
Florença	florentino	**Mongólia**	mongol ou mongólico
Galiza	galego	**Nápoles**	napolitano ou partenopeu
Geórgia	georgiano		
Hungria	húngaro ou magiar	**Nazaré**	nazareno
Índia	indiano ou hindu	**Nova Zelândia**	neozelandês
Israel	israelense ou israelita	**País de Gales**	galês
Japão	japonês ou nipônico	**Parma**	parmesão ou parmense
Java	javanês ou jau	**Pequim**	pequinês
Jerusalém	hierosolimita ou hierosolimitano	**República Tcheca**	tcheco
		San Marino	samarinês
Letônia	leto ou letão	**Sardenha**	sardo
Lituânia	lituano	**Somália**	somali
Macedônia	macedônio	**Tadjiquistão**	tadjique
Madagascar	malgaxe	**Tirol**	tirolês
Madri	madrilenho ou madrilense	**Trento**	tridentino
		Túnis	tunisino
Málaga	malaguenho	**Ucrânia**	ucraniano
Malásia	malaio	**Usbequistão**	usbeque
Malta	maltês	**Varsóvia**	varsoviano
Manchúria	manchu	**Vietnã**	vietnamita
Mântua	mantuano	**Zâmbia**	zâmbio
Meca	mecano		

Observação:

Em muitas situações, é necessário utilizar **adjetivos pátrios compostos**, como **euro-asiático, anglo-americano, ítalo-francês.** Nesses casos, o primeiro dos elementos do composto assume uma forma reduzida, de origem normalmente erudita.

Principais formas reduzidas que participam da formação de adjetivos pátrios compostos

país ou território	adjetivo pátrio	país ou território	adjetivo pátrio	país ou território	adjetivo pátrio
África	afro-	**China**	sino-	**Grécia**	greco-
Alemanha	germano- ou teuto-	**Dinamarca**	dano-	**Índia**	indo-
		Espanha	hispano-	**Inglaterra**	anglo-
América	américo-	**Europa**	euro-	**Itália**	ítalo-
Ásia	ásio-	**Finlândia**	fino-	**Japão**	nipo-
Austrália	australo-	**França**	franco-	**Portugal**	luso-
Áustria	austro-	**Galiza**	galaico- ou galego-		
Bélgica	belgo-				

Locuções adjetivas e adjetivos correspondentes

locução	adjetivo	locução	adjetivo
de abdômen	abdominal	**de inverno**	hibernal
de abelha	apícola	**de irmão**	fraternal, fraterno
de águia	aquilino	**de lado**	lateral
de aluno	discente	**de lago**	lacustre
de ano	anual	**de leão**	leonino
de asno	asinino	**de lebre**	leporino
de audição	ótico, auditivo	**de leite**	lácteo, láctico
de bispo	episcopal	**de lobo**	lupino
de boca	bucal ou oral	**de lua**	lunar, selênico
de boi	bovino	**de macaco**	simiesco
de cabelo	capilar	**de mãe**	maternal, materno
de cabra	caprino	**de manhã**	matinal
de campo	rural, campesino, bucólico	**de marfim**	ebúrneo, ebóreo
de cão	canino	**de mármore**	marmóreo
de cavalo	equino, equídeo	**de mestre**	magistral
de chumbo	plúmbeo	**de monge**	monacal
de chuva	pluvial	**de morte**	mortal, letal
de cidade	citadino, urbano	**de nádegas**	glúteo
de cinza	cinéreo	**de nariz**	nasal
de coração	cardíaco, cordial	**de neve**	níveo, nival
de crânio	craniano	**de noite**	noturno
de criança	pueril, infantil	**de nuca**	occipital
de diamante	diamantino, adamantino	**de olho**	ocular
de estômago	estomacal, gástrico	**de orelha**	auricular
de estrela	estelar	**de osso**	ósseo
de face	facial	**de ouro**	áureo
de fera	ferino	**de ovelha**	ovino
de fígado	figadal, hepático	**de pai**	paternal, paterno
de filho	filial	**de paixão**	passional
de fogo	ígneo	**de pedra**	pétreo
de frente	frontal	**de pele**	epidérmico
de garganta	gutural	**de pescoço**	cervical
de gato	felino	**de porco**	suíno, porcino
de gesso	gípseo	**de prata**	argênteo
de guerra	bélico	**de professor**	docente
de homem	viril, humano	**de proteína**	proteico
de idade	etário	**de pulmão**	pulmonar
de ilha	insular	**dos quadris**	ciático
de intestino	celíaco, entérico	**de rim**	renal

locução	adjetivo	locução	adjetivo
de rio	fluvial	**de umbigo**	umbilical
de rocha	rupestre	**de veias**	venoso
de selva	silvestre	**de velho**	senil
de serpente	ofídico	**de vento**	eólio
de sintaxe	sintático	**de verão**	estival
de sonho	onírico	**de víbora**	viperino
de tarde	vesperal, vespertino	**de vidro**	vítreo
de terra	terreno, terrestre, telúrico	**de virgem**	virginal
de tórax	torácico	**de visão**	óptico ou ótico
de touro	taurino	**de voz**	vocal

Formas irregulares do superlativo absoluto sintético

adjetivo	superlativo absoluto sintético	adjetivo	superlativo absoluto sintético
acre	acérrimo	**frágil**	fragílimo
ágil	agílimo	**frio**	frigidíssimo, friíssimo
agradável	agradabilíssimo	**geral**	generalíssimo
agudo	acutíssimo	**grande**	máximo
alto	altíssimo, supremo	**humilde**	humílimo
amargo	amaríssimo	**incrível**	incredibilíssimo
amável	amabilíssimo	**infame**	infamérrimo
amigo	amicíssimo	**inimigo**	inimicíssimo
antigo	antiquíssimo	**jovem**	juvenilíssimo
áspero	aspérrimo	**livre**	libérrimo
atroz	atrocíssimo	**magnífico**	magnificentíssimo
audaz	audacíssimo	**magro**	macérrimo, magríssimo
benéfico	beneficentíssimo	**manso**	mansuetíssimo
benévolo	benevolentíssimo	**mau**	péssimo
bom	boníssimo; ótimo	**miserável**	miserabilíssimo
capaz	capacíssimo	**miúdo**	minutíssimo
célebre	celebérrimo	**negro**	nigérrimo, negríssimo
cruel	crudelíssimo	**nobre**	nobilíssimo
difícil	dificílimo	**notável**	notabilíssimo
doce	dulcíssimo	**pequeno**	mínimo
eficaz	eficacíssimo	**perspicaz**	perspicacíssimo
fácil	facílimo	**pessoal**	personalíssimo
feliz	felicíssimo	**pobre**	paupérrimo, pobríssimo
feroz	ferocíssimo	**possível**	possibilíssimo
fiel	fidelíssimo	**pródigo**	prodigalíssimo

adjetivo	superlativo absoluto sintético	adjetivo	superlativo absoluto sintético
próspero	prospérrimo	**simples**	simplícimo, simplicíssimo
provável	probabilíssimo	**soberbo**	superbíssimo
público	publicíssimo	**tenaz**	tenacíssimo
pudico	pudicíssimo	**tenro**	teneríssimo
pulcro	pulquérrimo	**terrível**	terribilíssimo
rústico	rusticíssimo	**veloz**	velocíssimo
sábio	sapientíssimo	**visível**	visibilíssimo
sagrado	sacratíssimo	**volúvel**	volubilíssimo
salubre	salubérrimo	**voraz**	voracíssimo
sensível	sensibilíssimo	**vulnerável**	vulnerabilíssimo
simpático	simpaticíssimo		

Observação:

Os adjetivos terminados em **-io** formam superlativo absoluto sintético **-iíssimo**:

sério → seriíssimo

necessário → necessariíssimo

frio → friíssimo

Numerais cardinais e ordinais

Algarismos							
arábicos	**romanos**	**cardinais**	**ordinais**	**arábicos**	**romanos**	**cardinais**	**ordinais**
1	I	um	primeiro	15	XV	quinze	décimo quinto
2	II	dois	segundo	16	XVI	dezesseis	décimo sexto
3	III	três	terceiro	17	XVII	dezessete	décimo sétimo
4	IV	quatro	quarto	18	XVIII	dezoito	décimo oitavo
5	V	cinco	quinto	19	XIX	dezenove	décimo nono
6	VI	seis	sexto	20	XX	vinte	vigésimo
7	VII	sete	sétimo	21	XXI	vinte e um	vigésimo primeiro
8	VIII	oito	oitavo	30	XXX	trinta	trigésimo
9	IX	nove	nono	40	XL	quarenta	quadragésimo
10	X	dez	décimo	50	L	cinquenta	quinquagésimo
11	XI	onze	décimo primeiro ou undécimo	60	LX	sessenta	sexagésimo
				70	LXX	setenta	septuagésimo ou setuagésimo
12	XII	doze	décimo segundo ou duodécimo	80	LXXX	oitenta	octogésimo
13	XIII	treze	décimo terceiro	90	XC	noventa	nonagésimo
14	XIV	catorze ou quatorze	décimo quarto	100	C	cem	centésimo
				200	CC	duzentos	ducentésimo

arábicos	romanos	cardinais	ordinais	arábicos	romanos	cardinais	ordinais
300	CCC	trezentos	trecentésimo	800	DCCC	oitocentos	octingentésimo
400	CD	quatrocentos	quadringentésimo	900	CM	novecentos	nongentésimo
500	D	quinhentos	quingentésimo	1 000	M	mil	milésimo
600	DC	seiscentos	seiscentésimo ou sexcentésimo	10 000	$\overline{X}$	dez mil	décimo milésimo
				100 000	$\overline{C}$	cem mil	centésimo milésimo
700	DCC	setecentos	septingentésimo ou setingentésimo	1 000 000	$\overline{M}$	um milhão	milionésimo
				1 000 000 000	$\overline{\overline{M}}$	um bilhão ou bilião	bilionésimo

Observações:

1. Atente na possibilidade de usar as formas **catorze** ou **quatorze**, **bilhão** ou **bilião**, **undécimo** ou **décimo primeiro**, **duodécimo** ou **décimo segundo**.
2. Atente na grafia das formas **dezesseis**, **dezessete**, **cinquenta** e **seiscentos**.
3. Atente nas formas cultas **octogésimo** e **trecentésimo**. A forma **tricentésimo** já é abonada por vários dicionários.
4. No Brasil, bilhão significa "mil milhões". Em Portugal, "um milhão de milhões".

Numerais multiplicativos

duplo, dobro ou dúplice	óctuplo
triplo ou tríplice	nônuplo
quádruplo	décuplo
quíntuplo	undécuplo
sêxtuplo	duodécuplo
séptuplo	cêntuplo

Numerais fracionários

meio ou metade	oitavo
terço	nono
quarto	décimo
quinto	onze avos
sexto	doze avos
sétimo	centésimo

Observações:

1. Dentre os multiplicativos desse quadro, costumam-se empregar com frequência **duplo**, **dobro**, **triplo** e **cêntuplo**, enquanto **quádruplo**, **quíntuplo** e **sêxtuplo** o são mais raramente. Os demais pertencem quase exclusivamente à linguagem erudita, sendo substituídos na linguagem corrente pelo numeral cardinal seguido da palavra **vezes**: **sete vezes**, **oito vezes**, etc. Essa combinação de cardinal e **vezes** pode ser usada no lugar de qualquer multiplicativo e supre os casos em que não há formas especiais: **duas vezes**, **três vezes**; **cinquenta e duas vezes**, **cento e três vezes**.
2. Os numerais fracionários propriamente ditos são **meio** (ou **metade**) e **terço**. Os demais são na verdade expressos pelo ordinal correspondente (**quarto**, **quinto**, **centésimo**, por exemplo) ou pelo cardinal correspondente seguido da palavra **avos**: **onze avos**, **doze avos**, **vinte avos**, **quarenta avos**.

Coletivos que indicam grupos de pessoas

Coletivo	Conjunto de	Coletivo	Conjunto de
assembleia	pessoas reunidas	chusma	pessoas em geral
banca	examinadores	claque	pessoas pagas para aplaudir
banda	músicos	clero	religiosos
bando	desordeiros ou malfeitores	colônia	imigrantes
batalhão	soldados	comitiva	acompanhantes
camarilha	bajuladores	corja	ladrões ou malfeitores
cambada	desordeiros ou malfeitores	coro	cantores
caravana	viajantes ou peregrinos	corpo	eleitores, alunos, jurados
caterva	desordeiros ou malfeitores	elenco	atores de uma peça ou filme
choldra	assassinos ou malfeitores	falange	tropas, anjos, heróis

Coletivo	Conjunto de	Coletivo	Conjunto de
horda	bandidos, invasores	plantel	atletas
junta	médicos, examinadores, credores	prole	filhos
júri	jurados	quadrilha	ladrões ou malfeitores
legião	soldados, anjos, demônios	roda	pessoas em geral
leva	presos, recrutas	ronda	policiais em patrulha
malta	malfeitores ou desordeiros	súcia	desordeiros ou malfeitores
multidão	pessoas em geral	tertúlia	amigos, intelectuais
orquestra	músicos	tripulação	aeroviários ou marinheiros
pelotão	soldados	tropa	soldados, pessoas
plateia	espectadores	turma	estudantes, trabalhadores, pessoas em geral
plêiade	poetas ou artistas		

Coletivos que indicam conjuntos de animais ou vegetais

Coletivo	Conjunto de	Coletivo	Conjunto de
alcateia	lobos	manada	animais de grande porte
buquê	flores	matilha	cães de caça
cacho	frutas	molho	verduras
cáfila	camelos	ninhada	filhotes de aves
cardume	peixes	nuvem	insetos (gafanhotos, mosquitos, etc.)
colmeia	abelhas	panapaná	borboletas
colônia	bactérias, formigas, cupins	plantel	animais de raça
enxame	abelhas, vespas, marimbondos	ramalhete	flores
fato	cabras	rebanho	gado em geral
fauna	animais de uma região	récua	animais de carga
feixe	lenha, capim	réstia	alhos ou cebolas
flora	vegetais de uma região	revoada	pássaros
junta	bois	tropa	animais de carga
		vara	porcos

Coletivos que indicam outros tipos de conjuntos

Coletivo	Conjunto de	Coletivo	Conjunto de
acervo	obras artísticas	constelação	estrelas
antologia	trechos literários selecionados	enxoval	roupas
armada	navios de guerra	esquadra	navios de guerra
arquipélago	ilhas	esquadrilha	aviões
arsenal	armas e munições	frota	navios, aviões ou veículos em geral (ônibus, táxis, caminhões, etc.)
atlas	mapas	girândola	fogos de artifício
baixela	objetos de mesa	hemeroteca	jornais e revistas arquivados
bateria	peças de guerra ou de cozinha; instrumentos de percussão	molho	chaves
biblioteca	livros catalogados	pinacoteca	quadros
cancioneiro	poemas, canções	trouxa	roupas
cinemateca	filmes	vocabulário	palavras

Bibliografia

ALI, M. Said. *Gramática histórica da língua portuguesa*. 2. ed. São Paulo: Melhoramentos, 1931.

BONINI, Adair. *Gêneros textuais e cognição*. Florianópolis: Insular, 2002.

BRANDÃO, Helena Nagamine (Coord.). *Gêneros do discurso na escola: mito, conto, cordel, discurso político, divulgação científica*. São Paulo: Cortez, 2001. v. 5 (Série Aprender e Ensinar com Textos).

CÂMARA JÚNIOR, Joaquim Mattoso. *Manual de comunicação oral e escrita*. 6. ed. Petrópolis: Vozes, 1981.

CITELLI, Adilson. *Linguagem e persuasão*. São Paulo: Ática, 1985.

COSTE, Daniel et al. *O texto: leitura e escrita*. Campinas: Pontes, 1988.

CUNHA, Celso; CINTRA, Lindley. *Nova gramática do português contemporâneo*. Rio de Janeiro: Nova Fronteira, 1981.

FIORIN, José Luiz. *Elementos de análise do discurso*. São Paulo: Contexto/Edusp, 1895.

________. *As astúcias da enunciação*. 2. ed. São Paulo: Ática, 2002.

GERALDI, João Wanderley. *Portos de passagem*. 4. ed. São Paulo: Martins Fontes, 1997.

GUIMARÃES, Eduardo. *Texto e argumentação*. Campinas: Pontes, 1987.

HAUY, Amini Boainain. *Da necessidade de uma gramática-padrão da língua portuguesa*. 2. ed. São Paulo: Ática, 1986.

KOCH, Ingedore G. Villaça. *Argumentação e linguagem*. 2. ed. São Paulo: Cortez, 1987.

________. *A inter-ação pela linguagem*. 6. ed. São Paulo: Contexto, 2001.

________. *Desvendando os segredos do texto*. São Paulo: Cortez, 2002.

LOPES E FÁVERO, Leonor. *Linguística textual: uma introdução*. São Paulo: Cortez, 1983.

MARCUSCHI, Luiz Antônio. *Da fala para a escrita: atividades de retextualização*. São Paulo: Cortez, 1993.

NEVES, Maria Helena de Moura. *Gramática de usos do português*. São Paulo: Editora da Unesp, 2000.

________. *Guia de usos do português: confrontando usos e regras*. São Paulo: Editora da Unesp, 2003.

________. *Que gramática estudar na escola? Norma e uso na Língua Portuguesa*. São Paulo: Contexto, 2003.

ORLANDI, Eni Pulcinelli. *A linguagem e seu funcionamento: as formas do discurso*. 4. ed. Campinas: Pontes, 2001.

________. *Análise de discurso. Princípios & procedimentos*. 4. ed. Campinas: Pontes, 2002.

REYZÁBAL, Maria Victoria. *A comunicação oral e sua didática*. Bauru: Edusc, 1999.

TRAVAGLIA, Luiz Carlos. *Gramática e interação: uma proposta para o ensino de gramática no primeiro e segundo graus*. 2. ed. São Paulo: Cortez, 1997.

________. *Gramática – ensino plural*. São Paulo: Cortez, 2003.